《山西文華》編纂委員會 編

山西文華·史料編

清鹽法志·河東（外一種） 第一册

民國鹽務署◎編

山西出版傳媒集團
三晋出版社

圖書在版編目(CIP)數據

清鹽法志·河東：外一種 / 鹽務署編. —太原：三晋出版社，2018.11

ISBN 978-7-5457-1825-6

Ⅰ. ①清… Ⅱ. ①鹽… Ⅲ. ①河東—鹽業史—清代
Ⅳ. ①F426.82

中國版本圖書館 CIP 數據核字(2018)第 270245 號

☆ **本書版權由中國國家圖書館授權出版發行** ☆

清鹽法志·河東(外一種)

編　　者：〔民國〕鹽務署
責任編輯：董潤澤
特約編輯：張仲偉
封扉設計：山西天目·王明自

出 版 者：山西出版傳媒集團·三晋出版社（原山西古籍出版社）
地　　址：太原市建設南路 21 號
郵　　編：030012
電　　話：0351–4922268（發行中心）
0351–4956036（總編室）
0351–4922203（印製部）
網　　址：http://www.sjcbs.cn

經 銷 者：新華書店
承 印 者：山西人民印刷有限責任公司

開　　本：700mm × 1000mm　1/16
印　　張：67.5
字　　數：700 千字
版　　次：2018 年 11 月　第 1 版
印　　次：2018 年 11 月　第 1 次印刷
書　　號：ISBN　978-7-5457-1825-6
定　　價：450.00 圓（全五册）

《山西文華》編纂委員會

《山西文華》學術顧問委員會

李　零　李文儒　李學勤　袁行霈　唐浩明

梁　衡　張　頷　張光華　葛劍雄　楊建業

《山西文華》分編主編

著述編　劉毓慶　渠傳福

史料編　張慶捷　李晉林

圖録編　李德仁　趙瑞民

出版説明

山西東屏太行，西瀕黄河，北通塞外，南控中原，是中華民族的主要發祥地之一。中華文明輝煌燦爛，三晋文化源遠流長。歷史文獻豐富、文化遺産厚重，形成了兼容並包、積澱深厚、韵味獨特的晋文化。山西省政府決定編纂大型歷史文獻叢書《山西文華》，以彙集三晋文獻、傳承三晋文化、弘揚三晋文明。

《山西文華》力求把握正確方向，尊重歷史原貌，突出山西特色，薈萃文化精華，按照搶救、保護、整理、傳承的原則整理出版圖書。叢書規模大，編纂時間長，參與人員多，特將有關編纂則例簡要説明如下。

一、《山西文華》是有關山西現今地域的大型歷史文獻叢書，分「著述編」「史料編」「圖録編」。每編之下項目平列；重大系列性項目，按其項目規模特徵，制定合理的編纂方式。

二、「著述編」以一九四九年十月一日前山西籍作者（含長期在晋之作者）的著述爲主，兼收今人有關山西歷史文化的研究性著述。

三、「史料編」收録一九四九年十月一日前有關山西的方志、金石、日記、年譜、族譜、檔案、報刊等史料，以影印爲主要整理方式。

四、「圖録編」主要收録一九四九年十月一日前有關山西的文化遺産精華，包括古代建築、壁畫、彩塑、書畫、民間藝術等，兼收古地圖等大型圖文資料。

五、今人著述采用簡體漢字横排，古代著述采用繁體漢字横排。

《山西文華》編纂委員會

出版前言

《清鹽法志》記載了上起順治、下訖宣統整個清代鹽法的興革損益，是瞭解研究有清一代全國鹽政的重要資料書。該書由民國鹽務署組織編纂，民國九年（一九二〇）鹽務署鉛印刊行，分爲十三編，共三〇五卷，其中：通例九卷，長蘆二十九卷，東三省十一卷，山東二十九卷，河東二十一卷，陝西五卷，兩淮六十卷，兩浙三十卷，福建二十四卷，兩廣三十卷，四川三十卷，雲南十四卷，援證十三卷。

《清鹽法志》一書由民國鹽務署組織編纂，鹽務署鹽政院總務廳廳長張茂炯等人主持了具體編輯工作。張茂炯（一八七五—一九三六），字仲清，號君鑒，江蘇吴縣（今江蘇蘇州）人。清光緒三十年（一九〇四）進士，宣統時期任清政府度支部主事，署鹽政院總務廳廳長。辛亥革命後任財政部鹽務署參事，主持編纂了《清鹽法志》。晚年退居蘇州，不問政治，以詩詞、書法爲樂。

《清鹽法志·河東》爲《清鹽法志》的卷七十四到卷九十四，設二十一門。場産門三：鹽池、畦地、坐商。運銷門七：引目、商運、官民並運、支掣、運程、鹽價、借運。徵榷門二：課額上、課額下。緝私門、職官門、經費門各一。建置門二：池墻渠堰、運治。雜記門三：倉儲、恤政、學校。附編一，記載山西省北鹽務。場産門、運銷門、課額門和緝私門可視爲上編，重在記載鹽務管理事項，職官門、經費門、建置門、雜記門可視爲下編，主要記載直接或間接的鹽務保障事項。

志書於每門下各綴小序，以述概况。或稱謂，或沿革，或布局，或因由，各據實情而發。其記事擇其大者按時間順序記述，事簡則一句而過，事繁則數頁長言。首以大黑體字頂格單行簡寫，猶文章之標題或摘要，具體内容則一欄雙行，詳而述之。資料來源多爲鹽政官員奏疏和舊時鹽書所載。若仍不足，以按語再作充實。如乾隆四十一年（一七五二）山西巡撫巴延三奉旨會同鹽政瑺齡勘辦黑河一事，收録巴延三奏摺後，編者不僅詳議從乾隆二年（一七三七）到四十二年（一七五三）多次挑浚黑河，而且探討了乾隆後期創爲打井澆曬之法，嘉慶十九年（一八一四）坐商全部倣法，直至光緒間再創鑿井之法。志書於門目正文後又或有附。比如場産門一鹽池後有護池灘地、籽粒灘地、鹽站籽粒地、近池山澤，畦地後則有澆曬、鹽料。場産門坐商「雍正十二年運使程仁圻詳準准設錠票以防詐僞，條下附有錠票式。

較之清代各個版本的河東鹽政志書，該志於上編較詳，下編較略。職官門不録官員題名，經費門所載爲宣統時期的狀况。建置門池墻渠堰詳而運治略。雜記門之倉儲、恤政、學校要而言之，他志所列之學校人物，亦不著録。奏疏不列專卷，藝文更不涉及。但於省北鹽務，該志專列附編系統載録，爲他志所未有。

《清鹽法志·河東》由民國時期國家鹽務部門主持編寫，決定了該志於清代河東鹽務時間上有始有終，選材上集中於鹽政，站位較高，視野開闊，表達更爲客觀嚴謹，具有較高的學術價值。二〇一八年，三晋出版社以中國國家圖書館藏民國鉛印本爲底本，影印出版《清鹽法志·河東》一書收入《山西文華》叢書，使得這一民國時期官修的重要河東鹽業專志出版面世，可謂善莫大焉。

《清鹽法志·河東》於卷末附編專列山西省北鹽務，爲各版本河東鹽志所未見，踵武前人，此次影印出版將民國時期山西省編纂的《晉北治鹺録》一書附於《清鹽法志·河東》一書之後，以便使山西鹽業史料於此終成全璧。

《晉北治鹺録》一書，分「呈文」「令文」「函件」「附録」四類，將民國六年（一九一七）九月至民國九年（一九二〇）八月間晉北鹽區鹽務的實况進行了全面呈現，是研究民國山西鹽業史的一手資料源。此次影印刊行，將有力地推動相關領域的研究走向深入。

咸增强

二〇一八年十一月於運城學院

目録

第一册

第二册

第三册

第四册

第五册

清鹽法志·河東

鹽務署贈送
以備公共存查

清鹽法志

河東

清鹽法志目錄

淸鹽法志卷七十四　河東一

場產門

鹽池

河東鹽池一名解池池坐解州安邑之間而以解名者尊所統也夏令甫屆薰風時來池面綴珠凝脂鹽顆自結相傳虞舜所歌薰風阜財卽指此池故池上有歌薰樓中條山陰有薰風洞其遺蹟也周謂之鹽唐謂之兩池今池廟猶祀東西二池神奉爲鹽宗蓋其由來者久矣惟是池深岸高內無不竭之源外無可引之派雨則病潦旱則病枯自乾隆以來客水灌池黑河淤廢乃剏爲掘井澆曬之法而說者或慮其盜洩地氣其然豈其然歟志鹽池

河東鹽池在解州安邑之間區爲三場曰中場曰東場曰西場

池居中條山麓以北涑水綿其左黃河繞其右東據安邑西據解州廣袤長五十里南北闊七里地勢四面皆高池居其中形如釜底北高南下最南爲護寶長隄萆隄爲黑河即池積水之處其味鹹鱗介不育其性溫隆冬不冰泥土純黑稍深顯露硝版此即鹽根池水不溢不涸或曰海眼即山海經所謂鹽販之澤也池北列地治畦爲種鹽之處再北料臺蘧菴櫛比林立爲工人止息存鹽之處周圍築以土牆名爲禁垣此係明時創修後來歷經加高培厚計高一丈六尺基厚六尺周圍共長一百十四里禁垣之外有馬道馬道之外有隍塹內設三十二鋪外設三十六鋪皆有弓兵分段巡邏所以防盜竊走私者至嚴也一池本分三場東爲東場中爲中場西爲西場設三大使主之故禁垣惟北面開三門東曰育寶距安邑五里西曰成寶距解州十里中曰祐寶祐寶小門外爲運城蓋運治之所在也距運城西六十里許有六小池一曰永小一曰金井一曰賈瓦一曰夾凹一曰蘇老一曰熨斗地屬解治方長不一一其形其最大者池而不過畝餘零星散布產鹽無幾小池西北數里又有一池廣袤三十餘里名爲女池其池客潦時注水滿則淡生魚水涸則苦生硝故又名硝池水經注所謂女鹽澤是也與六池小池統謂之西池

康熙二十五年覆准將河東五小鹽池停止令仍歸大池澆曬

先是康熙十九年大池水患衆商援例呈請暫開西小池澆曬濟課待大池水涸仍回本號御史曾寅疏請從之御史黃斐踵任其後議行均地立畦之法務期公普運使高夢說奉檄查議詳稱查得永小池旁計地一百二十二畝五分金井池旁地七十三畝三分買瓦池旁地一百八十七畝五分又東稍地十一畝二分五釐喬家溝有地三十畝四分蘇老池旁地一十五畝各地共計四百二十九畝九分五釐應分之商五百一十三名令議將地分成五百一十三處每商一名應得地八分三釐有奇隨照地形長闊方斜積弓科算務足八分三釐有奇爲率用阜吾民之財五闊字每池各用一字挨編五百一十三號首永小次金井次一貫瓦次喬家溝次蘇老前後編定造成號冊每號寫造竹籤一枝傳集各商當堂自拈該課六錠者拈籤一枝十二錠者拈籤二枝拈著字號卽將商名註定冊上又西一池原無牆垣成鹽必多露積關防爲難儉竊最易茲查西禁門相去小池約二十里搬置稍便應將各商收獲之鹽委場員逐日盤驗登數具報隨督各商運堆西場以候掣放庶關防看守兩有所藉至康熙二十五年大池水退修葺告完御史勒信題明停止將所開畦井塡塞商歸大池復業嗣於乾隆七年鹽政尚琳又有開採之請旋據鹽政吉慶以試採寡效又疏禁之十七年鹽政薩哈岱議

請開墾六小池並酌增鹽價爲墾費不果行

雍正五年河東池鹽獻瑞產鹽七百萬餘斤鹽政碩色奏報十月初三日起至十一月十一日止池鹽獻瑞不需人力自然滋生多至七百萬餘斤悉皆顆粒盤簇味甘如飴迥異常鹽下部知之

乾隆二十年大雨客水入池鹽大壞

乾隆二十二年大雨解州奸民任曰用等盜挖硝池堰大水入池畦地淹沒

乾隆二十三年修築河東鹽池以資澆曬山西巡撫塔永甯河東鹽政那俊奏言河東鹽池畦地爲產鹽之本引課之源三省民食攸繫今爲水所淹沒急須修築請於池北築堰一道外禦南面之汪洋而内障乾堰内之水使復舊畦仍開涵洞以資澆曬其餘地有可墾者多開新畦添補不足部議應如所奏借給耗羨銀兩興工修築從之

又議准量行修復六小池鹽政西甯請將六小池量行修復以資澆曬奉旨議准又以小池向

無牆壁周防恐私曬透漏等弊仍復不免其應如何堵築修葺之處令該鹽政定議具奏隨經鹽政西甯覆奏商人情願於六小池高阜處所築牆建堡堆貯鹽斤並添設窩鋪派撥弓兵以資防範嗣於二十九年經鹽政李質穎奏請照舊封禁

乾隆三十九年議准開濬六小池仍將貯鹽處所堅固築垣以防透漏大戶部議覆山西巡撫覺羅巴延三河東鹽政瑺齡奏池產鹽不敷配運請開六小池應如所請將原封六小池開濬仍將貯鹽處所堅固築垣以防透漏從之隨於永小金井買瓦夾凹四池開成畦地四十三號用地寶天成四字挨編爲號地字永小池開畦十二號寶字金井池開畦十三號天字買瓦池開畦十四號成字夾凹池開畦四號其間鹽堡之設窩鋪之建與夫弓兵之派撥一如二十三年定制其後乾隆五十七年課歸地丁運商賣與附近居民澆曬嘉慶十二年復商後撫臣衡齡奏請仍歸運商捐資配運以杜私販嗣據河東道劉大觀查詢各商均稱六小池產鹽味淡而苦不能行銷懇請封禁遂飭解州查封將各業主契約追儲州庫惟此項畦地業主輾轉租售亦已有年一旦官爲禁止銀地兩空不足以昭公允請將畦地原約價值共銀二千三十兩令殷實商人尉世隆等照數捐出置買以杜私採

旋奉部議凡屬畦地均係坐商經營與運商無涉六小池似應歸於坐商承買作爲公產以歸畫一經撫臣衡齡覆奏查六小池畦地當課歸地丁時係運商賣與附近居民澆曬自應循照舊規仍令運商買回以便封禁若改令坐商買回轉多周折況現在既議封禁由該道及丞牧隨時巡查無慮運商再爲澆曬應請照舊辦理奉旨准行

乾隆四十一年山西巡撫巴延三奏旨會同鹽政瑺齡勘辦黑河

山西巡撫巴延三等奏言竊臣巴延三於五月內恭覲天顏仰蒙皇上垂訓河東鹽務情形臣巴延三冒昧具奏特蒙諭旨令臣巴延三與軍機大臣熟商妥辦旋經軍機大臣議請交臣巴延三會同臣瑺齡就實在情形詳悉確勘通盤籌畫定議具奏奉旨依議欽此並將原議抄寄到臣臣瑺齡隨赴太原與臣巴延三面加商酌河東鹽池由來已久畦地區分鏽錯畦南舊有黑河一道即爲鹽池東西長五十一里南北寬五六里不等形如釜底泥色純黑其水甚鹹取以澆曬畦地四五日即能成鹽或遇雨多則洩畦中之水注之於河雨少則取河中之水灌之於畦實爲產鹽之本源自乾隆二十二年硝池堰決客水漫入挾泥帶沙致將河底淤高蓄水無多稍旱則枯稍澇則溢每當春夏之交無涓滴可資澆曬迨大雨時行之候即淹漫及於鹽畦雖各商在於畦邊開挖深溝蓄水澆曬奈水味不如黑水而澆曬之工費增倍是

以產鹽日衰成本愈昂商力之絀實由於此伏查河東額引四十二萬六千九百四十七道內除買食土鹽不由商運之引六萬二千七百四十九道實在商銷鹽引三十六萬四千一百九十八道餘引二十二萬道每一百二十引爲一名計歲需鹽四千八百餘名而連年所產之鹽尚不敷配運之數自三十一年起至三十四年共缺鹽四千三百餘名除將歷年新鹽抵補並兩次奏請買運蘆鹽外本年奏銷尚缺鹽一百四十餘名須俟今歲新鹽補配此產鹽未旺之明驗也產鹽既少場價日增每鹽一名向時價銀三四十兩者漸增至七八十兩及百餘兩不等計其成本已倍於往昔且畦邊開挖之溝所蓄雨水以之曬鹽味淡而苦民間買食仍須數次煎熬是以銷售愈難辦理倍多拮据各商應募之初即有畏難贍顧之慮無暇悉心經畫而其夥商屆役人等又或浮冒侵漁雖有家甚饒裕之商更換無期亦不免歸於消乏利源不開舊規不復日復一日致成積重難返之勢此河東鹽務實在情形也臣等訪之輿論詢之商民僉稱黑河實爲產鹽之源惟淤廢已久勢難盡復舊規擬先量力將黑河全身挑寬四十丈深一丈俾得去淤蓄水足敷挹注但工大費繁商力實難措辦等語臣等伏思黑河既爲產鹽之源商民生計攸關自無不踴躍從事但河東商力疲乏情形久荷聖明洞鑒臣巳延三面奉恩諭借帑甦商今臣等體察商情實有心餘力弱之勢非酌借帑項不能成此鉅工第今歲自五月以

來雨澤頻仍河中盡屬淤泥積水難以確估容臣巴延三於秋後親赴鹽池會同臣瑺齡逐細確勘將應挑寬深丈尺需用夫工銀兩數目據實查估並察看商力可辦工程若干實在不敷若干酌量請借帑銀其作何分年扣還以及委員分段督辦各緣由再行會同妥議具奏

按黑河圈入禁垣緊靠畦畔綿亙東西地勢極卑泥質純黑故名黑河每雨後水聚河中經年不涸浸漚成熟鹵氣最烈引畦灌曬收效甚速是爲產鹽之母宜時加挑濬務令深闊毋致淤澱也乾隆二年鹽政定柱於暫增歲修工程銀兩案內題請隨時挑濬迨乾隆二十二年客水漫池夾帶泥沙黑河爲黃土所淹鹽氣不能上蒸且河身淺隘蓄洩並難二十六年鹽政薩哈岱因於借帑大修各工一案內題請一併興修嗣以秋雨積水未消奏請停止四十一年巡撫巴延三奉旨會同鹽政瑺齡勘辦黑河初議通長抽挖寬深巴河漕既可除去浮淤更得多蓄鹵水又以三場相連東高西窪一律挑通水性就下利歸西場而中東兩處不連免向隅且不一爲界限恐有彼此相爭之患議令衆商各按畦界分段開挑酌留土埂自成一河以爲蓄洩之地大率挑深三四五尺不等總以顯露黑泥硝版爲度又以鹽池土性浮鬆坍塌堪虞復令各商於土埂外簽椿塞笆以資永固東場自東四鋪首號起至東十鋪尾號止中場

自中頭鋪首號起至中十鋪尾號止西場自西頭鋪首號起至西阡鋪尾號止三場除各留土埂外統計實挑河身四千三百一十二丈一尺一寸題明在案嗣巡撫巴延三兼管鹽政後復經請定爲歲修章程每年以正月二十日爲始責令現年辦曬之商築夫挑濬黏補河埂務於二月十五日前一律完竣無如河身澱淤過厚雖經挑濬難復舊觀故每歲各商興工澆曬全恃深開港道以爲汲引之地四十二年東場商人劉阜和創爲打井澆曬之法產鹽頗旺然虞其傷殘氣脈有礙鹽母若欲永賚利賴則惟黑河一律深通而無如工本之浩大也迨嘉慶十九年黑河淤澱無跡奏請停修三場坐商皆爭效撻井之法所撻之井俗呼爲滹沱每年於八月間完場後酌留工人掘地撻井攪水注畦謂之冬工每於年終由河東道飭場於次年正月初旬督商興工興工之時附近貧民入池坐商挑選屋集修治畦底注養鹵水是謂春工迨三四月間薰風揚波炎日蒸鹵鹽花結而成粒卽所謂地寶天成也光緒六七年間東場坐商舉人李傳典創鑿井新法表細而圓裹虛而容其深及泉其汲以綆復因土性鹻鬆勢難壁立豎以木名曰椿周護井壁費廉工省然不數年而涸終不若滹沱之效遠用宏今之鑿井者多修治滹沱者曾不數覯商情困憊各取其宜方今東場產鹽十之七八端賴乎是中西鹵斥淺薄率皆就畦養水尤覺把握毫無矣

護池灘池

城北灘在解州城北受女池之水地勢西高東下水溢爲鹽池患故東築七郎堰以障之 城東灘在解州城東內有數泉復受以上西來諸灘水切近禁垣中築卓刀堰以防池患長樂灘在鹽池北七里許周圍二十餘里北受姚暹渠水西南直沖諸堰爲鹽池患設有長樂堰以防之東膏腴灘在長樂灘西北數里極西者爲西膏腴灘又西北十五里爲辛莊灘亦時北受姚暹渠水南入女池或入城北灘爲鹽池患洗馬灘在西辛莊北二十五里 南扶灘在洗馬灘東北衛諸灘在洗馬灘西北 三妻灘在衛諸灘西北十里羅乂灘在三妻灘東二十里 小張塢灘在羅乂灘北十五里自洗馬以下諸灘皆半生花鹹地不可耕 沙窩村在鹽池北長樂灘西離運治三十里 卓頭村在鹽池北長樂灘東離運治十里許以上解州 前介村在運城北門外五里又名東留灘 後介村在鹽池迤東距運治三十里 蚩尤村在鹽池東南距運治三十里 下段村在鹽池東距運治三十里 下王村在鹽池東距運治三十里 李莊村在鹽池東北距運治三十里 小李村在鹽池南蚩尤村西距運治四十里 北路村在東留灘運治迤北五里以上安邑祁任村在猗氏縣 南村在虞鄉縣 社東村在臨晉縣傳村在夏縣南距運治四十里 自卓頭村以下諸灘地

自中頭鋪首號起至中十鋪尾號止西場自西頭鋪首號起至西阡鋪尾號止三場除各留土埂外統計實挑河身四千三百一十二丈一尺一寸題明在案嗣巡撫巴延三兼管鹽政後復經請定爲歲修章程每年以正月二十日爲始責令現年辦曬之商築夫挑濬黏補河埂務於二月十五日前一律完竣無如河身澱淤過厚雖經挑濬難復舊觀故每歲各商興工澆曬全恃深開港道以爲汲引之地四十二年東場商人劉臯和創爲打井澆曬之法產鹽頗旺然慮其傷殘氣脈有礙鹽母若欲永賚利賴則惟黑河一律深通而無如工本之浩大也迨嘉慶十九年黑河淤澱無跡奏請停修三場坐商皆爭效撻井之法所撻之井俗呼爲滹沱每年於八月間完場後酌留工人掘地撻井攪水注畦謂之冬工每於年終由河東道飭場於次年正月初旬督商興工興工之時附近貧民入池坐商挑選雇集修治畦底注養鹵水是謂春工迨三四月間薰風波炎日蒸鹵鹽花結而成粒卽所謂地寳天成也光緒六七年間東場坐商舉人李傳典創鑿井新法表細而圓裏虛而容其深及泉其汲以綆復因土性鹻鬆勢難壁立豎以木名曰椿周護井壁費廉工省然不數年而涸終不若滹沱之效遠用宏今之鑿井者多修治滹沱者曾不數覩商情困憊各取其宜方今東場產鹽十之七八端賴乎是中西鹵斥淺薄率皆就畦養水尤覺把握毫無矣

經歷司經徵東郭村湯里村任村三灘共地三千九百三十一畝三分四釐八毫照上中下不等起科共徵租麥一百八十九石九斗八升三合五勺四秒每石變價九錢應變價銀一百七十兩九錢八分五釐一毫八絲六忽向係護池官地佃租存庫支抵鹽院公用康熙七年奉文解部名曰小麥變價乾隆五十七年課歸地丁奉准部議改由安邑縣徵解本省藩庫報撥

三場大使分徵介村從善村郎耑尤村灘地一百八十六畝七分每畝輸麥二升穀三升每年共租麥三石七斗三升四合租穀五石六斗十一合向貯運皐倉以備公用雍正十三年歸公充餉乾隆五十七年課歸地丁三場裁缺奉准部議改由安邑縣徵收照舊五年十變價解交藩庫報撥嘉慶十二年復商後仍歸安邑縣經徵十三年經河東道劉大觀詳請巡撫成齡咨准此項灘池歲徵穀麥積至五年變價仍將銀兩解交河東道庫報撥

鹽站籽粒地

絳縣之白家凋村與橫嶺關站嶺聞喜縣之東鎮教場西關夏縣之長樂村安邑之運城北門外與陶村各有鹽站地屬鹺務四縣歲解籽粒銀十兩二錢六分向爲鹽院書吏之用雍正六年歸入正項充餉乾隆五十七年課歸地丁奉准部

議由各縣徵解本省藩庫報撥

按前運使蘇昌臣曰池坐解州安邑而運志之詳灘地乃有各州縣分屬之文則不問附池與不附池凡派池工而有灘在乎渠之內渠之外堰之上堰之下切乎池之利害者統應名爲護池灘惟是簿書湮沒無從別其灘址之孰爲民糧孰爲鹽課凡有護池之地以灘名者遇墾佃之請惟商則可准苟非商籍與池既無休戚愼勿混允行犁蓋既佃之後麻麥在野儻值旱潦示祲雨則苦漬勢必決堰洩流而以池爲壑暵則苦乾又必破渠引灌而留隙患池東郭一灘久爲民鹽交錯之地向聽佃種近奉禁止深有慮一夫佃民之自愛其植盜決隄以誤我課源也

近池山澤

中條山 在運治南十餘里以其居太行太華之中狹而延袤故曰中條西起蒲州之雷首東接太行南跨芮城平陸垣曲諸邑北屏臨晉虞鄉解州安邑夏縣聞喜絕巘綿亙數百里其間隨在異名曰雷首山歷山首陽山薄山襄山甘棗山渠猪山獨山而實皆中條山非各爲一山也山下設有護寶諸堰所以障山水之注射也

分雲嶺 中條山極巔蠶峙鹽池之上嶺巔出雲東西流布世傳尸鹽澤者是也山頂舊有分雲神祠在焉　安邑

風谷洞在分雲嶺西形如半井投以木葉即飄颺風出則飛沙擢樹安邑

鹽風洞在風谷洞旁洞口若盆仲夏應候風出聲隆隆然俗稱鹽南風鹽花得此一夕而成谷口舊有風神祠今祀於臥雲岡池神廟中安邑

横嶺在分雲嶺東中條山之脊也嶺南四十五里即平陸縣治北有山路五十五里名車輞峪舊爲行鹽之徑較青石槽爲捷今徑圮險仄不可以車安邑

虞坂在横嶺東南北要道石崖險峻今名石槽明御史張士隆修築俾可行鹽一名鹽坂即晉荀息假道伐虢伯樂歎騏驥困鹽車處安邑

五龍峪在解州正南五里其東岫有石巖巖水下懸如噴雪上有酒島二字峪口築設五龍堰防之解州

青龍峪在五龍峪西解州

石樓峪在青龍峪西解州

王官峪在石樓峪西峪南爲内城界峪北爲虞鄉界即秦伯伐晉取王官處也上有天柱峯峯西各有瀑布北流

爲貽溪虞鄉

王峪口 在橫嶺東去王官峪百里許嶺南水入黃河嶺北之水從此出口故名卽姚暹渠來源也 夏縣

抱珠山 卽柏塔山在王峪口東峪口所出之水經其下山有古柏千株上聳無枝狀似虺蛇中有一柏琦瑰磊落獨大於衆稱曰柏母山 夏縣

史家峪 在柏塔山東 夏縣

巫咸谷 在瑤臺西白沙河所自出也 夏縣

瑤臺山 在巫咸谷東商相巫咸與子巫賢墳在其下隋書名曰巫咸山孤嵐峭拔蒼翠摩空登高俯視一邑山川在目邑人以爲遊賞勝地 夏縣以上皆山

甘泉 在池神廟東畔衆水皆鹹此泉獨淡故又名淡泉舊志載大鹵之水不得甘泉之和不能成鹽故今鹽池內立有甘泉廟 鹽池內

西淡泉 在池神廟之西里許俗呼野狐泉一名惠民館一名濾泉亭明嘉靖二十三年御史喻時創建後屢加重

修亭榭幽勝憑眺最宜 鹽池內

磨兒盤窰子溝 俱在中條山內水之經流處因地立名能助黑龍潭水勢本非巨澤也 安邑

黑龍潭 在縣東南十里許深不可測瀦水黑色故名舊有龍王祠 安邑

苦水河 即苦池灘之一帶也 安邑

湧金泉 在夏縣西南十里世傳此水潛入地中入鹽池則生鹽花故有湧金之號 夏縣

橫洛渠 發源夏縣北之方山諸谷流至西南會於白沙河 夏縣

白沙河 又名巫咸河俗稱無鹽河水入池中則鹽不生設有白沙堰以防之源自中條山出巫咸谷口經邑南西流三十餘里北轉匯入姚暹渠 夏縣

蓮花池 池有二一在夏縣城中西北隅環一頃八十畝一在城中東北隅視西池爲小水之有無視乎旱潦水平時植蓮其中水溢則近池民居被浸嘗穿城隅安鐵窗以分水勢故防解池之患舊有蓮花二堰之分工 夏縣

靜林澗 在青龍峪東澗西有靜林寺故名 解州

新河　起石樓峪麓自東迤西主洩石樓東來諸水使趨小湖橋以入黃河解州

涑水河　源發絳縣橫嶺山明宏治時御史曾大有以姚暹渠首中太狹涑水攔入爲鹽池患遂導使北去經聞喜縣南夏縣西安邑縣北至猗氏縣境改引西西行直入五姓湖

鴨子池　在五姓湖東姚暹渠南孟明橋淤則湖水泛濫東注是池而姚暹渠亦有逆流之患虞鄉

五姓湖　在臨晉縣西南四十里村有五姓因名即古張陽池也爲涑水姚暹渠經流之所注臨晉虞鄉分屬

黃河　出崑崙山禹導河積石至於龍門經河津滎河臨晉至蒲州西門南流至華陰東折至芮城南二十里走平陸至底柱過孟津鹽池正當黃河折流之處以上皆澤

按晉省萬山環繞八水分流水爲山束勢必西注與黃河匯合而鹽池適當西南之下游爲患不鮮其源發自絳縣之橫嶺而入五姓湖者涑水也發自夏縣之巫咸谷而入苦之水池者白沙河也條山之水西有五龍峪東有王峪口澗壑不一隨在與鹽池相關揭其名而分載之庶保衞渠堰者得以尋源竟委也其渠堰各工詳見建置門

清鹽法志卷七十四終

卷十四　鹽池

清鹽法志卷七十五　河東二

場産門

畦地

商之有畦猶農之有田畦地者就池治地爲畦所以爲種鹽之基也唐柳宗元賦云溝塍畦畹交錯輪囷宋史亦載崇甯間開二千四百餘畦百官入賀是治畦種鹽唐宋已然乃自元迄明皆調派蒲解十三州縣鹽丁於池鹽生時赴池撈採謂之撈鹽不復聞有種治之説蓋以開畦工本非鹽丁所易辦故採撈於池者爲多及清初裁去鹽丁鹽歸商種而種治之法始得詳矣志畦地

順治六年裁去鹽丁鹽歸商種按錠分畦其法每畦一號計一商名原額畦地四百

八十五號中場一百四十二號東場二百四號西場一百三十九號中場向有腳道一百五十丈東西池涯各有無礙餘地以爲築設料臺之所商人續加開治增畦七十二號共成五百五十七號各立錠名皆爲額畦嗣因懷慶改食蘆鹽除原額九十三號無地行銷無商而荒外現有畦地四百六十四號後又查出王成業額畦一號三場額畦四百六十五號

雍正六年議准無商荒畦先動庫銀五千兩發交運使酌量開墾成熟之後商人有補完工本者卽給爲業其澆曬之商各出銷價以還庫項至有商荒畦令本商各開各畦如力有不能卽頂與殷實之商開種鹽政碩色奏言竊照河東池鹽皆賴畦地澆曬而成臣勘查河東三場鹽畦共五百五十七號現今澆曬熟畦止三百五十四號荒不澆曬者二百零三號內無商而荒者九十三號有商而荒者一百一十號阡陌宛然施工尚易惟是荒畦年分遠近不一地有闊狹不同所以開墾工本亦有多寡不等約計所需每畦有費銀二百六七十兩至三百兩者亦有費銀至三百四五十兩者臣愚以爲無商荒畦請將庫內附餘錢糧暫先動銀五千兩飭發運使董理其事量畦地之闊狹計開墾之淺深因地制宜陸續開墾俟成熟後招募殷實良商澆曬

令領餘引搭配辦課如商人中有願買此畦地者應令補還工本銀兩卽將此畦給爲伊業儻一時無商願買卽令澆曬
之商各出銷價查商人舊例每錠出銷價銀二十四兩一畦封課六錠每年共出銷價銀一百四十四兩但新墾之畦較
諸久經成熟者出鹽差少所出銷價亦宜量爲酌減可否每錠減半止令出銷價銀一十二兩而一畦六錠每年可得銷
價銀七十二兩抵還庫項其有商而荒者彼既得運商銷價應令本商各開各畦如本商無力開墾卽令頂伊錠名之運
商開墾更名報部實力行之將見畦地日墾而日廣則鹽日出而日多其於引課民食均有裨益矣

按是時共成額畦四百六十五號外爲餘畦除查有額地邇淡水不堪澆曬並有錠無畦者卽將餘畦補給外下畦
存餘畦八十四號迨乾隆九年後商人又於三場隙地續加開荒亦除將額畦改移於新開餘畦外更增餘畦三十
六號並前實有餘畦一百二十號三場共額餘畦五百八十五號惟東場阡鋪中舊係餘畦二十號嗣於復商後查
出南岸續開張昌運餘畦一號嘉慶十六年經撫臣衡齡奏報三場荒畦一律修完案內計報額畦四百六十五號
餘畦一百二十一號共額餘畦五百八十六號自道光十五年山水入池三場被淹畦地一百七十餘號經河東道
飭場督商如式修整光緒三四年間晉省旱荒河東被災尤重種鹽人少工價倍昂且銷數無多鹽價減色坐商率

畦地

皆賠累致有荒畦經河東道江人鏡監掣同知張元鼎隨時督飭興工修治以期規復舊制

三場額餘畦數

中場十鋪共畦一百五十五號內額畦一百三十四號餘畦二十一號 頭鋪額畦十六號 二鋪額畦十五號餘畦一號 三鋪額畦十七號 四鋪額畦十一號餘畦二號 五鋪額畦十九號 六鋪額畦十一號餘畦一號 七鋪額畦十二號餘畦二號 八鋪額畦十九號餘畦一號 九鋪額畦十三號餘畦一號 十鋪額畦一號餘畦十三號

東場十一鋪共畦二百六十六號內額畦二百四十五號餘畦二十一號 頭鋪額畦三十號餘畦一號 二鋪額畦二十二號 三鋪額畦二十六號 四鋪額畦二十七號 五鋪額畦二十三號 六鋪額畦十五號 七鋪額畦十六號 八鋪額畦十七號 九鋪額畦十二號 十鋪額畦十六號 阡鋪額畦四十一號餘畦二十號

西場十一鋪共畦一百六十四號內額畦八十六號餘畦七十八號 頭鋪額畦六號餘畦六號 二鋪額畦一號餘畦十四號 三鋪額畦五號餘畦八號 四鋪額畦四號餘畦十號 五鋪額畦六號餘畦九號 六鋪額畦十二號餘畦二號 七鋪額畦九號餘畦六號 八鋪額畦十號餘畦四號 九鋪額畦十一號餘畦二號 十鋪額畦十號餘

畦三號阡鋪額畦十二號餘畦十四號按畦分額餘有錠爲額無錠爲餘額有錠主爲坐商之世業餘隨引地乃運商所續開畦分雙單一畦爲單兩畦爲雙單者一畦自爲一港道雙者兩畦共爲一港道故不曰兩號而曰雙號以港道之難分也又畦有單月雙月之名以課錠按月封納單月者單月納課之畦雙月者雙月納課之畦至若不論雙單月皆納課者則十二錠雙畦矣又畦有額餘加荒之名以本屬額畦旁有隙地開荒作餘加單號爲雙號是爲額餘加荒矣又畦有定界舊志稱長無度任商力爲之者是矣又稱中場每號闊十丈西場每號闊十五丈東場自東無礙鋪至東五鋪每號皆闊六丈五尺其餘每號闊九丈此則已成陳迹節年畦數屢增額餘互改考以現在廣狹之度已非昔日之舊大率各以港道爲界矣又畦有定制畦在南菴在北惟東阡鋪中截以下則又東西其制若南岸有畦數號菴在南而畦反在北蓋東場地氣較厚利在共趨商人爭先開種故不留餘隙遂不能盡依舊制也

澆曬附

河東鹽池古惟集工撈採收自然之利無所謂澆曬也至唐始有治畦澆曬之法游民業鹽者爲亭戶免雜徭宋時墾地

爲畦引池水沃之謂之種鹽水耗則鹽成籍戶民爲畦夫官廩給之復其家歲二月一日墾畦四月始種八月乃罷元時每歲五月伺池鹽生結令夫搬擄鹽花其法必值亢陽池鹽方就明以鹽丁撈採是前代之治鹽或種於畦或擄於池皆因時制宜清朝專取畦種不事池擄每歲二月一日畦工入池葢菴治畦淘溝俟薰風一至引水澆曬澆者灌之以水曬則曝之以日也先用槔桿挹水注於畦之首段時以鐵扒攪之日曝之味作挹注次段首段另注新水次段水鹹色赤挹移三段俟其澄清開門睉隅以灌四段段開不灌悉依前法要俾清流盈科而進極乎產鹽之畦而止水深不過一二寸經時水面鹽花浮上若凝脂皎雪乃用木扒徧搨謂之搨花花落水底一俟風力震蕩逼以烈日映水覗之如編貝然則鹽成矣若得小雨則顆愈鮮明俗謂雨水鹽然而夏月生鹽獨美春秋生鹽多硝歲旱粒細而芒雨多日色不烈則青頭色正南風正東風鹽成一夕東北西南風鹽花不浮滿畦如沸稀粥謂之粥發味苦色惡不堪食用須刮棄畦外以待風轉時上水收種道光十五年水入鹽池畦多被淹雖屢經飭修總未全復舊制十九年河東道文柱以屢年池鹽歉收不敷配運飭屬將開工日期提早至正月初旬開辦並明定賞罰章程飭商督率工人實力興修按畦澆曬道光二十年冬經巡撫楊國楨以節年提早開工日期產鹽頗旺奏請嗣後即自正月初旬開工澆曬經戶部覈議奏旨准行至今遵辦

鹽料附

鹽料者堆鹽之所也明時曰料臺其高二尺五寸廣二丈四尺長八丈八尺惟今昔情形不同每年入夏後將所括之鹽堆於畦旁另造草蘆或搭葦棚名爲小庵夜由坐商派家役看守以防竊盜至八九月間坐商各於高阜處擇地作料臺稟明場員移鹽上臺名曰歸料上覆以茅外封以泥仍各派家役看守迨十月間由河東道派委二員會同各該場員先將池內所存新陳鹽斤一律丈量由監掣同知造具三場新陳鹽數細册呈送河東道查考再由河東道示期親赴三場丈量後轉呈巡撫察核以昭慎重道光二十年巡撫楊國楨以池產新鹽零星堆貯畦旁易致風雨耗傷宵小偷竊奏准隨時歸料事屬變通今曬商仍遵舊制較爲簡易按每歲五月鹽花生結由場大使五日報司十日報院遇雨則停報第此時鹽在畦邊零星散貯猶未成料也迨八月停場各商盤鹽歸料積如高阜而欲知其多寡盈虛之數則準之以尺折一方核計每名二萬八千八百斤如高五尺長一丈闊一丈爲一名若高一丈長一丈闊一丈則兩名然而露積在池易滋消耗故又定有出陳易新之例每歲奏銷時隨本聲明

清鹽法志卷七十五終

清鹽法志卷七十六　河東三

場産門

坐商

河東課以錠計按錠分畦按畦配引各立錠名名曰坐商鹽歸其種亦歸其運蓋坐商即運商也迨後坐商無力致遠另行招商辦運於是畦歸坐商引歸運商而坐運遂分而爲二矣第運商領引必搨坐商錠名名曰坐錠每引酬給坐商租息名曰銷價及嘉慶十二年復商以後引目改塡運商仍酌留銷價以爲坐商澆曬之資坐商無力澆曬或併與同畦夥商則謂之歸併或租與運商則謂之租稞其中展轉典賣糾葛滋多則又給錠票以昭信守凡所以

維坐商之世業也至改設坐商之始原有撈鹽官丁實負修築禁牆之責併附簡末以備參考志坐商

雍正八年奏准銷價銀兩爲坐商澆曬工本將加增銷價與額引銷價一例仍歸坐商鹽政碩色奏言加增引張向係蒲州臨晉等處官辦地方領運蓋緣辦運之官每名私收銷價止封正課銀四十六兩二錢五分比額引少封課銀三兩七錢五分事屬兩歧經臣題明蒙部議將加增引張仍令坐商人領辦加增課錠俱照額引五十兩徵收又議令將加增銷價銀兩歸公等因臣查加增銷價銀兩係商人澆曬之資應照額引一例仍給坐商呈請免其歸公蒙部行令具題等因臣即備行河東運司查議去後茲據運使楊夢琰詳稱河東額引與加增引同是部頒之引額引每名封課五十兩加增引止封課四十六兩二錢五分因從前加增引張俱係蒲州臨晉等處官辦每名私收銷價故徵收加增課比照額引少收銀三兩七錢五分今加增引張既歸商辦加增課錠照額引徵收則加增銷價亦應照額引銷價仍歸坐商蓋坐商澆曬池畦以供運商之鹽運商出給租息名曰銷價是銷價銀兩原係坐商澆曬之資若額引之銷價且歸商而加增銷價獨不歸商誠恐各商澆曬無資有誤課錠

加增引課已照額引徵收則加增銷價應請照額引銷價仍歸坐商庶事歸畫一等情臣覆查無異理合具題

按運商行銷坐商之引出給租息名曰銷價在昔坐商治畦種鹽納課領引凡有地方之運商商鹽商運商引商銷無所謂銷價也其無地方之坐商全俟外來土販買運引鹽既得鹽價復受引價亦無所謂銷價也迨後土販禁革坐商乏致遠之力三省引地陸續皆有商包運一然運之鹽必先領引領引必先坐錠引以錠分錠自畦出有一錠之畦始領一名之引是引爲坐商之引一運商借名行銷故按錠出給銷一價每錠銷價銀二十四兩一畦六錠歲計銷價銀一百四十四兩又每錠另有加增引八道隨有加增銷價銀一兩六錢一畦六錠又歲計加增銷價銀九兩六錢

雍正十二年運使程仁圻詳准設錠票以防詐僞

錠票式附

鹽運使司程爲特設隨錠印票杜詐僞而絕訟端事照得商人之有畦錠猶農家之有田土家道盛衰無常典賣勢所難免但河東諸商中有等無賴之徒盜典盜賣指錠誆騙重複影射爭訟無休者甚屬不少揆厥所由總緣各商立約授受止憑中說並不經官給照以致不肖之輩通行欺騙詐僞百出再四思維惟有給發印票一法方能永杜其弊今本司

捐資刻板刷印開塡字號掛號鈐印分給原報部錠商每錠
隨用印票一張令其永遠執照如遇歸併典當以及取贖原
錠務將印票同契劵一併交收儻無印票徒立私劵日後爭
訟事發除不准外仍以重複作弊通同騙詐從重治罪等因
呈詳兼管河東鹽政察院陝西布政使司楊蒙批如詳照式
印給有錠各商仍將給發過日期並花名數目造報繳票式
存查蒙此合行刷印給發永遠遵照毋違須至票者
右給　場　鋪　限商人　執照
按銷價銀兩原爲澆灕而設後有不肖坐商將錠名輾轉
典賣重複射利是以雍正十二年運使程仁圻刊有印票
按錠分給嗣於嘉慶十九年巡撫衡齡以畦地原係官產
自課歸地丁後錠票半皆失散各商私相買賣並不聲明
遂致漫無稽考嗣後遇有買賣必須隨時呈明河東道飭
場查明方准更名註册並請照原定畦稅章程辦理等情
移咨戶部旋准咨覆查畦地雖係官產實與民人田地無
異應照民人買賣田地例一體投稅印契取結至從前錠
票既皆失散應按原額二千七百八十八錠半一
律由河東道另發隨錠引票以息日久紛爭之弊

乾隆三十四年以隰州大寧永和三處改食土鹽原設額引無商領辦錠名空懸於加增銷價內輪流坐扣運使沈栻原議隰州大寧永和

改食土鹽之後坐商銷價一項作何著落之處飭令總商妥議去後茲據總商劉廣生蔡灝維克嶷應世來禀稱遵查隰州大寧永和三處每年額引一千六百六十引應坐畦鹽一十三錠一百引坐商應得銷價銀三百三十二兩今池鹽停運引內錠名無用坐商銷價無出虛執錠票資本落空實於坐商生計有礙生等會同閤司坐商再三籌畫查閱場商錠共有二千七百八十餘錠每錠隨有加增引八張坐商於應得整錠銷價之外又另得加增銷價銀一兩六錢統計加增引二萬二千三百一十五張共合加增銷價銀四千四百六十三兩可否每年將隰州大寧永和三處額引銷價銀三百三十二兩即在於閤場加增引張銷價內輪流坐入計十三年半始行輪扣一週在應坐加增引張者歷十餘年之久僅少得銀一兩六錢尚有整錠銷價可得不至偏枯在應坐隰州等處之人即可資生有藉矣是否有當理合呈覆核奪等情到司據此該本司查看得隰州暨大寧永和二縣改食土鹽案內坐商銷價作何著落前經本司聲明另行籌辦詳蒙憲批允准在案茲行據總商劉廣生等會同閤屬坐商查議呈覆前來本司覆查額設畦錠原隨應行池鹽地方之額引而定每年運商領銷坐商額引例應閤拈錠名坐落地方然後該地方運商將銷價給於閤定引內之坐商以爲澆曬及畦錠工本故凡有引名錠票者即同田產或自得銷價資生或將錠票典銀用度有一戶而數人公共一錠者有數人夥

典而分受銷價爲利者此等坐商大半係安邑縣民現在數千家倚爲世業者此也茲隰州大寧永和三處停運池鹽每年坐商內應行鬮坐該州縣之額錠溢出一十三名一百引錠隨引空銷價無出猶之田產既無租息虛執契劵不特其中無告窮民無可藉以糊口卽有力之家已出銀典受而忽無銷價爲利亦難昭平允況係逐年鬮坐之事不知誰得誰失從此一切錠票均慮有輪空之年必致各懷觀望不肯出銀典當殊與坐商生計所關非細是銷價一項萬難删除而籌補之方又無良策今據總商等請於鬮場加增引張內輪流坐扣不過稍減衆人之資以界三處之商本司詳加籌酌似屬可行並訪察輿情亦所樂從應請俯如該總商所議嗣後每年隰州大寧永和三處額引卽入於鬮場加增引張內輪流坐扣計歷十三年半始輪扣一週在應坐加增引張之人經十餘年之久僅少得銀一兩六錢爲數無多且尙有整錠銷價可得不至偏累而應坐隰州等處之人銷價不至無著卽貧生有賴永免向隅矣至輪扣之法本司擬將鬮場加增引名造具清册鈐用印信自改食土鹽之乾隆己丑年爲始從册內首名起扣足隰州等處引數止按名入於坐錠册內呈送鹽憲查核逐年照辦週而復始俾各坐商彼此適均永免分爭先後之弊

乾隆四十二年覆准河東坐商曬鹽畦地仿照兩淮之例令運

商圖定坐商其引鹽一切即令運商稽查毋許坐商私相租粿運使程國表遵旨籌辦鹽務詳蒙鹽政瑺齡奏准引畦不越之例各按運商所行之引分配坐商所曬之畦圖坐既定凡坐商澆曬畦地一切責成運商稽查結報如有私租私粿屯鹽射利等弊許坐畦之運商即時稟究所產鹽斤亦先儘坐畦運商照例配掣其產鹽有豐歉運鹽有多寡以及引地有額餘或有配坐不敷之數亦准隨時具報通融辦理

乾隆五十七年議准河東課歸地丁撤去運商池內中東西三場畦地飭商照舊管業責令原設三巡檢分管稽查巡緝督飭澆曬遇有典賣稟明河東道立案至坐商曬成鹽料除聽人販賣外許坐商自運山西河南陝西三省出售如情願收存棧房從緩售賣者亦聽其便

按是時民販計值買鹽並無銷價名目

嘉慶十二年奏准引目改塡運商畦地乃係坐商世業將舊定

銷價每錠二十四兩減去十成之三酌留七成巡撫成齡奏言鹽池圍牆內舊有黑河近被泥水淤澱且畦多荒廢亟宜分別修治查現在引目雖係改填運商而畦地仍係坐商世業銷價在所必需惟照舊交收恐該運商有所藉口擡價病民請將舊定銷價每錠二十四兩減去十成之三酌留七成由運商照交道庫由河東道飭屬將中西兩場畦地趕緊修治所收銷價作爲工需並查明東場應修處所依次修理完竣再挑黑河經部議准十六年巡撫衡齡以各處荒畦均已一律修整惟黑河舊址久已淤澱無從挑挖疏請將扣存七成銷價除發過修畦並商役工食等項淨存元絲合課色庫平銀十五萬兩發商生息經部議准按年一分生息至此後銷價自嘉慶十七年起每年照舊發給坐商以作澆曬工本十七年四月河東道茅豫詳經巡撫衡齡批准每錠應納銷價銀十六兩八錢仍照額畦二千七百八十八錠半與運商現行額引三十五萬一百七十二三引共應出銷價銀四萬九千二十四兩有奇之數按引鬮分某運商地方鬮分得某坐商畦錠若干名應封銷價銀若干兩由坐運兩商自相授受仍登註册內每年呈送巡撫衙門備查

咸豐二年奏准池鹽價值每名白鹽不得過六十兩青鹽不得

過四十兩每名銷價定爲六兩交收嗣後坐商無論租賃典賣總須歸運商及同畦夥商不准市棍串通承買承佃違者鹽入官授受人均照阻壞鹽法律治罪詳見運銷

咸豐三年奏准河東捐免充商仍遵舊案每錠給銷價銀六兩統按三省五千名引數一律勻攤每名應攤銀三兩三錢四分六釐隨課徵收每年年終驗明錠票按錠給發俾資澆曬

咸豐四年奏准現在運商既經捐免坐商畦地如有無力澆曬者祇准租稞典賣於同畦夥商管業不准市棍串通滋弊違者鹽入官授受人及牙保均照阻壞鹽法律治罪戶部奏言河東鹽課

既改爲就場收稅必當保護鹽池凡坐商之積弊相沿尤不可不認眞整飭查河東鹽池坐商有畦地而無力澆曬者准其呈明或租於運商或租於同畦夥商蓋運商承辦引地例得澆曬以資配運夥商有通力合作之義不致以罔利壞畦

故租稞無嫌嗣因市棍串通賃畦收曬以致場價日昂乾隆四年十七年屢嚴私租私稞之禁犯者鹽入官人坐罪遇有情曬惟本坐商是問咸豐二年欽差侍郎王慶雲等查辦時訪明河東畦地租稞流弊更甚於前夥租者按年輪曬把持誤公先曬者盜挖鹽根屯私肥己種種詭譎貽害匪輕當經奏明責成河東道實力查禁除已租各商令其加工澆曬以供配運外嗣後坐商無論租賃典賣總須歸運商及同畦夥商管業不准市棍串通承買佃以杜昂貴而防壞畦等因列入條款飭遵在案現在運商既皆捐免則坐商畦地如有無力澆曬者無論租賃典賣祇准歸同畦夥商管業不准市棍串通仍前滋弊違者鹽入官授受人均照阻壞鹽法律治罪並請旨飭下該撫督飭河東道詳查致弊之源力求杜弊之法認眞查禁毋稍徇隱庶鹽價不致昂貴而運銷收稅均有裨益

宣統三年正月詳准設立河東產鹽公所

先是宣統二年九月鹽法道陳際唐詳竊職道前以河東坐商情形危急不能不標本兼治力挽危局稟祈訓示於本年六月二十日接奉鈞電內開蹈綱危急自應量予維持借款一事正與大清銀行商議俟商妥後再行飭知據稟本年六月一應撥銀十萬兩准由運庫先行挪撥以應急需仍將設立公所專買專賣一切詳細辦法妥擬具詳以憑核辦等因職道遵即出示宣布一切面督飭廳場先行設

立收鹽公所委監掣同知姚楷爲提調候補鹽大使錢善鉌爲坐辦並據河東商務總會選舉商會董事王廷輔景遐齡爲公所商董幫同辦理於七月十一日開辦先由三場大使將本年收刮新鹽業有成數急待曬本各坐商分別查明由庫撥款接濟一面飭催公同籌議專買專賣辦法呈候核轉去後詎自六月十九日一雨月餘之久無旬日晴恤商固屬要圖借款尤宜加慎揆時度勢既與原稟之際情形各異自不便膠柱鼓瑟轉失規畫久遠之初心是經體察現情反覆討論期於變通盡善顧產而兼顧銷茲據該提調姚丞酌擬專買專賣暫行章程均尙周妥所有撥款日期擬請以本年十月爲第一期先撥銀十萬兩宣統三年三月爲第二期續撥銀十萬兩十月爲第三期再撥銀十萬兩宣統四年十月爲第四期再撥銀二十萬兩以足五十萬兩之數將來繳息還本統以各該期銀到之日照數起算似此分別先後在坐商受緩急相需之惠在運販無鹽價過重之虞而本息分期亦得預爲設籌不至因款鉅事難稍滋貽誤經督辦鹽政處批該道前此稟請息借官款收買新鹽原爲接濟坐商曬本及平均鹽價起見故准撥借款項妥爲試辦茲稱今年苦雨產鹽約祇往年之半新鹽需價不過十萬左右原請借款五十萬擬分別先後借撥以免保息爲難又稱六月由運庫挪撥銀十萬兩人心以定大局以安等情是接濟坐商有銀十萬足敷周轉借款應即以十萬兩爲限以免款鉅息重償付

爲難此十萬兩卽作爲接濟坐商之款毋庸專買專賣仰卽另定章程詳候核辦十月河東潞鹽闔綱坐商保和公局稟稱河東鹽務自光緒三年大祲以後銷路日見其滯坐商日形其困鹽價賤至每名二三十金且多欲售無主以故數十年來商等之傾家破産畦地之抛棄荒蕪不可勝數兼之近年霪雨爲災其稍可支持者貲本亦虧折殆盡去冬完場無力雖蒙陳道憲詳准借銀二萬兩不過救目前之急鹽價仍無起色後張道憲蒞任商等稟懇因有借用大清銀行息款之論利息過大不認作罷五月陳道憲回任此時市而正緊蒙陳道憲親赴商會採擇輿論非平均鹽價不足以救危急非專買專賣不足以平鹽價隨卽上稟請借部款五十萬兩設立專收鹽公所專買專賣平均鹽價幸蒙電允先由運庫挪款十萬接濟工本正具稟間復奉須發大清銀行借款十萬之草合同商等研求條款所借十萬分限十年運庫擔保更須以鹽帖畦地執押銀行奉行成法非有責難特以河東情形與各省商埠不同坐商慘澹經營獲利無幾毫無把握蓋潞鹽之出産天時地利人事三者缺一不可平時向人借款急則多用緩則立還活動自由並無特別擔保若如合同借載取息既重限期又迫極言其害累及全體此商等愼始圖終實不敢勉以相從者也現已聯合全體公同集議懇將銀行借款之草合同恩准取銷仍由河東道庫隨時接濟至多不過八萬兩之數商等一面妥籌自治之方設立産鹽公所

務使國課民食不至貽誤接濟之款無少差失以仰副維持全局振興鹺商之至意三年正月鹽法道陳際唐詳稱奉鈞覆電開潞綱坐商稟稱大清銀行借款息重規嚴懇將原訂草合同取銷仍由河東道庫隨時接濟至多不過八萬兩等情仰該道迅即召集該商公同議定辦法稟候核奪等因奉此查運庫出納祗惟引課奉撥京甘各餉新舊洋款並無餘存而商捐外銷各有專支近年新政繁興業已入不敷出本年六月稟准挪移十萬兩接濟坐商曬本係一時權宜之計若長此挪濟則萬不能支該坐商等所陳各情前曾分稟到道當批應候鹽政大臣核示在案惟收鹽公所既已停止所有前借曬本自應陸續催還奉電前因遵即召集各商將產鹽公所辦法公同妥議乃以優瘠不同之故意見紛歧久無成議遂諭商務總會召集運城紳學商界開特別會議始行議決簡章三十條由選舉總協理等員稟請核詳立案職道復查潞綱坐商困憊有年今更達於極點前者擬辦收鹽公所注重專買專賣圜轉無形亦且易於收功祗以款鉅難籌奉飭停辦而蒙准接濟坐商之借款銀行已變通格外坐商復堅不敢承徐圖補救之方自非責成坐商自行組織產鹽公所官爲維持保護不足以資接濟而利推行特綱政所關仍以產銷並顧爲宗旨據呈簡章條目逐加斟審常年借款四萬兩係將原有學堂息本提回改發於庫款無所出入其活動借款則隨時息借與市面周轉無異此外一切辦法皆

坐運直接純乎商辦性質官爲稽核均尚周妥且紳學商界既已公同決議自應准其試辦以順輿情旋據該公所具報於十二月二十日成立並刊河東產鹽公所木質戳記呈驗啟用除將送到簡章出示曉諭即自宣統三年正月起爲此章實行之日詳請察核批示立案經督辦鹽政覆批所議產鹽公所章程尚屬周妥應准試辦

產鹽公所簡章

第一條原設收鹽公所擬改產鹽公所專以接濟坐商平均鹽價俾工本不致缺乏畦業得以保存爲宗旨

第二條產鹽公所係由坐商全體組織而成純乎商辦性質但商力微薄全賴官爲維持庶克有濟

第三條產鹽公所仍就收鹽公所地址設立其原來修理及購置傢具等費統由產鹽公所接收承認

第四條原設收鹽公所接濟坐商曬本暨作完場之用者除繳還外尚欠銀四萬之譜一併改由產鹽公所具領其質押鹽帖亦悉數發交產鹽公所收存將來賣鹽時扣本算息即由產鹽公所與各該欠款坐商直接辦理

第五條道庫接濟曬本原係暫時通挪急待歸墊應由產鹽公所另行設措免息歸還

第六條產鹽公所資本應以四萬兩爲常年借款以四萬兩爲活動借款常年借款請將道庫發商生息之學堂息本提回改發照章按年八釐繳息活動借款如周轉不開仍由道庫暫挪公所如有存銀亦即繳庫存儲以昭慎重

第七條公所以產鹽爲名專以接濟坐商使產鹽有資不致荒廢畦業凡借銀三十兩必須指定新鹽一

名第八條接濟坐商之款應分三期借給以每年二月爲第一期五月爲第二期完場爲第三期其不願借者聽　第九條分限借款銀數第一期就各該畦近年產鹽名數三成計算如近年刮鹽一百名者借給銀九百兩第二期按所刮新鹽將第一期借款扣除計算如已刮五十名將一期借過銀九百兩扣除再借銀六百兩第三期按歸料鹽數將第一第二兩期借款扣除計算如刮新鹽一百名即再借給銀一千五百兩以足三千兩之數多寡類推　第十條借款起息以按月八釐爲準自交銀立券之日起算至售鹽得價歸還之日止過三日不計過五日按一月扣息長餘鹽價當日找給其向由鹽價內扣給運商之項如牆工團練粥廠之類仍照向章辦理　第十一條新鹽產數自應隨時考察每年五月望日爲官初次上報之日每屆上報照式送所一分將畦名曬戶分晰註明完場盤料時並將盤丈新舊料鹽細數一併開單送所以資考證　第十二條新鹽歸料無論名數多寡各歸各料不得新舊歸併並照向例寬備鹵耗將來出售時如有餘存仍照數歸公所按值出售儻有不足除責令照數向公所買鹽賠補外每名罰銀十兩入公以爲賣空者戒　第十三條池鹽售價向視產收之豐歉色質之優劣鋪分之遠近行銷之暢滯爲權量當鹽務盛時每鹽一名售銀百數十兩不等比年鹽務疲滯兼霪雨爲災三場產鹽共祗二千四五百名即按每名百金定價亦屬不敷工本惟運商成

本過重亦恐有礙銷路應酌照本年優等價值以七十兩爲標準分等遞減惟至少不得下四十兩嗣後鹽價應即以四十兩起按等遞加無論何等尖鹽總以百兩爲止不得再逾此數　第十四條加鹽價等次由公所官商酌審呈道核定批發到所榜示遵守運商向所配鹽照價交銀取帖不得絲毫短欠如現銀不便准其立據按月息八釐作借此係變通辦法仍視公所需款之緩急爲定　第十五條池鹽有新舊之分令公所售鹽亦須均匀搭配擬自宣統三年正月爲始無論某綱某岸凡有封課報鹽者必須一新一舊先將報鹽報狀同配就鹽帖送由公所驗明登號蓋戳再行送場蓋印送道領票其未經公所蓋戳之報狀場官概不蓋印卽不能赴道領票以期畫一而免冒混　第十六條扣收經費分爲二等買鹽賣鹽向有說合一項今新鹽統歸公所與運商直接交易毋庸說合應定爲公所售鹽一名在坐商鹽價內扣銀二兩作爲公所經費至運商所買新鹽或有讓於別家配運者准赴公所互相報明通融辦理不再出費不報明者查出罰辦至運商報配舊鹽須將鹽帖送公所查驗應按每名交銀一兩作爲公所驗費　第十七條坐商中有兼辦運商者其報掣池鹽新舊配搭悉依運商定章辦理不得歧異　第十八條三場所產池鹽旣已統歸公所定價出售凡由公所出售之鹽帖均應加蓋公所圖章儻鹽色不符或鹽數虧短得向公所理論公所卽按第十二條章程辦理　第十九條

鹽色之優劣爲價値貴賤所繫公所於審定鹽價時將鹽色分爲三等上等曰尖鹽中等曰次鹽下等曰青鹽而三等之中又有上中下之分於榜示鹽價時一一註明其青鹽不及者應作爲不列等鹽買與不買聽運商自便　第二十條池鹽按鋪加脚自應仍舊分別遠近在鹽價內扣除　第二十一條三場坐商新鹽無論有無借款均須將鹽帖送　交公所輪售坐運不得私相買賣至輪售之法則係各按鹽運之多寡分作三次均匀搭配榜示周知如刮鹽六十名者每次輪售二十名多則照加少則照減其不及十名者則畦少力薄之家應准量予變通全數歸入第一次出售不及二十名者歸入第一第二兩次輪售以昭統一而示均平　第二十二條坐商於新鹽歸料時每料須提樣鹽若干斤送　交公所以便在所官商公同估驗定價儻於出鹽之際鹽不對樣准買主到所聲明由所派人攜帶原來鹽樣到料三面比較果不照樣除責令另買本所相當之鹽更換外仍令　將買主出過池脚銀兩照數包賠並另罰銀五兩歸所充公　第二十三條公所輪售池鹽匀分三次原擬第一次售完再開二次二次售完再開三次今因運商配運情形不一不得不略從權變定爲第一次榜示售至六成即開　第二次榜示亦售至六成即開第三次榜示以供運商配掣　第二十四條輪售以三次爲定每年夏令停運之際各岸運商往往預買池鹽以備秋運公所應將三次榜示內餘賸未買之鹽由各該坐商

自行酌量讓價售賣但所讓價目至多不得過原定額價十成之二

第二十五條報鹽名數有雙有單不能一定凡屬單數均應由公所詳細登記如第一次三名必須二新一舊第二次三名一新二舊多寡照算以新舊各一必先新後舊爲定

第二十六條公所出入款項悉以庫平足銀爲準不折不扣運商買鹽交價向用鹽平市銀現在公所售鹽既將說合一宗概行裁免自應以庫平足銀交價

第二十七條公所之總理協理以及董事並向有值年之各坐商均在應盡義務之列不支薪水車馬等費

第二十八條公所收支每年分六臘月結算二次分別銀鹽存數以及公所經費支存各數開列清摺呈送道署備案

第二十九條公所擬請頒發木質戳記一顆文曰河東產鹽公所戳記以昭信守

第三十條所內擬舉名譽員數人遇有疑難事宜邀集公所公同議決

錠名

錠者領引納課之則課以錠計商人每月依限納課一錠錠重五十兩內正課四十八兩賑濟一兩五錢紙價三錢六分一釐七毫五絲三忽餘銀一錢三分八釐二毫四絲七忽即今所謂扣錠也共成五十兩爲一錠故不曰課而曰錠自順治六年按錠分畦之後畦歸商人各立錠名一切封領掣支皆視錠名以爲區別是錠名者商人之根窩無錠名不得爲

商無錠名不得干與鹽業舊係坐商兼辦引課迨後引課皆歸運商辦理而引目猶用坐商錠名坐商者即兩淮長蘆之竈戶蓋事事種鹽而言也今現冊商名四百二十有五額畦四百六十五號計錠二千七百八十八錠半內十二錠商人四十名該四百八十錠六錠商人三百七十九名該二千二百七十四錠不足十二錠商人一名該九錠一引不足六錠商人五名內五錠者三名五錠零五十九引者一名又五錠零一百一十引者一名共正課大錠二千七百八十八錠每錠合引一百十道共合引三十三萬四千五百六十道又零引三項共一百七十道即各名下不能成錠之尾數故統曰半錠大錠外每錠各隨有加增引八道名曰小錠仍按二千七百八十八錠之數共合引二萬二千三百四道又於不能成錠各名下亦隨有加增引共十二道以上正課大錠並加增小錠按錠合引三十五萬七千四十六道皆有各限錠名按限封課領引掣鹽其各錠名下畸零鹽數不能歸錠餘出引一百一十二道名曰官置昌共引三十五萬七千一百五十八道迄今每一百二十引爲一名不以數計反以名計以引目搨用坐商錠名故錠名之關於鹽法最重分別六錠爲一號十二錠爲雙號並成錠不成錠乾隆五十七年課歸地丁坐商自行澆曬事不經官督責中西兩場畦錠多荒東場亦間有之嘉慶十二年復商後仿照長蘆淮浙章程引目改墳運商旋經撫臣成齡於酌留銷價案內奏請以所收銷

價將各場荒畦仍照舊制二千七百八十八錠半如式修整奉旨允准十六年一律修完迄今錠名如舊

六錠商名三百七十九

內單月一百九十三雙月一百八十六計二千二百七十四錠

劉仁義 李馥遠　范時熙 劉光晙　袁正 李宗瑞　喬世榮 范錫奎　邵張南 張友佺

馬古圖 曹守德　曹廣裕 趙文科　郭治勳 劉李瑞　萬年慶 宋三錫　楊胡盛 楊本青

周張劉 郭姚昌　張公勝 衛純　范錫琨 李錡　解建基 張永榮　張敦敬 劉李祥

劉王佐 楊文燿　王謙益 范錫光　劉彩 孫丕成　馮胡盛 李乾勝　曲光明 王崇

王世芳 李鴻業　范錫讓 胡楊福　范錫川 王體先　董連發 王聖宇　郭汝翠 杜創業

張經 郭元勳　范琨 劉日惕　何胡景 范祥　王名斗 楊多福　尙從周 劉王興

吳李郭 曹復慶　常凝 張王湯　劉功營 范錫福　李琰如 孫達秀　解成祥 馬之聽

郭皐 曹守澤　孫立 范錫賀　劉增祿 劉永翕　馬文祿 喬世盛　孟昌裕 王天祿

張慶 王孫遠　孫克竣 李張　王世正 路鐸　王謙陸 荀柳春　張廷 郭封肆

萬年瑞　王計　范錫琳　張洪裕　張永發　孫馬景　馬守肆　關復慶　張世有　陳玉美
張庸　何德先　荀玉　陳大畿　謝景新　吳紹鳳　王如張　孫張郭　楊餘慶　郭譚德
劉建盛　范錫輝　范厚　范輪　文際泰　張聖　范承　喬劉逸　朱陳德　郭暉
李文琦　范正　楊怡　弋徵夏　曹盛　郭東臯　張琳　李惟亨　郭王福　張道綿
張景瑞　侯王錫　董張盛　李吳宗　范錫維　張世盛　周永盛　關合祿　張滿　張宸
荆孫盛　樊自省　吳楊茂　張馬新　張振光　郭世翔　孫三成　王曲彩　侯計東　郭順昌
宋四德　董胡翔　朱光彥　梁文光　衞師寧　蔡毓英　張榮光　郭恆基　薛張發　范錫山
張令聞　張世瑞　張澍　王三益　石毓菴　王輻　范錫珣　范錫善　張大成　衞琇
張乾　張軌　朱光庭　席正　劉李　李景文　宋肇業　胡永業　范錫含　范林
李席得　張福榮　范錫仁　牛順成　朱順德　吳濟　李南有　張用　胡建業　孫踵賢
聶王錫　董李盛　應永豐　李玉隆　郭永基　馬善慶以上單月　王寶善　劉成德　張程章

劉大裕 丁光榮　周斯盛 郭張先　陳守成 景蓁瑞　蕭丁隆 馬之麟　劉敬成 郭　清

景新崑 李　祥　楊清茂 秦廷祁　陳樂成 曹廷琇　劉光暟 衛玉馬　王　友 萬　福

景德馨 王世伯　范錫盛 周永福　景席瑞 范錫基　王　偕 范錫和　范錫成 李　煜

費　錫 范帝深　郭張凝 馮張惠　劉　成 劉慶陳　劉廣生 李　桂　張鼎盛 范　充

文景泰 喬楊景　張　蔡 張嗣徽　李大成 張福玉　梅周田 衛近宇　張崔玉 衛大有

郭翟斗 白六輔　范錫阜 南耀源　蘇康阜 楊善繼　張世慶 周禮明　張王徵 楊克明

王天泰 孫天成　樊和盛 王傑生　路歌薰 劉生吉　岳萬昌 王成業　楊爵錫 劉文起

段維錫 劉　祥　張澤昌 陳大勳　張漁福 王劉昇　劉　暄 康　盛　萬時昌 丁人瑞

李祥衍 楊南盛　楊李高 趙文登　朱光先 劉殿掄　孫祿泰 陳安成　劉　麟 宋肇基

衛承志 張永泰　彭延年 范錫琦　閻張慶 馬來儀　呂　漢 陳毓呂　李馬鳳 張守義

楊明斗 薛天福　關起郭 景劉申　王慶盛 路迎祥　費啓元 衛復泰　馬　祥 王綿宏

葛文生　薛桂興　路復新　王文弼　文中琪　萬年泰　郭行慶　張　舒　范錫瑞　張楊斗

王昌盛　馬萬福　葛鼎盛　景雙德　董周弼　張肇漢　仝全金　劉光昶　劉　德　路恆裕

劉喬延　范錫泰　王昌瑞　許洪泰　張　泰　王太亨　呂世仁　朱謙益　康德演　高　昌

劉燕生　范錫安　馬周美　張文芳　王用舒　許太徵　范時發　張雙興　陳葉欽　官置昌

范錫關　張　昌　石淳璞　張　坤　郭鍾俊　劉　盛　王文煥　馮克恭　荀振喬　范錫岳

衛存仁　張天申　朱五福　荀　源　郭鎮疆　宋肇仁　張仲含　于薛盛　周永祿　王延祚

范錫潞　喬　宥　范錫榮　范錫垣　劉錫鈺　范　洪　張　源　許仁基　姚成邑　范　恆　以上雙月

十二錠商名四十　計四百八十錠

張　充　張　璠　范錫臺　張　翔　周宗賢　張世德　張澤遠　張　鵬　荀特正　張　翊

劉晉生　王天佑　景奇瑞　王天瑞　范錫鼎　范錫澤　景三麟　張存仁　張雲客　劉集成

李　濟　范錫留　范　岩　張澤深　劉　增　范天錫　范錫長　張　濬　王天壽　范錫治

范錫陽 范錫鳳 范錫黎 劉光昞 許晉魁
王天福 范錫高 范錫陵 范天德 劉光曙 以上不分雙單月

不足六錠商名五 計二十五錠零五十九引又零一百一十引

許廷憲雙月五錠五十九引 荀慶雙月五錠 周綿新雙月五錠 李裕豐單月五錠 范錫龍雙月五錠一百一十引

不足十二錠商名一 計九錠一引

范恩雙月六錠附蔡承琇雙月三錠一引

以上共商名四百二十有五合計商錠二千七百八十八錠又零引三項共一百七十道統為半錠其加增引官置昌引俱在外

鹽丁附

解池舊有鹽丁明初於蒲解等州縣編審鹽戶八千五百八十五戶定鹽丁二萬二百二十名每二十名立料頭一人撈鹽千斤為一料其鹽戶除正役里甲應辦糧草外一應雜泛差徭丁少者俱蠲丁多者量減於商人名下每引徵賑濟銀

一分每鹽丁撈鹽一引即賑濟一分又查有佃種逃絶鹽丁地土者按地派出鹽丁以供撈採嘉靖間因富丁私自雇役料頭攬收影射議每年清審聽民自願無力者照舊供役有力者納銀一兩五錢免其撈採如遇撈採不及雇募貧民每一料給以前銀二十兩爲工費此工本鹽所由昉也隆慶間因前項佃地人戶既應差役又復撈鹽乃豁免佃丁另招貧民補數又題准南岸撈鹽用鹽丁則民力不堪動賑濟恐財力不繼請廣招貧民於兩岸每撈鹽一料外給鹽十車此招募簡便之法也萬歷四年御史陳用賓以富丁出銀免役貧民包攬代辦富者愈逸貧者愈勞況名爲富丁不無豪強假鹽戶名色影蔽差役今宜將逃竄貧丁招捄復業其富丁七百七十餘名停止納銀盡驅撈辦管鹽官明信賞罰毋庸虛應雇代此時料頭七百四十號丁夫一萬四千七百不爲不多既免差役又每料撈鹽千斤賑濟銀八兩後加至十兩不爲不厚然路途跋涉旅次艱食沸湯濺足烈日薰肌勞苦萬狀故富者雇代貧者強支查點不及十之四五撈採不及十之一二揑造鬼名誑報虛數皆由料頭之包攬爲奸管鹽官之扶同作弊也明末止存鹽丁四百七丁之半每歲正月行文州縣從公清審汰年老收幼丁務足舊額一遇池鹽生結調取職官督率料丁星夜赴池照依分定中東西腳道竭力撈採每丁每日責照定例撈鹽一引二十丁爲一號一號所撈各自爲堆以辦多寡美惡撈採完日各在腳道高阜處每一

千引攢料一臺僉報臺頭一名日後鹽不足數責在臺頭補撈每丁每年額撈鹽三十二引足額者官給賑濟銀三錢二分不足責令下次補撈今歲不足責令次歲補撈又每年九月終旬調取官丁在池南岸採取蘆葦每丁一十八束每束二十八斤堆放腳道三場斗級看守備來歲苫蓋鹽料之用順治二三年間十三州縣止存六千三百四丁撈採仍依舊制後僅存五千八百四十四丁半順治六年畦歸商人自行澆曬不用鹽丁撈採

康熙十六年清查晉省鹽丁除紳衿優免七百七丁外查出實在鹽丁共三萬一千一百三丁半酌留二千名備修牆之用

康熙十九年覆准鹽池圍牆隄堰皆係鹽丁責任除原留二千名外再酌給二千名以供修築其餘鹽丁盡令納糧

康熙二十二年豁免山西修築鹽池包賠銀兩戶部議覆山西巡撫穆爾賽巡鹽御史馬爾賽疏言前撫圖克善查核鹽丁將老少病廢盡行開報迨鹽池水患仍責鹽丁修築以致力役交困里甲包賠今通計包賠一萬七千一百餘丁銀一萬五百餘兩請行豁免從之

雍正六年題准鹽池禁牆築堰歲修皆有動項不必責令鹽丁民夫派修並將丁夫編入民籍輪差

清鹽法志卷七十六終

清鹽法志卷七十七　河東四

運銷門

引目

河東引行山西陝西河南三省凡山西平蒲澤潞霍解絳七府州及隰州所屬之蒲縣陝西西同商乾四府州河南河陝汝南四府州及許州所屬之襄城皆食河東之鹽行河東之引其山西太汾甯平保忻代遼沁九府州並隰州暨所屬之大甯永和兩縣又陝西鳳興邠三府州皆食蒙土及花馬池鹽仍行河東之引在乾隆歸丁以前歲行額引四十二萬六千九百四十七道餘引二十四萬道嘉慶復商以嵩嵐等州縣引三千四百九十四道歸入吉引共

增吉引八萬七千五百道咸豐捐免充商豁除吉引而以嵢嵐等州縣引三千四百九十四道匀入山西行鹽州縣通融代銷繼又添設靈寶口岸增引三萬六千道計不分額餘共應行引七十萬二千九百四十七道内除山西陽曲等州縣引四萬二千一百五十一道改由藩司領繳陝西鳳興邠三屬引二萬四千九百五十七道奏明停領實行引六十三萬五千八百三十九道此其大較也其中引地之改移引額之增減因時損益有足記者志引目

引地引額

順治元年題准河東行正鹽四十萬六千七百三十三引改引三千二百道

按改引三千二百道原係明時王府官吏食鹽清初更名變價解部

順治二年議准山西太原府汾遼等州停止票鹽改行引鹽 戶部議覆河東巡鹽御史劉今尹疏言河東鹽額課銀一十二萬四千九百餘兩故明給宣大山西三鎮宗祿軍餉今應解京庫其給發鹽引之法河東地遠勢不能先納銀而後領引應先解紙價後按引納課舊例可循至河東地方去年十月方出湯火業於順治二年春定期徵解以甦商力其撈採之法均宜仍舊惟是山西太原府汾遼沁州欲行票鹽似非畫一當如山東例革票行引以信令甲而除私販之弊從之

順治十三年題准增行十萬引

順治十六年題准停新增引目

康熙十年議准汾州府屬石樓縣改食土鹽 御史布舒疏請汾州七縣俱食本地土鹽獨有石樓一縣行銷解鹽道里阻長行運維艱照改土鹽商民兩便部議准其改食以商行引課改爲縣徵鹽稅

康熙十七年加閏月引三萬四千一百六十二引 十九年有閏照加二十一

年恩詔停免

康熙十八年題准陽曲等四十州縣按丁加引一萬七千四百六十二道西安府屬按丁加引二萬二千九百六十七道

康熙十九年題准陽曲等四十州縣按丁復加引四千三百三十二道

康熙二十四年題准河南懷慶府引課已歸蘆商完納減河東三萬七千二百五十一引先是康熙四年懷慶民人以行銷解鹽爲累請照開歸之例改食蘆鹽經三省督撫會議商運商銷永不累民事遂未行至二十四年河南巡撫王日藻復以懷慶改食蘆鹽爲請部議覆准

康熙五十三年題准山西平陽潞安澤州三府陝西西安府河南河南南陽二府汝州及襄城縣均食河東解鹽山西太原汾州遼沁等府州食本地煎鹽陝西鳳翔府食花馬池鹽

雍正二年題准河東引分與山西陝西河南三省行銷各州縣常有不敷自雍正三年爲始每年頒餘引十萬如遇額引不敷之處卽令運使塡給照例納課於奏銷時將已行餘引儘數題報存賸餘引仍繳內部其有不能銷額引之州縣於附近州縣帶銷

雍正六年增餘引二萬道

雍正七年覆准解州安邑額行八千七百引仍歸解安行銷其山西陝西河南三省銷引各商一名仍增給三引以足百二十引之數不必代銷解安額引再頒八千七百引給發各商按實數領運鹽政碩色疏言河東部頒額引共四十一萬七千四百四十三引內除陝西鳳翔府屬例食花馬小池之鹽止納鹽課引六萬二百八十五道外實行鹽之引共三十五萬七千一百五十八道分銷於河南山陝三省

地方每引一百二十道謂之一名即封大課一錠內有解州安邑額引八千七百道向因解州安邑爲産鹽之地一切課錠官錢皆三省運商代納所以三省商人額引每名止一百一十七引而掣一百二十引之鹽其扣存三引即代銷解安之額也故解安歷來無商而額引權貯運庫惟於奏銷時截角繳部積習相沿已非一日臣思鹽引隨引掣若以一百一十七引而支一百二十引之鹽即屬夾帶況解安生齒繁多民間豈能淡食既不行銷一引必致買食私鹽且以解安應完之引課而分攤於三省各商代辦亦屬不公臣愚以爲解安額引自應仍歸解安行銷現在檄行運使召募良商領運辦課惟是解安無商已久恐一時難以疏銷可否飭令儘商儘辦如有存剩之引請照餘引例繳部查覆至於三省各商領引一名仍添給三張以足一百二十道之數請於額引四十一萬七千四百四十三引之外再頒額引八千七百道給發各商按實在數目領運如此則三省行銷地方皆係有引之鹽而民免食私商免代納其於鹽務似有裨益矣

又增餘引三萬道

雍正八年題准陝西長武縣向銷河東之引而食花馬池鹽既稱民便即照鳳翔之例改食池鹽增八百有四引發該縣照

鳳翔例納課行運造册奏銷至長武縣舊額六百四十五引

歸入餘引項下令陝西行銷餘引商人領運

又增餘引五萬道

又改撥山西臨晉縣額引一千五百四十四引於復設虞鄉

縣行銷

雍正九年題准猗氏稷山高陵三縣行銷不足舊額四千百有

五引輪坐加增令陝西商人永遠作餘引行銷八年鹽政碩色以山西猗氏稷山二縣陝西之高陵縣原設額引實屬過多奏請猗氏減額一千七百引稷山減額一千八十七引高陵減額一千三百一十八引永作餘引輪坐加增按照本省各州縣行銷餘引之多寡分派代銷每處每年多者不過一百餘張少者數十張或十數張不等本年以長武縣請照鳳課例徵解其原額六百六十引亦作爲餘引在於陝西能銷鹽地方輪坐代銷

雍正十二年改撥河南南陽縣額引六百九十八引於復設南召縣行銷

雍正十三年陝西同州改府添設大荔縣仍行同州額引

乾隆五年增餘引二萬道

乾隆六年增餘引二萬道

乾隆十一年題准蒲城縣額行七千三百七引減千九百二十九引夏縣額行五千二百四十八引減千三百一十一引歸於河南唐縣作餘引行銷鹽政衆神保等奏言蒲夏二縣額設引鹽實屬過多歲銷不盡節年俱有餘鹽積累不惟該商辦運力艱且恐有誤正課是以臣據實奏明請將蒲城縣不能行銷額引一千九百二十九道夏縣不能行銷額引一千三百一十一道照猗氏等縣之例改作餘引行銷等緣由嗣奉部議以請減引目正賦攸關未便改作餘引行銷或即撥歸唐縣作爲額引抑或通查額引不敷州縣量爲酌撥分派定額之處令臣會同三省各督撫

逐一確查定議具題到日再議臣當卽備移各督撫臣並行運司速行確查妥議詳報去後茲據河東運使郭一裕詳稱查得蒲城額引過多積鹽累商郭元勳具呈告退招募無人夏縣附近鹽池私鹽零星透漏無憑查拏運商董胡翔的名胡希齊賠累一空伊姪胡玢接辦又以積鹽愈多屢稟告退引課空懸惟河南唐縣人稠地廣尙可行銷請酌量減除歸於唐縣作餘引行銷茲奉部議確查在大部之意蓋以獨歸唐縣作餘恐有存剩致缺正課或酌撥額引不敷之州縣爲數無多易於行銷具見愼重引課之意但查引目雖分額餘要在無賦課無虧查雍正八年猗氏稷山高陵不能行銷引四千一百五張蒙前鹽臣碩色會議題明輪坐加增按照各州縣行銷餘引之多寡酌撥分派代銷每處每年多者不過一百餘張少者亦止數十張或十數張而已至今十有餘載引無不銷課無不完況以額作餘之引係坐商錠有應得銷價爲商人澆曬之資俱屬商人世業是名以額作餘實無異於正額向無存剩有缺正課且據三省各府州行據各州縣概稱不便加增爲額而三省各商呈請仍照猗氏等縣之例輪坐加增以額作餘商民稱便應請俯順商情將蒲夏二縣不能行銷引三千二百四十張仍照例輪坐加增令三省商人永遠作餘引行銷課錠官錢公務照額引輸納庶衆擎易舉行銷不難而引課亦不至有虧等情臣覆查無異合詞具題

乾隆十六年酌減餘引四萬道

軍機大臣議覆河東鹽政西甯條奏酌減河東餘引一摺奉旨令該鹽政會同山西陝西河南各該撫將實在官民行銷及商人承辦各情形詳悉熟籌疏引裕商一一酌議具奏嗣經三省撫臣及鹽政會議合詞具奏查得晉省太原汾州甯武三府遼沁平定忻代保德等六州例銷河東之引或食本地土鹽或食蒙古鹽州縣各按引徵稅名曰鹽稅陝西鳳翔一府邠州屬之長武縣例銷河東之引食花馬池鹽州縣按引徵課名曰鳳課長武課此官民行銷之情形也引既無多鹽復任便經久相安稅課不誤無可置議其晉省之平陽蒲州潞安澤州四府解絳吉隰四州陝西西安同州二府邠乾商興四州豫省之河南南陽二府陝汝二州許州屬之襄城共一百二十四州縣例銷河東之引食河東池鹽俱係商人認地銷引凡池鹽出場覓腳轉發所認地方或用升斗或計斤兩遵照定價聽民買食如有額引不敷之處請領餘引接濟此商人承辦各情形也查河東餘引自雍正十三年至乾隆五六兩年陸續增添至二十四萬道若如該鹽政所請遽減十分之三核計減數已至七萬二千道較之歷年未銷之數反覺過多不若將續增餘引四萬道暫爲酌減其餘引二十萬道作爲定數至所稱陝省咸甯等十二廳州縣查明升斗較報部之數加重應請改正並運銷豫省鹽斤請由水路運發以省腳費均屬恤商疏引之舉應悉照該鹽政等所議辦

理從之

乾隆十八年復餘引二萬道

乾隆二十一年議准增復餘引二萬道河東鹽政西甯奏言河東從前每年請領餘引二十四萬道嗣因積鹽過多壅滯難銷於乾隆十六年奏請將續增四萬道暫爲酌減乾隆十八年經前任鹽政薩哈岱以從前積鹽銷完商力稍紓奏請酌復餘引二萬道今積鹽久已銷完商力亦覺漸紓各地方既經暢銷請將從前酌減餘引二萬道照舊增復從之

乾隆二十六年奏准池鹽歉收減餘引七萬道大學士忠勇公傅恒等議覆巡撫鄂弼鹽政薩哈岱等奏辦鹽務事宜查河東鹽務自鹽池被淹以來產鹽既少不敷配運應准其所請將續增餘引十四萬道之內暫行停領七萬道

乾隆二十九年裁平順縣將額引一千六百一十二道分撥潞城黎城壺關三縣行銷潞城增引七百二十二道黎城增引

二百八十七道壺關增引六百三道

乾隆三十年復餘引三萬道

奉諭旨據李質頴奏河東本年收鹽配引足額外尙存鹽三千二百名有零令各商加謹收貯以備將來不敷年分等語鹽斤收貯過夏易致鹵耗該處池鹽何以獨能久貯留待將來補用河東連年產鹽既旺照額暢銷之外尙有盈餘或可將此項存鹽仿照淮揚之例配用餘引以濟民食較貯積陳因不更妥協乎著傳諭李質頴確報彼處情形悉心籌畫據實奏聞嗣河東鹽政李質頴奏請先酌復餘引三萬道自三十年爲始赴部補領仍察看情形如有鹽引不敷之州縣即行奏請給運從之

乾隆三十一年復餘引二萬道

乾隆三十三年奏准隰州暨所屬大甯永和二縣改食土鹽

巡撫富明安奏言山西隰州暨所屬大甯永和二縣向俱行銷河東池鹽但該地處萬山之中車輛不通鹽斤騾馱肩負商人費重價昂憚於轉運該處鄉民又苦價貴情願就近買食土鹽先據該州縣士民呈請願將鹽課按糧攤輸各食土鹽由州縣具稟批飭查議去後茲據署藩司事朱珪運司沈栻會稟稱該州縣地方近城數百家或二三大鎮店有土瓦房屋

其餘居民多係挖土爲窯巖居穴處與孝義石樓甯鄉三縣犬牙相錯小民目擊鄰境皆食土鹽每斤不過八九文買食官鹽既陟岡踰嶺往返多勞其價又必得十七文歷年以來雖嚴行查禁疏通官引終非民情所樂查山西汾州府所屬石樓亦向銷河東池鹽因道路阻長奏請改食土鹽經部議准遵行在案今隰州暨所屬二縣事同一例若改食土鹽將課項照例攤入丁糧統徵分解無糧之戶無多固可隨便賚食有糧之戶所攤無幾得買賤鹽倍省其費商人又得免辦課不及之慮銷售不足之憂等情前來伏思鹽法首重便民而銷引務歸實濟今隰州暨大甯永和二縣改食土鹽商民稱便國課無虧似應俯如所請援照石樓縣之例即以乾隆己丑年爲始引課歸入丁糧土鹽以充民食一州二縣億萬編氓永沐皇仁於無既矣

乾隆四十九年奏准河東每年請領餘引二十四萬道嗣因池鹽歉收減餘引七萬道又陸續奏復五萬道近年池鹽屢獲豐收從前積滯引地漸次疏銷今將已減未復之餘引二萬道全數增復作爲乾隆甲辰年餘引仍照舊例儘銷儘報鹽政

十農起奏言竊照河東鹽引向於額引之外每年請領餘引二十四萬道乾隆二十六年因池鹽歉收經前鹽臣薩哈岱會同前撫臣鄂弼奏減餘引七萬道蒙恩俞允欽遵在案嗣於乾隆三十年及三十一年經前鹽臣李質穎先後奏復五萬道尚餘二萬道至今未復近年池鹽屢獲豐收從前積滯引地日今漸次疏銷據各商等呈懇請復原減引張以資領運經臣行司確查去後茲據運使沈業富詳稱河東鹽務仰蒙聖主加恩調劑日有起色現在行鹽引地實無積滯如河南之南陽鄧州陜西之商雒等處尤爲暢銷所領引張將來自有不足應請俯順商情增復餘引以符原數等情臣查運銷餘引上裕國課下濟民食原應視引地之暢滯預爲籌辦今河東池鹽充積商力漸紓三省行鹽州縣不特並無積壓且可漸望暢銷現領引張既有未敷銷售之處自應早爲籌備仰懇皇上天恩將已減未復之餘引二萬道全數增復作爲乾隆甲辰年餘引赴部請領給商領運仍照舊例儘銷儘報庶池鹽得以運銷於課食均有裨益

又議准行銷河東引之陜西興安直隸州改設府治漢陰縣改爲安康縣所有舊設興安州漢陰縣地方俱歸新改之安康縣管理該二州縣原設額引統令安康縣併案督銷

（以上共額引四十二萬六千九百四十七道餘引二十四萬道）

乾隆五十六年議准行銷河東池鹽之山西河南陝西三省共一百七十餘廳州縣每歲額引四十二萬六千九百四十七道餘引二十四萬道今課歸地丁無需商運部引毋庸再領紙硃銀兩免其解納（詳見運銷）

嘉慶十一年奏准河南泌陽桐柏二縣改食淮鹽（兩淮鹽政額勒布疏言淮北岸銷疲滯實由潞鹽侵灌請將泌陽桐柏二縣改食淮鹽奉旨允准）

又定河東實行額餘引六十萬五千二百七十九道無分額引餘引統俟試辦三年後再行酌定先領四十六萬五千二百七十九道交商行運其續增餘引一十四萬道俟來年七月分再行請領至吉蘭泰行銷鹽數每年以三萬石爲率約

銷鹽二千一百萬斤共合引八萬七千五百道照數請領交

商試辦據實銷報戶部咨稱上年十二月內據山西巡撫成齡疏稱河東請引成例每歲八月專差赴部請領現據各商籲請以嘉慶十二年正月初一日爲始辦運行銷時距封篆不遠赴部請領不及暫行先給印票配運俟引到時將印票撤銷經本部議覆部引未經頒發以前暫行給票配運等因在案今據咨稱河東舊額每年額餘引六十六萬六千九百四十七道內除陽曲等四十三州縣改歸吉蘭泰引地案內四萬五千六百四十五道又河南省泌陽桐柏二縣改撥兩淮引地額餘代銷引一萬六千二十三道二共改撥引六萬一千六百六十八道河東實應請領額餘引六十萬五千二百七十九道應請照舊先請嘉慶十二年額餘引四十六萬五千二百七十九道其續增餘引十四萬道照舊俟十二年七月間由河東道詳請咨部請領並將引地清册送部等語查河東鹽引銅版舊係八塊內除漢中府花馬大池銅版二塊俟陜西巡撫造送引地清册再行鑄造外其河東鹽引銅版六塊又桐柏泌陽二縣改撥兩淮鹽引銅版一塊共七塊相應劄行寶泉局查照本部頒行引式趕緊鑄造務於三月內鑄就送部以便刷辦應給匠役工價銀兩俟鑄造完竣再行核給再查漢中府花馬大池鹽引舊例由陜西延榆綏道漢中府頒發應行文陜西巡撫轉飭該道

府速即將引地清册造送以便鑄造其吉蘭泰應行增鑄鹽引銅版應俟該撫將行鹽引地清册送部再行增鑄仍咨山西巡撫將現應請領額餘引四十餘萬道俟鹽引銅版鑄造完日本部即行趕緊刷印行令咨部請領並將吉蘭泰引地清册即行送部以憑核辦

又議准陝西鳳翔府改食潞鹽邠州並所屬三水醇化二縣改食花馬池鹽

戶部議覆山西巡撫成齡疏言河東鹽課自改歸地丁之後潞私侵灌淮綱我皇上洞悉弊竇俯准仍復商運臣到任後一切應行事宜與藩司金應琦署臬司吉隆阿河東道劉大觀等稽核舊案悉心講求有必須仍舊設立者亦有應行更定裁汰者臚列條款等因具奏臣等謹按款核議恭呈御覽

一奏稱陝西鳳翔府八屬向食花馬池鹽領河東之引名爲鳳課茲准陝西撫臣方維甸咨稱該府八屬自課歸地丁後販運河東之鹽由渭河直達竇雞水運行銷較花馬池鹽價值稍賤等語臣查鳳翔府屬向食花馬池鹽而納河東之課本屬兩歧今因水運便易鹽價較賤該處一民人願食潞鹽不食花馬池鹽不惟難以勉强且亦事歸畫一此後鳳翔府八屬應請即改銷潞鹽派商行運以順民情應加公務官錢餘平等項另摺彙奏等語查掣配鹽引自應詳查地勢體察輿情隨時量爲調劑今陝西

鳳翔府八屬向食花馬池鹽納河東之課該撫等既因潞鹽水運便易價值較賤民人願食請改配行銷應如所奏辦理以利運道而順民情並據另摺奏稱應加公務等項銀五千一百四十四兩八錢八分七釐應令照數徵收造報一奏稱陝西邠州並所屬之三水醇化二縣向行河東引今陝西撫臣方維甸以該州縣山路崎嶇潞鹽至彼費重而價昂其地距花馬池較近小民貪賤乘便買食難以禁阻等語臣查邠州並所屬不食潞鹽亦如鳳翔府屬之不願舍近就遠似應各從其便俾裕民食其應減公務官錢餘平等項另摺具奏等語查陝西邠州並所屬之三水醇化二縣向行河東鹽引今該撫既稱該州縣山路崎嶇潞鹽到彼費重價昂其地距花馬池較近小民乘便買食亦如鳳翔府屬之不願舍近就遠請各從其便等因亦應如所奏准其改食花馬池鹽以省運費而便民食並據另摺奏稱應減公務等銀九百六十兩四錢八分三釐亦應准其照數減徵

嘉慶十二年奏准河南桐柏泌陽二縣引地仍歸河東派商辦運

河南巡撫馬慧裕等奏言河東池鹽招商復運內有河南所屬之桐柏泌陽二縣本係河東引地前以該二縣毗連淮綱易於侵越經鹽政佶山額勒布先後奏請將潞鹽堵截令淮商改運淮鹽經部議准並咨部請領引目在案距淮北

鹽場地面先因被水淹漫旋經數月不雨運道阻滯辦理掣
肘而該二縣士民以舍現有之潞鹽等候淮鹽緩不濟急並
以潞鹽色白不願改食淮鹽具詞控訴爲此恭摺會議請將
桐柏泌陽二縣引地照舊仍歸河東派商辦運所有咨部請
領淮鹽引目照例繳部查
銷是年六月奉旨准行

又奏准鳳翔府屬八州縣仍改食花馬小池鹽山西巡撫成戶部疏言據

齡等疏稱陝西鳳翔府屬向食花馬小池鹽行銷河東引張
按丁攤課迨課歸地丁之後多有潞鹽運至彼處行銷是以
嘉慶十一年復商案內因鳳翔既食潞鹽可由渭河轉運將
該府所屬一改銷潞鹽招商辦運自設立官商以後既有應交
課務官錢而由渭水逆流牽挽運費倍於民販商人因成本
過重不肯認辦招募多時始有孫慶餘張復原承認行銷而
本商不能親往商夥等將混鹽發售藉免賠累且定邊花馬
大池鹽不應行銷漢中由鳳翔經過官私莫辨盤詰維艱請將
陝西鳳翔府屬八州縣仍食靈州花馬小池鹽行銷河東之
引攤納課銀毋庸設商經理所有應徵課銀向領河東額引
一萬六千三百道照舊納鹽課紙價平餘銀六千七百兩零
其前次照河東商運事例另加公務官錢等銀五千一百四
十四兩零仍行減去又附片奏稱邠州及醇化三水二縣自
改食靈鹽以來民情稱便惟該處地瘠民貧無人認充土商

是以嘉慶十二年分鹽課尚未交納應責令各該地方官照數賠交並照長武之例無庸設立土商俱按煙戶交納課銀各等語臣等伏查分配引地以裕商便民爲主該撫等既因改食潞鹽商民交稱不便而定邊花馬大池鹽越境行銷又復難於稽查自屬實在情形應如所奏將陝西省鳳翔府所屬之八州縣一併仍食甘肅靈州花馬小池鹽領引納課俱照未復商以前舊例辦理其前次議加之公務官錢等銀五千一百四十四兩仍行減去無庸徵收以符舊制再附片所奏邠州等處地瘠民貧無人承充土商未完十二年分鹽課自應如所奏卽令地方官賠交其所稱該三處改照長武之例民運民銷按煙戶納課無庸設立土商之處均應如該撫等所奏辦理奉旨知道了

嘉慶十三年議准嵩嵐等十四州縣額引三千四百九十四道陽曲等三十州縣額引四萬二千一百五十一道由山西藩司請領 戶部議覆山西巡撫成齡奏晉省土鹽徵稅分別應免應留一摺疏稱嵩嵐等十四州縣原領每年額引三千四百九十四道陽曲等三十州縣應領每年額引四萬二千一百五十一道覈與原定引目均屬相符既據該撫查明該十四州縣專食口鹽該三十州縣兼食土鹽所需引張應由山西藩司請領以節糜費而歸簡易奉旨依議

嘉慶十四年覆准續增餘引十四萬道於請領額餘引時一併請領

嘉慶十六年奏准陝西興安府七屬照鳳翔府例改食靈州花馬池鹽

戶部疏言臣等伏查陝西興安府七屬原係河東引地上年八月內據山西巡撫衡齡等以該府行鹽商人運費繁重賠累難支請照鳳翔府之例改食花馬池鹽聽民販運經臣部駁令遵照定制辦理在案今據該撫等疏稱興安府地處萬山商人運鹽費用較繁難免賠累至無業貧民以挑販池鹽爲生已成恆業若概行拏禁轉恐別生事端應仍請改食靈州花馬池鹽應徵鹽課照鳳翔府之案於七屬地丁內攤徵其隨徵公務等銀仍行減免等語臣部查陝西興安府屬前該撫等以商運維艱請改歸民運並未將該處地方確切情形逐一聲敘是以核駁今復據該撫等以興安七屬自用兵之後無業貧民以肩挑池鹽爲生數年以來已成恆業遽行拏禁轉恐別生事端若不亟爲調劑必致官引滯銷貽誤正課臣部悉心查核似屬實在情形自應量爲調劑俾得商民兩便應如所奏將興安府七屬准其改食靈州花馬池鹽聽民販運所有應徵鹽課紙價餘平等項銀一千九百七十七兩零照鳳翔府之例在於該府七屬地丁內

攤徵其每年應銷額餘引四千八百一十道仍赴河東道衙
門照舊領繳至應徵公務官錢等項銀一千六百五十三兩
零查該府前因不行銷河東引鹽是以有隨徵公務官錢等項
今既改食靈鹽不在河東潞引鹽之內所有此後隨徵銀兩亦
應准其照鳳翔之例一體減免仍令該撫等將各屬攤徵銀
數造具細册送部查核又疏稱陝省西同商乾等府州屬現
行河東引鹽民間買食均屬相安今興安府屬改食池鹽係
屬因地制宜他處亦難效尤等語應令該撫等轉飭各屬嗣
後如有援照此案率請改易舊章者卽
行立時禁止俾免紛更之弊奉旨依議

嘉慶十七年十月議准河東加增吉蘭泰額引八萬七千五百道歸於現行潞鹽引地行銷

大學士慶桂等議覆山西撫臣
衡齡奏將河東加增吉蘭泰原
定額引八萬七千五百道歸於現行潞鹽引地行銷應如所
奏辦理又據稱該商等原請加增活引八萬七千五百道實
緣現行引地暢滯不一若令運商按地一律酌加則暢行地
方不患難銷而滯銷之地必致賠累自當因地制宜通融辦
理且應完課額既係年清年款並非儘銷儘解是名爲活引
實與額引無異亦應如所請將所增餘引在河東現行引地
內察看何處暢銷酌量配運先於引內註明商名
引地方准赴場掣鹽奏銷一律報部奉旨依議

按河東鹽法未歸地丁以前額引四十二萬六千九百四十七道餘引二十四萬道共額餘引六十六萬六千九百四十七道嘉慶十二年復商後仍遵舊額惟陽曲等四十四州縣土鹽稅引四萬五千六百四十五道內有陽曲等三十州縣鹽稅引四萬二千一百五十一道改由山西藩司領繳岢嵐等十四州縣鹽稅引三千四百九十四道歸入吉引行銷嗣於十七年吉引八萬七千五百道撥改河東活引河東實領引七十萬八千八百零二道山西藩司實領引四萬二千一百五十一道比較未歸地丁以前舊額實加增引八萬四千六道

咸豐四年議准吉蘭泰引鹽八萬七千五百道加於河東帶銷謂之活引本非定額准其豁除

按岢嵐等十四州縣鹽稅引三千四百九十四道於嘉慶十一年復商案內撥歸吉蘭泰引行銷至是因吉引豁除仍匀入山西行鹽州縣通融代銷

咸豐五年覆准河東添設靈寶縣口岸於額引外加增鹽票招商領運官鹽以三百名爲率戶部咨准山西巡撫王慶雲咨稱據河東鹽法道黃經詳稱查

得河南靈寶縣地當東西往來要路縣城南面莽山北臨黃河其南山一帶緊接盧氏商南且路通秦楚地境遼闊向來
居民食鹽例須赴會興鎮運買惟相距百餘里之遙山徑崎嶇小民憚於遠涉往往私就大河兩岸偸買私鹽此積習相
沿未能禁絕之實在情形也現議添設口岸試辦鹽票移官就私不惟該處人民便於買食如能銷鹽較暢則於課項亦
少裕並於緝私一層均有裨益除分飭遵照辦理外理合詳請移咨爲此合咨等因並鈔送清摺一靈寶分岸無庸立
局也卽由會興鎮委員秉理其事靈寶去會興鎮只六十里不時親往巡查將鹽斤四柱按旬摺報院道衙門一請招募
商販發票領運也商民內如有願領靈寶官鹽者試辦三百名爲牽照陝省官鹽例用票不用引令卽取具的保赴轅呈
報領掣務於奏銷前埽數完竣不任延誤一請札飭靈寶縣示諭居民嗣後食鹽卽赴官店買運不得仍前偸買私鹽致
干查究一請鹽從會興鎮行走由道札飭茅津渡縣丞俟前次票鹽運到一體挨次驗放渡河不得留難阻滯一請前項
鹽票過河卽由會興鎮批驗大使查明將票截角繳銷由本商轉運靈寶口岸銷售照現在豫綱官運章程一律妥辦毋
庸另事更張一嚴查津渡以免走私也靈寶商運時係由芮城之陌底曲里等處過渡今應並太安渡大禹渡鄭家渡等
處及附近津要廣張告示有由此等處過渡者卽係私鹽拏獲報官將鹽充賞責成解州芮城牧令稽查如盤獲私鹽訊

係由某處假道而來卽將該處失察之員查參各條咨送到部本部詳覈所議章程尙屬周妥應准照辦並查籌補豫省歸公銀兩咨內聲明加票三百名每斤四釐每年增正課銀一萬五千兩雜課銀一萬六千五百兩公費銀四千五百兩限次年六月奏銷前完納應咨該撫轉飭認眞妥辦一依限專案另行奏銷以昭核實而免混淆再緝私爲行鹽第一要務該處大河兩岸以及解州芮城所轄各渡口向爲透私之所務飭該地方官實力查緝私販有犯必懲如失察偸漏卽行從嚴參辦至截角殘票隨同每年殘引一律造册送部查銷以憑稽覈可也

按靈寶加增鹽票於咸豐七年始改票領引九年天津需餉山西巡撫英桂接准部咨請加鹽票三百三十名十年復請查照戊午己未兩綱帶銷扣存陝省甲寅半綱引鹽六百六十名現已全數銷竣仍舊每年加銷三百三十名外再酌加票二百七十名共成六百名是年十月署山西巡撫常績又請再加活引五百名時各省軍興潞鹽溢銷於川淮引地楚皖直隸諸境故能疊次議加引票嗣後南北兵銷川鹽淮鹽蘆鹽各復引地潞引滯銷同治元年卽有請停加票之奏當經部駁二年旋又請停部議准將最後增加活引五百名暫行停緩其餘六百名仍令實力疏銷四年十月復經護理山西巡撫王榕吉請將前加票六百名一併停止奉部覆准將前後加票活引一千一百名

概予停辦

咸豐六年議准陝西興鳳邠三屬向例課歸地丁仍赴河東領引應於下屆請領引目咨內聲明劃除毋庸給領

先是咸豐四年調補山西巡撫王慶雲於課歸地丁案內奏稱西同商乾四府州屬向係行銷河東額引今課歸地丁則鹽由民運毋論何處鹽斤均可販運所有河東鹽引應請停領以省案牘再查漢中延安榆林鄜州綏德五府州屬向不領引外惟鳳興邠三府州屬課歸地丁民間多係食用土鹽及花馬池鹽自運自銷而各州縣仍赴河東領引所領引張並不行用每年解銀赴河東時將引張空領空繳殊屬具文今課銀既議解歸本省藩庫所有引張亦應無庸請領六年陝西巡撫吳振棫山西巡撫王慶雲會奏陝省復課歸鹽經部議覆陝省西同商乾四府州向係行銷河東額引自上年鹽課議歸地丁攤徵奏明停領引目茲據復課歸鹽自應領引營運俾清綱分其鳳興邠三府州屬向例課歸地丁仍赴河東領引上年已經奏明停領茲該府州仍照舊攤徵不在官民並運之列應於下屆請領引目咨內聲明劃除毋庸給領

以上免商以後實行引六十三萬五千八百三十九道

引地引額表一

引地	引額
山西平陽縣	
臨汾縣	額行八千五百四十一引合七十一名二十一引
洪洞縣	額行八千五百十八引合七十八名一百十八引
浮山縣	額行一千七百九十八引合十四名一百十八引
岳陽縣	額行一千五百五十八引合十二名一百十八引
翼城縣	額行五千三百四十三引合四十四名六十三引
曲沃縣	額行八千四百五引合七十名五引
太平縣	額行五千二百八十三引合四十四名三引
襄陵縣	額行五千四百八十四引合四十五名八十四引
汾西縣	額行一千二百六十八引合十一名六十八引

蒲州府	鄉甯縣	額行七百二十一引合六名一引
	吉州	額行五百六十四引合四名八十四引
	永濟縣	額行六千六百六十二引合五十五名六十二引
	臨晉縣	額行二千七百十引合二十二名七十一引
	虞鄉縣	額行一千五百七十八引合一十三名十八引
	滎河縣	額行三千九百四十九引合三十二名一百九引
	萬泉縣	額行一千五百八十九引合十三名二十九引
	猗氏縣	額行一千七百八十五引合十四名一百五引
解州直隸	解州	額行三千四百引合二十八名四十引
	安邑縣	額行五千三百引合四十四名二十引
	夏縣	額行三千九百三十七引合三十二名九十七引

州

平陸縣 額行一千四百三十引合十一名一百十三引

芮城縣 額行二千二百五十五引合十八名九十五引

絳州直隸州

絳州 額行六千五百四十七引合五十四名六十七引

垣曲縣 額行二千四百七引合十二名七引

聞喜縣 額行四千四百二引合三十五名二引

絳縣 額行三千九百九引合三十二名六十九引

稷山縣 額行三千三百七十二引合二十八名十二引

河津縣 額行三千七百三十五引合三十一名十五引

霍州直隸

霍州 額行一千四百三十一引合十一名一百十一引

趙城縣 額行三千六百二十一引合三十名二十一引

靈石縣 額行一千五百五十八引合十二名一百十八引

州

隰州直隸州

蒲縣 額行二百八十七引合二名四十七引

潞安府

長治縣 額行一萬五千一十引合一百二十五名一十引

長子縣 額行五千九百三十九引合四十九名五十九引

屯留縣 額行三千八百七十五引合三十二名三十五引

襄垣縣 額行四千七百二十三引合三十九名四十三引

潞城縣 額行六千四百八十二引合五十四名二引

黎城縣 額行二千七百九十四引合二十三名三十四引

府	縣	引目
澤州府	壺關縣	額行四千三百八十八引 合三十六名六十八引
	鳳臺縣	額行一萬二千九百二十四引 合一百七名八十四引
	高平縣	額行九千三百三十四引 合七十七名九十四引
	陽城縣	額行九千六百四十四引 合八十名四十四引
	陵川縣	額行四千七百七十七引 合三十九名九十七引
	沁水縣	額行三千四百九十七引 合二十九名十七引
陝西西安府	長安縣	額行一萬三千七十一引 合一百八名一百十一引
	咸甯縣	額行一萬四千七百六十一引 合一百二十三名一引
	咸陽縣	額行二千七百三十二引 合二十二名九十二引
	興平縣	額行三千五百六十六引 合二十九名八十六引
	臨潼縣	額行四千九百六十八引 合四十一名四十八引

高陵縣	額行二千五百五十二引 合二十一名三十二引
鄠縣	額行六千九十八引 合五十名九十八引
藍田縣	額行四千四百六十五引 合三十七名二百十五引
涇陽縣	額行六千三百八十一引 合五十三名二百十一引
三原縣	額行三千九百六十七引 合三十三名七引
盩厔縣	額行八千六百五十四引 合七十二名十四引
渭南縣	額行七千四百四十六引 合六十二名六引
富平縣	額行五千三百九十六引 合四十四名一百十六引
醴泉縣	額行二千六百六十五引 合二十二名二百十五引
同官縣	額行七百九十七引 合六名七十七引
耀州	額行一千四百六十三引 合十二名二十三引

商州直隸州

商州	額行一萬九百五十四引合九十一名三十四引
鎮安縣	額行三千一百八十五引合二十六名六十五引
雒南縣	額行二千一百八十引合十八名二十引
山陽縣	額行六百七十三引合五名七十三引
商南縣	額行五百七十引合四名九十引

同州府

大荔縣	額行三千九百二十八引合三十二名八十八引
潼關廳	額行一萬七百七十一引合八十九名九十一引
朝邑縣	額行五千八十八引合四十二名四十八引
郃陽縣	額行七千一十三引合五十八名五十三引
澄城縣	額行二千八百七十引合二十三名一百十引
韓城縣	額行三千一百八十三引合二十六名六十三引

	白水縣	額行一千四百八十三引合十二名四十三引
	華州	額行四千一百四十二引合三十四名六十二引
	華陰縣	額行二千四百四十七引合二十名四十七引
	蒲城縣	額行五千三百七十八引合四十四名九十八引
乾州直隸州	乾州	額行三千五百三十五引合二十九名五十五引
	武功縣	額行三千七引合二十五名七引
	永壽縣	額行四百三十二引合三名七十二引
河南河南	洛陽縣	額行八千五百九十四引合七十一名七十四引
	偃師縣	額行五千三百一十五引合四十四名三十五引
	鞏縣	額行四千七百三十五引合三十九名五十五引

府

孟津縣　額行三千九百七十二引合三十三名十二引

宜陽縣　額行五千三百九十四引合四十四名一百十四引

登封縣　額行六千七百九引合五十五名一百九引

永寧縣　額行四千九百三十四引合四十一名十四引

新安縣　額行四千四百二十三引合三十六名一百三引

澠池縣　額行六千四百六十一引合五十三名一百一引

嵩縣　額行五千二百九引合四十三名四十九引

陝州直隸州

陝州　額行六千二百六引合五十一名八十六引

靈寶縣　額行七千七百八十三引合六十四名一百三引

閿鄉縣　額行三千九百五引合三十二名六十五引

盧氏縣　額行七千一百七十一引合五十九名九十一引

南陽府

南陽縣 額行八千八百六十四引合七十三名一百四十四引

南召縣 額行四千五百五十四引合三十七名一百十四引

泌陽縣 額行一萬六十六引合八十三名一百六引

桐柏縣 額行五千九百五十七引合四十九名七十七引

鎮平縣 額行五千七百三十四引合四十七名九十四引

唐縣 額行三萬一千八百八十一引合二百五十一名六十一引

鄧州 額行二萬五千八百一十五引合二百一十五名十五引

內鄉縣 額行七千四百一十六引合六十一名九十六引

新野縣 額行八千八百二十九引合七十三名六十九引

淅川廳 額行九千五百九十四引合七十九名一百四十四引

裕州 額行八千三百九十四引合六十九名一百四十四引

葉縣　額行四千七百六十引合三十九名八十引

汝州直隸州

汝州　額行八千三百四十六引合六十九名六十六引

魯山縣　額行四千九百一十八引合四十名一百十八引

郟縣　額行四千七百二十一引合三十九名四十一引

寶豐縣　額行五千五百八十五引合二十一名六百十五引

伊陽縣　額行五千三百一引合四十四名二十一引

許州直隸州

襄城縣　額行三千一百四十四引合二十三六名二百十四引

以上山西省臨汾等四十四州縣額行引一十九萬六千五百三十四道合一千六百三十七名九十四引又代銷

岢嵐等十四州縣鹽稅引三千四百九十四道合二十九名十四引陝西省長安等三十四州縣額行引一十五萬九千八百二十一道合一千三百三十一名一百一引河南省洛陽等三十二州縣額行引二十三萬九千九百九十道合一千九百九十九名一百十引又加增靈寶口岸引三萬六千道合三百名統計三省行引六十三萬五千八百三十九道合五千二百九十八名七十九引

引地引額表二

引地	引額
山西太原府行鹽	
陽曲縣	歲行鹽稅三千八引
太原縣	歲行鹽稅二千四十八引
榆次縣	歲行鹽稅三千四百五十三引
太谷縣	歲行鹽稅一千八百四十四引
祁縣	歲行鹽稅一千五百五十四引

税引食土鹽

汾州府 行鹽税引食土鹽

徐溝縣 歲行鹽税一千三百九十二引

交城縣 歲行鹽税一千九百五十六引

文水縣 歲行鹽税二千二百五十引

汾陽縣 歲行鹽税二千四百六十五引

平遥縣 歲行鹽税二千九百五十一引

介休縣 歲行鹽税二千九百一十二引

孝義縣 歲行鹽税五百五十三引

石樓縣 歲行鹽税五百二十引

甯鄉縣 歲行鹽税一百五十一引

遼州

遼州 歲行鹽税八百三十引

和順縣 歲行鹽税三百七十一引

直隷州行鹽稅引食土鹽

榆社縣 歲行鹽稅三百六十八引

沁州直隷州行鹽稅引食土鹽

沁州 歲行鹽稅七百七十四引

武鄉縣 歲行鹽稅六百一十四引

平定直隸州 行鹽税引食土鹽

平定州 歲行鹽税一千一百二十六引

盂縣 歲行鹽税一千七百二十八引

壽陽縣 歲行鹽税二千三百三十九引

忻州直隸州 行鹽税引

忻州 歲行鹽税二千三十九引

定襄縣 歲行鹽税八百六十引

食土鹽

代州直隸州 行鹽稅引食土鹽

代州 歲行鹽稅四百七十三引

五臺縣 歲行鹽稅五百八十一引

崞縣 歲行鹽稅一千三百三十一引

隰州直隸州

隰州 歲行鹽稅一千二百三十引

大甯縣 歲行鹽稅二百四十六引

永和縣 歲行鹽稅一百八十四引

行鹽稅引食土鹽

陝西興安府

行鹽稅引食花馬池鹽

安康縣 歲行鹽稅一千二百七十九引代銷九十八引餘引二千六百四十引　按興安府屬舊由河東商運商銷嘉慶十六年照鳳課例改歸鹽稅查舊志載興安由州改府改漢陰縣爲安康縣引目歸併今漢陰復廳分銷安康額引四百十引又新設甎坪廳分銷安康額引一百八十引

洵陽縣 歲行鹽稅四百一十引

白河縣 歲行鹽稅一十二引

紫陽縣 歲行鹽稅一百三引

石泉縣 歲行鹽稅二百五十八引

平利縣 歲行鹽稅一十引

鳳翔縣 歲行鹽稅一千六百五引

鳳

翔府 行鹽稅引食花馬池鹽

岐山縣 歲行鹽稅二千九百九十七引

寶雞縣 歲行鹽稅三千二百八十一引

扶風縣 歲行鹽稅五千八百一十三引

郿縣 歲行鹽稅一千八百一十八引

麟遊縣 歲行鹽稅六十八引

汧陽縣 歲行鹽稅一百二十九引

隴州 歲行鹽稅五百八十九引

邠州直隸州

邠州 歲行鹽稅一千四百三引按邠州暨三水醇化二縣引鹽乾隆五十七年以前皆歸河東商運嘉慶十二年復商後改食靈州池鹽照鳳課例徵鹽稅

三水縣 歲行鹽稅六百一十五引

醇化縣 歲行鹽稅一千二十五引

押　省　縣發賣官鹽引

餘引省縣扒式（始於雍正三年咸豐三年裁）

乾隆　年部頒餘引　省　縣發賣官鹽引　押

河南引扒式（始於咸豐五年）

押　河南省發賣官鹽引

陝西引扒式（始於咸豐六年）

押　陝西省發賣官鹽引

靈寶引扒式（始於咸豐八年）

押　河南省靈寶縣發賣官鹽引

門扒式

乾隆　年　月　日　場大使驗掣

一凡客商興販不許鹽引相離違者同私鹽追斷如賣鹽畢
五日不繳退引者杖六十將舊引影射鹽貨同私鹽論罪僞
造鹽引者處斬
一行鹽地方

山西平陽府　潞安府　澤州　太原府　汾州府　遼州
沁州

河南南陽府　河南府　汝州　開封府　襄城一縣
陝西西安府

乾隆　年　月　日　右引付客商　收執照鹽准此

部

凡引貯庫未掣省縣扒記謂之生引掣扒報掣謂之熟引
截角鑿一孔謂之退引又謂之殘引定例商人領引赴場掣
鹽截第一角掣畢出場截第二角鹽到地方該州縣驗明
引鹽截第三角鹽銷完引繳州縣截第
四角四角截訖報繳運司鑿孔解繳

扒票各式

額引省縣扒式

舊在商廳掣用雍正六年移於運使二
堂咸豐五六年豫陝相繼改爲官民並
運各有省扒山
西仍用省縣扒

押　省　縣發賣官鹽引

餘引省縣扒式始於雍正三年咸豐三年裁

乾隆年部頒餘引　省　縣發賣官鹽引　押

河南引扒式始於咸豐五年

押　河南省發賣官鹽引

陝西引扒式始於咸豐六年

押　陝西省發賣官鹽引

靈寶引扒式始於咸豐八年

押　河南省靈寶縣發賣官鹽引

門扒式

乾隆　年　月　日　場大使驗掣

門扒舊係運使支科招房書辦搨扒雍正八年詳歸三
場大使掌管現在三科禁門搨用所以防重復出鹽之弊

吏扒式

此扒逐張搨用所以稽運發遲速亦以杜重複運發之弊
舊在蕭曹廟搨用雍正六年移於運使二堂今司書各在

乾隆　年　月　日　門場吏驗發起運

本房輪
流搨用

掣鹽門票式

省　運商　今執引一名於本月　日親
身至　場　鋪　畦內支鹽拾貳車由　禁門掣出
卸門外店內本日出完理合塡入原領印信門票
投本場大使轉呈院憲大人查閱施行塡報是實
乾隆　年　月　日具
此票設於乾隆七年鹽政尙琳所以防零星拆掣之弊

號票式　一連爲坐商截繳
一連爲監商收繳

河東陝西都轉鹽運使司鹽運使加勅管鹽法道　爲給發
號票事仰　運商　執票赴場

鋪坐商　畦內掣　引官鹽壹車　如數秤明
票交該商截摺繳照
乾隆　年　月　日斗級　車戶
連環小票運字號　月　日給押
河東陝西都轉鹽運使司鹽運使加勅管鹽法道　爲給發
號票事仰　運商　執票赴場
鋪坐商　畦內掣　引官鹽壹車　由　禁門交票
驗明放行摺記繳照
乾隆　年　月　日官　商
此票設於雍正三年運使高山所以防門畦兩處鹽數之
不符

連環小票式

河東鹽運司爲遵旨議奏事照得河東鹽　引做照兩淮分別
給票以杜私弊等由遵奉在案今據商人　報稱於
年　月　日運發　省　縣　年引一張配
鹽二百四十斤除將院司運護各票並將原引封給該商照
驗外合行發給小票爲此票仰沿途經過處所驗票放行毋
許留難阻滯鹽運到地即將此票交付本商彙齊由地方官
中繳本司衙門查銷毋得遺誤干咎須票
右票給腳戶　收執

乾隆　年　月　日　限鹽到日繳

此票設於乾隆四十二年運使程國表所以代引照鹽

稽運票式

巡撫山西部院兼管河東鹽院爲遵旨議奏事照得河東行鹽引張仿照兩淮分別給票以杜私弊等由遵奉在案茲據運司據商轉請運票前來除由司將引張於掣鹽之後彙齊加封引皮填給該商隨鹽齎投外合行給發稽運票爲此仰照持票刻速運往　省　縣發賣所有裝運鹽斤引數後開款格實填仍於司封引皮填寫相符均付押運人役收執沿途經過處所照驗放行如無此票即係私鹽所在官司拏究申解該官司亦不得藉端誤運致干查參此票隨引由地方官照例截角鈐印申繳本部院衙門查考均毋違錯須票

計開

商人　名　裝運　省　縣乾隆　年　引

引配鹽　萬　千　百　十斤計　百　十　袋

右票給運商　執照

乾隆　年　月　日

巡撫部院兼管鹽院

此票設於乾隆四十二年鹽政瑺齡所以稽運　限鹽運到日繳　咸豐三年

裁

護運票式

河東陜西都轉鹽運使司鹽運使加勅管鹽法道爲遵旨
議奏事照得河東行鹽引張仿照兩淮分别給票以杜私弊
等由遵奉在案茲據運商請發運護各票前來除請給鹽憲
稽運票並由司將引張於掣鹽之後彙齊加封引皮填給該
商隨鹽齎投並給連環小票一百二十張外合行給發護運
票爲此仰該商持票刻卽護發　省　縣發賣照後開運
引數務於司封引皮填寫相符均付押運人役收執沿途經
過處所照驗放行如無此票卽係私鹽所在官司拏究申解
該官司亦不得藉端誤運致干查參鹽運到地照例將鹽引鈐
印截角繳司轉繳戶部查銷其稽運票該地方官徑繳鹽憲
衙門所有護票彙繳本司衙門查銷均毋違錯須票
商人　裝運　省　縣　年　引配鹽　萬
千　百　十　斤　計　百　十袋　右票給運商　執此
乾隆　年　月　日　限鹽運到日繳
司

此票設於乾隆四十二年運使程國表所以護運咸豐三
年裁

引皮式

河東陝西都轉鹽運使司鹽運使加勑管鹽法道爲遵旨
議奏事照得河東鹽引仿照兩淮發給引皮愼重收藏以免
損失等由遵奉在案茲據商人　　稟請封引前來除將
皮紙彙呈鹽憲鈐印外合將商人　　齎投運發　　省
　縣　年　引　名張愼重封固仍露引角加用司印
給商護運爲此仰沿途經過處所驗明放行毋許留難阻滯
護鹽到地該商照例由地方官拆封將引截角蓋印同封皮
給商照數繳司查銷毋得違錯須至引皮者

此始於乾隆四十二年

雙運存查照票票式

山西河東兵備道兼管鹽法道　爲遵旨議奏事照得豫省
應行潞鹽各州縣議請改爲商運　民銷奏准部覆酌定章程
委員駐紮會興鎭發給民販照票銷售等因遵奉在案今據
　　民販　　運鹽　名　百　十引販至　　銷售繳票
期限以鹽數之多寡酌定十引以上者限三箇月繳銷一名
以上者限六箇月繳銷儻有逾限侵越等弊該委員詳請行
文該州縣查明究辦合行發給照票爲此票仰該民販即將
鹽斤若干塡明票內呈繳委員申報本道衙門查銷毋得貽

誤干咎須票
道光 年 月 日

字第 號
山西河東兵備道兼管鹽法道 爲遵旨議奏事照得豫省
應行潞鹽各州縣議請改爲商運民銷奏准部覆酌定章程
委員駐紮會興鎮發給民販照票銷售等因遵奉在案今據
民販 運鹽 名 百 十引販至 銷售一繳票
期限以鹽數之多寡酌定十引以上者限三箇月繳銷一名
以上者限六箇月繳銷儻有逾限侵越等弊該委員詳請行
文該州縣查明究辦合行發給照票爲此票仰該民販即將
銷售過鹽斤若干塡明票內呈繳委員申報本道衙門查
銷毋得貽誤干咎須票
道光 年 月 日 右票給民販 收執

嘉慶二十四年河南奏改商運民銷二十五年設民販賣
鹽照票嗣於道光五年撫臣福綿咨部覆准定以雙連式
樣在騎縫處蓋用批驗大使
印信一備存查一給民販

製鹽官票式

兵部侍郎兼都察院右副都御史山西巡撫部院兼管鹽政
糧餉事務 照得河東鹽法會同欽差大臣奏准各項事例

已經通行遵奉在案其題定鹽斤改引行票先課後鹽並運鹽口岸四款合行開列鑄造銅版印刷給付商人收執照票

一掣鹽前去發賣施行須至票者

一每票仍照引目淨鹽二百五十斤爲一票鈐鹽法道印信

一每票編列三省字號照引先納正課方准支鹽運賣

一凡商人運鹽不許鹽票相離違者同私鹽追斷如賣鹽三日內不交退票者杖六十將舊票影射重運者同私鹽論罪僞造鹽票者處斬

一行鹽口岸

山西平陽府　霍州　絳州設聞喜縣之小郭店　潞安府　岳陽　一縣設洪洞縣之曲亭鎮　澤州府設翼城縣　蒲州府　解州　垣曲一縣設運城西門

河南開封府　南陽府　河南府　汝州　襄城一縣設會興鎮

陝西西安府　同州府設臨晉縣之夾馬口　西安府屬富平三縣　同州府屬大荔四縣　商州屬山陽四縣設永濟縣之下馬口

右票給商人　收執照鹽准此

咸豐　年　月　日

院

咸豐二年侍郎王慶雲等奏明設立此票所以代引運鹽其截角繳銷均與引同四年捐免充商改票復引此票遂

停

河東運鹽代引大票式

兵部侍郎兼都察院右副都御史山西巡撫部院兼管鹽政
糧餉事務　兼照得河東鹽務奏准免商後改票復引已經通
飭遵奉在案今綱領引尚未領到恐居時有誤運銷據
鹽法道稟請暫行　用票代引合行頒發票式並開列運鹽口
岸四款印刷給付商販收執按票掣鹽照例截角依限繳銷
俟官引領到後再行更換須至票者

一每票爲一名合一百二十引　鈐鹽法道印信不足一名尾
數亦給票一張註明零尾細數

一每票編列三省字號照例先課後鹽

一凡商販運鹽不許鹽票相離違者照私鹽追斷如賣鹽三
日內不交退票者杖六十將舊票影射重運者同私鹽論罪
僞造鹽票者處斬

一三省行鹽口岸
山西平陽府屬　霍州　絳州設聞喜縣之小郭店　潞安
府　岳陽縣設洪洞之曲亭鎮　澤州府設翼城縣　蒲州
府　解州　垣曲縣設運城西門
河南設會興鎮
陝西設三河口

右票給　　　　　收執照鹽准此

咸豐　年　月　日

院

此票設於咸豐四年捐免充商改票復引時以引未領到暫行給票代引六年靈寶加票三百名九年河南加票三百三十名十年河南又於三百三十名之外再加二百七十名共六百名統用此票嗣後靈寶改發部引河南停止加票此票遂廢

清鹽法志卷七十七終

清鹽法志卷七十八　河東五

運銷門

商運

河東鹽法凡三大變自乾隆二十五年始舉富戶充商繼而五年更換繼又改爲長商積弊相沿滋擾彌甚至五十七年潞綱大敝不得已而裁撤運商將鹽課歸入地丁攤徵而鹽法於是乎一變課歸地丁似屬甚便其實難行蓋地丁有蠲緩鹽課無蠲緩愚民茫然而莫知吏胥因緣以爲奸且以無課賤鹽東灌蘆綱南侵淮岸亦於大局有礙行之十餘年弊孔百出至嘉慶十一年復行招商辦運而鹽法於是乎又一變復商以後課額愈重辦運愈難向以

潞鹽侵銷淮岸者今則淮北票鹽倒灌河東而商力亦愈困當事者調停於長商短商之間由招商而舉報由舉報而僉商弊遂不可勝言此咸豐四年所以有捐免充商之例而鹽法於是乎又一變矣彙而志之亦潞綱得失之林也志商運

乾隆二十五年奏准舉報富戶充商

按河東鹽務自順治四年御史朱鼎延始以招商分引爲請招得商人張永盛等二十六名六年御史劉達又招商人馬興等二十三名至十年奉有鹽課不許派及戶口之旨御史劉秉政運使陳喆極力招商又招得商人董敎等一百一十餘名自此商數充足引課皆有商承認而戶口之派累悉除惟是河東商小力微或一家而有數十錠或一家而止有數錠甚且有一商名而數人朋充者而無地方之坐商封課領引勢不得不資小販以供運賣至康熙十八年池遭水患商乃大困二十七年運使蘇昌臣極力調劑嚴以汰販寬以裕商三省引地陸續招商包運雍正

五六年間土販盡革厥後商之興敗無常大約無力者告退有力者自行投認俱由鹽政察核准充從無舉報富戶之說自乾隆二十二十二等年連遭水祲商人紛紛告退投認無人乾隆二十五年鹽政薩哈岱奏明在晉省太原汾州平陽等府屬舉報富戶充當人始視爲畏途矣

乾隆四十一年覆准河東招充鹽商雖有准其更換之例然並未定有年分原欲杜規避之端但閱時既久疲乏日多若非酌定年限招商更換必致虧課誤公應照晉省運銅之例招充鹽商亦以五年爲更換之期令現充各商先期自行舉報殷實富戶巡撫行查各府州縣詳覈果係殷實之人取具印甘各結存案俟應換時查其五年內引課無虧許令更換儻有故意停引欠課情弊嚴行追繳毋許貽累新商巡撫巴延三鹽政瑞齡等奏言現在各商多有承充年久者向來雖有准其更換之例並未定有年分原欲杜規避之端但閱時既久疲乏日

多而晉省殷實之戶一聞募商之信人人視爲畏途每致退縮不前臣等公同商議一若非酌定年限招商更換日久必致虧課誤公於商人生計亦大有累查晉省鼓鑄銅斤經歷任撫臣奏請以五年爲一次採買銅斤招募殷商領辦行之二十餘年銅斤充裕商無苦累今河東商衆應請做照運銅之例嗣後招充鹽商亦以五年爲更換之期令現充各商照依向例先期自行舉報殷實富戶到臣瑞齡衙門咨明撫臣行查各府州縣詳覈果係殷實之人取具印甘各結移咨存案俟應換之時查其五年內引課無虧者許令更換儻有故意停引欠課情弊嚴行比追完繳毋許貽累接手之商其現在承辦山西河南陝西三省引課各商共七十餘名容臣瑞齡逐一查明擇其經理妥善資本充裕者取具保結令其照舊承辦毋庸更換外其餘疲乏之商卽分別極次與承辦之年月遠近再行覈實註册行知該運使以次分年陸續更換且黑河既開產鹽日旺計五年之間可無賠累之苦卽使稍有不敷數年後仍可復原於國課商力似屬有益

乾隆四十七年議准河東商人原定五年更換近因富戶趨避充商情僞百出且鹽務頭緒紛紜富戶初膺其事首尾茫然所有五年更換之例卽行停止先就現商中擇其殷實者定

爲長商疲乏者令其歸業人數不足卽令所留之商公同舉報若所舉不實卽將引地派令舉報之商公同認辦並將引地分爲上中下三等配搭均勻鬮分掣認以杜高下偏枯之弊

鹽政農起奏言竊臣於本年二月內抵任欽奉上諭以河東池鹽招商輪換聞有書役借端揹勒高下其手情弊不可不防其漸令臣嚴密訪查力爲革除其如何公平輪換不致偏枯之處並令悉心籌畫妥議摺奏欽此竊思招商輪換若僅由書役滋弊祗須認眞查拏設法防範卽可杜絕倘不難於整頓近年以來該富戶等趨避充商情僞百出有報揹職官希圖規避行提押一充者有不諳經營儘此家財敷衍五年以圖了事者有舉報一人不顧親誼牽扯弟兄叔姪者有在別省經營停業充商未及五年卽行銷乏者有雖滿五年之限所舉接充之人藉稱無力彼此訐訟者甚至狡猾之徒自揣難免消弭產業欲圖遷居別省者種種情弊不一而足通省殷實皆爲搖惑卽有奸胥猾吏高下其手藉端揹勒亦各任其愚弄蓋行運引鹽全仗資本充裕方可轉輸不匱商鹽口岸甚多本商勢難兼顧不得不雇用夥商鹽務頭緒紛紜富戶本非素習初膺其事首尾茫然所用夥商亦以五年定限爲時甚暫一切苟且從事不復認眞籌畫甚至侵漁浮

冒弊竇叢生卽有一二悉心辦事者甫居五年漸當一熟諳而瓜期已及替代有人生手驟更又蹈前轍該富戶等經簽充祇求無誤民食不顧賠累遂致現在一短商較之從前長商更爲竭蹶此目下確實情形也乾隆十一年前任鹽臣衆神保以價分貴賤易起商民爭執之漸卽就彼時賤價奏請作爲定額商本未免不敷然其時畦地尚好收鹽頗旺猶可勉力支持迨乾隆二十年畦地被水屢次歉收工本費多商力愈乏民人買鹽一斤豐年計虧商本三四釐歉歲多至六七釐不等雖經前任鹽臣西甯薩哈岱等會同三省撫臣先後奏明加價二釐復又節次請展現在尚未停止究屬有絀無盈不敷原本是以四十一年前撫臣巴延三始有招募富戶五年更換之請也自是以後新商不善經營愈多虧折臣仰蒙聖主諭令調劑數月以來廣諮博訪均稱除去五年輪換之例其餘一切舊定章程尚爲妥善至現在商力難支實無另有經久之法惟有歸鹽課於地丁盡去商人聽民販賣譬如布帛煙藥等項不經商運自能流通等語臣查河東解池自古至今鹽產最久乃天地自然之利國家經費所出固未可棄廢不用而商運民銷與菽粟同爲利便最爲良法又豈可輕易裁革今若盡去商人聽民販運竊恐今日之私梟盡爲他時之官販不惟奸良莫辨稽察難週且以三省之民販聚集運城並無統屬將來十百爲羣攘奪滋事亦難保其不有且旣聽其自運卽應任其私售勢必居奇壟斷把持病民在

耕作農民既為販鹽之人代納課項而所食之鹽又屬貴價流弊更無底止臣與河南陝西各撫臣反覆相商意見賠合自不便輕易更張惟是長商既不能支短商又形竭蹶受病之由必有所自臣與運司等先將澆瀝工本車騾運腳辛工伙食及以錢易銀價值並一切雜費逐款覈算與乾隆十一年以前所有工本兩相比較無不倍增即自二十六年至今又已二十餘載而民間買鹽仍係乾隆十一年及二十六年原定之價值以致日形拮据且自五年輪換招商之後本商不善行運屢費固多夥商又係生手花用更濫賠累愈甚又與四十一年以前舊商承辦情形不同今若就目前計議止擇富戶之是否力能充商照舊設法招換將來年復一年勢必消乏日多富戶日少愈趨愈下難以爲繼夫民無鹽則病商無本則乏二者不可偏廢病商即以病民我國家休養生息百有餘年戶口日繁食用自廣物力因之昂貴勢所必然若不因時制宜俾商民交易兩得其平恐致膠執難行彼此受病該商等挾本行鹽既不能稍覓蠅頭以償辛勤更使竭盡家藏以供民食自不樂於爲此臣自奉旨籌辦之後與河東運使暨在省司道悉心體察查自乾隆二十年鹽池被水歉收以後至今元氣未復從前撫鹽各臣始而酌減引額繼又請借帑本嗣因仍不能行又改爲五年輪換爲長商息肩之地無非竭力調劑以期商力展紓不但立法原期無弊除弊必先清源現在致病之由在於運費不足成本日虧必須懇

請加價始可冀有一起色但臣前於具奏查勘鹽池情形一摺奉有諭旨商人多一分之利息小民多受一分之朘剝況一產鹽豐旺雨水調勻其澆曬收刮等事亦較易爲力其鹽價祇當議減不准議增著傳諭農起將來與陝西河南各省會議時務須遵旨妥辦等因仰見我皇上惠愛黎元無微不至臣何敢不仰體聖心遵照辦理但目擊情形若使僅爲補偏救弊而不清其致病之源究屬空言無補仍非長久之計合無仰懇皇上天恩俯念河東商力爲三省民食所關按其虧缺商本量加價値二釐連乾隆二十六年請加之價作爲定額以裕商力如蒙愈允所有五年輪換之例應請即爲停止先就現商中擇其殷實者定爲長商疲乏者令其歸業人數不足即令所留之商公同舉報在營謀求脫者勢難逐人請託而所舉不實者即將引地派令舉報之商公同認辦衆商各有責成自無妄報之虞並將引地分爲上中下三等配搭均勻闔分掣認亦可免高下偏枯之弊其餘一切浮費臣督同運使竭力剔除並會同豫陝二撫臣再行嚴申禁令毋許地方官勒索商人陋規如有干犯即行參處年終並令該商等自行出具並無需索甘結由該州縣加結詳請咨部以憑查考如此一爲調劑在該商人等仰沐殊恩可以永資輓運不致有誤民食即就民人食鹽而計每人每日食鹽三錢兩月始能食鹽一斤每斤加價二釐終年不過一分二釐所出仍屬有限而該商人等挹彼注茲則可積少成多轉輸不匱實

與河東鹽務有益又戶部咨山東司案呈先於乾隆四十七年十月內本部議覆山西巡撫農起等奏將河東商人停止五年輪換並將現商中擇其殷實者定爲長商疲乏者令其歸業人數不足即令所留之商公同舉報如所舉不實即將引地派令舉報之商公同認辦並將引地分爲上中下三等配搭均勻闔分掣認仍令該撫於年底取具行鹽州縣並無需索印結及商人甘結並按年造具商名清冊報部查核在案今於乾隆四十八年六月初五日據該撫將應留應換新舉各商姓名及行鹽地方分認引數造冊送部前來相應分款覈覆該撫可也一咨地稱河東鹽行三省每年共銷額餘引四千八百六十八名三十八引內除唐縣官辦地方額餘引數實計商辦引四千六百一十六名九十七引令將通綱引地覈定上中下三等並就現在暢滯情形酌派餘引數目均勻搭配分作五十六籤每籤以八十名爲率令各商自行掣認免致苦樂不均其籤內遇有留商原辦地方雖已損益更動而留商情願不貼籤認辦者搭配已屬公平似應俯順商情俾自交代等語查該省行鹽地方原有高下暢滯之不同今既據該撫將現在情形酌派餘引數目均勻搭配分籤定名令該商等自行掣認均係遵照原奏辦理應毋庸議其留商原辦引地既稱業已配搭公平該商等有情願貼籤認辦者自應准其照舊承辦以免交代至唐縣引地向係商人郭順昌認辦今因何作爲官辦文內未據聲明應令該撫再行

查明報部一咨稱現商尉世隆等三十六商或資本充裕或經理妥善均堪留辦其行公益等二十一商或辦運消乏或本非殷實應即令歸業所有該商等退出引地以八十名一籤覈計需得富戶二十四人據留商尉世隆等舉報富戶溫士顯等二十四家分籤頂辦俱係殷實堪充並檄飭各商原籍地方官卽行差送來運接辦等語查尉世隆等三十六商既稱係資本充裕或經理妥善均堪留辦應准其定爲長商仍取具印保各結送部查覈至行公益等二十一商既稱因辦運消乏或本非殷實亦應如所咨准其卽令歸業所有新舉商人溫士顯等二十四家既據查明實係殷實堪充應令該撫卽將前項退出引地均勻搭配分籤認辦仍取具印保各結備查如所舉不實卽遵照原奏將引地派令舉報之商公同認辦毋致貽誤一咨稱留商內雖俱力堪充商但家道究有厚薄自應確覈家資量分等次如尉世隆王恆泰陳甯泰等三商家道最殷認辦雙籤牛璵梁德全楊崑玉冀文和毛學溥景玉晉程奉正邢德純沈兆宴白文敏等十商家道稍次認辦半籤其餘家道相仿應同現報新商各令認辦一籤又舊商郭褒泰劉晉生喬宥原辦引地無多酌增引數聯名郭晉宥合認一籤如此分別量力而行庶辦理俱得從容課運可免貽誤等語查商人家資原屬厚薄不一令該撫既按各商之家道以定行鹽之多寡自屬覈實起見應准其酌定等次分別辦理一咨稱留商三十六人內三商聯名合辦

者一籤共計三十四名其雙籤半籤引地仍就配定原籤併合分派並無偏枯之處將來設有事故應退者總以鬮定原籤作爲定額卽現辦雙籤之尉世隆等日後如告退一籤止准將兩籤與新商公同鬮掣不得任意指地求退所有半籤引地將來如遇兩商並退仍可併作一籤毋庸再配至此次分配各籤間有格於口岸多寡數名者不得不稍爲變通所有籤內派就餘引均按現在情形酌量派定此後如有今昔異宜必須變通者仍照例隨時聲請酌撥等語查雙籤半籤原就各商現在之家道而定將來設有事故告退者亦屬事所必有今該撫請以鬮定原籤作爲定額儻雙籤之家告退一籤者將兩籤與新商公同鬮掣半籤之家設遇兩商並退者仍可併作一籤自屬搭配公平可杜將來棄瘠留肥之漸亦應如所咨辦理一咨稱新舉商人俟接辦後取具印保各結同四十六年報充現在擬留之徐兆麟等一十五商因引地另配換取各結到日一併咨送等語查該省商人向係五年輪換今既定爲長商自應將新舊各商一律取結報部以重責成仍咨該撫按年取具行鹽州縣並無需索印甘各結及商名清册一併送部查覈

乾隆五十七年議准河東課歸地丁撤去運商鹽聽民運詳見徵榷

嘉慶十一年奏准河東鹽務已改歸地丁徵課現在潞鹽侵灌

鄰界仍應改還商運三月山西巡撫同興奏言竊臣於三月初四日在澤州府途次欽奉上諭昨據倭什布奏晉省大同朔平等府及口外五廳並太汾等府所屬四十四州縣向來行銷蒙古鹽斤爲數最多每年於二三月起在吉蘭泰湖內撈取並購木植製造船隻源源發運上年因馬君選被控提省審辦並無人經理自春及秋並未撈取查該處積存鹽斤僅有八十餘萬斤不及每年額運十分之一若不趕緊辦理必致有誤晉省民食所關非細現已飛移阿拉善王迅速派人經理等語此奏殊不可解向來晉省池鹽由商行運蒙古鹽斤入口本有例禁嗣經奏明分定地界行銷將河東鹽課改歸地丁聽民間自行販運遂無一定口岸蒙古鹽斤因此侵越內地晉省池鹽不能在本地售賣遂有私越豫省楚省侵及淮鹽各口岸並又夾入蒙古私鹽以致阿拉善鹽斤不但侵越晉省而且侵越淮綱節經降旨令該督撫等嚴禁潞私越境並不准蒙古鹽斤多越內地辦理總無良法此時蒙古鹽斤在內地存積不多又因查拏馬君選之後一年以來並未撈鹽發運是好商一經拏辦而阿拉善遂無經理之人蒙古私鹽不能侵越內地正是極好機會此時若爲晉省民食起見自應即在本省或鄰境設法籌辦何以倭什布輒行飛移阿拉善王派人經理是否同與札商倭什布移知而倭什布奏片亦未詳晰聲敘從前蒙古鹽斤未經販入內地時晉省民人並不虞淡食現在蒙古鹽斤

既不能發運晉省該省目前當如何籌辦並將來如何經理可以使蒙古鹽斤永不侵越內地之處必當乘此時熟籌妥辦從前晉省鹽斤所以改由民運者皆由地方官於簽商一事辦理不公將地方富戶力能行鹽之人得賄私放強派中下之戶勒索多端商民畏累以致鹽課亦復支絀是以定議課歸地丁聽民販運本非經久無弊之法現特派英和初彭齡赴甘省查辦事件路經晉省令與同興會晤熟商著傳諭同興一面詳查舊案體察地方情形俟英和初彭齡到晉將如何籌辦或仍改歸商運之處會商妥議奏明候旨施行將此諭令知之欽此欽遵仰見我皇上睿鑒周詳無微不燭臣跪誦之下欽佩難名臣查此案先於二月二十日接准陝甘督臣倭什布鈔錄奏稿咨會臣當即札行藩司轉飭大朔甯各府將向來如何買食口鹽現在有無不敷民食之處確切詳查因關外地方遼闊倘未據查明詳覆臣查山西池鹽本係由商行運卽蒙古鹽斤入口亦定有限制迨後課歸地丁池鹽聽民販運遂無一定口岸蒙古私鹽既已侵越內地池鹽更復充斥豫楚兩淮推原其故總因池鹽已無引無課遂人人得以任意販運官亦無從稽查臣前接奉廷寄因河南撫臣馬慧裕籌議豫省私販章程欽奉諭旨豫省欲防私鹽充斥莫若就晉省產鹽地方酌定運往若干不許額外多運以杜私販之源等因欽此誠如聖諭不許額外多運卽除弊必先清源之意惟思池鹽既官爲定數始准運往卽與官引

無異臣已與兩司河東道籌計審思此時若不將池鹽仍歸商運終不足以杜私販之源惟因鹽課改歸地丁以後迄今十有餘載舊商聚散不一貧富今昔不同今欲仍復商運必須使商力民情兩得其便臣隨札行藩司河東道妥議詳辦因須籌畫萬全是以尚未敢冒昧陳奏今奉諭旨令臣與英和初彭齡會商妥議遵即一面調齊應辦案卷並飛催藩司將大朔甯各府現在買食口鹽情形即速查覆臣校閱澤州營伍後即日迎赴平陽一帶與英和初彭齡悉心會商再行具奏三月二十日奉到硃批俟奏到時再降諭旨　又欽差英和初彭齡山西巡撫同興等會奏竊臣英和初彭齡於三月十六日馳抵平陽府遵奉諭旨連日會同臣同興詳檢歷年案卷體察現在情形非禁水運不能限制口鹽非設官商不能杜絕私販引界劃清庶免侵越伏查山西歸綏道屬五廳及沿邊之大同朔平兩府向例俱准其就近買食蒙古鹽斤至太原汾州等屬四十四州縣向例食本地土鹽仍納河東池鹽引課內惟岢嵐等十一州縣因土鹽不敷亦准其兼食蒙古鹽嗣因土販過多乾隆二十八年經山西撫臣奏明令土販持引赴口採買責成歸綏道就近稽查歲底造册報部四十五年奉旨查禁蒙古鹽斤不許運入內地有礙官引四十七年經山西撫臣農起請弛口禁聽民自運五十一年阿拉善親王旺親班巴爾以陸運所銷無幾懇請水運撫臣伊桑阿會議以臨縣之磧口鎮爲界其磧口以下即嚴飭吉

州鄉甯等處文武官弁實力稽查毋許侵越此蒙古鹽斤准其水運之始惟時河東商人各有引界不特口鹽不能四出售賣卽潞鹽亦不能侵越於淮蘆之間也迨五十七年河東池鹽課歸地丁聽民自運而蒙古鹽斤連年屢經籌議誠如聖諭辦理總無良法現在蒙古鹽斤既無人代爲撈取以致積存無幾若責令照舊水運亦必仍借內地人民代爲經理不特蒙古徒受奸民愚弄如馬君選故智而內地官引反虞私梟侵灌自應停其水運以符原制伏讀諭旨蒙古鹽斤從前未販入內地晋省民人並不虞淡食仰見我皇上聖明睿照洞燭無遺臣等不勝欽服卷查乾隆二十八年戶部議覆山西並無藉蒙古鹽斤接濟之說徧查舊案惟乾隆元年前任撫臣石麟咨查殺虎口鹽稅案內始准蒙古鹽行銷於向食土鹽不敷之州縣又查阿拉善山鹽係因查禁鄂爾多斯蒙古鹽斤之後始行入口行銷但相沿已久似未便全行禁止應請除大朔兩府五廳歷係一准食蒙古鹽不計外其向食土鹽兼食蒙古鹽之岢嵐等十州縣應照舊例准在河口村地方積儲由陸路行銷概不准由水運直下仍責成歸綏道督同該通判就近嚴查毋許稍有透漏是應食蒙古鹽州縣准其陸運儘可驢馱車載民食不致缺乏禁其水運不致盈千累萬順流直下引地亦可免侵銷庶於防私杜弊之中仍寓恤邊柔遠之意而蒙古鹽斤可永無侵越內地之弊矣至河東池鹽任販運銷漫無稽查其侵越勢不能遏且徵鹽

課於有糧之民而錫美利於無引之販以致連年淮商困乏池鹽私販日見充盈誠如聖鑒洵非經久無弊之法自當仍歸商運以循舊章第簽商既恐不公而招商亦須慎選祗在嚴杜地方官吏賄匿鉅戶揑報中戶及一切縻費悉從撙節似尚不難辦理惟河東鹽法弛禁日久現辦復商一切設官分職請引歸課修渠整牆正畦分綱配掣等事案關三省節目繁多因革損益章程非易急切未能詳議周帀容臣同興督率司道等官分別應題應奏逐款覈辦務期斟酌萬全積弊盡除商民兩便並咨會陝西河南兩撫臣一體查辦外所有臣等會商河東鹽務請禁蒙古鹽斤水運及招商承辦潞引緣由理合會銜恭摺覆奏再臣英和初彭齡於拜摺後即由平陽府起程前赴甘肅合奏併聲明三月二十六日奉上諭英和等奏會商河東鹽務情形一摺據稱詳查歷年案卷體察現在情形非禁水運不能限制口鹽非設官商不能杜絕私販應請查照舊例阿拉善鹽斤祗准由陸路行銷不准水運其河東鹽法仍改商運第簽商既恐不公招商亦須慎選急切未能詳議周帀容斟酌萬全分別題奏等語阿拉善鹽斤自乾隆四十七年農起奏准買食之後販入內地漸多嗣五十一年伊桑阿復又議請准其水運從此水陸並銷大形充斥迨至河東鹽課一歸地丁口鹽四出售賣無從禁阻大爲鹽法之害不可不趁此時嚴定限制著即照英和等所議所有阿拉善鹽斤先將其水運斷絕責令地方官在於河口

村地方認眞嚴查一無許透漏至河東鹽法之弊皆由地方官辦理不善將簽商一事視爲利藪每屆五年更換之期輒將殷實富戶勒索賄放任意强派其弊種種以致小民受累無窮此時若仍議簽商易致流弊自不若招商較爲妥善其應如何改設章程斟酌妥善之處著同興會同陜西河南巡撫定議奏聞候朕降旨至河東池鹽將來改歸商運之後設遇晉省鹽斤缺少民食萬一不敷亦當早爲籌及或將晉省食鹽地方近蘆東者即食蘆東之鹽近兩淮者即食兩淮之鹽自漸爲充裕並著同興等詳細籌酌如有應與各該鹽政商辦之處一併會議以聞將此傳諭同興並諭英和初彭齡知之

又同興奏言竊查河東鹽務前經臣遵旨會同臣英和初彭齡疏請仍改商運並奏明臣督同司道等官逐款覈辦嗣奉諭旨以簽商易滋流弊自不若招商較爲妥善其應如何改議章程斟酌妥善之處著臣會同陜西河南撫臣定議奏聞請旨等因欽此臣當即飛咨陜西河南撫臣詳議俟覆到再行商辦臣查藩司金應琦前在河東道任多年地方情形最爲諳悉茲臣與該司月來檢查舊案體察輿情悉心商酌通盤籌畫伏思鹽務首重招商而招商必先除弊誠使積弊盡除則利源大濬小民趨利若鶩自無煩簽派之擾招商既定然後設官歸課請引行銷以及清查三省積鹽修理各項工程等事方可次第舉行查從前商辦池鹽一切澆曬運腳辛工繁費等項成本較重賣價較輕獲利本屬微細又復

不善經理往往託人代辦以致率多賠累商多退縮不前乃不思正本清源革除積弊調劑乏商而漫爲簽商致人人視爲畏途種種弊竇久在聖明洞鑒之中茲臣籌議復商首以興利除弊爲先務現在札飭太原平陽兩府傳諭從前舊商令將先年充商受累之弊據實逐一陳明應革除者准予革除應調劑者准其調劑仍一面先行剴切曉諭俾知此次新議之條非復從前舊行之例共使曉然於充商不致受累以期人皆樂於從事第恐小民難於慮始祗知從前受累爲實而疑此後不累爲虛仍復意存觀望若假手地方官吏勢必又蹈先年簽商故轍其流弊不可勝言臣與藩司金應琦悉心商酌惟有以商招商之法方可免官吏勒索之弊現擬先傳乾隆五十七年舊商中之家道殷實者令其互保復充其有家已中落無人互保者是爲乏商卽令已復之舊商保舉新商承充更換如所舉不實仍惟保商是問總期保舉更換俱不經地方官吏之手而又妥議章程有弊必除有利必興俾充商者將來免得受累則此後人人樂於充商從前地方官吏賄縱鉅富揑報中戶等弊皆可不禁而自除矣今將籌議招商辦理情形先行恭摺奏聞五月二十七日奉上諭本日據同興奏到籌議河東鹽務招商辦理情形一摺並據英和初彭齡奏到查訪阿拉善鹽斤不能輓運懇照河東現議商運事例一體招商代辦一摺看來此二事相爲表裏河東鹽務從前原因簽商擾累改歸地丁今籌議招商自較妥善

現據同興奏稱擬先傳舊商中之家道殷實者令其互保復充其家已中落無人互保之乏商即令已復舊商保舉新商承充更換俱不經地方官吏之手等語但以商招商勢不能如民間交易私事聽其自辦即如認充申報等事亦必須官為經理一經官辦即不免有胥吏經手仍恐復蹈積習即同興金應琦一在彼或能留心查察日久難保不滋弊端況伊二人亦未必果能自踐其言是所稱不經官吏之手徒為虛語扞格難行且閱同興摺內稱小民難於慮始祗知從前充商受累視為畏途現擬查明舊弊革除調劑先行示諭共使曉然以期人皆樂從等語可見該省辦理招商亦復不易因思該省民人所以不願充商者自以池鹽獲利細微易致賠累之故今據英和等奏稱吉蘭泰池鹽產鹽豐旺蒙古人等性拙耿安向來不能撈取自馬君選獲罪後各處嚴禁內地民人出口鹽池已成廢棄磴口並無鹽斤等語是蒙古鹽池竟棄置無用豈不可惜為今之計莫若將蒙古池鹽河東池鹽一併招商承辦按照成本多寡口岸暢滯情形因利乘便酌劑行銷總使得需餘潤商人自必樂從且兩省鹽務大局以彼之有餘補此之不足庶可行之永久從前蒙古販運係屬私鹽查禁稍疏即有侵越口岸致礙官引之弊若一體歸商承辦則毗連地方皆官引行銷之地不待多方立禁而私販自無侵越亦屬一舉兩得但欲如此辦理必須於山西陝西適中之地設立鹽政一員及屬下官數員專司經理此事關

係重大頭緒亦復紛煩英和曾任軍機大臣初彭齡曾任巡撫今均復任大員心地亦皆明白公正著會同倭什布方維甸同興將山陝甘三省鹽務如何一律招商承辦應於何處設立鹽政以資經理其屬下應設官若干員一切衙署建置廉俸等項需費若干其行鹽地界如何分別劃定以便民食每年輸課若干其從前改歸地丁應行如何撥還若干之處均一一詳細通盤籌畫妥議章程具奏此係立法之始不可不加意詳慎以期經久無弊英和初彭齡不妨多住淡旬務須博採輿論悉心酌覈盡善為要再馬君選從前為蒙古行鹽其人本有心計蒙古人性拙偷安任其所為伊每年所獲之利自未必盡歸蒙古著英和等留心密行訪查從前馬君選辦鹽時每年收獲利息若干其給與阿拉善王者實有若干得有準數以便將來酌量每年賞給若干俾資生計以示體恤至山西陝甘各屬民間均有向食蒙古鹽斤處所今以吉蘭泰鹽池既成廢棄現在各該民人豈竟淡食又係何處鹽斤供其食用亦應訪查明晰庶可洞曉全局從長籌議此一節著各該督撫查明先行覆奏將此各諭令知之嗣於十二年巡撫兼鹽政成齡奏言竊照河東鹽務復歸商運前已陸續招商五十八家具認承充恭摺具奏在案茲查招定新舊各商內家本殷實者咸知踴躍趨公早已齊集領運其舊商之中雖認辦在前而續經查明確係家道中落措辦運本艱難者又不得不量為變通是以原認五十八家之外續招商一十

三家分別頂充幫辦或令獨辦一籤或令夥辦一籤以收衆
擎易舉之效統以本年正月初一日爲開運之始催令各該
商如期趕到領票掣鹽運赴引地行銷間有資本未齊及
延致夥商之家亦俱於二月中旬全行趕到領鹽開運計自
正月初一日起至三月十三日止新舊各商共掣過鹽二千
一十二名二十九引據河東道劉大觀稟稱察看各商情形
因試辦三年始定鹽價一切陋規又俱革除無不仰戴天恩
感激思奮均非勉强從事臣職兼鹺務受恩最重惟有督率
司道等悉心經理隨時調劑催辦以
臻妥善仰副聖懷奉硃批覈實辦理

嘉慶二十四年覆准豫省引鹽改爲商運民銷

戶部議覆山西巡撫成格奏言

竊照河東鹽務自嘉慶十二年復商以來承辦晉陝豫三省
引鹽當各商甫經認充鹽價未定銀價平減是以踴躍經營
尙無賠累迨至十六年加增吉蘭泰引課之後又值十八十
九等年年歲稍歉銀價日增運本既倍於前而各商以錢賣
鹽易銀完課每兩折至二三百文而一切運費俱係用銀其
間折耗甚多計賣鹽一斤虧賠自三四釐至七八釐不等疲
累日形是以舊商紛紛以疲乏告退而新報之商人又各退
避不前若不量爲變通辦理實形掣肘現據河東鹽法道葉
汝芝以體察商情亟須分別調劑懇將豫省引地改爲商運
民銷課項仍由商完納晉陝二省酌量加斤俾得稍紓賠累

等情詳請具奏前來臣伏查河東鹽務情形與別省迥殊別省產鹽散在各場行銷地方卽於附近配運且多係水程卽陸運亦未有逾三四百里者河東行銷三省皆取運於一池之鹽俱係陸運路途既遠成本太重繁費尤多現以賣錢易銀虧折過甚商力日疲急須調劑但其中情形亦有不同自應分別籌辦緣行銷晉陝二省引地路途較近運本尙輕卽偶有消乏之處責成殷實之商接濟尙可勉力支持近因銀價增昂辦理實形竭蹶仰懇援照乾隆四十二年增加耗鹽之案每引酌加鹽十斤免其加課俟銀價平減之時奏請停止其冬月加耗五斤之處仍遵舊制如蒙天恩允准則晉陝二省商力可以漸紓自可遵照舊章辦理惟豫省銀價更昂陸運至一千一二百里運本尤重鹽斤在途則巡役緝私多滋糜費抵岸則地方稽查難免陋規加以一商而辦數處一處而設數店本商勢難兼顧不得不雇夥商經理所有夥友辛工租賃房屋用度實爲繁重現在賠累不支者惟豫商爲尤甚如仍責令舊商承辦非惟力有難支勢必紛紛求退且疲乏既久慮於課食有虧所關非細現在豫商情形非一律加斤可資調劑再四思維別無良策惟查嘉慶十一年侍郎英和初彭齡奏覆河東復商應辦事宜案內曾有仿照淮商行銷江西湖廣之例以商運民銷爲請經臣部以中州腹地慮其侵灌淮蘆並以鹽地廣延百里恐民人越境販私議未准行查豫省行鹽口岸南與淮北接壤東與蘆境毗連淮北

前因展限乙丙兩綱摺內曾請設立公店招徠水販售銷經
部覆准令其妥議章程在案是准北引地尚欲改歸民銷則
無虞潞鹽之充斥可知蘆商本係水運價值平減凡蘆鹽運
行之地小民亦斷不肯舍賤就貴買食潞鹽則侵灌長蘆一
節似亦可以無虞至鹽池雖廣延百里周圍設有禁牆平時
委員巡役人等稽查本密若改歸民販各商無須赴各引地
運銷尤可齊心協緝自顧本源則鹽池亦不至有私販偸漏
之弊如此量爲變通於淮蘆既無虞窒礙而承辦豫省各商
只須運鹽在晉豫適中之地以待商販地近事簡本商儘可
自行經理無須假手他人其各口岸公店房屋夥友辛工及
地方陋規均可全行革除約計每年省費不下數十萬兩以
節省各項繁費專力納課辦理自能裕如於鹽務實可冀有
起色至酌定口岸之商運價值以及招募民販轉運銷售各事
宜應俟奉命允之後飭令河東鹽法道妥議章程再行詳
請咨部辦理等語臣等伏查該撫所奏河東鹽務其行銷晉
陝二省引地路途較近運本稍輕從前尚可勉力支持近因
銀價增昂辦理實形竭蹶仰懇援照乾隆四十二年增加耗
鹽之案每引酌加鹽十斤免其加課等語臣等查兩淮從前
曾經疏請加增鹽斤即河東本處亦曾於乾隆四十二年請
加耗鹽今河東商力疲乏自當量爲調劑應如該撫所請准
令每引加鹽十斤免其加課一俟銀價平減商力充裕即行
奏明停止又據該撫疏稱豫省銀價更昂運本及辛工等項

用度尤爲繁重現在賠累不支舊商紛紛告退新商不肯接充課食有虧所關非細復以商運民銷爲請臣等查河東鹽志載潞鹽行銷豫省程途遠者一千餘里近者亦數百里俱係陸運是河南運鹽成本較晉陝二省爲尤重加以辛工等項繁費不支以致新舊各商均畏避不前公私掣肘自屬實在情形再查從前侍郎英和初彭齡疏請商運民銷曾經部議駁原慮其侵越淮蘆引地及鹽池私販偷漏等情茲臣據該撫查明並無窒礙逐一聲復所有奏請商運民銷以節糜費而紓商力之處亦應如所請辦理其如何酌定口岸商運價值以及招募民販轉運銷售各事宜均須詳晰確查務於商民兩有裨益蘆淮不致侵灌方可行之久遠應令該撫妥議章程咨部核辦奉旨依議旋據山西巡撫成格將豫省商運民銷酌定口岸商運價值招募民販銷售各事宜造册咨部經部按款查議咨覆 一册稱晉豫適中口岸統歸陝州之會興鎮查晉豫兩省以黃河爲界西偏之閿鄉靈寶盧氏內鄉四縣向係出西禁門由靈寶口岸運發東偏之陝州洛陽澠池新安宜陽孟津寶豐鞏縣偃師南陽南召永甯登封邱縣襄城鄧州唐縣新野泌陽伊陽鎮平葉縣嵩縣桐柏裕州汝州魯山淅川二十八州縣向由會興鎮發運原係兩處口岸惟查靈寶縣會興鎮東西相距僅九十餘里若靈寶口岸之鹽改由中禁門東禁門運發會興鎮與運至靈寶里數既屬相侔又統歸一處發票稽查更覺簡易自應統歸會

興鎮一處口岸至閿鄉縣鹽斤向由臨晉縣之夾馬口水運到地孟津縣鹽斤亦間有以牛皮餛飩水運者今既統歸會興鎮行銷若准其水運恐價值低昂有礙本省銷售更慮侵越陝西長蘆引地均應嚴行禁止等語查豫省閿鄉等四縣鹽斤向由靈寶口岸運發其陝州洛陽二十八州縣向由會興鎮運發原係兩處口岸今該撫請將商運鹽斤統歸會興鎮一處運發既稱事歸簡便稽察易周應如所咨辦理仍令該撫將靈寶口岸運道及閿鄉孟津等縣水運鹽斤嚴行禁絕以杜侵越販私之弊　一冊稱酌減例價以便民販查十六年以定價咨案各商運發會興鎮成本每鹽一名共計成本銀五百零九兩三錢七分六釐陝州現行鹽價每斤銀一分九釐二毫今加攤歸公銀九兩共計成本銀五百一十八兩三錢七分六釐此次商運民銷原期商民兩便且糜費尚可撙節應於定價一分九釐二毫內減去二釐二毫仍照每銀一兩合制錢一千合算等語查豫省引鹽既定爲商運民銷則商人止須運鹽至會興鎮一切辛工雜費等項均可較前節省所有發販鹽價該撫請照陝州現行鹽價每斤銀一分九釐二毫內酌減銀二釐二毫以期民販踴躍應如所議辦理至民販行銷地面應令該撫轉飭各州縣隨時稽察毋得擡價售賣致妨民食　一冊稱先行出示以招民販查課歸地丁之時並未由行鹽各縣招徠民販而民無淡食之虞此次商運民銷相去未久該處民販舊章具在店口猶存先行

出示曉諭可期踴躍爭先至發運何縣應聽該販自便等語查此次商運民銷事屬創始自應先期出示以廣招徠至鹽斤發售何縣雖據聲稱聽該販自便但竟無限制恐不免私販透漏等情應令該撫轉飭於發運售賣時止許在三十二州縣之內不得任意侵越致妨淮蘆引地一冊稱給票以辦官私查某縣民販若由該縣起票恐該販賫本大小不一轉增守候領繳之煩似宜委員駐箚會興鎮發給戳記以便給發照票四百里以內者以半月爲期八百里以內者以一月爲期逾者仍照私鹽法以免影射等語查此次商運民銷課由商納引由商領該民販行銷之鹽並無引據未免漫無稽核該撫請委員駐箚會興鎮給予戳記發給民販照票以憑查核應如所議辦理至所稱四百里以內者以半月爲期八百里以內者以一月爲期係爲防弊起見但該民販有無逾限究由何人查驗並銷鹽後照票作何呈銷之處均未有據分晰聲敘應令該撫轉飭查明咨覆一冊稱引張照例截角以符成案查向例空車入禁門每車一輛執引十道該大使驗明截引一角車戶載鹽到門該大使點明裝數秤掣後截引一角商人運鹽到地該地方官驗明鹽引相符截引一角銷完後該商將引呈交地方官截引一角此次商運民銷除照向例出場截去引角外發運行銷均在陝州應歸該州再截二角以便繳銷再查向例某縣鹽引由道戳明某商某縣字樣今行商雖不到地仍應照舊戳明以杜混淆等語查

銷過鹽引定例截去引角此次商運民銷該撫請照向例由該大使截引二角外至引發運行銷均在陝州即令該州再截二角並據稱行商雖不到地鹽引仍應照舊用戳以免混淆之處均應如所議辦理　一冊稱唐縣裕州澠池歸公銀一萬七千八百七十八兩五錢五分五釐係屬餘利急公之項今豫省引張一律銷售自應按引均攤以昭平允每年除撥餉銀四千五百兩外餘銀由河東道委豫商解赴河南等語查唐縣等處應解歸公之款該撫既稱引張係一律銷售自應按引均勻攤解仍令於每年解交豫省時專案報部以憑查覈　一冊稱設立公直以防專利查民販既不定地願買何商鹽斤亦聽其便惟恐謀利之徒或減價值或增秤斗致有偏枯應令行商公舉明幹一二人按引之多寡均勻銷售如有減價增斗情弊公同立罰其不遵者稟官懲處等語查民販等有願買何商鹽斤原可各從其便但恐各商惟利是圖或有減價增秤等弊亦不可不防其漸應如該撫所咨飭令行商公舉明幹一二人按引均勻發售毋許偏枯仍責成委員不時稽察如有前項情弊立即按律懲辦　一冊稱晉陝兩省加耗十斤宜照舊式給發秤錘查晉省載鹽出場每引分爲兩袋即俗名兩裝遇冬月加五斤係鑄小秤錘二箇每袋二斤半此次加斤應仍照加錘之式鑄法等語查晉省載鹽出場該撫既稱每引分爲兩袋遇冬月加耗五斤係鑄小秤錘二箇每袋加二斤半此次晉陝兩省加斤事同一律應准

照加錘之式鑄給秤錘仍令不時訪查如於例加鹽斤外再有加增者卽查明按律懲治　一册稱添設官秤以杜爭執

查各縣鹽秤向由該縣較準給發此次行商各家應由河東道按照法馬給秤一杆仍設立官秤一杆存於公所交給公

直不時覈對等語查商鹽發售民販行銷自應各給官秤以免彼此爭執應如該撫所咨此次行商各家卽由河東道按

照例定斤兩各給官秤一杆仍另設一杆存於公所不時較對毋許畸輕畸重以昭畫一　一册稱三省行鹽州縣均有

督銷之責今豫省既商運民銷除晉陝兩省暨豫省之陝州照舊於奏銷後查辦外其餘俱毋庸查議等語查豫省此次

商運民銷各州縣既無督銷之責自毋庸查議缺銷處分但民販究係行銷額引鹽斤應令該撫轉飭各州縣隨時嚴密

稽查以杜透漏之弊其各該處接界淮蘆引地者並令一併嚴行查禁　一册稱咨明遵行日期查向來新引五月請領

八月領回一切章程以本年九月初請領新引爲始等語應如所咨辦理

道光九年奏准停止豫省設廠分運

巡撫兼鹽政徐炘疏言竊查河南撫臣楊國楨以潞

鹽自改歸民運後價值增昂奏請於河南汝州南陽三府州各設分廠一處將各該屬每年額銷鹽斤運廠發售並請將

商銷原價每斤各加制錢二文俾得貼補經部議准行仍令臣體察情形務期行之久遠不致再議更張臣當卽札行河

東道韓文顯飭商遵辦並遴委籍隸河南之知縣王四杰湯若泌秦煜三員分赴河南汝州南陽各屬周歷密爲訪查究竟鹽值是否過昂民食有無短缺茲據該委員等查覆各該處城市村鎮均有行店鋪廠其僻壤遠鄉不乏肩挑駝載閭閻從無淡食之虞覈其價值較從前商銷時每斤加增一二文至七八文不等惟南陽所屬距會興鎮較遠最貴之價一賣至四十八文查淮商行銷豫省引鹽每斤價值七八十文較之晉省最貴之價尙多至半倍有餘且從前商銷時不免輕短分兩攙和泥硝自改民銷以來俱係淨鹽足秤商銷與民銷於分居民毫無損益等語並據河東道稟稱晉商素稱疲乏自改議商運民銷各口岸子店房屋夥友辛工以及地方規例均得全行裁革商力稍紓今若分設鹽廠責令輾轉販運不惟汝南等處相距產鹽之地一千餘里之遙陸運至廠本不貲且豫省銀價過昂又貫以一切繁費通盤合算實屬賠累難堪從前運商紛紛逃避頻簽殷商累及通省富民而不能經久實難孟浪承辦並據商人王恆泰尉世隆張隆泰仍馬德隆靳悠久張恆履楊壎饒等來省環跪懇求以近年改爲商運民銷之後勉力支持應交課項並河工經費每年共銀七十餘萬兩年清年款不致絲毫拖欠今若另行添設數廠分售是仍令商運商銷強以力之所不能必致貽誤課運所關非細商等俱身家有祇有懇請告退情詞迫切委係實在情形臣細思添設一廠必有一廠繁費加以陸運維艱卽使

每斤各加制錢二文稍資津貼亦無裨補臣職司鹽政所轄各口岸本無畛域之分何敢稍存成見第添廠所以恤民果於民食有裨亦不容該商等推諉然亦須兼量商力使行之而不能久卒非恤民長策況民食並未缺乏而徒使商力疲於轉運似非兩全之計查自嘉慶二十四年奏請商運民銷迄今已閱十載商民相安已久課運皆無缺誤今復遽議更張恐難期行之久遠與其窒礙於日後何若規畫於事前合無仰懇聖恩俯准仍令循照舊章辦理以裕商力而杜弊端

四月二十三日奉上諭徐炘奏晉商行銷豫省引鹽請仍照舊章辦理一摺河東各商行銷豫鹽自嘉慶二十五年改議章程商運民銷原爲調劑商力俾資辦運上年據楊國楨奏潞鹽改歸民銷以來價值增昂請於河南汝州南陽三府州各設一廠飭商分運發售酌加鹽價當經飭部覈議准行仍令山西巡撫體察情形務期行之久遠不致再議更張茲據該撫委員赴豫省行銷潞鹽各屬周歷訪查各該處城市村鎮均有行店鋪廠其僻壤遠鄉不乏肩挑駝載既無淡食之虞並亦不致食貴若分設鹽廠責令輾轉販運加以一切繁費賠累難支民食未缺而商力轉疲難期行之久遠等語行銷引鹽之道恤民兼須恤商若果民虞淡食豈容該商藉詞推諉既據該撫查明商運民銷與閭閻毫無損益而一經更改舊章商力轉行疲乏是未恤民而先致累商立法豈能經久且近年以來商民相安運課無誤何必復議更張著照所

請仍照嘉慶二十五年議
定章程辦理該部知道

道光二十四年奏准商力疲乏恐誤課項令退商舉保殷戶試

辦三年巡撫梁萼涵奏言竊臣承准軍機大臣字寄道光二
十四年正月三十日奉上諭御史烏淩阿奏山西鹽
務招商混舉官爲勒派請飭查禁一摺據奏介休縣鹽商係
本城捏報商累告退朦混舉報經州縣行文關提差役押勒
詐索多贓致居民逃往外境等語招商行鹽願應者方准認
充豈容朦舉勒派藉端索詐致滋擾累著梁萼涵確切查明
如該商等果有混行舉保及州縣等藉派勒索等弊即行嚴
實究辦萬不可受人欺朦原摺鈔給閱看將此諭令知之遵
旨寄信前來臣遵查商冊內並無侯本城之名惟查上年二
月間有介休縣商人侯協山的名侯本城曾在臣衙門告退
批飭不准是否即係其人當經檄飭河東道確切查明有無
捏報混舉藉端勒索情事據實詳辦茲據河東道李百齡查
明侯本城即係介休縣商人侯協山的名侯本城承辦絳縣
半籤引地近因鹽務疲累家資淨盡於上年六月赴河東道
衙門具呈告退經前護道牛鎮查明該商家道消乏屬實飭
據該商舉保汾陽縣殷戶王承祚王承翼王承謨接辦屢傳
未到茲奉前因復檄飭侯本城之原籍介休縣提訊鄉保族
鄰人等僉供侯本城家產實已淨盡惟存房院兩處山地三

頃不足償債委非捏飾並據汾州府查明王承祚弟兄實係汾陽縣殷戶王承祚原捐郎中王承翼原捐翰林院待詔現於本年二月內進京加捐王承謨向在直隸一帶生理並非因聞報商逃避該縣亦無藉派勒索情弊等情咨經藩臬兩司會詳請奏前來臣查介休縣商人侯本城既據河東道查明家道實已消乏自難責令充商其所舉接辦之王承祚等既能報捐郎中等官其爲家道殷實並非朦混舉保可知且屢經飭傳未到亦無從押勒詐贓是該御史所奏自係傳聞之誤惟原奏內稱招募商人自願應募認充者方准到綱試辦等語臣查招商行鹽願應者方准應充立法本爲至善而今昔情形互異勢難拘泥舊章不能不量爲變通以爲權宜之計河東鹽務從前池鹽旺產成本既輕銀價又賤充商者藉資獲利是以招之即至尙屬踴躍爭先自道光十一年鹽池被水鹽價增昂銀價漸長百姓多畏縮不前近年則鹽價益昂車騾脚費無不倍增銀價每兩貴至一千五六百文加以私鹽充斥官引滯銷各商承辦半籤引地每年須賠四五千兩一籤則約須萬金充商者無論家產之厚薄一日不盡則一日不能告退每居封課之時比責監追無法不備猶復積欠累累是以上年及本年奏銷臣兩次奏明蒙恩准展限實勢處於無可如何此等疲乏之商勢不能不准其告退又慮無人承充致誤課項不能不令報殷戶接充而殷戶畏累往往經年累月屢提不到其傳到者又復多方規避百計推

諉不肯具結認充此時若拘泥成法願應者方准認充小民惟利是圖執肯以有限之家私供無窮之賠累將來告退之引地永無應募之人故於提到之商不能不曲為開導勸令認充此近年來河東鹽務之實在情形也臣於二十二年莅任時見此疲累情形冀為補救苦無良策去年春間臣查閱鹽池時有數十商人聯名具稟極言伊等賠累之苦力不能支懇求減引減課臣當將該商等傳至行次面諭以爾等苦況執事者並非不知惟現當度支孔亟之時不於鹽斤加價已屬皇上格外鴻施爾等具有天良何忍再言減少引課當設法辦理勉圖報效方為無負天恩該商等頗知感激多自垂淚默默而退臣因思國家藏富於民百姓之財力亦當稍留其有餘若充商之人必令家家貲蕩然始准告退亦覺有乖政體當飭河東道確查各商如果力難承充准令告退又恐所舉之商畏葸不前飭令先行試辦三年情願認充再行咨部更名作為正商或力有未逮即令另舉新商接充如此辦理庶幾乏商尚有告退之期新商亦有更代之日或不至視為畏途而國課民生兩無貽誤矣至此後該商等如果有捏報疲累混行舉保以及州縣等有藉端派勒需索等弊仍當嚴飭河東道確查究辦斷不敢含混瞻徇有負聖主體恤商人之至意六月二十三日奉旨依議

咸豐二年奏准河東留商改票引由商銷票准民販責成現商

按照原領引數請票招販納課掣鹽

欽差戶部侍郎王慶雲
江蘇布政使聯英會同

巡撫兆那蘇圖奏言竊臣王慶雲臣聯英奉命來晉會同臣兆那蘇圖查辦河東鹽務抵省後當將馳赴運城通盤籌畫緣由恭摺奏聞先後奉到硃批知道了欽此臣等一面檢查案卷一面延訪官商詳求利病竊疑河東鹽課既係一年清年款何以稱爲疲累者異口同聲及悉心體察商情之渙散民情之驚擾有不得不急議變通者緣河東本係長商自道光二十四年撫臣梁蕚涵請改短商三年更舉商則移甲換乙課則李代桃僵有一年之中新舊更換至二十餘商者有一縣之地先後提送至一二十戶者規避營求曖昧不可究詰及其勉强充當又復苟且支吾指期告退名爲顧課實則百弊叢生於是富戶多有棄廬墓挾貲財而紛紛遷徙者此臣兆那蘇圖所以深嫉舉商之弊而有改行長商之請也茲復仰蒙恩命會籌經久之方臣等伏思政在養民爲今之計安民業必先寬商累現商之不疲乏告退則舉商之弊自除而國家正供亦可源源不匱查晉商疲累一在鹽本之鉅一在浮費之多一在運腳之重官鹽既貴私販遂乘間蔓延河東鹽法以二百四十斤爲一引一百二十引爲一名八九十名爲一籤行鹽者曰運商曬鹽者曰坐商從前鹽價平時每名不過值銀三五十兩乃近年以來坐商賣無課之人私多得價値囤積居奇其畦地錠票租典靡常一貪業數主人人牟利現

在一名之鹽貴至一百二三十兩三四十兩不等視舊時幾及三倍運商安得不困河東鹽行三省文武大小衙門一切公私酬應名目繁多不可枚舉更有由總商分派者名曰廳攤由散商自送者亦歲有常例統計不下二十六萬餘兩幾及歲課六十餘萬之半官吏視為應得罔恤商艱加以河東鹽由陸運引重致遠腳費繁多每名自數十兩至百餘兩不等引地定價已久不容加增因而相率為偽攙沙短秤民間購一斤之鹽僅得半斤之用引地愈遠民食愈艱此河東鹽務疲累以致商民交困之實在情形也臣等會晤以來無日不公同商酌輕鹽本必先定池價革浮費必先行票法減運腳必先分口岸並將緝私之法分寓其中而大要總在留商改票先課後鹽庶法立無弊而行之可久蓋引有專商票無定販留商招販必使先課後鹽而後引目雖改不至虛懸課項有常無虞短絀查向來坐商擡價總以缺產為詞臣等周歷鹽池見其地面寬廣鹵氣醲厚即雨暘偶有不齊衰多益寡總足敷五千六百餘名之額鹽貴之病實不在缺產而在走私現擬定白鹽一名至貴不得過六十兩青鹽以次遞減坐商工本之外儘有盈餘不許居奇擡價並令坐運各商立法互相稽察遇有售私官為懲辦但使鹽不旁流則池價常平而商鹽自足其錠票銷價應為嚴減畦地租典先儘運商總期成本減輕以敵私而衙課至出鹽行鹽各地方官吏浮費無不出自引商今既改引行票即令各商逐款開明永遠

勒石示禁並以另籌公用一款每票一張徵銀七分有奇隨課收發以爲管鹽衙門辦公之用此外需索分毫官吏總商皆坐贓科罪其領票招販完課掣鹽截角繳票各事宜卽仿照兩淮票法稍爲變通以歸簡易而防弊混再查河東鹽行河南引地向歸商銷自嘉慶二十四年改爲商運民銷以會興鎭爲發鹽口岸商民稱便現擬將陝西並本省之鹽一律設立口岸與會興鎭分爲三路各行各票不得互相攙越鹽到口岸然後發販隨地銷售商人自運亦從其便計一籤之商省官吏浮費銀二千餘兩腳價房租辛工等項數千兩所省既多卽令一律售賣淨鹽再有攙沙短秤者嚴行究辦惟商販輾轉腳戶衆多恐有夾私漁利應由臣兆那蘇圖遴委廉幹同知通判州縣各員分駐口岸嚴查懲辦於節費之中秉寓疏銷之法此臣等通籌全局改定章程之大概也統計河東全綱就上年鹽價比較節省銀三十八九萬兩設遇豐收池價更減所裁浮費除酌留公用外實裁銀二十六萬餘兩其改立口岸亦可省公私等費十萬餘兩通三項裁省銀七十餘萬兩向之賠累者轉獲贏餘從此得人守法商力不疲不至告退卽間有事故歇業者或運商歸併或坐商頂充二者無人卽各就各省運商按籤勻辦永不准再有舉商保商流弊臣等復傳集坐運各商一百四十餘人面加講求示以變通辦法有無窒礙難行之處不妨據實稟明該商人等鼓舞歡欣僉稱具有天良感激朝廷德意並願將現停一半

活引四萬三千七百五十道一併改票運銷仍交銀八萬二千二百六十餘兩所有河工經費前請奏減銀二萬餘兩茲亦仍照十二萬兩之數一併解交臣等公同察看所復之數較新章裁省七十餘萬兩之數不及十分之一於商力並無妨礙應准復還原額並據投具甘結前來茲臣等於本月十五日回省謹將會籌擬改各章程分列十四條另繕清單恭呈御覽　一簽商之弊宜永遠禁革也河東池鹽自國初招商分引以來從無保舉富戶之說乾隆年間鹽臣薩哈岱奏請在晉省舉報富戶充當人始視爲畏途嗣改爲五年更換百弊叢生經前撫臣農起奏請更定長商六七十年循而不改逮至道光二十四年前撫臣梁蕚涵又因舊商告退奏請將新商試辦三年名爲短商乃行之甫及六載已更八十餘商其到官營免者尙不在此數緣富戶不諳鹽務全憑商夥經理浮冒侵漁本商因試辦不久甘受其愚比及三年祇圖脫身隨意舉報被舉之戶多方規避或賠課免充或挾貲遠遯逡至一商告退通省騷然臣兆那蘇圖所以有改復長商之請蓋運商受病之源不在承充之久暫而在賠累之過多茲臣等奉命來晉目擊情形知簽商之弊一日不除釐綱一日不整而晉民疾苦一日不痊現擬留商改票裁去浮費廳攤減定池價銷價成本愈輕從此運商儘有贏餘不致仍前竭蹶儻復有藉口告退希圖拖累他人者概不准行惟間有因他故歇業者必須通商出具連環甘結由河東道詳明巡

撫衙門方准告退所領引目或由運商歸併或由坐商頂充二者無人再各告就各省運引商名下均勻配搭運銷在衆商所加無多引課亦歸有著其從前保商簽商之弊應請永遠禁革以安生業　一改引行票宜責成現商領票招販納課製鹽也查引由商銷票准民販而票之較勝於引者在官則省浮費在商則省辛工其餘運鹽赴岸車騾脚價俱可從省所以輕成本利轉輸也然改票爲商人甦困之良圖非爲商人脫身之私計自應明定章程責成辦理自咸豐二年癸丑綱爲始商人領票按照原領引數限期赴道請票呈明該商於某坐商某畦某料第幾號配定青尖鹽若干名即將課項封足由監掣衙門督同庫官彈收將票先截第一角方准掣鹽鹽到禁門場官驗對鹽票相符查無夾帶再將票截第二角由該商押運到店將票收帶以憑沿途照驗鹽到口岸將票呈交口岸委員截第三角按限申繳其鹽或發販轉運或由商人自運均聽其便遇有引地滯銷許商販運赴暢銷地方售賣如有夾私影射等弊各商販互相舉發稟官究辦其各商名下應交票課每年自二月起截至九月止責令數全完不許絲毫帶欠違者參追　一三省公私浮費宜一埽概革除也鹽務陋規久干例禁現查運商呈出底帳每商名下各引地浮費自一千二三百兩起至四千四五百兩不等前歲臣兆那蘇圖曾經奏裁十分之四甫經奏部覆准茲將通綱覈計所費不下十餘萬兩廳攤尙在其外實屬不成事體姑

念歷有年所官非一任地非一處應請從寬免議茲既改引
行票仍責成現商領一票招販納一課掣鹽恐陋習相沿難保不
仍前授受應嚴申例禁所有商人向交浮費無論何衙門何
項名目一概革除不准再有絲毫勒索儻各該管官吏及行
鹽各地方官陽奉陰違一經發覺即坐贓科罪再票商經過
沿途關津文武兵役以及地方匪棍刁難訛詐許受害之人
指明稟究從重懲辦　地方官不爲申理許該商販徑赴巡撫
衙門控告問實嚴參　一總商攤派之弊宜嚴行禁絕也運
城爲三省行鹽總彙向置商廳各商中擇其明白曉事者點
充綱總嗣因把持漁利乾隆年間曾將綱總名目革除另立
值年司季各商輪流辦公現查商廳每年攤派有五六萬兩
至十餘萬兩之多任意冒銷已可概見且運鹽正商五百餘家
無幾人自行經理商夥與總商勾串營私大爲衆商之害前
歲臣兆那蘇圖查明河南會興鎮值年司季業已裁撤改爲
輪流辦公河東因有承辦事件擬擇公正殷實者三家定爲
值綱三省各派值省一家管理事務現在改引爲票浮費一
概革除運城商廳應即裁撤並責成河東道監掣同知督率
各商從新整頓不准再有廳攤名目以清弊竇　一池鹽宜
酌中定價以免居奇也坐商無轉輪之勞澆曬供運理應公
平交易乃近年以來往往有曬鹽已成以多報少囤積待價
漁利賣私現在池價每名賣至一百餘兩之多運商賠累實
由於此雖產鹽豐歉容有不齊而將贏補絀澆曬工本不致

大相懸殊前歲臣兆那蘇圖會經定價三等奉行尚未畫一現在臣等會同訪察傳諭坐運各商令其酌中定價不准任意取贏據各坐商結稱白鹽價至貴不得過六十兩青鹽價至貴不得過四十兩如有誤曬居奇願甘承罪畦地入官各等語應令河東道隨時查察儻嗣後坐商再行藉詞昂價准運商呈官懲辦再查運城商夥往往有串通坐商短給鹽價攙和硝土情弊以致官鹽滯銷殊堪痛恨應責成河東道督率監掣同知及各口岸委員嚴切稽查如有前項弊端即將該商夥並坐商盡法究辦　一酌減銷價以歸覈實也從前坐商治畦曬鹽兼辦引課無所謂銷價也迨後坐商乏致遠之力三省引地皆由運商包運納課償之以價以為坐商工本每錠出給銷價銀二十四兩乃日久滋弊名實不符坐商將錠票典與他人即將銷價作為利息並與澆曬無關是坐商祇管賣鹽並不交課既得鹽價復得銷價轉典漁利而運商出無名之費雖節經裁減所省無幾今既查明其弊本應一重體刪除惟念各商典非一日若遽以法相繩不免商民失業當即傳問各商據結稱每名銷價定為六兩交收嗣後仍責成河東道隨時稽察違者立即懲處亦補偏救弊之一助也　一畦地租稞宜申明舊章以防流弊也河東鹽法坐商有畦地而無力澆曬者准其呈明或租於運商或租於同畦夥商蓋運商承辦引地例得澆曬以資配運夥商有通力合作之義不致以罔利壞畦故租稞無嫌嗣因市棍串通賃

畦收曬以致場價日昂乾隆四年十七年屢嚴私租私稞之禁犯者鹽入官人坐罪遇有惰曬惟本坐商是問現在河東畦地租稞流弊更甚於前夥租者按年輪曬把持誤公先曬者盜空鹽根屯私肥己種種詭譎貽害匪輕應責成河東道實力查禁現在已租各商令其加工澆曬以供配運如再有把持誤公及盜空屯私等弊卽予懲辦嗣後坐商無論租賃典賣總須歸運商及同畦夥商管業不准市棍串通承買承佃以杜昂價而防壞畦違者鹽入官授受人均照阻壞鹽法律治罪　陝豫額代一覈定科則以輕成本也現在改引行票應將晉正餘活引歲徵正雜科則卽定爲行票科則其山西潞澤節省改照河南通攤唐裕歸公之例每引攤銀九分零加以現定至貴池價每引銀五錢銷價每引銀五分公用每引銀七分零統覈改票成本山西河南每票銀一兩六錢零至一兩七錢零陝西每票銀一兩五錢至一兩六錢零比較從前成本奚啻減半該商等但當實心經理非惟不致賠累自必銷路暢而獲利多矣至以上應交正雜各項應令遵照新章於領票後一併交納運庫方准赴場掣鹽毋任遲延一票鹽口岸宜酌量安設也查嘉慶二十五年豫引改爲商運民銷鹽斤渡河卽在河南陝州之會興鎭設立口岸分路發販迄今三十年商民稱便現在留商改票山陝二省均應設立口岸以便招徠經衆商將應設口岸地方妥議呈請覈辦前來臣等公同酌定除河南會興鎭照舊設立外其陝

西省三十四處向有永濟縣之下馬口夾馬口渡河過載今仍從其便山西本省四十四處山路崎嶇運腳繁重自應妥
爲分設所有澤州潞安平陽三府霍絳二州各屬口岸應由臣兆那蘇圖委員察看適中地方設立以上三省口岸均應
派委同通州縣一員分駐巡防並令各商販將鹽票呈交截角按限申繳至山西省近池蒲解兩府州屬票鹽應於安邑
運城兩處立岸發販所有票鹽由各該州縣截角申繳以歸簡易 一鹽池透漏宜嚴行巡緝也引鹽改票首重緝私然
必先禁坐商之私方爲正本清源辦法坐商積弊向有大賣小賣之號計堆計擔之名或刮收於未成料之先或預先串
通新鹽夾積成料之內種種弊端不可枚舉應責成河東道嚴飭各場員於每年盤鹽歸料之時將新收詳細丈量編號
册報該道覆丈有無收多報少轉詳巡撫衙門存案並先於二月與工卽飭坐商出具十家連環保結一家漏私九家舉
首銜隱運坐有能破獲者將鹽充賞開曬以後該道分飭各場員駐池督曬以產鹽之盈絀定督曬之勸惰分別功過以
示勸懲開場放鹽之時守門人役查出夾帶者從重給賞至圍牆以外當飭三巡檢督率弓兵巡役按段巡緝以防扒越
走私等弊如查緝不力兵役責革本管官參處再近池村莊多有匪徒設立私窩勾引販賣或乘夜馱載或用船運渡應
飭令近池文武各衙門嚴密訪拏以絕根株 一三省引地及新立口岸私鹽宜並行堵絕也查河東引地周圍二千餘

里東與長蘆南與兩淮西與花馬池接壤其北則有口鹽蒙鹽而吉蘭泰之私沿河直下蒲灘之私地處適中尤易侵灌爲害不可不設法堵絕經臣等親赴蒲灘察看情形除飭該管府縣並遴委幹員分駐認眞查禁外應再責成蒲州協挑選得力弁兵於二灘鹵氣最旺之處各設卡房每歲自二月起至八月止分駐巡查不許擅離遇有堆土開池立時拏究如一年後私曬果能堵絕將該員弁酌量獎勵二年著有成效卽由臣兆那蘇圖奏明拔補其吉蘭泰私鹽以水運爲大宗由臣兆那蘇圖訪查上游磴口等處發運地方設法稽查不使用船筏順流直下遇有河船夾帶停泊售賣卽行兜拏究懲至各引地鄰私從前因河東鹽苦價昂州縣每藉口不能禁止今改立新章價平鹽淨如再有鄰私侵越卽係各州縣有心故縱一經發覺立將該地方官按律參辦再現在分立各口岸過載換馱過河渡口應嚴飭該地方官及派委員弁隨時隨地實力稽察夾私影射等弊有犯必懲其官鹽過境驗明印票刻卽放行儻有留難索詐等情許該商販稟究無論商販兵役人等訪得窩囤私鹽准密稟該管官究辦所獲鹽斤一半充公一半賞給告捕之人州縣委員有能查拏至五萬斤以上者酌量獎勵儻怠惰失察差役徇縱以致私充官滯卽將該州縣照例參處委員記過停委如此嚴密查緝各固藩籬似於三省票鹽不無裨益　一另籌公用嚴實支銷也河東鹽行三省凡管鹽衙門督徵巡緝監掣稽查

各有承辦事件茲既將通綱浮費銀二十六萬餘兩一概裁除若不量爲籌款不足以資辦公且此外尚有解餉津貼以及營兵薪水各項向不作正開銷皆取資於公費臣等公同商定按綱徵銀五萬三千三百餘兩每引均攤不過七分有奇隨同正課交納並酌擬某處給銀若干某款應用若干分列款目每年由河東道具詳如數分解儻遇撥解京餉所有津貼應照河餉解費按引分派隨課封交總不得另生枝節以示體恤而昭覈實

按一河南票商請酌加鹽斤也查晉陝豫引鹽向係每引二百四十斤嘉慶二十五年前撫臣成格奏請調劑案內山陝二省每引加鹽十斤每名合鹽三萬斤免其加課河南省改爲商運民銷仍照舊每引二百四十斤每名止得鹽二萬八千八百斤茲據該商冀六成等稟請照山陝二省成案一加鹽十斤臣等公同商議現在改引爲票山陝與河南係屬一律辦理准其每引加鹽十斤每名通合三萬斤之數免其加課但加斤之後商力更裕所賣鹽斤不許短秤攙沙以便民食儻有前項弊端即將該商人從重治罪

一潞澤節省銀兩應歸山西通綱均攤也查潞澤節省一項　雍正四年商人范毓馪承辦潞澤二府等引地得有餘利於正課外交節省銀二萬兩與豫商唐裕歸公無異均不在正課之中嗣河南省改爲商運民銷所有歸公一項攤入通省封納茲據潞澤二府商人曹七合等稟請仿照辦理臣等復查潞澤二府各引地運脚較繁且前項銀兩係相沿交納並

非現商節省應准其歸入山西本省商人按引分攤以昭平允　再鹽務關鍵首重緝私私不緝卽票鹽不可得而行也臣等將河東引地私鹽來路博訪通籌緣晉省土多雜鹻省北一帶刮土煎鹽向不藉河東鹽爲民食省南例銷河東鹽之處間有貧民刮鹻煎食並不興販自毋庸另立科條其山西引地與長蘆交界河南引地與兩淮交界陝西引地與花馬池交界從前河東本重價昂民間食私容或不能盡禁今成本減輕商賈圖利自必價平鹽淨若再任聽鄰私侵越則地方官查禁不力之咎更無可逭然臣等查河東私鹽患在肘腋者尤莫甚於蒲灘而吉蘭泰與蒲城灘次之蒲灘在州城外南北二段舊係河灘陞科後因鹵氣日盛荒廢不耕失業貧民因而私曬經河東商人呈請代完糧賦禁止曬鹽又兩次按畝津貼銀一萬三千一百餘兩歷年由永濟縣散給原於禁止私鹽之中寓體卹貧民之意茲臣王慶雲臣聯英於運城查辦事畢後會同臣兆那蘇圖馳赴蒲州連日周歷二灘勘得該處長約百里廣自數里至十數里不等東逼中條山麓尚有熟田西臨黃河地皆蕪廢其鹵氣最厚者南則夏陽獨頭常旺等村北則十河里店韓家營鹻莊等村其餘多係熬鹻而不能曬鹽之地並訪知二灘私曬必先期埽鹻成堆下開池口淋鹵入池烈日蒸曬始成鹽花隨公同察看荒地之中土堆池面形迹尚存詢據各村耆老鄉約僉供近日實無私曬此語殊難憑信斷不可不嚴申禁令應由臣兆

那蘇圖嚴飭蒲州府及蒲州協督率文武員弁嚴切稽查遇有私曬立拏究辦其土堆池口無論新舊勒限一律剷平並

責成永濟縣於散放津貼時查無私曬方准給銀先期親諭各村民出具連環保結一家私曬將闔村津貼之銀全停散

給仍不時密查該守令將弁等如有因循諱匿情弊立予參處至吉蘭泰鹽產自口外例准接濟省北土鹽之不足不得

用大船木筏順流直下臣等思大河溜若建瓴疾於奔馬即設巡船勢亦不能禁遏莫若於上游發運之處嚴爲禁止令

仍遵舊例由陸運入邊輪稅至貨船不免夾帶晉省黃河對岸即與秦豫分界必須三省不分畛域遇私鹽停泊售賣實

力查拏且吉鹽顆大色紅易於辨識務期杜偸漏而防侵灌又訪得蒲城灘及鹵泊池地屬陝省私鹽出沒並秦豫與鄰

省交界各處時有售私應請旨飭下陝西河南各撫臣會同臣兆那蘇圖妥議章程和衷共濟督飭各所屬文武員弁乘

此新章認眞查禁遇有破獲卽予按律究辦以仰副聖主整頓鹺綱之至意再臣等前經會同山西巡撫臣兆那蘇圖籌

辦票鹽擬定新章十四條業已恭摺具奏茲復逐款勾稽科則條內銷價一款係額代鹽引應有之項餘活引內有公費

而無銷價兩相抵算所有山西河南二省成本每票銀止應一兩六錢零陝西省成本每票銀止應一兩五錢零又山西

潞澤節省銀兩前以未復活引之數分攤每票計銀一九分零今以全復活引通綱攤算每票止應徵銀八分零應一併奏

請更正除咨山西巡撫遵照外理合附片陳明戶部議覆
欽差本部左侍郎王慶雲等會奏通籌河東全局酌議留商
改票先課後鹽章程一摺又巡緝私鹽附片一件於咸豐二
年四月初四日具奏本日奉上諭前因王慶雲聯英會同山
西巡撫兆那蘇圖奏通籌河東鹾務酌議留商改票先課後
鹽章程開單呈覽當交戶部妥議具奏茲據該部逐條覈明
分晰議奏如永禁簽商以省拖累責成改票以期暢銷革浮
費禁攤派以杜虧絀定池價減銷價申明畦地租稞舊章以
免流弊覈科則以輕成本立口岸以便發販緝鹽池之透漏
堵引地之私售另籌公用酌加口鹽斤及潞澤節省銀兩歸於
通綱攤完各條既經該部悉心籌度分別准行著即照新定
章程妥為辦理整頓鹾務總以裁費緝私為剔弊大端裁費
務盡不得名去實留緝私本地方官員之責現在池價既定
恐坐商罔利售私必應認真巡緝不得藉口減費稍存玩泄
該撫惟當飭屬力除積弊恪守新章鹾務自日有起色儻該
官商等有敢於阻撓廢格以致辦無成效即著指名參辦毋
稍徇隱另片奏查禁私曬堵緝鄰私各等語著山西巡撫督
飭地方文武員弁實力稽查嚴禁侵越其鄰省交界地方尤
應不分畛域認真查緝並著陝西河南各
巡撫會同山西巡撫妥議章程奏明辦理

咸豐三年奏定捐免充商之例

大學士祁寯藻奏言竊照咸豐三年八月十三日奉上諭戶部

奏遵議哈芬條陳東河鹽務一摺並請派大員前往查辦等諭著派朱鳳標恆春馳驛查辦旋因恆春奏命簡放山西巡撫朱鳳標尚未前往嗣於十月十二日恆春片奏揀員接署道缺摺內奏硃批知道了諸多推諉緩辦乃向來積習豈可事候直省凱撤後再從新料理耶仰見聖明洞燭整飭鹺綱之至意鹽務本係巡撫兼管該撫自必迅速妥籌力求長策惟臣等伏思事期久而無弊法與時爲變通山西鹽務自簽舉富戶之說起而百弊叢生不可究詰大抵簽舉之初官吏視爲魚肉告充之後豁厭賤其賠嘗是故定長商則苦於誅求改短商又慮其規避自乾隆嘉慶百數十年來迄無經久歷遠之法爲今之計若仍僅調停於長商短商之間亦不過數衍於五年十年之際絀爲小補何裨遠猷臣等再四熟籌莫若使現在運商一百餘家遵照臣部上年捐免充商原奏准其一律捐免所有鹽課另議就場徵收似爲保民裕國一舉兩得之善策查晉商疲累一在鹽本之鉅一在浮費之多一在運腳之重而尤莫患於銀價昂貴今日完銀一兩足抵昔年二兩有餘因而商力難支道光三十年前撫臣兆那蘇圖奏商人承辦半鏺引地者每年需賠銀四五千兩承辦一鏺引地者其賠累則又倍之今祇出其頻年賠累之貲集一成數卽准其告退俾得爲脫然無累之身而又永無簽舉之患有不樂從者必非人情其捐免銀數就各商鏹數之多寡家貲之厚薄按一百餘家合計多則爲銀三百萬兩少亦不

下二百四五十萬兩並足以佐目前軍餉要需尤爲事機之不可坐失者也至於課歸場徵在河東爲易辦河東鹽池周圍百二十里垣堰之重疊鋪舍之周密澆曬之工價出鹽之界限一目了然非如他省之海濱廣斥散漫無稽者可比無論爲商爲販但售一引之鹽卽徵一引之課責成鹽道督率三場大使隨徵隨解此其易辦者一也河東鹽法舊係坐商辦課後雖設立運商而引目猶用坐商錠名今運商雖准河捐免坐商仍舊治鹽美利所在人必爭趨此其易辦者二也河東鹽銷晉陝豫三省其本省平蒲潞澤等府係屬疊嶺重關鄰私絕迹務必仰食池鹽其河南陝西口岸壤地相接凡池腳馱費比本省猶爲輕減又況課歸場徵一切浮費更可大裁成本必輕銷路必暢亦無慮鄰私侵佔此其易辦者三也河東鹽池爲天地之大寶自唐虞三代以來獲利起家者往往見之載籍晉商最工心計凡省會之所歸懋遷之所聚貿易者居多豈鹽池自然之利獨無過而問乎此其易辦者四也臣等公同商酌就目前之時務揣現商之情形實有見於捐免充商課歸場徵爲保民裕國一舉兩得之善策應請旨勅下山西巡撫恆春卽就臣等指陳各情體察情形速議章程奏明辦理並先將捐免銀數一面奏報一面聽候撥用毋任遷延時日致誤事機是爲至要十一月十四日奉上諭戶部奏河東鹽務亟宜變通一摺河東鹽務自有簽商之議百弊叢生近年以來酌議章程屢定屢改不過調停於長商

短商之間仍未能經久不敝今據該部奏請就現在運商一百餘家各按籤地之多寡家資之厚薄令捐免充商永無簽一舉之患該商無不樂從所有鹽課另議就場徵收恤商裕餉誠爲兩得之計據該部約計捐資可得銀數百萬兩軍餉要需亦可藉資接濟至就場徵課該部所稱各條果能經理得人必當日有起色恆春前在山西歷任有年於該省鹺政情形定能洞悉今任巡撫鹺政是其專管亟應妥籌良法與時變通著卽照該部指陳各節體察情形速議章程奏明辦理並先將捐免銀數覈明奏報聽候撥用毋得任聽屬員朦混遷延致滋貽誤嗣經巡撫恆春遵照部議准令運商孫慶餘等一百餘家捐輸軍餉銀三百餘萬兩永免簽商將河東引鹽山陝改爲官運官銷河南改爲官運民銷詳見下卷

籤目暨運商姓名

承辦雙籤二商

一商人王恆泰的名沖翰太平縣人承辦鄧州額引二十五名二十九引代銷八十九引餘引一百四名一百一十引陝州額引十一名一百六引代銷一百引餘引三十九名臨晉縣額引二十二名七十引　桐柏縣額引六名五十三引代銷八十四引餘引四十二名六十引　唐縣額引二十三名五十三引代銷九十七引餘引一百四名六十引一商人尉世隆太平縣人承辦鳳臺縣額引四十八名六十

三引代銷五名三十九引　翼城縣額引六名九十二引
安邑縣額引三名六十八引　永濟縣額引十八名六十引
泌陽縣額引二十七名五十六引代銷七十引餘引五十
五名一百引　唐縣額引二十名五十四引代銷九十七引
餘引一百四名六十引
以上二商承辦雙籤
承辦一籤三十二商
一商人孫慶餘太谷縣人的名廷夔廷扑承辦鳳臺縣額引
四十八名六十二引代銷五名四十引　翼城縣額引六名
九十二引　永濟縣額引十八名六十引　安邑縣額引三
名六十八引
一商人陳甯泰靈石縣人的名德灉承辦潼關廳額引六十
八引代銷八十二引餘引四十三名七十六引　商州額引
五名六十六引代銷七十一引餘引三十九名六十引　雒
南縣額引五名一十五引代銷五引餘引十三名　商南縣
額引一名八十五引代銷五引餘引三名
一商人常通裕長治縣人的名德芳承辦潼關廳額引六十
八引代銷八十一引餘引四十三名七十六引　商州額引
五名六十六引代銷七十一引餘引三十九名六十引　山
陽縣額引二名六十八引代銷五引餘引三名
一商人葛安裕安邑縣人的名廷璿承辦淅川縣額引十五
名五十四引餘引六十四名六十引　三原縣額引二十九

名一百七引代銷二十引餘引三名
一商人喬應昌介休縣人承辦鎮安縣額引二名四十七引
代銷一百八引餘引二十三名三十引安康縣額引十名
七十九引代銷九十八引餘引二十二名平利縣額引一
十名石泉縣額引二名一十八引洵陽縣額引三名五
十引紫陽縣額引一百三引白河縣額引十二引白
水縣額引九名七十引代銷三十三引餘引二名六十引
咸甯縣額引八名四十六引代銷五十一引餘引六名六十
七引韓城縣額引六名四十九引代銷二十七引
一商人郭世濟臨汾縣人的名如山承辦南召縣額引五名
九十八引代銷十六引餘引三十二名登封縣額引二十
六名七引代銷六十二引餘引二十九名四十引
一商人溫燕樹介休縣人的名泰履承辦長子縣額引四十
九名五十九引洪洞縣額引十名安邑縣額引二名九
十一引永濟縣額引十八名六十二引蒲縣額引二名
四十七引
一商人祁天興高平縣人的名汝[illegible]承辦潞城縣額引二十
九名九十四引代銷十八引餘引二十四名十引洪洞縣
額引十一名安邑縣額引三名七十引靈石縣額引十
二名四十六引代銷七十二引
一商人王益泰陽曲縣人的名繩中承辦鄠縣額引十四名
一百五引代銷一名一百一十三引餘引三十四名大荔

縣額引二十五名七十五引代銷三引餘引七名十引
一商人郭九如太谷縣人的名纘璉纘緒承辦長安縣額引
二十九名十引代銷一名十五引餘引二十四名三十引
武功縣額引十二名五十六引代銷八十一引餘引十一名
一百一十引
一商人賈居易太谷縣人的名璠瑚承辦垣曲縣額引八名
一百一十六引代銷一名十一引餘引十名聞喜縣額引
三十五名二引絳縣額引二十八名九十四引代銷二名
六十五引餘引一名三十引
一商人郭四元太谷縣人的名珽孔紹堂傳智承辦襄垣縣
額引三十六名四十三引餘引三名黎城縣額引二十三
名三十四引洪洞縣額引十四名五十八引安邑縣額
引三名一百一十四引
一商人楊壥篪介休縣人的名清搆承辦鎮平縣額引四十
名十六引餘引七名七十八引伊陽縣額引四名三十一
引代銷五十引餘引三十名六十引
一商人溫和合太谷縣人的名士選有瑛承辦鄧州額引二
十五名二十八引代銷八十九引餘引五十八名三十引
一商人宋順成絳縣人的名益昌承辦新野縣額引十四名
十四引餘引二十二名八十引萬泉縣額引十三名二十
九引趙城縣額引二十九名一百七引代銷三十四引
一商人張光裕汾陽縣人的名學孔承辦汝州額引三十四

名九十七引代銷四十九引餘引三十四名四十引　霍州
額引九十名九引十九引代銷二名一引十二引
一商人劉洪茂洪洞縣人的名漢疆承辦藍田縣額引二十
六名十六引代銷八十九引餘引十名四十引　蒲城縣額
引四十四名九十八引
一商人李濟美介休縣人的名觀光承辦洛陽縣額引十八
名七十九引代銷七十八引餘引九名　澠池縣額引十名
九十五引代銷一名六引餘引四十二名
一商人張和順介休縣人的名生玉承辦高平縣額引三十
八名一百七引　翼城縣額引四名九十五引　安邑縣額
引二名七十引　曲沃縣額引三十五名二引
一商人范光裕臨汾縣人的名永祚承辦盩厔縣額引十四
名一百一引代銷一名五十六引餘引十九名九十引　部
陽縣額引十四名七十三引代銷五十七引餘引六名七十
引　咸陽縣額引十九名五十五引代銷三十七引餘引三
名
一商人李文成介休縣人的名自用承辦魯山縣額引十二
名十引代銷四十八引餘引二十八名六十引　華陰縣額
引十七名五十六引代銷五十一引餘引二名六十引　部
陽縣額引十四名七十四引代銷五十八引　伊陽縣額引
二名餘引七名
一商人侯六來介休縣人的名星煜承辦長治縣額引四十

八名七十九引代銷四十一引餘引十三名六十五引洪洞縣額引十二名　安邑縣額引四名十八引　汾西縣額

引四名四引代銷一百引餘引五十引一商人趙元合介休縣人的名元淳承辦高平縣額引三十

八名一百七引　翼城縣額引四名九十五引　安邑縣額引二名七十引　曲沃縣額引三十五名三引

一商人李和順長治縣人的名行恕承辦絳州額引四十三名六十七引代銷七十引餘引十名五十引　稷山縣額引

二十八名十二引一商人史嘉會鳳臺縣人的名宗經承辦靈寶縣額引四十

六名一百三引餘引十八名　芮城縣額引十八名四十四引代銷一五十一引

一商人郭壽昌臨汾縣人的名廣願承辦渭南縣額引六十二名六引　高陵縣額引十五名三十二引餘引六名

一商人閻六合介休縣人的名朝第承辦偃師縣額引二十二名五十九引代銷三十六引餘引二十一名六十引　岳

陽縣額引五名九十七引代銷三十一引餘引六名一百一十引　浮山縣額引九名九十九引代銷十九引餘引五名

吉州額引四名八十四引一商人李來山沁水縣人的名漢沖承辦醴泉縣額引二十

二名二十五引　長安縣額引二十九名一十一引代銷一名一十五引餘引二十四名三十引

一商人梁原泉靈石縣人的名塘承辦華州額引二十七名三十四引代銷六十八引餘引六名八十引 富平縣額引四十四名八十七引代銷二十九引

一商人楊崑玉介休縣人的名本浚承辦太平縣額引三十六名八十七引代銷一名三十六引餘引六名 鄉甯縣額引五名三十五引代銷八十六引 咸甯縣額引八名四十七引代銷五十一引餘引六名六十八引 韓城縣額引六名四十九引代銷二十七引

一商人行公順曲沃縣人的名日晉承辦咸甯縣額引二十五名二十引代銷一名三十三引餘引十九名八十三引 澄城縣額引二十一名一百一十五引 韓城縣額引六名四十九引代銷二十七引

一商人靳六吉洪洞縣人的名登暐登畋登鰲承辦咸甯縣額引二十五名二十引代銷一名三十三引餘引十九名八十二引 澄城縣額引十一名一百十五引 韓城縣額引六名四十八引代銷二十七引

以上三十二商皆承辦一籤承辦半籤四十商

一商人杜合昌太谷縣人的名大經承辦南陽縣額引十六名八十三引代銷二十九引餘引二十名 襄城縣額引十九名四十八引代銷九引餘引三名七十五引

一商人梁八愷靈石縣人的名中直承辦南陽縣額引十六

名八十四引代銷二十八引餘引二十名襄城縣額引九
名四十八引代銷九引餘引三名七十五引
一商人張天福介休縣人的名企儼承辦陽城縣額引二十
一名六十三引代銷十九引餘引十八名六十引翼城縣
額引五名二引
一商人賈恆順太平縣人的名立德承辦盧氏縣額引二名
四十六引代銷十二引餘引二十七名四十八引解州額
引十四名二十引
一商人范天德介休縣人的名清滋承辦盧氏縣額引二名
四十六引代銷十二引餘引二十七名四十七引解州額
引十四名二十引
一商人景昌源臨汾縣人的名步鰲承辦陽城縣額引二十
一名六十二引代銷二十引餘引十八名六十引翼城縣
額引五名二引安邑縣額引二名八十引
一商人張大成太平縣人的名峯承辦壺關縣額引三十六
名四十四引代銷二十四引洪洞縣額引八名安邑縣
額引二名九十引
一商人劉鼎隆洪洞縣人的名大葸承辦涇陽縣額引四十
八名十五引代銷六引餘引五名
一商人梁德全介休縣人承辦郟縣額引二十六名八引代
銷二十三引餘引十三名一十引
一商人牛惇裕長治縣人的名璵承辦臨汾縣額引三十五

卷七十八 商運

名二引代銷六十八引
一商人郭鼎興長治縣人的名崇承辦屯留縣額引二十五
名六十五引餘引六名九十引洪洞縣額引三名六十引
安邑縣額引二名
一商人張晉豐太平縣人的名體貴承辦洛陽縣額引十八
名七十八引代銷七十九引餘引二十四名
一商人王永盛臨汾縣人承辦新野縣額引十名餘引十八
名平陸縣額引十名三十引代銷一名八十引
一商人冀雙合平遙縣人的名清如承辦裕州額引五名八
十九引代銷五十三引餘引二十八名九十五引猗氏縣
額引七名五十二引
一商人李崇德襄陵縣人的名耀科承辦裕州額引五名八
十八引代銷五十四引餘引二十八名九十五引猗氏縣
額引七名五十三引
一商人張三承安邑縣人的名肇業承辦宜陽縣額引二名
一百二引代銷十五引餘引十九名六十引新安縣額引
三名六十六引代銷四十六引餘引十四名六十引
一商人劉雙和介休縣人的名茂堉承辦宜陽縣額引二名
一百一引代銷十六引餘引十九名六十引新安縣額引
三名六十五引代銷四十六引餘引十四名六十引
一商人王四和太谷縣人的名道仁承辦朝邑縣額引四十
二名一十八引代銷三十引

一商人杜滎陽太谷縣人承辦閿鄉縣額引三十二名六十五引虞鄉縣額引六名五十二引代銷一十七引

一商人孫武昌沁州人的名廷相承辦孟津縣額引八名一百一十三引代銷十九引餘引二十四名虞鄉縣額引六名五十二引代銷十七引

一商人李同義長治縣人的名吉安承辦安邑縣額引二名八十引臨汾縣額引三十五名三引代銷六十八引

一商人王費合安邑縣人的名鳳瀚承辦沁水縣額引十七名一百一十二引代銷六十五引餘引十名八十引翼城縣額引七名一百一十八引代銷二引安邑縣額引三名二十三引

一商人冀謹信平遙縣人的名永芳承辦陵川縣額引三十九名九十七引翼城縣額引二名代銷三十九引餘引一名十五引

一商人董文郁介休縣人的名正誼承辦郃陽縣額引十四名七十三引代銷五十八引餘引六名七十引同官縣額引二名一百一十九引代銷十八引餘引三名六十引耀州額引七名二十引代銷三引餘引五名

一商人裴敬義絳縣人的名輔廷承辦盩厔縣額引十四名一百一引代銷一名五十六引餘引十九名九十引

一商人郭四箴太谷縣人的名興邦承辦長治縣額引二十四名四十引代銷二十引餘引六名九十二引洪洞縣額

卷二十八　河東五　運銷門　三十

引六名汾西縣額引四名五引代銷九十九引餘引五十
引

一商人許信合榆次縣人的名漸逵承辦長治縣額引二十
四名四十引代銷二十引餘引六名九十三引洪洞縣額

引六名安邑縣額引四名一十八引
一商人李恆益安邑縣人的名聚一承辦內鄉縣額引十二

名代銷二十三引餘引十八名八十五引寶豐縣額引三
名一十二引代銷二十一引餘引七名六十引

一商人駢天成沁州人的名時若承辦內鄉縣額引十二名
一引代銷二十二引餘引十八名八十五引寶豐縣額引

三名一十一引代銷二十一引餘引七名六十引
一商人王履泰安邑縣人的名鳳瀚承辦新野縣額引四名

十五引餘引四名八十引河津縣額引二十五名七十五
引代銷八十引餘引四名一百引

一商人周元吉浮山縣人承辦夏縣額引三十二名九十七
引

一商人楊承裕靈石縣人的名溪承辦乾州額引二十三名
八十八引代銷七十七引餘引五名十引永壽縣額引三

名六十四引代銷八引
一商人沈祥泰太平縣人的名兆晏承辦榮河縣額引二十

三名七引代銷二引餘引九名一百引
一商人白復義介休縣人的名雲際承辦襄陵縣額引四十

五名八十四引
一商人王復興壺關縣人的名廷棟調元承辦嵩縣額引十
五名十二引代銷三十七引餘引二十八名
一商人王雙慶壺關縣人的名鳳舞宣政承辦鞏縣額引十
四名一百八引代銷四十七引餘引二十四名二十引
一商人劉人和洪洞縣人的名肇興承辦興平縣額引十七
名一十引代銷七十六引餘引十二名
一商人劉運泰洪洞縣人的名大禕承辦葉縣額引一十八
名四十八引代銷三十二引餘引二十一名
一商人劉謙益洪洞縣人的名大基承辦永甯縣額引四名
四十引代銷二十七引餘引十六名
一商人劉廣昌洪洞縣人的名大懋承辦永甯縣額引四名
四十一引代銷二十六引餘引十六名
以上四十商皆承辦半籤
承辦半籤之二
一商人張泰和洪洞縣人的名崑岩承辦臨潼縣額引二十
名七十七引代銷七十五引餘引五名四十引
一此一商承辦半籤之二
承辦半籤之一
一商人張慶豐洪洞縣人的名嵛承辦臨潼縣額引一十名
九十八引代銷三十八引餘引二名八十引
此一商承辦半籤之一

附嘉慶十八年吉蘭泰活引均銷引數

一商人王恆泰桐柏縣活引十二名鄧州活引二十七名四十六引

一商人尉世隆泌陽縣活引二十五名八十九引

一商人陳甯泰商南縣活引十名雒南縣活引七名六十四引

一商人劉洪茂藍田縣活引十二名八十一引

一商人孫慶餘鳳臺縣活引十二名九十三引

一商人李來山長安縣活引十一名一百二引

一商人靳六吉咸甯縣活引六名七十二引

一商人張三承宜陽縣活引六名三十九引

一商人侯六來長治縣活引十二名一百十七引

一商人冀謹信翼城縣活引六名八十一引

一商人閻六合岳陽縣活引十一名一百七引

一商人祁天興潞城縣活引十二名七十三引

一商人李文成魯山縣活引十三名二十五引

一商人常通裕山陽縣活引十四名一百三引

一商人郭順昌裕州活引十三名十六引

一商人孫五昌孟津縣活引六名十六引

一商人宋順成新野縣活引十二名四十七引

一商人郭九如長安縣活引十二名三十五引

一商人楊墲廲鎮平縣活引五名伊陽縣活引七名九十

九引
一商人梁原泉華州活引十二名三十四引

一商人白復義襄陵縣活引七名八引
一商人裴敬義盩厔縣活引五名六十九引

一商人李同義臨汾縣活引五名一百十引
一商人劉廣昌永甯縣活引三名二十一引

一商人劉雙和宜陽縣活引六名三十九引
一商人許信合長治縣活引六名四十八引

一商人王四和朝邑縣活引六名六十六引
一商人行公順咸甯縣活引六名七十二引

一商人賈恆順盧氏縣活引六名九十七引
一商人范天德盧氏縣活引六名九十七引

一商人景恆源陽城縣活引七名四十八引
一商人梁德全郟縣活引六名十引

一商人劉運泰葉縣活引六名十六引
一商人郭鼎興屯留縣活引五名一百一引

一商人王復興嵩縣活引六名八十五引
一商人張泰和臨潼縣活引四名三十二引

一商人王雙慶鞏縣活引六名十二引
一商人張慶豐臨潼縣活引二名十六引

一商人楊崑玉太平縣活引七名八十八引
一商人董文郁耀州活引四名　同官縣活引二名三十一

引
一商人劉鼎隆涇陽縣活引八名二十六引
一商人張天福陽城縣活引六名一百十八引
一商人李崇德裕州活引六名六十七引
一商人王順盛新野縣活引六名二十引
一商人劉謙益永甯縣活引三名二十一引
一商人杜榮陽閿鄉縣活引六名五引
一商人張大成壺關縣活引七名三十七引
一商人騈天成寶豐縣活引六名五十三引
一商人王履泰新野縣活引六名二十引
一商人王費合沁水縣活引六名二十八引
一商人劉人和興平縣活引四名七十一引
一商人張晉豐洛陽縣活引六名八十三引
一商人雷運隆咸甯縣活引十三名七十三引
一商人李和順稷山縣活引十二名九十三引
一商人張和順高平縣活引十二名六十七引
一商人范光裕盩厔縣活引十二名五十三引
一商人曹七合襄垣縣活引十二名六十四引
一商人張光裕汝州活引十二名七十一引
一商人趙元合高平縣活引十二名六十八引
一商人梁八愷南陽縣活引二十名七十九引
一商人葛安裕淅川縣活引三十五名五十一引

一商人牛惇裕臨汾縣活引二十名一引
一商人温和合鄧州活引二十五名一百十一引
一商人李恆益內鄉縣活引六名五十三引　寶豐縣活引十一名五十引
一商人李濟美洛陽縣活引六名四十二引
一商人段昌園南陽縣活引二十一名三十四引
一商人喬應昌鎮安縣活引二十三名一百十六引
一以上共均銷引八萬七千五百道

按利之所在惟患不均所有前列均引籤地姓名係照創始時開載嗣後運商屢有更換或係朋夥或係頂充而籤地總未更易咸豐三年捐免充商後山西各州縣各照引數由官領運豫陝改爲官民並運先課後鹽維時鹽務暢行納課者多而引數有定經河東道黃經議定章程以一成歸官按資分派二成歸民配籤掣發歷屆派引之期酌量名數配作紅籤再按稟請掣籤之人數多寡添備黑籤均各呈驗底課銀兩屆期將紅黑籤倂入筒內當堂掣發行之數年籤數引數隨時勻配迨後鹽務漸滯同治九年署河東道王溥定限有能早完陳課者按名酌給新引以昭獎勵餘再配籤掣發十二年後悉歸民販封陳領新停止掣籤

年季商首

運城爲鹽法總彙之地一向置商廳於各商中擇其明白曉事者點充總綱承辦鹽場一切公務嗣因把持漁利弊竇叢生乾隆四十七年議將總綱名目革除每歲另立值年司季各商首輪流辦公值年者歲以爲常共相稽核司季者每季三人更番輪值辦理公務季終接替時出具交收明白並無派累甘結送司備案並報鹽政查考如有偏徇弊混以及交代未清等事責成接管之商稟首革究另補儻或扶同徇隱一併連治仍於年底秉公考核分別去留乾隆五十七年課歸地丁商廳裁撤停止廳攤嘉慶十一年復歸商運復設商廳仍置派司季商首咸豐二年留商改票案內欽差侍郎王慶雲疏稱商廳攤派有十餘萬兩之多該司季把持漁利大爲衆商之害現在改引爲票一切浮費悉數蠲除商廳應即裁撤遇有應辦事件於運商中擇派公正殷實者三家定爲值綱三省各派值省一家管理事務其坐商則由河東道簽派二十家爲長額每年以五家輪流辦公經理收放池內新增槍手工食暨運城粥廠等項光緒六年新增槍手奉裁仍事辦粥廠及鹽務一切事件

清鹽法志卷七十八終

清鹽法志·河東（外一種）

第二册

山西文華·史料編

民國鹽務署◎編

《山西文華》編纂委員會　編

山西出版傳媒集團
三晉出版社

山西文集

運銷門

官民並運

河東自免商以後晉省定爲官運官銷陝豫定爲官運民銷嗣豫省以官本未裕首改商民並運陝省則以官運窒礙改而攤丁又以攤丁納課不前改而仿照河南官民並運獨晉省尙仍官運官銷之舊實則多由運夥代辦射利居奇病民病課其後亦奏改爲官民並運以近池之蒲解兩屬暨絳州所屬之聞喜與毗連土鹽引界之靈石共十三州縣統歸官運局承辦此外三十一州縣悉聽民販散運繼又勻配引額一千名責令三十一州縣民販包繳課

項謂之包販蓋名爲官民並運而民運各販亦皆世業相承視鹽商無以大異矣志官民並運

咸豐四年覆准山西陝西兩省官運官銷責成各廳州縣自派妥人領運納課按名淸交道庫由監掣同知編明各廳州縣額定引鹽票據給領照運運畢後彙繳查銷河南省官運民銷責成河東道督同監掣同知遴委妥員按引運至會興鎮聽民販自行買銷戶部議覆巡撫恆春奏言竊臣蒙恩簡任晉撫兼辦河東鹽務時與司道屬吏詢求救弊情形深知長商短商均非經久善策正在提集衆商妥議捐辦改章間十一月二十日接准軍機大臣字寄咸豐三年十一月十四日奉上諭戶部奏河東鹽務亟籌變通一摺河東鹽務自有簽商之議百弊叢生等因欽此跪聆之下仰見我皇上恤商裕課之至意伏查河東鹽務舊係額徵正課等項銀四十八萬餘兩嗣於嘉慶十五年加徵河工經費銀十六萬四千餘兩十八年又加吉蘭泰活引八萬七千五百道課務經費等銀六萬八千餘兩彼時長商辦運已屬課重

難支迨至道光二十五年前撫臣梁蕚涵不因銀價日昂商力疲極議准試辦三年自是百弊叢生其害不可枚舉咸豐二年欽命戶部侍郎今任陝西巡撫王慶雲前江蘇布政使聯英會同前撫臣兆那蘇圖復行查辦雖經大裁浮費酌定長商而極疲之家無力辦運商累仍屬難除誠如聖諭不過調停於長商短商之間未能歷久不敝臣仰承訓示並繹部臣原奏自以商捐免辦另於鹽池收稅納課爲目今第一要圖節經嚴催各州縣提集各商到省遴委明幹大員等開導再三已據商總孫慶餘等七十餘家共書捐銀二百六十餘萬兩除極疲十數家毋庸議捐外尙有王裕泰等二十數家多方推諉現飭委員極力曉諭約計續捐成數共可輸銀三百餘萬兩上下惟不能一時措交求分三限呈繳自應俯順商情稍寬時日現因軍餉孔亟責令河東各商歲內先湊交銀三十萬兩一時倏收庫立卽起解查河東引鹽山陝二省向係商運商銷嗣後改爲官運官銷河南一省向係商運民銷嗣後改爲官運民銷均於鹽池按名納稅一並定先課後鹽務期無虧正額試辦一年如果有效自可經久奉行所有酌議章程十條應請勅部議覆並諭下陝西河南撫臣一體會籌辦理庶商民均沾樂利而鹺政日有起色等語臣等伏查上年十一月臣部以河東鹽務急宜變通擬令現在運商准其一律捐免所有鹽課另議就場徵收原不僅爲晉省商人出水火而登衽席誠欲得數百萬鉅資藉佐目前軍餉而此後鹽務亦

必從長計議求一經久不敝之方庶幾一舉兩得茲據該撫勸諭約可捐銀三百餘萬兩可見人情之所樂從即爲事理之所易決所捐銀兩應准其分三限呈繳報部撥用至臣部原奏此後鹽課就場徵收意在不拘票販不論官私但使浮費盡裁成本頓減則銷路必廣招徠匪難向日之憚於充商者今且羣樂於爲販況現在捐免各商乃平日出資賠墊之富戶耶其商夥商販凡仰食於鹽池之人奚翅千計今若改爲官運非如票販之可以衆往羣趨恐私運私銷從而加厲且若輩生長河東熟諳鹽務一旦失其成業難保不句結販私與官爲敵不可不豫爲之防該撫原奏章程中均未計及未免疏漏惟查官鹽行銷之暢滯以私鹽之有無爲斷私淨則官暢私不淨則官滯必然之理也向來辦法行銷責之商人緝私責之州縣意存膜視辦理不肯認眞鹽務疲敝所多由於此今擬改爲州縣運官銷則行鹽之人即緝私之人辦係切己之事而事權又歸於一與商人之止能行鹽而緝私則仰仗他人者較然不同此官運之所以愈於商運也溯查道光二十九年臣徐澤醇在山東巡撫任內會議變通鹽務奏准將山東德州等二十州縣衛統改官辦河南商邱等九州縣委員前往辦運並籌借運本分限五年解交運庫還款如該州縣行銷不力或將運本逾限不繳立予參撤在案現在奉行數載已有成案可循又況河東產鹽止此一區之地內有鹽池外有牆垣耳目易周防範非難與兩淮長蘆等處

鹽場散在各州縣占地或百餘里或數百里之遠隨處可以走私稽查難於偏及者又復迥異今既據該撫定爲官運自必通盤籌畫熟慮而從應令自咸豐四年起試辦一年其咸豐三年引課仍照舊章奏銷毋許牽混並請旨勅下陝西河南各撫臣會同該撫將官運章程一體籌商釐定條款飭屬妥辦以期裕國便民勿蹈臣等所指前項弊端方爲至善至該撫所議章程內請將河工經費吉蘭泰活引潞澤節省唐裕歸公等項銀二十餘萬兩永遠豁除俟軍務告竣後以公捐銀三百萬兩發典生息每年得銀三十萬兩抵補豁除之數殊不思捐免簽商之舉原因該省每逢更換疲商則富民鹽額而現在軍餉浩繁又亟須續籌接濟故議令現商各出捐資永免簽舉在國家既獲加增之款在商民得免苛派之虞辦理之意實在於此而於河東額徵鹽課毫無干涉豈可因其一捐之後遂將國家常年應徵之課則藉圖永減況所捐之銀不過三百萬兩若將常年額徵河工經費等項二十餘萬永遠豁除計不過十餘年所捐之數已豁除淨盡此後常年虧銀二十餘萬兩是目前所獲之捐資有限而日後所損之正課無窮況既捐之三百萬原爲急籌軍餉而設該撫已奏明全行解部事竣之後此項已早爲軍餉用去部中又豈能再籌巨款照數解往該省以爲生息之資耶臣等公同商酌與其照該撫原議將額徵稅銀二十餘萬終歸無著莫若量加科則開曬蒲灘爲酌盈劑虛之策較有實濟謹就思

慮所及逐款臚陳另繕清單恭呈御覽

一原奏稱山西陝西兩省改爲官運官銷也官運之法責成

兩省中銷河東引鹽各廳州縣自派妥人領運納課按名清交道庫均由監掣同知編明各廳州縣額定引鹽票據給領照運運畢後彙繳查銷惟領運之初各需借給成本於銷價生息本銀內發交各廳州縣每處銀二千兩以爲運本永遠列入庫儲如有虧短照侵蝕地丁例嚴行參追每運先課後鹽不准稍有懸欠惟現在銷價本銀各商均未卽交擬在商捐銀內暫借銀十數萬兩先作運本統俟一年後銷價本銀繳齊卽行歸還商捐原銀報部撥用等語臣等伏查山西陝西二省引鹽既據該撫定爲官運官銷所有編引給照領運納課各事宜均應如所議辦理仍按額委員赴部請領引張編發行運銷完殘引送部繳銷至各廳州縣每處借給銀二千兩以爲運本查運本之多寡視額引之數目山西各屬額引自一二百道起至一萬餘道不等陝西各屬額引自百數十道起至七八千道不等殊未便一律借給銀二千兩漫無區別應令覈實借給並令酌定年限解還借款未便永遠列入庫儲致滋弊混如有虧短卽照侵蝕地丁例嚴行參追每運先課後鹽不准懸欠現在各商應交銷價本銀既未能卽時繳清准於商捐款內暫借動用統俟銷價本銀繳齊卽歸商捐原款報部撥用其各廳州縣領運若干納課若干借本若干應令分晰造報以憑稽覈

一原奏稱河南一省改爲官運民銷也查河

南省向食河東引鹽各州縣均係商人運至會興鎭聽民販自行買銷今旣革除商運應責成河東道督同監掣同知遴委妥員一體借給運本仍按引運至會興鎭任聽民販買銷定爲先課後鹽以杜虧欠等語臣等伏查此條辦法與前條大略相同應准照辦仍責成該道廳秉公潔己遴委妥員認眞辦理所有借給運本數目亦應分別覈給一併造報並酌定年限解還借款不得永遠列入庫儲

一原奏稱池鹽官運官銷及官運民銷不應暫酌定稅則妥爲試辦也查河東鹽池坐商措資澆曬每歲豐歉不等至豐之歲約可獲鹽七千餘名至歉之歲不過三千餘名截長補短逐年均作獲鹽五千餘名酌覈每鹽一斤暫收稅銀三釐五毫每名三萬斤可收稅銀一百零五兩以五千名覈算約共收稅銀五十二萬餘兩除交納正課銀四十五萬餘兩尚餘銀七萬餘兩卽作爲蒲灘津貼鹽池歲修及一切公費之用另行覈明咨報統俟試辦一年後如果運銷無滯卽可作爲定額儻因稅本較重或至滯銷虧課隨時體察情形再爲設法籌辦等語臣等伏查稅則之重輕關乎行銷之難易然必以售鹽之價値爲衡使成本之外綽乎有餘則領運不難而收稅自易查山西平陽等府州縣每斤售價自一分四釐零至三分三釐零不等陝西西安等府州縣每斤售價自一分七釐零至二分五釐零不等河南南陽等府州縣每斤售價自一分八釐零至三分五釐零不等卽令隨時長落不致大相懸殊該撫所定

稅銀三釐五毫似屬稍輕臣等公同商酌擬每斤再加五毫統以四釐爲率此外除鹽價池脚山脚等費外一切浮費概行刪除不許絲毫需索則每斤總計成本不過七八釐斷不致因稅本較重或至滯銷卽以五千名合算約可收稅銀六十萬兩以之抵補河工經費等項豁除之課較有實濟再查該撫原奏河東向徵河鹽課四十八萬餘兩而此係又稱四十五萬餘兩數目未符應令查明實應徵課銀若干分晰款目迅卽咨覆

一原奏稱河東各商現計約可公捐銀三百萬兩上下自應革除充商請將河工經費吉蘭泰活引及潞澤節省唐裕歸公等項課銀永遠豁除也查河工經費吉蘭泰活引均係嘉慶年間復商後增添而潞澤節省唐裕歸公等項亦由商人按引均攤並非實有餘利近年銀價加昂各商因之受累今既公捐銀三百萬兩上下將來發典生息以長年一分計之每歲應收息銀三十萬餘兩足補河工經費等項二十餘萬兩增課之數自應將前項課銀全行豁除祇於官運官銷官運民銷責納正課至此項商捐銀兩現因國帑支絀暫行撥用統俟軍務告竣後再議發典生息以還原額等語臣等伏查河工經費係嘉慶十四年因南河工需加課銀十六萬四千餘兩原案俟河工告竣卽行停止嗣據長蘆兩淮等處先後奏准停徵而惟河東商人照常輸納本屬偏枯其活引課銀六萬八千餘兩係嘉慶十八年停止吉蘭泰引鹽八萬七千五百道加於河東代銷謂之活引本非定額

至唐裕歸公銀一萬九千餘兩潞澤節省銀二萬兩係雍正乾隆年間商人所得餘利節省歸公亦非正課可比以上三款該撫奏稱向由商人按引均攤並非實有餘利近年銀價加昂各商因之受累係屬實在情形今既商捐銀三百萬兩免其充當則無商可賠自應准其豁除另籌抵補惟原奏稱商捐銀三百萬兩現在暫行撥用候軍務告竣後發典生息以息銀三十餘萬補河工經費等項之數在該撫不過爲請豁前項銀兩因借生息名目以爲將來彌補有期殊不知軍務告竣後各省善後事宜需費浩繁又安得此閒款發典生息是以臣等於前條徵收鹽稅項下照該撫所定之數酌加五毫再於後條津貼蒲灘項下議令開澆收稅爲酌盈劑虛之策較有實濟所有商捐銀三百萬兩上下悉數報部撥用毋庸再議發典生息以免轇轕

一原奏稱河東各商現已遵捐銀兩應請由部發給永遠免商執照以示優恤也查河東商人承辦引鹽或充長商或充短商每戶中均係同族有力者出資公辦門數多寡不一今既遵例捐免該商等僉稱不敢照前定之例仰邀議給戶部山東司職銜祇求由部查照此次公捐姓名總給永遠免商執照一紙以爲存據統俟依限交清銀兩後再行咨明辦理等語臣等伏思咸豐元年臣部以行鹽省分富戶不願充商准其分等捐免給以戶部山東司職銜永遠免其簽舉奏准行知在案茲據該撫查明河東商人均係出資公辦門數多寡不一祇求查照此次公

捐姓名總給永遠免商執照一紙以爲存據自應俯如所請統俟公捐銀兩依限交清後由該撫咨明臣部查照發給以省繁亢而昭公允

一原奏稱鹽池坐商鹽價毋庸限定銀數也查河東坐商不下數百戶多係無力之家畦地租自他人措資澆曬每歲豐歉不等豐收則獲鹽多而本輕價賤歉收則獲鹽少而本重價增歷來各運商自向坐商買鹽行運其價値均隨豐歉爲長落素稱兩便並無居奇今既改爲官運若限以例定價値誠恐一遇歉收該坐商等遵照定價售賣不敷工本勢必多有歇業則池內鹽斤短絀轉於運銷收稅大有妨礙應請將坐商鹽價仍聽視豐歉爲長落毋庸限定銀數以歸利便等語臣等伏查坐商售鹽如果公平交易則隨豐歉爲長落自毋庸官爲定價惟道光三十年前撫臣兆那蘇圖以近來坐商擡價居奇運商身受其累曾經定價三等嗣於咸豐二年欽差侍郎王慶雲等前往河東查辦訪明坐商往往有曬鹽已成以多報少每名賣至一百餘兩之多因傳諭坐運各商令其酌中定價當據各坐商一結稱白鹽價至貴不得過六十兩青鹽價至貴不得過四十兩如有誤曬居奇願甘承罪畦地入官各等語在案今既改爲官運該撫慮及歉收之年坐商以例價不敷工本必多歇業轉於運銷收稅大有妨礙所有池鹽價值應准其視豐歉爲長落仍不得過至貴之數並責成該管道廳嚴飭三場大使認眞督曬毋任坐商以歉收爲詞高擡價值致誤運銷如查有誤曬

居奇情弊照例治罪畦地入官　一原奏稱官運價值毋庸例定銀數也查山西陝西河南三省各廳州縣向銷河東引鹽均係陸運原按程途之遠近定價值之多寡近來承辦各商每因官引滯銷私鹽充斥不得不於例定價值中減數售賣以致賠累今既改爲官運官銷官運民銷即與票鹽之法無異應聽各廳州縣及委員等各就地方情形酌定價值不必示以限制庶幾緝私加緊滯岸可轉爲暢不致虧本誤課等語臣等伏查官鹽定價所以示均平利銷售也自私鹽充斥官不敵私遂至定價亦爲虛設茲據該撫奏稱河東引鹽改爲官運官銷官運民銷即與票鹽之法無異所有各廳州縣及委員領引運銷均聽各就地方情形酌定價值不必示以限制但不許有擡價短秤以及攙和硝土勒售病民等弊應請旨勅下陝西河南山西各巡撫嚴飭所屬妥爲領運儻各廳州縣所派非人甚至勾串胥役致有前項弊竇立予嚴參至緝私本地方官專責現既改爲官運自應各顧考成加緊巡緝毋再膜視以整鹺綱而肅功令　一原奏稱蒲灘仍應嚴禁照舊查緝並給津貼銀兩也查河東池鹽現定官運則按名納課鹽本較重若不加緊緝私恐充斥必多竟至滯銷誤課所有南北蒲灘二處自應照舊嚴禁澆曬其花馬池吉蘭泰各處走私隘口及解州小池尤應一體嚴查所有蒲灘原定津貼銀兩及官役弁兵緝私公費均於稅課餘項內議定支給另行分別咨報等語臣等伏查蒲灘私鹽從前之

所以封禁並由河東商人代完糧賦又兩次按畝津貼每年需銀一萬三千餘兩原以河東池鹽足供額銷引目且池鹽有課本重私鹽無課本輕官不敵私是以嚴行封禁近年池鹽屢以歉收爲詞不敷配運且現在既收池稅卽照臣部酌定每斤四釐之數此外一切浮費概行删汰比之商運科則大爲減輕不得謂鹽本較重況蒲州南北二灘長約百里廣自數里至數十里不等鹵氣日旺小民生計所關豈肯坐廢更難保無作奸牟利之徒藉官夾私勾串灘民乘間曬賣與其名爲封禁徒費津貼之資何如令其開曬藉收稅銀之益其每斤該稅若干比較池鹽酌定務使池鹽與灘鹽成本不相上下則斷無私充官滯之虞從此化私爲官非但貨不至棄於地貧民餬口有資卽每年津貼銀一萬三千餘兩可以節省而前條請豁之河工經費等課大可將盈補絀及解州六小池亦不妨一體開曬應如何設法辦理之處請旨勅下該撫督同河東道蒲州府將此事另作一案通盤籌畫酌量情形奏明覈辦至花馬池吉蘭泰各處走私隘口自當一體嚴查咸豐二年欽差侍郎王慶雲等查辦時曾將各處私鹽情形詳悉縷陳附片疏請勅下陝西河南各撫臣會同山西撫臣督飭各屬文武員弁認眞查禁在案誠恐日久視爲具文大小文武員弁屢經更易應仍請旨勅下各該撫臣查照前奏妥議章程會同奏辦

一原奏稱河東各商原領銷價生息銀二十九萬四千兩請自甲寅年爲始免繳息銀並寬

限一年清繳原本以示體恤也查河東各商近年富厚均不如前今竭力輸將籲求分限呈繳若責令遞交銷價本銀或仍出息銀洵屬力有未逮且內有已革乏商家產盡絕無可追之項應請緩至甲寅年冬季再行歸交原本並免取一年息銀以紓商力統俟追交後有無虧短另行分別覈明具奏辦理等語臣等伏查河東引鹽既據該撫定爲官運於銷價本銀內借給運本則該商原領銷價生息銀二十九萬四千兩自應趕緊交清以爲運本之用惟現在各商既公捐銀三百萬兩上下若將銷價本銀責令遞交或仍出息銀未免追呼過迫應准如該撫所請緩至甲寅年冬季歸交並免取一年息銀以示體恤仍令該撫屆限追繳清楚毋任稍有虧短據實奏明覈辦

一原奏稱各商公捐銀兩爲數較多宜酌寬限期以示平允也查山西各商多係領運半鑯近因銀價增昂每運各賠銀三四千兩及五六千兩不等今准捐銀免辦該商等自應樂從惟據僉稱通省商民全賴各直省生理流通藉資行運迺因賊氛不靖資本多致散亡現雖竭力書捐而一時全繳現銀萬難設法求於現交銀若干兩外寬立三限定一於咸豐四年二月四月六月內陸續趕措交清不致再有延宕衆口如一查係實在情形應請准予分限以示優恤等語臣等伏查河東各商公捐銀三百萬兩上下既據該撫查明該商等現雖竭力書捐而一時全繳現銀萬難設法求於現交銀若干兩外寬立三限定一於咸豐四年二月四月六月法

六月內陸續措交應准照辦惟不准意存延緩致誤餉需應責成該撫每屆一限上緊催交悉數報部聽候撥用以重帑項

十二月奏准陝省鹽務試辦官運官銷公私窒礙將鹽課改歸地丁攤徵聽民自運自銷戶部議奏據調補山西巡撫陝西巡撫王慶雲疏稱竊照陝省行銷河東引鹽前經山西撫臣恆春疏請改爲官運官銷由部覆准咨行陝省試辦本年七月經臣將籌商先鹽後課按季截徵各條款奏奉飭部覈覆試行在案伏思鹽務關係國課民食其要領全在疏銷陝省例食之官鹽約七八種潞鹽特官鹽中之一其餘私鹽旁見側出尚不在此數是以臣前奏曾將官鹽難運難銷情形瀆陳聖聽半年以來竭力督催仍復隨時體察始知臣前奏難運難銷者猶未窮其流弊臣始以爲官鹽難運不過水陸紆迴果能運本充盈無難轆轤周轉乃自前次藩庫籌本三萬兩外別無閒款可籌河東議借運本迄無實濟不得已兼令州縣分運州縣不能自出已貲其運本所從來難保不移甲換乙掩舊挪新此中情形不可究詰是官鹽難運不在道途而在貲本也臣始以爲官鹽難銷特因私鹽未淨果使竭力緝捕或可積漸銷售乃查陝省自潞綱敗壞之後不特停運引地習慣行私卽商店尚存

亦皆買私充官攙沙短秤苟且塞責一旦行運官鹽民間轉以爲不便城邑尙勉强買食村鎭則斷難銷售州縣慮及滯銷賠課或按里給鹽或計糧授鹽目前已屬支吾積久將成科派此陜省試辦官運官銷公私窒礙實在情形也惟是鹽課上關國家正供不得不力求有著入冬以來臣與司道悉心體察博參輿論僉以爲此項鹽課必須援照舊案改歸地丁攤徵庶能官民兩便檢查乾隆五十七年陜西山西河南三省鹽課一律改歸地丁攤徵官民俱覺相安課項亦無短絀嗣於嘉慶十一年將西安同州商州乾州四府州屬改歸商運而鳳翔興安邠州三府州屬一再更議仍歸地丁溯查原案係地丁一兩攤徵鹽課銀九分九釐二毫零二忽三微四纖八沙七塵一西同商乾四府州三十六廳州縣當日共額徵地丁銀一百二十二萬三千一百九十八兩五錢八分一釐共攤徵鹽課銀一十二萬一千三百四十四兩一錢七分二釐比較咸豐三年奏銷額徵地丁銀一百二十二萬二千七百三十七兩七錢二釐計短少地丁銀四百六十二兩八錢七分八釐係節年升豁不同是以減少此時議復攤徵自應照現在額徵地丁銀數按兩勻攤以九分九釐二毫覈計共該額徵鹽課銀一十二萬一千二百九十八兩四錢五分二釐雖較原案攤徵之數短銀四十五兩有奇爲數無多宜仍舊貫再查陜省近年商課歲額徵銀一十一萬九千一百四十五兩彼此相較尙屬有盈其按年隨同地丁徵納遇閏無

增遇荒無減官無加耗民無加費成案俱存均可遵照如此
變理辦通仍係率由舊章既於國體無傷且於輿情甚順所
有鹽課中官錢公務公費已照原案併入每兩九分九釐二
毫之內別無錙銖累及農民所有陝省民食鹽斤聽民自運
自銷更無官私之別農民得食賤鹽以鹽價之所省抵攤徵
之所費亦屬有益無損至前准部咨每斤以四釐計課細繹
部議係因河東原奏每斤徵課三釐五毫酌量加爲一引徵
銀一兩以符整數其實河東原奏之每斤二釐五毫亦係通
併陝西山西河南引額多寡牽算定爲按引課額二者均非
陝西本省應徵鹽課之定額且銀價貴賤今昔懸殊若按照
四釐科則均攤不但民力弗逮且恐愚民有加派之疑於大
局殊有關係惟作事謀始不得不倍加愼重臣復將鹽課攤
歸地丁之法面詢在籍公正紳士均以爲率由舊章官民兩
便事屬可行合無請旨將陝省應徵鹽課照乾隆五十七年
舊案每地丁一兩攤徵鹽課銀九分九釐二毫以咸豐五年
上忙爲始隨同地丁正項開徵陝省錢糧向係年清年款此
後鹽課亦按年徵完不許絲毫短欠即由臣飭司通行各屬
明白曉諭凡民間攤完鹽課查照舊案除每兩正項九分九
釐二毫外不准有絲毫加耗加費其本年試辦秋冬兩季應
完課款仍照議每斤四釐之數按各屬滿年行引半額責令
如數清完銷不足數亦令攤賠秋季之課以本年十二月爲
率冬季之課以來年三月爲率催令埽數解司報部候撥至

舊案科則每兩九分九釐二毫之外尚有二忽三微四纖八沙七塵零數合通省歲額積算僅銀二三錢應請照乾隆三十一年戶部咨案銀數以釐毫爲斷餘悉刪除以便輸將而歸簡易再查嘉慶十七年四川總督常明奏請課歸地丁以川省與兩湖毗連恐私鹽侵灌淮綱奉旨將常明交部議處臣非不知此事業有駮案特以今昔情形不同年來淮綱敗壞幾於不可收拾國家歲缺度支數百萬臣在部時曾所親見今又復捐免若非各就各省因地制宜更無補苴之術所以再四思維不得不議復舊章冒昧陳奏又據清單內開一山西河南鹽務不應聽該省籌辦也查乾隆五十七年舊案係將陝西山西河南三省鹽課統歸地丁攤徵今陝省因鹽務官辦棘手援案改歸地丁係就陝省情形辦理所有山西河南鹽務應聽該二省因地制宜自行籌辦一課銀應年清年款解歸本省藩庫也查鹽課攤入地丁應另立易知單內註明每地丁一兩隨徵鹽課銀九分九釐二毫免其加耗字樣雖遇蠲免地丁之年不在蠲免之例陝西地丁錢糧向係年清年款此項隨徵鹽課銀兩亦應於上下忙批解本省藩庫另立專款報部候撥毋庸解赴河東各廳州縣按年徵解全完照例議敘如催徵不力致有缺額著落賠完並取職名送部議處再查陝省漢中延安榆林鄜州綏德五府州屬鹽課向係歸地丁攤徵解交藩庫自應循舊辦理惟鳳翔興安邠州三府州屬雖歸地丁攤徵仍係解赴河東完納未免

事出兩歧今西同商乾四府州屬已議解歸本省藩庫所有鳳興邠三府州屬鹽課亦應一律解交本省藩庫毋庸再解河東一行鹽引張應請停領也查西同商乾四府州屬向係行銷河東額引今課歸地丁則鹽由民運無論何處鹽斤均可販運所有河東鹽引應請停領以省案牘再查漢中延安榆林鄜州綏德五府州屬向不領引外惟鳳興邠三府州屬課歸地丁民間多係食用土鹽及花馬池鹽自運自銷而各州縣按年仍赴河東領引所領引張並不行用每年解銀赴河東時將引張空領空繳殊屬具文今課銀既議解歸本省藩庫所有引張亦應毋庸請領一私鹽之禁宜弛也查課歸糧輸則鹽由民運無論何處鹽斤均聽民間自運自銷並無此疆彼界之分應飭各屬凡係陝省地方不拘何州縣民人販運何處鹽斤均許隨處售賣所過道路渡口如有市井棍徒把持攔阻許即稟明該地方官從重究治俾商販無擾民食充裕所有河東池鹽凡陝民前往買運應照常公平交易不許擡價勒揹仍移咨山西鹽院轉飭河東道查照辦理一私鹽之禁既弛仍須嚴防侵越也查陝省課歸地丁鹽聽民運係專指本省而言第恐謀利之徒私行販運出外以致侵佔淮綱及鄰省官引應於陝省各鄰省要隘隨處設卡盤查不准運往鄰省致礙官引如有侵越鄰省阻滯綱引等弊即將疏防之地方官從嚴議處並移咨各鄰省一體嚴緝以杜偸越一鹽法道衙門應仍舊駐省毋庸遷移也查乾隆五十

七年鹽歸地丁之後將鹽法道移駐鳳翔府城嗣於嘉慶十一年復商又移駐省城所有衙署一切輾轉變賣甚形糜費迄今五十餘年鳳翔公廨久已荒廢現在鹽課改歸地丁均須隨時督催且該道兼管寶陜局鼓鑄事務現在奉文新鑄大錢鐵錢在在均關緊要自應令該道仍舊駐箚省城督辦毋庸遷移以專責成而節糜費並請毋庸更換關防以歸簡便各等語臣等伏查陜西鹽務止有西安同州商州乾州四府州屬行銷河東引鹽由商納課其餘八府州屬鹽課向係歸地丁攤徵民間多食土鹽及花馬池鹽並不仰給於河東該撫原奏所稱該省私鹽旁見側出官運自是棘手既據該撫督同司道悉心體察博參輿論僉以爲此項鹽課必須援照舊案改歸地丁攤徵臣等公同商酌所有陜省西同商乾四府州屬應徵鹽課銀一十二萬一千二百九十八兩四錢五分二釐准其援照每地丁銀一兩攤徵鹽課銀九分九釐二毫此外不准有絲毫加耗加費名目以杜弊端其清單六條內除山西河南鹽務應由該省籌辦再行覈議外其餘如課銀一律解交本省藩庫年清年款行鹽引張聲請停領以及弛禁私鹽並嚴防侵越暨鹽法道衙門仍舊駐省各等情均悉如該撫原奏辦理其咸豐四年該省試辦官運秋冬兩季應完每斤四釐鹽課既據該撫聲明按各屬滿年行引半額應即責令如數清完銷不足額勒令各州縣賠繳不准攤入地丁所有秋季之課即以咸豐四年十二月爲率冬季之

課以五年三月爲率催令埽數解司報部候撥以上各情臣等詳悉講求現商旣已捐免官運又屬難行不得不爲因地制宜之策陝省地丁向係年淸年款則以鹽課改歸地丁攤徵尙屬衆擎易舉應請旨勅下陝西巡撫督率司道按照王慶雲所擬章程認眞妥辦惟山西河南二省爲河東鹽課大宗前撫臣恆春奏請將山西鹽務官運官銷河南鹽務官運民銷是否能行之處應並請勅下山西巡撫王慶雲會同河南巡撫英桂各就地方情形悉心籌辦以整鹺綱而保課額

奉旨依議

咸豐五年奏准陝患鹽多晉苦價貴通籌補救按陝省攤徵實數應領鹽九百餘名仿河南官運民銷之法借本給票委員運赴陝省口岸招販銷售兼防回灌卽將陝省已攤課餘鹽三百餘名勻銷晉省以輕成本而利銷售此項已經攤課之鹽卽籌給津貼以補陝省攤徵之不足戶部議奏據山西巡撫王慶雲疏稱晉省行銷潞鹽者四十四州縣所產之鹽不足以供本地之食勢無餘鹽侵灌惟向因土鹽不足准以各種蒙古鹽及花馬池

鹽接濟自上年商運既停官運未起此等私鹽遂源源而來
灌入潞鹽引地後雖官運官銷而私販蔓延未能驟絕此晉
省私鹽之宜禁也運鹽輸課皆以銀而賣鹽則以錢銀價既
昂鹽受其弊上年鹽課增至四釐又因官無資本准令招商
夥運不得不以母權子運本既重鹽價遂不能輕而籌銷倍
形喫力此晉省成本之宜議也現已飭委幹員分赴磧口鎮
等處相度走私路徑籌議設卡堵截務期杜絕私販來源所
慮緝私費無所出此一難也再查陝省歲額應銷鹽一千三
百三十餘名照上年官運新章共應封課銀一十六萬餘兩
特以攤徵係照從前科則勢不能按現額增加是以僅攤銀
十二萬餘兩其所短四萬餘兩不特正雜額課有關度支即
銷價公費等款亦度支之不可缺者此又一難也因與司道
再三商酌陝省患在鹽多而晉省苦於價貴擬案陝省攤徵
實數覈計每名應封正雜課項公費銷價之數從實扣算應
領鹽額九百餘名仿河南官運民銷之法借本給票委員運
赴陝省口岸招販銷售兼防回灌即將陝省已攤課餘鹽三
百餘名勻銷晉省以輕成本而利銷售此項已經攤課之鹽
擬即籌酌津貼以補陝省攤徵之不足使課項有著而緝私
之費亦可撙節取資此晉陝兩省通籌補救之情形也第晉
省官運各屬間有掣運已竣另請新引者亦有隨銷隨運尙
須督催者且潞澤數屬運遠價昂刁民藉鹽價滋鬧間有停
運業經委員往查有無州縣辦理不善商夥牟利侵漁情事

再行嚴辦現復通飭各屬就地遠近逐處公平定價以便民食其各屬引地或暢或滯原不能齊亦不可不爲通融調劑以顧全局此又晉省現行官運章程力籌補救之情形也惟河南鹽額至上年年底已掣者十之八已銷者十之七尚覺暢行無滯現擬於河南官運之外兼行民運果能多多益善以廣招徠豫省額課可望有盈無絀至陝省應分別奏銷運本應分別借繳代銷應分別勸懲因地因時通籌辦理臣謹督飭司道臚爲條款十四條恭呈御覽伏乞飭部覈覆等語查該撫將山陝兩省鹽務通盤籌辦既足以補陝課又可以利晉運立法亦爲盡善均應如所奏辦理至所稱河南官運尚覺暢行無滯擬於河南官運之外兼行民運一節查豫省銷鹽歲有定額可否於官運之外兼行民運必須就地酌量情形籌辦既據該撫聲稱未與河南巡撫會商應請勅下河南巡撫英桂將該省官運之外兼行民運有無窒礙之處悉心體察會同山西巡撫奏明辦理至山西巡撫王慶雲此次所奏河東鹽務設法籌補條款一十四條臣等謹按款覈覆詳晰臚陳另繕清單恭呈御覽

一奏稱分辦奏銷以專責成也陝省鹽課攤歸地丁除甲寅綱官運半年河東道庫收過華陰朝邑兩縣鹽課銀一千餘兩詳報候撥外餘俱徑解陝省藩庫由陝省報撥嗣後河東道庫但收晉豫兩省鹽課每年按數造報其陝省奏銷由該省自行辦理等語臣等查陝省鹽課既攤歸地丁自應徑解陝省藩庫由陝省報撥辦

理奏銷其河東道庫所收晉豫兩省鹽課仍由河東道每年按數造報以專責成而免轇轕　一奏稱更定奏限以便分綱也查河東奏銷向以四月底爲限癸丑綱鹽課上年曾請展限兩月截至六月底奏銷其甲寅綱官運係自七月初旬始行陸續領掣仍照四月底奏銷趕辦不及擬請嗣後奏銷改以六月底截限七月初具題等語臣等查河東鹽課每年係限四月底奏銷今請改爲六月底截限七月初具題覈計祗推展兩箇月應准照辦　一奏稱試行陝運以杜回灌也陝西課歸地丁毋庸赴池重納所有該省鹽販僅令赴池運竊恐無課之鹽行有課之地沿途侵銷有礙晉引應由晉辦省相度口岸如三河口潼關等處委員轉鹽居積平價招徠陝販運銷至陝省課既攤徵民間行鹽卽無公私之別其餘晉省毗連之處應以河爲界凡鹽之渡河而東者無論何處所產均屬私鹽應令兩省沿河各州縣於津渡處所遇有大小船筏及皮餛飩等項實心查緝以防回灌等語臣等查該撫擬由晉省相度口岸委員轉鹽居積平價招徠陝販運銷並於晉省毗連陝西之處以河爲界凡鹽之度河而東者令兩省沿河各州縣實力查緝辦理頗屬周密應如所奏辦理　一奏稱覈給陝鹽以昭公允也陝省額鹽一千三百三十一名一百一引該正雜課公費銷價等項銀一十六萬八千一百三十九兩零今按舊時科則攤歸地糧銀十二萬一千三百四十四兩零計不敷銀四萬六千七百九十五兩零應

扣鹽三百七十名有奇按數覈算止應運銷鹽九百六十一名二十引等語臣等查陝省額鹽一千三百三十一名一百一引據該撫聲稱現時止應運銷鹽九百六十一名二十引應扣鹽三百七十名有奇臣等覈算相符至所稱陝省額鹽一千三百三十一名一百一引該正雜課公費銷價等項銀一十六萬八千一百三十九兩零應令將應完鹽課銀若干公費銷價等銀若干分晰款目報部查覈

一奏稱匀撥餘鹽以恤晉運也晉省官運納課頗形拮据擬請陝省餘鹽匀銷於晉省各額引之內每斤貼價二釐庶幾成本稍輕藉資濟運每額引十名酌加餘引二名不願領者仍聽其便等語臣等查該撫擬將陝西餘鹽三百餘名匀銷於晉省各額引之內每斤貼價二釐並擬每額引十名酌加餘鹽二名係於濟運補課兩有不敷應如所奏辦理

一奏稱酌撥鹽價以籌彌補也陝西裨益銀兩有關撥給陝庫既無可補苴又未便任令缺額擬於官運陝鹽每斤攤銀一釐暨晉省代銷貼價通融併計以資彌補其歸補陝省缺額者係屬正款辦有成效儘數報部候撥緝私經費爲一大宗亦應咨部立案等語臣等查該撫擬將官運陝鹽每斤攤銀一釐又晉省代銷陝鹽每斤貼價二釐彌補陝課不敷並取資緝私經費籌畫頗爲周備應准其將前二項銀兩先儘數彌補不敷陝課報部候撥餘銀留作緝私經費仍令將歸補陝課若干餘銀若干於造報時分晰聲敘以憑查覈

一奏稱籌借官本以資

陝運也現在試行陝西官運雖屬無課之鹽而鹽價腳價辛工雜費每名亦需二百餘兩擬請試辦百數十名查有陝省應借河東道庫運本銀四萬兩存庫未動應將此項遴委妥員領辦隨銷隨運轆轤周轉所有運本分年籌款歸還等語臣等查陝西官運應給運本既有應借河東道庫運本銀四萬兩存庫可以動給應准其遴員領辦至所請運本分年歸還之處究須分作幾年未據該撫聲明應令即行聲覆

一奏稱酌用鹽票以歸簡便也陝西課歸地丁毋庸領引所有河東已領乙卯綱陝引應請隨晉豫兩省殘引解繳其運赴陝省及晉省代銷鹽斤擬照三年票鹽章程給票行運此後河東止領山西河南兩省引張等語臣等查陝省鹽課既歸地丁攤徵改引用票所有河東已領乙卯綱引應准其如數繳銷至山西河南兩省應領引張仍令按年照舊請領以符定制

一奏稱勻銷滯引以保課額也山西省滯銷州縣准其報明缺銷若干名聽暢銷州縣具領通融代售不拘名數不爲定額等語臣等查州縣銷鹽原有暢滯之分今該撫擬請將各州縣滯銷之鹽於暢銷州縣通融代售之處自係爲顧及全局起見應准其辦理

一奏稱分還借本以重庫項也山西行鹽州縣前領運本甲寅綱應繳五分之一擬俟奏銷前催令按數彙繳自乙卯綱爲始請改於領運時每名帶繳六兩等語臣等查咸豐四年正月間准前任山西撫臣恆春奏應給各廳州縣運本請於商捐款內暫借動用俟銷

價本銀繳齊即行歸還當經臣部議令覈實借給嗣於四年六月間據該撫奏借給各廳州縣約共銀一十五萬餘兩此項先在商捐項下暫借濟運分限五年繳還等因復經臣部覈准各在案該撫所稱山西行鹽州縣前領運本甲寅綱應繳五分之一覈與前次奏定分限五年繳還之案相符所有各州縣應繳還甲寅綱初限銀兩務須催令於奏銷前繳全毋得遲誤至請自乙卯綱爲始令各州縣於領運時每名帶繳銀六兩較之分限完繳更爲妥速應准照辦再查原借商捐銀兩係應行解部之款應令該撫一俟各州縣將甲寅綱應繳銀兩如數繳齊即行解部交納其自乙卯綱起各州縣領運時每名帶繳之銀亦即隨時解部以資京餉

一奏稱飭報鹽估以防擡價也州縣鹽價必須公平官民始可相安應令行銷潞鹽各屬按月將鹽價長落實數具報院道衙門查覈其有擡價漁利或隱瞞不實者隨時詳參等語臣等查鹽爲民食所必需平價銷售方於民生有利儻各州縣任意擡價致小民日食貴鹽何堪受此苦累該撫擬令每月詳報鹽價之處係屬正辦應令嚴飭行銷潞鹽之各州縣將每月鹽價長落按月據實詳報儻嚴查有擡價漁利及隱瞞不實情弊即行從嚴參辦

一奏稱催繳豫本以試新引也河南官運委員與地方州縣有間擬於奏銷前完繳運本方准試辦新引乙卯綱內酌改每名給領運本十五兩不願領者聽等語臣等查河南官運委員前借運本該撫議令於奏銷前完

繳清楚方准試辦新引自係覈實辦理之道應令該撫移咨河南巡撫照辦乙卯綱內酌改每名給領之運本十五兩之處

亦令會同河南巡撫辦理 一奏稱酌參民運以利豫課也河南向係商運民銷今請酌參民運與官運並行但不給運

本餘照官運章程辦理等語查此條臣等已於正摺內覈覆毋庸再議 一奏稱嚴立巡卡以絕私販也鹽務首重緝私

而緝私不能無費晉省私販水陸路徑分歧現在委員一分查相地設卡其扼要處所必須多撥兵役遴委幹員駐緝一切

薪水工食應於晉省代銷貼價內酌給能否敷用隨時籌辦如果委員得力詳請奏明優獎疏縱者立行詳撤等語臣等

查晉省鹽務首重緝私已據該撫於正摺內詳晰陳明所有各委員緝私費用自係必不可少應准其於晉省代銷貼價

款內酌給至所稱能否敷用隨時籌辦之處究竟緝私每年約需費若干應令該撫酌定數目報部至緝私委員該撫務

須隨時查察如實有得力之處准其奏明請獎其疏縱者即行撤退以重緝務而節經費

咸豐六年奏准河南引鹽改爲官民並運

巡撫兼鹽政王慶雲疏言竊照河東引鹽行銷山陝河南三省自商人捐免充商之後將山西陝西兩省改爲官運官銷河南一省改爲官運民銷當經臣就現辦章程設法試籌補救議於豫省酌參民運與官運並行但不給運本餘照官運章程辦理以期額課有盈無絀維時因河

南撫臣英桂出防未及會商僅將奏稿及所議章程咨會酌辦在案旋奉部覆以豫省銷鹽歲有定額可否於官運之外兼行民運有無窒礙之處必須就地酌量情形籌辦奏請勅令會同悉心體察奏明辦理茲准英桂咨覆晉省果能再爲廣招民販源源濟運所運引鹽旣裕則豫省各屬小販亦可飭令廣爲招徠赴鎭販運偶有不及自有民運行銷民運或缺仍有官運接濟不惟鹽引藉此暢銷誠於國課民食兩有裨益並行不悖似無窒礙擬即嚴飭行銷潞鹽各州縣遵照出示招民仍赴會興鎭販運分銷並於要隘處所多派人役嚴密查緝務須私梟絶跡民販樂運等因咨商覆奏前來臣查河南鹽課自咸豐四年改爲官運嗣因籌本未裕是以於河東參募民運自現在乙卯綱業經試辦一年先課後鹽民販均無貽誤實與官運可以並行且經該省體察情形毫無窒礙旣省運本復保額課自應照議酌辦除飭河東道妥招民販運鹽至會興鎭後由豫省民販照舊分銷外所有會商妥辦緣由理合聯銜恭摺具奏

又奏准陝省引鹽仿照河南改爲官民並運四月陝西巡撫吳振棫奏言竊照前任撫臣王慶雲具奏陝西鹽課十二萬兩改歸地丁併徵一案於咸豐五年二月奉部覆准照辦臣於是年七月到任察看情形諸多棘手隨於九月內附片據實陳明在案其時甫經試辦不敢遽議更張惟嚴飭各屬趕緊催徵又恐民

間不知按糧攤課之故疊經出示剴切曉諭原期衆情感悟
及早輸將乃數月以來凡疊糧少課輕之處尙能按限催交其
糧多課重如蒲城富平臨潼渭南等處率皆觀望不前雖或
勸或懲竭力整頓而完納者仍屬寥寥推原其故陝省民人
勤苦儉嗇計較錙銖是其本性近年各省商賈不通生計較
前窘乏加以連次勸辦捐輸丁糧又提早一月至於兵差絡
繹亦有借貸民力之處今復加徵鹽課實覺竭蹶不遑且地
方偶遇災荒丁糧或有蠲緩之時而鹽課向無蠲緩之例小
民以追呼爲苦不免有他日之憂又查按糧攤課與歷辦引
課多寡迥殊即如蒲城富平二縣戶部照引加課俱僅止五
千三百餘兩商辦課額則尙不及此數今按糧攤算蒲城應
納課一萬一千二百餘兩富平應納課銀九千三百餘兩其
數增至一倍民間狃於習見疑懼更深至現行章程原許民
人持照赴廠買鹽但地在隔省焉能人人前往仍係積年市
販熟於營運者買回四路分銷此輩惟利是圖鹽價亦不能
甚賤小民納無鹽之課駔儈賣無課之鹽此尤衆情撓阻之
所由來雖百說以喩之而終難踴躍者也山西巡撫王慶雲
辦理公事一片眞誠不分畛域曾與臣往返函商時以裕課
便民須求良策爲念近聞豫省鹽課自改行河東招販先課
後鹽之法銷暢課充官民稱便業已著有成效陝省大致相
同似亦可以照辦現在攤徵之法既已窒礙難行若不及早
變通必至坐誤即將隨徵州縣一一查參終於公事無補臣

用敢不避冒昧據實瀝陳仰懇格外天恩勅下山西撫臣通
盤籌畫可否仿照豫省現行章程辦理之處於奏明後咨行
陝西通飭遵照其中應行參酌一切事宜再由臣等兩省會
商隨時定議總期鹽課不至稍絀而民氣藉以稍紓則樂利
同治永荷鴻施於無既矣四月二十八日奉上諭吳振棫奏
請將陝西攤徵鹽課變通辦理一摺據稱陝省鹽課改歸地
丁併徵諸形窒礙請仿照河南鹽課改行河東招販先課後
鹽之法變通辦理等語著王慶雲將前辦章程悉心參酌通
盤籌畫其有應行變通之處即咨行吳振棫會商妥辦以裕
國課而便民食　五月山西巡撫王慶雲奏言竊查河東鹽
行三省前因各商捐免奏改山陝兩省官運官銷河南官運
民銷臣適在陝西巡撫任內遵將官運事宜經營半載每覺
窒礙難行是以奏請將鹽課援案改歸地丁攤徵部議覆
准臣已調任山西維時晉豫兩省鹺綱亦尚未有把握隨督
飭河東道黃經設法試籌補救經臣縷晰奏明在案一年以
來察看豫省引課似已暢行無礙卽晉省官運額引亦賴以
通融調劑不致過於滯銷惟陝西鹽課輸納不前臣接到陝
西撫臣吳振棫來函詢及變通之策適臣於本年三月間閱
伍道出河東與該道再三籌畫據稱惟有河南會興鎮章程
可以仿照辦理並開具說帖條議前來臣復查河南引鹽初
行官運民銷嗣因運本難籌兼招民運係先封課而後掣鹽
聽官民轉運至會興鎮發販散銷現在河南乙卯年綱引掣

運全完所徵課銀陸續解充甘餉雖試辦未久不敢遽言成效實粗定矩模今陝省攤課不前且官運仍屬難行商運又斷不可復舍會興鎮章程此外似別無辦法若以此法試行陝省有可以仿照者亦有暫須變通者河南之鹽由平陸茅津查驗過河以陝州會興鎮爲總匯之所今陝省亦當於河東河西擇地分立總局以便稽查河南之鹽由茅津縣丞驗票渡至會興鎮由鹽經歷截角後方許發販行銷今陝鹽亦當由河東遴員分司其事以專責成河南之鹽由會興鎮發販後凡屬河東引地即隨其所之立法簡易猶有古意查河南尚有淮引蘆引陝西則除河東額引外並無他項官引尤當不分引地隨處散銷毋許官吏關津稍有留難以杜需索暨一切先課後鹽官民並運事宜皆可以仿照者也其有暫須變通者陝省前經奏准停領引張今改由河東官民並運如俟領到丙辰綱新引往返需時請由臣衙門暫給鹽票試辦俟丁巳綱再行請領陝引以復舊章其鳳興邠鹽稅仍由陝省奏銷無庸領引再查晉豫兩省奏銷皆以次年六月爲限今陝省改章試辦轉瞬大雨時行之陟秋方能暢運所有丙辰綱奏銷能否依限請俟來年春夏之交由臣察看奏明辦理以上各情形先經臣與河東道而加商酌意見相同亦已與陝西撫臣函商大概惟是課出於鹽保課必先籌運陝省改章伊始試辦官民籌措營運不能旦夕集事如俟公文輾轉始議招徠則曠缺之課無從彌補即擬由臣一面札飭河

東道速卽招募官民封課掣鹽若遇晴乾卽行趲運一面將設局委員招販散銷札行陝西藩司鹽法道與河東道迅速會議擇便舉行仍詳由臣暨陝西撫臣會覈分別奏咨辦理總之河東鹽務撮其大要惟在於三省通盤籌畫不爲此疆彼界之分庶籌運不致偏苦而保課亦有把握至陝鹽已過河截角之後應聽各家自招民販並准其於舊日行鹽之地營運銷售儻地方官吏及關津稅卡留難需索准赴上司衙門控告照阻撓鹽法例重究嚴參如此則販者不生疑畏運者自易招徠保國課而便民食全在於此奏八月戶部疏言據陝西巡撫吳振棫山西巡撫王慶雲會奏驗票截角各事宜據現據山陝兩省司道會議章程前來查鹽課每斤交銀四釐先行封納而後掣鹽係復舊章辦理其領運之後山西省在於永濟縣屬之下馬口臨晉縣屬之夾馬口二處各委員設一人驗票稽查以杜夾帶渡河到陝卽在華陰縣之三河口設一立總局委員一人專司截角繳銷以杜重運截角之後任聽販運隨處行銷不必定以例價等語臣等查鹽法初經變通總以顧課爲要務現擬官民並運先封課而後掣鹽似與前辦官運官銷先鹽後課之議較有把握且照前定稅則每斤納課銀四釐以陝西額引一千三百三十一名零計之應徵課銀十六萬八千餘兩較之課歸地丁僅攤徵銀十二萬一千餘兩亦屬有盈無絀所擬下馬口等處各派員驗票截角之處查河東鹽法志載陝省鹽路自運城陸行由下馬口及

夾馬口上船渡黃至三河口分運各州縣行銷是各該口向爲引鹽必由之徑於此扼要派委各員查驗布置尙爲周妥自鹽販到口截角之後聲請任其隨處散銷不必定價亦屬體量情形期於利運均應如奏辦理惟現當改章之始招販以釐運督銷以裕課一切均形喫緊應令山西巡撫督飭河東道遵照現定章程認眞妥辦以整新綱而保課額所有單開各款臣等逐加細覈歸併四條另繕清單恭呈御覽一奏稱陝西額引一千三百三十一名一百一引每引納課四釐應封正雜課並銷價公費等銀十六萬八千一百三十九兩零由河東道曉諭官民領票封課試辦河東在一夾馬口下馬口二處委員各一人稽查過載鹽船驗過渡鹽票彈壓船戶無許把持陝省於三河口設立總局委員一人截角繳銷以杜夾帶等語臣等查咸豐四年臣部議覆河東變通務案內鹽池收稅酌定科則每斤統以四釐爲率此外一切鹽浮費概行刪除今陝西循照前定四釐科則飭販封課合算額引名數應徵銀十六萬八千一百餘兩覈與奏定章程相符應飭令河東道照額徵完備撥此外不准官吏勒索浮科以利販運如販情日形踴躍額引全運之外再有溢銷所得贏餘課銀並令儘收報部查覈其驗票截角事宜最爲轉運緊要關鍵應令遴派妥員在於各該口實力稽查嚴杜偷漏重運之弊如該委員奉行不力漫無覺察或扶同舞混及有需索浮費情事立卽從嚴參辦

一奏稱丙辰綱試辦官

民並運先用票張侯請領丁巳綱晉豫鹽引時並領陝西額引又鳳興邠三府州前經陝省奏請免其領引鹽稅徑解陝西藩庫奏銷此次仍毋庸領引給發等語臣等查陝省西同商乾四府州向係行銷河東額引自上年鹽課改歸地丁攤徵奏明停領引目茲既復課歸鹽自應領引營運俾清綱分惟本年丙辰一綱初更章程若俟領引到日開辦新綱爲時已遲應照所議先用票張權宜辦理仍令陝省丁巳綱鹽引同晉豫引目一併請領以符舊制其鳳興邠三府州屬向例課歸地丁仍赴河東領引上年亦經奏明停領引目該府州仍照舊攤徵不在官民並運之列應於下屆請領引目咨內聲明劃除毋庸給領其鹽稅或徑解藩庫抑仍解交河東摺內未據分晰聲敘應令查明咨覆　一奏稱鹽販過河截角後任各家招販不分引地隨處散銷並准其於舊日行鹽之地營運地方官弁兵役均不得需索留難又舊例官鹽均有例價現在官民並運無定人自不能擡價銷無定地亦無可居奇自不必限以例價緣鹽與布帛菽粟同爲日用所必需布帛菽粟隨時作價貿易相安鹽斤亦應一律等語臣等查認地銷引所以仿侵越定價售鹽所以示均平此歷來商運辦法令試行官民並運卽與票法無異自與商運有別該撫等縷陳行鹽不分引地售鹽不限例價各情係屬因時制宜於恤販之中兼權便民之意應請照准自此銷無定處鹽無定値販民自相交易各從其便地方官弁並無督銷巡緝事責

概不准胥役人等多方留難藉端需索儻查有前項情弊即行究懲以肅鹺務　一奏稱復課歸鹽時值河流大汛非運鹽正候須八月以往方能暢運奏銷限期能否與晉豫一律屆時察看奏明辦理又三省行鹽暢滯無常應於奏銷前一由河東道權其暢滯酌量變通並聲稱官民並運均不承領運本陝省各廳州縣並無交代之事毋庸開送督銷完欠職名等語臣等查河東鹽課例應次年四月奏銷考成均屬河東道專責現在開辦新綱距奏銷期尚有八月之久應令迅飭趕緊運銷與晉豫一律依限奏報毋任參差貽誤至謂奏銷前權其暢滯酌量變通意在三省通盤合算以此處之暢銷補彼處之滯運亦屬權宜辦理總期奏銷鹽課照額全完毋稍短絀是為至要其陝省各廳州縣既無交代之事亦無督銷之責完欠職名應准免其開送現在官民並運一切徵課運銷之事宜統歸河東道經管應於奏銷案內聲敘已未完分數開報該道職名以專責成而定考覈　王慶雲又奏竊照陝省行銷河東引鹽現經臣會同陝西撫臣吳振棫奏明改照河南會興鎮章程官民並運所行鹽票應在華陰縣屬之三河口設立總局由河東委員截角掣驗發販散銷是總局者行鹽之關鍵也查三河口北自同郡南接潼關回漢雜居良悍不一且現當試辦伊始與會興鎮民情樸厚諸事就理者不同該處委員責成既重必須職位略大方足以資彈壓而河東差遣委用向皆七品以下雜職微員就中將熟

悉體面者擇能而使究恐職位太輕臣與司道公同商酌擬將該處總局委員援照江蘇通海等州鹽運分司之例暫給運判職銜庶稽查較能得力俟試辦一年後察看該局應設何官再行覈議奏明辦理據河東道移會藩臬兩司具詳前來臣查河南會興鎮總局係以七品之鹽經歷分駐稽查今陝省民情事勢旣有不同未便拘泥相應請旨將陝西三河口鹽務總局委員暫給鹽運判六品職銜以重事權而資彈壓惟此項坐缺兼銜仍不准作爲隨帶以示限制

同治十一年奏准豫陝額引自改官民並運以一成歸官二成歸民名爲民販至本省各州縣有派人代辦者名爲運夥由各該州縣查明確係殷實良民取具保結以領辦的名通報各衙門查考所售之鹽務令乾潔足秤各該州縣如有私立贄見節禮名目從嚴參處至代運之人或有告退必俟接替有人新舊運夥親身赴道投具甘結方准退辦 巡撫鮑源深奏言竊臣前准軍機大臣字寄同治十一年四月十一日奉上諭御史袁承業奏敬陳河東鹽務流弊一摺據稱河東行鹽引地係晉

豫陝三省分銷豫陝引票於每年掣籤時扣留引票若干不行入陝筒分給現任候補各官以爲調劑屬員之計山西引地各州縣招商代運勒索分肥私立官費甚至幕友家丁佐雜營員皆分其利擬請將豫陝引票統歸掣籤其山西引地即照代運之法令該商取具保結領運等語著鮑源深確切查明酌覈具奏如有前項弊端即行認眞釐剔毋稍姑容所擬辦法是否可行並著妥籌辦理原摺著鈔給閱看將此諭令知之欽此遵經轉行河東道陞泰查明妥議並以藩司李慶翺署臬司王溥均係曾任河東道於鹽務利弊自必確有見聞復飭該司等會同覈覆在河案伏查河東行鹽引地本係山陝豫三省分銷山陝則商運商銷豫省則商運民銷嗣因籤舉富商百弊叢生商力因而疲乏全綱敝不能支於咸豐四年間遵照戶部奏定章程將運商一百餘家一律令其捐免鹽課就場徵收並將山陝兩省改爲官運官銷豫省改爲官運民銷嗣又將豫陝兩省均改爲官民並運迄今已閱十有餘年課食兩無貽誤日下情形但能整飭隨時尚不致大有妨礙今該御史原奏內稱豫陝引票於每年掣籤時扣留若干不行入筒分給現任候補各官以爲調劑之計各官持票出售輾轉剝削價必增昂食鹽之民隱受其害請將豫陝引票統歸掣籤其屬員差委較勤者於雜款項下酌給薪水一節竊查豫陝兩省額引及靈寶加增各引共三千六百餘名當咸豐四年免商之初民販皆視爲畏途無人領運經河東

道遴員倡率分運河南之會興鎮陝西之三河口聽民販買試辦年餘漸有成效民販始趨之若鶩接辦者多復經河東道議定章程官民並運以一成歸官二成歸民官則按資分派民則配籤聽掣官引民引判然不紊歷屆新綱均係照辦從未將民引扣留若干不行入筒而各民販雖不願領運仍未能統歸掣籤者良以在暢銷之時聽民領運或不致於誤事萬一行銷疲滯民商望而卻步課項恐無著落之仍須責成於官以濟民運之窮是官民並運實有相維相繫之意非爲調劑屬員計也至各官持票出售者亦因豫陝兩省額徵課項多寡不一引則分成搭配如每號紅籤八名內陝引三名豫引五名事隸兩省勢難一人兼辦彼此售易卽有議加津貼之舉但津貼之低昂要視銷路之暢滯官民事同一律不能獨自居奇且鹽務人員現已增至二百餘員之多卽擇其差委較勤者酌給薪水亦覺款無可籌更恐力難爲繼所有該御史請將豫陝引票統歸掣籤另籌薪水藉資屬員辦公之處事多窒礙難行應毋庸議又該御史原奏內稱山西本省引地各州縣率皆招商代運久之官商皆視爲利藪遂至營謀勒索私立贄見季規節敬壽禮等名目官費繁重無不取償於民是以鹽價倍增任意攙雜減斤非奸商敢於作弊實貪官驅之使然也請將本省引地卽照代運之法令該商取具保結認眞領運仍必接辦有人方准推卸一節竊查山西本省行銷潞鹽引地共計四十四州縣自兗商以後改爲官

運官銷卽責成各州縣領運納課該州縣有自行領辦者有
派人代運者其代運之人名爲運夥凡辦理之是否得宜運
夥之是否得人均惟該州縣是問嗣恐各州縣設立名目苛
求餘利曾經前撫臣通飭嚴禁並經河東各前道明立章程
如有更換運夥須令新舊各夥親身赴道投具甘結退稟方
能脫卸近年池鹽底價騰貴各路銀價高昂運夥賣鹽收錢
封課用銀其中折耗不少間有酌增鹽價者必須稟明覈示
遵辦且所增不過三四文蓋深慮各州縣之或有勒索運夥
之或有受累更恐官商扶同包庇取償於民杜漸防微舊章
具有深意今該御史原奏各情既有所聞恐日久弊生亦難
保必無其事應由臣申明舊禁委員會同各府州實力確查
有則分別撤參俾各屬知所儆戒至該御史擬請照代運之
法令該運夥取具保結以的名認眞領運保爲釐剔弊端起
見應由臣通飭行銷鹽各州縣以後凡運有由官自行領辦
者或初係招夥代運嗣因告退及滋弊斥逐該州縣情願自
辦者仍責成照章領運納課毋庸更議其現在招夥代運者
卽由該州縣查明確係殷實良民並無揑名朋充取具保結
以領辦的名通報各衙門查覈准其領運所售之鹽務令乾
潔足秤如敢私增鹽價及任意攙土和沙扣減斤兩等弊卽
由該州縣隨時查明嚴行斥逐究辦儻該州縣百端勒索壟
斷居奇私立贄見季規節敬壽禮等名目亦卽從嚴參處各
官與商扶同包庇剋苦閭閻以致控訴無門並將該州縣及

代運之人一併按律嚴懲至代運之人或有退辦必俟接替有人仍照前定章程令新舊各夥親身赴道投具甘結退稟仍將接辦的名通報覈准後方准退辦如此定立章程則官無所用其抑勒商亦無所用其營謀仍將鹽價視成本輕重隨時酌減則民間實惠可沾更不致隱受其害矣儻此後尚有應興應革之處由臣隨時體察情形督飭妥籌辦理不敢因目前課食尚無貽誤稍涉因循總期弊盡利全以整鹺綱而裕課項八月初八日軍機大臣奉旨覽奏已悉著該撫督飭河東道隨時體察情形實力整頓期於有利無弊以肅鹺綱而裕民食戶部知道

光緒二十年正月議准河東鹽行陝豫兩省試辦督銷戶部議覆據山西巡撫張煦疏稱河東鹺綱每年正加額引五千二百九十八名零行銷陝豫晉三省自咸豐四年捐免充商除晉省係歸官運官銷外陝豫兩省改爲民運民銷嗣因散漫無稽未能通暢又改爲另募專商祇以商民本小利微不敷分布迄今懸岸仍多益形疲滯近年銷數三省均勻牽算不過七成餘遂至奏銷展限年復一年當飭河東道設法認眞整飭茲據該道詳稱近來陝豫鹽務疲滯已極似非變通辦理難期成效臚陳現在情形請示遵辦前來臣查陝豫改招專商以後銷數非不稍增祇以商力單薄販運未能周遍各處私鹽乘間投隙官引難於暢銷欲圖補救祇可仿照兩淮督銷局

辦法仍就陝豫引岸商販所不能及之處發給官本募用商人設局派員試辦督銷添募勇丁嚴緝私販以官運本彌其缺隙則私鹽可免橫行由近而遠次第擴充官惟督運緝私商則專事營販界限分明兩無窒礙當不致有折閱虧本之虞現經臣查有河東監掣同知張貽琯熟悉鹽務檄委該員在河東運城設立督銷總局專司其事又在陝西同州一帶設立陝運分局河南襄城葉縣郟縣一帶設立豫運分局並由臣遴委分辦幫辦各員與該同知會同辦理仍統歸該總局稽覈擬在道庫雜款項下籌借銀六萬兩以二萬兩作為陝運官本四萬兩作為豫運官本先陝後豫次第試辦辦理稍有贏餘陸續歸還原本所有支發各項均由該同知彙總按月報臣查覈並仍由河東道就近稽察試辦一年後有無成效再行據實奏明至本省各屬近在日前應飭該道照舊督銷等語臣等伏查潞鹽溢銷於是加徵羨餘八萬餘兩活引課十四萬餘兩加費三十三萬餘兩是為潞鹽之極盛同治初年江楚肅清川淮兩路鹽皆暢行潞銷遂滯同治四年將陝豫二省加費減半徵收活引悉行停辦其時正課尚能年清年款迨光緒三年晉陝豫三省同被災祲引鹽疲滯復將陝豫減賸之五成加費山西本省之加費暨前加之羨餘陸續停免並節據該撫奏展各綱限期每歲僅徵銀五十餘萬兩未完引課亦請分年帶徵潞鹽遂有日趨於下之勢茲據該撫以河東鹽務陝豫兩省引岸銷數仍多疲滯擬請仿照

淮督銷局辦法仍就陜豫商販所不能及之處給發官本募用商人設局派員試辦督銷添募勇丁嚴緝私販一年後有無成效再行奏明等因具奏臣等查河東引鹽自光緒初年該省疊被災祲引滯課絀十數年來每綱均請展限四箇月然正展限內銷完引數新陳牽算尚不能盡如歲額計辦理三綱卽隱占一綱之限暗中虧課甚鉅該道庫應協甘餉不能不借助於藩庫代墊者實由於此若不思變計之誠無以挽頹綱而裕餉源今該撫擬就陜豫商販所不能及之處發給官本募用商人設局委員試辦督銷自係爲因時一變通力求整頓起見臣等公同商酌擬請准其先行試辦俟一年後察看情形由該撫奏明辦理惟既設局督銷其奏銷期限應如何提前趕辦積引如何疏銷從前官民並運章程原設之陜西三河口河南會興鎮各局是否仍循其舊新設各局每局委員幾員添募勇丁若干名所需經費係由何項動用其由道庫雜款項下撥發運本銀六萬兩應如何分年歸還原奏均未議及相應請旨飭下山西撫臣督飭鹽道迅卽妥議章程詳細聲覆並將開辦日期報部備案至該省鹽務現既仿照兩淮試辦督銷所有行銷引目徵收課款擬令卽照淮南章程每屆半年由該撫查明徵收數目先行開單奏報一次以憑稽覈正月十四日奉旨依議

章程

一督銷總局設立運城陜運分局在於同州府屬一帶豫運分局在於襄城葉郟兩縣一帶察度設立以取適中

一督銷運本

陝綱撥銀二萬兩在於運庫開款內提發豫綱撥銀四萬兩該局須由水運開辦應俟來春聽候續撥　一總局總辦係實缺人員照章不支薪水其分局會辦幫辦薪水各按官階照章支給統屆年終覈計餘利若干由總局稟請酌提分給以資津貼　一總分各局正印委員由省札委其隨同幫辦之佐雜應用幾員卽由總局總辦在於河東就近揀派隨時具報薪水照章支給辦有成效實屬　出力者准由總辦年終於餘利內稟請酌提給奬以示鼓勵　一巡私勇丁陝岸定以百名除現有八十名外募補添足豫岸定以六十名除三門口現有十六名准留六名仍巡私渡可以酌提十名陵川縣　河東勇二十名可以全行移撥外募三十名補足以資分布　一委員薪水勇丁口糧油燭等項均在於運庫之三河口會興鎭打帖　項下支給無論正佐委員各運局不准私借絲毫違者認賠　一發鹽配運分岸行銷陝綱按六十名豫綱按一百名均准先鹽後課限以兩季封陳借新辦有成效再行酌加至運本課限及打帖項下支給各項統由總局總辦承　領　按月具報如有交替造具接收交代清楚冊結申報查覈　一按各局封配發運行銷各事由總辦愼擇司事專責承領經理其何處運發何處過載何處存儲分運到岸以後何處爲總運何處爲分銷全由該總辦遴選用熟悉鹽務生意一人總司號事其經管帳目暨一切號夥人數各就號事繁簡爲率由司事約束所有收支銀鹽帳目每月開由總辦查

覈至應定號規辛金伙食房租雜費均由總辦酌定在於運銷帳內開支總辦委員附入月報按季申呈本部院暨河東道備查年終彙總具報開除應支暨實在存鹽通盤覈計如有餘利若干隨詳聲明聽候批示提解以重運本

光緒二十二年三月奏准裁撤陝豫督銷 巡撫胡聘之奏言河東鹽務自同知張貽琯接任後壟斷把持弊端百出晉省運商四十餘州縣大半與有交涉調驗合同帳簿多係書立堂名無從究詰該同知廣通聲氣官場中凡有勢力者多以重金交其營運資本既厚任意盤剝於鹽價極賤時則儘數屯運如所設鳳臺鹽店每年銷鹽僅六十九名而積鹽至一百三十餘名之多足銷兩年若鹽價稍貴則封課而不買鹽一坐商急於求售惟有減價於是屯鹽者日多而商力因之大困其所開鹽店地方官偶一稽查則力請退商而成本過鉅無人接辦往往任其挾制莫可如何此次參革後尤恐肆其奸計與各運商勾串把持必致有礙課食擬飭鹽道奭良設法嚴禁屯鹽凡素不業鹽者一概不准屯賣其各鹽店存鹽雖多仍按常年應銷之數酌定若干名勒令每年照數買鹽封運新陳並銷如銷不足數或查有弊端卽由運官稟請換商接辦所存之鹽准由新商分年帶銷陸續歸價自無慮挾制把持其合同帳簿飭令書寫的名按年結報查考如開列堂名卽將鹽本提出歸公以杜影射虧空之弊該運官亦不准藉端勒索無故換商

致滋擾累至陝豫督銷局自改委鹽道爽良接辦後銷數較多已有成效應仍責令認眞經理並嚴飭委員會同各地方官合力緝私以期漸復舊額惟陝豫設局之處本係潞鹽引地運緝各事亦鹽道分所應爲現在籌餉維艱似毋庸另立督銷各局名目致多糜費應飭酌量裁撤一仍循官民並運之舊以省浮費而歸劃一

光緒二十七年八月議准山西引地仿照陝豫改爲官民並運

巡撫岑春煊奏言河東鹽綱行銷山西陝西河南等屬引岸查覈近年引數陝省本有溢銷惟上年短絀頗鉅豫省銷引數亦能及七八成獨山西所銷不過六成鹽引之滯以本省爲甚推原其故蓋由陝豫兩省多歸民販領運鹽可貸賒秤必足數且民販非止一家售鹽不拘一地無專利壟斷之害無居奇擡價之權晉省自改歸官運後名雖官運實無官本均由各州縣招令運夥承辦往往十一州縣僅止一店即市鎭分店不過數處鄉僻小民有越數十里之遙始能購買者運夥倚官爲護符官資運夥爲囊槖有訴攙土雜沙者有謂擡價短秤者疊經查禁迄多陽奉陰違此本省之辦法不善也陝豫引地均不過三十餘州縣銷數較勝本省引地四十餘州縣銷數反絀可見分之民運則爭售而便民專之官運則利私而病課對勘互證利害較然自不如將本省行銷引地仿照陝豫成案統改官民並運如果舉辦有效則所短三四成

正課一十餘萬兩可以規復查陝豫官民並運章程係以三成爲率一成歸官二成歸民今卽照此成數分配營運改辦一成兩年後庫款稍可騰挪查民運猶有不足之處再照四川辦法酌籌官本領運相輔而行至運鹽課能否一律加徵抑須分別旺衰隨地量加之處再行擬議詳辦臣與該司道等再四籌商似整頓潞綱舍此實無善策仰懇飭部覈議准將晉省引地仿照陝豫改爲官民並運卽自光緒二十七年九月開辦丙申綱爲始一俟奉准部覆當卽示諭各屬認眞改辦其餘未盡事宜由臣隨時咨部辦理等語戶部議覆河東鹽務自咸豐四年捐免充商奏准統歸官運晉陝官運官銷豫岸官運民銷乃行之未及二年陝豫兩岸卽請改官民並運晉省則仍官運官銷相沿至今已五十年當丁戊大祲之餘潞綱始敝然以蒲私充斥爲晉省滯銷之原其弊未必盡由官運也但該省官運成本難籌致有種種窒礙情形既據山西巡撫岑春煊以整頓潞綱舍官民並運章程別無善策並以舉辦有效卽可規復正額量加鹽課等情具奏臣等查成規雖不宜輕改而課稅日絀亦當設法維持該撫既爲籌款起見且以潞鹽行銷鄰省之例推之本省與輕議更張者有間所奏尙屬可行應請飭下山西巡撫將晉省引地仿照陝豫改爲官民並運以丙申綱爲始先予試辦一年察看有無成效再行擬議惟官運之設所以濟民運之窮官本既行則官運亦不可廢若如該撫所奏俟一兩年後再籌官本領運則僻

鄉滯岸必有淡食之虞應令轉飭河東道講求一行鹽道里凡民運不及之處即籌官本濟運逐漸推行俾符一成之數以期裕課便民時局需款方殷果能規復正額十餘萬兩自可稍資挹注其應如何加釐加價亦不得視爲緩圖該撫仍當督同司道隨時妥籌奏明辦理至緝私所以衛課該省近年蒲私吉私諸多未淨各州縣既無行鹽之責緝私必視爲具文應令嚴定考成或有緝私不力及格外需索民販情事立即參懲示儆奉旨依議

按晉省自奏改官民並運以近池之蒲解兩屬暨聞喜與毗連土鹽引界之靈石共十三州縣統歸官運總局承辦此外三十一州縣悉聽民販散運因銷無定地運無定人官私無所區分引課益形短絀至二十九年鹽政趙爾巽乃普改包販以專責成

官運民運各引地附

民運民銷七十二廳州縣

晉岸

臨汾縣　洪洞縣　岳陽縣　曲沃縣　翼城縣

浮山縣　太平縣　襄陵縣　鄉甯縣　吉州

霍州　趙城縣　汾西縣　蒲縣　長治縣

長子縣　屯留縣　襄垣縣　潞城縣　壺關縣

黎城縣 鳳臺縣 高平縣 陵川縣 沁水縣
陽城縣 絳州 河津縣 稷山縣 絳縣
垣曲縣

以上三十一州縣皆民販包辦每年共認引一千名仿照長蘆章程計課不計鹽銷不足數按引包繳課項名曰包販

陝岸 咸甯縣 長安縣 渭南縣 臨潼縣 盩厔縣
藍田縣 鄠縣 商州 鎮安縣 雒南縣
山陽縣 商南縣 華州 華陰縣 潼關廳

以上十五廳州縣均聽晉陝民人分運行銷

豫岸 陝州 靈寶縣 閿鄉縣 盧氏縣 洛陽縣
偃師縣 宜陽縣 登封縣 永甯縣 澠池縣
新安縣 嵩縣 南陽縣 鎮平縣 唐縣
桐柏縣 鄧州 新野縣 淅川廳 泌陽縣
裕州 南召縣 內鄉縣 汝州 魯山縣
伊陽縣

以上二十六廳州縣均聽晉豫民人分運行銷

官運官銷十六縣

晉岸 安邑縣 平陸縣 靈石縣

陝岸 大荔縣 朝邑縣 郃陽縣 澄城縣 韓城縣 白水縣 蒲城縣

豫岸 孟津縣 鞏縣 襄城縣 葉縣 郟縣 寶豐縣

以上皆官運局自售

官運民銷二十二州縣

晉岸 解州 芮城縣 夏縣 永濟縣 臨晉縣 虞鄉縣 榮河縣 萬泉縣 猗氏縣 聞喜縣

陝岸 涇陽縣 三原縣 醴泉縣 高陵縣 興平縣 咸陽縣 乾州 武功縣 永壽縣 富平縣 同官縣 耀州

以上皆包販向官運局領售

清鹽法志卷七十九終

卷十九 官民並運

清鹽法志卷八十　河東七

運銷門

支掣

清初商人納課一錠支在池畦鹽一百五十引是時引價三錢二分有奇自順治十三年每引定價三錢九分八釐有奇引價增而引數減每錠應支鹽一百二十引一百一十六斤十二兩八錢除零鹽難於給引例不隨錠配掣外每錠以一百二十引爲正額所謂一名者是也潞鹽每引例重二百斤加耗五十斤故每名共重三萬斤至每年自九月至十二月爲加耗之月例於禁門掣鹽時加掛小秤錘每引增耗五斤嗣又展至次年三月爲止所以顧冬春

兩運也茲將支鹽斤重及禁門掣放章程著之於篇志支

掣

順治元年題准掣驗行鹽每月一次

又覆准河東每引鹽二百斤

雍正三年定河東鹽秤以十六兩爲準每百斤加耗二十斤永爲定例鹽政馬喀疏言臣蒙聖恩管理河東鹺政抵任之後隨提歷來鹽秤用部頒法馬逐一較秤按十六兩核算每一百斤多二十五斤或四十斤不等臣細細察訪緣掣支鹽秤向係御史較定是以歷來御史初到任時多將所用鹽秤改輕待商人懇求之後並不具題隨即任意加重以致河東鹽秤輕重竟無一定原任川陝總督年羹堯管鹽政之時明知而不言者因自己假揑商名發給原任運同嚴士俊本銀代爲行鹽欲圖罔利且於自己行鹽地方每一百斤任意加至五六十斤不等所以在場鹽秤終置不問也今若仍照舊秤令其掣支運鹽不特私鹽充斥抑且有違定例若照定例每引一張發鹽二百斤又有不能行之勢因河東鹽引行於三省並無河路可通向以口袋一條裝鹽一百斤每引

一張運鹽二袋非用騾馬馱送即用車輛裝運盤山過嶺涉水渡河無處不多耗折兼有遙遠地方一直不能到去勢必卸裝轉運況河東之鹽皆係日色曬成非別處煎鹽可比煎過之鹽硝土已經去淨風吹日曬不至耗折曬過之鹽硝不能淨一遇風雨硝即鎔化運到地方分發各店零星拆賣實多耗折若不酌量加耗商本必致有虧商本一虧引課即難成辦我皇上盛德如天無一物不得其所河東各商困苦已久自必更加軫恤臣請嗣後鹽秤總以十六兩爲準每引一張運鹽二袋每袋裝鹽一百斤每一百斤明加二十斤補其折耗永爲定例道路遠者不至有虧商本附近地方得以稍沾餘潤咸沐聖恩於無既矣再從前年龔堯因欲夾帶私鹽又恐盤出不便所以有不許秤掣之奏臣請嗣後仍飭經過地方照例盤查以杜夾帶之弊但每引一張護鹽二袋引至一百鹽有二百袋之多到一州縣若欲逐袋秤掣牲口車輛盡行阻滯商人必多苦累應令經過州縣驗明引張點明口袋隨手抽掣幾袋公平一秤即刻放行不得一概攔阻全數秤掣以致有稽時日儻敢故意留難借端需索一經發覺將該地方官亦即從重參處如此則河東有一定之秤鹽斤不得多出地方有盤查之責夾帶之弊可除商本無虧而國課亦裕矣

乾隆四十二年諭河東鹽斤陸運易於損耗又遇夏秋雨水虧

折尤多著加恩准其仿照兩淮於五六七八等月酌半加添每引量加耗鹽五斤以示體恤

乾隆四十九年奏准陸運鹽斤例於五六七八等月每引加耗五斤惟五月至八月正屆農忙必待九月以後天晴路乾農隙腳賤之時方能源源掣運將原定加耗月分改於九十十一十二等月巡撫兼鹽政農起奏言乾隆四十二年前鹽臣瑺齡條奏河東運鹽於每引二百四十斤之外請照兩淮滷耗之例於五六七八等月每引酌量加耗鹽五斤荷蒙特旨允准在案惟查商鹽運銷南北情形迥異淮鹽俱由水程轉運五六等月因雨水浸漬易致化鹵是以加耗定於五六七八等月河東鹽斤俱係陸運五月至八月正屆農忙兼值澆曬畦鹽之際必待九月以後天晴路乾農隙腳賤之時方能源源掣運或用車載或用騾馱沿途曆曆起卸虧折實多是河東運鹽苦於陸路之拋撒非關雨水之折耗當日照依兩淮之例奏懇未經詳查河東情形今臣悉心體察五六七八等月運發無幾是商人有加耗之名而未受加耗之益合無仰懇聖恩准將河東原定加耗月分改於九十

十一十二等月俾得益霑實惠各商等叨沐聖
主格外鴻慈自必爭先恐後領運益加踴躍矣

按自是之後每歲九月一日於三禁門各發小秤錘一枚按期懸掛加耗限滿繳庫同治二年河東道劉子城因運銷疲滯詳經巡撫英桂批准將加耗之小秤錘自正月起展限三箇月加出陳鹽嗣後歷屆仿照成案詳請展限或三箇月兩箇月一箇月不等

嘉慶二十四年議准晉陝二省每引加鹽十斤免其加課（詳見商運）

咸豐二年奏准河南改引行票照山陝二省成案每引加鹽十斤免其加課（詳見商運）

按河東載鹽出場例用口袋一引分爲兩袋往時每袋除皮二斤半以一百二十斤爲鹽式其二斤半乃袋皮耳乾隆四十六年署運使繆其吉詳蒙鹽政批允以口袋新舊不一新者不過二三斤舊者經用數次鹽鹵浸滲加以補綴有重至六七斤者酌中核定每袋除皮五斤今禁門秤式每袋淨鹽一百二十斤外加袋皮五斤遇加耗則每袋連皮一百二十七斤半

舊制三場掣鹽每月掣各三次中三東六西九至期每商一名放鹽十二車仍罄一百二十引之數先後依次無容紊越

掣放章程附

蓋當日坐商守場賣鹽外來土販人數碎雜非分限輪轉易啟幸心迨三省引地皆有運商包認整齊躉發不比土販之必待輪限雍正六年詳定在中者中出在東者東出在西者西出不立轉限隨時掣支眾商稱便掣鹽之法商人在司領引出庫引目先攝省縣扒復每名請領鹽政門票一張運使坐監票十二張迨引票俱齊定期放鹽先一日由場大使預報放鹽數目臨期由運使籤差運商一名赴該禁門監收籌票謂之監商至掣鹽之日使商人持引票一到門除門票例由商人於掣鹽時投場轉繳外每車一輛給引十道隨給坐監票一張車戶攜至料所眼同坐商按引裝鹽即將坐票轉付坐商收繳鹽車到門引目仍攝門扒乃以監票呈明該大使鈐記驗放並領木籌照出禁門籌票俱交監商收繳此時車戶惟以引照鹽載赴應卸之店交收每名載鹽二十二車合一引百二十道每車二十袋合引十道一引配鹽二袋每袋一百二十斤為正額中禁門卸店於運城東西兩門外東禁門卸店於安邑縣南門外西禁門卸店於解州城內乾隆五十七年課歸地丁民販就場買鹽運同場大使裁缺三歸三巡檢司驗放嘉慶十二年復商後添設監掣同知復設三場大使掣

放照依前法咸豐二年改引行票案內欽差侍郎王慶雲等於奏定章程商人按原領籤引數目限期赴道請票呈明在於某坐商某畦某料第幾號配定鹽若干名照數封課由監掣同知督同庫大使彈收上庫方准掣鹽鹽到禁門場員核對鹽與票符並無夾帶驗放出門押運到店咸豐四年改票復引所有禁門外監商收繳籌票事宜改派委員經理三場掣鹽定額合計每日不得過七十五名照數勻分並無軒輊光緒二十年鹽政張煦批定東場撥回四名中場撥回一名自是遵循東場日放三十六名中場二十九名西場十名原設收籌一差於三十年河東道吳匡任內改由場員兼辦

店口附

昔店家開設店口商人出給房賌卸鹽運發嗣因商夥串通店家竊賣鹽斤或店家自行盜賣於是革除店家令商自行立店以杜積弊迨後商人屢易不無仍用店家暗包滋事乾隆三十年運使吳雲從議請仍令各商照例自行立店或一店數家出同店保結一家行私同店連坐仍將立定店名編號後復有兼用店保家者道光五年河東道韓文顯議將民店一概封禁飭令運商自行立店各取具連環保結由道批准發給循環印簿每月朔望將收發商鹽數目分晰塡明呈報查考又監掣同知及該管場員亦各發給循環印簿按月開報送查咸豐四年免商後河東道黃經議定各處招募民店

均須赴道聲明註册照舊發給循環印薄仍將收發鹽數並運官民販姓名字號分別登註每月初一十五等日投道領換六年陝西改行官民並運下馬口夾馬口議定招募店家明定店用嚴禁勒捐今仍其舊

車戸附

河東車戸裝載商鹽向有商人自備之車有附近居民之車今車由商雇引目皆註車戸姓名仍於每歲首由場大使造具車戸花名申送監掣衙門備查裝鹽口袋向皆商人自備名曰新袋亦曰原袋嗣後坐商稟請改用車戸口袋名曰舊袋年深月久補綴鹵溼難免分量加重辦運者隱受其害同治十一年河東道升泰酌中定議凡掣鹽口袋車戸隨帶一半其餘一半由該運官民販自備

清鹽法志卷八十終

清鹽法志卷八十一　河東八

運銷門

運程

河東運鹽程限惟陝西咸甯等三十三州縣並河南之閿鄉縣乾隆十九年奏明定有水程其餘皆係陸程脚戶繞道逗留越境盜賣有虧商本皆由行鹽無定程交鹽無定限故也嗣將三省州縣各序路程核其道里定以時日刋刻程單給付脚戶船戶牛車日行約三十里驢騾日行約五十里船行亦每日約五十里枉道逗留所過地方不許容隱鹽到地方所在有司驗明運票若有盜賣愆期按法究治而行鹽之法寖以密矣其各運商有稟請改道者亦

按改道里數更定程限至原定水程三十四州縣鹽船失水例准補運因與運道有關併附述焉志運程

乾隆十九年奏准陝西咸甯等三十三州縣商鹽俱由黃河遶運以及徑達渭河者計程自百數十里至三四百里不等豫省閿鄉一縣亦由黃河運發順流而下計程二百四十里均係水路猝遇風波實難防範嗣後凡由黃河遠運並徑達渭河運發引鹽儻遇遭風失水果係漂沒無存者令該地方官查明取具印甘各結准其照例補運如有捏報淹消重複影射之弊一經查出照私販律從重治罪

陝西省各州縣附　咸甯縣　長安縣　涇陽縣　三原縣　渭南縣
臨潼縣　盩厔縣　醴泉縣　藍田縣　高陵縣　興平縣
咸陽縣　鄠縣　商州　鎮安縣　雒南縣　山陽縣

商南縣　興安州　石泉縣　洵陽縣　漢陰縣　紫陽縣
平利縣　白河縣　華州　華陰縣　乾州　武功縣
永壽縣　邠州　三水縣　淳化縣
河南省　閿鄉縣

按光緒十九年創辦督銷詳准鞏孟補運陝運亦相繼請補獨民販向隅三十年河東道吳匡以加價迭增商本與官本並重爰定履勘規則除例由地方文武會勘結轉復責成沿河駐緝卡員劃界分疆如期履驗夾馬口局北轄至廟前渡南轄至鹼莊下馬口局北轄至鹼莊南轄至風陵渡三河口局北轄至朝邑城南東轄至潼關西轄至大張臨渭局東轄至大張村西轄至草灘草灘以西之咸陽等處均歸乾武局管轄夾馬口對岸之韓郃澄朝屬地由韓郃緝私局北轄至芝川鎮東轄至朝邑縣城各按各區勘實詳報由道彙核詳轉分別准駮

乾隆五十四年定運陝鹽斤分由夾馬口黃龍鎮下馬頭三處行走

運使季學錦議據永濟縣詳據東張村里民姚成儒等稟稱運陝鹽斤由臨晉縣屬夾馬口上船之車必經東張堡里二村行走未免踐踏禾苗懇請禁止隨經運商陳甯泰等稟稱東張等村係鹽車必由之道歷來運發並無妨礙田禾等情由司詳院委勘旋據委員平陽府會同蒲州府履勘申覆鹽車從夾馬口上船由來久遠歷有案據惟下馬頭

黃龍鎮既與夾馬口並屬運發正路應將某州縣鹽車從某馬頭行走由運司籌議配定載入鹽志蒙院批布政司移會鹽運司悉心確核總期商民兩便妥議詳奪旋經本司據商人陳甯泰等稟覆運陜鹽斤分由夾馬口黃龍鎮下馬頭三處行走緣由本司覆查陜西及河南之閿鄉淅川二縣鹽車由夾馬口黃龍鎮下馬頭轉過河南共四十五州縣下馬頭在運城西南黃龍鎮在運城正西夾馬口在運城西北由夾馬口下船必從河路轉過黃龍鎮下馬頭地界方始登岸陸運現在三處馬頭均無偏廢而就夾馬口行走較多並非舍近趨遠別圖便益緣黃龍鎮地勢狹窄止有商店一座不能多存鹽斤下馬頭地勢低窪只可冬季春初隨運隨發季春夏秋恐被水患不能運貯惟夾馬口地居高阜且係陜省木植糧食等物轉運之所船隻店口俱多可以及時運發是以攬載車戶多半情願赴彼過河勢難勉強若按照三處均勻分配並配定後不准再行改由不特地窄店少之區難免露宿攤擠竊恐低窪馬頭當夏秋霪雨之時必致鹽裝沖淹運發不前於國課民食大有關係本司細加查察均與該商等所稟無異所議酌分三馬頭行走鹽車州縣雖數目稍有不均然俱按照地勢寬窄高卑店口船隻多寡而定均屬允當惟所懇由下馬頭行走之大荔等十州縣於每年三月至九月改由夾馬口一節查霪雨雖在夏秋而旱澇有時亦難懸定若如該商等所議分定月分則凡至夏秋下馬頭仍然寂

寔與分配之義稍有未符茲本司悉心妥議請將商州雒南白河平利郃州三水等六州縣鹽車定由黃龍鎮行走大荔同官耀州石泉白水山陽商南富平朝邑蒲城等十州縣鹽車定由下馬頭行走咸甯長安潼關華州鄠縣淳化乾州永壽高陵渭南醴泉武功郃陽盩厔咸陽華陰藍田三原涇陽興平澄城鎮安安康洵陽臨潼韓城淅川閿鄉紫陽等二十九州縣鹽車定由夾馬口行走除黃龍鎮夾馬口此次分配州縣定爲永遠經由毋庸通融外其由下馬頭行走之大荔等十州縣雖經分定但遇季春夏秋雨澤過多之時鹽裝恐被水患許該商等隨時稟報由運司查明屬實准令改由夾馬口並檄飭臨晉永濟二縣知照如此則略爲變通庶課食均無貽誤至東張堡里二村之上通運城者有路五條曰馮留村積善村一鵾樊村北里營新民莊五處查鵾樊村與北里營毗連係屬一路由北里必經過鵾樊俱皆僻背未便概任鹽車行走以致漫無稽查本司再三籌畫應請諭商轉飭該車戶等嗣後鹽車准由積善北里營二村入東張村由東張村西分路處入夾馬口不得仍前五村並行致干查究其東張村以西路徑較狹亦飭該車戶等止許魚貫而行遇有兩來車於寬處停待彼此讓路開行如有上坡覓路以致損壞田禾許該村鄉地稟請地方官責處並請上院憲於此案准詳之後即發告示三道檄飭臨晉永濟二縣於各該馬頭張掛曉諭並刻石立碑運司載入鹽志以垂永久

運程表

引地運道及程限

山西平陽府

臨汾縣	自運城三十里至陶村三十里至水頭二十里至小郭店二十里至聞喜縣三十里至東鎮三十里至隘口二十里至侯馬驛三十里至高縣鎮二十里至蒙城驛四十里至趙曲三十里至臨汾縣計程三百一十里限六日到
洪洞縣	自運城三百一十里至洪洞縣路同臨汾四十里限七日到
汾西縣	自運城三百一十里至臨汾縣路同臨汾四十里至洪洞縣三十里至趙城縣轉陽曲鎮二百一十里至洪洞縣三十里至趙城縣轉腳二十里至水閭鎮四十里至僧念鎮二十里至汾西縣計程四百八十里限八日到
岳陽縣	自運城三百一十里至臨汾縣路同臨汾五十里至曲亭鎮轉腳一三十里至蘇堡三十里至岳陽縣計程四百二十里限七日到

曲沃縣　自運城三十里至陶村三十里至水頭二十里至小郭店二十里至聞喜縣三十里至東鎮三十里至隘口二十里至侯馬驛三十里至曲沃縣計程二百一十里限三日到

翼城縣　自運城三十里至陶村三十里至水頭二十里至小郭店二十里至聞喜縣三十里至東鎮三十里至隘口二十里至侯馬驛三十里至曲沃縣三十里至樊店二十里至翼城縣計程二百六十里限四日到

浮山縣　自運城二百六十里至翼城縣路同翼城此處轉腳四十里至東張三十里至浮山縣計程三百三十里限六日到

太平縣　自運城三十里至陶村三十里至水頭二十里至小郭店二十里至聞喜縣四十里至蘭村三十里至絳州三十里至王師莊四十里至太平縣計程二百四十里限四日到

襄陵縣　自運城三十里至陶村三十里至水頭二十里至小郭店二十里至聞喜縣三十里至東鎮三十里至隘口二十里至侯馬驛三十里至高縣鎮二十里至蒙城驛四十里至趙曲鎮二十里至襄陵縣

計程二百九十
里限六日到

鄉甯縣

自運城三十里至相裏四十里至皇甫村四十七里
至李望村四十里至河村三十里至樓底轉腳
十里至喜村七十里至衛壁七十里至寬水峪
八十里至鄉甯縣計程四百七十里限八日到

吉州

自運城三十里至相裏四十里至皇甫村四十里
至李望村四十里至河村三十里至樓底轉腳四
十里至西坡村三十里至金城嶺二十里至寬井
河三十里至三侯村二十里至吉州計程三百二
十里限
五日到

霍州直隸州

霍州

自運城三十里至陶村三十里至水頭二十里至
小郭店二十里至聞喜縣三十里至東鎮三十里
至隘口二十里至侯馬驛三十里至高縣鎮二十
里至蒙城驛四十里至趙曲鎮四十里至臨汾縣
四十里至陽曲鎮二十里至洪洞縣三十里至趙
城縣轉腳三十里至辛置鎮二十里至霍州計程
四百五十里
限八日到

靈石縣

自運城四百五十里至霍州轉腳路程俱同霍州
三十里至史莊三十里至仁義四十里至靈石縣

計程五百五十里限九日到

蒲州府

趙城縣

自運城三十里至陶村三十里至水頭二十里至小郭店二十里至聞喜縣三十里至東鎮三十里至隘口二十里至侯馬驛三十里至高縣鎮二十里至蒙城驛四十里至趙曲鎮四十里至臨汾縣四十里至陽曲鎮二十里至洪洞縣三十里至趙城縣計程四百里限七日到

永濟縣

自運城四十里至解州四十里至虞鄉縣二十里至莊子二十里至孟明橋十里至永濟縣計程一百四十里限二日到

臨晉縣

自運城二十里至大張三十里至王遼二十里至樊橋驛十五里至臨晉縣計程八十五里限一日到

虞鄉縣

自運城四十里至解州四十里至虞鄉縣計程八十里限一日到

榮河縣

自運城三十里至楚胡二十里至荆華十里至猗氏縣三十里至坡兒里四十里至孫計二十里至榮河縣計程一百五十里限二日到

		運程
解州直隸州	萬泉縣	自運城三十里至相裏二十里至中臣二十里至楊里村十三里至河所十里至七里莊二十里至萬泉縣計程一百十里限二日到
	猗氏縣	自運城三十里至楚胡二十里至荆華十里至猗氏縣計程六十里限一日到
	解州	自運城四十里至解州計程四十里限一日到
	安邑縣	自運城十五里至安邑縣計程十五里限一日到
	夏縣	自運城三十里至裴界三十里至夏縣計程六十里限一日到
	平陸縣	自運城三十里至東郭鎮十五里至張店三十里至八政三十里至平陸縣計程一百零五里限二日到
	芮城縣	自運城四十里至解州四十里至朱呂鎮四十里至芮城縣計程一百二十里限二日到
絳州	絳州	自運城三十里至陶村三十里至水頭二十里至小郭店二十里至聞喜縣四十里至蘭村三十里至絳州計程一百七十里限三日到

直隸州	
垣曲縣	自運城三十里至陶村三十里至水頭二十里至小郭店二十里至聞喜縣三十里至東鎮三十里至橫水鎮轉腳七十里至桃園八十里至垣曲縣計程三百一十里限五日到
聞喜縣	自運城三十里至陶村三十里至水頭二十里至小郭店二十里至聞喜縣計程一百里限二日到
絳縣	自運城三十里至陶村三十里至水頭二十里至小郭店二十里至聞喜縣三十里至東鎮三十里至橫水三十里至絳縣計程一百九十里限四日到
稷山縣	自運城三十里至相裏二十里至中臣二十里至楊里村十里至河所十里至七里莊十五里至車店二十五里至汾河三十里至稷山縣計程一百六十里限三日到
河津縣	自運城三十里至相裏四十里至皇甫村四十里至李望村二十五里至河津縣計程一百三十五里限二日到

隰州直	
蒲縣	自運城三十里至陶村三十里至水頭二十里至小郭店二十里至聞喜縣三十里至東鎮三十里至隘口二十里至侯馬驛三十里至高縣鎮二十里至蒙城驛四十里至趙曲鎮四十里至臨汾縣

隸州	
	西關轉腳二十里至劉村鎮七十里至黑龍關二十里至化樂鎮四十里至蒲縣計程四百六十里限八日到

潞安府	
長治縣	自運城三十里至陶村三十里至水頭二十里至小郭店二十里至聞喜縣三十里至東鎮三十里至隘口二十里至侯馬驛三十里至高縣鎮二十里至蒙城驛四十里至趙曲鎮四十里至臨汾縣五十里至曲亭鎮轉腳三十里至古羅二十里至堯店二十里至朱家窰二十里至草峪嶺四十里至富城三十里至勞巡二十里至良馬二十里至邊寨四十里至豐義四十里至鮑店五十里至長治縣計程六百九十里限十二日到
長子縣	自運城六百四十里至鮑店轉腳路程俱同長治五十里至長子縣計程六百九十里限十二日到
屯留縣	自運城六百四十里至鮑店轉腳路程俱同長治六十里至屯留縣計程七百里限十二日到
襄垣縣	自運城六百四十里至鮑店轉腳路程俱同長治一百三十里至襄垣縣計程七百七十里限十三日到

澤州府

潞城縣　自運城六百四十里至鮑店轉腳路程俱同長治一百四十六里至潞城縣計程七百八十里限十三日到

壺關縣　自運城六百四十里至鮑店轉腳路程俱同長治一百一十六里至壺關縣計程七百五十里限十三日到

黎城縣　自運城六百四十里至鮑店轉腳路程俱同長治二百里至黎城縣計程八百四十里限十四日到

鳳臺縣　自運城三十里至陶村三十里至水頭二十里至小郭店二十里至聞喜縣三十里至東鎮三十里至隘口二十里至侯馬驛三十里至曲沃縣三十里至樊店二十里至翼城縣轉腳二十里至北撤二十里至龍華四十里至王寨三十里至沁水縣二十里至富店三十里至劉村五十里至小城三十里至陽城九十里至鳳臺縣計程五百九十里限十日到

高平縣　自運城三百七十里至沁水縣四十里至鄭莊四十里至端氏四十里至玉齊二十里至老馬嶺三十里至高平縣計程五百四十里限十一日到按該處運程舊由沁水縣富店行走嘉慶二十四

年據運商張和順趙元合稟請改由此路

陵川縣

自運城五百一十里至高平縣老馬嶺二十里至康營三十里至米山四十里至禮義四十二里至陵川縣計程六百四十里限十二日到　按該處運程舊由鳳臺縣王臺鋪行走嘉慶二十四年據運商冀謹信稟請改由此路

沁水縣

自運城三十里至陶村三十里至水頭二十里至小郭店二十里至聞喜縣三十里至東鎮三十里至隘口二十里至侯馬驛三十里至曲沃縣三十里至樊店二十里至翼城縣轉腳二十里至北撤二十里至龍華四十里至王寨三十里至沁水縣計程三百七十里限六日到

陽城縣

自運城三百七十里至沁水縣轉腳路程俱同沁水二十里至富店三十里至劉村五十里至小城三十里至陽城縣計程五百里限九日到

陝西

咸甯縣

自運城四十里至赤社二十五里至客頭四十里至東張十里至夾馬口五里至黃河口上船一百里至三河口二百九十里至草灘起旱六十里至咸甯縣計程五百七十里限二十四日到　按陝

西安府

省鹽路由下馬頭黃龍鎮夾馬口上船舊志運程內先載夾馬口鹽法備覽照乾隆五十五年詳議路程分別改載令從備覽

長安縣　路同咸甯

咸陽縣　自運城四十里至赤社二十五里至客頭四十里至東張十里至夾馬口五里至黃河口上船一百里至三河口四十里至華陰縣七十里至華州五十里至渭南縣五十里至交口五十里至新豐鎮三十里至臨潼縣五十里至西安府五十里至咸陽縣計程六百一十里限二十八日到

興平縣　自運城四十里至赤社二十五里至客頭四十里至東張十里至夾馬口五里至黃河口上船一百里至三河口三百九十里至咸陽縣起旱二十五里至馬抱泉口二十五里至興平縣計程六百六十里限二十八日到

臨潼縣　自運城四十里至赤社二十五里至客頭四十里至東張十里至夾馬口五里至黃河口上船一百里至三河口二百里至臨潼凌口起旱五十里至臨潼縣計程四百七十里限十七日到

高陵縣

自運城四十里至赤社二十五里至客頭四十里至東張十里至夾馬口五里至黃河口上船一百里至三河口四十里至華陰縣七十里至華州五十里至渭南縣五十里至交口起旱四十里至高陵縣計程四百七十里限十三日到

鄠縣

自運城二百六十里至華陰縣路同華陰七十里至華州五十里至渭南縣五十里至交口五十里至新豐鎮三十里至臨潼縣五十里至西安府五十里至咸陽五十里至鄠縣計程六百六十里限二十六日到按該處運程舊出草灘行走道光十五年據運商王益泰稟請改由此路

藍田縣

自運城四十里至赤社二十五里至客頭四十里至東張十里至夾馬口五里至黃河口上船一百里至三河口二百五十里至李家嘴兒起旱四十里至洪慶三十里至新街鎮三十里至藍田縣計程五百七十里限二十二日到

涇陽縣

自運城四十里至赤社二十五里至客頭四十里至東張十里至夾馬口五里至黃河口上船一百里至三河口二百一十里至交口起旱四十里至高陵縣二十里至羅家店三十里至永樂鎮二十

里至涇陽縣計程五百四十里限十四日到

三原縣

自運城四十里至赤社二十五里至客頭四十里至東張十里至夾馬口五里至黃河口上船一百里至三河口二百一十里至交口起旱四十里至畢西鎮三十里至三原縣計程五百里限十三日到

盩厔縣

自運城四十里至赤社二十五里至客頭四十里至東張十里至夾馬口五里至黃河口上船一百里至三河口三百九十里至咸陽縣起旱九十里至終南三十里至盩厔縣計程七百三十里限三十日到

渭南縣

自運城四十里至赤社二十五里至客頭四十里至東張十里至夾馬口五里至黃河口上船一百里至三河口四十里至華陰縣七十里至華州五十里至渭南縣計程三百八十里限十日到

富平縣

自運城三十里至胡家嶺二十里至喬家莊四十里至孫常四十里至孟明橋十里至下馬頭三十里至黃河口過河五里至嚴伯鎮起旱五里至朝邑縣四十里至同州三十里至船社鎮十里至晉

城鎮三十里至黨木鎮三十里至玉村鎮三十里至留集鎮三十里至富平縣計程三百八十里限九日到

醴泉縣

自運城四十里至赤社二十五里至客頭四十里至東張十里至夾馬口五里至黃河口上船一百里至三河口一百一十里至華州五十里至渭南縣起旱五十里至交口五十里至新豐鎮八十里至草灘四十里至咸陽縣起旱五十里至興平邸張驛三十里至醴泉縣計程六百八十里限二十八日到

同官縣

自運城三十里至胡家嶺二十里至喬家莊四十里至孫常四十里至孟明橋二十里至下馬頭三十里至黃河口過河五里至嚴伯鎮起旱五里至朝邑縣四十里至同州三十里至船社鎮十里至蒲城晉城鎮一百二十里至富平莊裏鎮三十里至同官縣計程四百一十里限九日到

耀州

自運城三十里至胡家嶺二十里至喬家莊四十里至孫常四十里至孟明橋二十里至下馬頭三十里至黃河口過河五里至嚴伯鎮起旱五里至朝邑縣四十里至同州三十里至船社鎮十里至蒲

城晉城鎮一百二十里至富平莊裏鎮三十里至耀州計程四百一十里限九日到

商州直隸州

商州

自運城三十里至買女二十里至西王五十里至七記鎮四十里至黃龍鎮八十里至黃河口上船一百一十里至潼關起旱四十里至太峪口七十里至石牆兒七十里至雒南縣九十里至商州計程五百二十八里限十三日到

鎮安縣

自運城四十里至赤社二十五里至客頭四十里至東張十里至夾馬口五里至黃河口上船一百里至三河口四十里至華陰縣七十里至華州五十里至渭南縣五十里至交口八十里至草灘起旱二百四十里至舊縣關一百二十里至鎮安縣計程八百七十里限十三日到

雒南縣

自運城三十里至買女二十里至西王五十里至七記鎮四十里至黃龍鎮八十里至黃河口上船一百一十里至潼關起旱四十里至太峪口七十里至石牆兒七十里至雒南縣計程四百三十八里限十一日到

山陽縣

自運城三十里至胡家嶺二十里至喬家莊四十里至孫常四十里至孟明橋十里至下馬頭三十

里至黃河口上船七十里至潼關起旱四十里至太峪口七十里至石牆兒七十里至雒南縣九十里至商州一百二十里至山陽縣計程六百三十里限十六日到

商南縣

自運城三十里至胡家嶺二十里至喬家莊四十里至孫常四十里至孟明橋十里至下馬頭三十里至黃河口上船七十里至潼關起旱四十里至太峪口七十里至石牆兒七十里至經村一百里至龍駒寨一百里至商南縣計程六百二十里限十六日到

大荔縣

自運城三十里至胡家嶺二十里至喬家莊四十里至孫常四十里至孟明橋十里至下馬頭三十里至黃河口過河五里至嚴伯鎮起旱五里至朝邑縣四十里至大荔縣計程二百二十里限五日到

潼關廳

自運城四十里至赤社二十五里至客頭四十里至東張十里至夾馬口五里至黃河口上船一百三十里至潼關廳計程二百五十里限八日到

朝邑縣

自運城三十里至胡家嶺二十里至喬家莊四十里至孫常四十里至孟明橋十里至下馬頭三十

里至黃河口過河五里至嚴伯鎮起旱五里至朝邑縣計程一百八十里限五日到

郃陽縣　自運城四十里至赤社二十五里至客頭四十里至東張十里至夾馬口五里至黃河口上船十五里至下陽鎮起旱四十里至郃陽縣計程一百七十五里限七日到

澄城縣　自運城四十里至赤社二十五里至客頭四十里至東張十里至夾馬口五里至黃河口上船二十里至營田鎮起旱四十里至寺前鎮四十里至澄城縣計程二百二十里限七日到

韓城縣　自運城四十里至赤社二十五里至客頭四十里至東張十里至夾馬口五里至黃河口上船七十里至緇川起旱二十里至韓城縣計程二百一十里限八日到

白水縣　自運城三十里至胡家嶺二十里至喬家莊四十里至孫常四十里至孟明橋十里至下馬頭三十里至黃河口過河五里至嚴伯鎮起旱五里至朝邑縣四十里至同州九十里至蒲城縣五十里至白水縣計程三百六十里限八日到

華州　自運城四十里至赤社二十五里至客頭四十里至東張十里至夾馬口五里至黃河口上船一百

里至三河口四十里至華陰縣一百一十里至華州周家莊起旱十五里至華州計程三百八十五里限十一日到

華陰縣 自運城四十里至赤社二十五里至客頭四十里至東張十里至夾馬口五里至黃河口上船一百里至三河口四十里至華陰東宅起旱三十里至華陰縣計程二百九十里限九日到

蒲城縣 自運城三十里至胡家嶺二十里至喬家莊四十里至孫常四十里至孟明橋十里至下馬頭三十里至黃河口過河五里至嚴伯鎮起旱五里至朝邑縣四十里至同州三十里至船社鎮十里至晉城鎮二十里至龍陽鎮十里至旱地二十里至蒲城縣計程三百一十里限七日到

乾州直隸州

乾州 自運城四十里至赤社二十五里至客頭四十里至東張十里至夾馬口五里至黃河口上船一百里至三河口三百九十里至咸陽縣起旱五十里至邸張驛三十里至醴泉縣四十里至乾州計程七百三十里限三十日到

永壽縣 自運城四十里至赤社二十五里至客頭四十里至東張十里至夾馬口五里至黃河口上船一百里

十里至渭南縣五十里至交口五十里至新豐鎮三十里至臨潼縣五十里至西安府五十里至咸陽縣起旱五十里至郿張驛三十里至醴泉縣四十里至乾州五十里至監郡莊四十里至永壽縣計程八百二十里限三十一日到

武功縣　自運城四十里至赤社二十五里至客頭四十里至東張十里至夾馬口五里至黃河口上船一百里至三河口三百九十里至咸陽縣起旱二十五里至馬抱泉二十五里至興平縣三十里至馬衛鎮二十里至東扶風四十里至武功縣計程七百五十里限三十一日到

河南河南府　凡豫省鹽

洛陽縣　自運城二十里至聖惠鎮十里至東郭二十里至張店三十里至八政二十里至茅津渡過河五里至會興鎮十五里至磁鍾二十五里至張茅二十里至硤石驛二十里至觀音堂二十里至英豪鎮二十五里至澠池縣四十里至義昌驛二十里至鐵門鎮三十里至新安縣三十里至磁澗二十里至谷水村二十里至洛陽縣計程三百九十里限十二日到

偃師縣　自運城三百九十里至洛陽縣路同洛陽七十里至偃師縣計程四百六十里　按該處運程舊由

	運程	
（續前）	西路太陽渡過河乾隆二年據運商許洪太稟請改由此路	路均照依定程開載其孟津洛陽等臨河州縣間有以牛皮餛飩裝鹽紮口由黃河順流而下者此一時之權宜如
鞏縣	自運城三百九十里至洛陽縣路同洛陽七十里至偃師縣五十里至鞏縣計程五百一十里限十五日到	
孟津縣	自運城三百九十里至洛陽縣過河路程俱同洛陽五十里至孟津縣計程四百四十里限十三日到	
宜陽縣	自運城二十里至聖惠鎮十里至東郭二十里至張店三十里至八政二十里至茅津渡過河五里至會興鎮十五里至磁鍾二十五里至張茅二十里至硤石驛二十里至觀音堂六十里至河底鎮四十里至韓城鎮五十里至宜陽縣計程三百三十五里　按該處運程舊由西路太陽渡過河乾隆二年據運商張源稟請改由此路	
登封縣	自運城二十里至聖惠鎮十里至東郭二十里至張店三十里至八政二十里至茅津渡過河五里至會興鎮十五里至磁鍾二十五里至張茅二十里至硤石驛二十里至觀音堂二十里至英豪鎮	

河運不便仍由定程行運

二十五里至澠池縣四十里至義昌驛二十里至鐵門鎮三十里至新安縣三十里至磁澗二十里至谷水村二十里至洛陽縣四十里至翟家莊五十里至參駕店二十里至少林寺二十里至登封縣計程五百二十里限十五日到

永甯縣

自運城十里至聖惠鎮十里至東郭二十里至張店三十里至八政二十里至茅津渡過河五里至會興鎮十五里至磁鍾二十五里至張茅二十里至硤石驛二十里至觀音堂六十里至河底鎮四十里至韓城鎮六十里至三鄉鎮六十里至永甯縣計程四百五里　按該處運程向由西路太陽渡過河乾隆二年據運商郭封四稟請改由此路

澠池縣

自運城十里至聖惠鎮十里至東郭二十里至張店三十里至八政二十里至茅津渡過河五里至會興鎮十五里至磁鍾二十五里至張茅二十里至硤石驛二十里至觀音堂二十里至英豪鎮二十五里至澠池縣計程二百三十里限八日到

新安縣

自運城二百三十里至澠池縣過河路程俱同澠池四十里至義昌驛二十里至鐵門鎮三十里至

	新安縣計程三百二十里按該處運程舊由西路太陽渡過河乾隆二十年據運商路復新稟請改由此路
嵩縣	自運城二十里至聖惠鎮十里至東郭二十里至張店三十里至八政二十里至茅津渡過河五里至會興鎮十五里至磁鍾二十五里至張茅二十里至硤石驛二十里至觀音堂六十里至河底鎮四十里至韓城鎮四十里至趙堡四十里至白楊樹三十里至鳴臯六十里至嵩縣計程四百五十五里限十四日到
陝州直隸州	
陝州	自運城二十里至聖惠鎮十里至東郭二十里至張店三十里至八政二十里至茅津渡過河十里至陝州計程一百一十里限四日到
靈寶縣	自運城四十里至解州四十里至陌底十里至曲里過河十里至靈寶縣計程一百里限四日到
閿鄉縣	自運城四十里至赤社二十五里至客頭四十里至東張十里至夾馬口五里至黃河口上船一百三十里至潼關廳五十里至文底鎮三十里至盤鎮三十里至大河南岸卸船起旱十里至閿鄉縣

計程三百七十里限十二日到

南陽府

盧氏縣

自運城四十里至解州四十里至陌底十里至曲里過河十里至靈寶縣四十里至川口七十里至關道鎮七十里至盧氏縣計程二百八十里限九日到

南陽縣

自運城二十里至聖惠鎮十里至東郭二十里至張店三十里至八政二十里至茅津渡過河五里至會興鎮十五里至磁鍾二十五里至張茅二十里至硤石驛二十里至觀音堂二十里至英豪鎮二十五里至澠池縣四十里至義昌驛二十里至鐵門鎮三十里至新安縣三十里至磁澗二十里至谷水村二十里至洛陽縣二十里至龍門鎮五十里至白沙鎮三十里至臨汝三十里至廟下三十五里至汝州四十里至長埠五十里至郟縣三十里至長橋三十里至襄城縣六十里至葉縣三十里至舊縣十里至獨樹三十里至保安驛六十里至裕州六十里至博望驛六十里至南陽縣計程一千零十五里限二十七日到

鎮平縣

自運城一千零十五里至南陽縣過河路程俱同南陽六十里至鎮平縣計程一千零七十五里限

二十八日到

唐縣

自運城七百六十五里至葉縣過河路程俱同葉縣三十里至舊縣十五里至獨樹三十里至保安驛六十里至裕州五十里至賒旗鎮九十五里至唐縣計程一千四十五里限三十日到 按該處運程舊由南陽行走道光十五年據運商尉世隆王行恆泰稟請改由此路

桐柏縣

自運城八百九十五里至裕州五十里至賒旗鎮九十五里至唐縣七十里至平氏鎮九十里至桐柏縣計程一千二百里限三十日到 按該處運程舊由南陽行走道光十六年據運商王恆泰稟請改由此路

鄧州

自運城一百八十里至觀音堂六十里至河底鎮四十里至韓城鎮四十里至趙堡四十里至白楊樹四十里至寨子街五十里至臨汝鎮三十里至廟下四十里至南召縣五十里至曹家店四十里至石橋五十里至南陽縣六十里至穰東六十里至鄧州計程九百九十里限三十日到 按該處運程舊由澠池郟縣裕州行走道光十五年據運商溫和合王恆泰稟請改由此路

新野縣

自運城一千零十五里至南陽縣過河路程俱同南陽六十里至瓦店六十里至新野縣計程一千一百三十五里限三十日到

淅川縣

自運城四十里至赤社二十五里至客頭四十里至東張十里至夾馬口五里至黃河口上船一百三十里至灌關起旱八十里至黑張八十里至場水八十里至油房兒八十里至龍駒寨八十里至武關八十里至三角翅一百里至荊紫關上船一百二十里至淅川縣計程九百五十里按該處運程舊由陌底渡過河乾隆十年據運程商葛文生稟請改由此路

葉縣

自運城二十里至聖惠鎮十里至東郭二十里至張店三十里至八政二十里至茅津渡過河五里至會興鎮十五里至磁鍾二十五里至張茅二十里至硤石驛二十里至觀音堂二十里至英豪鎮二十五里至澠池縣四十里至義昌驛二十里至鐵門鎮三十里至新安縣三十里至磁澗二十里至谷水村二十里至洛陽縣二十里至龍門鎮五十里至白沙鎮三十里至臨汝三十里至廟下三十五里至汝州四十里至長埠五十里至郟縣三十里至長橋三十里至襄城縣六十里至葉縣計

程七百六十五里限二十一日到

泌陽縣

自運城七百六十五里至葉縣過河路程俱同葉縣三十里至柳莊十八里至劉安十五里至楊樓十五里至太尉廟十五里至五龍廟二十里至二郎店十八里至十字谷三十里至羊冊七十里至泌陽縣計程一千一十四里限二十四日到按該處運程舊由舊縣獨樹行走道光十五年據運商尉世隆稟請改由此路

裕州

自運城七百六十五里至葉縣過河路程俱同葉縣三十里至舊縣十里至獨樹三十里至保安驛六十里至裕州計程八百九十五里限二十四日到

南召縣

自運城二十里至聖惠鎮十里至東郭二十里至張店三十里至八政二十里至茅津渡過河五里至會興鎮十五里至磁鍾二十五里至張茅二十里至硤石驛二十里至觀音堂二十里至英豪鎮二十五里至澠池縣四十里至義昌驛二十里至鐵門鎮三十里至新安縣三十里至磁澗二十里至谷水村二十里至洛陽縣二十里至龍門鎮五十里至白沙鎮三十里至臨汝三十里至廟下三

十五里至汝州九十里至寶豐石灰窰五十里至魯山縣四十五里至交口四十五里至南召縣計程七百八十五里限二十一日到

內鄉縣

自運城四十里至解州四十里至陌底十里至曲里過河十里至靈寶縣四十里至川口七十里至關道鎮七十里至盧氏縣七十里至桐樹兒八十里至朱陽關九十里至黃草平九十里至張家店九十里至丹水鎮六十里至內鄉縣計程七百六十里　按該處運程舊由東路茅津渡過河乾隆十二年據運商衞天泰稟請改由此路

汝州直隸州

汝州

自運城二十里至聖惠鎮十里至東郭二十里至張店三十里至八政二十里至茅津渡過河五里至至會興鎮十五里至磁鍾二十五里至張茅二十里至硤石驛二十里至觀音堂二十里至英豪鎮二十五里至澠池縣四十里至義昌驛二十里至鐵門鎮三十里至新安縣三十里至磁澗二十里至谷水村二十里至洛陽縣二十里至龍門鎮五十里至白沙鎮三十里至臨汝三十里至廟下三十五里至汝州計程五百五十五里　按該處運程舊由西路太陽渡過河乾隆二年據運商朱光

先稟請改由此路

魯山縣

自運城五百五十五里至汝州過河路程俱同汝州六十里至大營六十里至魯山縣計程六百七十五里限十九日到

郟縣

自運城五百五十五里至汝州過河路程俱同汝州四十里至長埠鎮五十里至郟縣計程六百四十五里限十八日到

寶豐縣

自運城五百五十五里至汝州過河路程俱同汝州七十里至寶豐縣計程六百二十五里按該處運程舊由西路太陽渡過河乾隆二年據運商劉祿稟請改由此路

伊陽縣

自運城二十里至聖惠鎮十里至東郭二十里至張店三十里至八政二十里至茅津渡過河五里至會興鎮十五里至磁鍾二十五里至張茅二十里至硤石驛二十里至觀音堂二十里至英豪鎮二十五里至澠池縣四十里至義昌驛二十里至鐵門鎮三十里至新安縣三十里至磁澗二十里至谷水村二十里至洛陽縣二十里至龍門鎮五十里至白沙鎮三十里至臨汝鎮五十里至伊陽

許州直隸州

襄城縣

自運城二十里至聖惠鎮十里至東郭二十里至張店三十里至八政二十里至茅津渡過河五里至會興鎮十五里至磁鍾二十五里至張茅二十里至硤石驛二十里至觀音堂二十里至英豪鎮二十五里至澠池縣四十里至義昌驛二十里至鐵門鎮三十里至新安縣三十里至磁澗二十里至谷水村二十里至洛陽縣二十里至龍門鎮五十里至白沙鎮三十里至臨汝鎮三十里至廟下三十五里至汝州四十里至長埠鎮五十里至郟縣三十里至長橋三十里至襄城縣計程七百零五里限十九日到

按河南鞏縣暨孟津縣向由陸運自捐免充商後各民販率以道遠本重觀望不前以致蘆私侵灌同治十二年經河東道升泰以疏銷積引節省運腳詳明鹽院試辦水運自茅津渡裝載由三門順流而下運至孟津縣屬之鐵謝鎮再由黃河入洛運至鞏縣銷售隨據鞏縣知事李掄元招販公儉成攬資來運領辦引鹽光緒元年據慎同安稟請自備資本購買船隻運赴鞏孟一帶銷售以爲民販倡率並請遴派妥員前往會同地方官督率巡勇嚴緝私鹽

其薪水經費在於鐵謝鎮四家鹽廠內按照鹽斤數目抽釐取給光緒四年慎同安因災後本重加增鹽價鞏縣民人滋生事端以致虧本歇業經河南巡撫移知鹽院檄飭河東道招商運鹽接濟民食維時護道卓熙泰詳委監掣同知張元鼎督辦鞏孟鹽運由豫省通綱民販公立怡成慶字號前往接辦並於三門等處各派妥員督帶運勇會同地方官認眞緝私其薪水勇糧均由道庫支給停止抽釐

清鹽法志卷八十一終

清鹽法志卷八十二　河東九

運銷門

鹽價

河東鹽價向按池產之豐歉成本之輕重隨時長落乾隆十年議就彼時賤價定爲長額嗣以池鹽屢歉場價屢增商人入貴出賤無不賠累是以疊次議增以紓商困歸丁以後鹽聽民運嘉慶復商又議定價及咸豐免商各地鹽價乃視成本核定不加限制而潞鹽始無定價矣顧自河工海防先後加價其後國家籌餉償款以及地方興辦鐵路無不取資於鹽價價愈昂而私愈多本愈重而銷愈滯此亦言鹽政者所宜知也志鹽價

乾隆十年覆准河東鹽價即以現在商民相安者作爲定價先是乾隆八年鹽政吉慶以鹽價未經報部向聽商民與州縣官自爲權衡議減議增稍有未協非虧商累課即擡價病民請將現在三省商民允協之價通行造册送部存案遇有收成豐歉相懸必須變通者奏請定奪其止一二州縣酌量增減者鹽政核實准行歲底報部註册部議應照兩淮運楚鹽價之例行令會同三省巡撫秉公確查核定貴賤兩價具題到日再議十年鹽政衆神保會同三省巡撫查明現賣價值原係酌中核定商民相安若定貴賤兩價勢必於現行賤價之外另定貴價一旦議增轉爲民累請即以現在商民相安者作爲定價毋庸另議部覆准行

乾隆二十一年奏准河東鹽價每斤酌增銀一釐河東鹽政西甯等奏言河東節年場價倍增運腳昂貴請於現行定價之外每斤增復二釐經戶部議覆行令陝西河南山西三省巡撫會同該鹽政確查現在情形議奏到日再行核議臣等隨即轉行所屬通查議詳去後茲各據陝西河南山西三省司道詳稱河東鹽價於乾隆八年經前鹽政吉慶奏請酌定貴賤兩價遇收成豐歉相懸必須變通者奏明辦理經署鹽政衆神保議稱如定貴賤兩價按時而論則當以現行之價爲賤價勢必另行普定貴價殊有未便應請即以現在相安者著爲定價是

彼時雖未酌定貴賤兩價而現行之價確係賤價然彼時鹽池豐收場價未昂迨乾隆十年以後歷歲鹽池歉收場價日增從前每鹽一名價銀不過二三十兩今增至八九十兩不等又兼上年雨水過多鹽收更薄配運不敷現借長蘆花馬池鹽發賣則程途遙遠腳費不免倍增據晉省各屬請增銀二釐據陝豫各屬請增銀一釐並據聲明請禁車船運夫人等攙和硝鹻等情各據詳前來臣等伏查河東鹽池屢歉兼之上年雨水過多刮曬多費成本較昂以致商力日絀辦理周章現在鹽價工本甚昂臣等固難强其虧本出售且恐本虧力乏暗攙硝鹻於民食轉有未便甚或商力不支引課虛懸所關匪細臣等就目下鹽池情形而論加銀一釐似尚不敷但驟增二釐民食昂貴亦有未便應請俯如各該司道所請每斤酌增銀一釐其有用升斗量鹽者照此一體折算統俟將來歲豐鹽多之日仍各照從前舊價售賣則現在衆商積少成多可免賠累之苦而每斤所增無幾小民亦不致以價貴爲嫌至攙雜硝鹻之弊臣明德臣西甯現在嚴行查禁以便民食臣等意見相同謹合詞恭摺具奏

乾隆二十六年奏准河東鹽價每斤再增銀一釐

大學士傅恆疏言山西巡撫鄂弼鹽政薩哈岱所奏向來鹽價原係隨時長落並無定額自乾隆十一年鹽臣衆神保任內始行定價二十年鹽臣

西甯等奏請每斤增銀二釐部議准增一釐今詳核商人買鹽細數每鹽一斤較之從前增銀六釐有餘雖現在賣價增有一釐究屬無補於事然若於民間食鹽內照數增加又恐民間食貴請於現今鹽價之外每斤再酌增銀一釐仍照前例限以三年之後酌量情形據實具奏等因一摺查鹽法之有定價原以杜富商之居奇而致貧民之食貴耳然亦必俾於成本之外每引少獲錙銖分之雖少而積之則多即使偶有虧折之年而伊等家本素封亦不致遂形困乏今河東商力本不甚裕而轉運鹽本日見其增即如現在每鹽一斤成本較之從前定價後增銀六釐有餘是民間一斤之鹽已虧商人六釐之本雖於二十年增一價一釐之外再增一釐亦不能遂甦商困然恤商愛民事屬一體若必於定價內照數加入則鄉里貧黎每市鹽一斤驟增銀六七釐之多民情亦有未洽不獨撫臣鄂弼鹽政臣薩哈岱不敢以此爲請即臣等亦未便輕議但亦必使商力稍有起色而民食始可無虞該鹽政既請於定價之外每斤再增一釐自應如所請行俾商人虧折少輕或可轉運稍速統俟三年之後如果場價平減計其成本已有盈餘仍行奏明刪減又不得徒徇衆商之意遂一增而不可復減也

乾隆四十七年奏准河東鹽價除前增二釐之外增價二釐詳見

商運

乾隆五十年諭河東池鹽全係陸運需費浩繁今戶口日增物價胥貴運鹽之食物腳價較之往年自必有增無減著將續增二釐鹽價加恩准作定額以紓商力

巡撫兼鹽政伊桑阿奏言竊照乾隆四十七年欽奉恩旨調劑鹽務案內經前撫臣農起奏請按商本虧缺之數每斤量加鹽價二釐連乾隆二十六年請加之價作為定額以資營運大學士等會議准將二十六年加價二釐作為定額其現增二釐之價照依二十六年之例試行三年後如果商力充裕臨期奏請酌減等因具奏奉旨依議欽此欽遵在案茲據河東鹽運使蔣兆奎詳稱河東鹽價自乾隆四十七年仰蒙皇上天恩酌加二釐運商成本藉免虧折該商等感激鴻慈淪肌浹髓今試行之期屆滿自應遵照原議酌核辦理惟查河東池鹽全係陸運騾馱車載需費浩繁且食物腳價較之往年有增無減計商人工本所增二釐實屬難以酌減並據各運商籲懇聖恩俯准作為定額詳請具奏等情到臣臣甫經抵晉於鹽務情形未能深悉隨與在省司道守令等細加諮訪並將歷年案卷悉心檢查緣河東鹽價定於乾隆十年在彼時商本已屬不敷迨乾隆二十年鹽

池被水工本費多商力疲乏雖經前鹽臣先後奏明加價二釐並節次展限究屬有絀無盈不敷原本行之愈久商力愈不能支至乾隆四十七年奉旨大加調劑經前撫臣農起澈底查明商力困乏之由在於運費不足成本日虧奏請再加價值二釐作爲定額前經大學士等議奏令將現增二釐之價試行三年茲試行之價已屆限滿復據運使體察商情詳請具奏前來臣查河東商力疲乏久蒙聖明洞鑒歷年凡有益於鹽務者無不仰荷天恩因時調劑前撫臣農起奏請增價之時原係核計成本酌中定價迄今行之三年商力稍可支持若遽行酌減又恐仍前竭蹶且民人食鹽每人每日不過三錢以每斤加價二釐核算終年亦止一分二釐所出甚屬有限而商人等積少成多卽可轉輸不匱是以增價以來商民相安共資利賴臣蒙皇上天恩兼管鹺務商民一體理應隨時調劑如果商力充裕高價累民卽使原議已定亦當爲之刪減今現增之價既不致有妨民力而該商等免於虧折藉得稍爲紓展實屬兩得其平合無仰懇皇上格外天恩仍照前撫臣農起原奏將續增二釐之價作爲定額以紓商力而裕民食

嘉慶十一年覆准商人賠累實緣從前原議以賤價定爲長額照乾隆十年成例令該商等按收鹽豐歉成本重輕自定賣

價仍令該撫等將各處售價按月造册報部試行一年再行酌中定價

嘉慶十五年奏准山西河南陜西三省自嘉慶十五年爲始照乾隆五十七年以前原價每斤加銀五釐二毫作爲河東定價至暫徵鹽價以濟河工經費於奏定例價外每斤加增銀一釐按引徵收一俟河工告竣奏明停止

戶部奏言臣等伏查嘉慶十一年河東鹽務復歸商運侍郎英和初彭齡前往查辦原議照乾隆十年舊制鹽不定價聽各商隨時按本銷售經大學士九卿以鹽不定價漫無限制議令試辦一年又展限二年再行酌中定價並據該處將各商等成本賣價按月造報又經臣部節次奏令删減不得只就貴價開報計自嘉慶十二年正月起至上年年底止試辦期滿前任山西撫臣初彭齡以該處鹽務隨時銷售試辦三年著有成效請仍照舊制毋庸定價等因具奏又經臣部以河東鹽務事關三省民食奏令山西河南陜西各巡撫會議去後並據御史王開雲條奏河東鹽務應查照大學士九卿原議酌定價值亦經臣部奏覆該三

省接准部覆尚未會議旋據前護河南巡撫錢楷以河東鹽價議減則病商議增則病民應請查照乾隆五十七年原價酌增若干釐等因具奏奉硃批戶部知道欽遵在案今據護理山西巡撫素訥等會議將河東行鹽三省按乾隆五十七年以前原價查照嘉慶十三年兩淮奏准之案每鹽一斤酌加銀五釐二毫作為定價再加一釐協濟河工經費等語臣部查河東引鹽舊無定價自乾隆八年前鹽政吉慶奏定貴賤兩價嗣於乾隆十年卽以賤價定為長額迨至乾隆五十七年鹽課攤入地丁任聽民運民銷更無一定賣價現當復商之始若不酌定例價示以限制恐商人擡價病民殊與閭閻生計有礙是以該處前次奏請無庸定價亦經臣部議駁今該三省請照乾隆五十七年原價一律加價五釐二毫作為定價臣部按該三省現在報部時價逐一比較山西省四十四州縣內洪洞浮山岳陽太平汾西吉州霍州趙城靈石蒲縣襄垣潞城黎城鳳臺高平陵川陽城等十七州縣每斤減銀自三毫及四釐三毫不等其餘二十七州縣每斤增銀自一毫及三釐二毫不等陝西省四十州縣內咸甯長安盩厔同官商州鎮安山陽商南乾州武功永壽安康洵陽白河紫陽石泉平利等十七州縣每斤減銀自四毫及八毫不等其餘二十三州縣每斤增銀自四毫及四釐一毫不等河南省三十二州縣內洛陽偃師鞏縣登封永甯新安澠池嵩縣盧氏內鄉唐縣南陽南召鄧州新野裕州宜陽鎮平泌陽桐柏

淅川葉縣汝州魯山郟縣襄城寶豐伊陽等二十八州縣每斤減銀自五毫及四釐八毫不等其餘四州縣每斤增銀自二毫及一釐二毫不等通共河東引地山西陝西河南三省共一百一十六州縣各按乾隆五十七年課未歸丁以前原價查照兩淮奏加餘息成案每斤均增賣價銀五釐二毫臣部核對近三年該處報部成時價計議減者六十三州縣議增者五十四州縣臣等共同酌議河東鹽務關係三省民食現當定價之時議減議增稍有未協均非經久之道若如該撫等所咨商者陝西省以爲無庸定價既與臣部原議不符河南省以爲酌加二三釐現據山西巡撫核明不敷成本且同係河東引地辦理殊未畫一伏查河東額引餘引共六十六萬一千一百五十五道今按乾隆五十七年以前原價每斤一律加銀五釐二毫共加銀六十五萬零二百四十一兩四錢一四分既據該撫等熟籌妥商體察地方實在情形合詞覆奏應如所奏卽自嘉慶十五年爲始照乾隆五十七年以前鹽價一律每斤加銀五釐二毫作爲河東引鹽定價令該商等遵照畫一辦理違者卽從重究治自奉到部文之日轉飭所屬一體出示曉諭俾得共見共聞務使商民相安以期國課民食兩有裨益至暫增鹽價以濟河工經費一節查原奏諭旨原不必拘定三釐之數是以兩淮兩廣兩浙長蘆山東所增鹽價均係一二三釐不等據該護撫等仍照前撫臣成齡原議按河東額餘引六十萬一千一百五十五道每引行

鹽二百四十斤共鹽一萬四千四百二十七萬七千二百斤每斤加價一釐共加價銀一十四萬四千二百七十七兩二錢每年協濟河工經費等語亦應如所奏卽自嘉慶十五年起於現在奏定例價之外每斤加銀一釐按引徵收隨同正課於春秋二季另册報部候撥俟河工告竣遵照原奉諭旨卽將暫加鹽價一釐奏明停止不得再行徵收以符原議奉旨依議十八年巡撫衡齡以三省引地加增活引奏准活引之鹽亦照額餘引例每斤加河工經費一釐

嘉慶二十五年河南改爲商運民銷各商將引鹽運至會興鎭每斤連河工經費定價銀一分七釐

咸豐二年奏准改引行票視池鹽之豐歉定鹽價之長落

咸豐三年奏准河東鹽務改行官運卽與票鹽無異令各州縣及委員等各就地方情形成本輕重酌定價值不必示以限制

按河東自此鹽無定價官民稱便至光緒十一年後加徵海防經費晉陝另籌加價按引攤捐償款攤捐公約賠款

又銷鹽省分加徵籌餉加價賠款加價普通加價鐵路加價均見徵榷門

清鹽法志卷八十二終

運銷門

借運

河東池鹽行銷三省每遇池遭水患產數不敷掣配例准借運長蘆蒙古暨花馬池等鹽以資接濟然借蘆則隔省運發終多不便借蒙則路遠費重緩不及時而花馬池地小鹽缺欲其源源接濟尤屬有名無實故歷年偶有池產不敷多俟來歲新鹽通融配運未嘗輕議乞鄰也茲將乾隆年間借運成案臚列於篇以供參考志借運

乾隆二十一年准河東借買蘆鹽配運接濟鹽政西甯奏言六七等月陰雨連綿收鹽歉薄除收獲鹽斤配運之外尚不敷鹽二千四百名懇借買長蘆餘鹽一千五百名仍用河東額引運發附近之豫

省汝州等州縣及晉省潞澤等府屬按地行銷卽將河東收獲應配晉豫二省鹽斤就近改撥陝省嗣後不得援以爲例疏上報可嗣是累年皆以池鹽不敷配運借買蘆鹽接濟俱經部覆准行

乾隆二十二年以河東鹽池歉收准運蒙古鹽斤接濟

戶部議覆山西巡撫塔永甯等奏言本年河東池鹽不敷配運伏查太原府屬之岢嵐州等一十八州縣皆因相距河東千有餘里䭾運維艱向無官鹽到此而地近沿邊所以俱買食蒙古之鹽百姓便安已久此十八州縣之民旣准買食蒙古之鹽則其餘州縣之民偶因不足暫時通融亦得仰請援照事同一例查河東運發陝西鹽斤由黃河運入渭河向來船筏行之已久今日磴口裝載由黃河運至河津縣蒼頭鎭順流而下計程不過二千餘里且鹽斤運回必由河保營等處按票查驗然後放行進口一路經由地方均可按票稽查其包頭地方交易仍轉飭薩拉齊通判就近約束無許滋擾應令理藩院轉行鄂爾多斯貝子吳喇忒公綏遠城建威將軍將所買鹽斤照依時價公平交易不得高擡居奇致滋勒掯並令該管蒙古將山椽小木售賣商人以備船筏行運各商亦勿得借端私販木植得旨如議行

乾隆二十四年奏准停止買運蒙鹽

鹽政薩哈岱疏言竊查河東鹽池因乾隆二十二年

被水畦地淹沒收鹽無幾前經鹽臣那俊奏請採買蒙古鹽二千三百二十九名以資接濟經部覆議行後又因蒙古輾轉推延復經前鹽臣西甯奏請特命奴才塔永甯理藩院郎中富鼐會同鄂羅多斯貝勒齊旺班珠爾等面加商酌議定斗價分地運交並據齊旺班珠爾出具印結自願分立二限自上年十一月起至本年正月底止先交鹽三萬石餘俟夏秋陸續運交至八月底運足十六萬五千餘石之數當經具奏部議覆准欽奉諭旨轉行遵照奴才塔永甯並將齊旺班珠爾甘限印結咨送理藩院備查以便按限催交在案是定限運交商鹽出自貝勒齊旺班珠爾自行酌量情形定限是該蒙古等自應依限運交以濟商人轉運距今半載蒙古送到鹽斤僅六千餘石經奴才塔永甯屢次移咨神木部郎及移文理藩院飭催復經奴才薩哈岱咨呈理藩院行文催運乃各蒙古有稱該旗原恃地畝度日並不會駄運鹽斤若必令其照數運交勢必有誤耕種有稱駝運鹽斤惟賴駝牛載運今時值春令牲畜疲瘦初限鹽斤不能全行運賣各等語又據派往買鹽各商稟稱哈拉莽奈所產之鹽顆粒堅大味亦鹹美奈蒙古因貪路近將小海硝鹽並煎熬土鹽運交味極苦澀不堪食用並將苦鹽呈驗前來若令駁回誠恐蒙古以苦累爲詞若令其交價收買又恐不便民食奴才等伏思河東鹽商買運蒙古鹽斤原因一時缺乏無可通融不得已而遠購蒙古鹽斤以圖暫時接濟乃前既躭誤一年無鹽交運自

上年冬間定議之後齊旺班珠爾自限兩次運交今經半載初限鹽斤僅交六千餘石而蒙古人等已藉詞推諉百計告難且以苦澀硝鹽搪塞其不足以資接濟亦已顯然況交易之神木地方離水次較遠山路崎嶇驢騾希少撥運到船已極費手肈之河流湍激上年九十月間裝運零星收買之鹽尚有沈溺漂沒之患況時當夏令正水勢日長之時舟行自益危險而運至行銷各地又已緩不及時於民食仍然無補奴才薩哈岱查河東鹽池自入春以來水勢減退乘時修治現在新鹽已產漸次可以運銷陝省人民又蒙恩准買運惠安堡大花馬池鹽斤接濟民間淡食似可無虞蒙古鹽斤無論其運送不前以及苦鹽無用即使將大海好鹽全數運到而該商等驢騾腳價買木造船長途轉運所費實多按本定價必然昂貴民間亦難於買食況新鹽既出小民又安肯捨平價之新鹽而轉買昂價之蒙古鹽乎奴才等愚見不若令該商等將已收買者速行轉運行銷其餘未經送到之鹽伏乞天恩勅下理藩院行令該貝勒齊旺班珠爾等概行停止則蒙古人等無從藉詞苦累商人等亦不至有壓本之虞矣儻本池今歲所產鹽斤設有不敷之處容奴才薩哈岱悉心籌畫或於附近通融臨時奏請

又以河東池鹽歉收准配銷花馬大小池等處鹽斤接濟 鹽政

薩哈岱奏言河東池畦被水收鹽無幾所有山陝兩省民食全賴蒙古鹽斤以資接濟奈急切不能運到民間待食孔殷伏查甘肅甯夏府靈州所屬之惠安堡共計鹽井四百餘眼除配運平慶甯夏各府屬州本引之外尚有積鹽餘剩並附近之花馬小池蓮花爛泥狗澗等池收鹽豐裕較大勝往時分多潤寡實於課食有益再陝省延安屬定邊縣之花馬池產鹽亦裕但山路險僻馱運艱難成本不無多費然蒙古鹽斤未到之先亦宜令商人備資赴買以濟配運不敷之處部議應如所請飭商自備資本前往買運以濟民食仍照長蘆之例給發護票以杜私販至本所買之鹽配河東之引輸河東之課所有本省課稅自應免其重複徵收得旨如議行

乾隆四十七年奏准停止阿拉善山鹽斤運至保德行銷

巡撫兼鹽政農起奏言前於陛見時面奉諭旨以河東池鹽不旺商力疲乏令軍機大臣會同羅卜藏多爾濟農起商辦阿拉山鹽斤運至保德州臨縣內地令商人買運行銷一事因農起未經詳審晉省鹽務情形未敢遽議當經軍機大臣會奏俟農起抵任後會同羅卜藏多爾濟各就該處實在情形悉心籌畫定議覆奏等因在案農起到任後檢閱卷宗與司道運司等詳細訪察適羅卜藏多爾濟訂期會議前來隨即帶同署運使繆其吉率領商人前赴托克托城與羅卜藏多爾濟會

晤仰體聖主恤商便民至意傳集各商宣諭恩旨令將阿拉山鹽斤運至保德州臨縣行銷之處商力能否展紓民食是否有益令其確切查明具稟以便會商定議去後旋據商人維信誠等呈稱商等仰蒙聖慈垂念矜憐感激深仁淪肌浹髓惟查乾隆二十二年池鹽歉收議買口鹽二千三百餘名嗣因道路艱難躭延兩載僅買到鹽三十七名又於二十五年借買阿拉山鹽斤遷延一載僅買到鹽九名有零商等兩次採買均因路遠費重不敷成本奏明停止在案茲池鹽連年有收除配運外現餘鹽二千九百九十七名計重八千餘萬斤實屬有盈無縮無須另籌接濟卽以本省運鹽程途而論運城在省極南保德在省西北相距一千四百餘里自保德臨縣運至最近行引之靈石等處計程已有四五百里及八九百里之遠除鹽價課項不計外較之池鹽每斤已多費運腳銀自四五釐至七八釐不等若遠至蒲解等處所費愈多更難核算商等連年賠累實因運費浩繁非關池鹽配引不敷之故今辦運河東引鹽猶苦財力不繼若再於保德臨縣等處轉運口鹽山路崎嶇輓運艱難更恐顧此失彼貽誤課務獲罪非輕所有領運口鹽之處委屬無力承辦等語奴才等伏思商人領運鹽斤應視成本之多寡以定價值之重輕今查自保德臨縣等地方分運各處行銷山路崎嶇難於輓運委係實在情形且核計工本較之領運池鹽費實增倍定價過昂則有病民食賤則必虧商本殊多未便而現在商

力拮据更恐顧此失彼亦於鹽法有礙農起復檢查乾隆二十二二十五等年採買口鹽舊案實與該商等所稟情節無異並查據運使册報現在存貯池鹽數目與該商等所稟亦屬相符羅卜藏多爾濟查運銷阿拉山鹽斤原屬仰體皇上爲軫恤乏商起見今體察商情不惟於商力無補兼之道遠費重倍形竭蹶且池鹽又屬有餘似可無需另籌接濟奴才等將各處實在情形查察既確事屬難行所有前請阿拉山鹽斤運至保德行銷之處理合會摺奏請停止

清鹽法志卷八十三終

徵榷門

課額上附稅釐加價

明時鹽法商人輸粟於邊而中鹽於場謂之開中其後練餉興而開中廢向之輸粟者轉而輸銀清初除明浮課歲定正課一十三萬一千餘兩每引納銀三錢二分後漸加徵雜課乾隆五十年正雜併計增至五十一萬八千餘兩鹽稅尚不在內商力不支五十七年乃將正雜引課連同引稅減爲五十一萬餘兩攤入地丁徵收此河東第一次量減課額之大略也課歸地丁以後鹽聽民運引岸無所區分潞鹽侵灌蘆淮而蒙鹽土鹽又乘潞鹽之後鹽法紊

亂官私混淆乃於嘉慶十一年復歸商運初定課額四十八萬餘兩至道光二十九年洊增至六十六萬餘兩運商復困咸豐三年捐免充商於是三省引地或改官運或改官民並運其課額定爲五十二萬二千餘兩此河東第二次量減課額之大略也免商以後適值中原多事淮蘆各鹽不能到岸潞鹽暢銷楚豫乃加增靈寶票三百名嗣又加票至一千一百名並有續增羨餘加費等名目咸豐五年徵課五十五萬餘兩同治元年徵至一百一萬三千餘兩號稱極盛未幾軍務底定淮蘆復舊潞綱遂有停引減課之請重以光緒初年三省大祲銷數銳減奏銷壘請展限乃將續加之引續增之費一律裁免仍復咸豐五年歲

課之舊此河東第三次量減課額之大略也自十一年海防事起於是攤捐加價歲有增加統計潞鹽每綱共應徵銀一百一十三萬餘兩浮於正雜各課不止一倍此猶專言河東道庫應徵之數而陝豫新舊加價以及鐵路附加鹽價尚不與焉榷課愈重潞鹽亦愈滯矣今詳述河東課稅源流而以陝豫岸收釐價等項附之志課額

順治元年題准行正鹽四十萬六千七百三十三引改引三千二百每引徵課銀三錢二分

順治十三年題准增行十萬引照正引徵課

順治十六年題准停新增引目每正改引攤納課銀七分八釐有奇

康熙十四年題准正改引每引加課銀五分

康熙十六年題准增正改引每引加斤銀七分

康熙二十四年覆准停徵每引加五分課銀

又題准河南懷慶府引課已歸蘆商完納減河東三萬七千三百五十一引

康熙二十八年覆准停徵每引加課七分巡鹽御史郝惟諤一疏言竊查河東割沒一項自康熙十七年比照淮浙每引加鹽二十五斤增銀七分但河東地方狹小戶口凋殘引浮於丁衆商願納所加之銀不受二十五斤之鹽後池遭水患賠累難堪經前任鹽臣李時謙法爾哈具題籲免部覆以此項銀兩攤入引內作正額徵收應毋庸議等語臣思河東未加鹽而但加課實係包空儻此日之浮徵不豁恐將來之正額必虧懇乞豁免部以此項銀兩關係錢糧不便遽議應行令該御史可否加鹽二十五斤運行之處確議具題到日再議等因備劄前來臣即案行運司確議去後據運使蘇昌臣呈詳蒙批確議間據閤司商人董福昇張徽郭世仁等稟爲包課受累多年增鹽益增

商累再懇籲天恩豁以培課源事稟稱竊維割沒一項原係包空諸商賠累難堪所以哀呼求免非望加鹽也茲蒙行查可否加鹽二十五斤運行之處但河東行鹽地方最爲狹小當年商人封課一錠支鹽二十車後因運發不能疏銷食鹽不足正額屢次求告每錠情願減去八車止支一十二車尙且堆積在場不能全賣若再加鹽無地運銷昇等苦中加苦勢必失誤正課且昇等賣鹽數日逐日報司登記簿籍歷歷可查何嘗引引盡賣昇等不敢揑謊至空包割沒銀兩已經十有餘年當年急公典賣輸將今値聖主在上萬年太平昇等此時儻再不呼籲皇恩必至身塡溝壑是上有堯舜之君而昇等不得爲堯舜之民昇等草命有限恐反有虧正課其罪誠大九重萬里伏乞轉詳覆奏俾下情得達天聽庶昇等得安心辦課矣等情據此該本司運使蘇昌臣看得河東割沒一項不能加鹽之處曾奉部駁業經前院鞠徐兩疏題明准免在案茲因空包浮課未除諸商哀籲皇恩豁免復蒙行查可否加鹽運行之處奉院行司本司欽遵事理隨齊集諸商當堂確議據商人董福昇等復具前情謂止求豁免空包浮課加鹽實難疏銷環庭哭愬本司細核賣鹽簿籍果係眞情並無虛假統候伏核具題伏聽睿裁者也等因呈詳前來該臣覆看得河東商人從前納課一錠支鹽二十車後以鹽多引壅屢次告減止支一十二車自康熙十七年遵納七分割沒而二十五斤之鹽終不敢受夫人情孰不願多賣鹽多

獲利而乃減之又減與之不受若此者良由河東地方狹小戶口凋殘食鹽常不及額與其多鹽而壅不如少鹽爲易銷也臣前疏備陳商家疾苦所爲包課非爲加鹽今部議可否加鹽二十五斤運行之處奉旨行臣確議臣職掌所係敢不熟思審處上體國而下體商乃查前鹽臣人告之疏閱諸商迫切之詞兼詳核運司按日登記商販賣鹽之簿籍臣愚再四圖維商人勉輸浮課十餘年誠累矣若加鹽而不能售歷任商本辦課無貲則更累且也行鹽責諸州縣鹽多引積州縣畏誤考成勢必强派民食是不獨累商而並累民我皇上胞與爲懷商民一視此項浮課應否邀恩豁免出自皇仁至於加鹽臣愚以爲未便伏祈勅部議覆施行

按河東鹽課定額每引納銀三錢九分八釐零計自懷慶改食蘆鹽減引除課之後至雍正初年實存引課一十六萬六千一百六十八兩有奇加以賑濟地租等項共爲正雜課一十七萬一千七百二十八兩零而紙硃價銀不與焉自雍正三年後續有增加歲徵正雜銀五十一萬八千一百一十餘兩內一三省商辦額引正課一十四萬二千一百六十四兩三錢九分五釐　共額引三十五萬七千零四十六道合二千九百七十五名零四十六引按五十兩徵課共該銀一十四萬八千七百六十九兩一錢六分七釐除去紙價一千七十一

兩四錢七分四釐扣錠三百八十五兩四錢三分三釐加增餘銀六百九十八兩二錢二釐賑濟四千四百四十九兩三錢八釐均應另款開列外實該正課一十四萬二千一百六十四兩三錢九分五釐內有加增課八千二百七十八兩六錢一分三釐零更名食鹽課八百六十四兩七分七釐零其名雖異其實皆商辦引課至隰州大甯永和三處改食土鹽而事在乾隆三十三年所領皆商辦有錠額引故課仍歸款銷算以足正課一十四萬二千一百六十四兩三錢九分五釐數多銀三錢五分五釐之入於併餘項下

一賑濟米價銀四千四百四十九兩三錢八釐此項每引徵銀一分二釐四毫三絲九忽四微零原爲額設撈採鹽丁賑米而設故曰賑濟米價例同鹽課徵收自鹽歸商種丁不赴工順治二年存留解部今每歲商辦銀四千四百二十八兩五錢五分八釐隰州大甯永和三處解銀二十兩七錢五分共銀四千四百四十九兩三錢八釐鹽稅鳳課無米價者以鹽非鹽丁撈採隰州大甯永和有米價若以原食解鹽乾隆三十三年始改食土鹽仍領池引行銷故各照例輸銀以足米價之原額至石樓縣亦歲納米價銀六兩四錢零以原食解鹽康熙十年改食土鹽領池引五百二十道仍納米價歸入鹽稅項下銷算前志載歸入米價作數查米價內添此一項則於原額米價之數加多而鹽稅內去此一項又於鹽

稅之數不足歷年奏册
皆入鹽稅項下今正之

一鹽稅銀一萬七千五百一十五兩二錢六釐　鹽稅四十
一州縣額引四萬三千九百八十五引每引徵銀三錢九分

八釐六絲一忽五微零內陽曲等縣課銀一萬七千三百四
十八兩八錢一分五釐二毫八絲四忽二微又石樓縣更名

食鹽課一百五十九兩九錢二分二釐二毫一絲七忽四微
共徵正課一萬七千五百零八兩七錢三分七釐五毫零一

忽六微外加石樓縣米價銀六兩四錢六分八釐四毫九絲
八忽四微共銀一萬七千五百一十五兩二錢六釐例係太

汾等管鹽同知並遼沁
等知州督徵州縣解交

一鳳課銀六千四百八十八兩四錢　鳳屬八州縣額引一
萬六千三百道每引徵銀三錢九分八釐六絲一忽五微零

該正課六千四百八十八兩四錢
例係知府督催州縣經徵解交

以上四項皆出於引按引徵收共十七萬
零六百一十七兩三錢九釐皆爲舊額

一額引扣錠銀三百八十五兩四錢三分三釐　商人每領
引一名封納大課一錠重五十兩內正課四十八兩賑濟銀

一兩五錢紙價銀三錢六分一釐七毫五絲三忽多銀一錢
三分八釐二毫四絲七忽按額二千七百八十八錠半計每

年多銀三百八十五兩四錢零名曰扣錠雍正六年歸公充餉

一加增餘銀六百九十八兩二錢二釐　商人每領加增引八張爲一把合十五把爲一名封課四十六兩二錢四分五釐五毫五絲五忽五微內正課四十四兩五錢一分八釐八毫二絲五忽賑濟銀一兩三錢九分一釐二毫一絲三忽紙價銀三錢三分五釐五毫一絲七忽五微比額課每錠少銀三兩七錢五分四釐四毫四絲四忽五微雍正六年經鹽政碩色題請加增課錠亦照額課大錠五十兩徵收每年徵收加增餘銀六百九十八兩二錢二釐

一額引官錢公務銀一十萬四千三百四十一兩九錢四分九釐　河東鹽務衙門向有河工銅斤水腳等名色河工者運司每年解節省銀四千兩前赴河工交納此始於康熙三十八年銅斤水腳者河東添買銅斤應需水腳銀兩御史運使將所得贏餘支給此始於康熙四十二年至康熙五十三年又題明院司衙門陋規入官充餉雍正三年川陝總督帶管鹽務年羹堯奏請將河工銅斤名色併各衙門陋規俱行裁革准於商辦額引加增引項下每領引一名收官錢銀十一兩搨引一名收公務銀二十四兩零八分共收銀十萬四千三百四十一兩九錢四分九釐內官錢銀三萬二千七百二十九兩五分一釐公務銀七萬一千六百一十二兩八錢九分八釐以五萬兩充餉餘作公用之項嗣鹽政馬喀定有

公務款册一本內開歲修渠堰銀五千兩都察院飯食四川甯夏西安將軍都統巡鹽御史運使運同經歷知事三場大使教授訓導巡檢把總等養廉各衙門書役弓兵巡役等工食又祭祀各廟歲科考文武生員花紅盤費鄉會場文武舉人貢監生員盤費以及解餉領引路費皆逐款開明數目運使遵照支給年終造册呈巡鹽御史報部核銷

一解安引課銀三千五百八十八兩七錢五分內解州額引三千四百道納課一千四百二兩五錢安邑額引五千三百道納課二千一百八十六兩二錢五分照餘引例每名納課四十九兩五錢

一解安扣錠銀一十兩零一錢五分內解州扣錠三兩九錢六分六釐零安邑扣錠六兩一錢八分三釐零照餘引例每名扣錠一錢四分

一解安官錢公務銀二千五百四十三兩三錢內解州官錢一公務銀九百九十三兩九錢三分三釐三毫三絲零安邑官錢公務銀一千五百四十九兩三錢六分六釐六毫六絲零

一長武課銀三百二十兩八分八釐雍正八年新增長武縣引八百四道照鳳翔例應徵課銀三百二十兩八分八釐所有長武原額引六百六十道分給陝西能銷鹽地方商人作餘引行銷

一官置昌零引課銀一百一兩八錢八釐　此係各錠名下崎零鹽數不能歸錠引一百一十二道名曰官置昌向係運使發交商人運銷得銀一百零一兩八錢八釐不入正額雍正六年歸公充餉

一餘引大課銀九萬九千兩現領餘引二十四萬一道合二千名每名納課銀四十九兩五錢餘引無米價照額課一例徵收於正課四十八兩之外加銀一兩五錢統作正課

一餘引扣錠銀二百八十兩　現領餘引二十四萬道合二千名每名扣錠一錢四分

一餘引官錢公務銀七萬一百六十兩　現領餘引二十四萬道合二千名每名官錢十一兩公務二十四兩零八分

一餘引公費銀一萬二千兩　現領餘引二十四萬道合二千名每名公費銀六兩此始於雍正六年據商人郭元勳等呈稱自雍正三年領發餘引十萬道獲有餘利情願於額設公務之外捐銀五千兩存貯運庫留充公用每名合銀六兩鹽政碩色奏准歲入鹽課册內造報厥後續增餘引援照爲例

一唐縣餘利歸公銀四千五百兩　唐縣引地向係土販行銷並無專商雍正六年鹽政碩色奏　令商人張宏裕一人獨辦每年繳餘利銀二千兩歸公雍正十三年鹽政孫嘉淦以雍正四五兩年運司朱一鳳將唐縣引張分與殷實商人公

辦所得餘利除腳價食用外兩年之間共得銀九千餘兩是每年餘利約舉大數應有四千五百兩商人張宏裕止以二千兩歸公餘俱侵吞入己參奏追賠並請將唐縣地方交與河南省運商照雍正四五兩年之例協同公辦歸公銀每年以四千五百爲率奉部覆准乾隆七年鹽政尙琳因各商輪流分辦易起鑽營奏准歸官辦理以杜積弊其一切領繳引張稽查透漏責令商人范天錫承辦每年於歸公餘利內酌給雜費銀兩儻有貽誤照例治罪另募殷商承充凡土販赴運領買每引一名仍照與商人交易之數納銀一百六十六兩額引除大課官務平餘銀共八十七兩二錢七釐並坐商銷價銀二十四兩每名餘銀五十四兩七錢九分三釐餘引除大課官務公費平餘銀九十三兩三錢五分七釐每名餘銀七十二兩六錢四分三釐現行額引四十名一百七引代銷一名七十四引餘引一百五十八名乾隆十四十七年於均引案內暫撥南召南陽鳳臺餘引五十一名歸入唐縣行銷共餘引二百九名計得餘利一萬七千三百九十九兩四分六釐內除撥餉銀四千五百兩並支給商人雜費銀八百五十五兩三錢九分二釐外餘銀一萬二千四十三兩六錢五分四釐解交內務府歸公但餘引係儘銷儘報難爲定額乾隆二十九年原辦商人范天錫河東引地全行退出未便再令承辦經鹽政李質穎奏交商人郭順昌即今更名郭世濟辦理

一澠池歸公銀三百三十四兩九錢一釐臨澠池引地向係本地民商販運雍正三年商人萬永卽萬臨亭始行認辦旋因茶鹽事發責革另招雍正九年鹽政碩色批令萬臨亭復充雍正十三年鹽政孫嘉淦查明參奏革退請同唐縣引地交與河南省運商協同公辦餘利歸公澠池歸公銀數從前未有成例應俟辦理一年後再行酌定嗣經商人張道綿等協辦一年銷鹽三十一名八十四引核計每名實得利銀六兩二錢二分共得餘利銀一百九十七兩一錢七分三釐部議歸公報撥此後卽係專商認運乾隆二十八年共辦五十三名一百一引照前核算計歸公銀三百三十四兩九錢一釐按年入冊奏銷

以上十四項或按引徵收或指地認繳共二十九萬八千二百六十四兩五錢八分一釐皆爲續增

一餘平銀一萬一千七百七十二兩零六分八釐解部錢糧每千兩例交餘平銀二十五兩元寶解飯食銀十兩散碎解飯食銀十五兩雍正八年奉文減去餘平一半留備地方公用河東徵收鹽課向無餘平遇撥京餉所需餘平飯食二項原在官務項下動支並非另款徵解迨後官務題明歸公支銷冊內未將此項列入雍正十二年奉部行文飭解因運庫無項可動各商情願自雍正十三年爲始每千兩隨交餘平銀二十五兩飯食一項免其交納如遇撥解京餉仍在官

務銀內動支解部先後奏咨覆准並轉飭徵解稅課各州縣一體遵照乾隆三年奉文將減半餘平銀兩一概停其解部存貯運庫按年附入鹽課奏銷冊內具題查核如有需用奏明動支乾隆三年奉部題准嗣後餘平銀兩於按季徵收課餉之後即造入季撥冊內除酌量留存地方公用之外其餘悉行提解貯庫現在除廩費地租巡鹽贓罰籽粒蘆課小麥變價積餘併餘潞澤節省裕州歸公並唐縣續增餘利均免餘平外計正雜鹽課紙價官務歸公等項共銀四十七萬八百八十二兩七錢三分一釐應收餘平銀一萬一千七百七十二兩六分八釐

一積餘歸公銀八十五兩五錢　河東舊額商辦引每引每年除官置昌零引外實行三十五萬七千四十六引每引收官務銀二錢九分二釐三毫三絲三忽零計收銀一十萬四千三百七十六兩四錢四分七釐零除額報銀一十一萬四千三百四十一兩九錢四分九釐餘銀三十四兩四錢九分八釐零又零引積尾銀三十四兩九錢六分九釐二共銀六十九兩四錢六分七釐零名曰積餘向係存留公用並不報解雍正六年鹽政碩色題明歸公充餉現在每年以八十五兩五錢冊報候撥

一併餘歸公銀六百五十餘兩不等　運庫徵收額引官務銀兩零收整兌每年約得併餘銀七八十兩至百餘兩不等

向未報部乾隆七年鹽政尚琳將此項列入附餘錢糧款內
奏請歸公蒙硃批諭旨此事不便交部汝如是據實陳奏澄
清辦理固屬可嘉但恐太清則後難爲繼汝其酌量辦理或
旣稱附餘至歲底奏明或交內務府或賞何人之處請旨尙
屬可行之事耳將此旨汝處記檔亦不必咨部也欽此乾隆
八年額引官務內得有併餘二百二兩三錢較前數幾多兩
倍而正雜各課並餘引官務等項雖係傾整交納其間商人
逐戶分交整平兌解以及零星添搭尾封亦不無稍有併餘
計一年所收正雜各課暨餘引官務等項內共得併餘銀四
百四十六兩八錢二共銀六百四十九兩一錢經鹽政吉慶
奏准解交內務府充公現在每年約得併餘
銀六百五十餘兩不等盡數批解不入奏册

以上三項爲額外附餘雜款共一萬二千五百零七兩五錢六分八釐不等亦續增之項

一池灘地租銀七百九十三兩四錢二分二釐安邑縣徵收解銀六百五十兩二分二釐夏縣徵收解銀一百四十三兩四錢此項向給散運營兵丁順治四年御史朱鼎延以運營不設題明充餉

一小麥變價銀一百七十兩九錢八分五釐此項經歷徵收向係收存以充養濟節孝等用順治四年部議養濟節孝自有存留不必動支麥租應存貯候撥

一裁省京書廩費銀一百四十七兩一錢此項係曲沃縣徵收爲明巡鹽御史有京書隨行給其廩費而設順治九年裁解充餉

一籽粒銀一十兩二錢六分此明季送王府食鹽停車之地清朝革除食鹽其地給附近居民墾種絳縣徵銀二兩一錢四分四釐聞喜縣徵銀一兩九錢八分夏縣徵銀二兩八錢八分安邑縣徵銀三兩二錢五分六釐名曰鹽站籽粒批解運庫向爲巡鹽御史給書吏紙筆之用雍正六年歸入正項充餉

一蘆價銀一百一十七兩九錢七分六釐此係護池盛水灘地坐落安邑縣一湯里等村附近居民種植蘆葦該縣徵收批解運庫向爲巡鹽御史運使給書吏紙筆之用雍正六年歸入正項充餉

一蘆葦變價銀四百三十八兩七錢五分十三鹽池南岸產有蘆葦向被奸民串通兵役偸賣分肥雍正十三年運使高山詳明鹽政孫嘉淦變價充公每年約可變價銀三百餘兩不等並不報部乾隆七年鹽政尙琳奏請充公歸款本年鹽政吉慶查明此項原係黏補城垣祠廟監倉並齎勅差官盤費賙恤禮生門兵及倉書斗級之需奏明恩准照舊留備公用現在支款甚多如馬快買補弓箭撒袋並院書奏銷油炭以及龍王廟祭品池神廟燈油皆在蘆葦項下動用所變之價

大屢有不敷歷係截長補短通融撥濟舊例飭委解州州判庫
使會同鹽池聖惠二巡檢確估變解運庫屆期詳明鹽政
按款動給乾隆四十九年詳明改歸商變
按畦歲納價銀四百三十八兩七錢五分
以上六項共一千六百七十八兩四錢九分三釐多出於
各州縣池灘地租每歲按季報部候撥惟蘆葦變價則奏
明留充公
用之項

一唐縣餘利銀一萬二千四十三兩
六錢五分四釐　詳唐縣歸公條下

一裕州歸公銀一千兩　裕州引鹽先係原任翰林陳壯履
詭名陳友張認運並不出貲辦理將引地租與商人衛純供
辦每年坐食租利數百金後被告發訊明斥革另募據街商
公呈以裕州引課繁重非殷實諳練之商難以勝任商人衛
純供辦幾及三十年一切從無貽誤雖向屬租運實非朋充
無力可比公保即以衛純頂補並據衛純呈稱向日租運裕
州引地每年皆出租銀數百金今衆商保伊承辦情願每年
以餘利一千兩歸公乾隆七年鹽政吉慶據情奏蒙允准其
歸公銀兩照依潞澤節省之例批解內務府交
納嗣後商有更易銀無增減按年照數解交

一潞澤節省銀二萬兩　潞澤等一十七處引鹽先係捏名
之傅斌承認迨後茶鹽案內事發革退商人范毓馪願將潞

澤二府暨平陽所屬之洪洞翼城浮山岳陽四縣地方一人認運每年於正課之外加交節省銀二萬兩自行交納內庫雍正四年呈經鹽政馬喀咨部准行前項銀兩歷於該商鉛斤脚價銀內坐扣乾隆元年鉛斤停止採辦戶部奏准行令按年徵解嗣范毓馪潞澤引地退出分給各商領運仍照原數按引攤徵批解內務府交納

以上三項共三萬三千零四十三兩六錢五分四釐例不貯庫皆係商人自存運號亦續增之項

一紙價銀二千兩零八錢四分一釐每引紙價銀三釐內額引紙價銀一千七十一兩四錢七分四釐鹽稅紙價銀一百三十一兩九錢五分五釐鳳課紙價銀四十八兩九錢又領增解安長武引及餘引皆有紙價現共紙價銀二千兩零八錢四分一釐例隨正課按引徵收赴部領引時差吏分批解戶部每年給有批回實收

一贖鍰無定額每雍正二年七月內川陝總督年羹堯疏稱河東巡鹽贓罰每年額銀九百兩先因額銀不敷向以羨餘墊補臣思贓罰乃鹽徒之罪贖安能必有定數自應獲多報多獲少報少部議應如該督所題嗣後河東巡鹽贓變銀兩照每年所獲多寡實數題報

以上二項紙價應解戶部不入奏册贖鍰內結者入奏册外結者不入奏册解內務府儘收儘解無定數

乾隆五十六年奏准河東鹽務積疲商屢換則病在殷戶價屢增則困在貧民惟有課歸地丁聽民自運自乾隆五十七年爲始山西陝西河南三省之鹽課雜項共銀四十八萬餘兩在於三省行鹽完課納稅之一百七十二廳州縣地丁項下統計酌量攤徵大學士阿桂奏言竊臣等會看得山西巡撫馮光熊疏稱竊照河東池鹽行銷山西陝西河南三省因商力疲乏上廑宸衷臣於陛見時面奉諭旨鹽課攤歸地丁是否與商民有裨令臣隨同軍機大臣酌議臣因未悉晉省鹽務情形當經奏明俟臣抵任後悉心體察率同藩司蔣兆奎通盤籌畫再行議奏荷蒙聖鑒在案臣到任後檢查案卷體訪輿情務求利弊之所在以便定議藩司蔣兆奎抵任復與逐細講求伏查河東鹽務商力積疲若恃換商增價爲調劑不特於事無益且商屢換則病在殷戶價屢增則困在貧民利未見而弊已隨未爲補救善策溯查從前曾有課歸地丁之議而歷久未見舉行者實由泥於法不輕變之說又或阻於從中淆惑之言一則曰課係商完今歸民納近於加賦一則曰鹽係商運今聽民便淡食堪虞其言俱似近理以致課歸地丁之說阻格不行茲據利弊而權衡之

課歸地丁鹽聽人運除去攤入地丁之正課雜項每鹽一斤已減銀三釐零鹽價必賤再就民人食鹽而論每人每日食鹽三錢兩月食鹽一斤鹽無雜費又不完課每斤最少亦可減價五文有地丁一兩之家以五口計算一年可省錢一百五十文核計鹽課攤入地丁約略每兩不過增攤九分有餘以所省一百五十文之價完九分餘銀之課尚覺有餘況一兩地丁之家未必止於五口則所省實多其無地丁之貧民賤食無課之鹽更爲便益三省之民自無不樂從若課不歸入地丁別無調劑之法勢必議加鹽價查河東鹽價前已每斤加價四釐統計每年加銀五十六萬有餘河東行鹽正課雜項歲納銀四十八萬餘兩加價之數已浮於額今若再加一釐則應加十四萬餘兩二釐則應加二十八萬餘兩積成八十餘萬兩數載之後商力又疲有加無已迄無底止且所加之價均出於民民間納四十八萬之課較出八十餘萬之價何者爲省此歸課之並非加賦也向來私販鹽斤例禁綦嚴尚難斷絕緣人情見利必趨雖犯法而不顧今聽其自爲販運既無官課又無雜費並無官役盤詰關津阻留豈有轉不踴躍爭先之理況百貨流通可及數千萬里之外今去鹽池之地最遠不過千餘里以家家必需之物人人獲利之事斷未有販運不前者此淡食之不足爲慮也是課歸地丁便民而非累民減價而非加賦其事實屬可行至歸課之法查山西省領引行鹽共四十四州縣有引多而地丁少者有引

少而地丁多者更有向食土鹽蒙古鹽係領河東引張交納稅銀之陽曲等四十四州縣及陝西之鳳翔一府長武一縣本屬參差不齊若將此州縣之鹽課即歸於此州縣之地丁有多有寡不免偏枯且以河南之陝西山西三省比較河南引多而地丁少陝西山西地丁多而引少若分省各攤每地丁銀一兩少者僅增數分多者增至數錢多寡太覺懸殊莫若將三省應納之正課雜項共四十八萬餘兩在於三省行鹽完課納稅之一百七十二廳州縣地丁項下通計均攤約略每兩一律攤銀九分有餘似爲均平公允再池鹽向不收稅若令輸納池稅而仍於攤入地丁之鹽課內扣除則鹽價必致藉稅加增民間雖明減於攤納之課仍暗加於買食之鹽於小民無益而辦法徒覺兩歧所有池稅一項應請毋庸議設聽令各原畦主照舊澆曬發販流通仍官爲彈壓稽查以杜偸竊爭攘俾民食賤鹽商不更簽似屬兩有裨益如蒙俞允即以五十七年爲始遵照辦理其一切善後事宜容臣履勘鹽池之後另行條議奏聞再查三省中惟山西本省地丁已有確數其豫陝二省地丁現已飛咨豫陝撫臣查明確實以便將課銀均匀攤入並將酌議改辦緣由一併咨移恐覆奏到需時上廑聖懷理合先將臣與蔣兆奎籌議章程恭摺具奏等因前來臣等覆查河東鹽務商力疲乏積久因循徒以換商增價爲事自乾隆四十一年疏請以五年一次招充鹽商嗣因簽商滋累於四十七年又請將五年輪換之例停止

就現商中擇其殷實者定爲長商此可見換商之不足恃也又查自乾隆二十一年議准加增一釐二十六年又准加增一釐四十七年又准加價二釐共計加至四釐價日益增而商仍疲乏轉以價貴啓私販之弊此又見加價之不足恃也此時若不善爲變通誠恐鹺務未能振興而商力彌形疲玩殊非補救之策本年六月間欽奉諭旨因河東商力疲乏亟須調劑將鹽課可否改歸地丁於富戶貧民均有裨益令該撫妥爲辦理等因仰見我皇上惠念商民至周極備今據該撫疏稱該處鹽務積疲商屢換則病在殷戶價屢增則困在貧民惟有課歸地丁鹽聽民運較爲便益自係確勘該處情形妥爲調劑應如所請准其自乾隆五十七年爲始改歸辦理至池鹽向不收稅仍請將池稅一項毋庸議設聽各原畦主照舊澆曬發販仍官爲彈壓以杜偷竊爭攘之處辦理均屬公平妥善此次改課歸丁鹽聽民運該撫既勘明該處各商實在疲乏請更定章程嗣後務宜商民兩便永無弊端以期仰副我皇上軫卹疲商惠愛黎元之至意惟是河東引鹽向行山西陝西河南三省今雖據該撫疏稱若將此州縣之鹽課即歸於此州縣之地丁有多有寡未免偏枯請以三省之鹽課雜項共四十八萬餘兩在於三省行鹽完課納稅之一百七十二廳州縣地丁項下統計均攤約略每兩攤銀九分有餘但查山西行鹽之陽曲等八十八廳州縣每年額餘引二十四萬二千一百七十九道每年地丁銀約計二百八

十三萬餘兩陝西行鹽之咸甯等五十二廳州縣每年額餘引一十八萬四千餘道每年地丁銀約計一百四十七萬餘兩則是引少而地丁較多河南行鹽之洛陽等三十二州縣每年額餘引共二十三萬九千九百九十道每年額徵地丁約計銀六十餘萬兩則是引多而地丁較少若照原奏均勻攤派於地丁較多之山陝二省未免向隅殊難一律攤派或令河南引多地方較現擬地丁每兩均攤九分有餘之數由該省酌量增攤在河南所加無多衆擎易舉而山陝二省行鹽州縣不致著重似於調劑之中徵寓權衡之道應交山西陝西河南三省巡撫會同籌酌定議具奏辦理至河南陝西二省民運池鹽路程較遠其作何辦理較爲妥協之處應一併行令陝西河南巡撫詳晰查明咨覆晉省統入善後事宜案內核辦奉旨依議　大學士阿桂又奏竊臣等議覆山西撫臣馮光熊河南撫臣穆和藺陝西撫臣秦承恩會奏河東鹽課改歸陝西山西河南三省行鹽州縣地丁款內攤徵酌議善後事宜一摺據該撫等將一切善後事宜分條酌議具奏臣等遵奉諭旨悉心酌議謹釐爲十六條恭呈御覽　一奏稱課銀應年清年款各解本省藩庫也查河東鹽課從無拖欠今攤入地丁應於徵糧易知單內註明每地丁一兩帶完鹽課若干免其加耗字樣雖遇蠲免地丁之年不在蠲免之例該三省地方官按數徵收隨地丁各解本省藩庫報撥仍留課銀名目徵解俱另立一款以免混淆其經徵各廳州

縣按年徵解全完照例議敘如催徵不力致缺定額應令賠完並取職名送部議處等語查該處鹽課向係按年全完並無拖欠亦無蠲免之例今既改課歸丁仍應年清年款應如該撫等所請嗣後各廳州縣按年徵解全完者議敘如有未完著賠議處以專責成凡遇地丁蠲免之年不准一律蠲免並令該三省巡撫屆奏銷之期另款題銷至陜西省每年徵收花馬池等處鹽課銀八千九百八十兩零係在河東鹽課之外向解西安藩庫仍報河東鹽政附冊具題今鹽政裁撤此項銀兩應巡由陝西巡撫就近題報又花馬池設有定邊場大使一員應嗣後遇有員缺陞補專歸陝西巡撫核題辦理　一奏稱歸公節省等項應分省徵解也查有河南省唐縣歸公銀一萬二千四十三兩六錢五分四釐裕州歸公銀一千兩山西省有潞澤節省銀二萬兩又各役空缺公食一項俱向解內務府交納又安邑縣夏縣聞喜縣絳縣歲徵地租麥租籽粒蘆價等銀一千九十二兩六錢四分三釐零向解運庫完納今應將歸公節省銀兩分省照舊各解內務府至麥租蘆價改解藩庫報撥其運使經歷徵收之麥租改歸安邑縣就近徵解等語查河南省之唐縣裕州歸公銀兩及山西省之潞安澤州節省等銀應令河南山西各巡撫轉飭徵解各本省藩庫報撥毋庸徵解內務府以省齎解之煩至安邑等縣向解運庫之麥租蘆價等項銀兩應一體改解藩庫其運使經歷徵收麥租亦應改歸安邑縣就近徵解　一

奏稱甯夏將軍等養廉應照舊關支也查甯夏將軍等養廉銀二千兩涼莊副都統養廉銀二千兩向在運庫動支順便箚解今鹽課既歸藩庫應於藩庫撥解甘餉時搭解又鹽課內西安將軍副都統養廉銀一千六百兩向係該處差官自赴運庫支領嗣後應卽在陝西藩庫鹽課項下就近動支等語查甯夏等處將軍副都統養廉銀共五千六百兩向在河東鹽課項下動支今既改定章程自應在山陝二省藩庫內分別搭解或就近關支

一奏稱行鹽引張宜停也查銷河東鹽之山西河南陝西共有一百七十餘廳州縣歲額引四十二萬六千九百四十七道餘引二十四萬道今課歸地丁無需商運行鹽部引毋庸再領紙張銀兩應免解納領繳雜費均歸節省其內閣飯食銀二百兩翰林院庶吉士銀八十兩都察院飯食銀二千六十二兩戶部飯食銀六百兩侯部議覆准支之後在於藩庫鹽課項下照數動解等語查河東歲額正餘鹽引共六十六萬六千九百四十七道該撫臣既稱課歸地丁無需商運所有行鹽部引准其停領紙硃銀兩免其交納至內閣等衙門飯食銀兩應如所請仍在山西藩庫鹽課項下按年委解

一奏稱私鹽之禁宜弛鹽料聽便運賣也查課歸糧輸鹽聽人運不特河東之鹽人人可以販運卽兼有就近買食土鹽花馬池鹽蒙古鹽之類亦不許禁阻並不許私收稅錢則處處有鹽民食無虞缺乏或恐池鹽侵越鄰境查河南界連長蘆兩淮引地然長蘆之鹽高於河

東且係水運價亦賤於河東毋虞越賣汝甯一府行銷淮鹽去河東頗遠亦無礙彼處口岸惟界連湖北之處恐有越販應飭地方官留心緝禦至旺產之年池鹽充裕若任其露積在池耗竊均所不免嗣後坐商曬成鹽料除聽人買販外許坐商自運赴三省任便出售如有無力遠運情願收貯棧房從緩售賣者亦聽其便等語查該省池鹽既歸民運自應聽從其便毋許地方官禁阻及私收稅錢至池鹽無課或恐販越鄰境現據該撫等聲明蘆鹽高於河東而運價較賤淮鹽去河東更遠無礙彼處口岸惟界連湖北之處恐有越販請飭地方官留心緝禦應令湖廣總督嚴飭所屬實力巡查不得私毫透漏再查豫省行銷池鹽各屬距池頗遠北界長蘆南近兩淮或恐小民憚於遠販池鹽轉致買食蘆鹽淮鹽其弊端亦不可不防應飭令直隸江南地方官於毗連河南地面一體堵截至池鹽旺產之年未便任其露積致有消耗偸竊應准該處坐商自運出售如有收貯棧房從緩售賣者均聽其便並令三省巡撫通飭行鹽各州縣將除引免課各緣由明白出示曉諭務期販運流通如有市棍佔據把持私立界限者卽行查拏從嚴究治

一奏稱司鹽各官宜裁也查鹽政各官原爲經理鹽務而設今課歸地丁撤去運商鹽聽人運已無專司之事所有鹽政運司運同經歷知事庫大使並三場大使一概請裁俸廉節省其鹽政係巡撫兼管一切案卷應仍存巡撫衙門酌留書吏二名責令經管照舊給

與工食餘皆裁汰運同知事庫大使並三場大使等衙門案卷應分別歸於河東道各科房存貯備查書役人等一併裁汰工食節省所遺衙署除鹽政署久經留爲巡撫行署毋庸置議運司署應改爲河東道署運同署應留爲公廳經歷庫大使三場大使署均變價充公知事署應將鹽池司巡檢移駐所遺鹽池司署亦變價充公各該員有借項修署未完卽以變價銀兩劃抵歸款再各員裁缺應定以五十七年十月爲期緣五十七年尚有各商應完五十六年額餘課銀例於十月奏銷且向例額引隨課完納餘引展限一年今趕辦奏銷應飭一併完納俟奏銷後卽將鹽官裁撤運司給咨送部引見請旨簡用運同經歷知事場庫大使給咨赴部照例另補試用各官咨部改掣分發一切印記屆期概行繳銷至鹽政係臣兼管本年十月以前題本文案可以蓋用巡撫關防應於定案接准部覆後先將鹽政印信繳銷等語查鹽政等官俸廉書役工食並各項衙署等銀既經課歸地丁撤去運商所有管鹽等官已無專司之事自應議裁現據該撫等疏請除巡撫衙門酌留書吏二名經管案卷照舊給與工食並鹽政鹽運司運同知事等衙署留爲公所外餘皆分別裁汰變價充公各該員有借項修署未完者卽以變價款內劃抵均應如所請辦理至各官裁缺應於五十七年十月內奏銷後卽將運司一員給咨送部引見請旨簡用運同以下各員赴部另補其試用各員咨部改掣一切印記概行繳銷其各本

年十月以前題本文案亦准蓋用巡撫印信所有鹽政印信於接准部覆後先行繳銷一奏稱運城應移駐道員也查
運司向駐運城人煙輻輳每歲澆曬之時工作人夫盈千累萬且畦主供給人夫攜有糧食錢文收起鹽斤堆積並須酌
平價値鹽池卑下慮有水患亦須保護非得大員彈壓經理難期一切妥善應將河東道移駐運司衙門管理諸務免致
廢弛所遺河東道衙門應留爲差使經過住宿之所吏役聽其帶往運城其運使一切案卷應移交河東道存貯備查運
司書吏應酌留戶房四人經管畦務工房二人經管渠堰禁牆事務吏禮兵刑四房均有經管事件應各留一人共留十
人以資料理所需紙筆飯食照舊支給快皁各役亦資巡查渠堰鹽場諸務一併留供差遣工食照舊支領餘皆裁汰再
查河東道原駐蒲州府城該道有核轉所屬直隸州命盜案件之責遇解審人犯就近飭發附府之永濟縣寄監令運城
離安邑縣城十五里若發縣寄監殊爲不便應將運司衙門原設監獄並禁卒四名照舊存留並留工食等費其從前管
獄之經歷司業經裁缺查有移駐運城之解州州判應令就近帶管河東道監獄以昭愼重至該州判所管馬快八名巡
馬八四分別裁汰變價等語查安邑縣之運城係聚集澆曬人夫堆積鹽斤之所今運司業經裁缺必須仍有監司大員
駐劄今該撫等請將河東道移駐運城彈壓經理一切自臻妥善至該道有核轉所屬直隸州命盜案件其應行解審人

犯即發運城原設監獄令解州州判就近收管所辦似屬安協俱應如所奏辦理再運司衙門原有書役禁卒所應准其酌留十四名以資差遣所需工食等費照舊存留並將該州判原有巡鹽人役馬匹等項分別裁汰變價充公

一奏稱巡檢三員宜留也查鹽池周圍一百二十里地面遼闊奸宄易於潛藏且當澆曬之時外來工作人夫難保無攘竊爭鬨之事未便乏員經理應請將巡檢三員飭令分管三場稽查巡緝督勸澆曬仍令鹽池司巡檢管中場移駐知事衙門長樂司管西場聖惠司管東場各駐原衙門遇有地方官不應辦事件該巡檢具報河東道按界分飭解州安邑縣查辦不得擅受濫管所有池內原設巡役斗級照舊存留歸三巡檢分管牆外所設弓兵係巡檢額設留供差遣外商役商巡並應裁去其三禁門亦歸三巡檢就近分管並令巡牆弓兵兼司禁門啟閉但不得藉口稽查留難需索該巡檢俸滿大計即由河東道考核廉俸工食均於藩庫徵收鹽課並額編項下照數支給等語查鹽池等處向係三庫場大使經管今大使議裁即令原設巡檢三員分管三場事務並將原設巡役斗級弓兵等役照舊存留各司其事嗣後遇有地方官應辦事件該巡檢具報河東道按界分飭解州安邑縣正印官查辦不得擅受其議留之巡牆弓兵亦不得藉口稽查留難需索如有前項情弊從嚴參究至該巡檢等俸滿大計均由河東道考核廉俸工食准其在於藩庫徵收鹽課並額編項下照數支

給仍將從前運商自行雇覓之商役商巡概行裁汰一奏稱運學應照舊存留也查運學本爲有畦地坐商而設其運商之有畦地者即同坐商其子弟准與坐商子弟一體考試文武童生由運司錄送學政考取歲入文生十名武生四名科試止入文生十名又額設廩增生各二十名今運商酌裁坐商仍在且該處建有文廟春秋祀典不可乏員經理查太原府屬之清源一縣雖裁而學仍留應照此例仍留運學其原設教授訓導各一員應仍留資訓課兼理春秋祀典其文生考試公費並請照舊動支節省餘銀報部候撥等語查設立運司始有運學今運使及行鹽之運商已經議裁則運學之名可除應將嗣後商籍童生即在安邑縣應試仍於卷冊內註明商籍由解州錄送學政按原額考取同從前已進各生均歸安邑縣學訓課以昭廣育人材之盛所有運城文廟即令安邑縣就近管理其原設運學官教授訓導各一員應行裁汰該省遇有各學相當缺出另行咨補俸廉裁汰至運學書役酌留酌減之處令山西巡撫另行妥議報部核覆

一奏稱鹽池宜保護也查河東鹽池形如釜底大雨時行之後若南山一帶客水羣趨於池匯而爲湖鹽池遂廢是以歷年籌劃築堰開渠復設禁牆以資防護而渠堰禁牆歲修並各堰戶工食向於運庫支銷銀五千兩今鹽池不可廢歲修不可除應請照舊每歲在於藩庫徵收鹽課項下支銀五千兩由河東道請領委員修理以護鹽池永留美利如經理不

善池有損壞即將河東道參賠治罪再查三場共畦地五百八十五號各立商名詳報有案應請飭商照舊管業遇有典賣稟明河東道立案又有六小池者坐落大池西北產鹽無幾時開時閉其所墾畦地或照舊自曬或覓主接曬毋庸官爲經理所設弓兵應請裁汰額編工食應歸節省等語查鹽池畦地澆曬鹽斤以供三省民食聽坐商與民自相交易是鹽畦地係屬坐商世業保護鹽池即所以保護畦地況遇旺產之年又許坐商自運出售體恤不爲不優所有歲修渠堰銀五千兩應令山西巡撫轉飭各坐商照數交納河東道庫以備歲修之用毋庸動支公項如經理不善將該管官參賠治罪至池內三場畦地坐商遇有典賣應稟河東道立案以備查考又六小池坐落大池西北產鹽無幾乾隆三十八年間運商復墾以濟大池之不足今運商裁汰其所墾畦地或照舊自曬或覓主接曬均聽其便自不必官爲經理所設弓兵裁删工食節省均如所請辦理一奏稱三門鹽秤四關牙行應存也查小販赴池買鹽與坐商自相交易雖不必官爲經理但毫無憑準易起爭端應令仿照禁門舊秤式由河東道印烙另製官秤三杆給發三場斗級收執凡有商販交易即以此秤爲準原秤貯庫備較又外來小販人地生疎非有牙行代爲經理難保無欺詐騙逃之弊河東舊有鹽牙不領牙帖應請照舊設立由河東道點充等語查官秤牙行原以平市價而通商販該撫等既稱查照舊式另製官秤三杆應

准其製造由河東道印烙給發三場斗級收執舊秤貯較並仍舊點充鹽牙照應商販交易仍令山西巡撫將點充名數籍貫造册報部

一奏稱運鹽道路過渡船隻應仍其舊也查小販運鹽道路不得稍有攔阻如有前項不法之人許該商販稟明該地方官從重究懲鄉保並責又查茅津渡陌底渡二處渡口爲河南省行鹽必由之路向係運商自置渡船以便往來應將兩渡口現存渡商船卽給該船戶收管嗣後商販行鹽過渡由河東道酌定渡錢每百斤給錢若干以資養贍船有損壞責令船戶自行修補等語查茅津陌底二渡口係河南行鹽必由之路向係運商自置渡船今議以現存商船卽給各船戶收管嗣後船有損壞應令山西巡撫轉飭河東道委員查驗責令船戶自行修補並查船內裝鹽每百斤酌定渡錢以資養贍船戶再三省運鹽道路如有市井棍徒攔阻者各飭地方官實力稽查有犯必懲毋得寬縱

一奏稱積餘併餘等銀分別攤免也查商完引課零尾所積每歲約得銀八十兩零報部候撥謂之積餘又商完課銀零收整兑每年多銀六百五十餘兩不等解交內務府充用謂之併餘徵收官務等款內漏報銀三十五兩七錢二分六釐向係附入積餘併餘各款內報收今已照數攤入地丁之內其向收積餘銀四十餘兩併餘銀六百四五十兩今課歸地丁完納既無零尾可積亦無零銀可併此項銀兩應請除免再向有外結贓罰解交內務府充公令私鹽弛禁贓罰全無卽偶

有竊贓應歸解州安邑縣地方官報解毋庸另案辦理等語查商完課項內有積餘併餘等銀六百九十餘兩現在課歸地丁並無零積自應除免至贓罰一款亦毋庸解交內務府充公即偶有竊贓應歸解州安邑縣地方官辦理

一奏稱蘆葦變價應裁也查鹽池南岸昔產蘆葦每歲約可變價銀三四百兩不等乾隆七年奏明留備公用原爲黏補城垣祠廟及倉書斗級飯食並歲解內務府飯食之需迨後鹽畦漸逼蘆葦不生遇有前項公費皆係運商捐辦應請革除黏補城垣等項應聽河東道隨時籌辦外至內務府飯食銀一百兩運臯倉倉書斗級飯食紙筆銀九兩已彙入擬留公用一款內在於裁缺歸公養廉項下照數解給報銷等語查前項蘆葦變價公用銀兩該撫等既稱鹽畦漸逼蘆葦久已不生向係運商捐辦今運商已裁捐項應免嗣後黏補城垣等項應令山西巡撫轉飭河東道隨時籌辦至內務府飯食等項既據聲明彙入擬留款內在於裁缺歸公養廉項下解給仍令按年解交

一奏稱運臯運儲二倉穀麥應分別歸併存借也查運城設有運臯倉實貯穀三千九百三十一石零又運儲倉實貯穀六十石零向係彙入社倉案內報部今坐商澆曬如常應請統歸運臯倉內春初一併出借坐商秋冬免息還倉以資澆曬又運儲倉歲收佃灘籽粒租麥二百七十石零爲養濟院給散孤貧之需向不報部應請照舊給散所有倉穀出入統歸解州州判經管呈報河東道照例移司轉報

查考其籽粒租麥亦飭交解州州判就近管理按年册報又護池灘地歲納租麥三石七斗三升四合租穀五石六斗一合向係三場大使分管今將此項改歸安邑縣徵收照舊五年變價解交藩庫報撥等語查運皋運儲二倉穀石該撫等既稱統歸運皋倉內於春初出借坐商秋冬免息還倉應准其照例出借以資澆曬其租麥照舊給散孤貧統歸解州州判就近管理分別造報至護池灘地歲收租麥租穀亦應准其改歸安邑縣經徵積至五年循照成案變價報撥

一奏稱鹽務公用應酌存也查運城恭遇萬壽元旦長至暨各廟祭祀朔望行香俱有應支款項今運司雖裁而河東道移駐運城一切典禮所關自不可廢其禮生門兵鐘鼓夫及池神廟僧人廟學泉斗子各有執事並應酌留照舊給與工食以符體制查鹽務公用銀兩向有定款今次酌擬存留如內閣等處飯食甯夏等處將軍養廉及修池築堰等項計銀二萬一千六百五十六兩零酌擬裁減如刪汰官俸役食及一切冗費計銀一萬六千二十六兩零現在分別造具細册咨送戶部查議統俟部議覆准後將酌留銀兩造册立案由河東道在於藩庫徵收鹽課項下照數支領分發如有節省充公等語查前項公用銀兩除歲修渠堰銀五千兩臣等已於前款內核覆飭令坐商按年交納興修應毋庸議外其餘酌留銀兩俟該撫造册報部到日再行核議奉旨依議

嘉慶十一年奏准河東鹽務已改歸地丁徵課現在潞鹽侵灌鄰界仍應改還商運十二月巡撫成齡疏言河東吉蘭泰鹽務核定引課數目復歸商運請以嘉慶十二年正月初一日爲始查河東舊額課銀五十一萬五千七百三十四兩一錢七分九釐內除陽曲等四十四州縣向納鹽稅銀一萬九千二百九十四兩七錢五釐前經部議撥歸甯夏鹽法道徵收又河南泌陽桐柏二縣向納正雜課銀一萬二千一百四十九兩六分五釐撥歸淮北徵收二共改撥銀三萬一千五百四十三兩七錢七分實計河東舊課應徵銀四十八萬四千一百九十兩四錢九釐內有陝西鳳翔府八屬向食花馬池鹽每年只納正課銀六千七百兩七錢三分二釐現經另摺奏請改銷潞鹽應照河東之例加公務官錢餘平等項銀五千一百四十四兩八錢八分七釐又陝西邠州並所屬之三水醇化二縣向行河東鹽課銀二千二百一十一兩四錢二分四釐今請改食花馬池鹽應減去公務官錢餘平等項銀九百六十兩四錢八分七釐統計河東每年應徵銀四十八萬八千三百七十四兩八錢九釐較舊額四十八萬四千一百九十兩四錢九釐之數每年多徵銀四千一百八十四兩四錢至吉蘭泰行銷鹽數每年以三萬石爲率照河東之例應納課務餘平銀六萬三千五百八十八兩四錢三分八釐歸口商在甯夏鹽法道完納造報至陽

曲等四十四州縣內有准食土鹽地方所有引課容遵照部議查明核實酌留另行具奏辦理奉硃批覽欽此嗣於十三年奉准部覆岢嵐等十四州縣專食口鹽共應徵稅銀一千四百三十五兩零准其全行劃出另由吉蘭泰運商按引照數納課以免重複陽曲等三十州縣兼食土鹽共徵土鹽稅銀一萬七千八百五十八兩零照舊酌留由地方官徵解交納山西藩庫毋庸遠交甘肅甯夏

嘉慶十五年奏准暫增鹽價以濟河工經費於奏定例價之外每斤加增銀一釐按引徵收俟河工告竣卽行停止

按此項河工加價於道光十一年據商人王恆泰等以銀價日增成本較重稟請將加價一釐改徵制錢一文經河東道韓文顯詳請撫，臣阿勒清阿奏准

嘉慶十七年奏准河東新增餘引八萬七千五百道每年額徵正課公務官錢平餘公費共銀八萬九千七十二兩有奇巡撫兼鹽政衡齡奏言竊查河東各商應領新添吉蘭泰額引八萬七千五百道前經奏明自嘉慶十八年爲始給領行銷在

案查吉蘭泰原定每年額徵正課公務官錢平餘共銀六萬三千五百八十八兩零均與河東額徵數目相符毋庸置議惟既改爲河東餘引則公費一項應照河東之例徵收並將河工經費亦一律辦理以免兩歧現據河東鹽法道詳稱河東餘引除正課公務官錢平餘外每名另加公費銀六兩共應徵銀四千三百七十五兩又加徵公費平餘銀一百九兩三錢零以八萬七千五百引核計比吉蘭泰額引應多徵銀四千四百八十四兩三錢零又徵河工經費銀二萬一千兩二共每年共徵銀八萬九千七十二兩八錢零較原定吉蘭泰額徵之數每年多銀二萬五千四百八十四兩三錢零臣覆核無異查本年應給鹽引業經委員赴部請領其行銷地方據該道茅豫稟稱業已派定商情甚爲踴躍奉硃批戶部知道

咸豐四年奏准河東鹽務由商運改爲官運就池收稅每鹽一斤收稅銀四釐每名三萬斤詳見運銷

又奏准陝西鹽課改歸地丁攤徵詳見運銷

咸豐五年覆准河東添設靈寶縣口岸於額引外加增鹽票招

商領運官鹽以三百名爲率每年徵正課銀一萬五千兩雜課銀一萬六千五百兩公費銀四千五百兩統限次年六月奏銷前完納專案另行奏銷

咸豐六年奏准陝西復課歸鹽詳見運銷

咸豐九年四月議准山西陝西河南三省各州縣分別等次酌取各販所得羨餘三分之一均勻核計每名收銀八兩每歲抽銀四萬五千餘兩又加票三百餘名每名公費銀十五兩合之前款歲以五萬兩解部戶部議覆山西巡撫英桂疏言竊臣於咸豐九年正月初二日准戶部咨河東鹽務宜倣照四川鹽斤抽釐成案籌辦令迅速籌議章程奏明核辦等因當經臣將河東鹽務大概情形附片奏聞一面分行藩臬兩司會同河東鹽法道體察商情悉心妥議詳辦去後茲據詳稱河東引鹽咸豐四年間免商官運以來民販辦理者率非素豐之家或合夥湊貲或出息稱貸以逐錙銖之利其情有利則趨無利則去非若商運確

有把握全恃在官之曲加體邮使之踴躍從事近年兩淮鹽引阻滯澀鹽得以疏通各販行運較多此數年來河東鹽課有增無減辦理無誤之情形未敢援爲常例查川鹽多由水運需費較輕而引課俱散於竈戶就井熬鹽工本既省出鹽甚多故於正課之外可收餘利河東鹽務每鹽一名納課一百二十兩而池鹽之價值陸運腳費以及店用辛工火雜等費一通算幾近三百餘兩各販戶行運售賣山陝河南三省道途遠近不同計其所得羨餘每名不過十餘兩至三十餘兩不等較之川鹽獲利之厚大相懸殊若每斤加捐二釐則鹽引一名加銀六十兩不特盡取其利並將虧及其本即每斤加捐一釐每名亦須加捐銀三十兩誠恐各販無所取利裹足不前日久於正課轉致有虧所關非細溯查咸豐八年豫省軍務緊急擬在河南陝州之會興鎮於民販赴豫澀鹽按斤抽釐當經前撫臣恆福體察商民咸生疑畏礙難遽行酌擬在於河南新添靈寶口岸課銀內每年動支銀二萬兩解交河南藩庫藉充軍餉至行運陝省引鹽業經陝省自行抽釐似未便於晉省重複抽收其本省行銷引鹽止有四十四州縣暢滯未能劃一獲利多寡不同按斤抽釐尤慮民販藉詞觀望再四妥籌擬就銷引暢滯情形將山西陝西河南三省各州縣分別等次酌取各販派餘三分之一均匀核計每鹽引一名可收銀八兩每歲共抽銀四萬五千餘兩又加票內每名公費銀一十五兩通計三百餘名公費合之前款共可

得銀五萬兩有零請歲以五萬兩報部其傾寶起解各費即以零數開銷造報現在己未綱引鹽收款請俟奉到此次部文覆准之日儘數徵解其未奉部文以前運銷者免其補繳嗣後自庚申綱起按年查照全額羨收造報以歸核實等情詳請具奏前來理合恭摺具陳伏乞勅部核覆施行等語臣等伏查該撫所稱民販辦運惟利是趨非若商運確有把握並稱潞鹽成本較重獲利不若川鹽之厚未便按斤抽釐致販戶無所取利裹足不前係爲維持鹺商起見其疏稱於各販所得羨餘內酌取三分之一並湊加票內三百餘名公費每歲請以五萬兩解部等語是於體恤商情之中酌籌裕課之法應准照辦至請將本年己未綱引鹽收款俟奉到此次部覆之日儘數徵解未奉文以前運銷者免其補繳嗣後自庚申綱起按年照額派收造報之處亦應如所奏辦理所有己未綱應收銀兩一俟收齊即行解部嗣後自庚申綱起每年收銀五萬兩應令按季分批解部交納以濟京餉再河東鹽務當此淮鹽阻滯潞鹽疏通之際各販戶運銷日暢獲羨疊增仍請旨飭下山西巡撫督同河東道隨時體察情形如可按名酌增收取務須實力籌辦毋稍推諉

咸豐十年議准預籌海防要需查照前次扣存陝省甲寅半綱引鹽六百六十名勻入戊午己未兩綱帶銷數目除每年加

銷三百三十名再行酌加二百七十名共成六百之數內除三百三十名仍照前案解六留四以備本省防堵經費其餘續加二百七十名每名課費一百二十兩計可得銀三萬二千四百兩全數撥解天津應用戶部議覆據山西巡撫英桂疏言竊臣接准戶部咨直隸督臣恆福預籌海防要需請將河東歲銷額鹽每斤增價一文豫票每名加配餘鹽八九百斤陝西靈寶等處酌盈劑虛亦不無小補等因經部議奏行令體察情形奏明辦理前來當經檄行藩臬兩司河東道會同妥議並咨會河南陝西各撫臣查照去後茲據藩司常績署臬司瑞昌河東道劉子城會詳山西行鹽四十四州縣大半山路崎嶇運腳甚重鹽價較昂且與土鹽蒙鹽衞鹽蒲城鹽各來路在在歧通如原奏擬以每斤增價一文雖食者每日所需無幾未必日出一錢惟晉省民情重利一聞增價難免因此藉口商情不無阻滯而販私之徒轉得遂其所欲暗地私售似於鹽務多有窒礙至豫陝靈寶民票按名加斤配運一節現查各引尚有餘鹽陝省各口岸本非暢銷之所難以加斤豫引亦暢滯不齊如僅於暢銷處酌量加配餘鹽則各路鹽名斤數多寡又相懸殊不足以昭畫一且恐稽察難周商販藉端影射故年來屢

經加票未敢輕議加斤致生流弊也查上年六月間以天津需餉欽奉諭旨飭在鹽課項下撥銀五萬兩迅解天津遵即籌撥六年各項鹽課銀五萬兩解津交納在案茲以海防需餉擬以河東鹽務酌加鹽價鹽斤值此庫款支絀設防緊要之時自應體察情形從長計議查前次扣存陝省甲寅年半綱引鹽六百六十名勻入戊午己未兩綱帶銷現已全數銷竣尚可照舊加票今擬查照戊午己未兩年帶銷數目每年加銷三百三十名外再行酌加二百七十名共成六百之數按年加票內除三百三十名仍照前案解六留四以備本省防堵經費其餘續加之二百七十名每名課費一百二十兩計可得銀三萬二千四百兩全數撥解天津應用另於道庫各款內動銀一萬七千餘兩每年湊成五萬兩較之增價加斤之利有盈無絀但所加之票必須庚申開綱後極力疏銷兼須池鹽旺產始能加定現在海防經費緩不濟急擬請先行籌備銀二萬兩解津以應急需餘俟加票收課後再行補解以符五萬兩之數仍俟海防撤後即行停止等語臣等伏查現在天津海防緊要必須各省設法籌款撥解方足以資接濟今既據英桂擬請自庚申綱起加票銀兩並另動道庫各款共湊成五萬兩解赴天津應用似於海防要需不無裨益應如所奏辦理其請將原加三百三十名仍照前案解六留四以備本省防堵經費一節亦應准其照辦至所稱先行籌備銀二萬兩解津之處查該省每月應解天津餉銀二萬

兩臣等另摺議令於此項加票項內湊解應令該撫遵照奏案按月照數湊足二萬兩之數解往以濟要需不得僅以此項加票銀五萬兩解清後藉此塞責遂置月餉於不顧再查河東鹽斤加價業經該撫以未便舉行奏覆臣等復思鹽售於民每斤加價一文爲數甚微於民生似無窒礙而積少成多每年可得制錢五萬餘串亦足以濟經費之不足應令山西巡撫再行體察情形鹽價如可酌加卽行籌議奏明辦理毋稍推諉是爲至要

又議准自辛酉綱爲始再加活引五百名合爲一千一百名陝豫二省及新增活引每名酌加領引費銀六十兩本省仍分三等上等長治等八州縣每名四十兩中等長子等十九州縣每名三十二兩下等絳州等十七州縣每名二十八兩

四月戶部議覆據湖廣道監察御史薛書堂疏言潞鹽每歲計五千七百餘名每引一名納課銀一百二十兩計每歲共課六十餘萬兩行之已久惟近因淮鹽阻滯楚皖各省多食潞鹽去冬川省多事川鹽亦滯潞鹽更覺流暢自七八九年以來鹽價昂貴聞每逢發引之期該鹽道先酌量候補人員資格深淺各分數名其餘令各商先行交銀然後掣籤其商

人掣得及候補人員分得之引每名就地卽可賣三百餘金除交課銀一百二十兩外尚可餘利二百餘兩而商運遠方者利猶在外也是商人雖有資本而掣引一名不過半日卽獲利二百餘金候補人員且不費資本而分引一名亦獲利二百餘金以有用之財付之無用之人因此河東附近富商及鹽務候補人員人人飽騰惟當此軍餉支絀之時百計籌畫尙慮不足乃以國家自然之利不思變通歸公可惜可恨臣籍隸靈寶縣去河東不及百里久有所聞及訪問山西鄰近河東之安邑解州各官紳及鹽務各官人人言同臣謹擬請旨或就原引酌加課銀或於例引外量加引數計每年再增鹽課六十萬該官商尙有餘利不至辦理不前俟淮鹽暢行潞鹽漸滯再行裁歸舊章亦無窒礙等語臣伏查近來淮引阻滯楚皖兩省均食潞鹽銷路頗暢前經臣部議令山西巡撫體察情形籌辦加引加價加斤並仿照四川抽釐成案試辦抽釐曾經該撫以加價加斤抽釐未便舉行請酌取商羨等項銀兩每年以五萬兩解部並查照戊午己未兩年帶銷截存陝省甲寅半綱引鹽數目每年加銷三百三十名外再加二百七十名共成六百名除三百三十名仍照舊案解六留四其餘續加之二百七十名課費全數撥解天津等因先後奏覆各在案茲據該御史以潞鹽流暢鹽價昂貴每逢發引之期鹽務候補人員各分數名其餘各商掣得每名就地可賣三百餘金除交課項一百二十兩外尚可獲利二百

餘兩此項鹽利亟應變通歸公請就原引酌加課銀或於例引外量加引數每年再增鹽課六十萬兩等因具奏前來臣等查潞鹽自各商捐免簽充以來山西陝西等屬改爲官運官銷河南等屬改爲官運民銷一百二十引爲一名以五千名作爲定額每斤收課銀四釐合計徵課銀六十萬兩近來潞鹽銷路日暢僅據該撫籌議酌取商羨等銀並加增引票核計銀數無多若如該御史所奏潞鹽獲利甚厚盡爲官商等所有是該撫於河東鹽務並不遵照臣部疊次奏案實力籌辦已可概見查該御史籍隸靈寶縣去河東不遠所聞自必確實並訪問鹽務各官所言又同其請將河東鹽利歸公自係籌備兵餉之一策臣等謹就該御史原奏悉心酌核如所擬於例引外量加引數一節查河東鹽斤業經該撫奏明每年加增六百名如再令加增引票數多則轉致壅滯不若就原引酌收課銀爲善並非額外加增乃盡官商入己之私橐無害於民查潞鹽每名原定交課銀一百二十兩今官商等將掣分之引每名就地可賣三百餘金令其照原數外再加一百二十兩共二百四十兩完繳官商等尚有餘利可獲並無窒礙而河東鹽課每年可多收銀六十萬兩共銀一百二十萬兩於兵餉實有裨益應請旨飭下山西巡撫查照該御史原奏督飭河東道即照原奏情形奏明辦理斷不可瞻徇情面藉詞推諉將此鉅款任聽乾沒必當革除節壽之奉酬應之儀總須有益於國方不愧爲大吏再臣等訪聞潞鹽行銷

各處每斤須錢五六七八十文不等與該御史所奏鹽價昂貴情形相同須此項鹽斤民食攸關理宜平價銷售應令該撫轉飭河東道按照行銷各處路程遠近酌中定價毋許任意昂貴再行加增致病民生是爲至要六月巡撫兼鹽政英桂奏言竊臣准戶部咨覆御史薛書堂奏潞鹽暢行請變通增課以充軍餉經部臣以潞鹽每名原定交課銀一百二十兩今據該御史風聞官商將掣得之引每名就地賣三百餘金今照原數之外再加一百二十兩共二百四十兩每年可多收銀六十萬兩於兵餉實有裨益並聞潞鹽行銷各處每斤須錢五六七八十文不等與該御史所奏鹽價昂貴情形相同行令按照路程遠近酌中定價毋許任意昂貴致病民生等因奉旨依議欽此又臣前奏鹽斤加價擬在晉豫陝三省通融酌加以濟餉需經戶部以所增無幾應仍照議覆御史薛書堂原奏每年再增課銀六十萬兩奏奉硃批著英桂恪遵前議迅速籌辦官商分肥勢所必有酬應上司事豈必無總在該撫破除情面正己率屬自無格礙之理也欽此當經先後行道會同藩臬兩司妥議籌辦去後茲據藩司常績臬司黃經河東道劉子城詳稱遵查河東引鹽自咸豐四年免商之後人皆視爲畏途數月無人領運經臬司黃經在河東道任之內查得庫儲銷價息本尚未撥解諭令所屬各官有願領引者每名借發銷價銀三十兩以作資本應徵課銀准於銷後封繳彼時僅有一價二官紳領辦因薄有餘利始接辦者

多本省鹽引責成各州縣領運亦借給資本暢滯准其通融在暢銷之區雖可敷衍而滯銷州縣仍不免於賠累迨五六兩年河東漸有起色每引一名可得餘利五六兩當各收回運本定先課後鹽之例六年陝西改照豫引辦理數月後陝仍滯銷每名虧本十餘兩方敷配運七年設法變通勻交豫販兼辦以盈補絀始無貽誤八年三省均有成效河南尤暢每名餘利二三十兩不等是春即有酌加羨餘之議九年冬臘引利日增河南每名約八九十兩陝西七八十兩本省亦四五十兩故又有加票之請凡所以爲餉需計者未嘗少遺餘力然均在領引之後陸續增長封課過半礙難再議今春豫捻滋事餘利頓減現値鹵耗之時運發仍滯此歷年鹽利增減靡常之原委也自來引價之昂必各口岸銷暢利重方有把握今查河南之會興鎭爲商販聚集之所因各路鹽價較減竟有折本圖銷者其銷數不及八九年之三分之一每月詳報有案不能纖毫遮飾引之利出於鹽鹽果無利則引雖暫貴直不啻暑雨傾盆涸可立待萬一課增價減販以無利而散則每歲六七十萬之額課一有遲誤關係匪輕此又鹽引暢滯不同全無把握之實情也鹽行三省本省至遠者每斤不過三十二文豫陝州縣不過四十文惟湖北鹽價六七十文不等良由路遠脚貴兼收鼇金而河東實無此價況河南則有長蘆衛私陝西則有花馬蒲城山西則有蒙鹽土鹽皆犬牙交錯互相覬覦明知淮川道阻私販必多方將減價

敵私之不暇何敢多增價値開私鹽暢行之路此又鹽價貴賤不一之實在情形也至運城候補各員向因兎商後無人承領由候補大使首先領辦俾商民咸知觀感是以每年酌撥豫陝引九百餘名按到運先後分派數年均無多利惟九年鹽引獨昂藉獲餘潤其中豫引爲最陝引次之本省引又次之並非掣得之引皆獲重利亦無每名售銀三百餘兩之多推其較前稍獲餘利者由於上年川鹽不行銷路漸廣係屬一時僥倖且官民並運久經詳定章程利害各有專責似未便以暫時之利爲久遠之圖今奉部議每名加課銀一百二十兩以現在鹽價合算如係豫引除交課之外已無多利若陝引晉引轉須虧本五六十兩必致商販裹足於全綱大有關礙卽如本年庚申綱課將次全完一聞加課之議遂有心生疑阻者此其明證然値此軍餉浩繁庫藏支絀該司道等受恩深重具有天良如果有此自然之鉅利何敢市惠官商罔顧國計自當破除情面力求補苴因思銷路既有暢滯之分引價自有貴賤之別若不論其行銷何省按名倍徵恐人情有利則趨無利則避轉於全局諸形掣肘思維再四與其明定加課致商販觀望不前莫若量爲變通於其領引時視口岸之暢滯定領費之多寡雖不能每名概加一百二十兩能自十餘兩至三四十兩分別試行約計每年可得領引費銀二十萬餘兩是則不議加課而加課卽在其中矣如果試行有效尙可按年加增不效則另議裁減總期有裨於兵

餉而仍無礙於全綱方爲盡善除庚申綱餘引無多毋庸再議外所有辛酉綱請於今秋新引未發之先新鹽歸料之後按切時勢確察商情統計正雜課費羨餘各款以及鹽本腳價等項可得餘利若干酌定某省之引每名加領費銀若干兩俟議定成數報部俟撥以濟餉需等情詳請具奏前來臣查引價之貴賤向以銷路之暢滯爲區分銷路暢則引價增昂銷路滯則引價減落上年川匪滋事川鹽不行加以皖捻屢擾豫疆蘆鹽亦滯不但豫陝二省多食潞鹽即湖北襄漢一帶皆惟潞鹽是賴引價因而日增商民藉獲餘利職此之由臣於今春訪知大概本擬設法變通作裕課充餉之計因庚申一綱已於上年秋冬次第配運勢難於已定之課復令加增致涉紛擾惟有俟今秋起運辛酉新綱再行籌議而御史薛書堂適有此奏欽奉諭旨令即迅速籌辦現據該司道等請以各省口岸之暢滯定領引經費之等差所議尚爲平允惟每年加銀二十萬餘兩有無不實不盡且川省軍務未竣淮綱片引不行楚北食鹽屢有缺如可否酌量加票俾該處鹽價不致增昂一俟淮路疏通仍行停止似於國計民生兩有裨益第此係臣一懸揣之見究於陝豫等省議加引費有無妨礙之處均應委員確切訪查方有把握查有候補道鍾秀老成練達曾任戶部司員於鹽務情形頗爲熟悉又有候補知縣譚廷榮龍汝霖皆才識優長辦事認眞已飭委該道隨帶該二員馳赴河東會同鹽道劉子城按照時勢細察商情每

年可增領引費銀若干此外能否加票俟籌議到日[illegible]行據實奏報臣職兼鹽政當此時艱帑絀苟可設法補苴[illegible]當殫竭愚誠妥爲籌辦斷不稍徇情面有負聖主委任封疆之至意奉硃批戶部速議具奏十月戶部議覆署理山西巡撫常續疏言竊准戶部咨議覆御史薛書堂奏潞鹽暢行請變通鹽課一摺經臣部以該御史風聞潞引每名就地可賣三百餘金除交課銀一百二十兩外尚可餘利二百餘兩令再加一百二十兩每年可多收銀六十萬兩等因經撫臣英桂行據河東鹽道劉子城查得潞鹽行銷三省銷路有暢有滯之分引價有貴賤之別並無每名售銀三百餘兩之多勢難概加一百二十兩擬請每名酌加領引費十餘兩至三四十兩不等每年約徵銀二十萬兩等情撫臣英桂以所議恐有不實不盡當委候補道鍾秀帶同候補知縣譚廷榮龍汝霖會同鹽道劉子城妥爲籌議先將大概情形奏奉硃批戶部速議具奏欽此經臣部以潞鹽增課銀六十萬兩係仿照川鹽加價一倍成案行令遵照前議辦理毋任官商分肥中飽等因後又諄飭該道等破除情面實力籌辦去後旋據候補道鍾秀河東鹽法道劉子城會詳稱御史薛書堂所奏潞鹽每名就地可賣三百餘金一節查由鹽池運鹽一名至會興鎮等處正雜各課及鹽價腳價等項合需成本三百餘兩現在會興鎮鹽價售銀四百兩確有販商帳簿可稽若票價果如該御史所奏可獲利二百餘兩便需成本五百餘兩不惟

無利轉需虧折百金方可圖銷似係傳聞之訛前議加費二十萬餘兩原爲恤商力而保正課起見但際此軍務未竣餉需浩繁不得不力求變通以期時艱共濟現經督同委員傳集三省販商剴切曉諭示以朝廷德意祇令將餘利歸公並非額外增加勿生疑阻反覆開導該商販等始勉力順從請自辛酉綱爲始再加活引五百名合之先後奏定擬加六百名爲一千一百名正雜各課可增銀十四萬三千兩陝豫兩省及新增活引每名酌加領引費銀六十兩本省仍分三等暢銷八縣每名四十兩中等十九州縣每名三十二兩次等十七州縣每名二十八兩共合領引費銀三十三萬九千餘兩統計共增銀四十八萬二千餘兩内有撥解及外銷等款悉照向章分晰辦理仍將細數另行報部似此折中定價均係按切時勢體察商情幾至搜剔殆遍實難增至六十萬之數所以然者其故有四河東票價冬臘則賤春夏則昂始而新發之票其數贏繼而售銷之票其數短價亦因之騰貴遲鹽封課之期在上年之冬勢難待價而沽稽抽綱運致誤奏銷例限此其礙難多增者一也民間總匯之區物價常平零星小市物價恆貴販商操奇計盈售止自便國家立政有體掣籤領運例以一綱萬不能畸零封納此其礙難多增者二也陝豫額引三千餘名初非名名出售大約掣而轉賣者居其半掣而自運者亦居其半籤掣固覺饒有盈餘買籤僅不虧貲本販商因掣籤之有餘足償買籤之不足今則引引加費

幾無餘利若令輸納過重則賠累實深此其礙難多增者三也本省官運官銷由各州縣領運向無買票本屬無可議加第昔時銀貴而錢賤今則銀賤而錢貴州縣售之於民者錢納之於庫者銀此中稍有沾潤究亦無多且暢滯皆取羨餘辦公不無竭蹶此其礙難多增者四也凡此皆係近時之實情爲遐邇所共曉無從掩飾日後試行有效不妨另議加增儻川淮路通或本省銀價仍復增長亦當酌量裁減總期遵照部議無病於商有益於國方無流弊又自免商後定爲先課後鹽官商並運廣示招徠因而有貲本者封課掣籤旋卽售籤於人藉圖蠅利此等官商迹雖近於中飽分肥實則貿易常情無關弊竇惟既經部議莫若自辛酉綱以後除晉引官運官銷無庸紛更外所有豫引陝引先令確員字號民販盡數掣抽民販所餘始准給官領運以符舊制並防民販一旦觀望不前猶留官運以待其後蓋民販張甲李乙朝去暮來非官所能操縱更恐人情有利則趨無利則避轉於全綱大有關礙他若節壽之奉酬應之儀查自二年留商改票奏減浮費七十餘萬之後久已無此陋規四年改行票販行止自便來去靡常更無此項名目等語臣等伏查本年四月臣部議覆御史薛書堂條陳河東鹽務奏令該省酌加課銀六十萬兩連課額共銀一百二十萬兩旋據山西巡撫英桂奏擬加鹽價銀三萬四千餘兩經臣部查與前議加增課銀六十萬兩數目大相懸殊仍令照數倍增課款妥議籌辦奏

奉硃批著英桂恪遵前議迅速籌辦官商分肥勢所必有酬
應上司事豈必無總在該撫破除情面正己率屬自無格礙
之理也欽此嗣據該撫覆奏籌擬每年酌加引費銀二十萬
餘兩復經臣部以所奏尚有不實不盡仍令遵照前議增課
銀六十萬兩之數即行妥速籌辦奏准飭遵在案茲據該署
撫常績以河東鹽務委員會同河東道會議聲請自辛酉綱
爲始再加活引五百名合之先後奏定擬加六百名爲一千
一百名正雜各課可增銀十四萬三千兩陝豫兩省及新增
活引每名酌加領引費銀六十兩本省仍分三等暢銷八縣
每名四十兩中等十九州縣每名三十二兩次等十七州縣
每名二十八兩共合領引費銀三十三萬九千餘兩統計共
增銀四十八萬二千餘兩覆奏前來臣等查河東鹽務一百
二十引爲一名每年額銷以五千名爲率每名交銀一百二
十兩額徵正課銀六十萬兩本年二月該撫英桂奏加六百
名自庚申綱起徵課銀經臣部核准此次請自辛酉綱爲始
再加引五百名將上案六百名歸併牽算先後共加一千一
百名均係正額五千名之外新增之引所有增引正雜課銀
十四萬三千兩並每名分別酌加領引費銀三十三萬九千銀
兩共銀四十八萬二千餘兩查上次該撫所奏僅加引費銀
二十萬餘兩核計此次酌加銀數雖屬一倍有餘究與臣部
前議酌增六十萬之數計尚不敷銀十一萬數千餘兩惟據
該署撫聲稱此次酌加引費等項均係按一切時勢體察商情

幾至捜剔殆遍並將礙難多增其故有四縷晰具陳臣等核其所奏尚非支飾且查潞鹽新綱封課領運均在冬令此時正值開辦來年新綱之際若再駁令增加湊足六十萬銀數輾轉稽時儻商販課運稍誤轉得有所藉口臣等公同商酌應請旨俯如所奏准其暫行試辦仍令該撫認眞籌辦欽遵前奉諭旨破除情面正己率屬隨時體察情形如可再行酌加之處務須實力籌辦總須增至六十萬以裕定課項不得以此次准加引費等銀四十八萬二千餘兩作爲定局並令將新增銀兩照數徵齊專款存儲解交部庫以充京餉毋許別項擅動仍將加引一千一百名正雜課銀若干並陝豫兩省每名所加引費若干及山西本省分別等第酌加引費係何州縣逐一詳細妥造清册隨同正課奏銷報部查核毋任舛錯遺漏再查上年五月該撫奏准酌收羨餘五萬兩自庚申綱爲始徵解京餉應令各歸各案按年徵收解交部庫不得稍有短絀

同治二年五月議准河東最後加增活引五百名自壬戌綱起至癸亥綱止暫行停緩其餘六百名仍令實力疏銷陝西靈寶加費准其酌減五成戸部議覆山西巡撫英桂疏言竊臣前因河東新綱屆期舊引仍滯奏請

停止加票免誤正課奉旨戶部議奏欽此嗣准部議以濫鹽銷路雖多阻滯然陝西大兵雲集不難迅掃賊氛道路必無久阻之虞所有壬戌綱加票一千一百名行令轉飭鹽道再行悉心籌畫設法疏銷等因當經行道遵照辦理去後茲據河東鹽道劉子城轉據三省運夥民販王恆盛等稟請裁減引費以疏額引而裕正課等情詳請具奏前來查河東鹽務自改官民並運以來行銷通暢故有加增羨餘之議辛酉綱又議加費本省分爲三等豫陝每名六十兩又加票一千一百名蓋因川淮道路疏通豫陝平靖濫鹽得以遠行湖北故能運銷踴躍課項全清詎自上年五月八月豫省兩次被賊竄擾行鹽地方節節梗塞又值陝回滋事陝省片引不行迨豫境稍清而蘆鹽又復侵及濫鹽引地湖北一帶川鹽淮鹽漸次充斥其價均較濫鹽爲賤濫鹽自加賦之後成本過重以致阻隔不行日益壅滯本省領運各州縣銷售於民亦因成本太重增長鹽價民間嘖有煩言臣與鹽道劉子城目睹情形萬分焦灼深知京甘各餉皆惟河東鹽課是賴如可照舊督銷何敢輕議裁減惟思加費加票原奏內曾有日後川淮路通即當酌量裁減之語刻下不獨川鹽淮鹽水陸並運未能遠行湖北即蘆鹽亦復侵及濫鹽行銷地面而河南魯山等處抽收鹽釐每名需錢三十餘千成本益重商販視爲畏途課鮮封納鹽不能銷日甚一日於正課大有妨礙且京甘各餉急如星火儻有遺誤所關匪輕再四思維若非裁減

加費停止加票萬難望有起色合無仰懇天恩俯准將新加引費無論豫陝本省各予酌減五成使成本稍輕民販等勉力辦運庶於正課不致有誤並請將上年壬戌綱加票一千一百名同本年應加之票一併停止以恤商力而保正課等語臣等伏查河東鹽務咸豐九十兩年經山西巡撫先後奏定加票一千一百名正雜各課加增銀十四萬三千兩並徵引費銀六萬六千兩又河東正額引五千二百餘名內河南陝西靈寶加引每名徵引費銀六十兩山西分上中下三等共徵銀二十七萬三千六百六兩有零統共銀四十八萬餘兩除外銷各款銀六萬二千餘兩實應報部候撥銀四十二萬餘兩同治元年九月十二月間山西巡撫以豫陝道路梗塞河東鹽引滯銷兩次奏請停止壬戌綱加票當經臣部議令設法疏銷毋庸停止奏奉諭旨行知在案茲據該撫以上年五月八月豫省兩次被賊竄擾行鹽地方節節梗塞又值陝回滋事陝省片引不行迨豫省稍清蘆鹽又復侵及潞鹽引地湖北一帶川鹽淮鹽漸次充斥潞鹽積滯不能銷售日甚一日請將上年壬戌綱加票一千一百名同本年應加之票一律停止並請將新加引費無論豫陝本省各予酌減五成等因尚屬實在情形查壬戌綱加票一千一百名一經臣部奏咨行令設法疏銷原以河東鹽課爲撥解京餉一大宗未便輕議停止今既據該撫再三奏停若責令照舊辦理勢既有所不能然竟全行停止於京餉殊有窒礙臣等公同商

酌所有河東最後加增之活引五百名應准其自壬戌綱起
至癸亥綱止暫行停緩其餘六百名仍令實力疏銷惟合壬
戌癸亥兩綱核計共一千二百名若令於本年一併加銷爲
數未免喫重銷售未能足數應再推展年限令將壬戌綱加
票六百名於本年補銷癸亥綱加票六百名於來年補銷以
紓商力至請將新加引費無論豫陝本省各予酌減五成等
因查河南額引一千九百九十名一百十引每名加引費銀
六十兩共銀一十一萬九千九百九十餘兩山西額引並岢
嵐州引一千六百六十六名一百八引分上中下三等加費
共銀五萬五千七百兩有零現在河南軍務漸平路無梗塞
鹽可暢銷山西係完善之區豈得將原加引費率行核減所
請將河南山西引費酌減五成之處應毋庸議至陝西額引
一千三百三十一名一百一引每名加引費銀六十兩共銀
七萬九千九百一十兩五錢又靈寶額引三百名每名加引
費銀六十兩共銀一萬八千兩陝省軍務未息販運較難所
有本年加費應准其酌減五成核計壬戌綱暫停加票五百
名課銀九萬五千兩癸亥綱暫停加票五百名課銀九萬五
千兩並酌減陝省加費銀四萬八千九百五十五兩零所以
體恤商人者已屬無微不至應請旨飭下山西巡撫遵照臣
部此次奏案嚴飭鹽道轉飭該商等將壬戌癸亥兩綱加票
各按年運銷並癸亥年正額引鹽務須悉數銷完斷不准再
請減停致干嚴辦仍飭該撫隨時體察情形如陝省銷路漸

通務將暫停之五百名活引即行運銷並陝省引費仍按名徵收六十兩以符舊規毋得恃有此次准其停緩之案習以爲常不復力加整頓是爲至要再據奏稱河南魯山等處抽收鹽釐每名需錢三十餘千成本益重商販視爲畏途等因查河南抽收潞鹽釐金並無報部案據現在潞鹽滯銷豈可再行抽釐致運鹽成本愈重商販畏葸不前應令河南巡撫於文到日即將魯山等處抽收潞鹽釐金概行停止以輕成本而疏銷路五月初九日奉旨依議

同治四年十月議准潞鹽前後加票一千一百名暫行停辦豫陝二省咸豐十年所加每名課銀六十兩暫行停減銀三十兩至山西加課應令照舊徵收不准減半以示區別戶部議覆護理山西巡撫王榕吉疏言據河東鹽法道楊寶臣詳稱本年春間該道聞楚省淮綱已復且襄樊各處加抽釐金意在杜潞鹽之路並訪得襄郟一帶蘆私充斥當經遴員前往河南湖北等處確切訪查旋據委員回運稟稱楚省鹽務現經兩江湖廣各總督重整淮綱設立總局頒行條款淮鹽每斤在漢口售價六十文而潞鹽運至樊城每斤售價七八十文再加釐金六文運至漢口三處又加釐金十八文成本過重不能運赴武漢安陸德安一帶僅有樊城一處尚可發售而襄城

郟縣賒旗店等處復有蘆私侵灌其價較賤加以髮捻各逆不時竄擾南汝等處商販不敢冒險行運陝西現雖稍定而兵燹之後戶口流亡過半食鹽頓減其附近鄖陽地方亦因老河口釐金增重商販畏葸不前遝鹽實形壅塞本省行鹽四十四州縣多係商夥自備本金代官行運近年糧價昂貴鹽池不旺兼以兵差絡繹騾馬缺乏脚價逐漸增長官引亦復積壓請將豫陝加課自丙寅綱起每名各裁減銀三十兩其本省加課亦照原定數目酌減一半嗣後新引一律照辦所有癸亥綱展緩之活票五百名並甲子綱以後加票六百名均請停止以保正額等情詳請具奏前來臣查遝鹽之暢滯視川淮之通塞川淮道阻則遝鹽暢行川淮路通則遝鹽積壅情勢使然加課加票本因暢銷而增自應因滯銷而減惟本省究屬完區若將加課與陝豫並減未免無所區別應令設法照舊徵收不准減半其豫陝二省從前每名所加課六十兩合無仰懇天恩俯如該道所請准其各裁減銀三十兩並將癸亥綱展緩之活票五百名同甲子綱以後加票六百名一併停止等因具奏前來臣等伏查遝鹽續加課票屢經該撫奏請展緩均由臣部查看情形分別議准已足以示體恤若遽將奏定之案統行裁減停止恐非核實之道惟該署撫所奏遝鹽運楚不如從前暢旺髮捻各逆不時竄擾南汝等處陝西兵燹之後戶口流亡過半食鹽頓減各等語尚屬實在情形應准如所奏將前後加票一千一百名暫行停辦

豫陝二省咸豐十年所加每名課銀六十兩暫行裁減銀三十兩俾紓商力而彰大信至山西本省究屬完善之區所有加課應令照舊徵收不准減半以示區別十月二十五日奉旨依議

光緒五年九月議准晉引加費援陝豫靈各岸加費減半成案酌減五成上等各州縣改徵銀二十兩中等十六兩下等十四兩

戶部議覆山西巡撫曾國荃疏言據河東鹽法道江人鏡詳稱河東引鹽行銷晉豫陝三省光緒三年三省引地均遭奇荒戶口流亡過半以致乙亥丙子積引未能依限全完是年冬間據前護河東道卓熙泰先後詳呈經臣疏請裁汰晉豫陝三省加費並請暫停河南靈寶加引未蒙俞允四年十二月丁丑綱額引正展展限滿未能完銷復經臣奏懇續展一年部議覆准展限四箇月截至本年四月底作爲奏銷限滿其戊寅綱引准自己卯年五月起接續開徵旋因運銷仍滯復經臣請將丁丑綱未完積引二千一百七十餘名比照乙亥丙子兩綱成案亦分三年帶徵奉旨允准在案溯查自咸豐三年捐免充商後將本省改爲官運官銷豫陝改爲官運民銷三省歲行額引四千九百九十八名七十九引以一百二十引爲一名每名徵正課銀五十兩雜課銀五十五兩歲共徵銀五十一二萬四千八百兩零彼時江南湖北等

省均遭兵燹淮鹽停運胥藉潞鹽接濟西路則花馬池一帶亦皆買食潞鹽河北直隸蘆鹽不能按時到岸潞鹽行銷一日暢咸豐五年議加靈寶口岸鹽票三百名七年改領部引九年又加羨餘銀三萬七千三百餘兩接濟京協各餉同治元年又加籌補羨餘銀三千四百兩當時奏明日後滯銷仍准還原引迨同治五年淮鹽暢行潞綱日滯經前撫臣奏准豫陝靈引每名酌減五成加費銀三十兩共減銀一十萬八千九百五十餘兩本省因屬完善之區未蒙核減統計三省實行額引五千二百九十八名七十九引歲徵銀七十六萬一千七百兩零其時西路花馬池鄰鹽絕跡北路蘆鹽亦滯河東鹽務尚能依限奏銷同治七八九十等年西北回捻削平蘆鹽暨花馬池鹽行銷如舊潞鹽日益疲滯不能依限奏銷現值三省連年荒旱潞鹽引地悉被災祲本省災害尤重戶口流亡十之六七豫省之河陝陝省之西同本民亦凋殘相望留此孑遺餬口不遑何嫌淡食河東行鹽處處陸運民販全賴騾馬年來牲畜宰殺餓斃殆盡加增腳價成本過重多致虧折至三場坐商每年澆曬全仗人工而種鹽之人餓斃過半人工口食倍增曬鹽一名成本需銀一百二三十兩售價不過七八十兩一時並無受主本重累多日下各場已有無力澆曬坐荒畦地者坐運兩商困累至此縱使設法調劑亦非一時所能見效與其徒有額銷虛名無益餉項轉致礙及全局何如從權酌減引費等情詳請具奏前來臣查該道所

呈委係實在情形合無籲懇天恩准自己卯綱起山西引暫減四百名河南引暫減三百名陝西引暫減二百名數年後疏行有效仍請復歸原額並請自戊寅綱起將三省加費一十六萬四千六百餘兩暨羨餘及籌補羨餘共銀四萬七百餘兩一律裁汰以維全局而紓商困其戊寅綱新引自五月開辦後一領辦寥寥並請展至本年九月開辦所有分年帶徵之丙子丁丑積引遵照原奏辦理至己卯綱新引請俟戊寅綱全引辦有端緒再行舉辦其奏銷限期仍請依次遞展一俟年穀順成鹽務稍有起色即當逐漸提前催運年清年額以符原限仍督飭該道轉飭監掣三場行鹽各州縣及清民販等實力疏銷並嚴行緝私等語臣等伏查潞鹽章程自咸豐三年奏定晉省官運官銷豫陝兩省官運民銷晉省歲額應銷引一千一百六十六名零豫省歲銷引一千九百九十九名零陝省歲銷引一千三百三十一名零引共計額銷引四千九百九十餘名零咸豐五年議加靈寶口岸鹽票三百名七年改領部引統計晉豫陝靈各岸實行額引五千二百九十餘名零每鹽二百四十五斤為一引一百二十引為一名每斤徵正雜課銀四釐每名約徵課銀一百二十兩歲共應徵課銀六十萬兩有奇此河東歷徵鹽課正額大概情形也咸豐初年各省軍興江路阻塞淮鹽片引不行回捻各匪蹂躪西北花馬池及長蘆兩路運道梗絕潞鹽遂得溢銷於江楚河陝直隸諸境暢旺倍常於是咸豐九年由該省定議加徵

羨餘每名銀八兩並加票三百名每名徵公費銀十五兩二共徵銀五萬兩按年解部充餉十年復據前山西撫臣疏請每年除前加銷三百三十名外再加二百七十名共成六百名計續加二百七十名歲徵銀三萬二千四百兩另於道庫提銀一萬七千兩湊成五萬兩照數解直作爲津郡海防經費是年四月前御史薛書堂奏擬加徵潞鹽課銀每年六十萬兩旋據前晉撫常續覆奏請再加活引五百名合前加六百名爲一千一百名計增課銀十四萬三千兩又加徵三省引費銀三十三萬九千餘兩共四十八萬二千餘兩除去外銷各款實應報撥銀四十二萬餘兩此又河東引鹽暢銷陸續加徵引費羨餘各款大概情形也維時潞鹽正課加課歲可得銀一百餘萬兩實爲撥解京協各餉一大宗乃徵收甫一二年江楚肅清川淮兩路鹽皆暢行而潞銷漸滯加以捻回各匪疊擾陝豫道途梗阻河東銷滯運難同治元年該省卽有請停加票之奏當經臣部議駁二年五月又請停止加票並請將各岸新加引費統予酌減五成復經臣部議令准將最後增加活引五百名暫行停緩其餘六百名仍令實力疏銷並准將陝省額引加費每名六十兩及靈寶額引加費每名六十兩各減五成四年十月復經前署晉撫王榕吉請將豫陝引費各予減半徵收並將前加票六百名一併停止臣部議以陝豫被擾戶口流亡食鹽頓減係屬當時實情准令將豫陝二省應加引費每名六十兩暫減徵收三十兩暨

將前後加票一千一百名悉行停辦至山西本省係完善之
區加課仍令照舊徵收不准減半以示區別以上先後綜計
共停減加票加費等銀三十一萬七千八百餘兩僅存應徵
加費銀十六萬四千六百餘兩光緒三年晉撫曾國荃復以
豫鹽滯銷請將靈寶加引停徵又請將豫陝五成加費及山
西未減加費一體停止亦經臣部議駁奏令認眞整頓照常
徵課藉供撥款等因行知遵照各在案臣等查該撫所陳河
東各引地同被災祲食鹽戶少坐運各商積困難紓自係實
在情形惟該撫在晉言晉目擊商情困累不憚再三請命上
乞恩施而臣部綜核度支不能不商兼權中外溯自光緒三年
歲旱西北各省多告偏災仰賴皇仁有加無已於議蠲議緩
外疊頒內帑賑濟咸周在孑遺實戴生全而帑藏爲賚取給
頻年出多入少徵發恆苦不敷河東額課歲收六十萬兩歷
年僅敷指撥西征餉需及金順軍營歲餉其加費銀十六萬
四千餘兩及羨餘銀四萬餘兩則按年撥解京餉十五萬兩
固原提督雷正綰營軍餉六萬兩但令徵收足數亦不過祇
敷報撥儻再議減議停解款將何從籌措近年各直省支絀
情形彼此如一卽東南夙稱財富而歷歲籌防協賑均亦羅
掘告空西陲兵練未奏凱旋則該處協餉尙不能不按時協
濟可知其金營雷營亦同此相需孔亟此時若准曾國荃將
河東正課減額加費停徵竊慮應解各餉項更無他省他款
可以籌抵京協餉需動關緊要一有貽誤厥咎誰歸度勢揆

時該撫臣奏請停減之處臣等實未敢率准惟所請停減各課係爲因災銷滯補救穨綱起見亦不能不量加體恤查豫陝靈各岸加費前均議准減半徵收獨山西以完善之區未邀核減今値晉省洊饑難保各官商不藉口偏枯似亦未昭平允臣等公同商酌擬請將河東現辦戊寅一綱應徵晉引加費援案酌減五成以示調劑河東引費陝豫靈寶均按名加費銀六十兩獨晉省向分上中下等則徵收上等長治等九州縣額引五百名二十六引每名徵費銀四十兩中等長子等十九州縣額引七百五十六名三十引每名徵銀三十二兩下等絳州等十七州縣額引四百一十名五十二引每名徵銀二十八兩合算共徵銀五萬五千七百兩有奇應令該撫轉飭鹽道按照定則暫將上等各州縣改徵銀二十兩中等十六兩下等十四兩計共應減銀二萬七千八百餘兩此項加費有關撥解京餉減徵後萬一解款稍有不敷應令該鹽道查照從前協解天津海防銀兩成案於道庫酌提閒款抵補足數毋任虧短京餉要需又此次係因災暫准減徵該官商不得覬覦永免一俟來年歲獲豐收運銷自必加暢將來接辦己卯綱時即令仍按原定等則銀數啓徵其陝豫靈各岸引費業經先減五成當此需用浩繁之際縱不能力圖復額又豈容屢議減停所請應毋庸議以顧課餉而示限制至正課及羨餘各款關係西餉及雷營歲餉現在西邊兵事功告垂成需餉正殷臣部統核各省進款均僅敷用無多

餘存不能另爲籌撥該撫所請減額引裁羨餘各節礙難照准亦毋庸議其戊寅綱引據稱自五月開辦後請領寥寥懇展至本年九月開辦己卯綱新引請俟戊寅綱辦有端緒再行舉辦等語查河東丁丑綱引迭經該撫一再疏請展至本年四月底截限迨屆限滿又據疏稱尚有未完丁丑綱積引二千一百七十餘名比照乙亥丙子兩綱成案分限三年帶徵前經奉旨允准是丁丑綱積引已准歸入陳引陸續帶徵何以戊寅綱尚不能依限接辦又復瀆請展期其爲該鹽道等怠玩習成已可概見惟計此案覆摺到晉爲時已屆九月應請飭下該撫臣嚴飭鹽道督率各官商竭力疏銷趕緊將戊寅綱應銷各引於一年限內照額全完並將己卯綱新引查照臣部奏咨各案作速委員赴部請領俾得上緊接續開辦均毋遲延嗣後年穀順成務將各綱遞行趲前催運俾得年清年額以符定制尤爲至要

光緒六年二月議准河東引地自己卯綱爲始將豫陝靈寶減騰五成加費並山西本省現准暫減五成仍留五成之三等加費及先後續增羨餘一概暫予裁除戶部議覆山西巡撫曾國荃疏言竊臣前因河東行鹽引地連年災祲戶口凋殘懇請將晉豫陝三省鹽引自己卯綱起分別暫減並請將三省加費暨羨餘及籌

補羨餘銀兩一律裁汰戊寅綱新引展至五年九月間開辦分年帶徵之丙子丁丑積引遵照原奏辦理己卯綱新引請俟戊寅綱全引辦有端倪再行舉辦其奏銷限期仍請依次遞展旋准戶部議覆准將現辦戊寅綱應徵晉引加費援案酌減五成其三省額引羨餘及豫陜加費未蒙准減並令將戊寅綱應銷各引於一年限內照額全完己卯綱新引作速委員赴部請領等因卽經轉行分飭遵辦去後茲據河東道江人鏡詳稱遵查晉豫陜三省凡係河東引地三年同被災旱戶口流亡十之六七日下每年銷數日形短絀滯引愈積愈多天災流行人力亦窮於術非不知引課關繫餉源但鹽不暢銷課從何出課不封納餉從何籌因之歷年奉撥京協各餉未能照數撥解與其日後貽誤坐失機宜何如先事綢繆尚堪補救溯查當日加費之案原以川淮引地借銷潞鹽議增加費原奏內卽有川淮路通仍當裁汰本未敢據爲定額也現在川淮復舊潞鹽滯銷又值大災之後銷路更窄若令加費羨餘照前封納實屬力有難支蓋加費羨餘前因暢銷而遞增茲因滯銷而求減盈虛消息時勢使然況求減之數均係咸豐年間疊次加徵之課並未請減原額如以川淮花馬池鹽之有餘補潞綱之不足通盤籌畫似於國計民生均無窒礙據該民販稟由監掣同知張元鼎詳經河東道呈請具奏臣思河東鹽引因災銷滯該道所詳各節委係實在情形合無仰懇恩施俯准自戊寅綱起仍將豫陜靈減賸五

成加費並本省一現蒙暫減五成及仍留五成之三等加費暨前後續增羨餘一併裁汰俟試辦數年轉滯爲暢即當漸次請復以濟餉需至前定額引原係計口授食目下戶口凋殘食鹽人戶不過昔年三分之一各州縣均有戶口册籍可稽若照現行額引勢難依限行銷應請將三省額引仍自己卯綱起山西省暫減四百名河南省暫減三百名陝西省暫減二百名日後生育復原銷數暢旺隨時請復原額以符定制至戊寅綱鹽引早遵部示開辦加費羨餘如蒙裁減請自奉准部覆之日爲始按數減收以昭核實己卯綱引業已派員赴部請領等語臣等伏查光緒三年晉豫陝三省大旱凡潞鹽行銷口岸無不同被災祲現時流亡未復戶口減損致引鹽日益滯銷該撫不籲請裁加費減額引自係目擊商艱不能不爲再三請命惟臣部綜理度支當此時勢艱難尙須在常年撥款外加籌餉項以資備豫何敢於例徵額課輒准刪減以虧正供況西北防軍未能遣撤所需餉於河東者甚鉅若加費以羨餘正課一時並准停議減則西餉將憑何支應各直省拮据如一改撥又若無從而曾國荃所稱潞商積困亦確係實在情形儻必概加駮斥又恐商民徒擾追呼課餉終無裨益臣等公同商酌各省鹽運銷路漸暢晉省實又普被災荒若正課加課同時併徵商力實有未逮合無仰懇天恩准如該撫臣所請自本年接辦己卯綱爲始將豫陝靈寶減賸五成加費並山西本省現准暫減五成仍留五成之三等減加

費及先後續增羨餘一概暫予裁除經此次停減後該商民等渥荷皇仁尤當激發天良力圖報効保全正額務當年清年款不准絲毫帶欠至本年京餉內指撥河東加課羨餘共銀十五萬兩又應解雷正綰協餉每月五千兩此時課旣停徵款無所出自應一併暫准免解俟復舊後再由臣部酌量指撥所有此次免解京餉銀兩本應補撥惟查各省關應還部庫墊發並積欠京餉各款爲數尙鉅業經臣部另摺奏催趕緊補解如能源源解到尙可敷衍本年暫請毋庸撥補其雷正綰月餉待用孔殷若不另行改指誠恐貽誤軍食擬卽在於兩浙鹽課鹽釐項下每月撥銀五千兩應請飭令浙江巡撫轉飭該運司卽自本年起按月照數籌解以濟兵糈其河東額引係屬例定正課且歷經臣部指撥西征軍餉關繫要需該鹽道身任督徵自應按年按額徵完撥解未便輕議減成所有曾國荃請將河東現引分別晉陝豫暫予酌減定額行銷之處應毋庸議仍令該撫臣督飭鹽道實力催徵毋任藉詞延欠以重正供兼顧協餉至該省己卯綱應銷各引應並令該鹽道恪遵奏案趕緊於一年限內督銷全完報部毋稍遲逾奉旨依議

光緒十一年奏准河東引鹽於封納正雜課項之外每名捐銀十兩名爲海防經費山西巡撫奎斌奏言竊臣准戶部咨光緒十年十二月初八日會議籌餉一摺

清單內開領票行鹽酌令捐輸查淮南五百引爲一票淮北每百引爲一號票茲酌定淮南每引捐銀四錢淮北每引捐銀二錢其餘有鹽務各省應令各督撫體察情形能否一律仿照辦理迅卽妥議具奏奉旨依議等因咨行到臣當卽欽遵轉行河東道籌議去後伏查河東鹽務自咸豐四年免商以後豫陝民販或合夥湊貲或出息稱貸已非如從前運商之殷實迨丁戊歲祲潞鹽引地同時被災戶口凋零銷數驟減民販中虧本輟業者十居八九前撫臣曾國荃目擊情形思有以保護全綱於是自己卯起凡一切鹽引加費及先後續增羨餘等項悉經奏准裁免在案惟是池鹽向資澆曬澆曬全賴人工比歲工作價增數倍銷路疲滯售價轉不如前坐商既困而該民販等節節陸運動輒千百餘里費大本重計每名課項鹽價並運腳店用火雜辛工需銀三四百兩或五六百兩不等核以目前時值餘利無多勢不能與本輕利厚之兩淮票商等量齊觀況現在陝省鹽釐經前撫臣張之洞奏明由晉包納運販隨課封交上年臣於裁節常年用款案內又提緝私經費銀二萬兩存儲候撥亦皆出自商捐夫以捐項之繁重如此運販之艱窘如彼若再責令捐輸未免竭澤而漁全局慮有不支之勢然值此海疆多故敵愾同深商力雖疲要當激其天良量爲敦勸節經督飭河東道多方曉諭該民販等始則以潞綱銷數疲滯堅求寬免繼乃迫於大義僉議每年除酌提緝私經費外或再捐銀二三萬兩尙

可勉强籌湊多則力實難勝臣察核情詞尚非虛飾自應衡量商力酌令輸將俾籌餉無礙鹺綱庶爲兩全之道惟查該民販等現議捐數合之上年奏提緝私經費一項歲可捐銀四五萬兩臣愚以爲同一捐輸與其分作兩款徵收何若併歸一款較爲簡易該民販等既願加一捐應將緝私經費豁免卽於一封納正雜課項之外每名捐銀一十兩名爲海防經費隨課上庫專備餉需以全綱核計每綱可徵銀五萬三千兩卽使銷引未能足額每年總可得銀四萬餘兩此項撥附入奏銷册內分別造報所有從前緝私經費名目一悉予裁除如蒙俞允應請自奉准之日爲始無論正銷帶銷一律按名徵收儘數報撥以前運銷者概免補繳其原奏備提之緝私經費銀二萬兩應請截至起徵海防經費之日止嗣後免其交納據河東道丁體常詳請具奏前來所有遵辦潞鹽捐輸備充海防經費緣由理合繕摺具陳五月十九日奉旨著照所請戶部知道

光緒二十二年奏准另籌晉陝鹽斤加價每名徵收銀二十四兩隨課交納專款存儲報部候撥

戶部議覆山西巡撫胡聘之奏言光緒二十一年六月初六日奉上諭戶部奏需餉孔殷謹陳辦理情形一摺等因並准戶部知照到晉當將鹽斤加價一條分別行催河東

鹽法道遵辦去後茲據該道奭良詳請將潞綱行銷晉陝引鹽均按每名二十四兩隨課攤封等情前來臣查河東鹽務滯銷實因路遠運艱成本過重在商人本意均願減價敵私故從前歷辦海防經費各省賑捐以及上年捐銀十萬兩均由各商販勉力湊繳而鹽價始終未加此次奉文籌議加價該道議由晉陝各商販按照每名二十四兩隨課攤封後再行酌加鹽價不敷之數仍由商販攤賠係爲保護課源起見除豫省額引一千九百九十九名一百十引靈寶加引三百名專歸豫省抽收加價毋庸重複另攤外所有晉省額引一千六百六十六名一百八引陝西省額引一千三百三十一名一百一引應請自光緒二十二年五月初一日開辦辛卯綱爲始按照每名二十四兩隨課攤封仍准該商販酌加鹽價一文或半文不得再行多加以示限制核計每綱應徵銀七萬一千九百六十九兩零名曰另籌晉陝鹽斤加價專款存儲聽候部撥一俟防軍裁撤即行停止等語臣等伏查現在鹽斤加價如淮南浙江四川等處引岸均係每斤加價二文即潞鹽之行銷河南者亦係每斤加價二文其僅加一文或半文者惟長蘆山東兩處耳以長蘆有海嘯之災山東有河決之害也潞鹽所行晉陝兩岸並無他故自應遵照部奏案加價二文今該撫請由晉陝各商按照每名一百二十引交銀二十四兩核計每斤不合錢不過一文有奇雖較長蘆山東各岸之加價爲多而仍不及淮南浙江四川各岸加價

之數臣部本難議准惟河東鹽務現尚積壓五綱其爲滯銷已可概見且該撫所擬晉陝兩省加價每名徵銀二十四兩每斤合錢一文有奇又係由商包納而各岸賣鹽所加之價僅自半文至一文而止是多取於商而少取於民擬請准如該撫所奏卽自本年五月初一日開辦辛卯綱爲始按照晉陝兩省額引數目每名徵收加價銀二十四兩隨同正課交納專款存儲報部候撥其有帶銷引張亦卽一律加收毋許兩歧至晉陝各商運鹽到岸酌加賣價某岸一文某岸半文應令轉飭酌定確數先行報部備考奉旨依議

光緒二十六年奏准晉陝豫各岸每引加捐銀五釐名曰按引攤捐

山西巡撫何樞奏言竊臣前准部咨籌項奇絀度支不敷奏准籌款六條行令仿照兩淮捐輸票本章程就本地情形酌定辦法勸諭各鹽商按年捐輸一次仍將擬捐銀數若干先行報部不得以他省鹽務與兩淮有異諉謂商人無力交納任意宕延等因當經轉行河東道遵辦去後茲據覆稱坐運各商販公呈以潞綱自捐免充商以後全係小本夥販領引運鹽不特與兩淮之票商不同卽較之各省之岸商亦復迥異且自丁戊大祲以後二十年來綱引遞壓課項屢增本重利微運艱銷滯上年鹽池被水成災本年各州縣又復被旱商情奇困委係無力捐輸稟經該道又剴切勸導

激以大義復據稟稱潞商雖極疲累而頻年每遇籌餉無不竭力輸將光緒十一年部議令照兩淮按引攤捐於是有海防經費之每名十兩二十一年辦理鹽斤加價於是豫省有就地抽收之每斤二文晉陝有隨課攤封之每名二十四兩現在陝省又辦加價業已允定每斤一文合之每名又加銀二十四兩復有陝岸鹽釐之每名十二兩一引之數稅實已困累萬分惟事關奉部飭辦之件又不准以商人無力藉詞延宕自應於無可設法之中勉爲籌措擬援照長蘆辦法無論晉陝豫各岸每引攤捐銀五釐每綱額引六十三萬五千八百三十九道共捐銀三千一百七十九兩零如遇展限之年按銷遞減專款存儲聽候提用等情由道詳請具奏前來臣查潞引斤數較之蘆引斤數尚不及半而銷路之細運道之艱商力之困實爲各省所僅見茲仍按蘆商攤交銀數勉力認捐已屬異常竭蹶勢難再令多籌擬請自奉准部文之日起每引加捐五釐隨課徵收名曰按引攤捐每綱銷完共收銀三千一百餘兩聽候撥用奉硃批戶部知道

光緒二十八年奏准賠款重要晉豫陝三岸每斤加收二文每名折收銀四十兩

山西巡撫吳廷斌奏言查潞鹽行銷陝豫前准部咨以賠款重要飭辦鹽斤加價經升任撫臣岑春煊升任護撫臣趙爾巽疊次札飭河東道一再籌議酌定每斤加收二文每名折收銀四十兩自光緒二

十八年九月開辦丁酉綱起徵名爲賠款加價另儲備解並由臣咨明戶部在案嗣准部咨以此項賠款加價現已試辦半年應即奏明以重鹽法並令轉飭河東道一俟丁酉綱截數查明銷數收數以及支解數目另造清册送部核銷等因當即轉行河東道遵照去後茲據河東道吳匡詳稱遵查賠款加價晉豫陝三岸每斤加收二文每名折收銀四十兩係於光緒二十八年九月初一日開辦丁酉新綱起徵專備晉省公約賠款之用至是綱所銷鹽引名數所收加價銀兩以及支解數目應俟本年截至八月底屆期隨同奏銷引課册籍再行另造清册呈送理合先請奏咨立案等情前來臣覆核無異除咨明戶部外謹附片具陳

聞五月二十一日奉硃批戶部知道

光緒三十四年奏准酌增鹽價抵補藥稅每斤暫加四文以一半解部抵補練兵經費以一半劃歸產鹽銷鹽省分勻撥濟用

度支部奏言本年二月二十日內閣奉上諭外務部奏籌擬禁煙辦法另籌抵補藥稅各摺片著民政部度支部迅卽會訂稽核章程其藥稅指抵各款由度支部另行籌補等因嗣於四月二十四日經臣部會議覆奏業於摺內聲明抵補藥稅由臣部另籌奏明辦理等因奉旨允准在案現查藥稅指抵各款以練兵經費及各省額款爲大宗今實行禁煙

稅項日減向時指抵各款亟應另籌抵補以備應付雖印花稅一項前經奏明辦理現在甫議開辦恐未必驟收成效臣等日夜籌思際此財力奇窘苦無長策必不得已惟有酌加鹽價尚可集成鉅款議者謂東西各邦通例凡爲國家必要之需無不由國民共其擔荷就鹽攤派天下無不食鹽之人卽無不同盡義務之人其說頗中肯綮茲擬按照向來加價之數酌中核議無論何省通行每斤暫加四文實屬輕而易舉儻各省實力疏銷每年當可得銀四五百萬兩以一半解部抵補練兵經費以一半劃歸產鹽銷鹽省分勻撥濟用雖於練兵經費及各省額款未可全數抵補亦可暫濟目前之急如各省疏銷不力以致舊日課釐等項或有短絀卽將應撥該省此次一半加價先行提補課釐等項原額有餘再撥濟該省應用其有委員等辦理不善激生事端者卽由該管督撫從嚴參辦此次酌加鹽價係爲抵補藥稅而設各省務須一律遵行不得彼此參差致有畸輕畸重之弊如蒙俞允卽由臣部電咨各省限於本年七月初一日通行照數加收以濟要需奉旨依議欽又咨准山西巡撫寶棻咨稱據河東鹽法道陳際唐呈奉欽開據山西布政司財政局會詳稱此次潞綱加價准撥產鹽省分之一文若由各該省分收撥解司庫仍屬緩不濟急似應變通辦理責成河東道將行銷本省之銷鹽省分應撥一文分銷三省之產鹽省分應撥一文一律隨課徵收按季解司藉湊餉需詳請咨部立案欽道遵

辦等因職道查前項加價本省隨課徵收自八月初一日爲始陝豫奉准部電由各該省分收解撥陝於八月初一日開辦豫則七月初一日開辦均係按照運售鹽數就入境口岸徵收本省隨課徵收以二文解部以產鹽銷鹽省分應撥之各一文解司自應遵照辦理惟陝豫於產鹽省分之一文業已代收在先現改隨課徵收必須明定截止日期劃清界限請自十月初一日起無論官運民販封納陝豫引課均將產鹽省分應撥之加價一文剔歸運庫完納陝豫兩省之加價局卽自十月初一日以後於部議加價祇收解部二文暨銷鹽省分之一文共三文作爲加價收齊不再重徵產鹽省分應撥之一文所有十月初一日以前業已代收過產鹽省分應撥之一文核明共有若干仍由陝豫逕解山西司庫毋庸再由河東運庫轉解以省周折至陝豫兩岸民販有於十月以前業已完課未繳部議加價之鹽或尙未出場或卸存在店或中途轉運或到岸未銷尙有應繳產鹽省分應撥之加價一文未便任聽漏交一面由道遴派專員前往陝西之三河口河南之會興鎭會同該處督銷委員亦自十月初一日起照數補收並以有無完繳過產鹽省分加價一文之印票爲區別凡有由道隨課徵收塡給印票者概不補收以免重複其官運引鹽之到岸未售曁雖已出售按季彙繳加價者均有冊報可稽一律按照補收章程劃解運庫彙總解司用昭劃一理合詳請咨部等情除批示並分咨外相應咨部查

照等因前來查潞綱應收部加鹽價四文前據山西巡撫咨稱於本年八月朔由河東鹽道隨課繳庫銷鹽省分不宜重徵經本部以陝豫行銷潞鹽自應由各該省自行徵收分別撥解嗣據該撫以行銷本省之銷鹽省分應撥一文分銷三省之產鹽省分應撥一文請統由河東道隨課徵收按季解司復經本部核准電覆其陝豫各岸應解部二文及應得銷鹽一文應仍由各岸收解以清界限等因並電知各該省在案茲據該撫咨稱陝豫兩岸請自十月初一日起無論官運民販封納引課均將產鹽省分應撥之一加價一文剔歸運庫完納陝豫兩省之加價局卽自十月初一日以後祗收解部二文暨銷鹽省分之一文所有十月初一日以前業已代收過產鹽省分應撥之一文核明共有若干仍由陝豫運解山西司庫以省周折至陝豫兩岸民販有於十月以前已運未銷之鹽應繳產鹽省分應撥之一文派員前往會同該處督銷委員亦自十月初一日起照數補收其官運一引鹽之到岸未售暨已售按季彙繳加價者均有冊報可稽律按照補收章程劃解運庫彙總解司等語查核辦法尚屬周妥應准照辦惟陝豫兩岸民販於十月以前已運未銷並官運未售及已售之鹽究竟各有若干斤補收產鹽省分應撥之一文共錢若干應令轉飭委員等分別切實清查勿任稍有偷漏一而將補收前項數目開單報部備核其晉陝兩岸自八月初一日起豫岸自七月初一日起銷鹽若干斤合若干引各

收加價四文及陝豫兩省應撥產鹽省分一文改歸河東道徵收陝豫祇收解部及銷鹽三文共應收錢若干合銀若干應即分飭各於本年十二月底截止查明按月造具清册送部以憑核辦

以上每綱共徵正雜課銀一百一十三萬五百九十四兩二分一釐

課目

一三省正課每名銀五十兩每綱合銀二十四萬九千九百三十二兩九錢一分七釐咸豐四年定章內除解部領引紙價銀一千七百九十九兩五錢一分七釐實入撥册銀二十四萬八千一百三十三兩四錢指解甘餉

一三省雜課每名銀五十五兩每綱合銀二十七萬四千九百二十六兩二錢八釐咸豐四年定章內除鹽屬各官役養廉工食並解餉領引委員盤費一切年額支解公用銀二萬六千八百餘兩實入撥册銀二十四萬八千一百餘兩指解甘餉

一靈寶正課每名銀五十兩每綱合銀一萬五千兩咸豐五年

議加鹽票七年改領部引內除解部領引紙價銀一百八兩實入撥冊銀一萬四千八百九十二兩指解甘餉

一靈寶雜課每名銀五十五兩每綱合銀一萬六千五百兩咸豐五年議加內除撥解河南藩庫唐裕歸公鹽規銀五千七百五十兩實入撥冊銀一萬七百五十兩指解甘餉

一海防經費每名銀一十兩每綱合銀五萬二千九百八十六兩五錢八分四釐光緒十一年遵奉部飭仿照兩淮攤捐章程定爲常捐存儲候撥十三年奏准由此款內年解甘餉銀四萬兩自二十年起改撥內務府經費

一晉陝另籌加價每名銀二十四兩每綱合銀七萬一千九百六十九兩八錢光緒二十一年遵奉部飭按斤加價以佐軍需除豫鹽由豫設局抽收外晉陝請自二十二年五月始隨課另徵此款免予加價每年以六萬兩解江海關道歸還俄法英德兩款息本

一按引攤捐每名銀六錢每綱合銀三千一百七十九兩

一錢九分五釐光緒二十五年遵奉部飭勸諭鹽商按年捐輸一次存候撥用自二十六年五月初一日起徵湊解克薩鎊款

一償款攤捐每名銀二兩四錢每綱合銀一萬二千七百一十六兩七錢八分光緒二十七年遵奉部飭籌認償款河東鹽商一律攤捐自二十七年九月開辦丙申綱起徵撥解新定大案洋款

一公約賠款加價每名銀四十兩每綱合銀二十一萬一千九百四十六兩三錢三分三釐光緒二十八年遵奉部飭每鹽一斤加價二文每名折收銀四十兩自是年九月開辦丁酉綱起徵撥解新定大案洋款

一晉引解部普通加價每名銀四十三兩每綱合銀七萬一千六百七十六兩七錢光緒三十四年遵奉部飭每鹽一斤加價四文以一半解部抵補練兵經費除陝豫已歸各該省抽收解部外晉引每名應繳錢六十千文折收銀四十三兩自是年八月起徵

一晉引解司產銷加價每名銀四十三兩每綱合銀七萬一千六百七十六兩七錢光緒三十四年遵奉部飭每鹽一斤加價四文以一半劃歸產鹽銷鹽省分勻撥濟用晉引每名應繳產鹽銷鹽加價錢六十千文折收銀四十三兩自是年八月起徵

一陝豫撥回產鹽省分加價每名銀二十一兩五錢每綱合銀七萬八千八十二兩八錢四釐光緒三十四年遵奉部飭普通加價四文陝豫兩岸之解部一半二文及銷鹽省分一文由各該省抽收分解晉省應得之產鹽省分一文自是年十月起劃歸運庫隨課徵收同晉引產銷加價彙解司庫抵補藥稅

以上報部各款均係按引徵收

一公費每名銀十五兩每綱合銀七萬九千四百七十九兩八錢七分五釐潞鹽行銷三省管鹽各衙門皆有辦公經費商運時均取給於廳攤自咸豐四年運商捐免廳攤停止奏定每鹽一斤運販納銀四釐合計每引二百五十斤納銀一兩內以八錢七分五釐勻作

正課雜課下餘一錢二分五釐作爲辦公經費每名一百二十引納鹽引公費銀一十五兩每年開支以各官公費爲大宗內員弁薪糧書役加賞飯食蒲灘代賦津貼近年裁減節省各洋款匯水提備餉需皆出於此

一銷價除靈寶加引外每名銀三兩三錢四分六釐每綱合銀一萬六千七百二十五兩五錢一分銷價本坐商所得舊制坐商種鹽領引運商借引銷鹽是以運商納課時每錠須備銷價銀二十四兩交庫轉發俾資澆曬工本乾隆五十七年課歸地丁民販計值買鹽停止領引遂無銷價嘉慶復商後改爲運商領引將原定銷價減三留七發場修治畦地迨修畦工竣仍照七成之數發給坐商咸豐二年改引行票案內改爲每錠祇給銀六兩運商捐免鹽歸官民並運復將三場額畦二千七百八十八錠半應有銷價銀一萬六千七百三十一兩匀入三省額引四千九百九十八名七十九引之內每引一名攤銀三兩三錢四分六釐運販隨課呈交坐商年終請領光緒八年又改爲按半給發存剩一半撥補書院膏火今改河東各學堂經費

一三打帖每名晉陝銀八兩豫省銀七兩六錢靈寶銀九

兩一錢二分每綱合銀四萬一千九百二十五兩三錢打帖名目昉自咸豐五年官民並運之初豫省引鹽以會興鎭爲總運口岸凡豫備渡鹽船隻雇用水手以及地方文武各衙門緝私經費書巡飯食皆所必需定爲豫販每渡鹽一名捐銀七兩六錢渡靈寶引鹽一名捐銀九兩一錢二分塡給憑帖一張名曰打帖咸豐六年陜省引鹽亦改官民並運援照河南成案在於入境之三河口批驗鹽局每名收捐銀八兩光緒十年清查庫款案內將陜豫打帖一併改歸庫收二十七年晉省引鹽統歸官民並運打帖一項亦照陜省徵收此款備支三岸印委各員緝私經費勇役船戶工食修造船隻以及開綱之用

一池腳備公每名東西場扣銀二兩二錢中場扣銀二兩一錢每綱合銀一萬一千兩咸豐四年免商後就運販掣鹽池腳內提收此款以備地方公用近因育嬰堂生息本款不敷甚鉅亦即取給於此

一保用每名晉陜銀四錢豫靈銀七錢三分三釐每綱合銀二千八百八十五兩三錢三分九釐咸豐八年定章運販隨課交庫由安

邑縣具領備支運安等處差務及解餉出差車馬等用嗣改由道自辦

一牆工經費每名銀一兩四錢每綱合銀七千四百一十八兩一錢二分二釐同治十二年起每名收銀二兩光緒十一年減為一兩四錢坐運各半捐交備支修理禁牆並歲修各工程以及巡查禁牆員役薪工之用近復湊解克薩鎊款

一團練經費每名三兩六錢每綱合計收銀一萬九千七十五兩一錢七分光緒十一年定為隨課繳庫每名坐商四錢運販一兩二錢備支運安鹽營薪餉宣統元年併收運商經費銀二兩抵補鹽捕營薪餉

一粥廠經費每名一錢五分每綱合銀七百九十四兩七錢九分九釐同治五年定章坐商運販共捐銀三錢嗣因體恤運販僅留坐商銀一錢五分備支冬令粥廠費用並散放棉衣等銀

以上商捐公用八款均係按引徵收

附生息

一中學堂生息 河東道庫原有膏火生息係咸豐四年發交坐商承領銀五千七十九兩一錢二分按月一分生息備支河東書院生童膏火之用嗣坐商疲困息銀一交不足額河東書院旋又改設河東中學堂支款日繁光緒三十三年遂將前項息銀附入銷價項下併款收支每年約收銀四百兩

一高等小學堂生息 河東於光緒三十年創設高等小學堂初由牆工經費內提銀八千兩又於三十三年由官運餘利內提銀三千兩先後發交官運局承領又宣統元年由鹽池歲修內提銀一萬兩牆工經費內提銀二萬兩發交本省各包販承領前後共發息本銀四萬一千兩均年息八釐附入銷價項下併款收支每年額收銀三千二百八十兩

一育嬰堂生息 河東之有育嬰堂昉自道光二十四年原發當商息本銀四千兩按年一分生息迨後當商閉歇僅存息本二千七百二十兩光緒二十九年續又發當銀一千兩按年一分二釐生息惟育嬰堂經費不敷甚鉅歷由池腳備公項下借動光緒三十三年附入池腳備公項下併款收支每年應收銀三百九十二兩

一留養局生息 留養局創自乾隆年間原發當商息本銀一千二百兩由當商具領生息備支留養局米粟暨恩賞孤貧錢文之用迨後當商閉歇僅存息本銀九百六十兩現經附入粥廠經費內併款收支每年應收銀一百二十六兩

一積穀生息

光緒八九兩年由道籌發坐商息本銀六千兩年息八釐原備積穀之用三十三年附入粥廠經費内併款收支每年約收銀二百餘兩一堰戶工食生息光緒二十一年籌發坐商息本銀一千九百兩按月一分生息遇閏加一增爲堰戶工食之需三十三年附入鹽池歲修項下併款收支每年應收銀二百二十八兩

附畦稅 嘉慶十二年復商案内奏准池商典置畦地每價一兩納稅三分由河東道核明印契無庸黏貼藩司契尾仍造册專案報部

附鹽池歲修 鹽池渠堰向例定限輪修遇有險工仍借帑搶護由坐運各商攤捐歸補自咸豐免商後歲修經費專歸坐商分等完納計頭等七十一號每號歲納銀四十二兩二錢九分分二等三十六號每號歲納銀二十四兩三等五十九號每號歲納銀一十二兩四等一百七十六號每號歲納銀四兩六錢五等七十八號每號歲納銀一兩七錢不列等者不納名曰鹽池歲修專備修補渠堰工程之用每年額收銀五千五百一十六兩七錢九分近因坐商疲困收數約祗五成左右

附堰工 宣統二年霪雨爲災山水暴發東西各堰壘出險工詳准自宣統三年正月始每鹽一名另收堰工

銀二兩仍照歷辦成案坐商認四成運販認六成每綱應收銀一萬五百九十七兩三錢一分七釐俟工程報竣時核明東西各堰動款若干照數收齊即行停止

奏銷

雍正八年議准自雍正八年爲始上年之引至次年六月奏銷餘引加展一年

乾隆二十八年覆准河東引課改於次年十月奏銷

乾隆五十七年改課歸丁課隨糧徵各解本省藩庫於五月內隨同地糧奏銷之時另款報銷

嘉慶十二年奏准復商鹽課於十三年四月查覈題銷

咸豐五年議准陝西鹽課既攤歸地丁自應徑解陝省藩庫由陝省報撥辦理奏銷其河東道庫所收晉豫兩省鹽課仍由

河東道每年按數造報
咸豐六年因陝課歸丁公私室礙議照豫省官民並運章程辦理除鳳興邠鹽稅由陝省奏銷外所有西同商乾四府州屬課銀封納河東道庫應照向章由河東道依限一律造册報銷

按河東引鹽例定按年奏銷嗣因鹽務積疲未能依限造報節經奏准展限並准分年帶徵

清鹽法志卷八十四終

清鹽法志卷八十五　河東十二

徵榷門

課額下

陝豫釐價

光緒十年奏准潞鹽運陝每名包納釐銀十二兩山西巡撫兼鹽政張之洞

奏言潞鹽運陝係屬行銷引地既經完納鹽課本已不應再納釐金第以陝省防軍未撤需餉甚殷前項釐金抽收已久一時勢難遽裁但晉省商販運鹽到陝在總卡完釐以後分路零運各岸不能將釐票分裂致他卡復行抽收重疊完納不無苦累是以潞鹽日形疲滯前於同治十三年間議於河東包納釐金旋因經費難籌而止查豫省於軍興之際亦曾於會興鎭議抽鹽釐咸豐八年經前撫臣奏准於靈寶加引項下按年提銀二萬兩解豫抵充釐金軍務告竣旋卽停止是晉省包完鄰省釐金久有成規陝省事同一律自宜仿照辦理惟豫鹽額引二千二百九十九名零陝鹽一千三百三十一名零如照豫引鹽釐成案每名完釐銀八兩六錢九分五釐陝岸額引少於豫鹽幾及一半釐數亦應隨減恐不足

以濟陜省軍餉之用今擬將運陜鹽斤責成商販於納課時每名完釐十二兩呈交道庫另款存儲按季解陜應用以後亦斷不停止傳詢各商販無不懽忻樂從呈由河東道核議具詳前來臣查陜岸釐章本係每名徵銀十二兩此次援案議包係令仍照陜章並不限以豫釐之數兼令常川籌濟亦不限以停止之年而且隨課封交按名起解於彼於此較若畫一在陜餉並無出入而於潞商藉免留難可期以後鹽引暢銷晉課陜釐兩有起色奉旨戶部知道

光緒二十一年議准豫省餉源枯竭將行銷潞鹽每斤徵收加價制錢二文

戶部議覆河南巡撫劉樹堂奏言海上軍務未平豫省餉源枯竭酌收鹽斤加價暫資接濟一摺光緒二十一年二月初九日奉硃批戶部議奏欽此欽遵由軍機處鈔交到部據原奏內稱豫省餉用浩繁軍務一日未平軍需一日難減餉源枯竭無力措持豫省正雜錢糧收數有常勸捐既成弩末釐稅難期大旺惟查豫省行銷長蘆兩淮河東山東四省鹽斤若於每斤一律徵收加價制錢二文以近年所銷引數約計可得制錢近二十萬串稍資挹注於民間亦無大累一俟軍務平定即行停止至徵收之法大要商運官運有數可稽者則於扼要之區設局委員稽查鹽數行知行銷州縣按包抽收於銷鹽後呈繳按季批解其民販之鹽運入豫境隨處銷售散漫無稽惟有於水陸要隘設

局抽收嚴禁苛擾隱漏儻蒙俞允即督飭司道詳議章程分咨查照並出示曉諭商民一面遴委妥員分設開辦所收錢文專款報部歸入善後支應報銷應需委員薪水一切局用即在加價項下開支不得過一成之數等語臣部查上年七月翰林院編修張百熙片奏籌餉摺內加收鹽釐一條經臣部議令有鹽務各省每斤加制錢二文奏准通行在案旋據各省先後奏覆有照部議加收者有以窒礙運銷爲言另籌商捐懇免加價者嗣因四川總督奏請在於產鹽省分徵收加價復經臣部查照兩湖成案令由行銷省分加收奏准行知亦在案誠以此項鹽斤加價既加收於行銷省分若再於產鹽省分加收未免重複茲據河南巡撫奏請以豫省行銷長蘆兩淮河東山東鹽斤按斤由豫省一律加價查長蘆河東山東三省既未於產鹽處所加收今議於行銷豫岸加收核與各省辦法相同應行照准至扼要設局派員稽查一節查豫省行鹽無論官運商運按引計斤收價自有各該省商埠及行銷州縣可稽毋庸另糜局費雖販私夾帶在所必防惟在嚴飭所屬認眞緝巡亦可少除積弊該撫請設局稽查之處礙難准行奉旨依議

光緒二十七年四月議准行豫潞鹽續議加價二文減半徵收

戶部議覆山西巡撫岑春煊奏言准部咨議覆河南撫臣于蔭霖奏請將行豫鹽斤續行加價議以光緒二十七年起就

長蘆兩淮河東山東行豫引鹽每斤准其續收加價制錢二
文暫行試辦一年等因咨行到晉茲據河東道吳廷斌詳轉
據潞綱商販合詞稟稱行豫潞鹽自咸豐四年以後改爲散
販小本零運陸路輓載與兩淮蘆東迥不相同矧豫省私鹽
充斥商販所恃全在減價敵私光緒二十一年初次加價官
引滯銷今若再議加價必至歇業誤課經該道詳加察核不
得已變通其間擬於潞綱行豫鹽斤續加二文之價減爲一
文徵收詳請具奏臣查光緒十年及二十一二十六等年按
名加銀加價攤捐頻年出資商力竭蹶係屬實在情形即如
陜岸行銷之引自二十六年加價以後竟少至一千七百餘
名之多新加之項僅止一萬餘兩而潞綱課餉已短至十數
萬兩此中消息盈虛自應通盤籌算河東道庫所派京協各
餉暨洋款等項均應及時籌解若再因加價二文之故致虧
引課有誤要需似非慎重鹽政之意再四思維惟有如該道
所擬將潞綱行豫鹽斤續加二文之價減爲一文徵收庶豫
餉不無小補潞商或勉強支持合無仰懇天恩俯允所請飭
部立案以恤商艱而顧正課等情具奏前來臣等覆查上年
十二月據河南巡撫于蔭霖奏豫省庫款奇絀新餉倍增請
將行豫鹽斤續行加價二文以資接濟當經臣部以該省光
緒二十一年已將蘆潞淮東行豫鹽斤甫經每斤加價二文
今復議續增二文加價究於四處行鹽有無窒礙本難懸擬
惟該撫臣瀝陳豫省餉需繁鉅羅掘俱窘不得不權宜辦理

議令暫行試辦一年俾資周轉等因覆奏行知在案當時臣部核議河南撫臣所請續增鹽斤二文加價之奏本以其事於各省行豫引鹽有無窒礙既未能懸擬情形而該省庫儲奇絀亦不得不另籌挹注故令暫行試辦一年以期慎重鹽政今山西撫臣岑春煊以河東行豫鹽斤銷數疲滯道庫所派京協各餉暨洋款等項均應及時籌解若再加二文恐致銷滯有誤要需奏請減爲一文徵收以維正課自係彼此兼顧之意查潞綱應解各款關係緊要若於行豫鹽斤續增二文加價不予量減異日正課或虧官商既有所藉口而餉需亦不免遺誤擬准如所奏請旨飭下河南撫臣將潞鹽行豫每斤續增二文加價轉飭減半徵收俾利行銷而顧引課並令山西撫臣將本年河東道庫協撥應解各款亦即及時報解不得少有延誤奉旨依議

六月議准陝省議辦潞鹽加價按每斤一文由河東道合銀徵收隨課封納行在戶部議覆山西巡撫岑春煊奏言陝省議辦潞鹽加價一案經前護撫臣何樞奏請陝省加價商力難支惟陝省議辦既堅擬請每斤加價一文准部咨令查陝西原議將陝岸潞鹽每斤代收加價二文試辦一年俟一年之後察看情形如果實礙全綱即行奏減等因恭錄諭旨知照前來當經前護撫臣遵照試辦將每名應

收錢文酌中合銀四十兩隨課封納及開辦月日咨部在案自上年三月初一日至二十七年二月底止試辦一年期滿陝省閭綱共封引六百八十一名有奇較二十五年少封引一千三百五十二名有奇新增加價銀僅收二萬七千二百七十餘兩所虧正雜各課及海防經費另籌加價陝釐等款竟絀至二十三萬四千四百九十兩之多懇恩准將陝省試辦加價准予裁免以顧全綱等情具奏前來臣等伏查光緒二十五年奉飭籌款案內經陝西撫臣奏請將陝岸行銷潞鹽每斤加價二文收有成數彙提支發西軍餉項而山西撫臣屢以加價之後私行官滯奏請停免當經臣部行令山陝兩省彼此會商辦理前護山西撫臣何樞以陝省議辦既堅擬請每斤加價一文復經臣部奏令仍照陝議將陝岸潞鹽以二文加價由河東道按斤代收試辦一年俟一年之後察看情形如果實礙全綱卽行奏減等因恭奉諭旨行知在案茲據該撫瀝陳陝岸潞鹽課虧運滯擬請仍照前護撫臣何樞請加一文之奏及臣部奏明試辦一年後察看酌減之案卽將陝岸潞鹽二文加價減去一文仍按每斤一文由河東道合銀徵收隨課封納以資調劑奉旨依議

十一月奏准新定賠款分派攤還陝西行銷潞鹽每斤加收四文護理陝西巡撫李有棻奏言竊前經行在戶部具奏新定賠款分派攤還計開陝西每年派銀六十萬兩又議

覆兩江總督劉坤一電奏淮鹽加價請飭陝一律照加議准每鹽一斤加價四文先後奉旨允准咨行到陝據釐金善後兩局司道詳稱潞鹽行陝每年額銷一千三百三十一名每名配鹽三萬斤所有陝岸鹽釐向由河東包收包解每三萬斤隨課代收釐銀十二兩核計陝岸銷鹽一斤收釐合錢不過半文雖陝岸每年溢銷額引至五六百名之多而合計一年所收鹽釐僅止二萬餘兩收數本甚微末二十四年經升任撫臣魏光燾奏請每斤加價四文疊經山西撫臣以商疲引滯為詞迄未定議嗣經戶部議覆以二文為定並定於次年正月初一日開辦旋又准山西撫臣咨商展緩至三月初一日為始仍由河東一併代收潞商於展緩期內將應封引鹽乘隙提前配運預為此後滯銷地步又時值荒旱戶有流亡銷鹽較前亦少山西撫臣即以加價短收正課奏請停辦實則從前加價之議未定食鹽之價已增鹽商早獲重利行銷仍復如常未見因價貴而遂形疲滯也前經部議酌加一文是時尚無各省加收之說今奉部議一律普加四文陝省自應照辦且潞鹽行豫向由豫省自行設局抽收陝西事同一律尤應援照辦理查潞鹽運陝由下馬夾馬二口發運陝西所屬之三河口實為之襟喉擬即在該處設立總局並於潼關大慶關各設分局以扼其旁溢之路凡潞鹽入陝者除額收外每斤加收四文所加之釐照數加之市價為數無幾不至病民可冀集成鉅款且各省一律加收潞鹽不至偏重更不

可無趨而食賤之虞實於商課無礙等情詳請奏咨前來臣查陝省現經自行設局加收其晉省隨課代收之鹽亦擬劃清界限擬請至今年年底止仍由河東包收常鹽陝局專收加價自明年正月爲始一律統歸陝省經收以免轇轕奉硃批戶部知道

光緒二十八年議准豫省行銷潞鹽每斤加價四文專抵新案賠款河南巡撫錫良奏言准戶部咨以新案賠款數鉅期迫合力同籌並稱鹽斤加價前已奏明辦理有案然爲數甚少款項亦均已撥用擬令各省就現在鹽斤價值再加增四文等因咨行到豫查豫省行銷鹽斤於光緒二十一年暨二十六年經前撫臣籌備餉需每次奏請加價二文奉旨允行惟續加之價經前山西撫臣以銷數較滯奏請減半徵收先後奉部覆准計每鹽一斤潞鹽收價三文合新案四文收價七文仍以新加四文專抵新案賠款其餘三文照舊撥解經部議准

十月奏准陝岸鹽釐暫歸晉用併歸新加二文內徵收護理山西巡撫兼鹽政趙爾巽等會奏竊查潞鹽行銷陝豫前奉部飭舉辦加價經山西升任撫臣岑春煊以陝豫兩省加價已重

未敢再加奏請飭部勻撥當經部臣議令自行咨商各該省斟酌辦理在案嗣經往返咨商以潞鹽行銷陝岸既有前辦加價之每斤一文又有鹽釐每名十二兩現又新加每斤四文計已將至六一文若再由晉省加價商力實有不逮而陝省新議加價本係指供償款若照晉省原議核減則償款無出又恐貽誤要需勢處兩難籌商至再經奴才升允查明陝岸鹽釐之每名十二兩本係由晉代收解陝應用本年因議辦加價並將鹽釐歸陝徵收現既晉省舉辦加價商力維艱且恐官滯私銷有虧課項惟有將陝釐暫歸晉用仍由晉併歸新加二文內徵收以期畛域不分兼籌並顧奉硃批戶部知道

鐵路加價

光緒三十二年陝西開辦鐵路奏加鹽價每斤制錢二文旋即停止

九月山西巡撫兼鹽政恩壽奏言竊照前准陝西撫臣咨於光緒三十二年六月二十二日會同陝甘督臣附奏擬於鹽價每斤再加制錢二文專作鐵路的款一片將原奏恭錄咨行到晉遵經轉行河東道分飭廳場及口岸各員並陝省官運局一體遵照去後茲據該道轉據陝省全綱商販公稟稱潞鹽行陝自辦理官運以後每年銷數率皆一千

八九百名至二千名不等光緒二十四年陝省第一次加價部議定爲二文嗣又奏准減去一文迨二十七年因攤還賠款陝又加收四文連前共成五文計每名共抽錢一百五十千文幾與運庫之正雜課費相埒從此陝銷潞鹽每年僅一千五六百名是加價之損於潞綱固已顯而易見近因減價爭售虧本歇業之販已數十家而欲罷不能者亦復愈累愈重雖云銷數仍有溢額實則溢額之故係因豫省加價多於陝省二文故潞鹽之銷於陝者得借豫地行銷並非事銷陝境今陝省出示自七月初一日起於原收加價外每斤加錢二文從此陝豫之加價相等豫省課本較輕將來陝岸潞鹽必致借銷無路而花馬池本輕價賤之鹽鹵泊灘私煎私曬並無釐課之鹽必將肆行侵灌蓋官鹽價昂則私銷愈暢私銷愈暢則商販愈疲此固勢有必然者商等利則趨之害則避之原無所用其疑阻此第事關全局餉課得失之所繫不得不披瀝上陳商聞江西加價已見阻於淮綱事異情同總求俯恤商艱保全正課等情由該道核明詳請奏咨前來奴才查陝省此次加價係因挽回路權起見事非得已既經一面奏咨一面出示加抽但可勉行何分畛域惟現據潞綱商販等合詞懇免核其縷陳各節均屬實在情形且潞綱爲課餉要需關係至重自未便壅於上聞合無仰懇天恩俯念商情困苦准如所請飭下陝西撫臣將前項潞鹽加價免予抽收另議籌辦之處出自鴻慈

十月恩壽又奏陝省加抽鹽價

有礙潞綱前將損課病商情形專摺具陳欽奉硃批戶部議奏欽此當卽欽遵轉行查照在案茲據河東道陳際唐詳稱
陝省行銷潞鹽全仗秋冬封運去秋三箇月封課八百四十三名今自加抽鹽價後止封二百一十九名餉源頓少十數
萬入冬後幾於片引不封陝販歇業甚多私鹽益見充斥甘餉洋款行將貽誤等情請卽奏請免加前來奴才查潞綱稅
課乃晉省大宗入款今因陝省加價之故以致引課日懸餉源日絀在陝省鐵路所得每名加價不過四十餘兩而晉省
引綱所失每名正課賠款實有一百八十餘兩之多陝之獲利甚微晉之受害已亟國課實與商業所繫實未敢勉爲遷就
致壞鹺綱況陝省原奏本有稍形窒礙隨時變通之語合無仰懇天恩俯准飭下度支部行令陝省將潞鹽加價停收以
維綱政而全大局　十二月陝西巡撫曹鴻勛等會奏臣前以鐵路需款奏請將銷陝鹽斤每斤加價二文奉部議令臣察
看情形辦理嗣山西撫臣以慮礙潞綱等情奏請免加部議兩省議奏正核議間晉撫臣又以請免等情附奏奉旨度支
部知道欽此一由部咨行到陝臣查鹽斤加價本係奏請試辦既經晉撫臣一再奏陳慮於潞綱有礙自係實情當經飭局
將此項加價卽行停免其花川蒙各鹽與潞鹽事同一律亦卽一併免加以昭平允至部臣前議令由兩省議奏一節查
晉省二次片奏業已陳明臣省亦業經飭令停辦似可請免會議以省文牘奉硃批度支部知道

光緒三十四年覆准豫省自辦鐵路豫民購鹽無論官運商運每斤加價三文

正月河南巡撫林紹年奏言竊據豫省鐵路總協理禮部左丞劉果農工商部左參議袁克定前廣西慶遠府知府王祖同等呈稱豫省自辦鐵路經歷任撫臣提議光緒三十三年秋間奏奉諭旨允准欽遵在案數月以來悉心研究路線及招股籌款辦法僉謂開洛鐵路比公司指日竣工洛潼路線非速籌自辦無以挽利權而維大局惟自洛至潼山重水複工程既鉅需費尤多本省地瘠民貧若專恃招股興修實苦力有未逮現在風氣漸開凡在豫官紳商民皆知維持公益於集股以外而均願認捐庶期衆擎易舉查食鹽一項爲全省人民所共需而鐵路鉅任卽宜爲全省人民所共負擬請嗣後豫民購鹽無論官運商運每斤抽收捐款四文雖一時不免自食貴鹽而積少成多有裨路政在豫民既自樂輸納非特各綱商皆當協力卽蘆潞淮東各鹽政念脣齒相依之誼無不主持提倡樂觀厥成一俟路工告竣此項捐款卽行停止仍復原價而顧民食惟既共認捐輸之義務卽應享路股之權利凡經手繳捐之官運商運亦應分給路股以昭公允此項捐輸四文收成巨款後按照各引地提撥一股半塡給鹽商股票息摺所得年息紅利均作爲該商等永遠財產再提撥一半塡給地方股票息摺所得年息紅利一律作爲該屬地方公款以辦公益在路工

未成以前除撥歸鹽商利息照付外以地方公款所得緩辦公益暫移作保息抵款俾堅衆信似此統籌兼顧於行銷加價毫無窒礙計四綱所捐之款每年約可得銀四五十萬兩於路政大有裨益等情當經行司會同糧鹽道核議該司道等所見亦與各紳等大略相同會詳呈請奏咨前來臣維保路權即所以保主權豫省鐵路現已勘定路綫聲明自辦然亦勢在必辦查核籌款辦法果屬有益於國於民並有益於商本與尋常加價歸公者不同且有路成停止期限事既僉稱公允自當力任其難合無仰懇天恩俯准飭部先行立案以濟公要需而謀公益一俟接奉諭旨即欽遵分別咨行遵照辦理奉硃批該部知道旋准山西巡撫寶棻咨稱據河東鹽法道陳際唐詳稱准部咨河南巡撫林紹年咨稱准河南鐵路公司總協理禮部右丞劉果等咨開豫省鐵路請辦鹽斤加捐一案前蒙撫院奏奉硃批該部知道欽此現擬自本年六月初一日起開始抽收查照奏案不論官運商銷每斤抽捐四文以裨路政等因職道當飭廳場口岸各印委分別諭飭遵照嗣據聲覆潞引積滯請將豫省路捐暫緩開辦旋准河南鐵路公司直接電商量爲減讓並准以錢折銀先賣後繳正在分文通飭定期開辦之期適豫靈公局各商販等稟稱頌奉鈞諭以度支部奏准酌加鹽價無論何省每斤通行暫加四文惟豫路加價萬難同時併舉先行請免各等情職道覆查洵屬實情仰懇轉咨准予免加等情據情咨部查照

准予免加等因查該撫咨請免加豫省鐵路四文業經本部以事關路政且係奏案應由山西巡撫自行會商豫撫酌量辦理於六月二十九日電復該省在案應再咨行山西巡撫查照前電辦理等因當經電商河南撫部院暨豫行路等總協理允照原議每斤三文按一五作價交銀填給三分之一股票定案於八月初一日開收已飭河東道遵照辦理在案茲准前因合亟咨請查照立案等因前來查豫省鐵路加價既據山西巡撫咨稱電商河南巡撫允照原議每斤三文按一五作價交銀填給三分之一股票定於八月初一日開收係爲兼籌路政起見自應准如所咨立案

宣統元年覆准晉省同蒲鐵路保息每鹽一斤加價二文按實銷引數包繳每綱以三萬兩爲定額

二月山西巡撫寶棻奏言晉省同蒲鐵路未開車以前應由公家助以保息現在庫款奇絀萬難撥濟公款惟有就地籌措一爲鹽斤加價援照江豫等省成案將潞綱蘆花小蒙豐甯各鹽每斤一律加價二文俟南北首段告成即令停收八月、巡撫寶棻咨據河東道詳稱運庫賠款加價一原定每斤二文按一千五百文折交每名徵銀四十兩三省一律今同蒲保息加價按晉省實銷九百名引數比照核算每綱應包銀三萬六千兩就中行銷暢滯倘有不同或販鹽免加或通融讓秤稍留餘地俾官運包販不致以加價累課

藉口酌中定斷每年以鹽課庫平銀三萬兩爲包繳定額分季完交俟南北首段告成卽行停止經部議覆暫准照辦

清鹽法志卷八十五終

卷六十五 課額下

《山西文華》編纂委員會 編

山西文華·史料編

清鹽法志·河東（外一種）

第五册

民國鹽務署◎編

山西出版傳媒集團
三晋出版社

山西文华

晉北治鹺錄 徐翿署

貳

呈　鹽務署調查中南兩路鍋口以備收買業經派員會同稅局出發報乞鑒核文九年一月十七日

呈爲職局調查中南兩路鍋口以備收買業經派員會同稅局委員出發報乞鑒核事民國八年十二月二十日奉鈞署第一千八百八十七號訓令內開據稽核總所以晉北榷運局呈請收買廢鍋以絕私源所擬取締鍋戶根本各辦法似甚妥協應即准予照辦惟應發之郵金既須由鹽款項下支付該稅局於榷局調查員出發時幷應派員偕同前往所有各處未經註册之鍋數即由該員等詳查會擬發給郵金辦法呈請核奪關於官私土鹽與蘆鹽競銷問題究竟土鹽之價是否過於低廉應由該稅局於人煙稠密之處將各該鹽零銷價目逐一查明並將中南兩路土鹽征稅一併呈報察核等情付鹽轉陳前來本署復核無異合行抄發原付令仰該局長轉飭該收稅局遵照此令等因並抄件到局奉此遵查職局呈擬取締鍋戶根本辦法先於十一月十日奉鈞署二千三百三十號指令當以先事調查從嚴取締各節業奉核准辦理而中南兩路局卡共計十有六區自改行新章以後報熬鍋戶甚屬寥寥依據職局原查舊册凡曾經設有鍋戶之城鎮村莊共四百九十餘處其未報設鍋之村莊尚不知凡幾並宜周查鍋戶散處搜尋已涉繁難且須審查鍋照偵察私熬分別於册表內加以登註以爲分別辦理之根據自非多需時日無以藏功審酌情形預計查竣日期以二員各查一路至多各須八十日依據通行旅費規則

第四第五第九等條概算預備費用每員約需二百五十元即經抄錄原呈函致稅局照章撥付在案奉令前因後經一再函催茲於一月十三日准稅局函以調查旅費呈奉總所核發每員一百元等因撥付旅費洋二百元函送前來惟查此次調查鍋口爲收買之預備固重在杜絕私熬而尤以促進各鍋戶遵章領照認納稅款爲要旨當經委派調查員林中行劉光沂會同稅局委員蔣守仁陳文俊携帶表册各件分往中南兩路切實調查並印發鍋照携往諭令隨在剴切勸導有願遵奉繳稅領照開熬者即予發照給執仍通知該管局卡登記隨時按額徵收俾於查禁之中隱寓體恤之意其查出無照鍋口不願領照者應暫交該村長或閭長等監視保存以備發價收買一面並由職局分函各縣知事先期示諭遇事協助藉免別生事端各該調查員業於本月十四日分別領費出發除俟調查事竣再行會擬發給郵金辦法另文呈報並令各該員將調查費用照章撙實報銷外所有調查中南兩路鍋口以備收買業經派員會同稅局委員出發日期緣由理合具文報明仰祈鑒核備案謹呈

九年一月二十七日奉

鹽務署指令呈悉應准備案此令

呈　山西省長遵令將河曲縣電呈私鹽處罰情形詳加核議錄案呈復文九年一月十九日

呈爲遵令將河曲縣電呈私鹽處罰情形詳加核議援案呈復仰祈鑒核事案奉鈞署財字第十五號行

知內開據河曲縣知事魚電稱駐縣鹽倉委員劉盤銘函送本城商號常順店未領牌照私行售與縣民展起龍自食紅鹽一斗一升又劉恩小子自食紅鹽一斗一升五合曾由該倉巡檢司區查獲劉恩小子鹽斤充公併與展起龍各罰大洋五元其未領牌照私售鹽斤之常順店因傳喚不到函咨職縣拘提嚴辦准函內稱晉北定案凡鹽務機關皆得自行處罰三百元以下之私販查民間自購食鹽應否領有牌照該鹽倉是否有私自科罰之權此項章程職署未曾奉到請由鈞署飭取晉北榷運局原章一份轉發下縣並祈指示辦法以便遵循等情到署合亟行仰該局迅即核議具復並將原章檢送一份以憑轉發等因奉此查此案如何情節職局尚未據有河曲倉員呈報惟晉北現行官鹽牌照係民國四年奉部署核准發行爲販運銷售官鹽之證券又藉以查禁私銷之流弊並於此項照上載有如無牌照售鹽應即以私販論立予嚴辦之規定業經先後通令各分局及佈告商人一體遵照在案茲查河曲縣商號常順店未領牌照私行銷售顯屬違背定章應予罰辦其劉恩小子展起龍等既在無照私售之商店購買自屬私鹽按諸私鹽治罪法合於知係私鹽而所買之條照章亦應罰辦又查職局接管舊卷關於各分局科罰私鹽案件一節係援照東三省之私鹽罰辦特別辦法於民國四年十一月間呈奉部署轉呈大總統核准施行凡緝獲私鹽人犯其尋常案件不及三百斤者得按照罰金辦法由各分局判罰具報所收罰金以一百八十元以下爲度倘遇大宗及桀驁不馴之徒仍應遵照緝私條例送交司法官署或

兼理司法之縣知事審理此項辦法同時並經職局詳請前山西巡按使轉飭各縣知事遵照有案現該倉委員致河曲縣函內稱晉北定案凡鹽務機關皆得自行處罰三百元以下之私販一節雖不免敍述未明弟關於此案情形處理各節核與規定章程尚無踰越除令飭河曲倉員將原辦情形據實具報外所有遵令將河曲縣電呈私鹽處罰情形詳加核議援案呈復緣由理合具文呈請鑒核施行謹呈

九年一月二十四日奉

山西省長指令據呈已悉應候行知河曲縣知事查照辦理仰即知照此令

呈鹽務署稅局藉總所函飭各分局皆得代收包鎮鹽稅一案擬飭包鎮鹽價亦由稅員經收違反定章擬請提商更正文九年一月二十三日

呈爲稅局藉總所函飭各分局皆得代收包鎮鹽稅一案擬飭包鎮鹽價亦由稅員經收違反定章擬請提商更正仰祈鑒核示遵事竊查上年十一月二十四日稅局奉總所第一百七十六號令開現已核定按照調查員等所擬此後務須責令包頭商人繳交現欵但商人如願照辦則無論任何中國銀行分行或收稅局以現款繳稅均應照准並應憑此項收據發給放鹽准單等因當經該局華洋助理員會同職局商定鹽稅既應如是則鹽價亦擬仿照辦理其時局長以此案前奉總所函飭附抄繆魯兩員報告所以包鎮鹽價可由各處代收者係因包境商人不願具中國銀行保結而起該員等設法變通擬請嗣後

凡購買蒙鹽之商人願在他處中國銀行或分局繳稅者應准其繳納掣取收條來包運鹽是所指專在鹽稅與榷運分局所收之鹽價無涉嗣蒙總所行知稅局轉飭照辦伏續總所令文所稱無論在何中國銀行分行或收稅局以現款繳稅均應照准又稱並應憑照此項收據發給准單各等因夫既云以現款繳稅又云憑此發給准單是總所所指現款一層亦係就鹽稅而言於鹽價並未議及倘鹽價亦須照此辦理則不應僅云發給准單而不提明運照當經與洋助理員提議此事所最注重者在領運包局鹽斤不必專在包頭中國銀行繳稅如他處分局收稅員可以代收包局稅款俾商人免匯兌之煩則鹽價一層亦當然可以由他處分局代收以為一併使商之計是所謂一併使商者亦應劃清權限由 職局 方面仍照辦理轉飭各分局在他處代收包局鹽價仍歸入官運賬內列報而非稅價可併為一款統由收稅員一人兼收致使 職局 無從過問也正在核議間乃查見該局經發磧口分局兼收稅員令稿內載有此項鹽價應由該分局稅款旬月各報於已行下另添庚行列入又令飭包鎮收稅員案內有自定鹽價收據專案報呈稅局各等語當經提出抗議以為鹽價不能併列入稅款旬月報內致使帳目紊亂聲明關於此事應請規定辦法如下一總所此次來文只言鹽稅未言鹽價但為辦事上便利起見鹽價如何規定應由榷運局方面辦理二鹽價既係榷運局專管各分局代收包頭此項時應以榷運分局名義另立一鹽價賬目會同收稅員簽收簽解其無收稅員處所亦應由各分局兼收稅員以榷運分局資格辦

理並另立專賬庶免與鹽稅相混而月報之內易於結算三礦口中南路均應立兩賬由一員以兩種資格分別辦理北路則兩局各自辦理但榷運分局方面收支款項仍應稅員會簽其時洋助理員亦以爲鹽價一層係職局範圍應由職局致函以便更正當時職局以此案既可互相商酌更定自亦無不樂從即予函請不意函達以後該局洋助理員又以爲須再函致職局如允其鹽價與收稅員會同經收則可照辦云云迨經再函職局由局長查案答復允其鹽價一項可以會同經管但商人繳款應在榷運分局迨繳納之後方可會同收稅員簽收簽發惟該洋助理員所稱之如値星期放假不能立時交存銀行之時應由收稅員單獨保管一層似無理由若果如此辦理則亦應由收稅員出給收據付與榷運分局方爲正當等語函致該局去後該洋助理員又以爲包境收稅員住於南海與榷運分局相離稍遠無從會同簽收擬欲專由收稅員代收鹽價而榷運局無庸過問現已專案呈請總所核示局長伏查鹽價應由榷運分局經收會同稽核員雙方管理乃係總所會商鈞署規定辦法歷有成案可稽包局行之有年即在收稅員設立以後關於會同簽收簽支亦從未感有不便或致運誤今此番鹽稅准由各處收稅機關繳納仍係因便利包境商人而起其鹽價方面雖可一同變更然各處自有榷運局所屬之各分局爲代收鹽價之唯一正當機關勢不能遽行剷除而使收稅員兼管榷運局範圍以內之事至包局發鹽收倉須給運照皆屬榷運分局辦理若獨於現欵一層榷運分局無經手收支權限則其他各事亦屬無從舉辦

其所稱未繳現欵保証金一層亦與此案無涉蓋保結已據該局繳到正在審查不能因此變更成法案亂職權致使帳目及一切發鹽手續均感困難局長以爲此事在總所規定辦法本極分明惟洋助理員欲藉此將官運鹽價收歸該局範圍實屬違背總所命令暨與定章衝突竊思洋員藉口總所令文肆意攬權溢出借欵合同局長既有所見諗悉其誤不敢安於緘默用特縷晰陳明藉求解決所有稅局藉總所函飭各分局皆得代收包鎮鹽稅一案擬飭包鎮鹽價亦由稅員經收情形理合肅陳仰祈　鈞署鑒核迅賜提商總所核飭遵行謹呈

九年二月五日奉

鹽務署指令據呈已悉查此案前據該局長馬日電陳到署業經提交總所該議應俟復到再行飭遵此令

呈　鹽務署遵令核議牌照爲稽查根據礙難取消並未便由郵局發行擬減輕照費用恤商艱

文九年二月二十七日

呈爲遵令核議牌照爲稽查根據礙難取消並未便由郵局發行擬減輕照費用恤商艱藉維政令乞准提商總所核復並祈示遵事案於民國八年十二月十二日奉鈞署第一千八百三十七號訓令內開查包頭分局收現困難請予規復期欠一案前據呈陳到署迭經飭商總所派員調查在案茲據總所付聽

文稱據巡視員繆秋杰等呈稱收稅局自本年六月起蒙鹽稅改收現款以來較之上年不相上下現與分局長副收稅員及本地四大鹽商再三討論證明征收現款之必要商人已無異辭並聲明情願納現赶運鹽斤至紅鹽鹽店之牌照極似陋規應請自九年一月一日起將該項牌照一律取消再凡購買蒙鹽之商人願在他處中國銀行或分局繳稅者應准繳納掣取收條來包運鹽等情查所擬責令商人繳交現款及各處納稅辦法均屬照准並應憑照繳款收據發給准單關於鹽店牌照一節應由收稅局從速呈報如查明該項牌照仍應存留則可由助理員將牌照發交郵局再由郵局代爲發給將收款績時報張鹽店領到牌照之後應張貼店外衝要之處以便查驗但委託郵局代發牌照代收照費一節究竟是否可行並應由收稅局擬議呈核等情付請轉陳查核飭遵前來查包頭收稅辦法既據該調查員等查明毫無窒礙且經商人聲明情願納現則前案自可無庸變更至牌照究竟有無留存之必要及該所所擬發交郵局代發之處是否可行並仰會同稅局妥議具報除由總所函復外合即令仰該局長遵照辦理此令等因奉查包頭收現困難本屬事實所告見茲既由調查員查無窒礙並經商人情願納現而將來鹽稅遲任施未致知案經核定惟有試行辦理至牌照一項局長前以華助理資格於稅局見有總所來函當以牌照爲行政部分稽查夾私之根據萬難取消從前照費規定五十元十六元八元及三元分作四等係爲兼顧另款收入不無過重自不免爲商人所藉口然不妨極力減輕或僅每照年收手

數料五角左右以促商銷之日廣但未便由郵局代發致礙行政手續即經備具意見書會商洋助理員去後茲查稅局所擬函稿但於前後略將 職局 意見及以華助理員名義加敘數語而中間敘述牌照妨礙貿易多未從減收照費後之便利立論且仍以所有牌照宜即完全取消為言其論於郵局代售牌照一節並以印花稅票為比例考其理由多與事實不符而於行政上發用牌照之性質亦且未能明瞭如此武斷辦理設竟實行則緝私對於商店無審查指認之手續即無考察鹽斤之憑藉晉北無緝私專隊勢不能隨地隨人盡遍查之能事豈郵局之負有專司者轉能兼任其勞充其情弊必致散漫無稽雖復私商塞途亦無從加以限制而鹽務稅項之損失倘復何堪設想夫行政對於鹽店商販無論用何方式均應直接備稽查之根據此亦各岸通例蓋凡有程序之緝私較之普遍查緝費省而功倍且總所方為蒙鹽牌照之研究而稅局已併所有牌照均擬取消 局長 竊思晉屬土鹽出產隨地皆是尤為紛零非從商販着手稽查其勢必難貫澈故擬減照費以便商銷而盧蒙等鹽亦可一致領用商無難色其牌照發領手續改由 職局 督飭各局卡辦理庶政令不致紛岐而鹽銷可臻暢旺稅局不明情勢難從理解除依據函稿分條核實駁議函復稅局外所有遵令核議牌照礙難取消並未便由郵局發行擬減輕照費用恤商艱藉維政令緣由理合抄錄稅局函稿及 職局 駁函具文呈請鑒核乞准提商總所核復指令祇遵實為公便謹呈

附呈抄件二紙

敬肅者案奉鈞所上年十一月二十四第一百七十六號令知各節遵即與權運局長商議牌照問題權運局長之意以爲牌照一項如經完全取消於緝私方面不無妨碍但該局長已擬將各費減輕僅取手續料約在五角左右而於由郵局代發一層則頗以爲不可其反對之理由係因郵局僅屬一種不自動的代理機關而不能催令領照人到期換領新照職局洋助理員謹按牌照之存在實爲發展蘆鹽自由貿易之阻碍迭據商人來局陳訴各卡員或不准發給牌照或迫令商人領取與請等級較高之執照或令執有普通牌照之商人另領專照方准售賣蘆鹽等情據領袖商家晉豐元裕晉公面陳據彼等意見如將牌照取消或由郵局代售則蘆鹽銷路自必暢旺等語嗣於上年十一月三日據晉豐元經理張學剛來局陳訴卡員爲難情事因述孝義一卡非特不准執有二等牌照之商鋪義永盛銷售向晉豐元購得之蘆鹽竟將鹽斤發封雖經該商聲稱新發會銜佈告凡有執照商人無論何種鹽斤俱准售賣但該卡卡員（係一書記主管）亦不容理論張君並稱此項情事實使商民不敢從事蘆鹽鹽業以致銷路爲之見限因此種種蘆鹽引商及蘆運大商等於太谷汾陽平遙等處殊難覓商經理另售而各該地方人煙稠密不乏小康之家無論自由貿易果屬名副其實銷數自必暢旺即處現定章程之下果能辦理得當亦不難蒸蒸日上職等迭據陳訴當即函請權運局長核辦權運局長對於是項情事亦不以爲然當

即令行解放惟領照情形雖經職等與榷運局於所發會銜佈告内明白宣示（是項佈告業於職局上年七月九日第一百九十六號呈函内附呈）仍有來局報告爲難情事至其他各屬凡領有高等牌照商人俱享有特殊之權利如准稅價期欠等事而尤以包頭爲最甚查是項辦法於自由貿易不無妨碍並造就商人壟斷性質又查包頭自將對於蘆商所有牌照實行取消以後（職局上年九月三日第二百三十一號呈函呈報）商人之逕往包頭榷運分局購鹽者不下十餘人而從前壟斷蘆運之商家則不過二三而已職局洋助理員之意以爲牌照一項於稅收方面本屬無甚重要而貿易方面一經牌照取締其效較之其他取締辦法必無稍異而緝私方面之獲益較之各卡及各分卡卡員有煩擾鹽商之權力使之視爲畏途亦屬得不償失故以爲所有牌照宜即完全取消而緝私方面專致力於鹽坊及私鹽輸入所必由之路設有必須保留之理由則應遵照鈞意由郵局售與請領商民並應不分等級規定年納照費五角據本省郵務長聲稱郵局代售牌照一層查現在郵局代售印花稅票既非郵政範圍以外之事大約亦能辦到惟此事須與郵政總局接洽云云職局華助理員之意贊同榷運局長所有意見以爲牌照應不分等級規定年納照費五角照現在辦法由榷運局方面發給俟試辦一年再行計議現准榷運局來函茲特依照該局所請附呈鈞鑒查該函所述並非根據職局前後致該局函件而根據職局所擬上述各節之呈稿職局洋助理員所有對於該函之附註當不日續呈職局華助理員對於上述

意見尚有不同之處故此次呈函僅屬表示職局洋助理員之意見至職局華助理員之意見不日當另行呈報鈞聽是否有當伏候訓示祇遵謹呈　稽核總所總會辦

逕啓者案奉鹽務署訓令以據總所付聽文稱關於蒙鹽店牌照一節應由收稅局從速呈報如查明該項牌照仍應存留則可由助理員將牌照發交郵局再由郵局代爲發給將收款隨時報賬鹽店領到牌照之後應張貼店外衝要之處以便查驗但委託郵局代發牌照代收照費一節究竟是否可行並應由收稅局擬議呈核等情付請轉陳查核飭遵前來令飭會同貴局妥議具報等因到局正在酌議兩商間昨見貴局呈復總所函稿對於牌照問題所陳述之理由多與事實未能符合試就應行議商之點約舉如左

（一）敝局長前以華助理員名義所表述之意見即因牌照問題實於行政緝私上有種種需要不宜取消之故鹽斤隨地皆有若必盡人皆可銷售而無牌照爲之稽考則其中有無夾私必致莫可究詰故權稅重在稽查行鹽而牌照重在稽查運鹽之商販使之無從私銷如是則緝私手續庶得有施行之根據而稅項不致爲私商所侵蝕此實爲設立牌照之原理從前初設牌照時爲兼顧另款收入其照費不無過重誠不免爲商販所藉口現爲保留牌照顧全緝私計固已酌議僅取手數料費輕則商無難色自不生何種妨碍而貴局猶以爲所有牌照宜即完全取消是僅於收稅一方面主張自由貿易而未於行政

一方面兼顧緝私困難(一)總所第一百七十六號函令係對繆魯兩委員擬請取消蒙鹽鹽店牌照之議而言貴局函呈第就蘆鹽立論復以其他各屬一語包括之而未加以界說敝局意見則牌照僅收手數料不獨便利土鹽之銷場即蘆蒙等鹽商亦當一致節用而絕無壟斷之虞且即就蘆鹽而論本祇領三四等牌照況既酌議不分等級照費且痛加減省無論何種鹽商均無特殊之權利可言更不致有壟斷之情事發生(三)包頭分局並無將蘆商牌照實行取消之事敝局檢閱包頭十月分報册尚發有蘆商牌照且查上年十月十一月分包局下游共運銷蒙鹽二萬八千一百餘担本年十十一兩月則僅銷二萬六百餘担較上年短銷七千餘担此實商人並未踴躍購運之明証勢難強爲牽附(四)查前由貴局電飭包頭收稅員出示係指購運蒙鹽之運商即無牌照亦得購鹽運銷而非實行取消蘆商牌照之設且該處蘆商牌照不止蒙鹽一種其稽查屬於權運分局亦非收稅員所能獨予取消至商銷之減色按諸前條所述固已如彼所謂商人運往購鹽不下十餘人蘆運商家僅二三人者殊不知于何確見(五)蘆鹽蘆商既經敝局會同貴局布告後均在領用一二等牌照其領三四等者不過年出照費八元及三元布告雖宣示零商應領三等牌照實則祇領四等者爲多且有領用蒙土等鹽牌照而常售蘆鹽者較前已甚多便利直無爲難之處且牌照之審查發領爲敝局職權並未據有此種報告乃轉報告貴局果據何種理由殊難索解故減省照費以促商銷之日增自屬要圖若必甚形其説以歸咎於牌照理由殊非

正當(六)牌照與印花稅票性質絕對不能相同印花稅票僅爲完稅之憑証各地稽查但憑有無印花以辨曾否納稅故隨時可以購用牌照則以稽查商販爲主旨有按期領換之手續因鹽及商因商查鹽其間有相互關係行政機關即有直接審查之必要故牌照實因行使政權而生不能任便購取且印花稅票本不僅郵局代售如地方官署商會銀行均經售賣蓋以之代繳稅資其性質等於價劵牌照之請領則等於他種商業之註册應受官廳之稽查若必屬諸郵局詎能以檢查郵件之人員而分任考察商店之職責權限各殊詎可强同(七)晉北本屬向無緝私專隊但憑局卡三數巡兵勢難遍查無証之商販若謂專致力於鹽坊及私鹽輸入所必由之路無論道路紛歧合管屬七十餘縣之廣隨地皆可透私遍處查緝斷斷無此兵力即就鹽坊考計若商販者爲郵局所給牌照而各局卡莫可指認則查甲將以乙領牌照爲應查乙則又以丙領牌照爲應輾轉混淆而私商從而透私全失稽查之憑藉妨碍緝私較諸妨礙貿易其失何啻倍蓰況照費既減並不致妨碍貿易商販貿易牟利是趨亦不致因一牌照而生阻力故貴局函內所謂得不償失者殆非事實之論(八)行政對於鹽店商販無論用何種牌照方式必應直接給與俾行使審查督察之權此爲各省鹽務機關之通例而牌照尤爲普通所發用並不能由其他機關代辦晉屬自民國三年行用牌照後歷年銷鹽繳稅均較本年爲優成案彰彰可考本年稅收銷數之短絀實因貴局任意改章與地方情形不合所致絕不因牌照爲之妨碍試就一部分之蘆鹽運銷

未能暢旺而論即因抵石莊後收回單照由右入晋沿途無查私之續遂不免私商中途沖銷稅數因之大減是則牌照問題對於杜私徵稅之關係均可概見據上述各種原因與其不妨從減牌照則萬難取消尤未便由郵局代發致碍緝私政權相應函達貴局查照希即酌議轉呈俾符事實免碍行政仍希見復爲荷此致收稅局

九年六月二十一日奉

鹽務署指令呈悉該局發給牌照辦法業經分別核定除由總所令知收稅局外合將總所付鹽原文抄發仰即遵照此令

呈　鹽務署榆綏設局政稅應同時成立擬請將組織全案迅予行知並懇提商總所將兼收稅員由職局照章請委以重主權文九年二月二十四日

呈爲榆綏設局政稅應同時成立擬請將組織全案迅予行知並懇提商　總所將兼副收稅員由　職局照章請委以重主權而資整頓仰祈鑒核示遵事竊查陝北鹽務自上年奉令劃歸晋屬以後迭經　職局派員前往各處將產銷情形詳細調查當以該區地面險遠民情不靖而又軍隊紛沓匪徒充斥自包商取消以後巡緝廢弛鹽稅久已無收今一旦由晋派員設局管理若非先於行政方面妥爲籌措力謀整頓萬不足以杜漏私而暢稅收曾於上年八月間將調查情形與稅局會商支分各局地點並榷局雙方

統轄辦法於第八三號呈內縷陳鑒核在案嗣後徒爲稅局權限之爭執遂轉輾停滯致數月之久未先實行茲查總所委派榆林收稅員及橫山副收稅員均已到晉而職局所屬之榆林支分各局如何組織尚未奉有　鈞署行知惟按稅局方面接到　總所令函附表內列榆林應設榷運分局一處可即時成立其附屬之六緝私卡須俟數月以後察看情形方可組織至橫山府谷神木三處收稅支局經費業經規定而榷運支局應否設置亦無明文竊思行政收稅權限攸分該處既係產區又有大宗緝私事宜際此開辦伊始所有行政事務均極繁頤若專務稅收而不謀一切行政事宜爲之先導必至重多隔膜辦理轉形棘手照　總所辦法職局所屬現祇有分局一處其餘三支局及六緝私卡均不議及則對於前項行政事宜似屬無從負責擬請　鈞署查察職局上年八月十二日第八三號前呈所請各節將支分局卡早爲規定俾得同時成立而資實行整頓倘　總所方面如爲撙節經費起見擬以三支局行政人員兼辦收稅則此項兼副收稅員應請遵照　鈞署本年一月二十五號第一百二十八號訓令關於劃分管理人員權限辦法乙條之規定除已由　總所委派之韓漪一員由職局另行加委外其餘二員及無定河小理河二缺仍由職局遵奉提請委派一面函稅局呈請　總所加給兼收稅員委狀以符體制而維原案所有榆綏設局政稅應同時成立擬請將組織全案迅予行知並懇提商　總所將各兼副收稅員由職局照章請委以重主權而資整頓緣由理合備文呈請　鑒核並乞　示遵謹呈

呈　鹽務署北路扣留蒙鹽現由總所另議辦法擬懇卽予提商以資解决文九年三月三日

呈爲北路扣留蒙鹽准稅局函　總所巳另議辦法擬懇提商俾資解决備文仰祈　鑒核示遵事案於本月十八日奉　鈞局巧電內開總所據口北收稅局電稱大同局將二八八五號九三九八號九九九四號各運照所運青白鹽扣留上項鹽斤己納稅請飭放行如科罰應退還等語業經署所會商照准仰飭大同局遵辦等因奉此查此案前於本月十日准收稅局函同前因當即令飭同局查復去後旋據該局覆稱大同卡扣有青鹽八百斤岱岳局扣有青鹽七百十五斤白鹽五百八十五斤均係執持口北局運單並無稅單應否照章扣罰等情前來嗣奉鈞電遵即轉行該分局遵照並於敬日電復鑒核在案現復准稅局函奉　總所令知關於口北蒙鹽輸入晉北一案不日當再行明令飭遵於未曾奉到是項令文以前北路緝私人員所扣口北鹽斤應暫緩辦理等因奉此相應函請貴局查照並希對於此案除己經辦理不計外餘事暫行緩辦一俟奉到　總所令文之後當再行函達等因是此案自應暫俟　總所議有定法再行辦理惟口北鹽斤侵入晉省一案局長蒞任以後因迭奉　山西督軍兼省長閻面諭懷仁各屬多食大海灘鹽有礙晉省鍋戶生計同時並據北路局報告屢有口北土鹽大批入境並無正式稅單等語當經於民國七年七月間因公晉京之便檢同單照各件摺呈鈞署奉批電飭口北禁阻等因遵照奉行在案嗣因日久禁弛該土鹽及青鹽等仍行乘間侵入適值繆魯兩調查員蒞晉當經商同

九

該員等親詣北路各集職屬分局局員及口北蒙鹽局郭科員多倫收稅局洋收稅員伊範士公同會議去後旋於上年十一月間晋北收稅局奉　總所函據兩調查員建設擬將所有由豐鎮區域運赴晋北之鹽以後均用署頒稅單不應照現行辦法祇用運單並聲明該員等所擬辦法非僅適用於大海灘土鹽及該函內所稱之白鹽而對於青鹽亦適用之因青鹽運輸運單並不由收稅官加簽亦屬不妥等因同時並據北路局局員面稱繆魯兩調查員蒞同時據口北郭科員及伊收稅官稱大海灘不用稅單之鹽現正設法整頓嗣後决不再行侵入晋北惟青鹽白鹽產地較遠有在產地已經繳稅領有稅單因輾轉分運流入晋省者斤兩地點多與不符是以另給運照俾資憑証等語局員答以是項稅單如果因鹽斤半途分折不敷支配則可由口北通令各局卡於塡發稅單之始即行分塡零數化整爲散譬如一商承運百担之鹽即多予以十担或五担之零星稅單俾得護運而不必百担共塡一紙則雖使中途分折而稅單仍能執持有效又如地點日期如慮所塡與起運之時不符亦可飭由該局卡於起運時驗明在單上加蓋何時起運及改運何處限何時到達戳記以資憑証如此辦理初無困難可言伊收稅官及郭科員與繆魯兩員均經首肯是以議决有以後一律須用稅單而不必再塡運照之案各等語報告有案茲奉前因復與收稅局洋員會同核議口北晋北同爲國家收稅機關彼此鹽斤如果納稅而後銷入鄰境本可不分畛域但晋北之鹽不能倒灌口北之鹽可以銷入晋省腹地岱岳山陰皆爲土鹽出產最旺

之區青鹽由烏珠穆仙白鹽由蘇尼特經行二千餘里大海灘土鹽由天成村等處經行數百里如此長途重費而可與山陰岱岳本地所產之鹽競售則該商販等所運鹽斤是否曾經納稅不辨自明在該收稅官等以爲稅單附經加簽則發出之後照塡運照自可作爲納稅之憑証不知其獘正由以運照而代稅單商人得以從中獘混或爲一單數照或爲一照數用在口北塡發以後既已無從稽查而晉北驗照之時復苦無根核對以致生此獘端不然何以執持稅單之鹽從未銷入晉北而晉北屢次查得均爲運照所護之鹽即此一端已足証明此項鹽斤當係未納稅在　職局屬地認銷口北之鹽雖無不可但若爲私鹽則無論口北晉北似均無任聽私銷之必要至口北收稅官現擬有於運照加簽作爲正式憑証之議竊以爲既有均署所頒稅單而塡發復又零星分執何以舍而不用必須改發運照所發運照又不載明收稅數目致使商販得以長驅入晉而與　職局有稅之鹽爭衡此等辦法在　職局亦鰓鰓以爲不可卽稅局洋助理員亦復不以爲然　局長爲顧全稅收起見除商由稅局呈復　總所並致口北蒙鹽局暨多倫收稅局另行切實商辦外用敢縷晰上陳擬乞　鈞署俯賜查照前陳各節迅予提商　總所飭令口北局仍照繆魯兩員原議暨　總所前函指飭辦法嗣後行銷晉北鹽斤一律塡發　署頒稅單不得再用他項運照替代以維正稅而免獘端所有北路扣留蒙鹽現由總所另議辦法擬懇即予提商以資解決緣由理合備文呈請　鑒核並乞　指令祇遵謹呈

九年三月十六日奉

鹽務署指令呈悉業經據情飭商總所應俟復到再行飭遵此令

呈　鹽務署擬定行運陝北鹽斤放運聯單暨驗照樣本呈請核定文九年三月四日

呈為擬定行運陝北鹽斤放運聯單暨驗照樣本陳祈核定並懇迅將榆綏組織全案行知俾與稅局同時設立以策進行備文仰祈　鑒核示遵事案查本年三月十一日收稅局奉　總所第二二七號函第三條開凡陝北鹽斤於運入榆綏之時即由收存鹽斤之店主或舖戶向榷運局之委員呈報領取會經收稅員會簽之驗照一紙於未運鹽之前必須將驗照呈驗至完稅後所運之數須在驗照上註明即由收稅員發給榷運局會同簽字之放運聯單一紙作為已稅鹽斤護運之憑據此外可毋須再領他項單照等因並附發放運聯單一紙飭令速為採用即准稅局洋助理員與　局長會同核議當以此項放運聯單為收稅人員收稅之憑証亦即為榷運機關查驗之根據實含有運照准單兩種性質應由榷稅兩局會同印發謹按附發花定放運聯單程式擬定共為五聯除將第一聯給商收執外榷運收稅兩局均須分別存根以資核對並即由各該分局按期分呈　職局　及收稅局備覈俾得互相稽核至驗照一種係　職局委員發商報運之單據本局行政方面取締商人避稅私運起見與收稅人員迄無關係惟按會辦意見第三節驗照由鹽店向榷運分局領取然如有助理代表之處須經該代表之會簽故　職局　現與稅局

洋助理員擬訂之驗照亦擬分爲數聯除將驗照給商並經發之分局存根外另備二聯交收税分局暨職局備核至驗照後幅仍將所驗鹽類担數税數運地分别備載以便發給聯單之際有所核對現屆開辦在即此項擬定格式除由税局轉陳總所外應亟繕具二紙呈請鈞署迅予提商核定以便行用至設局開辦一案局長深以鹽務進行政税兩端實難偏廢而在開辦伊始情形複雜之權綏行政施設似較收税爲重若行政機關不與税局同時成立一切巡緝布置地方管吏接洽恐多隔膜局長曾於上月二十四日第二十四號呈内詳請核示在案兹查收税方面業由總所委派正副收税二員均已先後到晉尅日即擬前往開辦屆時關於放運等項職務勢難偏廢擬請鈞署俯查前呈將職屬權綏應設分局支局各辦法迅予行知俾得遵辦實爲公便所有擬定行運陝北鹽斤放運聯單及驗照樣本陳乞核定並懇迅將權綏組織全案行知俾與税局同時設立以策進行緣由理合繕具單照格式二紙備文呈請鑒核並乞指令指遵謹呈（單照格式畧）

九年三月二十九日奉

鹽務署指令呈及單照格式兩紙均悉此項單照業經收税局呈報總所轉商到署已由本署與總所會商核定自應准予刊刻施行惟放運聯單既由該局會銜並應由該局會同税局簽字再行轉發應用其包頭一局能否行用此項聯單將來或改在磴口局放鹽能否在磴口一併採用仰與收税局會商具報

至榆綏設局辦法業於三月八日第五十二號指令飭遵仰即分別遵行單照格式存此令

呈 鹽務署稅局洋員擬將河薩另委卡員轉請總所加委實與原案不符懇祈俯察提商迅行轉飭該局遵照前令辦理文九年三月十五日

呈爲稅局呈請撤換河薩兩卡一案擬請商所更正飭照劃分管理人員案內丁段辦理陳祈　鑒核示遵事竊於本月十三日奉鈞署第三百七十號訓令內開據　稽核總所函以晉北收稅局呈報河西薩縣兩卡員常離差地卡務一任巡役等從事應照本所本年一月第九四六零號付文乙項辦法另行派員補充等情付廳陳核前來據此查總所第九四六零號付文業於本年一月訓令第一二八號抄行在案據付前情合行抄發原付令仰該局長遵照辦理並具報備核此令計抄件到局奉此查此案前據包頭收稅員在晉北稅局報告河西薩縣兩卡員辦事不力等情當經局長以華助理員資格商同洋員祝開福按照　稽核總所本年一月七日第二零一號函丁段所開辦法一面函請職局撤換一面於二月九日第三百四十九號呈報明　總所鑒核在案茲奉前因適晉稅局亦奉到總所三月一日第二百四十號函同前因該洋助理員以總所指令既有按照前函乙段辦理之文即以函請職局將該兩員撤換後另派人員函知該局轉請　總所加委局長當以前奉　鈞署一月二十二日第一百二十八號訓令即總所第二零一號函規定劃分管理人員辦法前列甲乙丙三段均係專指各分局之專任兼任收稅

員或專任分局局員立論是以對於兼收稅員之職者有呈請　總所加委之議至分局所屬下級人員如何委任及撤換辦法業於丁段指明並無加委之必要所有河西及薩縣兩卡既係素隸包局經管則明爲分局以下人員無疑呈請加委一層自無庸議當即以此與該洋員再三磋商未准允可旋該員復以　總所來函內所載一段二字華英文字不符擬欲呈請將原文一段兩字改就英文之乙段二字另行發布以便奉到指令時實行其呈請加委之策此項呈文業於本年十二月第三七四號呈發出局長因事與劃分管理權限有關亦經同日呈明　總所有案現職局業已遵奉　鈞令將該河西及薩縣兩卡卡員立即撤換另行派員接充移知稅局該員倘再奉　總所指令仍係飭照前函乙段辦理則必有呈請加委之文而原定管理人員辦法將因之而破壞竊思鹽務行政凡司局隸於　鈞署而分局隸於總局分卡則又隸於分局係屬一定階級即總所方面前經規定職局所屬各分局收數多者設專任收稅員收數少者設兼任收稅員其加委收稅員之辦法亦僅至分局而止又此次奉文規定檢緝設局案內除正副收稅員由　總所委派外其應設之征稅緝私各卡均奉指定俟六月以後由該榷運分局及正收稅官另行遴員派充綱舉自張不涉苛細亦無分卡與　總所直接之辦法今該洋員於治體初未明瞭妄藉　總所一令竟欲將各卡改爲一律　署所加委而先從河薩兩卡小試其端如果　總所不察准如所請以後各卡均與各分局局員及收稅員同爲　總所委派不獨職局無從管轄即就近所

隸之各分局亦不能加以約束章制紊亂等威莫辨莫此爲甚局長爲保行政職制期原案不悖起見用特覼縷上陳擬乞　鈞署俯加裁酌迅予提商　總所於該洋員呈到時核明糾正飭將河薩兩卡撤換辦法仍照劃分人員案內丁段所指辦理以杜覬覦而免糾葛實深厚幸所有稅局呈請撤換河薩兩卡一案擬請商所更正飭令仍照原案丁段辦理緣由理合備文呈請　鑒核伏候　示遵謹呈

九年三月二十三日奉

鹽務署指令呈悉已據情提商總所應俟復到再行核飭遵照此令

呈　鹽務署奉令抄發總所編成比較表列各款與職局底册不符並詳陳八年份稅收短絀原因暨擬另籌改良整頓辦法文九年三月二十三日

呈爲奉令抄發總所編成比較表列各數與職局底册不符並詳陳八年份稅收短絀原因暨擬另籌改良整頓辦法各緣由備文仰祈　鑒核示遵事案於本年一月十七日奉　鈞署第四十六號訓令內開據稽核總所文稱前據晉北收稅局呈報第一年開放期內截至本年三月三十一日止蘆鹽運銷晉北在天津數目逐月列表請核到所當以有自由貿易全區均應按季編送報告其運商名數亦應一併敘明令飭該稅局遵辦去後嗣據該稅局呈報由陝運入磧口區域之花鹽稅欵短收情形又據該稅局將本年第二第三兩季蘆鹽自由運銷晉北所得結果先後呈核到所查民國六七八三年民國八年結至

十月三十一日爲止所有完税指運晉北之蘆鹽數目及晉北税收數目現經本所分别編成比較表按照表列各數計民國六年度税收總額爲五十一萬六千零六十元民國七年度爲五十九萬零一百七十九元而民國八年所收之數結至十月三十一日止則僅有二十六萬八千六百三十三元是短收之税爲數甚鉅究竟是何原因應用該税局再行查報除令知該税局外相應抄録該令稿連同比較表各原呈附件請查核飭遵等情到署據此合行令仰該局長就近向收税局接洽並於查明後分别呈復署所核辦此令計抄件到局並准税局函詢前因竊查總所表列各數計六年份税收總額五十一萬六千零六十元七年份爲五十九萬零一百七十九元八年份截至十月底止爲二十六萬八千六百三十三元核與職局歷年按月呈報鈞署之數相差甚鉅當將此項抄發數目不符緣由函詢税局而該局亦無從答復令將職局六七八三年按月呈報税收數目分别彙報列表如左

	六年	七年	八年	較七年減成數
蘆鹽	七九,六五六元〇一二	三一六,九六四元四五	二三一,六八三元九	百分之三〇又〇六
紅白蒙鹽	一四九,七二二元四四八	九八,〇八七元五〇一	八四,一三五元三九二	百分之一四又二四
化鹽	二七,四三四元一七五	一五,八〇三元二五七	一九,二三九元九二	百分之二五元四二
土鹽	一〇七,九三五元八九四	一〇七,五三〇元六二九	七六,九二三元八二三	百分之二六又四七

合　計　三六四,七一八元五三　五四八,三八四元八三七　四〇一,九八〇元七四五　百分之二六又六九

按照上列各數是 職局 八年税收總數較之七年銀數雖屬稍減而較諸六年所收尚增銀三萬七千二百六十二元二角一分五厘不知 總所所稱衡諸六七兩年均屬短收甚鉅意將何指今 職局 爲 鈞署考核短收原因起見特將下列實在情形爲 督辦署長縷晰陳之查六年分經銷蘆鹽共收洋七萬九千六百三十六元零一分二厘七年則增至三十一萬以上八年則銷至二十二萬一千餘元以上是八年之數雖比七年爲不足而比六年則有餘推原其故良由七年爲開放伊始各商麕集爭先領運並未實在銷出而八年則存有舊鹽再加新運未免推銷爲難現 職局 爲此事特派員司前赴陽泉石庄一帶調查核計民國七年份商人領運蘆鹽爲十萬零一百零九担而全年實銷蘆鹽則爲八萬三千四百十六担八年份領運蘆鹽爲八萬零六百十二担而實銷蘆鹽則爲九萬一千零二十四担兩年比較銷數並無大差而領運之數則相懸絶 總所及税局方面只知繳税領運兩年數有不符遂以銷數爲短絀而不知民間食鹽只有此數此盈則彼絀而進鋭亦退速不能無故而增亦未必無因而減也至於蒙鹽則勢非天定而事在人爲從來蒙運之盛衰視乎辦理之得宜與否故督挖督運審在機先而還本籌銷收功事後稍縱即逝間不容髮當民國八年開始挖運之初據包局一再電呈呼籲請欵而税局靳持挖運等費概不撥付其措詞則謂擬以包存之鹽銷作包局運費而下游磧口河曲所入再以補其不足

勢可無庸再撥不知當上年春間包局結存之鹽只有七千餘担無論不屆旺期未能銷出即使全數售盡欵亦不敷而下游河曲磧口雖有存款半屬商欠若待收回濟包不獨匯兌不通即通匯亦非咄嗟可到而省局現存官運一萬餘元靳不撥付果持何種理由殊不可解坐是往返函商延擱數月而春運已過挖駄之費亦因之而無出迨至夏季旺期將至竊謂可稍稍起色矣而稅局無端又作收現之請其時局長以華助理員資格再四與商並經瀝陳　總所未蒙許可不然上年河曲至磧口一帶官運取消後所有下游銷數均應納入包頭若非收現一事爲之阻力則上年包局銷數預計當過往年數倍今試就經過情形一爲衡量查上年六月收現以後包局銷數僅三百三十九担合稅銀五百零八元七月銷數僅二十担合稅銀三一元而七年六月包局曾銷至一千三百餘担七月曾銷至四千零三十三担六年六月包局曾銷至二萬零三百二十九担七月曾銷至二千六百八十担僅此相較已足見其相差試再以往年包河磧曲四局倉蒙鹽之全部情形重爲比較查七年七月至十二月蒙鹽全部共銷至五萬四千餘担六年七月至十二月蒙鹽全部共銷至七萬四千餘担其數均不爲多而八年七月至十二月包頭一局查下游官運取消以後雖經迭次號召飭令河磧等處商人前往領運亦抵銷至三萬八千七百餘担由此以觀是全由收現過驟又適當下游取消之際商運不能接濟以致銷數短絀亦可概見蓋以一月至五月比較包局銷數尚較六七兩年爲優而七月以後遂形陡落此中消息固不煩言而解矣抑

若花鹽考其原因雖屬複雜不一然亦有事因掣肘而未可盡諉過於天時者查上年磧口收數因上游山洪暴發鹽鍋均被淹沒以致軍渡三交等處來源告絕曾據磧口局報由稅局轉呈 總所此雖爲事實所確有然不過爲三皇峁一部分所產之鹽如是至若鄂爾多斯及狗池阿寶池所來之鹽凡經過榆林者皆以磧口爲匯歸上年榆林等屬劃歸 職局管理陝省以經撤局無人收稅 局長曾經上呈 鈞署擬請先將磧口局移設該處以扼其源而稅局意不謂然另行呈所請予籌設專局並謂非俟正式組織後不能前往收稅坐是該處經過商鹽悉貪陝省經銷之無稅各在本地囤積不肯下運至磧而磧局應有銷數亦復因之大減此亦其原因之一又若土鹽其在北路則大海灘及口北之青白鹽大批侵銷迭經 職局呈明有案至中南兩路則純爲改章之故銷數短絀亦屬無可諱言查上年中南兩路一月至五月收數雖較往昔稍遜然因天氣較寒煎鍋遲啓之故一屆旺期即當復舊乃甫至六月土鹽旺煎之際而稅局嚴迫改章刻不容緩坐是中路方面六月一月無收數南路方面六七兩月無收數迭經勸導稍稍開煎而鍋戶仍多觀望所有六月至十二月中路祇銷鹽六千五百二十三担南路祇銷鹽一千八百七十二担以視七年此時中路銷至九千九百餘担南路銷至四千七百餘担者相差亦已遠甚此中南兩路比較往年收稅減少之數與包局六七兩月短收之稅皆由改章所致無疑總之 職局上年收數除蘆鹽無大出入外餘如花蒙土各鹽所以短絀之原因至爲複雜而要以改章及下游取消官運之故爲

最重夫包頭之期欠與中南路之包鍋固有可改之點但同時並舉民力有所不勝而又於緝私要途未能加以籌備緣而與民相持遂歸失敗此稅局失計之大者當上年九月蒙鹽收現之時局長曾函致該局謂如欲實行改革必須先有種種預備或官鹽存儲豐富不必僅恃商銷或緝私設置完密不至挺而走險方可措手舉辦迨中南兩路改爲年銷時亦經迭與會議擬欲另籌良法並經呈報有案無如洋員方面一味堅執於各事未能詳籌即職局所擬增添緝私之案及中路呈報巡丁短少不敷應用各文亦均擱置不議至使新章實現一無預備而收數坐受影響然猶幸包北各局辦理詳慎雖值竭蹶艱難之際而各員精心籌畫不避艱困尚得稍事維持比較不至大絀迨今統結稅欵短銷各情既如以上所言則以後晋局應銷各鹽自應另籌良法以資整頓似無疑義查現在蘆鹽已與稅局商定再行開放三縣並擬與正太鐵路另訂廉價商運辦法而花鹽亦在楡林奉准設局以後銷數自可有增無減惟土鹽新章似屬未盡合宜且應否設法銷減抑或維持仍須詳加核議以定趨向否則長此以往稅欵既不見增而商民嗟怨又覺有加無已似於國計民生兩無裨益又如蒙鹽收現一事既經遵行固不宜再有變更但下游官運取消既未見積曲各商踴躍赴包領運則上游官運應否即予取消抑或先行設法招徠商運俟有成效再行規定之處似須詳酌又如蒙土各鹽加稅一事現稅局提議固屬具有理由但鑒於上年之失加稅與取消官運似不宜同時並舉又現值土鹽新章初行元氣未復蒙鹽收現商困未蘇之際

綵之行政程序亦不宜多所變動現已與該局洋員切實磋議擬先從中南兩路籌緝私入手並商定稅局方面亦會同嚴訂各卡考成核計按月收數以資徵勸除俟商得同意另行擬呈請示外所有奉令抄發總所編成比較表列各數與職局底册不符並詳陳八年份稅收短絀原因暨擬另籌改良整頓辦法各緣由理合備文呈請鑒核伏乞示遵謹呈

九年四月十六日奉

鹽務署指令呈悉查籌運疏銷爲該局長專責値此改章伊始應如何設法籌維使稅收不致短絀仰即淬勵精神督率各員認眞整理本署將以此覘該局長之績效勉之此令

呈鹽務署議復繆魯兩員電陳晉北鹽務改章一案仰祈鑒核示遵文九年四月七日

呈爲議復繆魯兩員條陳晉北七鹽改章一案仰祈鑒核示遵事竊奉鈞署第三百五十三號訓令飭將繆魯兩員所擬辦法與洋助理員切實研究具報核奪等因奉經將此案面謁省長情形於三月三十一日第三十九號呈陳明鈞鑒在案茲查該員等所擬條陳內有急須採用者亦有當應研究或須另爲籌畫始能完備者既經奉飭擬議謹將局長管見所及爲鈞署縷晰陳之查整頓土鹽自以設法消滅爲第一要義但消滅之法有積極亦有漸進欲定二者孰爲適當則應視本省地方之情形從前辦理之成績爲斷今查晉省土鹽有不能與他處相提並論者(一)煎鍋地勢散漫遍及二十餘縣則非如

他處有灘有池之易於限制(二)鹽民熬鹽不以時又不能常年有土則以天時人事之關係多係斷續爲之或兼業農田爲之不能規定預算懸一格以相待(三)貧民多食土鹽惟上等社會乃食花鹽蘆鹽以及吉蘭泰鹽則即使設法消滅亦應酌留若干以濟民食勢不能使之淨盡(四)晉省土鹽自漢以來征稅歷今二千餘年皆爲維持政策一旦變易方針似不能行之過驟即使堅欲驟行而復有強力鎭壓行之亦恐無效或反釀成事變有此四種則欲行消滅土鹽政策不能用積極主義已無疑義今證之上年新章情形則向之不能常年刮土而按旬按月繳稅已成習慣者一旦迫使化爲年鍋熬一日即須認繳一年之稅其不便於民者一向之隨意熬鹽而又兼恃農田資生者一旦因不能認繳年鍋致使繳照失業其不便於民者三既已迫使認繳每年二十七担之稅矣而此外如有加熬仍須按担再加稅款則近於煩碎其不便於民者三年鍋之辦法既不能一律實行而小民失業又不能另謀生計於是相率私熬匿不報稅各卡巡丁本少其所轄之區又廣勢不能週歷遍查則鍋戶偶在停煎而洋員以爲歇業土鹽方在私製而洋員以爲消滅徒使國家受稅款之損失則不便於民而復無益於國者四徵論全體報停矣即不報停者其二十七担以外加熬之鹽究出若干勢不能逐鍋逐戶而稽計之而徒號於衆曰是宜補稅是慫此屬階吏豪胥滋擾之機而使鹽民望而生畏迫之走險愍不畏法則不便於民而復無益於國者五鹽民既不畏法奈何以法苦之其爲法復不密而無輔是法以行者將欲調查則因經費無出

十六

而不能調查將欲緝私則因巡丁不足而無能緝私土鹽之稅既不見增蘆鹽之稅復見短少是所謂消滅者非土鹽而爲鹽稅所減少者又不在鹽鍋而在政府之收入不便於民而復無益於國者六綜是六者則欲求減土鹽無論積極政策抑用消極政策其必須變通辦法而不能再沿上年新章使之一誤再誤亦無疑義夫証之民情既如彼而考之新章又如此則繆魯兩員調查報告所擬整頓土鹽之法實爲因勢利導逐漸消滅之唯一良法何則土鹽散漫不先爲提倡則不能化散爲整土鹽勢衆不分別去留則無從着手整頓土鹽大率煎自貧民不早爲另籌生計則對於地方無從得相當之協助土鹽之出産煩碎不簡捷收稅則鹽戶不欲繳納而其獘亦不易防今該員原呈所開煎鍋分爲二等准其報明爲年煎季煎不科除鹽及以相當之稅欵百分之十一撥作貧民生計兩節實爲近日處治山西土鹽至當不移之辦法但該員有慮所已及亦有慮所未及者以上兩策竊意若不稍加變通及另籌緝私良法輔以實行則土鹽之稅雖可稍稍增旺而對於花鹽蘆鹽等項仍恐行之既久不免有侵銷損害之獘令局長詳加核議擬請查照下列四端酌議辦法一分別年鍋季鍋其繳稅之數即暫照調查員所擬甲乙兩等俟行之一年以後察其所産鹽斤實數再行酌加包稅數目以期漸進惟無論年煎季煎均須隨時領照並於所用之鍋上由公家加蓋戳記編列號數各鍋戶不得私行添製鍋口亦不得有鍋而不報煎倘有此等情事一經查明即將該項鍋灶剷除違者照私鹽治罪法辦理二鍋口不厭常川稽查自經一次查

實分別給照或消燬後即將該兩區鍋口定一總數凡零星產地無十家以上鍋戶之村落均不准再添新鍋以期化散爲整易於稽查其對於舊存之鍋則限定若干年以內每年減少百分之幾使之逐漸消滅但此項消滅之鍋戶與查係私煎罰令停歇者情形不同應將其鍋口收買酌給䘏金使之別謀生計三無論新鍋舊鍋凡經報明認繳年稅或季稅者雖對於所產之鹽有在應繳稅率以外者暫不科征但產數仍應隨時報告其稽查產數之法則無論近場自食抑或外銷均須領有運照而職局方面仍派員隨時查察並加重緝私兵力設立專隊以查無照之鹽既隨時赴鍋巡緝如此則產數得以確實而對於各鍋戶年稅季稅應否酌加一層亦得定有相當之處置至緝私辦法如奉允准應另行擬議呈核四籌畫貧民生計宜先與地方商定能否開設工廠或水利公司專收歇業鍋戶使之工作或即以此款由鹽務官署酌定鍋灶淋地價值每歇業一戶發給䘏金若干使之別謀生計但此項辦法亦須地方認可並由縣知事加以協助職局對於各縣知事向無考核功過懲獎辦法似宜仿照各運使之例由鈞署規定咨行以期易於指揮至所需撥作鍋戶生計之款則竊以爲與從土鹽稅出不如從蘆鹽稅出蓋土鹽既擬逐漸消滅則所謂百分之十一者亦日見其少決不敷用而蘆鹽方興未艾既可寬籌且更可藉此歆動本省人民之心使得欲求蘆鹽增銷之希望有此以上四層相輔而行則繆魯辦法似覺有益無損而四者之中尤以增加緝私暨改定納稅制度爲最要蓋對於認稅鍋戶立法務取其寬則報煎可以踴

躍而鍋無私匿而對於產製鹽斤稽查務取其嚴則藉時可以整頓而弊亦易袪能以地方之鹽款而卹地方之貧民則於熬鹽之戶雖取極端限制不爲苛能以改良之新法而增國家之稅欵則於國家歲入雖有撥助地方亦不爲費竊以爲改革土鹽宜視爲永久之事而非一時之事而消滅煎灶又宜行以誘導之方而不宜用强制之法以繆魯報告証之本省情形業已瞭然而局長更有請者凡事歷年既久而蔓延又廣則更革不易而需費亦較重中南兩路之土鹽其難治係在隨處可煎而煎者又不視爲恒業若爲根本解决似宜商明地方多設水利公司設法蓄淡以求化煎爲墾若此層不能舉辦則惟有隨時限制逐年漸減能消滅其十之七而留其三似屬尙易倘如洋助理員之議欲取積極主義重稅困民以求一試而又無良法以善其後則不惟不能消滅且恐適以助長而終有不可收拾之勢局長以責任所關未敢輕於苟同以罔鈞聽至如繆魯兩員所陳各局改設巡行收稅員一節似徒爲節省政費起見於事實尙無裨益又如北路土鹽辦法已由按鍋計証進而爲按斤收稅似宜保存而不應再加更革若無端變爲包鍋制度則於收稅政策上反爲退化亦屬不可不慮以上各節已於收稅局方面以華助理員名義畧陳梗概惟所言尙未詳盡兹謹縷晰陳明仰求鈞察所有奉飭核議繆魯兩員條陳晉北土鹽改章一案緣由理合肅呈仰祈鑒核示遵謹呈

九年四月二十九日奉

鹽務署指令呈悉已據情提商總所應俟復到再行核飭遵照此令

呈　鹽務署關於奉令劃分管理人員案内乙丁兩項辦法擬請仍照原案提商文九年四月二十三日

呈爲關於奉　令劃分管理人員案内乙丁兩項辦法擬請仍照原案提商以維主權而免窒礙並將華洋助理員原呈繕摺陳祈　鑒核示遵事竊查稅局前次呈　所請撤河薩兩卡員一案曾經職局於上月十五日第三十五號呈請　鈞署提商更正仍照丁項規定辦理案經雙方請　示在未奉指令以前自應靜待解決現該洋助理員又於本月一十一日單獨呈　所請將兼任收稅之卡員亦照乙項辦法辦理局長曾以華助理員名義再三磋商未能同意因案關職權不敢自安緘默除由華助理員呈　所糾正並號電呈明　鈞署外茲將關於此案一切情形謹爲　督辦署長縷晰陳之伏查劃分管理人員權限一案自上年三月一日奉　鈞署第三百四十六號訓令規定凡收數較多分局設收稅員收數較少分局由局員兼任收稅員分局以下人員依其職司分別隸屬於收稅員或分局員等因同時稅局奉到　總所第六十八號函同前由案經明白規定自應遵辦其時因稅局洋員有要求將兼任收稅人員歸其單獨管理之議正呈請核示間適奉　鈞署第九百四十八號訓令凡權運局所屬人員有可分隸收稅局者應由稅局會同管理稅局同時亦奉到　總所第一百十九號函同前因局長遵照　明令除包頭北路各設收稅員一員磴口設查驗一員歸稅局直接管轄外所有磧口及中南路各分局員兼有

收稅職務者分隸於稅局其已設稅員及查驗員等局並於第五十七號呈及第一百十五號呈內先後陳明 鈞署將權運分局方面辦事人員劃出若干員歸收稅員及查驗員等自行僱用完全由華洋助理員方面管轄而其未經劃給者則為 職局 方面應行單獨管理之員該洋員亦經承認同時呈 所奉准旋忽藉口令文稱稅兩局會同管理為華洋兩助理員會同管理與 職局 一再爭執由是於八九月間迭奉 總所令函抄寄口北劃分清單並飭照口北辦法迅行辦理該洋員又稱口北辦法於晉未合抗不遵辦 局長 一面以助理名義呈報 總所一面將 職局 全部人員遵照口北成案依其職司劃分管理詳列清單於八十九號呈內呈報在案該洋員正在爭持異議之際旋奉 鈞署第一百二十八號訓令將劃分管理人員權限一案付所核定甲乙丙丁戊五項辦法總所亦函同前因分別飭遵 局長 深幸屢議未決爭持經年之案經此次明晰現定各有遵循當無異議詎料該洋員遵奉未久又于前項呈請撤換河薩兩卡員案內別生問題所不解者稅局自奉令以後第一次呈 所請撤河薩兩卡員原函本係援照丁項規定函請 職局 撤換又查該局第三百五十七號函呈請 總所按照乙項規定加給各分局兼任收稅員之委狀一案是稅局明知局員乙項辦理卡員丁項辦理業已恪遵有案該洋員乃乘總所前令偶有一字不符忽又遽翻前議冀圖變更定案而置 署所明令於不顧今謹將該員此次第四零八號呈 所原函主要各節試一研究如原函所稱稅局對於管理人員權限僅于收稅員及局員兼

收稅者得施以有效之管理而收稅員及兼收稅員直接征稅爲須其微一節竊按兼辦收稅事宜各卡員均歸收稅員或兼收稅員管理收稅員暨兼收稅員又隸轄于華洋助理員如臂使指層層節制各該兼任收稅之卡員何一非在該助理員等管轄範圍之內各卡對於征收稅欵直接解繳收稅員及兼收稅員彙解稅局則晉北全部分稅欵更何一非由該助理員等完全管理如謂必須將各項稅欵直接入其掌握一經分征轉折即不得謂之有效管轄似無此理又按原函所稱卡員明爲兼辦收稅事宜人員故應屬於乙項辦理一節該洋助理員僅知乙項有兼任收稅之規定不知丁項亦有兼辦收稅事宜人員應由稅局監督之規定 職局 兼辦收稅事宜人員僅有局員卡員二種如果局員卡員歸乙項範圍則何必再有丁項分局之下級人員除卡員而外其他僱用書記勇役均不兼任收稅分卡多係卡員一人並無所屬人員間有一二卡卡員自僱繕寫一名非但不兼辦收稅事宜且不由 職局 委派故丁項規定分局之下級人員兼辦收稅事宜者確指兼辦收稅事宜之局員已無疑義又如該函所恃爲顛撲不破唯一理由者莫如所稱兼任收稅之卡員不照乙項辦理雖有遇事請撤之權而干委任之初不能顧問 職局 撤換之權該助理員已一施于河口局員再施于河薩兩卡 職局 均即照辦未嘗拒絕如謂在委派選擇係屬形式上之管轄一節查丁項規定兼辦收稅人員如有品行不端或辦事不力稅局原有函請之初必須經其選擇方得謂之有效管理揆厥所以爭持之故非爲甄別考成而在操縱用人意非在公

其理甚明更証之以上月提商分局員兼任收稅員同意案一起該洋助理員或欲先見其人始允同意或謂未知其人不負責任往返磋商費時誤公幸而乙項規定僅至分局而止設使職局兼任四十餘卡與分局一律照乙項辦理無論局員卡員同級抗禮統率不易責任難專職務必多廢弛而往返提商辦理困難亦必百倍于前況照乙項規定兼充收稅者應由 總所加委以此四十餘卡二十餘元月薪之卡員概須呈請加委與體制固有未合即與 鈞署第五四四號訓令暨 總所第一五九號令函丙項規定亦相抵觸且晉北管轄區域亘及三省各卡遙隔遠至千數百里交通不便較他省爲甚往返行程動輒半月一月各卡員遇有更調苟非敏捷一經磋商信息預洩新委未及到差而舊員已存五日京兆之心則對於辦事方面尤多可慮此又分卡卡員不能照乙項辦理困難之實情也總之該洋助理員對於管理兼任收稅人員權限一案旋決旋翻靡有止境此次設使讓步解決遲日難免不再生問題與其讓而不決決而不久不若懇乞 鈞署俯賜提商仍照前令各卡人員按照丁項辦理以維原案示該洋員以案經核定不易搖動俾絕其得寸進尺之心而杜覬覦以免困難是否有當伏候 鈞裁所有關於奉 令劃分管理人員案內乙丁兩項辦法擬請仍照前議提商以維主權而免窒礙緣由理合備文呈請並繕陳華 洋助理員原呈請摺仰祈 鈞署鑒核伏候 指令祇遵謹呈(清摺畧)

呈 鹽務署關於劃分管理人員一案稅局一再呈爭語多失實謹將指駁各節並擬議辦法詳陳

核定文九年四月二十五日

呈爲關於劃分管理人員一案稅局一再呈爭語多失實謹將指駁各節並擬議辦法詳陳　核定仰祈指令遵行事竊查職局自本年一月奉　飭核定劃分管理人員一案洋員遵行未久藉詞於呈請撤換河薩兩卡案內　總所令文一字之誤再三爭執意圖變更原案業將大畧情形呈祈　核示並由局長以華助理員資格呈報　總所在案玆查前呈尚未繕發該洋員又以職局用人未送交履歷藉口續於本月二十日以四百零九號呈陳請　總所飭將兼收稅款各卡按照乙項辦理局長察其語多失實當經一面商請該員先將所持理由函請榷運局據實答復一面詳查檔案俟得確實証據再行呈報奈該員一再堅執以爲所報無誤業將該呈繕發局長以筦榷之職兼任華助理員事務雙方責任皆所應負而對於稅局方面與榷局爲用人權限之爭尤不憚苦心分明以期折衷一是現洋助理員既一意孤行如是專斷局長責任所關不容安於緘默業於該洋員繕呈之日備具短公函呈報　總所聲明華助理員另有意見尅日陳報請俟該呈到日再行核定惟稅局方面用人既少而關於華員稿件譯成之後洋員又多方挑剔語句不得即行發遞証於迭次華助理員呈報　總所之件其簽發距定稿之日均相差甚遠已成定例故關於此案應行指駁辨正各節在未經呈到　總所以前用特先行繕摺呈備參考並將局長管見所及爲　鈞署縷晰陳之查此次該洋員四百零九號陳報　總所一案其措詞無非以

稚局用人未經送交姓名履歷暨未將保結証金繳齊藉口欲求變更定案將各屬卡員亦照　鈞署本年一月第一二八號前令乙項歸併辦理不知用人一節凡關於分局局員奉令核定爲兼收稅員者委任之始無不通知該局自本年一月奉到　鈞署第一二八號令文後並將稽榆各員提出徵求同意惟分卡人員並無同意之規定而呈送　鈞署各員履歷之案亦祇每六月彙送一次是以按照此項辦法歷次僅送稽局並無貽誤至卸差人員關於鹽斤欵項如未由　職局証明則應由　局長負責亦奉明文規定似不得指爲　職局之咎其在保結証金一項則因規定之嚴與地點之寬展轉行查不免多需時日亦實有困難之點然屈計自定章以來至今各員之欠繳保金者亦祇有清源一卡而欠具保結者亦祇有二十處然盡在審查未定之中更不得以爲延不具繳綜觀以上各節　職局辦理管轄人員一事並無貽誤且各卡既經分別變遷已覺漸有起色而洋員一再藉口稅收謬稱管理之權不能完備意在推翻定案希冀於前令丁項已經規定之卡員亦照乙項辦理其對於稅局方面人員應行管理之責如各卡之稅收及土鹽之利弊等毫不措意而一唯干涉用人之權是爭其爲有意違反定章侵越權限已可概見　局長以用人行政爲國家應有之主權勢不能聽其藉口稅務橫加干涉且洋員之於中國人員毫無體察經驗而一唯近習之言是聽其所見是非恒無當於大體近來晉北稅局由洋員派往榆林書記竟至一事不辦而稽榆兩局人員前經　職局商請同意者同一爲向在晉北服務之員同一爲未與該局接洽

者而報告　總所之文乃以意爲輕重措詞不能一致若使四十餘卡鹽歸乙項提商則此後之困難以及措置之不能平允當更百倍於前局長爲晉北計兼爲大局計業將該洋員陳述各節分別指駁並列表更正証明其失擬請　鈞署俯賜提商解決定案以杜其得寸進尺之心而使晉局有息爭急公之望則爲幸甚抑更有請者關於前項管理人員事宜始則　總所令飭劃分該員既不遵辦繼則函行仿照口北成案該員又未遵行以致有上年九月華洋兩助理員分呈請示之舉今幸業已定案奉有　明文而該員又在強詞爭執意圖變更定例設使　總所再允所求或將條文修正屈意牽就則不獨晉局辦事爲難而此後　署所令函亦將不行於稅局而洋員得以弁髦視之履霜堅冰不知所屆瞻前顧後實深隱憂所乞我　督辦署長毅力主持規定原案以期一成不易庶辦事得有遵循而政局亦資維繫不勝引領待　命之至所有關於劃分管理人員一案稅局一再呈爭語多失實謹將指駁各節並擬議辦法詳陳　核定緣由理合繕摺附陳仰祈　鈞署鑒核指令遵行謹呈（摺略）

呈　鹽務署遵令議復阿王擬請撤銷官租自運自銷一案謹陳管見文九年四月二十八日

呈爲遵　令議復阿王擬請撤銷官租自運自銷一案謹呈管見仰祈　鑒核示遵事案於本年四月二日奉　鈞署第四百五十五號訓令內開准阿拉善親王呈稱請將晉北官租代售蒙鹽之案撤銷改本旗自運自銷並予拖要征稅等因准此查該權運局前租吉蘭泰鹽湖合同應截至本年十二月底期滿該

蒙旗擬請取消前案收回自運自銷按近三年銷額包認稅欵額外多銷仍遵章納稅並請將稅率減爲每百斤一元各節究與稅收及地方情形有無窒碍合行抄錄原呈令仰該局長迅即按照所陳各節核議呈復察奪此令計抄件到局正遵　令核議呈復間復奉　鈞署四月十九日第八百七十號指令內開據呈蒙鹽議歸商運應先將訂約租倉管理巡緝諸端籌備就緒並應將稅率鹽價滷耗淹消各問題同時核定等情固屬先事預籌之道惟前據蒙王呈請取消官租鹽池由該旗自運自銷並扼要征稅各節當飭廳付商總所並令飭該局長核議呈復在案該蒙王取消租約之請目前雖未核准然續訂租約一節必不能得彼同意如果准其自運自銷則租賃鹽倉管理鹽湖規定鹽價各節均無庸公家代謀即滷耗淹消諸端亦應置之不論仰該局長速將前令抄發蒙王原呈迅即議復以憑核奪至請增口北及晉省土鹽稅率一節該蒙王前呈尙請減稅能否征至二元尙未定案但各區稅率本難劃一吉鹽運銷區域似偏重晉省西北境暨西境與口北蒙白各鹽銷區相距尙遠且吉鹽質味優於土鹽無論蒙人自運自銷或普通商人由包磴領購似可照蘆鹽入晉辦法聽其與土鹽競銷不必謀及均稅其巡緝一節自屬開放後之要務但蒙王前呈謂磴口爲出蒙入晉之要道舍是無能繞越等語如就此設局征緝已無遺漏自無庸多設局卡徒滋糜費倘此地尙非扼要似可仿就場征稅辦法派員駐湖稽征再於磴口設局掣驗亦屬執簡馭繁之道若如來呈辦法上自磴口下迄曲磧沿黃河數千里應增設掣驗機關及

多數巡緝隊則勞費過甚亦恐徒滋紛擾也事關改革大計討論不厭求詳究係如何情形仍仰查明呈復以資參考再巡視員提議開放磴口下游商運辦法係自由販賣並非專商滷耗淹消諸端亦毋庸議及並仰知照此令等因奉此竊查吉蘭泰湖一帶綿亘數十百里均屬天然產鹽之區除公家租賃大二鹽湖以外地不愛寶俯拾即是如准該旗自運自銷則鹽湖本屬旗產而租價可以不計挖駝取給便利而脚費亦復較廉成本既經推銷自易原呈所稱辦理得法每歲約可銷至八九萬担自在意計之中惟稱每担以二百五十斤計尙有出入查吉鹽向例以三百六十斤爲一担該旗如認包銷自應仍以三百六十斤扣算局長對於原呈初無成見惟職守所在凡關於公家利害得失亦未便緘默自安如果包銷之舉於公家有益而於地方情形無碍 局長 亦樂予贊同第按原呈各節揆諸晉北情形尙有應行討論之點謹就芻見所及爲 鈞署縷晰陳之查原呈擬請減輕稅則爲每百斤一元該旗爲推廣銷路起見自屬營業之恒情第晉北鹽稅向無此制如蘆鹽則每担征至二元七角五分楡綏之蒙花鹽則每担征稅二元惟土鹽蒙鹽每担征稅一元五角爲晉北最低之額如准其減至一元則不特味惡質劣之土鹽難與競爭即味美質良之蘆鹽亦不無影響晉省食戶止有此數此盈彼絀理有固然將來吉鹽多銷一担該旗固多獲五角之利益然公家無形之損失將有不止五角者且吉鹽自上年包頭下游開放以來散商競運均征稅一元五角前後兩歧亦非平允此應兼籌並顧者一也查包頭現存官鹽三百餘萬斤磴

口現存官鹽二千餘萬斤合計不下二千三四百萬斤現定每百斤售價爲三元零五分估值爲七萬數千元有奇吉鹽全部開放以後無論歸該旗專賣抑散商自由運銷若非將現存官鹽儘先售罄設將來商人減價競銷則官鹽轉無人過問公家虧折勢必不貲而官運亦無從結束此應兼籌並顧者二也查蘆土各鹽均有商人呈請認稅包銷局長以迭奉　明令獎勵自由貿易均經駁斥如准蒙王自運自銷則該旗以場商而兼運商尤非尋常專賣之商可比設他商援案呈請勢難獨使向隅且榆林鹽務收回未久則當日包商尚有辭可藉此應兼籌並顧者三也綜觀以上三端無論減稅包銷損及公家稅入其事萬不可行即令仍按一元五角計稅然官運尚有存鹽他省亦慮援例再四思維均有窒礙難行之處局長以爲改革吉鹽之舉固屬刻不容緩之圖而整理之方必須通盤籌畫先從根本著手庶幾執簡御繁不致枝枝節節爲之再蹈從前開放包頭下游之覆轍其一則湖租屆滿亟應續訂惟原訂條文尚有應行修正之處屆期擬妥爲修改俾臻完善其二則鹽湖應由公家管理則操縱自由得以隨時整頓應由公家多派員司巡勇積極管理嚴密梭巡其舊駐蒙委應予約束不得干預公家行政之權其三則查磴口距大湖一百九十里距二湖一百十里沿途沙漠蹊徑紛歧斷隨地可以挖駝即隨時不免偷漏減輕售價以廣招來此次應以磴口爲開放之起點准散商赴磴自由領運如蒙旗有願充散商者亦得一例赴磴領運惟當包局原定官價爲三元九分內含有職局及包局經費十分之七其攤計湖租亦未

將存鹽列入故較實際爲多嗣後如核實估計則公家售價尚可減輕而欲並使商人減輕價值尤莫如自磴以下使散商自由競爭爲得計商人之售價既廉則吉鹽之銷路自廣而公家之稅收亦必日有起色至　鈞令所云蒙王取消租約之呈雖未核准然續訂租約必不能得彼同意此層固亦應預爲慮及第就事實衡之即使蒙王不願續租而該湖亦可封禁即使封禁之權有所不到而長城以內杜絕蒙鹽侵入公家亦有主權誠使內地一帶不准該湖之鹽私自運銷蒙旗之希望亦絕而挾制亦無從起查包磴兩處除積存之官鹽不計外如包頭所屬之河西隆興長烏蘭三卡向行銷白鹽薩縣歸化則尚有土鹽其河口東西鹽坊則均屬土鹽出產之區就令吉鹽永遠封禁亦無慮人民淡食其下游各屬則花鹽土鹽所在皆是吉鹽斷銷他鹽必取而代之現値晉北蘆鹽全部開放如果吉鹽從此杜絕則蘆鹽愈可暢銷爲公家計與其多銷吉鹽每百斤僅獲一元五角之稅何如多銷蘆鹽每百斤尚可征至二元七角五分孰得孰失不待煩言而解況查吉蘭泰湖附近蒙民向恃挖駝爲生活蒙王如不允續租不特每年自失租金且自絕其旗民生計現在官運吉鹽尚足敷兩年之銷宿相持既久蒙王自知非計勢必俯就範圍屆期如呈請續租公家爲兼顧蒙民生計起見似應照准第此一轉移間則在彼失其挾持之具在我得施其因應之方得失相權誠有不可同年而語者局長一得之愚是否有當伏候　鈞裁所有遵令議復蒙王擬請撤消湖租自運自銷一案謹陳管見各緣由理合備文呈請　鑒核謹呈

呈 鹽務署礦屬各卡實關需要碍難遽議裁撤文九年五月十一日

呈爲職局礦屬各卡實關需要碍難遽議裁撤擬請緩期一年再行審察情勢酌議裁減呈乞鑒核示遵事竊查榆綏各屬鹽務劃歸晉北設局管理一案本年三月十一日奉鈞署第五五二號指令抄發總所致收税局第二二七號函內第六節內開查現在沿黃河一帶所設立之掣驗局十一處將於數月內裁撤一俟陝北鹽務辦法辦理就緒時即應由權運分局長及征收税官會商辦法擬陳前來嗣於四月二十九日續奉鈞署第六一五號訓令附發總所第一零零二號付內丁段內開取消黃河沿岸十一掣驗卡一案應暫行緩議俟上下鹽灣及三皇峁各土鹽區域劃歸晉北管理後始能核辦各等因奉此遵查陝北鹽務管理上失馭已久即在從前未經提議劃分之先其布置早欠完備況劃歸開辦事當經始中間調查核議且復曠置數月殆尤棼如亂絲逐步清釐困難實百倍地處斷非三數月所能就理而漏税私衝之弊方恃黃河以東礦屬原有各卡爲之捍禦查驗俾於榆綏各地專事開辦後整理之計畫而不生顧此失彼之虞故河岸十一卡勢難遽裁誠如總所付驗原文應行緩議弟謂俟上下鹽灣及三皇峁各土鹽區域劃歸晉北管理後始能核辦一節局長愚慮所及竊以爲劃歸管理僅爲開辦之第一步而能否堵絕私銷當在總所第二二七號函所謂陝北鹽務辦法辦理就緒之後方能審察情勢解決裁併問題持之以遽實碍事功查三皇峁與上下鹽灣相距黃河均二百餘里於甫經管理時

亦祗能減少土鹽之私衝而由蒙地運入鹽斤仍可繞道柳林灘萬戶峪等處潛入晉地即非該兩處所能防止黃河爲兩省界綫北至盤塘南至東家川綿亘四百餘里陝北劃歸各區地面遼闊隨處私渡均可爲運輸漏入之路以故沿河各卡在榆綏劃歸整理之初愈覺關係至重應否裁撤並其議裁之期間要以榆綏過河之鹽斤有無漏私爲斷藉非需以時日規畫完全即不能詛漏稅之必無是以 職局 自榆綏各局成立以後即經令行磧口分局督同各卡將由榆入境鹽斤按旬列表具報並爲酌定辦法凡已在榆林納稅領有放運聯單者共有若干其未領聯單而由磧補稅發單者共有若干其雖有聯單而所運之鹽與所持之單不符者共有若干飭將查驗補稅罰辦情形隨時報明以備逐月考核爲議裁之預備馴是以行擬請以一年爲期則新區之推行既有以徵完善庶可酌議裁減從事撙節此就陝北之關係詳加討論而河岸各卡未能遽撤之原因固已如上所陳即就晉北本屬而論其情形亦甚關需要自吉蘭泰湖鹽下游官運停止以後商運迄未踴躍本年 鈞署第四百五十號訓令關於此項吉鹽價稅准由商人向任何分局繳納磧屬各商得就近繳納價稅之便歆於利圖紛紛赴運吉鹽收數頓形起色查磧口於官運期中銷數本鉅故其屬卡增至十餘處之多同爲 職局 重要之部分現商運既徵暢旺逐期推廣方宜殫力開源維護稽查雙方併重尤無輕議裁撤各卡之理伏思磧屬既爲蒙吉兩鹽商運灌輸之地復在晉陝聯界劃歸整頓之時詎可無局卡以資督促實不容不深加考慮力規全局期臻完備

所有磧屬各卡實關需要礙難遽議裁撤擬請緩期一年再行審察情勢酌議裁減緣由理合縷晰具呈

仰祈　鑒核示遵並乞　提付　總所核明定案以利進行實爲公便謹呈

九年七月二十五日奉

鹽務署指令呈悉磧屬各卡既據聲稱實關緊要自難遽議裁撤業經商明總所飭令晉北收稅局會同

該局長審察陝北鹽務進行情形酌議辦法於本年十一月一日以前分別具報以憑核辦除由總所分

行收稅局外合將總所付譯原文抄發仰即遵照此令

呈　鹽務署變通現行稅票一案業經遵令會商稅局意見尙難一致謹將職局體察酌議情形據

實呈復文九年五月十四日

呈爲變通現行稅票一案業經遵令會商稅局意見尙難一致謹將職局體察酌議情形據實呈復仰祈

鑒核示遵事案查職局呈核陝北行用放運聯單一案茲於本年二十九日奉　鈞署第六百七十八

號指令飭將此項放運聯單准在陝北行用其包頭一局能否行用將來改在磴口放鹽能否在磴一併

採用仰與收稅局會商具報等因正在會同籌議間復於四月一日於職局迭次呈請晉屬土鹽各區未

能仿用長蘆現行單照擬將現行稅票酌量變通以利行用一案奉　鈞署第六百九十七號指令內開

呈三件並鹽票格式兩紙均悉土鹽各區運照准單仿用長蘆格式既據聲稱尙多困難擬仿照淮北食

鹽照票格式損益變通以冀適用尙屬合宜當經本署飭商總所據稱此項問題尙須飭由收稅局再行酌議呈報其未經核定以前仍照現行辦法暫用舊式稅票免滋窒礙各等語此案應再由該局與收稅局將收稅行政各權限詳細商明分呈核定再行飭遵照票格式兩紙暫存總所付屬原文及致收稅局令文隨文抄發此令並抄件到局奉此遵查放運聯單一種核與舊式稅票及新式運照准單之性質均尙相同第按包頭商人對於上年奉發之新式運照准單往往因躉運至河口河曲等銷岸以後限於一單一照未能零星分運深感不便而經發局卡又未便聽商人任意分批發給多數單照致涉奇零多糜經費故包局自上年十二月間行用此項單照以來時逾數月商領甚屬寥寥則其窒礙難行從可概見又按磧口自榆林設局後在陝北開辦之始規畫損益一時難臻完備關於榆林部分運入鹽斤查驗緝私諸端至爲緊要其中漏稅過河仍應由磧口及沿河各卡照章補稅給予運單然僅有補稅之手續不必爲發鹽之准許則運照准單即無庸同時並用就包磧兩局之情勢而忖酌單照之推行似不如改用陝北同樣之聯合票照較爲簡便晉北七縣躉運本少大率零星負販用以轉輸故歷來沿用稅票尙稱便捷如果鍋產辦法別無變更而專謀票照上改革自亦以聯合式之票照爲宜惟繆魯兩委員現正議有包鍋條陳於未經奉令解決以前是否適用此項票照尙難遽予議定商諸稅局洋助理員對於此節亦表同意祇以土鹽計畫屢爲權限之爭仍不免有意見相左之處查稅局四月二十一日第四百十三

號呈關於此案議復總所文稱晉北各屬除蘆鹽外似仍以援用聯合稅票運照爲宜惟是項單照應照職局上年一月十六日第一百十八號呈核格式辦理或照陝北現用之格式辦理等語該局上年擬呈之聯合稅票運照格式係稅局單銜印發之件實未能認爲兼有運照性質之票據當時局長會與該洋員再三磋商於上年一月二十日抄錄該局原擬式樣並按照歷年規定運照定式將該洋員指出舊式稅票欠缺之點如地段期限逐一增入另行斟酌變通擬具榷稅會銜之四聯收稅運照聯合票式一併於第六號呈送請　察核在案是該局單銜之聯合照票有礙職權當然不能適用其對於陝北現行之放運聯單亦爲呈請　總所採擇之一職局查此項聯單於行政收稅權限亦尙分明惟推行於包頭磧口等處是否確無窒礙現已由職局分飭包磧等局參酌商情核議具復果能與事實稱便自應另行呈請　核定仿用至土鹽區域有無行用此項聯合票式之必要似應俟繆魯兩委員擬陳計畫奉令核定以後再行議呈是否有當伏乞　鈞裁施行所有變通現行稅票一案業經會商稅局意見尙難一致茲經職局體察酌議緣由理合據實具文呈復仰祈　鑒核示遵謹呈

呈　鹽務署中路調查員報告經過各卡情形多因新章窒礙辦理難臻完備據情轉呈文九年五月二十七日

呈爲職局中路調查員報告經過各卡調查情形多因新章窒礙辦理難臻完備據情轉呈仰祈　鑒核示遵事案於本年五月二十四日據中路調查鍋口委員林中行呈稱竊奉鈞局第七號訓令委赴中路

調查鍋口一案遵即會同稅局陳委員出發首至太原次至清源徐溝太谷等處謹將調查時聞見所得情形先行縷晰陳之(一)查管理土鹽新章具載於各鍋戶之手摺以為辦理之標準然各卡能於辦理手續完備者實居少數如新章第一條內載各鍋戶在製鹽期內應將製鹽多少於每旬報告一次茲查現有多數鍋戶每月僅報一次其中亦有鍋戶居離該卡太遠未能遵照者(二)查新章第三條鍋戶所領手摺除持赴登記外均不得任意移放他處委員在太原清源兩處所見手摺存於鍋戶家中者尚多至徐溝太谷等處存放鍋戶手中者頗少據云有送卡登記尚未携回者有鍋戶距卡過遠不願帶去者(三)按照新章規定辦法係名為改革按日繳稅之習慣而行用按斤征稅之制實則鍋戶產鹽不能逐戶監視則所謂按斤征稅殊屬無從計算即如清源熬戶俱仍按日繳稅查得鍋戶均對於按斤收稅極端反對因該處雖出鹽甚富而熬鹽向有兩種一係黃色土鹽與他縣土鹽彷彿一係白色土鹽其味苦澀只用以喂養牲畜故價值亦低每斤有售至十文或十五文不等與普通吃食之土鹽不同此種白鹽且居多數如按斤納稅所售之價以之納稅尚屬不足因稅率每斤即需二十四文故該卡仍以熬鹽十天准收一元五角不計出鹽多少該處之鹽往往有滯消之時以致甲月稅欵須待一月方能繳齊者似新章亦未實行(四)各卡登記帳目手摺之數有較鍋戶所繳之稅為少者每旬於每鍋戶名下登記一元五角幷不計及該旬內產鹽若干據稱因鍋戶恐天時人事或鍋口破壞僱工停業之時不能照繳最

二十六

低之稅額故將鍋戶所繳超過之欵另帳存記如遇鍋戶熬鹽不足最低產額時即將前次所得餘欵再行正式登帳記入手摺（五）歷查各卡其鍋戶情願停業者實居多數但報停之後是否不再私熬實未敢必惟就現在之情形察之其原因有二（甲）因煤價較前增至一倍成本過重力有不及（乙）因獲利太微苟有他業可圖者即願停業其不願停業者皆爲極貧極苦并無他項生計之人也查徐溝等處熬戶大都自置田產故欲爲籌謀將來生計似尚易辦惟清源一處其地只能刮土熬鹽而不適用種植據清源鍋戶聲稱如迫令繳納每担一元五角之稅則所產之鹽斤不能脫售必將無以爲生云（六）查願停熬之鍋戶可分兩類（甲）熬鹽傢俱一應完備者（乙）熬鍋已經損壞而傢俱有不齊全者甲類之鍋業經委員等將其鍋交由村長保管存放村中廟內乙類之鍋暫准放在熬戶家中經村長簽字担保委員與稅局陳委員會商以爲村長與鍋戶甚相接近以資担保較爲適宜此次經過各處各鍋戶等咸稱新章多不便民致辦理亦不易完善似應籌設整頓方法庶於鹹課民生兩有裨益管見所及理合肅陳情形是否有當仰祈鑒核等情據此查此案於上年中南土鹽新章改訂之始即據中路分局等歷將各卡遵辦爲難情形呈經職局於五月三十六月十八三十等日分別敘錄原呈轉陳　鈞署鑒核嗣因各鍋戶遵章開熬者甚屬寥寥而稅局遂有收買舊鍋之請復經職局審酌根本辦法先從派員調查鍋口入手於十月二十八日擬議具呈原以新章創行太驟非經切實調查不易加以整頓比奉核准即經派

員會同稅局委員於本年一月十四日分向中南兩路進行並經呈報　鈞署在案茲據前情查該員所呈經過各該卡調查情形於新章手續辦理多欠完備惟詳核欠缺之點率由各鍋戶對於新章按旬報數及手摺登記等辦法過於煩碎以致奉行不便且此項新章既未於土鹽情勢爲適宜之規畫無論如何厲行而窒碍較多是否能達到按斤計稅目的亦殊難必故爲國計民生兼籌並顧計似亦尚須研究惟在未奉文訂定以前所有鍋戶繳稅一切手續自應逐漸取締以期吻合至一切辦理困難情形初不獨清源一卡爲然而清源已發見其端且當分卡奉到新章之始已迭據呈由分局轉呈　職局暨稅局核示其時　職局迭次向稅局函商迄未答復現查該卡所產白鹽一種質味苦澀與普通食鹽不同祇能供喂養牲畜之用如欲按斤徵稅實行消滅辦理均有爲難似應統盤籌畫另行擬定良法足以便稽徵而資遵守除仍令行該分局轉飭各卡按章逐漸取締並俟調查完竣會商稅局籌議整頓辦法具報外所有據報調查中路清源等卡多因新章窒碍辦理難臻完備緣由理合具文呈報仰祈　鑒核示遵謹呈

呈　鹽務署磧商販運花鹽在榆納稅困難擬照蘆吉等鹽辦法就近在磧納稅並已商同稅局陳乞提商核定以恤商艱文九年七月二十日

呈爲磧商販運花鹽在榆納稅困難擬照蘆吉等鹽辦法就近在磧納稅並已商同稅局陳乞　提商核定以恤商艱仰祈　鑒核示遵事案於本年五月十九日據磧口分局呈稱據鹽商劉保仁等稟請緩商

等歷年渡河販運陝北鹽斤鹽稅一項均係運到磧屬河岸以後向就近局卡遵章完納領照行運手續簡捷頗稱便利近自楡林設局以來凡商等前往運鹽楡局均責成由起運地點納稅此項辦法於商等實多困難蓋楡磧爲兩省邊鄙之區既未行用紙幣又無匯兌轉遞市上流行多係制錢此後商等赴陝運鹽若須將應納鹽稅款項先行賫送楡林負重致遠力既未逮而由磧入楡道路崎嶇人煙稀少齎藏現金跋涉長途尤堪危慮爲此據實具稟伏乞憐憫困難准商等赴陝運鹽應納鹽稅仍在磧口局卡遵例繳納等情據此查該商等稟稱困難各點均係實情竊按蘆鹽開放以後晉商往蘆築運鹽斤得在太原繳稅領照赴運現在磧口行銷花鹽事頗相類可否援照此次辦法准該商等亦得在　職局　照章納稅請領單照赴陝販運並准此項鹽斤於運過楡林等處即予一律驗明放行不得加以留難以示體恤而便行運是否可行仍乞核奪示遵等情請示前來查磧商捆現赴運誠有前項困難情形該分局擬援照蘆鹽在晉納稅辦法令販運花鹽商人在磧遵章繳稅領照赴陝購運自爲便商裕稅起見且按現在各處商人購運吉蘭泰湖鹽曾奉　鈞署核定准各該商得向就近各分局繳納稅價掣領收據赴包領運此項辦法原因晉北各地交通不便匯兌困難故於手續上畧示變通實爲體恤商艱之計今磧口版運花鹽商人既據該分局轉呈前情　職局　以爲援照蘆吉各鹽成案准予在磧口分局納稅領照赴運事屬可行並經函商稅局會同核議亦以此項辦法于商人營業頗有便利之處且與　鈞署及總所規定蘆

鹽吉鹽繳稅辦法均屬相符業經稅局於六月二十九日陳　所核奪所有磧商販運花鹽在橃納稅因
難擬照蘆吉等鹽辦法就近在磧納稅並已商同稅局緣由理合備文呈請　鑒核俯賜迅予提商　總
所核定以便及早施行並乞　指令祇遵實爲公便謹呈
九年八月四日奉
鹽務署指令據呈已悉磧商販運花鹽擬請就近在磧納稅一節業據稽核總所呈由本署照准於一千
六十五號訓令遵照矣兹據前情合再令仰知照此令

令文類

訓令各局廠倉呈領票照添具正副印領文六年九月十九日

案查各該分局卡倉廠從前呈領各項票照尙無領狀殊欠愼重自九月一日起凡呈領運鹽執照分運憑單稅票鍋照牌照印花稅票等項時均須添具正副印領兩紙隨文呈送其九月份尙未來領者嗣後應即照辦已經具領者槪行補送以便核明備案再各分局卡倉廠距離總局類皆窵遠各項票照發出與收到月份往往不同查對不便以後並應列批呈領如九月份第一次呈領者列爲第一批第二次呈領者列爲第二批以下類推至明年一月重由一批壤起一年一更如此辦法縱月份有不同之處而批數無歧異之理數目參差之弊於以可免爲此令仰各該分局卡倉廠一律遵照辦理除分行外合亟令仰遵辦此令

訓令中南路分局天氣晴好認眞催煎報解文六年十月二日

查閱該局九月上中兩旬旬報表稅收異常短絀姑念月來連日霪雨事出天災尙屬可原惟國課所繫比較有關現在天已晴好亟應由該局率同各卡趕緊催煎認眞報解以維稅收該局責任攸關萬弗坐誤切切此令

訓令中南北路河口各局嚴催盡力整頓鍋產文六年十月十三日

案照各處土鹽月前雨水較多或報鹽鍋冲塌或報無土停熬事出有因遂多藉口以致産數寥寥税收短絀見在天已放晴各該局員宜如何振刷精神督飭各卡員悉心籌畫壽力整頓以期早日恢復原狀乃因循至今税收仍無起色殊屬不成事體合行專案令催該局員即便遵照趕緊切實整頓務使熬戶復業税收暢旺以增比較而顧大局千萬勿稍延誤是爲至要仍將遵辦情形先行具報查考切切此令

指令忻定總卡呈報扣留青鹽情形仰切實根究具報文六年十月十七日

呈悉查閲粘呈運單僅載明此項鹽斤運往省城銷售並未實指晋省今竟任意販運地點不符已有情弊况單載四百十六斤今復秤僅四百斤沿途既經洒賣保無夾帶所稱豐鎮局以九五扣發鹽顯係捏詞搪塞票鹽不符尤應澈究仰該總卡即便切實根究辦結具報運單發此令

訓令各局卡務將旬報詳細塡送文六年十一月二十五日

案照本局所訂各分局卡旬報表係爲稽核税收考查成績要件各員具有責成自應按旬塡送乃近查各分局所屬稽征查驗各卡每月旬報造送多不完全且有全不造送者實屬不成事體須知經征各卡固有税欵須塡即查驗緝私之卡遇有私鹽入境亦須查獲補税或收罰欵列報至於所屬境内鹽店更應責令領換牌照按等收繳費銀列入另欵各卡員倘果認眞辦事何至竟無分文收入兹經明白規定嗣後各卡無論爲稽征爲查驗均應按旬征收正雜税欵詳細列報如果本旬無收亦應於欵目欄内登

註無字並說明原因以資考核本局長到任以來一切刷新整頓凡我屬僚務各掃除積習力顧考成自此次通令之後倘再玩愒遷延漏不塡造即係有意延誤定卽從嚴查懲決不寬貸除令由各局轉飭外合行令仰該員立即遵照辦理不得延誤干咎切切此令

指令忻定總卡呈報脚戶王占魁鹽單不符仰先行封存另候飭遵文六年十二月六日

呈悉脚戶王占魁鹽單不符顯有沿途洒賣情弊扣留鹽斤應卽先行封存所有河曲倉塡單員名業經電令查報應俟復到知照再行一併澈究單暫存此令

訓令調查員左炳南調查忻定運鹽逾期罰辦一案逐條密查酌議辦法具復文六年十二月廿四日

案奉

閻兼省長發交密查淸摺飭即查辦等因當經函交忻定總卡程委員明白具復去後茲據陳復前來查所陳各節內有辦理尙屬正當者有尙須設法變通者茲經逐條指飭連同原扣抄交該員卽仰前往先行密查該卡辦理情形一面斟酌辦法妥議具復以憑核辦此令

計抄件

一 運鹽逾越期限固當罰辦但此次處罰是否過嚴嗣後能否變通如果限制稍寬能否不生流弊與稅票信用有無妨碍應切實擬議具復

二 據復北路稅票期限三月係歷任所定辦法示以限制正以杜奸商借票轉運爲一舉兩用之計等

語本局無案可稽所稱借票轉運係指何處轉運而言是否由忻轉運他處抑謂北路來鹽有借票等事查北路運忻鹽斤經過廣武等卡稅票上已蓋有查驗戳記至該卡是除復經蓋戳若該卡於來鹽入境之時查驗嚴密何致有一票兩用之弊至本地土鹽係按鍋征稅有私熬而無私鹽若能巡緝嚴密當無匿報漏稅之鍋所出鹽斤均經納稅就近販賣亦何庸借票若謂由忻轉運他處之鹽商販有無弊混土鹽而外有無他種外鹽私侵本局無從懸揣應分別詳細聲復至期限一層似不必定照舊例但須定一辦法北路鹽斤到忻以後凡須轉運他處者飭商另行存儲詢以何時轉運加蓋期限戳記屆期未及起運並准來卡聲明理由酌予展期一次期滿如仍未起運即就本地售賣不得再行轉輸藉以稍示限制

三 按牌照規則第九條無論大小鹽商以及專運寄售之戶均須分別等級請領牌照該卡照章辦理尚無不合

四 各商所發售鹽小票流弊甚多漏稅各鹽難保無執票影射情事現擬將小票決予廢止惟廢止之後關於緝私方面有無別種方法以別官私藉便查緝並得兼顧商情

訓令忻定總卡腳戶王占魁鹽單不符有無流弊迅速查報文六年十二月二十七日

案照腳戶王占魁鹽單不符一案業經電令河曲倉查報並指令該卡將扣留鹽斤先行封存在案茲據

河曲倉呈復細查王占魁票貨不符實係填票員張在中因事務紛繁填寫之誤等語前來查此次憑單既經塗改加戳當非筆誤已可概見除指飭該倉將該填票員張在中撤究外至商人一面有無別項情弊應仰該卡切實澈查迅速具報以憑核辦切切此令

指令河曲倉呈復電查王占魁鹽單不符一案仰將填票員撤換並候行查文六年十二月二十七日

呈悉查分運憑單雖爲便利商人分銷之用然平時亦應加以審愼何得漫不經心此次憑單曾經改加戳記其決非筆誤已可概見此中顯有情弊亟應查究應將該填票員張在中即行撤換一面取保由該倉查明澈實具報以憑核辦其商人方面有無弊端並候行知忻定總卡查明核奪此令

附原呈

晋北河曲鹽倉呈爲呈覆事竊奉鈞局電開據忻定總卡十一月十三日查驗王占魁鹽票不符一案業據該倉函覆票貨兩歧必有情節自應嚴切根究仰先揭取填票員名呈候核奪等因奉此委員細查王占魁票貨不符實係填寫之誤況票多貨少並無其他情節該填票員張在中緣因委員接事之初頭緒紛繁而填寫分運憑單者又絡繹不絕職倉因人員不敷支配是以臨時僱用兹奉電查理合遵將填票員姓名開呈仰乞鑒核

訓令北路局據渾源自治會呈卡員違章濫罰速卽查復文六年十二月二十九日

案據渾源縣自治促進會會長李廷誥呈據士人白一亮等所上請議書稱陳玉璜在縣屬楊莊村開設過客小店有廣靈縣王老梅從應縣買來鹽兩車因脚未便暫寄店内渾源鹽税局誣爲私鹽罰王老梅大洋一百三十元該局巡役薛連升勒索大洋十五元而局員貪心未饜又將陳玉璜押於局内十一日鎖於冷室二日百端威嚇勒罰大洋一百元並纔具不領牌照私自賣鹽之結該卡違章濫罰横行勒索等語查復無異復經查得數案另表呈核等情前來據此查表列陳玉璜王老梅兩案共罰洋二百四十五元與該局十一月二十一日所報數目不符又稱内薛連升勒索一節是否屬實其徐姓等五案事出何時係何員經辦有無違章濫罰横行勒索情事該局並未具報均應切實查究合亟抄錄原案仰該局派員澈查明白尅日具復以憑核辦毋稍徇懈切切此令

訓令邢殿魁澈查渾源卡違章濫罰一案具報文六年十二月三十一日

案奉省公署訓令以據渾源縣地方自治促進會呈稱渾源鹽税局辦理陳玉璜王老梅兩案違章濫罰平日縱巡役薛連升横行勒索查得數件另表附呈等情抄同原表飭局查懲具復等因查此案本局前據該自治促進會呈摺業經令飭北路局澈查具報在案兹奉前因合亟抄來原表令行該員即便前往澈查表開各案究竟是何情形逐一具復此令

指令忻定總卡呈復北鹽借用忻票一案仰酌量處罰具報文七年一月十九日

呈悉源義生借票抵運本應嚴懲姑念自知錯誤情尚可原從寬由該卡酌量處罰發還鹽斤尅日辦結具報惟所陳防杜借票轉運流弊辦法擬於原票上批註分運等語若商人持此批註之票運鹽則存鹽無據何從稽考若留此批註之票則行鹽無據憑何查驗且分運批數及期日均無一定尤易滋弊辦理殊未周妥不如飭各商向北路多開零星稅票以便分運之時易於支配一面仍從根本入手對於北鹽在入境時嚴密查驗對於忻鹽嚴緝鍋私而於忻鹽稅票無論行銷他處或散銷本地均應加以取締卽各店存鹽尤應時加稽察以免借票朦混仍將辦理情形隨時詳實具報核奪毋稍隱徇卽卽遵照切切此令

指令忻定總卡呈報鹽票不符一案仰妥愼辦理並擬議辦法呈核文七年一月二十五日

呈悉查該卡對於北路來鹽須在入境時嚴密查緝庶不至有漏私等弊既入忻地與該縣土鹽同質同樣況該縣係按鍋征稅有私熬而無私鹽就鍋納稅復行銷過縣混合難分卽難辦別該卡平日如何查緝有無劃分之法且忻縣鍋戶已稅之票何以得借入北路鹽販之手持以轉運究竟該卡對於鍋戶已稅之票如何取締是否任其所之此次源義生所販之鹽何以行經惇縣之時聽其漏私及至既入內地始稱實係北路鹽斤有無憑征又據稱繞出東關則爲由內地外運可知何以當運入之時不卽查驗待其外運始行緝獲其間情形殊難懸揣至是否北路漏私之鹽須以有無憑証爲斷如無憑証應卽放行

近來忻地商民對於該卡嘖有煩言嗣後務仰妥慎辦理不得稍涉苛擾以免物議並仰將北鹽與忻鹽如何區分如何緝私鍋戶已稅之票如何取締借運流弊如何防堵各項逐細擬議辦法呈候核奪爲要切切此令

訓令各局責依限造送月報文七年一月二十八日

案照每月月報各分局造送本局及本局彙送鹽務署均有限期乃現在各局造送月報任意遲延以致本局每屆轉送之期無從彙編實屬不成事體爲此專令嚴飭嗣後各局務必依限造送不得稍有延越十二月份月報限期已迫尚未據送到並應尅日編齊送局毋或遲緩致干詰責除分行外合亟令仰該局卽便遵照切切此令

訓令各分局嚴規定各解各款辦法通行遵辦文七年二月八日

案照各局存解鹽款責任重大亟應加意保繳以昭愼重茲特規定辦法如下一分卡解送分局及分局解送總局鹽款除有匯兌可通處所仍行大批起解外其餘均須陸續分批起解不得彙集一次解送免涉疏虞如應解鹽款一萬元分作三次解或五次解二所有鹽款概須交中國銀行存解無中國銀行之處亦須先儘交通及可靠之官立各銀行存解如無中國交通及官立銀行地方竟可儘收儘解切勿貪圖微利存放商舖三存解各款均由分局員完全負責四自一月份起各局存款應將存在地方於月報冊尾加一存款副表逐

項據實塡明來式隨令頒發五自一月份起實解及抵解各欵須於月報册尾加一解欵副表分別塡明各批解欵數目暨匯費匯解入及匯出日期奉批日期等項以便查核表式隨令頒發以上各條均關重要除分行外合亟令仰該局切實遵照辦理此令

訓令中南北路等局將貼用印花稅票核議劃淸界限辦法文七年二月八日

本月二日案准河東鹽運使咨開案奉　財政部一千七百十九號訓令開案據山西印花稅分處呈稱據平遙縣知事呈稱竊平邑印花稅票自知事上年到任後各舖始實行貼用迨後厲加整頓於前數月銷路漸有起色是以催辦印花王委員錫祺到平時論令照修正稅額每月以六百元銷售商會已承認勉爲其難詎刻據商會來署面稱敝會因此次修正稅額每月比前加多六十元當赴各商號實地調查以爲設法進行之計無如城鄉兼賣代賣鹽斤之各雜舖嘖有煩言謂鹽釐局巡役赴各該雜貨舖已貼縣署發賣印花票之萬金賬及一切簿據均勒令重貼鹽釐局之印花票似此藉公滋擾致商民共忿人言嘖嘖商會有維持市面及代銷縣公署發賣印花票之責不得不據情陳述況鹽釐局既如此勒貼印花雜保公賣棧不接踵於後毋論此後銷售印花萬難足額官廳每月應得之處分可以預卜即此擾商擾民流弊亦伊於胡底尙祈設法維持等語知事查平遙城鎭鄉以雜貨舖爲最多而雜貨舖又無不兼賣代賣鹽斤及菸酒貼印花票又以雜貨舖爲大宗倘署局爭貼印花實於商民大受影響更屬不成政

體但鹽釐局之差役調查於章程内原有凡係專賣兼賣代賣各鹽店一語並非有心侵越職權惟所差局役均屬毫無知識一若售賣鹽斤之店均歸鹽釐局管轄未免有所挑剔殊不知雜貨鋪内所銷之鹽特各貨中百分之一豈能以少數之鹽概括多數之貨在知事身任地方以國家多銷印花票爲前提覺縣署與釐局無論何處多銷終屬一致雖銷不足額因公受過不過一身其所損失者小而鹽釐局不辦管轄範圍一味勒貼印花商民咸以爲不便其所損失者大乞轉商榷運公署局長將印花税一事變通辦理查兼賣代賣鹽斤菸酒之雜貨鋪均由純粹之鹽店糟房菸酒批發請將各局售賣之印花票貼於批發票上以歸簡易其零星售賣概貼公署印花票以清界限等情據此處長覆查該縣所呈銷售印花權限紛爭各節委係實在情形并迭據大同太谷榆次等縣關於此項紛爭事件先後呈報到處似應劃清售貼範圍庶免糾擾現據平遥縣呈擬各署局劃分售貼印花辦法是否可行理合備文呈請鑒核指令祇遵等請前來查印花税票前由本部委託各機關爲分發行所原爲商民便於購買起見若如該分處所稱平遥縣鹽厘局巡役竟有勒令重貼印花之事殊屬不合合亟令仰該局長查明嚴行取締毋令再有此等情事至該縣所擬劃清界限辦法是否可行仰即核議具復等因查山西印花税分處原呈所稱之平遥大同太谷榆次等縣均非銷行潞鹽之區當係貴局所轄相應咨行貴局請煩查照辦理等因准此所屬有無勒令商民重貼印花之事案關部飭亟應澈查除分行外仰即確切查明據實呈覆至平

遙縣所稱劃清界限辦法是否可行於本局印花票價收入有無影響抑或須另訂辦法以資更變之處仰併核議具覆以憑彙案核轉切切此令

訓令中南路局忻定總卡忻縣鹽務一案呈奉省署指令轉行籌擬肅清鍋私辦法文七年二月九日

案奉　兼省長閻飭查忻縣鹽務一案經局查明開摺具覆茲奉　指令內開呈摺均悉既據委查明確逐條陳覆如第二條三月期限係專指到忻由忻轉運他處之鹽而言並非銷售期限惟非法定規制業經飭令另議辦法俟議定具報備案查晉地山路崎嶇輸運鹽斤恐難如期運到若明定期限窒礙滋多倘爲一票兩用之弊不妨於票上註明字樣亦足以杜絶弊端如第一條恒泰店之議罰論其期限中途已逾然究無別項情弊其情實有可原允應酌核辦理至第三條長義泉等夥領牌照雖與定章稍有不符究係前卡員承許認領如欲遵章更正安得再行議罰未免辦理過當其餘尚無不合應毋庸議仰即轉行該卡查照妥慎辦理此令等因奉此查此案飭據調查員左炳南呈覆各情本局長綜核全案除恒泰店議罰長義泉等夥領牌照各節業經辦結食鹽小票一節另候飭遵外以運鹽期限暨借票運鹽兩端最爲重要而兩端亦相關聯因欲杜借票之弊端故執行習慣上之期不思借票之鹽何自而來若非私鹽何須借票是則尤與本境鍋私有關現在中南兩路號稱按鍋收稅然產地零星緝私僻施若鍋私一日未除則借票之弊一日難杜欲防借票之弊必須先從肅清本境鍋私入手如僅於入境之鹽挑剔

期限遂以爲辦別官私已畢乃事非特徒損產地稅票信用誠恐適以擾害良善之鹽商而縱舍積慣運私之鍋戶殊非根本解决之道除分行外合亟訓令該局卡員卽便遵照將如何肅淸鍋私之處妥速籌擬具體辦法覆候轉呈核奪切切此令

指令忻定總卡呈報源義生借票一案經本局核定辦法仰遵辦具復文七年二月十六日

呈悉查一鹽不能兩票一票不能兩運鹽票不能相離爲行鹽之向例萬不能稍有違越若照來呈批註稅票辦法一行一存必有一鹽無票如存鹽臨運票回再批則鹽經數票必數批啓私鹽影射之階召商人舞弊之漸領一票而可作長年之用稅一次而可行數次之鹽必使稅票之代價日騰而稅款之征收日少爲鹽商者但使購買舊票收鹽行運報卡請批卽可獲利何必再赴產地納稅茲經本局核議批註稅票辦法萬不能行欲限制借票轉運惟有飭令商人向產地領運之時多開零星稅票如預計鹽到忻尚須分運者其領運之時凡領運一千斤者卽可分作十票轉運時一起亦可作十起或五起分運亦可不致再有窒碍除由本局另令行知各局並出示公布外卽仰該卡遵照辦理再前呈所稱鍋戶熬鹽不自運售此惟較之鍋戶零運稍屬整齊但是否僅運售納稅後連票給與商店係忻縣一處如此抑該卡所屬之忻縣定襄官池各地一律皆然並仰呈復核奪此令

附原呈

晉北忻定土鹽征稅總卡呈爲奉　令呈覆事竊於本年二月十七日奉鈞局第一百二十二號指令內開呈悉查一鹽不能兩票一票不能兩運鹽票不能相離爲行鹽之向例萬不能稍有違越若照來呈批註稅票辦法一行一存必有一鹽無票如存鹽臨運票回再批則鹽經數運票必數批啓私鹽影射之階召商人舞弊之漸領一票而可作終年之用稅一次而可行數次之鹽必使稅票之代價日騰而稅欵之徵收日少爲鹽商者但使購買舊票收鹽待運報卡請批即可獲利何必再赴產地納稅茲經本局核議批註稅票辦法萬不能行欲限制借票轉運惟有飭令商人向產地領運之時多開零星稅票如預計領鹽到忻尚須分運者其領運之時凡領運一千斤者卽可分作十票轉運時一起運竣亦可作十起或五起分運亦可不致再有窒碍除由本局另令行各局並出示公布外卽仰卡遵照辦理再前呈所稱鍋戶熬鹽不自運售納稅後運票給與商店此雖較之鍋戶零運稍屬整齊但是否僅忻縣一處抑該卡所屬之崞縣定襄官池各地一律皆然並仰呈覆核奪此令等因奉此案查鍋戶稅票納稅後連票給與商店忻縣如此所屬定崞兩卡情形大致相同亦有領四等牌照之販戶赴鍋購鹽零星形迥然銷售唯官池池卡全係查驗性質毫無稅收故無發給稅票之舉與忻屬定崞兩卡情不同茲奉前因理合將定崞官池三卡情形備文呈請鑒核實爲公便

指令忻定總卡呈復肅清鍋私辦法仰仍遵照前令另擬呈復核奪文七年二月二十七日

呈悉查一弊之起必有所自其致弊之因亦非一端若不清其本源以圖補救則日言杜弊而弊轉以益滋鍋私一項亦何莫不然欲事肅清必先究其私鹽之自何而產自何而銷緣何而興緣何而久該卡鍋口大小如何產率如何鍋數若干地點奚似收稅辦法是否妥善有無流弊商販如何收買鍋鹽如何銷存緝私如何分配管理如何得宜以現在情形而論病在何處整頓之法遂將安出統盤計議斟酌利害擬具辦法詳其手續定其次序方稱盡職乃據陳各節綜其大意以爲欲清該卡鍋私僅在查緝封啓似於照例封啓而外別無足以注意之點而於原令籌擬具體辦法六字卽又置不理會且稱現在天寒地凍各鍋戶紛紛報停一似報停卽無私產而本局此時行查爲多事者試問該卡所司責任是否僅在封鍋啓鍋啓鍋而後對於產數多寡是否卽置不問產數如逾定額則逾額之鹽是否卽認爲官鹽聽其行銷近日天氣日各暖鍋轉瞬皆開是否卽照所陳辦法已稱完密本局殊難爲解似此敷衍塞責不加研究殊屬不成事體現值稅收歉薄私銷充斥亟應嚴行整頓以杜私源應著遵照前令參酌指飭各節刻日另擬具體辦法呈候核奪不得再以空言搪塞致干駁詰仰卽遵照此令

訓令各局倉廠旬報添造副表一分同送備核文七年三月八日

案照各分局卡從來旬報往往欵項不明數目不符必須查核清楚方准備案惟是行查呈復文報往返輒稽時日常有上屆之訛誤尙未核正下旬之報單已復寄到積累既久訛謬益深審核殊多不便自本

月起各分局卡造送旬報表均應添造副表一份同時呈送備核一經本局核有訛錯當即在副表内更正發還該局卡接到此項副表即應查照將底案更正以免次届旬報復有沿誤合行令知仰即遵照辦理并轉飭所屬各分卡一律遵照勿誤切切此令

指令忻定總卡呈復鍋戸税票交給商店持運一案仰調查明確具復核奪文七年三月八日

呈悉查該卡及定崞兩卡鍋戸所產鹽斤既據稱納税後連税票給與商店是則運銷兩事鍋戸全不聞問又該卡第二十三號呈内有稱間有鍋戸税欵未齊託鹽店代爲納税等語又似該卡鍋產類多商店承包綜核情形該處雖名爲按鍋征税而實際上已與起運征税相仿究竟按鍋及起運兩種辦法以何種爲整齊周密何種爲凌亂混雜對於税收以何種爲優行之該卡以何種爲宜如仍按鍋征税以後收數有無把握若改爲起運征税較之從前税收能否增加應仰該員切實研究詳細考察分别指陳利害優劣並將該處鍋戸商店實在情形及收買運售各員相調查明確一併具復核奪切速勿延是爲至要此令

指令中路分局擬具肅清鍋私辦法仰仍遵照前令另擬呈核文七年三月十三日

呈悉查此案前經本局令飭籌議久未據復曾於本月八日重行令飭並指令忻定卡文抄給閲看在案茲據呈復以肅清鍋私當先取締鍋照雖非根本之計亦爲救濟之方既稱面飭各該卡員力圖整頓凡

無照之鍋不論開停限本月止一律領照應即責成該局員實力奉行隨時具報勿得徒托空言仍前玩泄至已領照之鍋戶每月所出鹽斤是否與額定之數相符如有逾額之鹽是否即認爲官鹽任其行銷並應如何整頓取締之處未據切實擬議明白聲復究非肅鍋私之具體規畫仍仰查照前令指飭各節擬具妥善辦法迅行呈核毋延切切此令

附原呈

晋北中路土鹽徵稅局呈爲整頓鍋私擬具辦法呈請鑒核事案奉鈞局第四十六號訓令内開以運鹽期限暨借票運鹽兩端最爲重要而兩端亦互相關聯因欲杜借票之弊端故執行習慣上之期限不思借票之鹽何自而來若非私鹽何須借票是則尤與本境鍋私有關現在中南兩路號稱按鍋收稅然產地零星緝私懈弛若鍋私一日未絶則借票之弊一日難杜欲防借票之弊必須先從肅清本境鍋私入手如僅於入境之鹽挑剔期限遂以爲辨别官私已畢乃事非特徒損產地稅槩信用誠恐適以擾害良善之鹽商而縱舍積慣運私之鍋戶殊非根本解決之道除分行外合亟訓令該局員即便遵照將如何肅清鍋私之處妥速籌擬具體辦法覆候轉呈核奪切速此令等因奉此竊查整頓鍋私須從取締鍋照爲入手職局前任局員對於鍋照一事取放任主意有照無照一律開熬以致無照之鍋私所在多有稽查手續亦甚繁難蓋有照鍋口開停皆有憑證最易稽查故少私熬之弊惟無照之

鍋卡中既無照根之可查私鍋地址又未能深悉因此失彼防範難周雖嚴密稽查恐私熬偷運之弊在所不免欲肅清鍋私故必首先整頓鍋照飭其一律具領然後易於稽查惟有鍋不熬之戶一旦令其納費領照似覺困難是又不得不畧爲變通以示體恤局員擬於三月初間乘各分卡解欵來省之便當面飭各該員切實奉行力圖整頓凡無照鍋私務須澈底清查無論開停限至本月底一律領照如實係停熬無力領照者則將其鍋聚集一處移至就近各村鄉社中加貼封皮責令社首看管不時派巡勇稽查以杜偷漏如有願熬者必須先行領照方准取鍋開熬似此辦理鍋私之弊庶可逐漸肅清所有擬具整頓鍋私辦法各緣由理合呈請鑒核是否有當伏乞指示遵行

訓令南路局按照發交單摺將鍋私等情弊逐條查復文七年三月十六日

案照該路鍋私充斥本局早有所聞即經飭令整頓該員代理之初嗣又密電飭查據復南路鹽供不應求並無外運稅票合給鍋戶等語茲據臨時調查員開摺報告該路情形前來查核各節舉凡溢產匿報漏稅私鍋小票等弊不一而足甚有給開鍋証而不給稅票者以開鍋証收稅者納稅鹽斤與開熬鹽斤不符者雖考其時日不盡該員到任以後之事而該局卡等平時辦事不盡認眞已可概見似此因循若再不加整頓尚復成何事體今將調查員原摺暨本局查對鹽斤單一併抄發仰即逐條明白確查究竟此次弊端起自何時匿報之欵歸入何處如何設法剪除嚴行整頓仰即切實籌擬具復勿稍徇飾遲延

切切此令

計抄摺

平遙縣

一　平遙鍋口大小不一按照所查各村庄之鍋口大者十分之二每鍋每日約產鹽九十斤小者十分之七每鍋每日約產鹽五十斤又有名片鍋者十分之一每鍋每日產鹽三十斤以上鍋口無論大小凡係雙鍋者領三等鍋照又有安大鍋一口或小鍋一口者領四等鍋照但爲數無多

一　鍋戶包稅不分鍋口大小單雙每月按四百五十斤納稅與產鹽之數實不相符

一　鍋戶間有前報廢鍋現未領有鍋照隱匿私熬者

一　鍋戶納稅皆用開鍋証開熬十天或二十天向局領取開鍋証塡明所熬之天數及已交稅額到期即將應納稅額交足換領稅票然不給稅票者居多數又有不領開鍋証與巡勇串通私熬者居少數謹將查收之開鍋証七紙附呈

汾陽縣

一　汾陽鍋口亦大小不一大者十分之一每鍋每日約產鹽四十斤小者十分之九每鍋每日約產鹽三十斤鍋戶每口領一四等鍋照並無安雙鍋領三等照者

一鍋戶包稅不分大鍋小鍋每月均按四百斤交納與實產之數不相符合

一鍋戶有不領照隱匿私熬者有前報廢鍋現在未領取鍋照隱匿私熬者

一鍋戶納稅多用開鍋証塡明所熬之日數及現交洋數不給稅票亦有至所熬期滿時交回開証鍋換領稅票者此外有不用開鍋証以白紙塡寫小票亦不給稅票者有不割小票及開鍋証而熬者開熬十天或二十天向卡呈報所熬之日期按日計算納稅有與巡勇串通私熬或不與巡勇串通熬私者謹將查收之開熬証三紙白紙小票六紙附呈（內有魏發成一張十二月內未給稅票一月鍋口表內亦未列入）

孝義縣

一孝義鍋戶每鍋一口領一四等鍋照無安雙鍋領三等鍋照者鍋口亦大小不一大者十分之一每日約產鹽四十斤小者十分之九每日約產鹽三十斤

一鍋戶包稅不分鍋之大小每月以四百斤納稅與實產之數不符

一鍋戶間有不領鍋照隱匿私熬者有前報廢鍋現在未領鍋照隱匿私熬者有以做飯小鍋隱匿私熬者

一鍋戶納稅開熬之時向卡呈報割取小票塡明開熬之期及交之局長自不吝不次之賞今乃舍比較而論勞逸殊非所之塡重考成之道所請記功一節應不准行

一 介休卡員辦理牌照既有失當之處復有藉故推延有虧職守等情應由該局員轉飭該卡員嗣後亟應振奮圖維認眞整頓設辦理再有不當定即予以懲處所有未經換照及兩鍋一照之鍋戶均應由該卡員嚴飭催換限于文到一月内辦竣不得任延

一 孝義縣屬產銷各情形仍應切實調查詳細具報以憑核辦

一 關于該局鹽產情形自以鍋戶散處不能一致爲大弊所請與知事會銜出示取締常鍋各辦法甚爲妥當惟限令三個月領照開熬爲期實嫌太久應一個月爲限逾期卽行封毁永禁復熬以杜私煎而重專業總率數目既極參差領照等次復不一致種種分歧殊欠公允所請由本局出税額或不割小票僅註于帳簿熬完呈明所熬之天數按日計算交納所欠之税欵換割税票者亦有不給税票者居少數謹將查收之小票三紙附呈

介休縣

一 介休鍋口皆二尺八寸每二口鍋頂一口領四等鍋照每日每鍋約產鹽四十斤

一 鍋戶包税每月以四百斤交納如熬半月者以二百三十斤交納熬十天者以一百六十斤交納比較實產之數不相符合

一 鍋戶間有前報廢鍋現在未領鍋照隱匿私熬者

一鍋戶開熬時向卡先割小票塡明所熬之天數及現交之稅額熬完卽將應納之稅額交足再割稅票亦有不給稅票者謹將查收之小票附呈

指令忻定總卡呈復徵稅辦法一案仰遵指飭各節切實籌擬呈核文七年三月十七日

呈悉查起運徵稅所以異於按鍋征稅者鹽稅之由店納與鍋納出入旣不按鹽斤計與按產期計關繫實大土鹽產區散漫鍋竈零星隨地堪以刮土隨處堪以設鍋匿鍋不報報停私熬弊固難防卽在領照報熬各鍋究竟每月產鹽若干每日每時產鹽若干現定之等級是否與鍋口大小相稱鍋產之總額是否與征收之稅欵相符且因氣候寒煖不同工作情勤各殊每鍋產額必時有盈絀何以稅額皆係一律可知按鍋征稅流弊滋多於盡產盡稅目的去之尚遠本局有見於此復據該卡前呈有鹽稅多由鹽店包納等語是以令飭該卡妥議具復茲据來呈所稱各節一似越運征稅斷不可行頓自忘其前呈所言者且不深究第就此次來呈而言旣稱忻屬所產鹽斤由鍋戶售與商店俟各鄉鎭舖戶購時卽持票行運亦有領牌照之肩販赴鍋購買零星銷售並無外來之販運客商等語則事實上已是起運納稅何又云事實頗難改行又稱若改爲起運征稅則鍋戶隨熬隨售稽考何憑不知上文所稱之商店及領牌照之肩販是否外來之販運客商是否該卡無從稽考數行之中自相矛盾謂非支吾掩飾誰其信之似此舞文弄墨胆敢嘗試大屬非是旣据該卡稱所屬鍋戶情形與中南兩路相等以按鍋征稅爲宜天氣融

和稅收可望起色是該員對於按鍋征稅辦法認爲確有把握現在關南防疫事務已經告竣應即責成該員按照每月比較如額征足至前兩月來因防疫阻碍停日待運之鹽積久未銷之產並應彭此一律督催補征報稅不得藉詞諉卸再有短少致干未便仍將遵辦情形暨如何取締鍋戶盡產盡稅辦法切實籌擬具復核奪除令知中路局外仰即分別遵照辦理勿得違延嗣後如有不敷產額稽征不實未能達到盡稅目的厥維該員是問不得再事推諉致干未便並仰將辦理情形隨時具報備核切切此令

訓令北路局渾源自治會呈卡員違章勒罰案已奉省署指令免議文七年三月十九日

案照渾源縣自治促進會呈卡員違章勒罰一案前據該局呈復業經據情轉呈在案茲奉山西省長指令內開呈悉既據查明原表所列王老梅及陳玉璜兩案均係情虛甘願認罰所收補稅罰金各欵早經報明彙解在案應准免予置議餘如所擬轉飭該局員認眞辦理仰即遵照並候咨行省議會查照此令等因奉此合函令行遵照再前據該局請示渾源縣知事咨請償罰燬照一呈現在此案既已奉

省長令准自可毋庸置議並仰錄令轉　知遵照此令

訓令各分局另欵旬報單列表册分文呈送文七年四月四日

照得另欵與正欵官運兩項性質不同從前旬報內均將三項幷列一表月報由雖各分列但亦間有三

項訂一册者嗣後旬報卽應將另欵收支單列一表其另欵月報單訂一册分別另文呈送至關於另欵之鍋牌照繳核及請摺均各分別隨文送核不得再行牽混此項辦法自文到日起一律遵行除通行外合亟令仰該局飭屬一體遵照勿違此令

訓令各局倉廠關於密呈事件辦法文七年九月一日

照得緊要公文關防宜愼洩漏機要過失匪輕嗣後凡關於密令密函文件發出時應於封皮內加一襯封襯封上註明密件字樣文到該分局或倉廠後應由該局倉廠委員親自拆閱隨時密復密呈文件封註辦法相同文到本局時收發處騐明逕行送內拆閱收發文簿上註明密件字樣不另挂出如此分別辦理庶幾各守愼密不致有洩漏之虞除通令外合行令仰該員卽便遵照辦理毋違切切此令

訓令各局倉廠將旬報表內支出細數分晰聲敘文七年六月十九日

案照各局所送旬報表內各項支出應於說明欄內詳敘細數以憑查核茲查該局之旬報支出僅有總數未將各項細數分別列明殊屬不合合行令仰該局嗣後對於支出一項務須敘明何種開支甲卡若干丙卡若干詳晰載於說明欄內以便核對不得違誤切切此令

令各局卡無照鍋口應卽沒收充公並發布告文七年六月二十二日

案准收税局函開准稽核總所第十七號函開據民國七年五月十一日第二十四號函稱中路分局向

准無照鍋戶熬製鹽斤現擬由助理員等出示曉諭將無照鍋口即行充公懇核示祇遵等情茲奉總會辦令知現已核定對於土鹽產戶頒發或取銷鍋照之事應由榷運局局長辦理但每年鍋照費必須先期交付歸入鹽欵賬内至每次所發之鍋照及每次所發取銷鍋照之飭令均應抄送收稅局備案鹽務署現正令行榷運局局長出示曉諭嗣後無照鍋戶均不准熬製鹽斤如有未領鍋照即行開熬者應將該鍋收沒充公等因奉此相應函請查照分行貴分局卡以後如有該種無照鍋口應即立與收沒充公等因同時并奉鹽務署第八百二十二號訓令内開同前等因奉此合行令知并隨發公布　張仰該局委員即便遵照并轉行各卡員一體遵照一面將公布擇要張貼曉諭各鍋戶嗣後如有無照鍋口亟應按照公布辦理不得稍有瞻徇切切此令

附抄布告

照得晉北各處土鹽鍋戶均應在本局所屬各分局卡報明鍋數并按月熬鹽數目照章請領鍋照分別等次呈繳照費以資稽核不得抗不領照私自煎熬此項執照按年換領不得延玩不換有逾限期歷經辦理在案惟查各處鍋戶尚有未領鍋照即行私熬亦有雖經領照久逾限期仍不换領似此違章藐法殊屬不成事體茲奉鹽務署第八百二十二號訓令内開嗣後無照鍋戶不准熬製鹽斤如有未領鍋照擅自開熬者應將該鍋收沒充公等因奉此爲特公布仰各該鍋戶等一律遵照自公布後倘再有鍋戶

不領鍋照以及逾期不换情事即應由各分局卡將該鍋戶之鍋口沒收充公以示懲戒而杜效尤各鍋戶亟應凜遵恪守毋得玩視定章致干罰辦切切此布

指令中路分局轉呈忻定總卡征稅情形一案仰轉飭該卡勒限鍋戶換領鍋照文七年六月二十二日

呈悉據忻定總卡所稱各節於征稅情形并未能聲敍明白從來該卡遇有飭查事件每每含糊具復用空言爲搪塞視告戒如具文實屬居心蒙蔽應由該局員轉行申斥嗣後如有飭查文電均應確切答復不得再行含混至鍋照一節照該卡所稱情形忻卡筒鍋共一百四十二口而換領者六十一張定卡筒鍋共一百七十三口而有効之照僅六十三張是無照鍋口數逾大半私熬私售從何稽查崞卡鍋口凡五十五而領照者僅三張尤爲不成事體該卡員等辦事不力任意懈弛槪可想見乃欲以徵稅爲難無力領照等語爲藉口卸責之地步似此欵項稅收焉得暢旺應由該局員轉飭該卡員等傳未换領各鍋戶嚴行具限一律飭換毋得稍有遷延致干未便並應飭將辦理情形隨時具報以憑核辦仰卽分別遵照辦理切切此令

訓令包磧河口各局議復蒙鹽加稅是否可行文七年六月三十日

案奉鹽務署第八百零九號訓令內開運銷廳案呈稽核總所漢文股付稱據晉北稽核員呈稱前奉函開磴口鹽船途中遇雨浸銷鹽斤一案該榷運局長所擬辦法現已核准倘各船戶能按所失鹽斤之

價及每担二元之稅賠償六成即可勿庸追究等因奉此查晉北土鹽及輸入之蒙鹽向章均收稅一元五角此次船戶賠償之數既係按照稅率合算似應以一元五角六成繳稅究應照一元五角折合六成抑照二元折合六成之處理合具文呈請飭行遵辦等情查所擬由船戶賠償之稅款六成應准按照每担一元五角之稅率計算惟查由吉蘭泰湖運來之鹽其稅率應加至每担二元本所前經提議但未頒發令飭實行征收現在究竟應否將稅率加至每担二元應由晉北收稅局擬議具報除令知外相應抄錄令稿付請轉飭遵照等情到署查此案前據該局長呈請擬令船戶按照損失鹽數連同稅款賠償六成業經據總所議復並於本署四百六十號指令照准在案至蒙鹽稅率能否加至每担二元應由該局長察度情形會同收稅局妥議具復以憑核辦合亟照錄原函令仰該局長遵照此令等因奉此查蒙鹽稅率加至二元究與銷路民生有無妨碍是否可行應由該局體察情形尅日妥議具復以憑與收稅局會商辦法呈復核辦除分行外合亟令仰遵照切勿遲延爲要此令

指令磧口局呈報陝軍勒抽鹽厘扣查行船妨碍稅收一案仰妥議辦法呈候核轉文七年七月十四日

呈悉查鹽厘一項自鹽稅條例頒行以後即經一律廢止所稱陝軍加抽鹽厘是否即是收稅抑於收稅之外加抽鹽厘向來運晉花鹽已未在產地征稅抑祇就該局繳納又所稱如遇鹽船尤須補稅等語此種鹽船何處起運運往何處所運何鹽已經何處征稅及抽鹽厘有無該局及各卡曾經征稅鹽船後遭

補稅情事現應如何補救方於鹽政防務兩無窒礙仰速查明具復並妥議辦法呈候核轉勿稍片延切切此令

指令包鎮局轉呈隆卡卡員擬整頓該卡緝務暨增進稅收辦法文七年八月三日

據轉呈隆卡卡員擬整頓該卡緝務暨稅收辦法尚屬妥善應由該局督率進行俾緝務稅收日有起色是所厚望此令

附原呈

爲隆卡卡員呈擬整頓該卡緝務暨增進稅收辦法據情轉呈仰祈鑒核施行事竊查前奉鈞局電令派委李家盛接充隆卡卡員等因當即函達該員尅日赴隆嗣據函報業於六月三日到差視事各在案茲於六月二十一日據該員函稱卡員到差已逾旬日竊查五原地方遼闊人煙凋零近年來時事艱險此間南近黃河北近狼山盜匪出入無常雖有各軍駐紮搶奪之聲時有所聞清源局外設分卡近兩月來聞已四次被搶職卡自阿善遷隆後各處分卡未能遍設遠地苦於緝查又值荒亂奸商藉此難免無營私之弊白鹽稅既難收入良民購食零鹽又苦路遠種種困難設施無從卡員職司所在不得不勉籌紅鹽銷路增進稅收現飭馬巡赴鄉邀集左近各社社長來卡公同會議曉以利害開導鄉間各該社商店囑其請領牌照運售紅鹽鄉民購食便捷可免路遙之苦再派巡常到鄉村按戶嚴

查以冀私鹽減少而增進紅鹽之銷路再查私販白鹽入境有四一狠山嘴一楊家合字一阿善一老爺格壋其狠山嘴在五原之西二百餘里楊家合子在狠山之西距五原三百餘里此二處係甘肅境王爺地運來之鹽地方竄遠盜匪尤甚現不能設卡巡緝整頓無方俟稍平靜再爲設法安卡整頓其阿善在五原之西南老爺格壋在五原之南距隆卡均六七十里俟佈置就緒阿善擬仍設分卡巡緝可向西探緝數十里老爺格壋一處擬由阿善分卡及隆卡兩處分調緝巡似此紅鹽既可暢銷鄰近私販白鹽雖不能禁絶諒可漸少於國課亦不無小補惟五原屬境遼闊南北百餘里東西六七百里若不多設分卡巡緝難週現擬於阿善大佘太綉花堂三處各設一分卡惟職卡人少事繁原有馬步巡勇不敷分佈擬請在上列三處各添馬巡二名常駐巡查以重緝務而資分配所擬各節是否有當應請轉呈查核示遵等情據此查核該員所陳各節尚屬實在所擬整頓緝務及銷籌紅鹽以增進稅收各辦法亦尚妥協至欲疏緝周遍尤當派巡分駐隆卡分駐地點原有三處今該員復請於阿善大佘太綉花堂三處各派馬巡二名常駐查緝自是扼要之圖惟隆卡舊有馬巡五名職局編造七年度預算增至八名該員今擬添派分駐即可於此八名內分別支配似可無庸再添以節經費除將嚴禁私鹽推銷紅鹽及勸諭各鹽店繳費僱照各節編繕白話佈告飭發該卡張貼所屬各社鎮村曉示週知仍飭該員督率巡役勤加巡緝俟七年預算奉令核准後再實行分配駐紮外所有隆卡整頓緝務

及增進稅收各辦法理合據情轉呈仰祈　鑒核施行

指令包鎮分局轉呈河西支局委員呈擬整頓白鹽辦法仰督飭進行文七年八月三日

呈摺均悉據轉呈河西支局委員呈擬整頓白鹽辦法四條尚稱妥善惟請添緝私一層應俟該局前請酌添馬巡十名一案奉署核准後再行酌撥現在暫由該局設法調劑至酌用期欵一層關係甚重該支局前次商欠迄今尚未清結是否可行應由該局妥議酌辦並須由該支局委員完全負責所陳籌辦事宜即由該局督飭進行以期稅收漸臻暢旺爲要摺存此令

附原摺

謹將河西支局委員薛文照所擬整頓辦法四條錄摺呈請鑒核

計　開

一聯絡蒙旂白鹽產於鄂爾多斯旂之白鹽湖每至春夏開挖如風雨調和產額甚豐除運銷河西外復運往山西河曲及陝西榆林府谷神木等處向來由商人在鹽湖左近設廠向蒙人收鹽赴局報稅運往上列各處近自盧匪竄入陝北沙棗以南盡屬匪界商人皆裹足不敢前蒙人遂自行馱鹽至府谷神榆等處銷售我局稅收遂大受影響且鹽產蒙地未出蒙境例不能征稅奸狡之商人或藉蒙人爲護符出蒙境運赴銷地者甚多故核其鹽湖每年出數雖不能確定當亦不少而我局年征稅額甚

屬有限職是之故也今欲整頓白鹽稅收當與蒙旗中之王公貝勒等極力聯絡務得其歡心乃進而請其臂助凡商人赴旗收運鹽斤務使其同出一途毋須繞越別地希圖漏稅再設法勸諭蒙人減少其自行運鹽往銷之舉致亂鹺綱則白鹽之偷漏者當能較爲減少稅收似亦易見起色也

一添練緝私河西地方遼闊匪徒出沒無常加以村落散布不聚行鹽漫無稽考查緝稍涉疏忽私銷立見充斥支局原僅馬勇二名步勇四名除分駐各子卡外兼欲常川派赴巡查沙壕及黃河一帶人數太少地方太廣實屬難以週顧現擬於支局內常駐馬巡二名步巡四名以備隨時派出巡查復將自迤大圪壕起至西北五十里之魁素馬武渡口地方共派馬巡二名來往巡查以防堵運赴後套之私鹽中灘設一子卡派駐馬巡二名以防堵運赴後山之私鹽五當補隆卡亦派駐馬巡二名以巡查沿河之私鹽如此周密佈置若以後匪患能得稍戢加以嚴密巡緝極力整頓則私鹽或可稍減也惟增添巡額事關預算應候鈞裁核奪

一招徠商販河西在昔盛平之時運鹽商店資本殷實者不下十餘家自鼎革以後黃河一帶土匪蠭起河西遂成匪窟人民逃避一空商賈裹足迄今匪徒尚時出時沒商販咸存戒心不敢輕履危地又值蒙境戒嚴白鹽難運鹽價日增益致無人過問蓋今日河西實無鹽市之可言矣支局稅入之不旺此實爲其大原因今擬俟匪勢稍靖蒙地解嚴後一面與蒙旗聯絡弖其稍平鹽價一面在包頭鼓勵

各商勸其領取牌照赴旅運鹽並由支局加以維護商人見有利可圖自當踴躍爭先以事運鹽是亦振興税收之要圖也

一酌用期欵查河西地方荒凉商人前來運鹽者不敢携帶現金與蒙人交易仍用以貨換貨之古法至其繳納税欵從前辦法先掣遝條取具妥實舖保約期兌欵而其實即期欵也此種辦法實從此間商人之習慣而來今欲整頓税收似宜先爲籌及蓄税收關係重要期欠固非正辦然不勉爲通融依其積習則商人以現金之艱於携帶遂阻其運鹽之途而收入亦以之短絀似非善計今擬仍依舊法惟須滿百元以上方准給予期限前赴包頭兌欵仍須取具包頭殷實商人之舖保期不得過三個月百元以内仍交現欵如此辦理實於通融之中兼寓限制之意於商人既無不便且可藉此勸其多運裕我税收此亦整頓之當計及者也

以上所報辦法各條是否可行理合具帖呈乞鑒核採擇施行

訓令各局既據查無勒令商民重貼印花税事應聽商民購領不必顯分區別文七年八月十九日

案照本局前奉　財政部令飭查平遥鹽局巡役有無勒令商民重貼印花情事並核議劃淸界限辦法業經通令飭據各局先後查復並另擬劃淸界限辦法到局即經據情彙轉　財政部在案兹奉第六千三百二十七號　指令内開呈悉平遥縣鹽厘局巡役勒令商民重貼印花一節既經該局長查明並無

此等情事自應免予置議至所擬劃清界限辦法本部覆加查核除專賣鹽店之簿據發票所貼印花可就近向鹽局購領外其兼售代售鹽斤各貨舖不論簿據及發票其應貼印花或向縣署購領或向鹽局購領均聽其便推行印花以商民實行貼用爲主毋庸於發行機關顯分區别致多窒礙又查本部呈准推廣税額原案各種契約簿據應自一元以上貼用印花原呈所稱零售鹽斤不滿二十斤者免貼一節未按價值核計不無出入應仍遵照原案辦理除訓令山西印花税分處查照外仰遵照此令等因奉此除通行外合亟令仰遵照此令

訓令各局塡送鍋産調查表文七年八月二十九日

統計處案呈茲爲統計土鹽鍋口及産數起見謹由職處擬定鍋産調查表一種擬請頒行各局轉發各卡遵照塡送等情查此項表式攸關整理鍋産至爲緊要除通行外合亟令發卽仰該局轉發各卡遵照塡送切切此令

指令南路分局摺呈調查各縣狀况暨考核員司籌擬整頓一案仰遵指飭各節分别辦理文

七年九月八日

摺悉所陳調查各縣狀况暨考核員司勤惰尙屬詳細其籌擬逐漸釐頓各辦法亦頗可採惟中有亟待整理不能稍緩之處兹特逐條指飭於下

一　汾陽縣屬據稱各鍋戶大率因禁止刮土難于暢熬無力繳費換照等情現既經該局員與該縣知事議定雙方兼顧辦法所有各熬戶逾期之照即應責成該卡員迅速飭催換領限于文到一日內一律辦竣不得再任其以無力爲辭藉口延宕設到限仍有延不換照之戶即惟該卡員是問至鍋証手續亦欠完全雖云尚無情弊然該卡員平日辦事疏忽不力於此亦可概見此後務須振作勿得因循干咎

一　文水縣屬據稱因受溥利公司限制收售硝滷之影響以致銷產不旺等情究竟是否實在情形抑係該鍋戶等借端推諉即應澈底清查調集確實證據如果因該公司限制收硝有碍稅收立即據實呈報以憑核辦設僅憑各熬戶口稱并無確切明証則所短稅款應責成該卡員賠償不得稍有徇庇任其含混

一　交城縣屬各熬戶開熬何以僅憑鍋戶口述并無鍋証似此任便有無他項弊端同一鍋口何以繳稅不齊其出鹽數目是否有差欲加釐革用何方法始能盡善既經派委婁瑞書前往代辦應責成該員迅速整頓并將應行改革之處詳擬辦法具報核奪其未經換照之鍋戶應由該員嚴飭催換限文到一月內辦竣不得任延

一　祁縣屬因水災時疫以致稅收短絀雖非常力所能挽回究竟該卡員是否眞能不辭勞瘁應仍

督飭認眞辦理以覘後效至記功記過向來均以比較爲準繩該卡員如果能顧全比較增進稅收本局長自不吝不次之賞今乃舍比較而論勞逸殊非所以慎重考成之道所請記功一節應不准行

一 介休卡員辦理牌照既有失當之處復有藉故推延有虧職守等情應由該局員轉飭該卡員嗣後亟應振奮圖維認眞整頓設辦理再有不當定卽予以懲處所有未經換照及兩鍋一照之鍋戶均應由該卡員嚴飭催換限於文到一月內辦竣不得任延

一 孝義縣屬產銷各情形仍應切實調查詳細具報以憑核辦

一 關於該局鹽產情形自以鍋戶散處不能一致爲大弊所請與知事會銜出示取締常鍋各辦法甚爲妥當惟限令三個月領照開熬爲期實嫌太久應以一個月爲限逾期卽行封閉永禁復熬以杜私煎而重專業稅率數目既極參差領照等次復不一致種種分歧殊欠公允所請由本局出示取消温水鍋限令實行熬鹽一律按鍋納稅各辦法事屬可行惟取消溫水鍋是否出示曉諭卽能辦到如何辦法卽能按鍋納稅實產實征不再有弊混隱瞞之事應由該局員切實擬具辦法迅行呈核不得率以空文一復了事至鍋照辦法自應一鍋一照其未逾期限各戶亦應趕速辦理不得俟至下屆以免延誤

以上各節均應迅速籌辦仰該局員卽便分別遵照并轉飭各該卡員一體遵照辦理切勿稍延此令

訓令磧口河口兩局催議蒙鹽加稅文七年九月十二日

查本局六月三十日第二百九十三號訓令飭議復蒙鹽加稅於銷路民生有無妨礙一案時逾兩月未據該局呈復到局殊屬遲緩合亟令催仰卽遵照前令限文到五日內迅速妥議具復以憑核辦切勿再延是爲至要此令

訓令各局倉按月掃解正款文七年九月二十六日

查自收稅局成立以後正款官運兩項業經遵照署令劃分管理則此後正運兩款自須分晰清楚不能再相牽混所有征存正款卽應按月掃解卽有官運款項不數周轉萬不得已須行暫行挪借正款之時亦必先行呈明候奉核准方可動用其未經核准以前無論如何均不得擅自挪墊致干詰責現在總所催解稅款甚急務仰各局迅將征存稅款尅日掃數解清勿再延壓致起稅局干涉多有未便是爲至要除分令外卽仰該局倉遵照辦理切切勿違此令

訓令各分局及陽泉石莊兩查驗處遵照經費預算支領勿稍超越文七年十月三日

案奉

鹽務署第六百四十八號訓令內開據總務處案呈准稽核總所付稱晉北榷運局經費每月暫准支洋一萬零零二十四元五角九分除電令收稅局外相應抄錄電稿連同附件付請查照陳核飭遵

等情到署合亟抄稿令仰該局長遵照此令計抄件等因奉此查本局總分各局經費現既奉令規定自應遵照辦理惟此次規定經費之數係以六年度預算爲根據所有六年度預算正欵內之經常臨時各費另欵內之調查費解欵費暨六年下半年專案呈准各費以及官運內之修繕費旅費倉賃費並磧口局機關費均已包括在內茲經本局編列一表頒行各局自九月份起在七年度新預算未奉核准以前每月經費一律均照表列數目開支毋稍超越致干駁詰而軍裝費冬季煤炭費兩項爲數過鉅須由各該局按照每月原有預算分別剔出以便屆時彙總呈候本局核准支領如遇有特別事故必須增加經費之時應先專案呈明經本局核准以前不得支絲毫以杜浮濫除分行外合亟令仰該局即便遵照切切此令

訓令各分局員關於解欵應併報本局查核文七年十二月二日

案照各局征存一切稅欵業經令飭直接解交收稅局在案茲爲本局便於隨時查核起見應仰於解交收稅局時將所解欵數及起解日期按批具文呈報本局以備查核爲要除通令外卽仰該局倉遵照此令

訓令包磧各局准稅局函詢官運帳目飭卽開單送轉文七年十二月二十八日

案准收稅局函開請將貴局及包頭磧口河口各分局關於官運帳目自本年四月一日起照下開各節

分別按月開具清單送交敝局以便稽核等因前來合即抄發原函令仰該局將稅局所詢各欵逐一開單呈送以憑核轉切切勿延此令

附抄原函

逕啓者案查敝局職務應稽核貴局帳目茲特函請貴局將總局及包頭河口磧口各分局關於官運蒙鹽帳目自本年四月一日起照下開各節分別按月開具清單送交敝局以便稽核前貴局送來之月報册内此項賬目並未列入

（一）以上各局所存官運資本其現金若干商欠或他種欠項若干各該欠戶所欠之數及詳細情形銀行共存欵若干各銀行之名稱及其存欵之數以及他局所欠各局之欵若干

（二）以上各局中此局所收彼局之欵項若干譬如總局於本年八月撥交官運資本若干於包頭分局是也

（三）每月朔日各商共欠鹽欵若干是月内各商新購鹽斤之數實繳現金若干以及是月月底各商共欠鹽欵若干

以上所開各節即請貴局查照按月造具清單早日送交

訓令中南路分局議復北路局所呈維持運銷各節是否可行文八年一月五日

案據北路局呈稱案據岱岳聚義德和聚星等鹽店禀稱竊商等前因蘆鹽充斥銷路被阻商本虧蝕鍋戸脚夫生計日艱叩請鈞局轉呈省局長准予減輕土鹽稅率並限止蘆鹽入口迄今未蒙核准而蘆鹽仍復源源而來茲又迭奉鈞局嚴催運鹽委員日日逼迫商等不得不再將種種窒碍困苦情形爲我局長縷晰陳之伏查直隸境海鹽出自塘沽蘆台等處現由京奉路轉京漢路直運太原異常充斥受絶大影響者一也票開陽曲先過忻縣適遇價高不准卸賣票開忻縣聞陽曲價高欲往卸賣亦不准受界限之困苦者二也有票有照之鹽運到忻縣從前限十月售盡後短限六七月不等現又縮短只限兩月售盡過限重稅受限制期逐漸短促過限重稅之困苦者三也現在忻縣卡將二三等牌照一律停發卽一等牌照亦須俟八年一月一日甫准給領凡遇往忻縣之鹽過崞縣查驗如食鹽有稅票而無牌照者扣留罰辦受苛罰之困苦者四也有此數端商販裹足不前商等亦無招徠之餘地內受滯銷之影響外受少運之咎戾迫不得已爲此再叩求局長呈請省局准予設法維持以恤商艱商等幸甚卽地方大局幸甚伏候批示頂德上禀等情復據山陰卡員段毓蘭轉據各鹽店報告近日蘆鹽佔銷已達忻定逼近五台代縣等處本地土鹽銷路盡爲所佔若不迅予設法維持鹽店等必然倒閉鍋戸羣情惶惑時屆冬防在在堪慮等情各據此查蘆鹽稅率重於土鹽爲國家歲入計非特該商等所請限止蘆鹽進口礙難照准卽減輕土鹽稅率一節亦屬萬難之事惟該商等所稱票開忻縣不准轉運陽曲票開陽曲不准中途

發賣南路局卡限制太嚴一節查改指銷地他省本有此辦法如鹽到中路各販持票請驗卽將稅單存於所驗局卡如在期限之內將原鹽報明原局請爲改指銷地應予照准其辦法或由該局給予轉運單據或於原稅單上註明改銷地點加蓋戳記行之似屬無難亦不至發生他種弊竇又所稱限期短促逾限重稅一節如果該商等所陳非虛似宜量予通融以恤商艱以上兩端可否仰懇局長飭下南路局妥爲籌議呈請鈞局核准定案俾得於蘆鹽暢銷之中不絕土鹽銷路顧全北路貧民生計實爲公便除批稟悉仰候據情轉呈外理合備文呈局長鑒施行等情據此查所議辦法尚屬可行惟所稱給予轉運單據暨在原稅單上註明改銷地點兩層孰爲便利合卽令仰該局遵照從速議復核辦此令

指令包鎭分局呈復前任蒙鹽帳目委難着手一案仰仍遵前令照塡具復文八年二月十日

呈悉据稱該局官運賬目程任時辦理係按舊例統盤總結現事經數月賬摺一切多不齊全委難着手并嗣後如何辦理等語查前令係准收稅局函開前來並將稅局原函抄發令仰該局遵照稅局所詢各欵逐一開單呈送核轉該局亟應遵照辦理雖舊例不同賬摺不齊仍應將稅局原函詳加研究舊有賬目悉心鉤稽按照所詢各欵逐一開具清單呈送核轉事關價務稽核綦嚴毋得以一紙空文含糊了事着卽迅照前令並抄發原函認眞逐一開具清單具復以便核轉切切毋延此令

指令包鎭分局呈復蒙鹽細帳委難倉卒照塡一案仰仍遵前令補造呈送文八年二月二十三日

呈悉查此案前准收稅局函稱敝局職務應稽核帳目請將總分局關於官運豪鹽賬目自本年四月起照下開各節分別按月開送以便稽核等因准經分行在案茲據所陳難於倉卒着手等情前來查收稅局正在考核賬目之時無論如何繁瑣必須補造斷非空文所可畢事卽過稽時日亦尙未便仰該局仍遵前令所開各節補造呈送以便核轉切勿稽誤是爲至要切切此令

訓令各分局規定解欵期限文八年三月二十日

案奉

鹽務署第二百四號訓令開查鹽欵爲歲入大宗至爲緊要各該局經征鹽稅自當隨收隨解以重公帑乃近來各局收欵每有延不報解情事債約所關稽核綦嚴各該局長熟悉鹽務情形應如何切實整頓惟推尋延緩原因多由分局征收稅欵並不隨時報解往往交存錢莊希圖生利卽使解欵亦必前後套搭以致在差愈久則積壓愈多流弊所極甚至虧欵潛逃近年發生此等案件不一而足事後查追卒歸無着是皆平日考核不嚴因循致此亟應嚴切聲明俾共遵循嗣後各分局征收稅欵應由該局長嚴定辦法按道路遠近限定日期飭令隨時解交總局轉交經管鹽欵銀行收入鹽欵賬內不得稍有積壓如敢故違卽由該局長予以相當處分記過撤差倘或瞻徇容隱一經本署覺察卽惟該局長是問設有虧欵潛逃情事應卽遵照本署民國四年三月二十二日呈准通行之案著令本管長官賠繳以專責成至以前收存未解鹽欵並令尅日解淸以資結束除通令外合亟訓令該局遵照辦理仍將遵辦情

形具報備查此令等因奉此查本局所屬各局卡前因解欵稽延經稅局呈報總所業奉　署令嚴詰兹值整頓之際收存欵項亟應按期清解兹經遵奉署令按照各處情形暨距省道路遠近酌定限期擬具辦法如左

一　包頭河口兩局所收現欵限兩月一解例如甲月之欵乙月下旬必須彙齊丙月必須報解到省磧口局及河曲府與上同北中南三路限一月一解如甲月所收現欵北路應限乙月底到省中路限乙月上旬南路限乙月中旬

一　以上所指現欵均係剔除商欠及扣留經費以外應解之數其所扣經費暫定辦法至多以兩個月爲限

一　月報存欵副表內所存之數應於表後加註說明如係一月一解則寫以上存欵除留兩個月經費外應解若干擬於某日起解係兩月一解則塡存上月欵若干本月欵若干除留兩個月經費若干外應解若干擬於某月起解

一　月報解欵副表摘要欄內應註本月所解之欵卽係某月存欵

以上各節應由各該倉局於文到之日遵行　除呈復鹽務署並通行外仰卽遵照辦理毋違干咎切切此令

訓令各局照章繳保証金及保結文八年四月三日

案奉鹽務署訓令第四五三號內開總務處案呈准稽核總所漢文股股長付據晉北收稅局先後呈報擬定各收稅員出具保結及繳納現欵保証金辦法並以晉北各分局往往在額定經費之外任意截留稅欵幾成習慣各等情並附件前來查晉北各局收稅人員出具保結辦法前經飭令該稅局會同權運局長擬議具報並於上年十二月十日第七零六零號付請轉陳核飭各在案茲據前呈各情查各收稅員分別等級繳具現欵保證金之數目應准按照所開細目分別辦理又所擬章程及保結格式均應照准惟該章程第四條應改爲祇有設在本省暨鄰省各大城鎮之殷實鋪戶方得認作保戶至該稅局所稱各分局往往在額定經費之外任意截留稅款一節該稅局應將本所本年二月十七日第七四五零號所付令飭凡經收稅欵人員如有任意截留公欵者均應立予斥革或依法懲辦各節妥爲注意而尤以該令第三節爲要除令知該稅局外相應錄稿連同原呈附件付請查照陳核飭遵等情前來查此案前據該局呈請到署即經令候稽核總所核復在案茲據總所付稱前情除附件該局有案毋庸抄發外合亟抄粘該總所函稿並收稅局原呈令仰該局長查照遵辦至各分局應解稅欵前已令飭嚴定限期不准積壓如各分局及經收稅欵人員有任意截留公欵情事自應查明立予斥革懲辦以重公欵而警傚尤並仰遵照計抄件等因並准收稅局函同前由奉准此查此案前奉署令遵經按照各局卡收數

數分別等次函由收稅局擬具收稅人員繳納保証金及覔具保結章程呈復在案茲奉核准自當照辦其第四條亦經遵令改正至各該局所收稅欵嗣後尤不得任意截留致干咎戾奉令前因除分行外合亟粘抄附件令仰該局轉飭所屬各支局卡一體遵照辦理此令

計抄保証金章程結式及表均略

晋北收稅人員保證金暨保結章程

一凡收稅人員業經晋北榷運局局長委派前往某局卡經收鹽稅除第六等局卡外均應出具殷實商人或銀行保結第一至第四四等局卡收稅人員出具保結後仍應按照附表內所開數目繳納現欵保証金

二保証金須於發給委任狀五日內繳到由榷運局長移送晋北收稅局以華洋助理員名義存儲中國銀行俟收稅員辭職榷運局咨明收稅局確無虧欠等情由咨明之日起限一月內查明發還

三收稅員所繳保証金利息應照中國銀行存欵定章計期長短算給

四收稅員所指殷實舖保祇有設在本省暨鄰省各大城鎮之殷實舖戶方得認作保戶

五收稅員所指舖戶擔保後或因虧欵業或換主開張應由該員即時呈明榷運局局長另覔保人或即由該新換之主在原保單內簽字蓋戳擔員責任如保人欲中途退保須俟該員覔得合格新保經榷

運局局長許可發還保單之後原保始能卸責

六舖保主人既願擔保應由本人出面親自簽字畫押不許倩人代替以防假冒

七榷運局局長承認保人合格後應將保單照抄一份咨送收稅局備查

八收稅員解職查明無虧退還保証金後准其退保

九凡係鹽商或與經收鹽稅有關係人之銀行字號均不准其作保

十第六等收稅員應備具合格舖保出與該管分局局員收存保結內所載各節與二級收稅員所具保結內所載各節相同一切仍應遵照本章程辦理此項保結均應照繕一份由該管分局局員註明合格字樣呈送榷運局局長再由榷運局局長移送洋華助理員備案

十一凡收稅員業經委派應先行照章出具保結或同時仍須繳納保証金後方能到差

指令河口分局呈送稅局函詢各節核與事實不符仰遵前令重造送核文八年四月二十七日

呈悉查本局第八十九號訓令該局查照七零七號訓令將收稅局所詢各節逐一開單呈送係令開關於官運賬目自去年四月一日起按月開單送核彙轉非令開與稅局往來文件該局何以不查案卷辦理實屬疎忽茲再將七零七號訓令稿及抄件發一份仰速照辦呈送以便彙轉毋稍遲延切切此令

訓令包頭分局催造官運賬目文八年四月二十七日

案查前據該局呈稱案奉訓令第七零七號內開案准收稅局函開請將貴局及包頭磧口河口各分局關於官運賬目自本年四月一日起照下開各節分別按月開具清單送交敝局以便稽核等因前來合即抄發原函令仰該局將稅局所詢各欵逐一開單呈送以憑核辦切切勿延此令計發抄件等因奉此遵即調集册卷詳細考核在稆任時辦理此項官運册賬係沿用舊例統盤彙計歸總結算均已逐月列册呈報有案對於單開各件多係當時手續除册列所有外如必逐項追開補報事經數月其中隨欠隨交暫存即取程任早去摺賬一切向無規定多不齊全當時詳細無從揣悉委難倉卒著手照壞至於嗣後宜如何辦理亦乞鈞局商定頒式遵行實爲公便等情前來當經本局第一二一號指令無論如何繁瑣必須補造呈送在案至今又將兩月仍未造送到局合再令催仰速查照前令造送勿延切切此令

訓令各分局另擬解欵限期並懲處辦法文八年五月八日

案查本局前奉　署令飭定各分局解欵限期並懲處辦法當經按照各處情形暨距省道路遠近酌定限期擬具辦法分別呈報並通行各在案旋奉　鹽務署第六百四號指令內開查各榷運局如湘岸所屬局卡之多路程之遠其中匯兌不通山路崎嶇爲難情形有什百倍於晋北者而徵收稅欵均皆遵照定章按旬報解茲據該局所擬徵收稅欵匯解限期或甲月所收稅款限於乙月上旬中旬及月底到省且或甲月所收稅款按兩月一解限至丙月報解到省雖各處情形不同距省路程遠近各異亦僅匯解

稅款到省署有遲速之分而徵收報解均當月清月欵不得稍有積壓仰即另行從嚴議擬呈報核奪切切此令等因奉此復經本局另擬辦法呈請核示茲奉鹽務署第八六六號指令內開呈悉准如所擬辦理仰仍隨時考核毋任稽延切切此令等因奉此除分行外合亟抄錄原呈令仰該局倉即便遵照辦理毋違干咎切切此令　原呈載入本編呈文類

訓令北路等局據請維持運銷一案核定辦法飭遵文八年六月十四日

前據該局呈稱岱岳聚義德和聚星等鹽店稟請維持土鹽一案曾經本局於上年三月間令飭中南兩局迅速議復以憑核辦嗣據中路局呈復前來惟南路局尚未議復查此案飭議已久未便再延該鹽店等所請維持土鹽各節除有窒礙難行及須另行查明核定外其所稱票開陽曲先過忻縣適遇價高不准卸賣票開忻縣聞陽曲價高欲往卸賣亦不准受界限之困苦等語查改指銷地他省本有此辦法茲由本局核定嗣後北路土鹽南運如鹽到中路各販持票請驗即將稅單存於所驗局卡如在限期之內將原鹽報明原局請爲改指銷地即於原稅票上註明改銷地點加蓋戳記此係爲體恤商艱起見至期限一層前因忻定限制轉運鹽斤以三個月爲限曾據各商控奉　閻兼省長令行以晋地山路崎嶇恐難如期運到若明定期限窒碍良多等因飭局酌辦嗣經派委左調查員炳南弛往查復限期三月實爲舊例所無擬請變通辦理外運之鹽至多以六個月爲限並須加蓋戳記如屆期滿未運祇准展限一次

至多仍以六個爲限等語此節應由該管局卡隨時察酌情形辦理總期國課商情雙方兼顧毋貽

座維持鹽務之至意爲要除分行外合亟令仰該局並轉各卡即便遵照辦理切切此令

指令磧口分局呈送七年四月起至十二月止官運賬目核與前令不符仰重造送核文

八年六月二十二日

據呈送七年四月起至十二月止官運賬目清册一本已悉查册開但有四柱總數與七零七號飭造之

令不相符合礙難照轉應速查照本局抄發各條每月底磧曲各存若干磧曲各存現金及商欠若干於

每月實在數後詳細聲記重造送核以便彙轉仰即遵照册暫存此令

訓令包磧等局准稅局函奉總所飭辦蒙鹽運銷各項賬目速即呈報文八年七月二日

案准收稅局第五百十九號函開案奉稽核總所函飭將關於蒙鹽運銷事務並附屬各項賬目再行呈

報等因奉此茲請查照下列各項辦理等因准此敝局當即轉飭包頭河口磧口各分局相應函達即希

迅賜見復爲荷等因准此查辦理此項賬目非查明細賬無從着手合亟令仰該局查照上開各項辦法

限文到十日內辦齊呈送本局以便彙轉事關總所飭辦之件毋得延誤切切此令

附抄原函

逕啓者案奉稽核總所函飭將關於貴局蒙鹽運銷事務並附屬各項賬目再行呈報等因奉此茲請

貴局查照下列各項辦理

(甲)自民國二年至六年此五年中每年每月關於蒙鹽運銷之營業賬目所開支之各項經費譬如民國四年份應行開支之湖租雖並未於四年份支付亦應列入四年份賬內故凡一切應於何月開支之營業經費應列入於是月賬内其他各項費用亦一併照此辦理庶每年或每月確實開支得以詳列不紊

(乙)每年營業經費應另行分列挖鹽駝運倉賃船運苦力工資鹽袋等各種門類詳爲分晰並查明何項費用確於何月開支即列入是月賬内

(丙)每年開支賬内各項開支雖未必卽於是年支付亦應列入該年賬册並須列入每月售出鹽斤所收欵項及是年所有解交政府各欵暨凡售鹽所得及年内所結出應收未收餘利

(丁)除營業費外其餘各項應付各欵亦應列在每年收入門内如總局所須經費計估稅欵四分之一包頭河口兩局估稅欵之半磧口佔三分之一是也

兹查貴局前次送交敝局各項數目與鹽務署彙刊印發數目尙有不符之處其所以不符之故尙請貴局查明見示以便設法使歸一致如民國四年份所刊賬册内所列運銷蒙古紅鹽開支數目爲十九萬八千百五二十元六角五年份賬册内是項開支又加入三萬八千三百

五十六元零三分兩共二十三萬六千八百七十六元六角三分而查貴局前日抄交敝局四五年份總結單內所列蒙鹽運銷經費則爲六萬九千七百六十七元八角三分加二萬六千九百八十六元九角二分兩共九萬六千七百五十四元七角五分

指令南路分局呈擬變通收稅辦法核與定章違背礙難照准文八年八月三十一日

呈悉查中南兩路征稅新章業經署所及山西督軍修正實無變通餘地該局所擬於熬鹽之時每月每鍋多征數元及合股之戶准其合領鍋照各用各鍋等情查本局第十一號通令解釋新章第十條有鍋戶所繳之欵多於應付之欵則此種繳欵可作爲存欵將來仍可抵完每年應完至少之鹽稅與現金無異等語係指鍋戶所製之鹽不及預繳之稅而言如所製之鹽浮於所預繳之稅則仍應每担按一元五角征稅至合領鍋照亦只准一鍋該局所擬辦法殊與定章違背礙難照准並仰速將已認照新章開熬各戶造冊呈報嗣後陸續開熬者即陸續呈報毋得稍有隱匿致干未便切切此令

訓令中南路兩分局發還歇業鍋照費須先詳開清單送核文八年九月二十三日

案查前據該局呈請將歇業各鍋戶未滿期之鍋照費發還一部分以昭公允等情當經本局函請收稅局查照在案茲准復函內開查發還各鍋戶繳還未滿期之照費一節當由敝局備文呈請總所核准惟敝局須先得有詳細清單方可呈請是項清單內須載明所有關於是項鍋照之詳細情形如按照日期

鍋照號數鍋戶姓名第幾等鍋照鍋在何處即某鄉某村已繳照費若干繳費日期應發還若干等是項種種詳細情形應由各卡分繕清單一俟貴局彙齊送交過局即可呈請總所核辦請煩查照辦理爲荷等由准此除函復外合亟令仰該局並轉飭所屬各卡一體遵照即將呈請發還照費各鍋戶按照上開各節詳細查明造具清單由該局彙送以憑核轉切切此令

訓令中南路忻定各局該局七月分仍無收數各記大過示懲文八年十月三日

案查該局暨所屬各卡本年六月份內毫無稅收當因有特別情事業經從寬免予記過令知在案茲據所送七月份旬月報及各種表册逐加察核仍屬毫無收數似此玩忽實屬不成事體若謂各鍋戶停熬歇業所致則修改章程已於是月中旬通令遵照而各該鍋戶當即逐漸復業何至稅收仍屬毫無察此情形該員等非有意朦蔽即稽徵不力若不酌予記過將何以昭懲戒而維比額應將該員等各記大過一次以觀後效倘再仍前顢頇不知振奮定即分別嚴懲擇尤撤決不寬貸仰即知照並轉飭所屬各卡一體遵照此令

訓令包磧河口北中南路各局月報並牌照册逾期不到限期造送文八年十一月八日

案照各分局月報爲本局彙報鹽務署核辦之件例限綦嚴不容逾越節經令行在案乃查近來各該局每多任意遲延致本局不能依期彙辦殊屬非是亟應重申前令明定限期自本年十一月起每月應造

月報以及牌照清册限於月滿後一個月 二十日 二十日 十五日 二十日 二十日 十五日內造送到局自此申明定限之後宜遵期送到毋再玩延致干未便除通令外合亟令仰該局遵照辦理切切此令

訓令中南路分局領照售賣蒙土鹽商兼售蘆鹽得於照上添註不必另領牌照文八年十一月八日

案查蘆鹽運商在開放區域內往來販運雖可不必請領牌照惟設店開櫃零售之商仍應請領售鹽牌照至少須在晋北所屬各鹽務機關年繳照費八元請領三等牌照一張方准零售業經本局會同收稅局布告並令知該分局各在案茲查各該處商店仍有抗不領照情事而各卡對於舊有牌照各商勸其加領蘆鹽牌照亦多未能實行本局查牌照一項現經列入鹽欵推廣照費固爲增加收入起見而發領手續亦須務取簡單不必過於繁複現爲國課商情雙方並顧起見特核定折衷辦法凡從前領有牌照售賣蒙土各鹽商此次兼售蘆鹽者准在牌照上面添註蘆鹽字樣無庸另領牌照惟新報零售蘆鹽之商仍應照章令領牌照以示區別其舊照之根業經繳銷現需加註者並著各該局卡專案開單報明以便飭科登記自此次規定之後各該局卡務須認眞辦理不得再有玩忽延玩情事除分行外合亟令仰該局查照並飭所屬各卡一體遵照切切此令

八年十一月十六日

指令磧口分局轉呈鹽商三益恒等請分別等級限制銷數一案仰將解釋各節傳諭遵辦文

據呈已悉查牌照規則卽列於所發官鹽牌照之後其等次之限制登載甚明自應依照辦理該商等所請分別等級限制銷數殊於此項規則未盡理解茲爲分晰言之凡設總鹽店方領一等牌照分鹽店方領二等牌照其寄售帶售或零星販戶祇領三四等牌照是凡領三等以下牌照祇能許其銷售鹽斤而不能專設鹽店此卽二等與三等相差之制限至行銷地點於領照時指定之後無論係何等牌照均不能越境飛洒並於規則載明該局員應卽按照規則隨時稽查取締自不致有一二三等牌照無所區分之事仰卽查照分別傳諭遵辦再總鹽店年銷在四十萬斤以外應領一等牌照二張分鹽店年銷在十四萬斤以外應領二等牌照二張並卽知照此令

指令磧口分局呈請解擇改用准單運照後鹽斤運銷疑義文八年十二月二日

據呈已悉該處納稅未經轉運之鹽如在准單運照未經發行以前自照通常辦法塡給分運憑單催令各鹽商迅速分運至新運到磧之鹽如預計將來必須分作數起轉運者應卽分別塡發零星准單運照俾可分批運出譬若向爲百担塡給稅票一紙者今則分爲准單十餘張或數十張其運照張數亦與准單相同所運地點該商儘可分別指定塡列給發當無窒碍之處仰卽知照此令

訓令中南路調查員林中行劉光沂會同稅局委員調查鍋口文九年一月十一日

案照本局呈擬取締鍋戶根本辦法先將調查中南兩路鍋口以備發給郵金收買一案前奉　鹽務署

指令先事調查即經函請稅局撥付旅費在案茲奉　部署訓令內開據稽核總所以晋北榷運局呈請收買廢鍋以絕私源所擬取締鍋戶根本各辦法似甚妥協應即准予照辦惟應發之郵金既須由鹽款項下支付該稅局於榷局調查員出發時并應派員偕同前往所有各處未經註冊之鍋數即由該員等詳查會擬發給郵金辦法呈請核奪關於官私土鹽與蘆鹽競銷問題究竟土鹽之價是否過於低廉應由該稅局於人煙稠密之處將各該鹽零銷價目逐一查明並將中南兩路土鹽征稅一併呈報察核等情付廳轉陳前來本署復查無異合行抄發原付令仰該局長轉飭該收稅局遵照此令等因除函催稅局速將旅費撥付外合亟令委該員迅即會同稅局委員前赴中南路各局卡所屬地方按照另開調查辦法認眞辦理具報毋稍延誤切切此令

中南路調查鍋戶廢鍋辦法

一　調查鍋口須臚順道路村莊挨戶查看以不涉繁複不稍遺漏爲要旨

二　調查須備普通調查鍋戶表廢鍋表兩種其表式另訂隨發茲將表內欄關於有疑義者說明如左

(甲)用途欄應分別熬鹽煮水淋滷製硝製硷塡入例如熬鹽者但塡一鹽字餘類推又如一戶有鍋三口其二熬鹽其一煮水應加塡鹽二水一字樣如有熬鹽兼製硝或他種者均仿此塡註

(乙)副產欄應分別製硝製硷塡入其因製鹹每担能出少數之鹽斤若干亦應查明於附注欄內登

記

(丙)曾否私熬欄應以確有証據或當時目見私熬者填入仍將私熬情形如鍋灶土堆等可疑之處均切實登註附記欄內

(丁)鍋口價值欄應照普通低格之價值約估概數填列

(戊)暫交保存人欄經過調查之無照鍋口及附屬物品應暫交該處村長或閭長或坊保看明保存即於本欄填列姓名住址囑其簽字

四　調查員應携帶鍋照一百張遇有無照之戶須加勸導將收買與補照利害關係詳爲演說有願臨時遵章領照者得令預繳一月稅欵四元五角及照費隨時按等發給鍋照仍將應立手摺及繳核存根並稅欵照費交由所屬各局卡分別報解存查其發給月日及號數均應填入表內用有餘賸仍將照繳還

五　調查表册宜將各局卡分列一表每一村之範圍查畢即將戶數及估價數於表面加一總結報告本局一次至多以三天爲限其臨時要件仍隨時函陳(表畧)

六　調查時應順道會商局卡各員並採取地方情形以備酌定鍋口價值暨預籌調查後發給郵金辦法此項辦法應於呈復時議定呈候核奪

七　隨文發給本局原查鍋戶舊册係五年分調查之件其村莊人戶略資研究至續設之鍋戶當復不少仍應切實周查不得以原册爲限查竣時仍隨呈附繳備核

八　調查事竣應依鹽務署通行規則備具旅費精算書及旅費日記簿隨文呈核其規則及書簿式樣應由該員逕向本局管卷處檢抄備用

指令包頭廠員呈請盤倉一案仰逕商局員暨收稅員妥籌辦理文九年三月八日

呈悉存儲倉鹽係該廠員專責前任移交儲倉鹽斤該員既經接收自屬責無旁貸盤查倉房非該員職守以外之事秤手搬夫該局原用有人何必臨時招僱所請盤倉費用一節應毋庸議合仰該員逕商局員暨收稅員妥籌辦理仰即遵照此令

訓令榆林權運分局榆林等處管理行政收稅各辦法文九年三月十五日

查管理晋北榆綏各屬鹽務一案業奉　署所商定辦法並經本局遵　令將該權運分支各局暨兼收稅各委員分別派定行令飭知各在案茲查該區除上項委定人員暨各該局辦事員司外尚有征稅緝私卡六處應俟該分局會同該區收稅員將一切情形調查明晰報由本局及收稅局分呈　署所後再行核定至所有花定晋北劃分地點以及榆林等處分支各局管理行政收稅各辦法暨現有巡隊分布緝私職務之大概情形均經詳細規定合將奉發原文抄件卽仰該分局按照所開各節並擬設各機關

經費修正表分別督飭各員認眞遵辦以資整頓並將辦理情形具報其榆林橫山等處前花定所設稅卡收入稅欵自榆綏劃歸晉北之日起至花定撤局之日止究歸何局列收應候奉有明文後再行飭遵仰即知照總所致晉北稅局原函及擬設各機關經費修正表又三皇廟上下鹽灣兩巡局經費表抄發此令

訓令包頭分局湖鹽改由蒙旗包銷納稅是否可行籌議具復文九年四月十二日

前據該分局呈請湖租合同將屆期滿擬准提前續訂以免延誤運務等情前來正核辦間復奉鹽務署第四七五號訓令內開准河拉善王呈稱請將晉北官租代售蒙鹽之案撤銷改由本旗自運自銷並予扼要征稅等因准此查該權運局前租吉蘭泰鹽湖合同應截至本年十二月底期滿該蒙旗擬請取消前案收回自運自銷按近三年銷額包認稅欵額外多銷仍遵章納稅並請將稅率減爲每百斤一元各節究與稅收及地方情形有無窒碍合行抄錄原呈令仰該局長迅即按照所陳各節核議呈復察奪此令計抄㕑局奉此按湖租合同爲受蒙鹽之根本証諸該區已往情形有無官督之必要若改由該旗包銷認稅是否可行於國家稅收增損如何地方民情有無窒礙所請減少稅率至每担一元一節影響於其他鹽斤若何此後蒙銷之趨勢其銷漲又若何事關改革應加審愼合亟抄錄附發原呈令仰該局員悉心籌議具報核奪切切此令

訓令包頭北路分局行知開放蘆鹽區域界線文九年四月二十七日

案查晉北蘆鹽行銷區域前於上年間已將平定太谷等十七縣先後開放在案茲奉　署所令知於本年三月二十二日起及由正太鐵路輸入之蘆鹽可自由行銷晉北全部（內長城以南卽東至平型關西至紅門市口及黃河之長城）等因奉此查平型關在內長城以內靈邱以南繁峙以東紅門市口在平魯境內大水口之南紅門市口之東是規定區域係指內長城以南東至平型關西迄黃河之倫關為止現除與收稅局會同布告分令外合行令發佈告十紙卽仰該分局迅於此項規定地境與該分局管轄交界之區分別張貼以期週知再按區域而論蘆鹽開放地方僅及中南兩路及磧口一部分包頭北路所轄區域之內並未開放自後如有蘆鹽侵入應卽查禁並仰該局布告商販人等一體知悉仰卽知照此令

訓令各分局換領鍋照務各繳舊換新開摺呈繳舊照毋得遺漏自本月起一體照辦文九年四月三十日

案辦鍋戶商販換領執照例須繳舊換新隨時呈局核銷迭經令行各局卡遵照辦理在案茲查該局卡上年經發鍋牌各照並未檢齊舊照隨案呈繳間或附繳數張亦未詳細列摺備文呈送以致漫無稽考殊屬不成事體仰自本年四月份起各局卡換發新照一張卽須隨繳舊照一張以相抵銷凡鍋戶停熬商販歇業亦須將照呈局不得僅以存卡了事如實有領照後發生事故以致遺失徒責令該鍋戶於事

前具結聲明備案屆期再行換領新照若遺失牌照須由該商販詳敘事由出具甘保各結請領新照不得於滿期請換之際藉詞唐塞蓋商店遺失牌照自其遺失之日即與他戶之未領牌照違章私售者無別且難保無故爲隱匿轉展影射至於新領各戶例須具結取保本不准牽意塡發似此辦理庶不至於換新之際無舊可繳致蹈從前積習且須責成各局卡員嚴查各該鍋戶商販不得因不願呈繳舊照更易名號致換領爲新領以相唐塞爲此令仰該局員轉飭所屬一體遵照辦理務自本月起將鍋戶商販繳還舊照分別列入本表另開請摺隨同繳核存根呈由該局彙核分別存轉毋稍遺漏干究所有四月以前換領各戶舊照併仰一律查繳至要切切此令

訓令包頭局令知包存鹽售罄後改由磴口放鹽稅率增爲二元並發布告令包局將添設鹽巡案

擬陳辦法文九年八月二十八日

案奉

鹽務署第一千一百三號訓令內開據稽核總所付廳文稱查取消磴口包頭官運及增加運入晉北鹽斤稅率一案現經本所華員繆秋杰洋員魯斯敦及晉北榷運局長華洋助理員等會同擬定辦法繕具說帖呈奉總會辦核准查說帖第四條口北白鹽運入晉北增加稅率一節應由口北收稅局妥爲設法務使入晉白鹽及他種蒙鹽均照二元稅率繳稅並將實行加稅日期函知晉北收稅局查照又第七條在磴口包頭間設置鹽巡一節應如何分派方臻妥善應俟招募該項鹽巡時晉北榷運收稅兩

局會擬呈核等語又據晉北收稅局電稱現因京漢交通斷絶蘆鹽缺乏擬請取消吉蘭泰鹽官運辦法舉行自由貿易等情查吉鹽官運應准取消其會議所定各項辦法亦准照辦至白鹽及他項口北鹽斤之加稅應暫緩征俟接到口北局通知後再行辦理除電復並函行外抄錄函電各稿連同說帖付請轉陳查核飭遵等情前來查該局長前以蘆鹽運輸不繼擬請推銷蒙鹽電陳到署業於個日電飭遵照在案茲據前情本署復核無異除分行遵照外合即照錄原件令仰該局長按照總所指陳各節分別遵辦具復查核此令同時並准稅局函奉　總所令同前因并粘送說帖到局除分別布告外合亟粘抄原件附發布告八張令仰該分局將添設鹽巡問題從速擬陳辦法以憑會商稅局分請核奪一面即將布告分別張貼咸使周知此令

訓令榆林分局令飭榆林道尹征收駝捐案應將詳情查復並擬陳辦法以憑核奪文九年五月十一日

案奉　鹽務署第五百五十號訓令内開前據稽核總所巡視員繆秋杰魯斯敦呈送調查陜北各區報告内稱榆林道尹在陜北區域征收駝捐每年包餉二萬餘元每駝每年捐洋二元或每次運貨捐洋五角自駝捐實行以來對於花馬池狗池運鹽事宜大受影響稅收銳減之數實較駝捐每年包餉之數爲多等語陳請核辦前來查前項駝捐既據繆魯兩調查員聲稱蒙鹽轉輸裹足不前與稅收有礙自應設法取締即仰該局長會同花定榷運局切商榆林道尹尅日取消至取消以後或即在所收鹽稅項下酌

提幾成以作補償亦無不可應並由該局與花定局從速酌擬辦法咨明收稅局分呈核定以便飭遵此令等因奉此查此項駝捐係何時起始實行榆林地方官廳歷年征收若干捐稅手續及包認辦法如何向係歸何種機關辦理其預算如何凡其納捐款項是否僅征諸由蒙運入之駝戶此項駝戶除鹽斤外尚有何種貨物輸入其輸入鹽斤與其貨物兩相比較多寡若何又此項捐馱之鹽斤行銷花定管轄之陝北區域與行銷晉北管轄之陝北區域多寡比例若何而在榆林神木府谷橫山等處所銷售之蒙鹽除鹽稅外其價格若何均應由該局員逐一詳查並按照署所議定取締辦法會同該收稅員細加核議分別呈復以便與花定局榆林道尹參酌商定分呈　核奪除由稅局轉飭榆林收稅員查報外合行令仰該分局遵照具報毋延切切此令

訓令南路分局令知署所欲將晉北南部推銷潞鹽其中應如何取締規定方免流弊仰查照前後各令迅即詳查妥議具復文九年七月十二日

案查沁源等縣銷售潞鹽一案近於本月九日奉　鹽務署第九百五十一號訓令內開案查該局長呈請取銷沁源等縣潞鹽專店添設緝私卡改銷蘆鹽一案前據該局長呈陳到署當以該處食用潞鹽已成習慣一旦驟行禁止深恐地方有所藉口應將潞鹽輸運情形先行查明再定根本解決辦法等因指令該局長詳查復核並飭付總所核議具復在案茲據總所付廳文稱潞鹽行銷晉省應由晉北助理員

等會同榷運局長向河東運使及分所洽接一切以便議定究須設法如何方能使潞鹽在晉北南部暢銷無阻並由各該稅局分所將調查結果連同所擬辦法呈報核奪至取消潞鹽專店俾便減輕沁源等屬鹽價一層亦應特別注意等語付請轉陳核飭遵照前來本署復查總所擬陳各節與本署前令用意尙屬相同該處行銷潞鹽歷有年所自未便遽行禁止惟所稱取消專店是否足以便民裕課尙須加以研究除分行遵照外合即照錄總所函致稅局文件令仰該局長按照函開各項事宜分別接洽妥擬具復以憑核奪此令計抄件等因並准稅局函奉　總所令同前因到局查此案前於上年十一月間據該分局查復該縣行銷潞鹽係公益倡鹽店專售擬請取消專店禁止行銷另行開放蘆鹽以濟民食等情前來當時本局以潞鹽入晉既有專售之弊據稱查禁之後復於民食無礙稅收有益似無不合之處故經核議辦法呈請　部署核奪旋奉令於上年十二月間第四五八號訓令該分局遵照具報在案茲奉前因是署所意旨欲將此項潞鹽令其暢銷晉北南部自爲籌謀全國稅收起見應即遵辦惟該分局對於前次飭查各節延未具復實屬無憑核辦合亟抄件令仰該分局遵照究竟該項潞鹽歷來銷入晉北曾否領有正式單照護運幷有無夾私情弊此後既主力謀暢銷對於蘆商販商應如何查驗取締分別已稅未稅方無流弊究竟取締專店是否能減輕鹽價便民裕課均應查照前後各令限文到十日內一併詳查妥議具復以憑分別會商呈署核定又關於調查一層准稅局函稱貴局前次派員調查沁縣所

有旅費業經呈准動支在案惟是項調查初旨係考察禁阻淵鹽入境方法現奉所令籌議推銷已稅蘆鹽銷入晉北南部辦法倘須重行調查其費應專函另商敝局以便轉請等由准此查該分局前次調查旅費業經本局令准動支在案現在案情既有變更其中或須重行調查應將前次調查情形先行呈報並將應需旅費數目暨必需調查理由分別呈請核奪并仰遵照此令

訓令各分局河曲倉 奉署令牌照費一律改爲大洋五角令自文到之日起實行先就舊照加戳發用俟新照印發換給文 九年七月十五日

案照本局前經核議減輕牌照費用恤商艱具呈請示一案茲於本年六月廿一日奉 鹽務署第一千三百十七號指令內開呈悉該局發給牌照辦法業經分別核定除由總所令知收稅局外合將總所付廳原文抄發仰即遵照此令等因並抄件到局奉此查抄件內載專售蘆鹽之商店無須領取牌照其餘售鹽商店之牌照費均一律定爲每年大洋五角等語自應即日實行惟牌照規則尚應修改呈 署核定後再行付印分發另予通令佈告輾轉需時預計九月一日方能發行新照而減費之新章勢難久稽應自文到之日起凡有期滿換領牌照或新領照之商人均一律照收大洋五角在新照尚未印發以前先由本局暫於舊牌照內加用紅戳簽明現奉署所核定新章牌照費每照每年祇收大洋五角新照正在規定付印暫以舊照行用俟新照印發另行通告換給將來換新照時不再收取分文等字樣並於牌

照背面所刋規則第九條上加用墨戳登明自九年七月某日起（由各分局卡倉依奉文之日塡入）每照每年僅收牌照費大洋五角此外不得另收分文等字樣隨文發交各該分局卡倉塡用給執列表具報一俟新照發到再予更換並將收回之加戳舊照連同新照繳核一聯一併呈繳以憑核對除呈報鹽務署並分令各分局倉暨佈告外合抄原件令飭仰即遵照辦理並剋日轉飭各卡一體遵辦仍將奉文及轉行日期具報備考該分局倉於奉到此項加戳牌照應立將布告發貼即日先將該局倉所存未用之舊牌照悉數呈繳本局用備加戳之用其飭附發之布告及加戳牌照亦即迅轉各卡並令其將所存未用之牌照悉數還繳本局備用均毋牽延切切此令

函件類

呈　鹽務署長時逢災變銷數短額援照條例請賜核奪摺七年二月十八日

竊查六年份晉局額定比較九月至十二月四個月應銷鹽十一萬九千担局長自六年九月二日抵任接事起至十二月底止共銷鹽九萬五千零十二担有零按照額銷之數共減銷二萬三千九百八十餘担核計短銷二成其短銷原因約計有三一去歲自秋徂冬霪雨連綿土鹽旺產之處如中路之清源徐溝濬臨汾河太原太谷榆次有澗渦金水嵃峪等河錯綜其間狂流泛溢鍋戶均遭蕩析忻定一屬存鹽亦被冲刷南路之平汾祁介文交等卡九月以後水猶未退鹽戶相繼歇業北路之岱岳山陰應縣山洪暴發水勢積漲灶屋淺窪均成澤國嗣雖水退而土經久浸已無鹽質刮煮開熬終難暢旺一官運蘆鹽因京漢路斷不能轉運廠中又無存鹽坐致脫銷數月後雖通車而漢沽坨地異常擁擠築運格外迂滯供不足求一秋冬之交歸綏一帶匪亂擾攘水運則軍隊封𢹂船隻難僱陸運則需費甚鉅且道塗不靖仍無把握水陸兩途俱經梗塞磴口挖存之鹽無從下運及至匪氛稍息河禁取消而時已寒冬趕運未及數起河即流冰不能再運包磧各局全受影響存鹽載鹽銷數亦難通暢綜上諸因遂致數月以來鹽務情形屢經停滯雖北路等處緝私尚嚴只形缺產尚無偸漏磧口則所收花鹽稅款按照比較增至數成各員辦事認眞猶得勉敷民食而統盤籌算以視比較全額猶尚虧短局長焦思勞慮迭經轉飭各員

認眞淬厲迫於時勢力不從心竟未十分暢旺所有晉北各屬消鹽困難情形業經局長於六年十二月間專案呈奉鈞署指令在案茲查三年十一月十日鈞署飭頒銷鹽考成條例第三條載有一年以內其前後數任者各按任事日期旺淡月分以月額比較又第八條載有按照比較短銷係因天時人事特別災變所致者經呈鹽務署查明事實呈請大總統核奪得酌減處分或免除之各等因伏查局長此次六年任內短銷之數委因災變所致可否援照前項條例請酌予呈明之處伏候鈞裁

復收稅局鍋戶未領鍋照應將鍋口沒收充公一案業遵署令公佈函七年六月二十二日

逕復者案准貴局函開奉總會辦令知現己核定對於土鹽產戶頒發或取銷鍋照之事應由榷運局局長辦理但每年鍋照費必須先期交付歸入鹽欵賬內至每次所發之鍋照及每次所發取銷鍋照之飭令均應抄送收稅局備案鹽務署現正令行榷運局局長出示曉諭嗣後無照鍋戶均不准熬製鹽斤如有未領鍋照卽行開熬者應將該鍋收沒充公等因奉此相應函請查照分行貴分局卡以後如有該種無照鍋口應即與收沒充公等因准此正核辦間復奉鹽務署第八百二十二號訓令內開同前等因奉此業經繕就公布令發各分局張貼曉諭各鍋戶一律遵照相應將公布底稿抄錄一份送請貴局查照備案爲荷此致（公布稿略）

呈鹽務署長九縣以外行銷土鹽各鹽地點均難遽准開放函七年八月十六日

署長鈞座敬肅者竊局長前次函陳維持土鹽一案頃奉鈞諭飭將土鹽成本無法減輕理由切實開敘以便提商總所等因仰見我署長關懷民瘼注重維持之至意傾聆之下感佩莫名伏念蘆土競爭其售價不能相敵自應減輕成本以求根本解決惟衡之現勢尚有難於實施且即使強迫稍減而仍於鍋戶生計未能裨益者其中原因業經面飭中南北三路局員迭次籌議據復情形均屬大致相同茲謹爲鈞座轉述陳之查晉省土鹽中南北三路產額銷數雖屬不能一律而其售價之高昂鍋戶之困難則均大都相仿現據該局等詳細調查復稱土鹽成本以所需之人工雜費及謀炭等計之在中南兩路至小每担在四元以上而北路則在二元五角左右此係照最省之額核計似屬無可再減至於售價一層則係前項產本與鍋戶利益商販盈餘三者合計而成大概中南北三路鍋戶每熬鹽一担除去前項產本外實在利益謹止二角有奇一年之中產期只有六七個月過時則須停熬一家數口恃此爲生在每年四月開熬起至十月停熬止中南路每鍋每日僅產鹽二三十斤北路只產鹽百餘斤以每鹽一担獲利二角有零計算所入甚微此又於成本之外不能減輕者一至於商販利益則在中南兩路所付鍋戶場價(即前項產製成本)已在四元以上再加課稅運脚販至銷地每担合計約須在五六元之譜在北路所付場價雖僅二元有奇而與銷地相距窵遠(北路之鹽向以中南兩路爲銷地故蘆鹽暢行以後北路

亦受影響）運費甚鉅每担販至中南路即以運費而論已須二三元不等若連成本（即所付場價）課稅併計每担亦須六元以上由是而論即該商販等照本出售不加盈利而售價已不能與蘆鹽相敵矧其買入賣出藉博蠅頭更屬無從限制此又於成本之外不能減輕者二有此種之原因則現在蘆鹽售價每担四元左右已佔天然勝利即使九縣以外尚未開放而暗中私銷侵出法定範圍者已屬不少近來中南兩路土鹽銷數之減未始不由於此若再一經開放漫無制限則土蒙兩鹽均恐受其影響於鍋戶生計晉鹽銷場均屬不無窒碍且晉北各屬向無完全緝私辦法若使土鹽銷路停滯太甚則鍋戶之守分者或竟相率停熬而桀黠者甚至偷漏稅課私銷充斥則一變而爲無稅私鹽與蘆鹽競爭偵察不及爲害尤大爲國家計爲人民計所有九縣以外行銷土蒙各鹽地點似就現在情勢而論均難遽行准予開放所望我署長俯察下情准予切實提商早日解決以示維持臨穎不勝屏營之至理合連同七鹽成本表一紙專肅函陳伏候鈞奪施行敬請崇安伏維垂鑒　（表略）

呈鹽務署長審察晉局鹺務情形將應行提議各端開陳摺八年一月

謹將晉局鹺務按照現在情形應行提議各端逐條開具淸摺恭呈　鈞鑒

計開

一蘆鹽開放原定只平定昔陽遼縣和順陽曲榆次榆社盂縣壽陽向辦官運之九縣爲散商自由販運

之區自上年四月辦起截至年底約計已銷鹽九萬四百餘担自本年十月以後各商又欲推廣界限歷次呈請稅局轉報總所探聞丁會辦此次提出意見已有將欲允行之議竊以蘆鹽征稅每百斤二元七角五分本境土蒙各鹽每百斤征稅只有一元五角以彼易此在國家可以多征稅欵惟證以地方情形及現在銷鹽狀況其難于驟行開放之原因尚有數端一平定等屬自本年四月開放後截至年底共納稅運鹽九萬四百餘担在表面觀之雖屬銷數驟增而其實人民食鹽有限凡各商運來之鹽一半私銷出境一半尚在囤積故自本年六月後繼續領運者只有一萬九千四百八十担而各商現存之鹽據報尚有一萬二千五百四十二担至九縣範圍以內實銷之鹽祇有平定昔陽兩縣為多餘如盂縣遼縣均止一千餘担和順一縣祇二千餘担榆社一縣則竟毫無銷入是該九縣之内並未完全銷足其故全由於交通便利之區各商趨之若鶩稍一不便則相戒裹足不入此在本有土鹽出產之區内尚無影響若在向無產鹽之處所則一經開放以後舊運他種鹽斤之商販既因利薄而觀望不前而蘆鹽又取自由政策不能迫其必運或至釀成鹽荒有誤民食此應審慎者一土鹽為晉省特產自漢以來歷經征稅授食勢難遽行消滅前因九縣開放後蘆鹽大宗運入地方人士已有煩言達於督軍左右迭蒙傳諭維持土鹽鍋戶生計經與實政務廳長景德再三籌議在地方既無此項閒欵可以招養貧民而中央亦值財政支絀無從協濟惟有暫緩推廣開放以期逐漸進行之一法夫以土鹽出於淋煎本重價昂不敵蘆鹽

之灘晒本輕價廉係屬一定之理丁會辦調查文水在場土鹽每斤僅售制錢二十文此乃鍋戶惟恐加稅故意減價陳訴其實中南兩路迭據各屬查報土鹽成本均在二三十文之間加以運費售價尤不止此且即使所查二十文屬實而較之蘆鹽在場每斤僅制錢一二文者已屬相去懸絶至於鍋戶貧乏所恃生機只此必爲摧殘盡淨使無別業可謀則重或流爲盜賊輕亦相率販私地方不靖鹽務亦未始不受影響此應審慎者二以晉局全部情形而論向爲銷蘆鹽者十之二銷花鹽白鹽者十之一銷土鹽蒙鹽者十之六七故六年銷鹽全數爲二十一萬九千九百餘担而蘆鹽僅占三萬担左右是三十餘萬之稅欵内在天津繳納者只七萬九千六百餘元而在晉省收現者有三十一萬二千四百餘元係連鍋牌照稅在内自七年開放以後全年銷鹽二十七萬四百餘担而蘆鹽全年估至十一萬五千五百餘担是九十餘萬之稅欵内爲天津繳稅者估三十一萬七千八百餘元而在晉省繳現者只有二十六萬五千餘元就考成比較而論不啻驟進倍蓰而以實收現欵而論則反絀至二十分之三此現欵二十六萬中扣除總分局經費及收稅局經費十二萬餘元可以能繳者只有十三萬元左右若再推廣開放則天津收數逾增而晉局現欵逾絀且稅局現已提議設收稅員及規畫陝西榆林鹽務等事用費必至日重而榷局方面自民國四年以來迭次裁減已至用人不敷辦公緝私營且全未設置此後如欲整頓費亦有增無減收數既絀而出欵不能不加再一二年必至僅數經費或竟收不敷支在職局地連綏晉兩省

而蒙鹽旣發自隴北區宇寬闊遍地斥鹵既不能概同甌脫悉將局所裁撤一任商銷聽其生滅而致稅日見劃分用度日見增廣不謀收現而徒欲擴張商銷爲將來計亦屬無可支持此應審愼者三在丁會辦之意以爲從前省署曾有擬行官運蘆鹽在十七縣之文遂欲援照此例再行開放九縣將太原府所屬之太原太谷祁縣徐溝交城文水汾州府屬之汾陽平遙孝義介休等縣悉准散商販運不知此前清宣統時僅有建議並未實行其時因省北三十餘縣欲專行吉蘭泰鹽該省諮議局曾經倡議反對以爲有妨土鹽生計目下蘆鹽之入情勢相同似難免其爭執丁會辦又言擬將蘆鹽運至石莊或陽泉後再行運入內地即無庸分運憑單或他種護照等語此雖爲便利商運起見但陽泉只爲中途卸鹽地點若再侵入內地則爲土鹽蒙鹽花鹽白鹽經消範圍土蒙等鹽向均憑用稅票運單以資查驗若蘆鹽獨舍而不用則一種無照之鹽雜於他種有照鹽斤行銷區域之內辦法獨異影射之弊難除而查驗之方無出若欲整頓花蒙各鹽統在產地一次收足不憑稅票行銷則尙須一二年後確定辦法始能就緒且尤須禁止口北給照之青鹽白鹽胥不進口方能免辦法紛歧之弊而收整齊劃一之效此應審愼者四以上皆就晋局現在情形而論蘆鹽之不能驟行推廣開放實有特別原因若果稅局意見無可挽回亦必先就以上各問題分別研究能除困難而後再予實行方免窒碍否則九縣之內尙未銷遍又欲再行推廣其將來開放區域銷數能否普遍尙無把握而先使土蒙各鹽受其影響亦非計之得也

二整頓土鹽計畫晉北土鹽向以北路之按斤收稅辦法爲最良中南兩路所用之按鍋稽征辦法已屬不能無弊然猶鍋照自鍋照稅票自稅票鍋照爲鍋戶一年執業之憑而稅票則爲隨時繳稅之用故雖按鍋稽征而開熬停熬非由局卡給証不能啓閉鍋口其熬期所出之鹽亦仍照各鍋應出斤重核算納稅雖有偷漏亦屬有限側聞此次丁會辦提出意見有核准洋助理員所請擬將三四等鍋每年只收鍋照費七十二元分期繳納之議其所產之鹽如不超過此項定額卽不另行征稅惟超過定額者則須按照普通稅率繳納此雖爲以簡馭繁便於收稅起見而其實弊之相因而至者亦有數端不可不防晉北鍋戶向皆貧苦居多惟中南兩路間或貧富參半故從前按鍋稽征熬若干日鹽則繳若干斤之稅零星湊數尙屬輕而易舉今定爲躉數分期之法其貧者必致無力納稅相率罷工而富者或至甘願認繳全年稅欵一面加倍私熬其所出之鹽較之定額應納之數甚至倍蓰晉北鹽戶散漫各卡巡丁單弱稽查難遍若待鹽戶自行來報萬無此事斯法若行是不啻獎勵土鹽助長私產其可慮一向來土鹽行銷皆以稅票爲証劵今以鍋照納稅則定額七十二元之內勢難再行開給稅票起運之時各卡無憑查驗官私莫分若於鍋照外稅票仍然不廢則難保無不肖員司因緣爲奸藉此重收稅欵徒歸中飽於公無益其可慮二且鍋照之辦法勢須一律北路之鹽丁會辦既以按斤收稅辦法爲然則舊制實不能改而鍋照之稅亦更無從加重稅票一層亦不能廢惟中南兩路獨異其中南路又屬北路銷區在北路所產有

稅票之按斤科稅鹽斤勢不能禁其銷入無票收稅之中南兩路區內同一晉北所屬同在一區而所產所運之鹽辦法歧異耳目易淆愚民無知莫所適從其可慮三至於丁會辦所定鹽棧須立冊登記及不准欠稅各節均屬正當辦法亟應切實興辦惟欠稅一層在北路各卡地方偏遠無銀行商號之區若遽革除此制稅款實不免稍受影響竊意此項欠稅將來有無收納不足之處應責成各經收局卡完全負責如有短缺一概責令賠繳則立法於嚴峻之中寓有伸縮自由之意尚不至行之窒礙此亦請　鈞署籌度及之者也

致河東鹽運使請取締潞鹽行銷晉北南路函八年一月二十二日

敬啓者案照武鄉沁源沁縣三屬鹽務本隸晉北範圍前爲著手整理起見經飭令南路分局派員切實調查據呈稱職局奉令遵即派員前赴各該縣詳晰調查茲據復稱三屬鹽務收款仍按地丁征課境內均無自熬土鹽所銷鹽斤皆由鄰境輸入沁縣武鄉雖兼銷潞鹽爲數尚屬無多惟沁源則由地方公設專店行銷潞鹽等情前來竊思該三縣應行整頓者僅緝禁潞鹽發給牌照如設專局可征之稅收祗照舊一項年額亦極微末難資敷展並恐放棄舊有之課收現擬請鈞局先期咨商沁源知事能否取銷潞鹽專店另籌晉屬鹽斤接濟民食等情當經據情函知沁源縣知事設法禁止去後旋准咨復內開查敝縣行銷潞鹽係民國四年十一月間據縣紳張受中等稟稱沁邑需食鹽斤自清乾隆年間將鹽課劃歸

地丁聽民自由購買二百年來人民食用潞鹽已成習慣呈請息借公款開設公益昌鹽店行銷潞鹽等情稟經前署知事饒均藝據情轉呈旋奉　河東鹽運使指令准予分銷潞引在案現在公益昌鹽店業已行銷兩載有餘尙屬便於民食茲准前因事關呈請奉令准銷之件敝縣未便公布禁止應請貴局直接與河東鹽運使交涉以維鹽綱相應咨覆知照前來卷查民國三年迭奉部令新稅實行以後規復蒙鹽水運舊例所有行銷潞鹽各局尅日取銷等因節經函准貴前使司派員清理業將潞鹽七局一律取銷改歸敝局辦理並於接收後將改銷蒙鹽辦法暨接收日期呈報各在案潞鹽各局既經取銷潞鹽各店自無存在之餘地現在沁源地方尙有公設專店行銷潞鹽情事顯與部令辦法未符亦應在取銷之列相應函請貴使將該店尅日取銷以符部令並將取銷該店情形賜復實紉公誼

致收稅局請將官運項下墊解之二萬一千元劃撥磴局濟用函八年五月一日

逕啓者敝局自上年四月以後關于應收鹽稅及鍋牌照費業經劃交貴局惟官運事宜尙由敝局經管而官運內之款項出入則須貴局稽核當經商定由貴局呈明總所轉陳部署奉有訓令在卷嗣於上年十月與貴局議定官運交款金庫暨提撥動支辦法擬有四聯憑單商准付印應查照辦理惟敝局官運一款關係夾雜於稅款之內分收統解總名之爲鹽款自開辦以來從未分晰清楚敝局長自六年九月抵任裴前局長所交正款卽不敷三萬餘元胥由官運之內墊解截至本年稅局成立時墊款仍未清出

若不切實清釐而欲專立官運賬目劃分運稅各歸各欵則官運帳內首行舊管一項先難指定確數其餘續收之欵若再漫然收入則賬册首尾不能完全而欵目無從銜接治絲而棼愈難着手坐是清理數日始有端緒現值七年份官運結束之期經敝局長督同科員漏夜赶算已將六年九月敝局長到任日起至上年十二月止月報册內稅款官運兩項應存應支之欵查明結存暨續收現金數目分別理清統計正稅項下自六年九月起至七年十二月止以收抵解共不敷鹽稅銀二萬一千一百六十元即係從前陸續從官運欵內墊支之數官運項下亦自六年九月起至七年十二月底止以收抵支應存三萬三千八百八十六元九角五分三厘除內有前項陸續墊解正稅銀二萬一千一百六十元外實應存一萬二千七百二十六元九角五分三厘擬即開列清單會同貴局華洋助理員交存金庫自此劃分清楚嗣後分局欵到即可陸續交庫不再稽延惟統除統算所有正欵項下墊解銀二萬一千一百六十元原係官運專欵現值運本支絀又磴口適當挖鹽暢旺之際迭據包局來電索付測用而本局所存官運現金不敷撥濟可否即由包現收稅欵項下就近將前項墊解之二萬餘元如數扣還官運賬內準撥磴口濟用以免運務停頓擬請貴局　助理員商定核辦見復除另將現欵塡具四聯憑單會同交庫外相應開具六年九月起至七年十二月底止稅欵官運各賬清單送交貴局查核備案此致（清單略）

呈　鹽務署長中南兩路土鹽改章鍋戸要求免予實行擬請暫緩取締土鹽函八年五月二十九日

署長鈞座敬肅者竊中南兩路鍋戶關於土鹽改章要求免予實行一案業經分飭各局切實勸導一面呈請核示現聞各鍋戶有具呈省長請求咨商鈞署准予仍照舊制辦法之議而地方士紳復有代爲陳請者職局並接有商會聲明各鍋戶均停熬以待之文既未能强迫實行復難任久於停製局長籌思再四竊以茲事體大亟宜早日解决以期實行伏思中南兩路轄境至十有六縣之多地方人民在晋省亦爲繁富之區而每年所收土鹽稅欵不過三四萬元考其原因實爲土鹽散漫巡丁稀少遇有私熬無從查緝以致生此漏卮今欲爲整頓稅收之法自應如總所原議以取締稅輕之鹽而銷售稅重之鹽爲主誠使新法實行以後土鹽減製蘆鹽暢銷於國家稅款自能增益不少惟開辦之始實有困難似應設法變通略取漸進主義以期實行局長自本年春間因公入都謁見鈞座述及晋北鹽務情形及現在總所取締土鹽辦法蒙諭以爲國稅計晋北宜力籌開放或照總所提議作爲蘆鹽銷岸而土鹽包稅一層如果困難亦可將七十二元年率酌爲減少等因仰見我署長爲國爲民雙方兼顧之至意回局後遵即本此宗旨以爲籌畫所有晋北推廣蘆鹽辦法業准收稅局商請再行開放八縣而關於土鹽擬取漸進主義一層無如洋員堅持積極進行不願變通辦理以致一經宣佈困難陡形無從設法調劑即就晋北實在情形一再籌思覺此次稅局所陳每一鍋戶各按年產鹽四十八担繳稅七十二元此雖爲以簡馭繁之法而實則煎灶散漫一村二三戶或四五戶而一縣又數十村或百餘村散處畸零相距窵遠晋北全

無緝私只憑各卡一二巡丁出外梭巡私製私熬全屬無從查緝今新章設使實行不過在多數貧困之家無力畜土者遇有停煎仍須認足年稅較爲虧累設令有大力者出貲多蓄僱工預儲鹽土加緊火候澈夜煎熬勢不能鍋派一人而監察之則認足年稅之外煎至倍蓰亦屬無可查察是以局長前呈有言若照所行取締土鹽政策而適成爲助長土鹽政策今晉北鍋戶震於改章尙未籌思及此所以相率恐慌不敢奉命然職局處於督運地位而鹽務又與地方息息相關値此非常之原若不婉切開導一面力求善後則停熬或久稅收無出亦非計慮之得現就局長愚慮所及今之所宜着手而爲新章補助以利推行者計有三端（一）先遵署所定議行銷蘆鹽而暫緩取締土鹽辦法蓋現在蘆鹽銷路尙未推廣而土鹽先行改章各鍋戶深恐稅重價昂銷路皆爲蘆鹽所奪是以羣起反對今若暫緩取締土鹽而祇照　署所規定辦法先行推銷蘆鹽則生計不致立時剝奪亦必無相率反抗之舉而新章或可易於推行（二）先將專業兼業各鍋戶分別辦法以期減少反對而使新章實行晉北中南兩路土鹽鍋戶所以難於取締者因其有兼業鍋戶不專以鹽爲生者每年不能熬足四十八担之數以致認繳爲難此等鍋戶或因地質磽薄非刮土煎鹽之後不能耕種而種植稍久則又鹵性上升非再刮煎不可耕煎二者皆非恆業而於勢又不得不兼營或業鹽而兼業硝與堿硝與堿之產量多而鹽之產額少照數繳稅則鹽難足額若竟停煎則硝堿亦無從出故於新章之行十分困難多向地方官請求展緩甚至有請罷田

課城稅者地方官亦難免不爲所動今欲新章實行似宜先將以上各種鹽戶分別辦理其力能專業熬鹽者對於年額稅欵本無反對即可准其開煎其不能專業熬鹽者似可責令分季繳稅如果在此季內土鹽產足該鍋戶應即照章認繳若值停熬缺產准許報明停業在此期內得以扣除應繳稅欵至於新章實行之始如有不願營業永遠停熬者亦將其器具收買俾得再營別業則反對之勢力可減而新章易於推行（三）減少納稅年額而另訂限制新鍋辦法民力各有不齊即鹽戶亦復如是今四十八担之稅全年計之誠不爲多但遇有陰雨亢旱時或停熬則產鹽不能足額而納稅勢將無力不如分別新舊兩種凡舊曾領照之鍋戶納稅年額姑予暫行減輕每鍋一口按年認繳三十担或若干担之稅以示寬大俟一年或半年後再行加足原額至向無鍋照願開新鍋製鹽者則非認定年繳四十八担稅欵之定額不得發給新照准許製鹽如此則一面提倡新章一面減少鍋戶反對於取締土鹽一層自可逐漸就緒以上三端謹就現在情形體察陳核倘蒙採擇似於新章辦法不無裨助此所亟望於鈞署籌度及之者也但無論如何總須先有緝私而後可以措手晋屬土鹽從前私製私熬無從禁絕及此次施行新章鍋戶稍不遵辦未能强迫者全由未設有緝私專營則平時不足查緝而有事無從鎮懾今欲取締土鹽整頓國課無論施行何種手續似皆非輔以緝私不足以資治理查晋北土鹽各屬經收稅欵甚少添設緝私兵勇固有爲難但現値蘆鹽開放之際若仿照各處商巡辦法於商運售價內每担酌提若干彙

繳經募則於緝私經費似亦不無少補現在職局對於各鍋戶正在設法勸導並會同稅局擬定新章限於六月一日實行倘能勸導就緒事固甚善但恐各鍋戶固執性成相率停熬致令稅欵無出久持非計是以預籌辦法謹先陳明以備採擇是否有當伏候鈞裁

復收稅局請開送蒙鹽運銷各項賬目碍難照辦函 八年七月三十日

逕啓者案准貴局第九百十九號函開案奉稽核總所函飭將關於蒙鹽運銷事務並附屬各項賬目再行呈報等因奉此茲請查照下列各項辦理等因准此敝局當即轉飭包頭河口磧口各分局遵照貴局所開各項辦法查明從前收支細賬迅速辦齊送由敝局核轉在案一俟送到即行函達至敝局前次送交貴局賬目與鹽務署彙刊印發數目尚有不符之處一層查民國二年至六年賬目既係前任移交之件而彙刊印發數目或將甲欵併入乙欵或由此賬轉入他賬非經手承辦一時實難查對前准函詢當已函復在案茲准前因相應函請貴局查照爲荷此致

致收稅局請轉呈總所取締口北土蒙各鹽侵入晉北函 八年九月三日

逕啓者案據北路分局馬電內稱左雲右玉兩縣大海灘土鹽及蒙鹽侵入甚多已派懷仁卡員前往駐紮巡緝請電左雲右玉縣知事協助巡緝並出示查禁等情甫經敝局電請左雲右玉兩知事查照辦理去後又據該局個電稱口北一種𪉕白鹽產於東西中宿尼二連大諾及馬塔知貢小諾等處粒細價

低侵入天鎮陽高左雲右玉等處甚多北税影響極大應否與大海灘土鹽一併查禁或取締其運照非有署頒正式執照不可乞示遵等情前來據此查口北此種蘓白鹽及海灘土鹽並蒙鹽現在既已侵銷左雲右玉天鎮陽高等縣倘不從速查禁將來晋北税收何堪設想除分别函令外相應函請貴局查照轉呈總所飭知口北收税局嗣後口北各鹽不得再行侵入晋境一俟總所令到即希見復爲荷此致

致各分局整頓税收顧全比較函八年十一月十七日

逕啓者銷鹽比較爲局卡應負之考成即非經長官督促而職責所在亦應認爲必不容緩之圖乃查近數月來各局報册除有一二卡比數較增外餘均短銷目甚竟有百分中減至九十餘分者考成攸繫絶不顧及試一列比詳稽寧不爲之憒懣查口北辦法業已規定爲年比分局比較亦須呈署請加勸懲本局不能獨異一經核數上呈豈復有自寬之餘地總分局休戚相關不忍坐視不告尚希督同各卡員彈力整頓務期日有起色收數遞增則後之奮勉庶足彌前之委靡轉瞬年比已届各宜振刷精神切弗自誤是爲至要此致

致花定權運局據司排長電稱巡隊人數槍數李營長未曾照數交足應請轉飭該營長補交函八年十一月十八日

巡啓者案據駐榆鹽巡排長司廷奎電稱榆横巡隊李營長交過馬步三十二名伙夫四名槍三十二桿子彈二千零顆短缺槍數及人數如何辦法請速電示等情據此查七月間准貴局第二十一號函送鹽巡人數清摺府谷步隊步兵一棚乂九名内伙夫一名横山步隊步兵九名内伙夫一名馬兵九名内伙夫一名共計三十七名除伙夫三名外應有馬步兵三十四名核與該排長所稱尚短兵二名槍二桿應請貴局轉飭寧夏李營長照數補交以完交接而便呈報茲據前情相應函請貴局查照見復實紉公誼此致

復收税局遇有損失案件由分局就近通知收税員等勘報不必再令巡報函八年十一月二十一日

巡啓者准貴局第九零一號函以遇有發生損失鹽斤情事凡與此種案件有關各局應即飛報磴口查驗員或包頭收税員並同時報告貴局囑即分飭辦理等因查敝局所屬報告損失鹽斤案件之處亦以磴口包頭兩局爲樞紐凡沿包磴一帶之發生案件道路睽隔甚遠即中途報至包磴已需時日貴局現擬由分局員就近先報查驗員或收税員從事調查係爲查報迅捷起見該分局於得知此種案件發生後就近備表函知俾免迂道稽遲自可照辦惟查驗員或收税員得有此種報告後自必隨時轉報貴局一面馳詣查勘庶於辦理手續兩無遲誤似無庸敝處分局再行並報貴局致涉駢枝至分局報告敝局時應令其依式備表兩紙敝局於接到報告後仍隨時函送貴局一紙用資印証如此辦理庶報告不致

紛歧而調查亦免遲滯相應函復貴局煩爲察酌見復以便轉令各該局查照辦理再敝局現亦奉有鹽務署會商妥議具報之令貴局呈復時並希抄稿函知俾便轉報爲荷此致

復收稅局磴局如果停止挖馱湖租盧擲必虧鹽本函八年十一月三十日

逕復者准貴局函以敝局前請籌撥磧挖費一案查由省撥欵或呈請總所加撥殊非必要須待至來年七月再議等因准此查敝局經辦蒙鹽向係磴局主挖而包局以下任銷故包頭下游各局經收鹽價除繳解餘利外悉數撥歸磴用而遇有各局缺銷青黄不接之時亦間或呈請撥發鹽本以資接濟蓋鹽湖訂向阿旗一日不挖一日不能停付租欵是以經收鹽價雖以銷市爲盈虛而主辦挖駝則均常年如一日勢實如此有不得不然者自貴局成立以來蒙鹽情形貴助理員未悉對於運挖各費屢議節嗇本年三四月間值包局存鹽銷罄運務緊急與貴局提商請欵撥濟其時本局尚存有官運本一萬七千餘元如再呈請於稅欵項下撥借若干元則春運可以暢行而磴局存鹽早發包即早銷決不至受收現影響損及銷數而貴局堅不認可文牘往返議至再三始經議定以河口磧口等處新收鹽價撥濟包用自五月起至八月止先後撥給二萬五千餘元嗣後河磧等處再有欵到遂即專交金庫未予再簽坐是包局運費雖可勉强支持而磴局挖馱馴致不敷接濟本年九月間值包局受收現影響存鹽滯銷磴局鹽本只剩銀八千一百餘元約計十月至來年四月可挖鹽至四萬石以上約須洋七萬八千餘元是以敝

局有再請撥濟之舉貴局積久未復茲於十一月十二日始准函復前因查此案現經迭飭疏銷距敝局前次函商之期已閱數月包局所存鹽價達至四萬元左右已足暫敷支用無須貴局再撥惟來函所稱停止挖馱各節其中誤會實多有不得不切實告知者一鹽湖租自蒙旗無論挖否均須付給租金本年截至九月底已付給三季現銀七千五百兩只收鹽八萬七千一百餘担此時若遽停挖必待明年七月再議則此十個月內鹽產顆粒無收而租金須付八千兩以上是由本年十月至來年七月應付之湖租全數等於虛擲二湖租攤入售價向係以產銷各數均勻牽配若因停挖而產數缺額則售價必須加攤始免虧累現在餘利刪除鹽價業經規定若使將來售鹽於一定價値外再攤此項租虧則必致有損蒙鹽銷數不獨官運盈虧受其影響三挖馱各費亦同湖租一例牽入售價計算均於鹽斤售出後如數收回決不等於虛擲惟既付租欵而又不自挖馱則湖租之無着官運之受虧乃爲不可逃之公例四蒙鹽自開辦以來歷屆盈虧均照鹽務署定章核算自民國二年起截至現今每年皆有盈餘自本年丁會辦到晋調查提議以總分各局經費攤入計算於改章之後追溯及未改以前於是二年至七年蒙鹽盈利照定章爲十二萬八千餘元者一經貴局核算竟減爲三萬一千餘元而官運坐受虧損之名今若再因停挖而使湖租虛擲則將來結算不免益多虧累此責果誰任之五包頭存鹽十八萬餘担雖足敷九年銷數然此皆積年所餘各有舊出湖租爲之代價不能移作現在收入抵償本年十月後所付鹽本十月

以後如果繼續開挖將來截至九年年底存鹽必更加多是挖一年而可有二年之蓄爲盈爲絀孰利孰害亦將不辨自明貴局乃謂以有用之金錢置於無用之地似不可解六挖馱各款雖爲公家收鹽消費而實亦有關蒙民生計故各費訂入合同蒙王時有爭議倘使公家不挖則蒙民必有私挖之處吉蘭泰左近之白鹽湖是其明証今値旺收之際蒙民喁喁待哺一旦挖欵無出羣起私挖磴局巡丁有限決難防範是不獨官鹽無收受其損失而私產充斥亦且有礙銷途七官運應否停止已分呈請示自應靜候解決即使決停亦與挖馱無碍蓋停辦以後蒙鹽如何運銷尙未決定而合同能否取消亦無把握若以官收商運之組織例之則磴局且不能裁撈駝何遽可廢若使悉聽商收則公家挖存之鹽亦可作價轉抵有利無害亦屬顯然貴局徒見於撈駝之可省而不知省此撈駝轉致拋擲湖租坐虧鹽本其失計有什伯於此者八磴局原定局員一員僱員二人馬步巡共六名今因添設查驗員之故已減去馬巡一名步巡一名充作查驗處添僱員及秤手薪水而近又奉總所來文擬在查驗處再添僱員二人秤手二名以爲稽查挖鹽之用若果鹽湖可廢挖欵可省則此僱員秤手又將奚屬倘於稽核方面則凡事務取擴充而辦事方面則凡事皆取節縮甚至並事之本根亦均逐漸剷除而使淪於澌滅則揆諸總所稽核官運之意亦覺未免刺謬就以上種種情形觀之是無論官運取消與否而挖駝一事總屬勢在必辦不能中輟貴助理員果於蒙鹽利弊洞悉原委對於此舉當無不樂予贊成若果一再遷延貽誤挖駝致虧鹽

本則尸其咎者應有所在敝局不能承受也除呈報鹽務署外相應函復貴局查照此致

致中南路各縣知事派員調查中南路鍋口請出示曉諭函 九年一月三日

逕啓者案照敝屬中南兩路土鹽改章前因鍋戶停熬遵依新章領照者甚居少數當准收稅局函請收買停熬各戶舊鍋卽經敝局酌擬調查無照鍋口發給郵金各辦法呈奉 鹽務署指令先事調查並奉訓令轉據稽核總所核議將來發給郵金須在鹽欵帳內撥付應由收稅局派員偕往調查具報各等因到局奉此調查鍋戶係爲保護有照各鍋之產銷而促停熬各鍋之領照凡屬有鍋之戶鹽產攸關本屬不宜停止營業卽當認稅開熬其有確無資力難領鍋照不願熬製者則其所存之鍋等於棄置仍俟調查事竣由公家出給郵金酌値收買是於促進鍋產之中復寓體䘏鍋戶之意至不願領照之鍋口既有發給郵金之預備自須該處村長或閭長等爲之証明保存以待發價此爲調查期中應完之手續誠恐各該鍋戶及村閭長等對於上項情形未盡周知致涉誤會除派員會同收稅局所派委員分往中南兩路各屬地方按戶調查列表具報外相應函請 貴知事先期出示曉諭一體遵照如有私鍋潛熬不服調查禁止之戶設遇滋事並希鼎力協助實紉公誼此致

致收稅局北路扣留鹽斤如無稅票仍屬違章已電飭北路局查復再行核辦函 九年二月十一日

逕啓者案准貴局第一一零九號函以奉總所令據張家口電稱大同局扣留口北青白鹽三批均有運

照飭即放行如已罰欵一併退還等因查總所前致多倫收稅局令函據繆魯兩員議定辦法凡豐鎮區域運赴晉北之岱海灘鹽並白鹽青鹽以後均須發給稅單不應照現行辦法祇用憑單等因令前項被扣鹽斤運照之外是否領有稅單尙應查明再行核辦否則似與總所前函據繆魯兩員議定辦法不無抵觸茲准前因業已電飭北路分局澈查電復相應函達貴局查照爲荷此致

致口北蒙鹽局同局所扣鹽斤現由總所另議辦法本局亦呈請核示函九年三月九日

逕啓者案奉鹽務署電令總所據口北收稅局電稱大同局將二八八五號九三九八號九九九四號各運照青白鹽三批扣留上項鹽斤已經納稅請飭放行等語合行電令該局遵照等因並准晉北收稅局函同前因當經轉行同大局查復去後旋據該分局覆稱大同卡扣有青鹽八百斤岱岳局扣有青鹽七百十五斤白鹽五百八十五斤均係執持口北局運單並無稅單核與上年繆魯兩員及多倫伊收稅官口北局郭科員在同公同議決以後一律須用稅單不必再填運照辦法不符似應扣罰等情前來正核辦間復准晉北收稅局函開奉總所令知關於口北鹽斤輸入晉北一案不日當再行明令飭遵於未曾奉到是項令文以前北路緝私人員所扣口北鹽斤應暫緩辦理等因奉此相應函請貴局查照並希對於此案除已經辦理不計外俟奉總所令文之後當再行函達等因此案既由稅局請示總所自應靜候解決惟查上年十一月間晉北收稅局奉總所函開據繆魯兩調查員建議擬將所有由豐鎮區域運

赴晉北之鹽以後均應發給稅單不應照現行辦法祇用運單等情總所當以該員等所擬辦法非僅適用於岱海灘鹽及該函內所稱之白鹽而對於青鹽亦適用之因青鹽運輸運單並不由收稅官加簽亦屬不妥等因是此次同局扣留前項鹽斤係因該運商並未執有稅單核與伊收稅官議決辦法並繆魯兩調查員建議經總所核准前案均有不符之故嗣後貴屬行銷晉北鹽斤應請查照伊收稅官前議並總所核准之繆魯兩員建議辦法一律發給稅單以杜商人取巧之端而爲維持稅收之計如貴局以爲此項稅單因鹽斤半途分析不敷支配則可由貴局通令各局卡於塡發稅單之始即行分塡零數化整爲零譬如一商承運百担之鹽即多予十担或五担之零星稅單俾得護運而資查驗倘慮所塡地點日期與分運之時有不能相符之勢亦可由該局卡於分運時在單上加蓋何時起運及改運何處限何時到達戳記以資憑證似此辦理敝局以爲殊無困難可言相應函達貴局查照並希見復爲荷此致

致山西政務廳關於整頓土鹽案抄送總所原文煩轉呈採明意旨見復以便正式呈請函

九年四月十四日

逕啓者關於整頓中南兩路土鹽一案前經敝局長會同晉北收稅局洋助理員祝開福面謁　秉座當承貴廳長代行接見其時洋助理員未將總所調查員所陳整頓條欵全部說明是以未曾協議嗣後復准貴廳長函知奉秉座面諭此項提議土鹽一事藉悉總所欲取消零數不易管理之土鹽先爲將來歸

入取消數內之小鍋戶籌謀生計此項籌謀生計所需之欵願由鹽稅項下提出國課民生兼籌並顧地方官署自應協力贊助惟鹽鍋如何分別取消鹽稅如何規定提撥如何能先爲將來歸入取消數內之小鍋戶籌謀生計兗致失業鄙意以爲如承總所開示條欵方好從長計議並願祝君奉到總所開示條欵時亦可抄示全文以便爲協商之預備等因過局即經轉達洋助理員知照並呈請鹽務署核示在案茲奉指令准將原文抄送以便籌議並迅將辦法商妥呈報等因查晉省土鹽熬戶複雜國課民生諸鮮裨益今按總所條欵辦法似係聚散爲整爲入手整頓之方衡諸中南兩路情勢斟酌變通再加以緝私之法當屬可行惟將來歸入取消數內之小鍋戶籌謀生計一層非由地方官署協力贊助仍屬無從進行茲將總所條欵全文開摺送請貴廳長煩爲轉呈惟其中應如何籌商辦理之處擬請探明兼座意旨詳細示復以便擬議辦法再行呈請核奪相應開摺函達貴廳查照見復實紉公誼此致（摺略）

致收稅局關於口北行用改訂運單案業已令飭北路局遵照惟收稅員應如何查報對於分局如何知照各節希即賜復函九年七月十五日

逕啓者前准貴局第一三五八號函知關於口北鹽斤行銷晉北一案現已奉總所令知核定辦法並抄送原案過局茲復奉鹽務署令同前因敝局現已將核定辦法分別引伸其義令飭北路分局遵照惟此項改定運單究係何時開始實行應請函知口北收稅局預爲正式知照方足以免隔閡而便稽查

又原案中對於此項運單之第四聯應由張北或豐鎮收稅分局分寄北路收稅員查對但敝局以爲北路收稅員接到此項聯單後亦應將鹽類數量及稅額情形隨時知照榷運分局俾於過驗時有所根據敝局現爲統計銷數起見並飭北路分局將該項運入口北鹽斤按旬具報相應抄錄敝局寄發北路分局令文送請查照並希貴局對於北路收稅員應飭如何查報及收稅員對於分局應如何知照各節一併見復爲荷此致

呈　山西軍督報告奉電入京會議各案情形摺九年七月十五日

謹將局長此次奉電入京會議情形開摺恭呈

鈞鑒

計開

一電召會議之緣由

查局長此次奉電入京係因晋北中南兩路整頓土鹽案洋員所持意見與稽核總所來文不同經局長查明本省鍋戶實在困苦情形聲明辦理土鹽應取維持及逐漸取締主義不能用積極消滅主義與之力爭並擬具辦法大概陳明　省署奉鈞座飭政務廳長開示一切局長本此宗旨呈報鹽務署及稽核所而同時洋員復因口北蒙鹽侵銷入晋案及其他事件有自請赴京面陳之舉因之署所會

商電召局長一併入京以期博采兼詢決定主旨而不致有所偏倚

二會議提出之條件

局長自本年五月四日入京面謁鹽務署兼稽核所總辦陳明大概情形後即逐日赴署與各廳籌商一切並到稽核所會同英文股繆魯兩君及口北晉北各洋員開議其提出之條件有關本省地方者計有三端（一）口北蒙土各鹽銷入晉境案（二）中南兩路整理土鹽案（三）吉蘭泰蒙鹽案此外尚有鹽務用人行政各問題係職局與收稅局交涉之件與本省鹽民生計無關茲不贅陳

三會議各案之原起

（甲）口北蒙土各鹽案

查口北鹽斤銷售入晉係自民國四年奉鹽務署批准惟其時豐鎮歸晉管理凡口北來鹽必經該局查驗故所來均爲官鹽並無私鹽且未能大批入晉嗣後豐鎮一局劃歸口北管轄晉局屏蔽已失口北所產土鹽及外來之蒙鹽均多無稅私運入境者局長於民國六年抵任蒙鈞座諭以懷仁一帶多有侶海灘鹽斤銷入面飭查禁等因局長遵即嚴令飭查並於七年間入京面呈鹽務署李前署長致電口北禁阻由是私鹽入晉甚少而北路所產鹽斤不致因之阻礙銷路嗣日久禁弛口北洋助理員復迭次呈報稽核總所以晉北查禁該局來鹽爲非總所因統籌

全國鹽務於口北晋北力主不分畛域遂即准如所請局長對於此案亦不敢違以　總所之議爲偏但爲晋省鹽民計能減少一分外來鹽斤總可保持各鍋戶一分生計且該鹽果係納稅運入則亦不能阻止無如所來之鹽多係無稅私運且無正式稅單可驗者如聽其長驅直入則不獨有碍晋省土鹽銷路即對於國家收入亦無裨益又考察該局銷來蒙土兩鹽其產地均屬距晋甚遠土鹽稅率與晋北相同蒙鹽稅率且高於晋北五角若果照章納稅再加以千餘里或數百里之運費其價甚昂決不能銷入晋省腹地與本省所產之鹽相爭故對於此項鹽斤但求辨明官私禁止無稅之鹽不得入境則其來源自少而晋北鹽斤可不受外鹽侵蝕之害即口北鹽務亦得稍資整頓於政府之收入亦無減縮誠爲兩利之道因之一再上呈並會同晋北洋助理員報告總所於是署所電飭晋北及口北兩洋助理員會同局長一併籌議解決辦法

（乙）整頓土鹽案

此案發生最早自民國二年晋局開辦時裴前局長規定土鹽稅率文內即以寓禁於征立言局長抵晋後因目擊土鹽鍋戶困難狀况雖經再三上呈主張和緩而民國七年四月洋助理員到晋後爲勢又迫揆署所當時規定寓禁於征之意不過取限制主義不准擴充並非注意銷滅而洋助理員奉承　總所意旨變本加厲遂無事不以銷滅土鹽爲計凡前此種種之改章收稅以及規定年

鍋辦法該洋員均本此宗旨提出局長迭與力爭幾至舌敝唇焦凡呈文經十數上而議案亦復盈尺雖署所洞達民隱時予維持而卒因借欵關係洋員之言難以驟行打消此次幸總所特派繆魯兩員來晉調查經鈞座諭以鹽民生計爲重該兩員尚能顧全大局回京報告遂訂有暫事維持逐漸消滅之辦法經署所抄錄條文飭派局長偕洋員面請鈞示飭洋員報告未能表明本省宗旨且仍以積極消滅爲請經局長力與抗爭並聲明該員所擬辦法有不合地方情形者四不便於民而復無利於國者五分呈署所因之署所方面洞悉情形不願專徇所請而有會同籌商之提議

(丙)吉蘭泰鹽案

查晉北向有官運額魯特之吉蘭泰蒙鹽其產地係由政府租賃現屆合同期滿由稽核總所提議取消官運改爲商運而額魯特蒙王遂乘機進言請由該蒙旂自運減稅至一元一担局長因稅率太減與本境土鹽不能平均當經議駁故署所一併提交以期公平解决

四各案會議之經過及其結果

甲口北蒙土各鹽案

此案經署所督同口北洋助理員在總所英文股會議首由該助理員等提出口北鹽斤應行推

銷入晋　總所英文股亦極贊成局長因　部署早有准其行銷之文當然無所用其反對惟逆知口北有稅之鹽決難來晋其所以大批運入者一在不用正式稅單只用一種口北局所發之分運單行銷二口北無論何種鹽斤均以每一百三十斤作一百斤納稅故商人得以乘間漁利成本既輕遂得運銷來晋與本省所産之鹽競爭於是提議廢止分運單並取消每担加耗三十斤之議迭日辨駁嗣經　總所斟酌以蒙鹽道路太遠商人納稅之時不知中途改運何地只憑一種正式稅單不能便利運銷非加以附用分運憑單不可至大海灘及池處土鹽則一概須用部頒稅單不得再以分運憑單替代至口北鹽斤向有滷耗亦難驟行取消惟訂定入晋之鹽應照每担以百斤計稅不得再有加耗局長以禁止加耗一層極屬平允惟蒙鹽用分運單仍有流弊當即提議嗣後該局如可取消分運單固屬最善倘不得已而實須行用亦應加以限制其辦法係在分運單上加以每担納稅若干及所運之鹽總共收稅數目又分運單與正式稅單號數之對照並每分運單截送晋北一聯以資查對如此則商人無所逃稅而私銷入晋之弊亦可免除　總所亦經允可函飭口北局照辦

乙整頓土鹽案

此案局長奉電入京時卽經晤商政務廳長參考總魯條陳議定辦法其大旨一關於該員報告本

省土鹽情形認爲適當二决定以先籌人民生計然後逐漸取締爲宗旨三請將上年視洋員所訂新章加以修改即甲改按年包鍋爲按季繳稅乙除每年認繳二十七担之稅外如有溢產概行免予加征四籌備人民生計擬請從蘆鹽稅中撥欵辦理以上各節由政務廳長連同職局呈　署文稿轉呈鈞座蒙　諭允可嗣到京以後即本此宗旨與署所一再相商鹽務署長兼稽核所總辦亦深以爲然旋即連日開議迨局長抵京之第三星期六偕洋助理員在稽核總所會商時該英文股等業經大致認可惟修改新章一層尚有疑義嗣第四星期一重復開議洋助理員堅稱上年新章不便取消且欲請北路土鹽亦照中南路新章辦理而每鍋按年包稅之數亦須加重經總所斟酌議定北路可從緩議惟中南兩路新章准再展期兩年俟時察看情形另議辦法而撥欵籌劃人民生計一層亦即因之一併展緩局長正在磋商間復接准政務廳長來函告以十六縣人民反對取消土鹽並謂興水利則無來源籌工廠則乏資本請從緩議等語局長遂斟酌京晋兩方情形乘機提議請將消滅土鹽辦法概行從緩其上年洋員所訂新章亦至多以一年爲限在此一年內如果察看實有不宜仍得另籌改良同時總所各員亦經認可惟加入取締私熬及推廣蘆鹽辦法數條列具議案呈請總會辦核奪同時　會辦亦經批准嗣至呈送　總辦時局長復切實陳明晋北各鍋戶困難情形　總辦復提出改定季鍋及廢除稅局派員四出偵查以免擾累兩條答復　會辦

會辦對於改定季鍋一層尋亦同意惟因該意見書內尚有其他管理鹽斤等問題未能解決應俟解決後方可行局照辦

丙吉蘭泰蒙鹽案

此案各鹽池退租及阿王自辦運銷各節關於本省利害尚淺惟該王原呈請將每担稅率減至一元一層頗有關係蓋蒙鹽行銷至今與本省鹽產並無妨害者只在稅率與內地平均而復加以道遠費昂其價自高故銷數亦難過佔土鹽之額若果稅較土鹽爲輕則情勢適較相反局長連日在北京開議反復陳說祇將此層論定現在批准餘存鹽仍按每担一元五角納稅外嗣後無論何商運鹽來晉均須每担納稅二元較本省土鹽稅率計每担增加五角如此則蒙鹽雖經開放而與本省土鹽銷路尚無大碍至其餘各節局長因亟須返晉未再與議

五結論

綜觀以上各節局長此次入京所最圓滿解決者爲口北蒙土各鹽案次則吉蘭泰鹽之一部分加稅案又次則爲土鹽整頓案而入京主要之原因則因本省土鹽而起其辦理之困難與辨論之繁複解決之需時乃又以土鹽爲最甚其故(一)由於本省土鹽在山西行之已數千年食戶與鹽民方面久已視爲習慣一旦改革誠爲不易(二)由於北京派來洋員只知以稅收爲前提土鹽稅輕

不易加重無法科征遂卽力主消滅而其論適與本省習慣及中國政府向辦鹽務兼顧地方之情形相反（三）消滅土鹽另以他種鹽斤藉供民食亦無不可但其事辦理不易且非先儲專款爲一般鍋戶謀有生計不可而鍋戶之謀生計地方既無此專欵中央又未能完全擔任而復有洋員以借欵關係一味主張消滅只顧國稅不念民生遂致辦理兩難有此三層故職局自附設稅局以來凡因土鹽與洋員交涉之案至靡月不有而呈報　署所議復改良之件亦復絡繹相乘尤甚者局長此次入京洋員因持論相左竟有陳請總所將職局所屬各卡完全歸收稅局管理之議意在職務劃分則收稅方面胥爲該局委派之人而洋員得以專斷執行不致發生異議幸署所勉顧大局不爲所動該員之策遂無所施卽整理土鹽一案該員入京之始亦經積極陳說意在歆動加稅爲完全消滅之計幸賴　部署總次長洞悉民隱並顧兼籌力主從緩設施而土鹽一線之延得以稍資補救局長以中央收稅之官職務所繫重在增加歲入于顧念民生一節原非所敢越俎第以目擊本省各鍋戶困難情狀而復上承我　督軍及中央　部署總次長體念民生之至意既有所見不敢壅於上聞此局長在晉一日卽有一日維持土鹽之責任也第局長總緦竊有慮者凡事恃人不如恃法而暫治目前尤不如爲謀永久晉省土鹽此後之所以不能永久存在者（一）土質之薄氣味之劣天然不能與外來之海鹽蘆鹽競爭（二）製造之需時成本之過重價值不能減輕而稅

率無力增繳(三)零星散處管理不易因收少數之稅而虛糜國家經費甚鉅(四)借款關係外人注重稽核如不能消滅即須加稅或即以加稅爲消滅之導線而鹽民因以坐困有此數種原因故晉北土鹽幸在交通未甚便利時代猶得暫事維持若果鐵路四設輪軌交通往來便利則各處之海鹽蒙鹽均得乘機侵入而人民亦必喜食他種鹽斤不盡專食土鹽即無洋員稽核加稅取締等事而土鹽因天然質味之不敵亦必處於消滅然與其消滅於他人由外勢之侵入而其故猝不易防何如預籌之本省以改良爲計畫使鹽民處於不覺局長蒿目時艱加以積年以來與署所往復磋商之經驗竊以此後對於土鹽應行預籌者擬由職局與地方分任其責關於職局者嗣後無論洋員如何提議總以暫事維持逐漸取締爲宗旨而百變不離並本諸繆魯兩調查員所議先籌鍋戶生計立定主義以期法變而民不擾而關於地方方面亦請飭下本省賢有司遇有各項工作如開鑛墾植暨設工廠等事其招募工人率儘鹽民爲先以期各鍋戶得以預謀生計而不至臨時或受影響至關於中南兩路水源雖屬缺乏然山水時發淹沒民田之舉亦間有所聞誠如北路一帶組織水利公司化碱地以成沃壤則鹽民隨處可耕亦不必盡恃煎熬爲得計此爲根本解決之最要者至如中南兩路所產土硝均爲甚鉅第患銷路無出而硝局力難收買以致煎戶困苦即鹽產亦受影響現部署爲體恤三晉硝業起見已令行天津硝廠逕向山西訂購而局長訪聞浙江等省

硝商亦有自願來晉販運者此後本省之硝不患銷路不廣擬請飭行官硝局一面招徠商販一面廣爲收購庶硝業可以振作而鹽戶亦將漸紓其困至若本省清源一帶之鹽均含雜質與工業製造爲宜局長已與天津碱廠商訂如該廠情願收買購作原料則擬請鹽務署特別准許免稅作爲工業之用而本省如有他項工業農業需用鹽斤似亦可仿照各國農工業所用鹽暨天津城廠原料鹽免稅之議由鈞座咨准部署即劃該區爲農工業用鹽而頒布免稅條文則亦爲保持鹽業而於鍋戶生計無礙之一端局長愚昧之見是否有當理合敬陳管見伏候鈞裁至民國七年以後以迄現今關於土鹽案内各函呈茲併擇要錄呈仰祈裁酌（各函呈已見前編茲略）

致河東運使奉令推銷潞鹽請將護運單照式樣抄示並須由本屬過驗局卡掣回註銷暨爲兼籌鍋戶生計起見擬以武鄉等三縣爲限函 九年七月二十九日

逕啓者案於上年二月十七日准　貴署公函運字第三號以關於沁源縣地方公設專店行銷潞鹽一案係饒前使准其聽便購運以濟民食並未認作潞鹽銷地亦未令其公設專店茲准來函該縣鹽務既隸貴局範圍且已籌有改銷蒙鹽辦法接濟民食自應由貴局直接禁止以便整頓等因准此當經敝局函請沁源縣將該縣公益倡潞鹽專店查明限日取銷並布告商民改運蒙鹽在案繼於上年七月間奉鹽務署訓令内開據沁源縣人民代表崔琳等稟稱沁源提歸蒙引於國課民食均有影響請改正鹽引

仍銷潞鹽等情並據沁源縣知事轉呈前情到署查沁源縣屬既據稟稱舊係吉引現在改銷蒙鹽究與民食有無影響合即照鈔原稟令仰該局長詳細體察妥議具復等因即經歒局派員查明該縣潞鹽另行改銷蘆鹽不致影響民食等情復經擬議辦法呈復　部署核奪旋奉指令既據查明改銷蘆鹽並無影響本可照擬辦理惟該處食潞已久一旦驟行禁止深恐地方有所藉口應將此項潞鹽究從何處運來已否納税有無運照先行查明再定根本解决辦法較爲妥善如任聽潞蘆並銷有無窒礙並仰該局長詳加復查從長計議再行呈報此令等因奉此又經飭派敝屬南路分局前往遵令詳查嗣於本年七月九日奉鹽務署第九百五十一號訓令内開案查該局長呈請取消沁源等縣潞鹽專店添設緝私卡改銷蘆鹽一案前據該局長呈陳到署當以該處食用潞鹽已成習慣一旦驟行禁止深恐地方有所藉口應將潞鹽輸運情形先行查明再定根本解决辦法等因指令該局長詳查復核並飭付總所核議具復在案兹據總所付廳文稱潞鹽行銷晉省應由晉北助理員等會同榷運局長向河東運使及分所接洽一切以便議定究須如何設法方能使潞鹽在晉北南部暢銷無阻並由各該税局分所將調查結果連同所擬辦法呈報核奪至取銷潞鹽專店俾便減輕沁源等屬鹽價一層亦應特別注意等語付請轉陳核飭遵照前來本署復查總所擬陳各節與本署前令用意尚屬相同該處行銷潞鹽歷有年所自未便厲行禁止惟所稱取消專店是否足以便民裕課尚須加以研究除分行遵照外合即照録總所函致

税局文件令仰該局長按照前開各項事宜分別接洽妥議具復以憑核奪此令等因同時並准晋北收税局函奉總所令同前因先後到局復經飭令南路分局遵照并飭連同前案一併詳爲查報去後兹據該分局呈復遵查武鄉沁源兩縣均係完全行銷中南兩路土鹽惟沁源縣有少數富戶食用潞鹽從前均食礦口紅鹽後因年荒紅鹽難運遂改運潞鹽大概南境爲多北境仍食土鹽每年約銷潞鹽五千担左右此項鹽斤大半由洪洞縣一帶入境均係公益倡鹽店包運惟查該店所運並無税票運照准單索之再三始云於出何東境時即行繳銷如欲查驗須往該處取來送核乃遲至今日仍未送到究竟曾否完全納税因而無從稽考又據該店掌櫃崔琳面稱該店屢次赴河東運署請發給税票運照准單運鹽至沁源迄未批准等語又察該店所運潞鹽形踪亦非常詭秘詰之亦不肯實告是該項潞鹽既無税票運照准單而鹽税之曾否繳納概可想見經局員四處訪問有云該店係分銷霍縣等鹽商之餘鹽獲利甚厚故無税票運照准單可查再原禀所稱公民代表張受中姚用中均爲該店股東崔琳即係該店掌櫃因恐實行禁止潞鹽該店勢必歇業故冒託公民具禀上控鹽務署完全爲個人私利起見至該商等原禀所稱一經提歸發行於國課民食均有影響一層亦屬故甚其辭現在對於該項潞鹽既不予以禁阻然推銷之中對於行運手續亦應妥爲規定以便查驗等情請核前來據此查潞鹽行銷晋北南部既奉　署所核定自爲籌謀全國税收起見應即遵辦第據查復前情該項鹽斤入境以後既無單照護

運又係公益倡專店運銷而其中復有私銷霍縣等鹽商餘鹽情形觀此數端足徵該商崔琳等具禀部署擬請仍銷潞鹽一層顯係圖謀個人私利並冀壟斷販銷起見現在既經奉令推銷自應一洗從前積弊將蒙商販商重訂行運手續分別已税未税以便查驗而杜流弊惟該項入境潞鹽從前曾否核發單照是否於出境時即行繳銷尚祈貴使查明如照此項辦法該商等沿途夾私飛洒敝處實屬無從稽查此後應請貴使填發正式運照准單由敝屬過驗局卡掣回註銷並請於行運之前先將該項護運單照式樣抄送過局以便分行遵照並擬仿照口北蒙鹽運入敝屬辦法其護運單照增加備核一聯起運時由貴屬填明直接寄敝屬經過局卡以資查考尤爲便利至公益倡專店既屬壟斷而又有私銷餘鹽情弊自應由敝局函請該縣取消另行佈告招商自由領運除與晉北收税局會同籌商外相應函請貴使查照録案見復實紉公誼此致

致收税局未准答復各案查有數十起祝洋員請假貴局如何辦理請見復函九年八月二日

逕啓者案查敝局自本年四月起至七月底止迭與貴局商詢各件其未准答復者尚有三十七起之多按件均須立待解决延置不復實碍行政貴局閣置不辦而敝局對於僚屬斷不能遲遲閣壓致失威信貴局祝洋助理員業已請假回國該項未准答復各案貴局久置不復將如何辦理用特摘抄未復各案事由開單函請查照即希尅日見復爲荷此致　（清單畧）

附錄類

呈　總所關于繆魯兩員報告磴口官運一案華助理員意見書 九年二月十四日

敬肅者竊奉鈞所一月二十三日第二百十二號暨一月三十日第二百十七號令函附抄繆魯兩員先後條陳取消磴口下游官運及增加吉蘭泰湖鹽鹽稅各節所有職局洋助理員關于此案意見職員已多數確具同意陳報　鈞聽茲職員尚有附加意見爲前函所未及者謹詳晰縷陳如後

一關于報告原文所稱包頭取消官運仍另設局卡以管土鹽其湖上挖運磴口倉貿應仍由官辦理並派一薪水較優之人駐湖監視收鹽發鹽均應改用司馬秤磴口稽査員可改爲副收稅員暨添設副手各節職等俱表贊同但包頭所設分局應仍以權運分局立名因尚有土鹽及各項行政事宜須歸管理不僅一掣驗職務又官運取消應俟籌備完竣之日開始並可實行提前籌備

二所擬與阿拉善王改訂合同暨職局洋助理員第三五四號呈提議與阿王早先開議在未經議妥以前仍以官運資本儘數挖鹽各節均屬確當不移之論惟花定合同應請　鈞所商署抄發俾權運局早與阿王商辦

三所擬磴口租倉辦法可暫仍舊俟材料工價減低之時再議建倉一節雖屬審慎計畫然磴口沿用商倉積久弊生公家管理甚難因該處地方狹小租倉只有此數勢不能不對於倉戶多所牽就若欲設

法整理自非備有倉地不克杜其把持挾制此節擬趁改革官運時即一律提前辦理

四所擬磴包船運若有淹消時可准商人呈請復裝免稅一節職員以爲照四岸成例此節係屬可行且不如此不足以鼓勵商運又不獨包磴爲然即下游之河口河曲磧口等處亦均宜仿照辦理蓋上年下游官運取消以商人之赴包運鹽者爲數寥寥實爲深慮淹消無力賠償所致

五在磴售鹽時期及吉蘭泰鹽加稅一層應請查照職局洋助理員第三五四號呈辦理蓋磴口白鹽收稅尚可立即實行若下運之鹽一經早售必至阻遏包頭存鹽銷路又職局吉蘭泰銷鹽各區由包磴以至河口河曲磧口寧武大同陽曲等處均與青白花土各鹽一律銷售而地段亦與口北花定犬牙相錯若不將境內各鹽及鄰境花定口北各鹽鹽稅一律增至二元恐將來衝銷必甚而晉局收數反形較前低減

六關于將來售價一層職局洋助理員已列表呈　核惟所擬規定商運最高价值四元零八厘係照包頭一處核計將來在磴售鹽商人若運至河口磧口以下似不能以此爲限制職員之意以爲將來鹽价宜定爲二部分一在磴由官售价二各商運赴包頭以下等處估計應售每担價值數目在磴官價如前表所列之卸鹽七分及包頭倉賃二分及船費等項完全可於應攤鹽價中除去若爲商人估計則此項費用仍應酌爲加入再定最高價值方免賠累又如包頭本地秤較司馬秤每担小百分之六

一節此雖極爲準確但裝運船隻沿途尚有消耗將來改行商運若不另給滷耗則商人對於此項所省亦未必遽有若干之利故規定最高價值一層屆時尚應詳細核議

七收售鹽價 職員之意擬仿照前呈辦法稅由包頭磴口之正副收稅員經收而包頭以下之各收稅員或兼收稅員如有代收者其所出收稅單亦可作爲現欵由包磴收稅員列帳具報價則仍由包頭榷運分局及磴口支局收售其包頭以下之各分局如有代收者亦得出立單据交由包磴列帳蓋稅價本係兩事官運雖經不辦而磴口仍係官收官賣則鹽價爲榷運局之權限亦即　鹽務署之權限理應劃分清晰也

八繆魯兩君原呈所擬磴口及湖上添設鹽巡一層擬即函知榷運局提前籌劃辦理蓋磴湖隸屬蒙旗地勢散漫政府又未設有官倉除吉蘭泰湖外尚有白鹽湖數處其勢不能一概封禁將來改行商運若不於扼要地點多駐緝兵難免大宗偸漏及夾私情弊此理之顯然可見又如由磴至包中間惟五原有一緝卡亦屬不敷防範職員之意擬在後套河道紛歧處加添一二卡以資分緝此層擬不日與洋助理員商定另　請核示

九關於以上各節凡屬建設事宜擬請　鈞所特別注意先爲核定俾得於定期取消官運前早爲佈置蓋包磴長一千餘里湖上及沿途若不設置完備遽行開放必致別生獘竇影響銷數從前包頭下游

開放即係種種籌劃未備以致商運不旺可爲明証是否有當理合呈乞鑒核施行謹呈

呈　總所關於發用牌照一案華助員意見書九年二月十九日

敬肅者案奉鈞所上年十一月一七六號函令牌照一案所有榷運局來文職局洋助理員應具意見業于本月六日第三百四十六號函肅呈鈞鑒兹關于此案華助理員所有意見理合一併詳陳仰祈鑒核

第一節　關于牌照費一律減爲年納五角一層職員與洋助理員俱表贊同惟牌照之准發與否初無限制蓋牌照章程既經更定無論何種商販一律辦理則各卡經發初無准駁之權

第二節　鈞所第八十八號第一百七十六號兩函意旨一以陽泉經發之牌照可否由太原發給其意重在設卡問題之是否必要二根據繆魯兩員擬請取消蒙鹽牌照之説遂推及于各牌照均由郵局代發其中雖有牌照應否存留之商榷然既蒙　詢及郵局代發是否可行則亦非鈞所絶對主張而于事實上尚有准許助理員等建議及榷運局會商之餘地

第三四節　查包頭實未取消牌照前已於華助理員一月二十九日第三三九號函内呈明令職局二月六日第三四六號呈以爲職局一月二十六日第三百三十七號函呈内並未云有包頭取消牌照情事是否相符應請鈞所查對該項（三百三十七號）呈函當即明瞭至運鹽人數多寡不繫于牌照之取消與否亦即不煩言而解矣

第五節　換領牌照卡員無准駁之權已于第一節陳述惟從前牌照劃分等級商人認領往往以甲報乙與實際級數不符而經發卡員因奉行定章不予變通遂不免爲販商所藉口今將照費核減一律俱收五角卡員僅有稽查換領之權而無准駁之實則商人當亦不至復有藉口至孝義一卡及前呈所呈兩案仍係數月前未經明白曉諭時之情事現已無此情節發生且間使卡員經辦不力然亦不難整頓似不能因噎廢食遽使牌照定章因此更變

第六節　職局前呈以爲解放取締實爲促進官鹽之銷路等語實與権運局核減照費意趣相同惟権運局所擬辦法尚有注重緝私之功用而此則一味放任未免顧此失彼公家目的不重在收入之多寡而重在有查察之根據牌照一項所以杜絕私鹽即所以爲販售官鹽之保障實于公家商民兩有裨益若竟全行放任則此後晉鹽運銷鹽斤情形官吏全無覺察似非整理鹽政之道至郵局兼辦印花純係收稅性質牌照則爲鹽務行政按照借款合同應由鹽務官署管理他人不得干預亦無疑議似不得相提並論

第七節　核減照費爲鼓舞人民樂于販售鹽斤起見而其所販所售之鹽屬于何種運于何處則仍須根據執照隨時稽查並非謂商人一經領照則其鹽之官私可以不問故職員以爲減輕照費以後之緝私手續其困難當倍諸往昔若使發照爲一機關而稽查又爲另一機關則事不聯屬無論

辦事爲難且亦無此政體謂省除發照之煩即可用以防阻未稅鹽斤亦屬未能確當蓋發照僅止填寫其事並不煩難而所謂煩雜者仍在發照以後根據底册時爲精密之查察若使底册者無或他機關經發以後再將底册交閱則事權不能貫澈既無以生商民畏信之心亦即無可以再施整頓之望無論如何裝訂如何購取皆不過爲一種具文初于稽查私販全無裨益其結果必至毫無管理統屬而後已

第八節　牌照之由各縣知事代發係在離鹽務機關較遠而又牌照收數較少不值設立專卡等區方有是項委託辦法並非由縣代辦且牌照既爲緝私之根據按諸緝私條律地方官吏本有協助緝私之義務則委託代辦其事本屬正當該知事此項職權爲中華民國

大總統所授予若郵局則於鹽務行政似無關涉勢不能援以爲例至稅收短絀之原因原與牌照無涉權運局前函所稱改章各節係因職局第三百三十七號呈內有蘆鹽銷路因牌照而見限又是項辦法于自由貿易不無妨碍等語似屬以銷路不暢歸咎牌照故歷言減銷原因以期證明今于牌照問題既未能解決則所謂銷路一層已屬另是一事其原因當另行呈候　核奪若舍牌照而又爲銷路辨論則所言迻遠與正義無涉且無論如何引證而七八兩年均爲有牌照之時代亦無從以意判斷而歸咎于牌照之不善也

第九節　竊以爲牌照一層係屬鹽務行政之問題究竟應否存在抑歸何等機關主管助理員雖各有建設而實行裁决則仍在鈞所總辦會辦及主持鹽務行政之鹽務署但助理員對于晋北設置牌照情形及行政緝私上與牌照有相互之關係既有所見勢不得安于緘默不爲上陳至鄙局方面之未能干預鹽政主權證諸以上情形當亦爲鈞所總辦會辦所洞悉助理員無庸一再贅陳抑又請者查現値换領牌照之期因案未議决正在暫停印發已迭據南路局向榷運局呈稱各商籲請换發牌照屢請未得已屬嘖有煩言等語即此可見凡係正當商人無不欲請領執照以証明其所售係屬官鹽者蓋必有此稽查鹽斤之證據而後得以分别官私使私販逐漸消除不致有碍正鹽銷路又如奉天稽查鹽斤辦法亦有牌照係由東三省鹽務機關經發至今未廢亦足證明此項執照係與緝私行政有關理合一併呈乞鑒核示遵謹呈

呈　總所關於中南兩路土鹽消滅一案華助理員意見書九年四月七日

敬肅者竊奉

鈞所二月十日第二百二十四號函飭職等將繆魯兩員調查報告條陳與省長討論各按照調查員等所擬辦法辦理將由中南路兩處土鹽所徵之税款酌撥一部份歸省應用該省長願否襄助使製造土鹽一事逐漸消滅并同時爲鍋戸另籌生計俟探明省長意見後應併陳明調查所擬計畫是否可行等

因奉此當經職等往謁　省長蒙派政務廳代表接見由洋助理員將　鈞所願將中南路嗣後稅款酌撥百分之十一與本省請求襄助一節與該廳長面議其時職員亦經以榷運局長資格在座與議該廳長允俟詢明督軍意旨後再行見復職等當即散議茲已准該廳長轉述　督軍之意致函前來已由洋助理員於第三百八十一號呈內附陳在案　總會辦詳閱該函當知　督軍之意對于協助改章暨另籌鍋戶生計一層非不贊同但欲知此次改章之詳細辦法與地方人民治安有碍與否又欲于未經消滅土鹽以前而先得有相當之另籌鍋戶生計辦法暨得知總所所定消滅土鹽條件後而自審其另籌鍋戶生計之力量如何將欲徵諸衆議以定從違職等因茲事重大尚未將　鈞所此次頒發之繆魯兩員所擬辦法詳細宣佈究竟應否按照該調查員函開各節開誠布公先與省署爲一度之商酌應請　鈞所明令示遵

(一)關于繆魯兩調查員所擬辦法職員詳加核議以爲欲定此事之是否可行應先以對于晉北土鹽決定應否取積極消滅抑逐漸消滅主義爲斷而對此兩主義之應行決定者又須諗知晉北民情及上年新章所以失敗之由令晉北土鹽不能與他處一例論斷者(一)產鹽地方散漫非如他處之有池有灘之可以限制(二)鹽民熬不以時且不能常年皆然則以天時人事之關係多係斷續爲之或兼業農田爲之勢不能規定常年預算懸格以相符(三)貧者多食土鹽惟上等土人乃食蘆鹽花鹽則即使設

法消滅亦應分別去留而不能使之一概淨絕（四）貧民多恃兼營鹽業爲生絕其生計則僅恃農田不足以資生活有此四者則按照地方情形非如滷汨灘之易剷平而必爲內黃之難爲治已可概見至於職局上年新章所得之結果更有出於意外者查職局前定新章之始對于各鍋限制爲至少年熬二十七担如有餘鹽仍須納稅其辦法似不可謂不密而職局之稽核旬月報也對于報熬之鍋其額內熬鹽應繳之稅爲一欄加熬之稅又列爲一欄考核亦不可謂不嚴而卒之此中南兩路十六縣區內蘆鹽所銷之稅未見其增土鹽所銷之稅反見其少今職局派員四出調查鍋口甫經四縣已發見鍋數一千一百餘口其中報熬者只三百九十四口餘則據稱廢鍋情願停業職等將擬收買作廢令其永遠不准開熬此意尚未敢陳明　督軍不知將來實行時有無困難就表面觀之似新章實行以後報熬之鍋減至三分以上即可爲逐漸消滅土鹽之實證然以稅額考之則所謂土鹽短銷而蘆鹽亦不見其增者此十六縣中必有私鹽充斥其私鹽之發端即此有鍋而不報熬之戶在彼或停或作而爲私鹽之源也就職局前定新章言之凡此等不報熬不繳稅之鍋口如有私鹽均應查罰業經三令五申各卡員奉行豈盡不力然一卡所轄由一縣以至兩縣每縣數十村或百餘村每村或有鍋數口以至數十口相距由數步以至數十里百里不等範圍如此而巡丁僅有二人即使逐日遍歷各鍋亦非十日半月所能盡而鍋戶善于趨避或逆知其至而先停熬迨其去而又開煎則按鍋之查察難報熬之鍋僅三分以上其有鍋而

不熬者勢衆人夥無論不能遍查即能遍矣而操之過嚴又或激成事變若使稍寬則巡丁縱放鄉里袒護亦所不免甚或地方官且以人民生計爲重則查明處罰之實行又難然此尙爲查明有數之鍋言之也尙未經查出之鍋不知凡幾調查員不能屢出即屢出而不能窮鄉僻壤一概遍歷即遍歷而查罰矣或收買矣竈亦平池亦毁矣而遍地之土皆含有滷汁隨處可刮人工與器物隨時可備則稅之愈重查之愈嚴而挺而走險愈急其私鹽亦不可究結故以現今之中南路十六縣狀況言之有土鹽僅售价二十餘文一斤者其爲無稅可知清源一縣當改章之始既不領照亦不停熬延至兩月經職等呈明督軍亦無法處理則其鍋戶因迫於生計而愍不畏死又可知故就現在之情形言之所謂消滅土鹽者持之過急其消滅者或反在鹽稅而不在私鹽其減少者或在政府之收入而不在鍋戶之出產以此責之卡員卡員有徒手而已無能爲也責之分局有請示而已無能爲也職員經此歷練感痛上年新章之未能有效憤懣於中將有與其消滅不如維持之轉念蓋所謂積極消滅者足爲蘆土兩鹽稅款俱形其絀則不如從事維持改取漸進主義尙可冀土鹽方面之稅增收而國家多有一部份之歲入也夫諳之地方民情既如彼而考之上年新章又如此則整頓土鹽其必須改絃更張力求良法已無疑義而于消滅土鹽辦法取漸進主義而不宜用積極主義亦無疑義夫如是則繆魯兩君所擬辦法可得斟酌參考而爲施行之准則

（三）繆魯兩君所擬整頓土鹽辦法擬將中南兩路煎鍋分爲二種即一專業熬鹽一非專業

熬鹽者前一種定爲每年徵稅七十五元後一種定爲按季徵稅合計全年共收洋五十元此法若行實與今日晉省民情大相吻合蓋中南兩路之鍋戶大率無力常年刮土而又需兼營農業且其人多屬貧乏故對於職局上年新章按年包鍋及除二十七担外尙須繳納餘鹽鹽稅深感困苦窮無復之乃至匿報稅欵相率私煎種種逃稅之計有不可思議者此等報停而不實停之鍋查罰既力無所施貧困又實堪憫惻以致地方官提出貧民生計問題皆由上年之新章立法太嚴所致今誠使定一標準或爲季繳或按年繳一聽自便而不問其出產多寡即所熬有在納稅之額以外者亦不苛計則彼小民等人孰無天良安有不樂於報熬之理既肯報熬則專業兼業兩種之正當鍋戶可以指日而定正當鍋戶之數既定則不能照此繳稅而或作或輟以圖私煎者亦得施以相當之處治而地方人士毫無怨言蓋對于納稅之戶既取寬大使無絲毫不便之處則凡不能認稅者是爲自甘暴棄狃於違法即地方官亦不能爲之左袒也

（四）從所收稅欵中提百分之十一撥與地方一層就本年中南兩路情形視之隸熬土鹽之十六縣中只有報熬之鍋五百六十九口每口年納稅四十元五角有定之稅合計每年只可得現洋二萬三千零四十餘元其百分之十一不過二千五百三十餘元之數以此撥與地方或不見收受即收受亦不敷用誠可不必若照繆魯兩員所擬之辦法計之此後與民更始統計能熬之鍋照七年份鍋照數目計算共

一千五百九十口其鍋戶樂于新法之簡捷便利至少當報熬八分以上即可有常年煎熬之鍋一千二有百餘口此鍋或爲衆業或爲專業其繳欵辦法雖不一律而平均每年每鍋可收洋六十二元五角中南兩路十六縣共一千二百餘鍋即可每年收稅洋七萬五千餘元共百分之十一至少亦當在八千七百餘之數矧鍋口查清之後其數當不止此以此撥與地方是否足敷須俟與省署相酌後乃可決定然職員之意以爲若照此次調查員所定辦法改徵鍋稅則待民甚寬即不補助地方經費地方官對于緝私（如報告口第十條所云）亦應施以相當之協助故此款無論地方收受與否應祇能作爲人民生計之用而不爲酬報地方協助緝私之費蓋有此欵項即使地方官吏不代辦理而職局及榷運局自可以此巡行發給歇業鍋戶作爲恤金或以之補助緝私專餉使得便於稽查也又職員之意以爲前項之款與其在土鹽中撥出不如在蘆鹽中撥出蓋土鹽既取逐漸消滅之義則以後日見其少即稅欵亦未見可增將來或至終不敷用若從蘆鹽中撥則無不敷之患且地方人士樂於蘆鹽之得有協款可以週恤貧民則希冀蘆鹽來晉之心益切而對于土鹽自必協同籌商消滅可無疑義也

（五）職員以爲尙有應行建議者則對于鍋戶雖取寬大主義以別去留而關于緝私及稽查產數兩層仍不可不爲注意蓋前項辦法純爲欲求消滅土鹽過渡時代之計畫故提倡正當煎鍋即爲驅除私熬

之設備迨至鍋戶生計已蹙私熬已盡驅除則即此按年或按季納稅經職員認爲正當煎鍋者亦不能不逐漸使之消滅而消滅之預備則又不在臨時而在平日也何則此項煎鍋一經繳稅即不限其產數則設使資本充足之熬戶晝夜開煎加倍產製繳一年之稅而可熬年餘或二年之鹽行之既久鹽價亦必低落而蘆鹽花鹽等將受其充斥而不可收拾職局洋助理員盡慮之深矣然職局華助理員則以爲無碍者則以鍋戶不能常年有土常年開熬已見於調查員之報告即間有富足之戶力能備此亦尚可另籌二策以爲限制一所產之鹽雖於熬足七十五元外不再徵稅然其所產之數不能不飭令報告有不報者亦不能不隨時加以查罰其查報之手續應仍以施用運照及記數摺據爲主蓋無論自銷及外運凡產一斤之鹽均須填有一斤之照如此則鍋產無從隱匿而可知各卡各局產鹽之實數迨至新章行及一年以後察其盈虛以事調劑如果產鹽衆多繳稅不足則甲年之鍋訂爲每年七十五元者乙年可視其產數酌量加至百元或百元以外務求產額與稅率不甚相差而使其不至衝銷他項鹽額二爲緝私除應行增加上年新章之不能得力固由辦法太碎而亦巡丁單弱所致今此後若再改章不於緝私方面着手則鍋戶報熬報廢仍無可查而其中之弊竇仍不能免祛弊之法莫若增添中南兩路緝私并須劃出專轄不使收稅人員經管以免瞻徇通融之弊

（六）此外職員對于前項章程尚有須再審酌者則關于盡改緝私各卡設立巡行調查員一層竊意該

員等如果逐日調查則應支費用當不下于設卡之數若不逐日巡行則更章無益或不如循舊之爲得又報告書所稱各局設卡經費佔稅額十分之七亦屬尚欠準確蓋繆魯兩調查員所計係就民國八年立論八年之收數減於往年而支數一如曩昔故見爲費用較多今查五六七三年平均每年收入爲五萬三千六百餘元而八年支出共計二萬二千九百餘元覺土鹽設局經費至多亦不過佔百分之四十三也此層應俟另行詳查列表陳候　核奪至其餘各節如各鹽均准自由運入無須運照等事揆之現今情形亦尚有未盡適宜之處均應俟此案大體決後方可詳細核議呈復

（七）職員現有請者就以上情形觀之關于上年新章既不能諱疾忌醫不加更改而對于繆魯兩員條陳如欲施行而得美滿之效果似亦不能不加以附帶條件則輔此辦法以利推行者其一在組織中南兩路之緝私隊其二在不能常年開熬之鍋戶應准其按季徵稅又關於督軍方面宜先議定以籌辦貧民生計辦法而各卡員方面亦須規定以能否勝任以三月爲一去留之任期是四者倘能仰蒙鈞察首先核定則改章整頓之事自屬可行否則或先暫停亦無不可至如職局洋助理員所言恐將來土鹽價廉碍及吉鹽花鹽蘆鹽銷路一層若照職員此呈第五條辦法加以補救則尚不致如此矧按照上年新章既同一不能使蘆鹽銷路增加則即使改革以後不見大效亦不過如前而已此層似尚不成問題若謂照繆魯辦法則鍋戶無巡丁等之需索而繳稅不及一元五角遂又使土鹽價廉不易消滅則現在鍋戶

是否均出一元五角既無實証且若果有之則照繆魯辦法以厲行改革又寧不甚善耶以上各節職局亦不過自抒所見至關于此事究應如何辦理及地方長官方面對于繆魯之條陳是否盡以爲然將來開議若何結果尚不敢預爲决定理合謹就意見所及謄議大略陳請鑒核示遵

呈　總所關於撤換河薩兩卡按照所令丁節辦理一案華助理員意見書九年四月三十四日

敬肅者關于職局前請撤換河薩兩卡按照鈞令二百零一號丁節辦理一案前經職員等雙方請示尚未奉有核示茲職局洋助理員又有本月二十一日第四零八號呈擬請將原定丁項人員改照乙項辦理職員對於該呈所主張之辦法因有種種不合法令妨碍事實之情形實不能表具同意茲謹糾正如下

一　關於此案職局洋助理員所主張係以收稅責任爲前提不知正因職局對於收稅應負責任故鈞所前定分局以下之兼收稅款人員（即各卡卡員）列入丁項應由職局會同管理得以施其撤換之權但所謂會同管理者至於監督撤換而止（口北亦係祇行監督尚未涉及撤換）至任免遷調則仍在於權局蓋此項人員既名爲兼收稅欵則其本職尚有應負之責任（如鍋產運銷及一切行政緝私事宜）勢不能剷除權運局任免之權而使失其用人行政之主旨若謂對於前項之人員不能施以選擇即不受措施管理則管理爲一事而選擇又爲一事撤換之權既操之於職局則對於權局委派人員果有不能

管理者儘可隨時提出予以撤換今對於管理之法毫無規定而一唯用人權限是爭甚至已定之案亦
思變更則是否事爲稅款抑有他意應請 總會辦加以注意
二關於兼任收稅事宜之人員一語洋助理員以爲可包括分卡在內現經詳譯原文正用分局分卡皆
爲兼任收稅事宜之人員而其職權之輕重階級之高下不能不有區別故分爲乙丁兩段言之再細繹
鈞所二百零一號令函前列甲乙丙三段皆指分局後列丁段一節則指分卡在原文甲丙二段內已提
明不兼收稅之分局如何辦法則乙段之兼收稅員爲分局一級中之兼收稅款人員無疑且關於晉北
收稅局設立之始鈞所 總會辦會規定分局之收數多者設專任收稅員收數少者設兼任收稅員其兼
任收稅員應由鈞所加委等語今乙段所指人員訂有加委辦法而丁段無之則亦足徵乙段係爲專指
分局之證至丁段人員所謂分局以下者如文牘書記固不管收稅事宜而兼收稅款之由分局管理者
只有分卡又其階級在分局以下勢不能與各區分局長並列故對於此項人員不再訂以加委之法
總會辦苦心分晰其意甚明似無所用其誤會亦不能再加他種解釋致使明令規定之法律失其效又職
局暨榷運局所屬人員於上年五月以後已爲三度之劃分第一次包北路立兩收稅員第二次磴口設
立查驗員均從各榷運分局所屬人員中劃出若干歸由職局所屬人員自行僱用第三次則於呈請劃
分管理人員案內將各分局之人員性質按照口北定章劃分清楚由華助理員列表呈核請查職局上

年五月二十八日第一七四號九月二十日第二四七號十月十六日第二五九號各呈即知現在各分局以下榷運局專屬人員已屬無多而除卡員外亦實無兼收稅欵應由職局會同管理之員三對於各局卡收稅人員以收數多寡比較一層職員以爲亦有誤會查晋局辦法分卡屬於分局分局屬於職局（指稅務之隸屬言）故分卡收數不能不責之分局分局收數不能不責之職局亦即分卡收數不能不作爲分局收數分局收數不能不作爲職局收數今必片片而析銖銖而計以分卡估收數若干分局估收數若干使之各個獨立不相統轄已屬錯誤至謂職局所能施以有效力之管轄者僅在包北兩收稅員及陝北新設收稅各局之人員一節尤屬誤會現今無論何局卡凡稅務事宜無不隸於職局若謂不能施以有效力之管轄則不知是否不能管轄抑或不願管轄如謂不能則分局必須同意委派分卡可以施行撤換似所謂不能者已屬不成問題若謂不願則必如何而後願之是否必須各局卡皆設專任收稅員今職局對於晋省收入不能增多而適提議此層則亦耗國家經費與減少借款利息之收入而已其爲萬不可行殆無疑義又按其第三段內稱華洋助理員之權限僅能施於中南兩路及磧口三分局之局員則已認中南兩路及磧口一局確爲權限之所及何以二段乃謂華洋助理員能施有効力之管轄者僅爲包北兩收稅員及楡林新設之收稅員則其自相予盾不辯自明今姑不論而以收數及分局駐紮之地言之如該呈謂收稅員或兼收稅員所征收者大同一局僅佔北路百分之一五

零中路一局佔該局全部百分之十又七一南路一局佔該局百分之二十一又九二礦口一局佔該局百分之七十八又零七各等語此係駐紮地點之應修正者與管理人員一節亦無干涉今查北路一局就八年收數而以岱岳爲最中路一局以清源爲最南路平遙與祁縣相差不遠礦口各卡無一及該局收數之多者若以收數較多之處應用職局委派或加委人員爲言則中路兼收稅員可移駐於清源所收稅款可佔全部百分之六二南路一局移駐於祁縣所收稅款可佔全部百分之三二而北路移駐於岱岳所收稅款亦可佔全部百分之六三如此辦理則於事實便利甚鉅且可得加意管理各產地之稅收而經費亦無所增加似較舊制及改章均爲愈也其實各分局兼稅人員直接收稅之區雖僅一部分而其他各卡對於收稅事宜亦無不經其直接管轄耳譬如職局對於晉北全部稅款亦不過監督各收稅員及兼收稅員分別征稅而已豈能由職等自往各鄉各村向各該鍋戶手取稅款方得謂爲直接征收乎

四考之法令規定既如彼而徵之現在情形又如此則所謂分卡人員應改爲乙項辦理者已屬不成問題然職員尤竊有慮者則於上述兩項外尚有事實窒礙問題今中國政府官制以職位之高卑爲等級以薪祿之厚薄爲階級非爲徒騖虛名亦實爲便於管理起見若使分卡分局同一委派辦法則分卡不受分局統轄而分局無指揮分卡之權又使分卡亦得稱爲乙項之兼收稅員則與分局可以抗禮必其

辦事體制與各該卡經費皆以分局爲例而後可否則官制紊亂復何從而施以統馭之效力且既將原文丁項人員併於乙項則丁項條文或須删改如須删改則揆諸當時訂立此條之意義更將何解而法令又焉可屢變不獨此也今職局對於中南路兼收稅員呈請加委一事已奉　鈞所二五二號函飭知此項人員無須發給委任狀此係分局人員在　鈞所已認爲無須加委甯有對於分卡反須加委之理且履不可加於首指不可大於踵分局分卡之應有兩種規定此乃行政統系而各省之通例非稅務方面所應談及之事今職局惟有就稅收方面如何整頓及對於兼收稅款人員如何施其依法之管理是爲要務亦即職等任務內所應盡之責任若徒於委任下級人員之權齗齗爭執殊非職員所敢贊同且職局自上年二月以來關於管理人員辦法早有鈞令規定並奉示應照口北辦理乃一再不能依法舉辦以致有上年九月華洋助理員各自呈請之舉今此案幸已有二百零一號　鈞令明白規定証之迭函不啻三令五申職員竊以爲此後職等對於此案惟應奉行不應再有爭執並不應再強爲解釋違反鈞令致使總會辦已定之案屢次變更而失　鈞所之威信是否有當伏候　示遵

呈　總所關於更調人員權限及保結保証金一案華助理員意見書九年五月十二日

敬肅者竊關於權運局方面更調人員一案職局洋助理員已于上月二十日第四百零九號呈陳報鈞所其時職局察核所報各節多未徵實即經一面與洋助理員商酌擬先函請權運局查明實在情形

答復理由一面考核翔實或與榷運局擬定方法再行呈報惟職員入微言輕不足以回洋助理員之聽祇得聽其簽發並於同日短公函聲明另有確實情形具報　鈞所以期秉公解决在案

(二)關於四百零九號呈所引　鈞所上年二月十三日第六十五號函暨本年一月七日第二百零一號各項辦法業已擇要敘訹職員無庸再贅惟第二段所云榷運局概未照章辦理暨職局管理各收稅卡權限並無效力各節職員諮之事實有未敢以爲確實者茲謹爲鈞所縷晰陳之

(三)伏讀　鈞所上年二月十三月第六十五號函所云嗣後所有各處之坨務員分銷局局員兼理收稅事宜之人員由榷運局長委派後即認爲此項人員一經委派除非辦事不力或品行不端不得調換是所謂委派者指榷運局而言所謂不得調換者指收稅局而言收稅局既不得調換則調換之權惟有操之榷局即或有品行不端辦事不力之人員在收稅局以爲必須調換者亦應函請榷局辦理而職局華洋助理員亦儘可施其範圍內固有之權限遇有應行撤換之員即行函請榷局照辦一面呈報　鈞所如八年份何口局之馬建功楡次卡之汪文開九年份河藴兩卡之卡員榷局均經照辦並無異議至於派委人員之後遇有交替非經榷運局長証明鹽斤款項無虧不得離開差所如未証明則應由榷運局長負責是項規則定在職局方面既足盡其考核之權局榷方面亦得盡其用人之責是又兩不相妨而可並行不悖者在榷運局方面如對於所換之人員不能証其鹽斤欵項是否無虧而又不能負責是

爲榷運局之咎若証其鹽斤欵項無虧或雖未証明而榷局已願負責則榷運局不得謂爲違法

（四）關於各收稅卡人員之姓名履歷應否送交職局及其保結保証金應否隨時具繳兩層前一節並無明文規定竊以爲在榷運局按期彙送則可而隨時具送則亦有所不能着榷局呈報鹽務署之件亦係按半年彙送一次並未逐員隨送致涉煩瑣而對於職局自屬有所不能現查上年九月以前之更換人員表册業於九月十二月第二四六號函送交職局其本年正月以來之册現亦正在繕送且此項人員有報簽名可查而保結保証金之送到又隨時附有正式函件保結之內均載有各該員姓名年歲職司似不得謂之不知姓氏後一節則各局卡具繳後榷局均係按時函送職局並無貽誤其中有措繳之困難以及審查之周折有不能不寬以時日者此則又當別論　（其詳見後）

（五）關於前項保結保証金之措繳以及榷局方面更動人員之數目職員以爲此中實在情形與洋助理員所報告者殊覺大相逕庭榷運局方面委派人員之事自奉　鈞所上年二月十二日六號及二月十八日六八號函無不欲遵照　鈞令辦理因職局洋助理員屢欲變更定案以致不能解決此項情形曾於職員上年九月二十日第二百四十七號呈內報明　鈞所是正式通知一層在職局洋助理員未經承認　鈞所命令爲有效及兩函辦法未有最終解決以前不能責榷局以必須遵辦職局前呈列自八年一月計算殊爲錯誤然即以八年一月而論洋助理員所列表內雖有分局卡五十四處而就榷運

局成案一爲細核覺所謂曾經更調者只有三十人而此三十人中所謂辦事不力撤差改委者只有三人辭職免委者只有一人由分局呈請互調者亦只有二十六人而已此互調二十六人乃係由權運局在所屬區城之內察看情形爲便利辦事考核成績起見各擇其人地相宜互相對調俾得收整理之效與所謂品行不端辦事不力撤差另委者殊屬有別其餘表列各員則皆分局因權局所派人員尙未到差而前任已經交卸或因互相對調至有先後未能同時交接不能不臨時派代者此亦照例應有之事自不能作爲更動人員計算但無論如何更動權運局方面均有理由並非無故遷調況其爲少數之人而又爲力求整頓起見自無反對之必要乃職局前呈以爲更調之員不可勝計甚至將派委之包北兩收稅員如景學鉞沈文廟二人亦均列入權運局更動人員表內殊爲失實今已由職員查明權運局成案另列詳表呈核保結保証金照章各員須於五日內送由權運局轉交職局惟晉省地方偏僻往往覓保爲難而原章第四條又有殷實舖戶方准作保之文第七條又有權運局長須承認保人合格方可將保單轉送職局之語地址既經寬泛(如原章所指之本省鄰省各大城鎭)則保人必無定居限制既極謹嚴(如原章須權運局長加簽承認一節)則審查亦必費時當此案初定之時有以鄰省本省舖戶保結並送者權運局本擬派員調查因職局不肯簽發經費以致惟有函詢各地方官署或商會請其代爲查詢而各地方官及商會對於此事初不認爲應負責任辦理不能迅速而權局須負簽字認可之責又

不能不俟查復漫然函送此不能如期辦到之原因亦實訂章之始未能詳籌之所致現查権局方面所屬兼收稅款人員其送到保結保征金已有若干餘亦均在審查並非延擱不辦今附列一表查核應請詳細核對即諗知洋助理員前呈之誤

（六）關於更調人員以及派委暫代等事職局以爲此案惟有遵照　鈞令由権運局辦理而職局不宜干涉者尤有特別原因蓋用人一節首重人地相宜稍有違誤即生弊端不獨紊亂行政統系已也権運局既係代表鹽務行政則委派人員一事自應歸其完全主持如果用人不當辦事不力職局聲叙理由原可要求撤換雖無委派之權實有懲戒之實洋助理員乃執持管理權限以相爭執不知管理爲一事而更調委派又爲一事管理在平日而更調撤換在一時凡卡員自任事日起至交卸日止在職局均得施其管理之權若竟放棄不問其咎誰屬若徒務於更調撤換而不知平時管理則用人如奕棋亦惟開倖進之門而長爭權之路而已於稅收何屬毫無裨益且職局對於各收稅員及兼收稅員應切實管理之事不知凡幾如收稅之整頓辦事之改良旬月各報之考核各員勤惰之注意均屬職局範圍以內之事今皆一概無暇顧及而一唯用人權限是爭職員百思不得其解至如各員收稅之數目不能如洋助理員之分析職員前呈已詳晰言之然尚有未盡之義須再呈明總會辦者凡各卡員之職務既有兼管收稅之一種責任則所謂收稅之事即屬職局之事凡經権局委任之兼收稅卡員何一非職局兩助理員

管轄範圍之內則何一卡員所收之欵不得以爲職局兩助理員所收若必銖析寸計以爲未得管理完備即收款亦不承認則應先求晋北收數之增多而後得以設立專任收稅員司使得澈底劃分方可滿意否則一日不能增籌經費則一日此舉不能見諸事實此爲萬不可能之事而易言之輕重失序而已(七)觀於以上各節所應詳爲研究者(一)委派人員係屬榷局之事乃遵照 鈞所命令辦理(二)所謂除非品行不端辦事不力不能調換者乃榷局所應奉行而此外亦有不宜種種特別事故應准完全主持(三)職局遇有見爲應行撤換之員亦應援照 鈞令函請榷運局辦理而不應無故加以干涉(四)榷局對於職局提出應撤人員各有理由並未嘗加以反對(五)八年分榷局更動人員並不如前呈所列如是之多應請照現呈所列之表核定之以徵確定(六)即無論更動如何按照定章亦均榷局權限且亦各具理由(七)榷局早未通知更動人員一事確因職局對於 鈞令未允遵行之故嗣已確有按半年通知一次之名册且係按照呈報 鹽務署辦法辦理勢不能再爲錯誤(八)保結保証金榷運局多已函送職局保結尙在審查者不久亦可抄送而其所以遲滯之原因尤別有在若不解除困難則此後無論如何辦理均難得有效果(九)管理與撤委人員確無干係而管理應盡之責亦別有在(十)各卡收數之多寡乃係地點問題而非卡員之不隸屬問題且卡員亦無不兼隸於職局者(十一)証明鹽斤稅欵一事榷局如願負責似不得指稱榷局違法(十二)管理與委派既屬兩事則所謂管理

人員竟無效力者是管理方法尚未竭力施行而不應再於管理之外別求未經核定之用人權限
入由此觀察則前發四百零八號呈業已無當事實而藉以爲乙丁兩項之爭又藉以請求變更　鈞所
成法其果有當於　鈞所整頓稅收之宗旨與否職員姑不具論而但就事理及此案情形言之姑奉明
令以劃分人員爲定洋助理員既不願遵令劃分繼奉　令函以口北辦法爲喻而職局又未遵照口北
辦法規定一切嗣又呈奉　明令有本年一月甲乙丙丁戊五條之規定而因一段乙段兩字之誤會又
有四百零八號之一呈擬求變更原案尤可異者則職局關於河薩兩卡一案華洋助理員會同簽字之
原呈亦係請照丁項辦理乃未幾何時而丁項之命意取消而請求變更法律之呈函又現事至如此其
爲有合於理論與否職員不敢言之惟求　總會辦秉公解決可耳職員管見如是惟欲遵照法令辦理不
敢冺　鈞所命令意義之外稍有請求尚祈　總會辦詳加察核仍照定案核斷飭知則此後辦事可免無
限紛爭而稅務亦得認眞整理實深欣幸至關於保結保証金屢催不到如無特別理由者應函榷運局
予以斥革此節職員亦深贊同合併聲明謹呈

呈　總所關於南路局局員戴國璜被控一案華助理員意見書九年八月九日

敬肅者竊關於職局洋助理員呈復案奉　鈞所飭查南路分局局員戴國璜被人控告一案職員因另
有應述之意見未能表具同意業於上月二十七日以短公函呈報在案茲將關於此案職員所具意見

爲鈞所詳晰陳之

一關於此案之研究趙永常等原稟係九年一月二十五日向職局洋助理員寄遞有稟尾原註年月已可查（此稟已於職局第三百六十一號函內附呈在案）其稟內附粘之驗訖小票所註日期則係九年一月二十八日（此票亦經隨函附呈）就日期上推究具稟尚在未經給票以前則其原稟所叙事實從何根據就驗訖票上推究既爲南路分局所發給不當在具稟之後則其日期與原稟倒置且稟內稱係九月給與而票註九年一月亦有歧異究竟此項小票是否該分局曾經發給與控訴人抑該控訴人實未常與分局交接而從他處尋得此項一張驗訖小票藉以具控此可疑之點一此項小票上驗訖字樣係用大字刷印殊無塡寫收欵之地位查閱原稟粘呈之驗訖小票所塡收洋數目及年月日亦係兩種筆跡非一時一手所書寫究竟給票者爲何人而附註收洋者又爲何人其洋之是否即爲發票之人所收此可疑之點二趙永常等原稟既屬郵寄到局稟內未叙住址但於封套上面寫有平遙三盛店字樣經洋助理員寄致復函旋由郵局退回註明平遙三盛鹽店轉交之住址無從投遞究竟該具稟人之姓名是否與原稟及封面相符抑係此外別有主動人在此可疑之點三該分局答復原呈（其全文連同原附驗訖小票等件已於此次洋助理員函內附送）據稱爲南關鎭係沁源等縣走私要道曾接據各商聲請故派馬巡一名前往駐緝因該處騾駝過往較多是以發給加蓋鈐記之驗訖小票俾於驗明稅

票牌照後粘貼鞍上放行以免無票照之驟駝混過並不需索分文等語既不索取分文何以該商等又控其收費所控原禀中既指明爲查驗費該具禀人初無下落無從來局聲明而洋助理員呈報中何以又將查驗費改稱爲未核准之税款究竟是否抽收抑或未收暨收之是否爲查驗費抑係税欵如爲行用小票而不具報或藉查驗小票而收費則係行政處分倘爲未核准之税款則爲私自收税其過失爲較重二者從何而定此可疑之點四有此以上四層均爲案中緊要關鍵凡此案之應否受理及受理後應如何處分均須於此四層中推測之也

二職局辦理此事之手續亦有應討論者一按照中國政府頒行之公文程式凡訴訟呈禀均須有舖保住址原具人簽押及粘貼印花以重法令否則不應收受二若經收受則原告列名之若干人及封面所載之發信者均應傳到備質以昭實在三　鈞所頒行之一一五號通函係屬專指職局之人員控案辦法又一四五號通函則指兼屬榷税兩局之人員控案辦法此兩函性質雖不相同然一一五號通函第一條則稱應先知照被控人於二十四小時内答復方可提議辦法呈請核奪第四條又稱所控各節如指明事實者則應從速調查惟關於匿名之指控則應置之不理與一四五號通函之末節規定相同南路局爲職局所屬之兼收税員又爲榷運局委派之分局局員則按以上兩函性質似均應先事調查或會商榷運局方可處理今職局辦理此案洋助理員所收受之呈禀並無住址舖保該原具禀人又未親

來投遞既不詳加研究如何處理亦未遵照鈞所兩次通函所指之辦法先事調查而遽呈請核辦其誤一迨奉　鈞令第二百四十五號指明應照民國五年之一一五號通函辦理同時權運局奉到　鹽務署令局前因經於本年三月二十四二十七三十一及四月二十六等日以一百二十一百二十一及一百二十六一百六十九號公函先後函請職局查明原具禀人之地址會同調查屢商不復以致權運局無從會查其誤二權運局方面因職局延不答復己逕行派員往查職局既未會同派員而同時又發見郵局退回洋助理員之復函驗知三盛鹽店無此舖戶則應否作匿名論抑或視爲情節較重及所控係指明事實者仍應追究其他主名及徵實此事之眞相以期論定亦是辦法乃又不加討論遽以洋助理員啓行在節率就所控原呈暨被控人之答復參加意見並報並權運局之單獨行查亦不俟見復其誤三呈報之時經職員商以驗票一層該員案己承認如僅照此議處自可結束但尙有收費情事是否確實必須再查方可斷定而原具禀人之有無亦實足爲此案之要鍵倘以爲原告畏罪不願披露姓名固屬有之若以爲此案除小票一節外餘均未能徵實故原告不敢逕自出面則亦未必不在意想之中凡事須憑公理論斷於所未知或未能證實者亦應暫付闕如抑或再行切查如原呈所云該員似曾定有一種凡有稅票之鹽斤皆須領有牌照方准放行之規例等語皆屬意想之詞似未可以此遽入人罪且長官之於屬吏辦事尤宜平心凡遇有未能徵實之事固不可代爲辯護而亦不必爲深文周內以個人

好惡爲愛憎庶幾可得其平以上各語洋助理員未能許可且不願華助理員於該呈文中參加意見是以職員未能會簽至該呈末尾所叙之一段謂禁止行用未經署所核定之單照一節職員則深予贊同但晉北境内凡屬已奉署所規定有案之各單照外權運局方面本有不准行用之文且屢有嚴令不准各該局私立名目以淆耳目今南路局之自刊驗票未據呈報係屬例外祇因此通行各局卡重申禁令已足職員以爲此事可逕由職局會同權運局循案辦理（現已由權局方面另行專案佈告）初非特別應辦之件固不欲鄭重其辭上煩署所也

三關於此案之論定究宜如何辦理職員此時亦未敢遽以意斷蓋如果以設立查驗小票而不具報立論則該員之處分爲較輕倘實有籍票收費情事或所收又如洋助理員所言係屬未經核准之稅款則其情節又逐節而重其咎應按層遞加或非職局暨權運局方面所能處理尚須函交地方官法庭追究其結果初無一定惟視該案之情節輕重而斷而控告人二十九名是否均實抑或有其他嫌疑尚須查究者則又此中之附屬問題此雙方之眞相均須披露者職員以爲非派員確查無從加以定斷今權運局方面派員業已出發職局是否應須會同派往應請

總會辦迅予示遵職員非必對於此案不願與洋助理員同意但因關於控訴案件虚實均應徹究不能以私意論斷以期力昭公允至南路局局員現因收數甚絀經權運局嚴行申斥已擬向權稅兩局請假由

文交卡卡員暫行代理於七月十日經職等會同榷運局電飭照准有案合併聲明謹呈

《山西文華》編纂委員會 編

山西文華·史料編

清鹽法志·河東（外一種）

第四册

民國 鹽務署◎編

山西出版傳媒集團
三晋出版社

山西文華

晋北治鹾録

晉北治鹾録　徐翩署

壹

例言

一本篇係就翮任晋北榷運期内歷年經過之政況凡詳見公牘者裒集成帙用便尋閲故以六年九月至九年八月爲起訖

一本篇類别爲四一呈文二令文三函件四附錄

一本篇均以年月先後爲序

一本篇文件凡關於晋北情形鹽政沿革足資研究者撮拾付印其日行公牘概屏弗錄

呈文目録

呈山西督軍兼省長奉發密查忻縣鹽務情形開摺分別具復文六年十二月二十八日

呈山西督軍兼省長奸商恃衆橫行刼回私犯兇毆巡勇仰祈鑒核嚴懲文七年一月十二日

呈鹽務署晉省發生疫症文報阻滯鹽車隔絕各情形暨本局籌辦防疫事宜仰祈鑒核文七年二月十六日

呈鹽務署平定九縣蘆鹽開放酌擬註册章程各項單式暨查驗機關組織經費大綱文七年三月一日

呈鹽務署隰大永等縣鹽務現據函辭代辦業經派員調查預備接收文七年三月四日

呈鹽務署遵令辦理實行開放平定九縣蘆鹽情形具報鑒核並懇續頒運照文七年四月十八日

呈鹽務署北路包鎮磧口三局緝私餉額不敷擬請酌加文七年四月二十二日

呈鹽務署查明溥利公司收硝辦法妨碍鹽務擬具說略呈核文七年四月二十七日

呈鹽務署晉北鹽欵錯雜糾紛詳晰分劃擬具辦法文七年五月二日

呈鹽務署商銷蘆鹽有關民食比額擬飭按月報告以資考核謹擬辦法呈核文七年五月四日

呈鹽務署呈送續租吉蘭泰鹽湖正式合同文七年五月六日

呈鹽務署呈復磧口局六年十一月十二日運費相差原因開摺請核文七年五月十三日

呈鹽務署六年三月以前攤增成本之鹽將次售罄接售新鹽可否仍照舊價並七年湖租不再攤增請核示文七年六月二十九日

呈鹽務署陳明會商蘆鹽輸入磧口區内辦法及税局擬請開放情形文八年三月十二日

呈鹽務署遵令嚴定各分局解欵期限並懲處各辦法文八年三月十七日

呈鹽務署奉令包頭下游停止官運並磴口建倉付現各節分別擬議辦法呈請核示文八年三月二十五日

呈鹽務署奉令會議稽查硝商夾帶私鹽辦法文八年三月二十九日

呈鹽務署口北蒙白等鹽不用奉頒税單行銷入晉恐滋流弊文八年三月三十一日

呈鹽務署土鹽改定征税辦法請咨商省長飭縣示諭文八年四月十八日

呈鹽務署奉令准以陝西綏德各縣劃歸晉北收税局直接管理一案遵照籌議文八年四月二十七日

呈鹽務署報明裁撤陽泉掣驗局結束情形暨臨時收支各欵開單請示文八年五月七日

呈鹽務署奉令籌辦綏德各縣鹽務劃歸晉北管理一案先將電詢大概情形呈請鑒核文八年五月十日

呈鹽務署中南兩路土鹽改征税則最近情形文八年五月二十三日

呈鹽務署據中路局呈土鹽改章奉省長令飭業經咨請緩辦文八年五月三十日

呈鹽務署遵令查明官運墊欵擬議撥還辦法文八年六月十二日

呈鹽務署總所飭改預算辦理爲難據實呈請核示文八年六月十五日

呈鹽務署轉呈中南兩路土鹽一律停熬情形文八年六月十八日

呈鹽務署花鹽私銷陝境影響磧局收數擬先行派員赴榆試辦請核示文八年九月九日

呈山西督軍報明總所派委華洋人員調查陝蒙晉鹽務入境出境時期請飭屬保護文八年九月十九日

呈鹽務署榆綏鹽務廢弛呈請查明前呈迅由磧局派員試辦文八年九月二十二日

呈鹽務署報明總所特派員擬議劃分員司案辦法敬陳管見文八年九月二十五日

呈鹽務署磴口裁局建倉改歸商運各節遵令擬議辦法請核示文八年十月十三日

呈鹽務署准稅局函請收買廢鍋酌擬取締鍋戶根本辦法請核示文八年十月二十八日

呈鹽務署擬在陽泉添設分卡兼管壽陽牌照擬具預算清摺呈請核示文八年十一月十日

呈鹽務署土鹽各局仿用長蘆現行單照尚有困難擬請暫用舊式稅票呈請核示文八年十一月十四日

呈鹽務署包局改秤虧短擬將存鹽統盤折算並照各省保結滷耗辦法請核示文八年十二月八日

呈山西省長遵令查復懷仁卡員在左雲地方補稅罰欵情形文八年十二月十二日

呈鹽務署遵令與收稅局議定晉屬淹消鹽斤調查報告辦法文八年十二月十九日

呈鹽務署會商稅局議將河口分局及石子灣卡先行裁撤東西卡分設兩員併歸包局管轄文

八年十二月二十三日

呈鹽務署調查中南兩路鍋口以備收買業經派員會同稅局出發報乞鑒核文九年一月十七日

呈山西省長遵令將河曲縣電呈私鹽處罰情形詳加核議録案呈復文九年一月十九日

呈鹽務署税局藉總所函轉各分局皆得代收包鎮鹽税一案擬飭包鎮鹽價亦由税員經收違反定章擬請提商更正文九年一月二十三日

呈鹽務署遵令核議牌照爲稽查根據碍難取消並未便由郵局發行擬減輕照費用恤商艱文九年一月二十七日

呈鹽務署榆綏設局政税應同時成立擬請將組織全案迅予行知並懇提商總所將鹽收税員由職局照章請委以重主權文九年二月二十四日

呈鹽務署北路扣留蒙鹽現由總所另議辦法擬懇即予提商以資解決文九年三月三日

呈鹽務署擬定行運陝北鹽斤放運聯單暨驗照樣本呈請核定文九年三月四日

呈鹽務署税局洋員擬將河蓙另委卡員轉請總所加委實與原案不符懇祈俯察提商迅行轉飭該局遵照前令辦理文九年三月十五日

呈鹽務署奉令抄發總所編成比較表列各數與職局底册不符並詳陳八年份税收短絀原因暨擬另籌改良整頓辦法文九年三月二十三日

呈鹽務署議復綏魯兩員條陳晋北鹽務改章一案仰祈鑒核示遵文九年四月七日

令文目錄

指令忻定總卡呈報扣留青鹽情形仰切實根究具報文六年十月十七日

訓令各局卡務將旬報詳細塡送文六年十一月二十五日

指令忻定總卡呈報脚戶王占魁鹽單不符仰先行封存另候飭遵文六年十二月六日

訓令調查員左炳南調查忻定運鹽逾期罰辦一案逐條密查酌議辦法具復文六年十二月二十四日

訓令忻定總卡脚戶王占魁鹽單不符有無流弊迅速查報文六年十二月二十七日

指令河曲倉呈復電查王占魁鹽單不符一案仰將塡票員撤換並候行查文六年十二月二十七日

訓令北路局據渾源自治會呈卡員違章濫罰速即查復文六年十二月二十九日

訓令邢殿魁澈查渾源卡違章濫罰一案具報文六年十二月三十一日

指令忻定總卡呈復北鹽借用忻票一案仰酌量處罰具報文七年一月十九日

指令忻定總卡呈報鹽票不符一案仰妥愼辦理並擬議辦法呈核文七年一月二十五日

訓令各局倉依限造送月報文七年一月二十八日

訓令各分局廠規定存解各欵辦法通行遵辦文七年二月八日

訓令中南北路等局將貼用印花稅票核議劃淸界限辦法文七年二月八日

訓令中南路局忻定總卡忻縣鹽務一案呈奉省署指令轉行籌擬肅淸鍋私辦法文七年二月九日

五

指令忻定總卡呈報源義生借票一案經本局核定辦法仰遵辦具復文七年二月十六日

訓令各局倉廠旬報添造副表一分同送備核文七年三月八日

指令忻定總卡呈復鍋戶稅票交給商店持運一案仰調查明確具復核奪文七年三月八日

指令中路分局擬具肅清鍋私辦法仰仍遵照前令另擬呈核文七年三月十三日

訓令南路局按照發交單摺將鍋私等情弊逐案查復文七年三月十六日

指令忻定總卡呈復征稅辦法一案仰遵指飭各節切實籌擬呈核文七年三月十七日

訓令北路分局渾源自治會呈卡員違章勒罰案已奉省署指令免議文七年三月十九日

訓令各分局另欵旬報單列表册分文呈送文七年四月四日

訓令各局倉廠關於密呈事件辦法文七年五月一日

訓令各局倉應將旬報表內支出細數分晰聲叙文七年六月十九日

訓令各局卡無照鍋口應即沒收充公並發布告文七年六月二十二日

指令中路分局轉呈忻定總卡征稅情形一案仰轉飭該卡勒限鍋戶換領鍋照文七年六月二十二日

訓令包磧河口各局議復蒙鹽加稅是否可行文七年六月三十日

指令磧口局呈報陜軍勒抽鹽厘扣查行船妨碍稅收一案仰妥議辦法呈候核轉文七年七月十四日

指令包鎭局轉呈隆卡卡員呈擬整頓該卡緝務暨增進稅收辦法文七年八月三日

指令包鎭分局轉呈河西支局委員呈擬整頓白鹽辦法仰督飭進行文七年八月三日

訓令各局既據查無勒令商民重貼印花情事應聽商民購領不必顯分區別文七年八月十九日

訓令各局塡送鍋産調查表文七年八月二十九日

指令南路分局摺呈調查各縣狀况暨考核員司籌擬整頓一案仰遵指飭各節分別辦理文七年九月九日

訓令磧口河口兩局催議蒙鹽加稅文七年九月十二日

訓令各局倉按月掃解正欵文七年九月二十六日

訓令各分局及陽泉石莊兩查驗處遵照經費預算支領勿稍超越文七年十月三日

訓令各分局倉關於解欵應併報本局查核文七年十二月二日

訓令包磧各局准稅局函詢官運帳目飭即開單送轉文七年十二月二十八日

訓令中南路分局議復北路局所呈維持運銷各節是否可行文八年一月五日

指令包頭分局呈復前任蒙鹽賬目委難着手一案仰仍遵前令照塡具復文八年二十日

指令包鎭分局呈復蒙鹽細帳委難倉卒照塡一案仰仍遵前令補造呈送文八年二月二十三日

訓令各分局規定解欵期限文八年三月二十日

訓令各局照章繳保証金及保結文八年四月三日

指令河口分局呈送稅局函詢各節核與事實不符仰遵前令重造送核文八年四月二十七日

訓令包頭分局催造官運賬目文八年四月二十七日

訓令各分局另擬解款期限並懲處辦法文八年五月八日

訓令北路等局據請維持運銷一案核定辦法飭遵文八年六月十四日

指令磧口分局呈送七年四月起至十二月止官運賬目核與前令不符仰重造送核文八年六月二十二日

訓令包磧等局准稅局函奉總所飭辦蒙鹽運銷各項帳日速即呈報文八年七月二日

指令南路分局呈擬變通收稅辦法核與定章違背礙難照准文八年八月三十一日

訓令中南路兩分局發還欵業鍋照費須先詳開清單送核文八年九月二十三日

訓令南路忻定支局該屬七月分仍無收數各記大過示懲文八年十月三日

訓令包磧河口北中南路各局月報並牌照冊逾期不到限期造送文八年十一月八日

訓令中南路分局領照售賣蒙土鹽商兼售蘆鹽得於照上添註不必另領牌照文八年十一月八日

指令磧口分局轉呈鹽商三益恒等請分別等級限制銷數一案仰將解釋各節傳諭遵辦文八年十一月十六日

指令磧口分局呈請解釋改用准單運照後鹽斤運銷疑義文八年十二月二日

訓令中路調查員林中行劉光沂會同稅局委員調查鍋口文九年一月十一日

指令包頭廠員呈請盤倉一案仰逕商局員暨收稅員妥籌辦理文九年三月八日

訓令榆林分局榆林等處管理行政收稅各辦法文九年三月十五日

訓令包頭分局湖鹽改由蒙旗包銷納稅是否可行籌議具復文九年四月十二日

訓令包頭北路分局行知開放蘆鹽區域界線文九年四月二十七日

訓令各分局換領鍋照務各繳舊換新開摺呈繳舊照毋得遺漏自本月起一體照辦文九年四月三十日

訓令榆林分局令飭榆林道尹征收駝捐案應將詳情查復並擬陳辦法以憑核奪文九年五月十二日

訓令南路分局令知署所欲將晉北南部推銷潞鹽其中應如何取締規定方免流弊仰查照前後各令
迅即詳查妥議具復文九年七月十二日

訓令各分局河曲倉奉署令牌照費一律改爲大洋五角令自文到之日起實行先就舊照加戳發用俟新照印
發換給文九年七月十五日

訓令包頭局令知包頭存鹽售罄後改由磴口放鹽稅率增爲二元附發布告並令包局將添設鹽巡案
擬陳辦法文九年八月二十八日

函件目錄

七

呈鹽務署長時逢災變銷數短額援照條例請賜核奪摺七年二月十八日

復收税局鍋戸未領鍋照應將鍋口没收充公一案業遵署令公佈函七年六月二十二日

呈鹽務署長九縣以外行銷土蒙各鹽地點均難遽准開放函七年八月十日六

呈鹽務署長審察晋局鹺務情形將應行提議各端開陳摺八年一月

致河東鹽運使請取締潞鹽行銷晋北南路函八年一月二十二日

致收税局請將官運項下墊解之二萬一千元劃撥磴局濟用函八年五月一日

呈鹽務署長中南兩路土鹽改章鍋戸要求免予實行擬暫緩取締土鹽函八年五月二十九日

復收税局請開送蒙鹽運銷各項帳目碍難照辦函八年七月三十日

致收税局請轉呈總所取締口北土蒙各鹽侵入晋北函八年九月三日

致各分局整頓税收顧全比較函八年十一月十七日

致花定榷運局據司排長電稱巡隊人數槍數李營長未曾照數交足應請轉飭該營長補交函八年十一月十八日

復收税局遇有損失案件由分局就近通知收税員等勘報不必再令巡報函八年十一月二十一日

復收税局磴局如果停止挖䭾湖租虚擲必虧鹽本函八年十一月三十日

致中南路各縣知事派員調查中南路鍋口請出示曉諭函九年一月三日

致收稅局北路扣留鹽斤如無稅票仍屬違章已電飭北路局查復再行核辦函九年二月十一日

致口北蒙鹽局同局所扣鹽斤現由總所另議辦法本局亦呈請核示函九年三月九日

致山西政務廳關於整頓土鹽案抄送總所原文煩轉呈採明意旨見復以便正式呈請函九年四月十四日

致收稅局關於口北行用改訂運單一案業已令飭北路局遵照惟收稅員應如何查報對於分局如何知照各節希即見復函九年七月十五日

呈山西督軍報告奉電入京會議各案情形摺九年七月十五日

致河東運使奉令推銷潞鹽請將護運單照式樣抄示並須由本屬過驗局卡截回註銷暨爲兼籌鍋戶生計起見以武鄉等三縣爲限函九年七月二十九日

致收稅局未准答復各案查有數十起稅洋員請假貴局如何辦理迅請見復函九年八月二日

附録目録

呈總所關於繆魯兩員報告包磴官運一案華助理員意見書九年二月十四日

呈總所關於發用牌照一案華助理員意見書九年二月十九日

呈總所關於中南兩路土鹽消滅一案華助理員意見書九年四月七日

呈總所關於撤換河薩兩卡按照所令丁節辦理一案華助理員意見書九年四月二十四日

呈總所關於更調人員權限及保結保征金一案華助理員意見書九年五月十二日

呈總所關於南路局局員戴國璜被控一案華助理員意見書九年八月九日

呈文類 六年份

呈　鹽務署籌擬整頓晉北鹽務大概辦法文 六年九月三十日

呈爲籌設整頓晉北鹽務大概辦法預陳　鑒核仰祈　示遵事竊維鹽務辦法經緯萬端要其大綱不外產運銷三者榷局本不言產惟山西之晉北與甘肅之花定實需產運銷三者兼權而稅收始有把握局長前赴花定未克履任此次奉調晉北一切情形詳加研究覺彼此特異之點不甚懸殊而措置尤較爲棘手者則以產運銷三者兼莞雖同而其內容之複雜則以晉北爲較甚也何則產區之整理不外歸併零場與改良製造晉北產區除花蒙紅鹽向在域外無可着手外其在域內者土鹽出產自大同以南介休以北三十餘縣產區遼闊全無片段零星熬製悉係貧民管理之方既無從施以規畫而製造之術更莫由追以改良刮土淋煎一沿成例水潦旱溢輒復爲災以言乎產則產額之整理難運務之振興賴乎交通之便利與夫商販之整齊而資本之充裕晉北各局所銷蒙蘆兩鹽向係官運辦法雖尚簡易而運本全係逐年套搭由鹽價中撥付一遇滯銷或運道稍形阻遏卽有青黃不接之勢至若土鹽方面皆係商運而北中南三路全無躉商一切運務屬之零星小販南中兩路竟有以鍋戶而兼運送者紛紜錯雜綱領全無支配無從督催乏術以言乎運則運務之通利難疏銷之辦法首在商無停運而民少食私運務之阻滯既如上述至於私鹽之冲銷尤難防制如全境之銷區前經列表或爲蒙土兼銷或爲蒙蘆

兼銷或爲蒙土潞蘆[illegible]鎮行鹽既不一律而辦法尤極參差商販夾私巡丁縱放種種流弊在所難防近以蘆鹽缺銷蒙鹽滯運花鹽小鹽等項乘機侵入而土鹽各局自豐鎮劃出以後門戶大開青白鹽斤一律冲銷入[illegible]岱海灘[illegible]私鹽浸灌尤夥設卡堵截徒爲具文估額既多比較益絀以言乎銷則銷數之促[illegible]難產運銷[illegible]者[illegible]形既均如是則晉北鹽務若再因沿成法不加梳治日積月累必有一蹶不振之勢不待智者而决矣局長抵任伊始默察一切情形暨詢諸前任在事人員詳加體察覺目前因應之方有須略爲變通者亦有尚須籌備者請再分別陳之所謂應須變通者行鹽之地如平遼七屬以及陽檢兩[illegible]向運蘆鹽兼有蒙土并銷之處今蘆鹽借運既因車路中阻緩不濟急則必須相度地方情形暫行他種鹽斤或由官運土鹽以濟民食此其一北路一帶外鹽侵售天鎮陽高兩卡巡丁單弱既不足恃則宜審擇要區另設緝私專局重以事權設法堵截俾固藩籬而資抵制此其二蒙鹽各區向爲花小鹽斤侵銷久爲病害自花鹽加重稅則寓禁於征冲銷已見其少惟小鹽則名爲禁絕暗中仍實侵入雖各局亦有此照花鹽收稅者而未列比較不定考成征禁自由殊滋流弊似不如明定稅則加重科征以期國家歲入稍資彌補此其三至于應行籌備者一土鹽權法辦理本難周密加以年值水災人民困苦操之過嚴亦恐生變故上年裴前局長擬定北路一帶就產地征稅辦法迄未實行今爲核實稽征計擬察看將來情勢如果水退以後民力稍蘇即擬將舊法略事變通或按鍋酌加斤重或將附近零售之鹽酌加限

制但期逐漸進行使人民胥有納稅之責而不取立法太峻使國家反有不稅之鹽一緝私編制本末凋密六年度預算案內雖經增列緝費並未實行舉辦現查各局卡分駐巡勇多僅五六名少則二三名地段遼闊分佈不及故晉北私鹽不絕而緝獲極少加以綏遠一帶頻年匪亂河口等局稅收不旺屢經易員無敢就職尤非多添緝勇或呈請綏境派兵駐紮保護不可所有舊存兵役自應酌量地方情形分別另行支配如有不敷仍請增加額餉陸續添募如此辦理一二年後庶可周防嚴密而鹽務亦得切實進行不致再生障礙一行政機關亦未完全土鹽之散在各縣者放任日久嗣雖陸續收回由縣知事代辦者尚有多處呼應不靈稽征難密至蒙鹽產區遠在邊外合同所載住湖僅有蒙員而磴口一局距湖三四日程勢難兼顧蒙丁蒙駝時有客主之見挖不敷運自屬當然又磴局性質同于坨運而存鹽僅賃商倉並不自設坨地管理方法亦未盡善欲求整頓自須將代辦各卡收入調查清楚分別設法收回而大二兩湖則遴選熟習蒙情人員派往常駐其磴口一局亦將建倉事宜責令籌畫開辦如此進行則土鹽辦法若綱在綱而蒙鹽亦得以根本整理以上各節除平遂各局擬行改運土鹽一節業經另文呈核外其餘各端亦正籌畫進行惟閉門造車未必出而合轍理想所及未敢遽以實行現擬另派專員分投調查俟証諸各地實在情形分別詳籌辦法確有把握再行逐條呈請　核示局長猥以庸愚渥蒙　識拔自維不學於運務緝務諸多未諳本末敢輕議改良急於求效惟既有所見不敢不悉心規畫切實上陳

以副我督辦署長激勵栽成之至意除俟調查完竣再將所得情形另文呈報外所有籌擬整頓晉北鹽務大概辦法理合先行肅呈仰祈督辦署長鑒核示遵謹呈

六年十月十三日奉

鹽務署指令晉北鹽務應行整理各端不無見地仰俟調查確切再行逐條詳擬復候核奪此令

呈鹽務署派員分赴各屬盤查交代文六年十月六日

呈爲遵章派員分赴各屬盤查交代陳請鑒核事案於民國四年奉鈞署第二百五十八號飭開本年三月二十二日奉

大總統批本署呈酌擬鹽務人員追繳虧欵辦法請鑒示由奉批准如所擬辦理即由該部署通行遵照此批等因奉此除分行外爲此抄呈通飭該局長查明轉飭各機關一體遵照此飭等因奉此查原呈內稱前任移交之員應由後任派員將鹽斤欵項切實盤查等語此次局長到晉蒞任准裴前局長移交册開各欵僅總局各項截至九月二日各分局鹽斤款項未據彙送雖經函詢尚未准復自應遵章派員分赴各屬切實盤查以重鹽欵除分別派委外理合備文呈明仰祈鈞署鑒核備案謹呈

呈鹽務署請收回豐鎮一局十卡幷乞訓令口北將興和支分各局移出境外文六年十月十六日

呈爲豐鎮劃歸口北晉局稅收日減請照原案收回並將興和支分各局移出境外以資維持事竊查豐

鎭一局在裴前局長任内原經詳准將口北所設之興和各分支局歸併辦理嗣後未及實行復據口北蒙鹽局詳奉　鈞批飭局再行詳擬將豐鎭一局及所屬十卡一併劃歸口北奉　批照准在案迄今辦理一年事實上屢生窒礙晉北鹽務日將隳廢追溯前塵覺該局卡關係晉北稅收爲數甚鉅有不得不請仍照原案歸由晉北管理並將興和各局一併移出境外者請將詳細情形爲我　督辦署長縷晰陳之查豐鎭在得勝口外舊爲大同縣屬後始改廳爲縣唐立軍屯與烏邑天鎭等縣同食土鹽隸于大同橫野各軍宋時地入契丹制雖不詳而金與遼之舊大同渾源均食煎鹽同爲西京鹽使司所管轄元時改西京路爲大同路轄前大同朔平兩府及歸綏豐寧等廳仍食土鹽明代大同渾源兼銷昌勝兩州鹽產後又改行土鹽清制大朔兩府初爲蒙土兼食嗣後改銷吉鹽吉岸旋廢又食土鹽興豐兩廳與忻代等屬同制綜觀上述豐鎭一屬鹽制均與晉北各屬一髮相牽且隸於同一鹽官之下不能劃分良以地近極邊毗連各縣均有輔車相依之勢一經分割必受損傷此由歷史上言之豐鎭應歸晉北管轄者也靑白鹽斤自蒙諸產區輸入晉北豐鎭實爲必經之要道故該局收數初甚暢旺自民國四年口北興和分局移設于晉北境内地處豐鎭上游兼收晉北之稅而豐鎭收入已爲減少然能扼要查驗杜絕私銷北路一帶稅欵猶未過形損失迨至五年以後豐局劃出藩籬一撤門戶大開移入靑白等鹽一下火車頭頭是道官私莫辨堵截無從北路全區大受影響故就近數年收數而論豐鎭在興和分局未經移設以

前歲收尚有八千餘元移設以後由六千餘元而降至一千餘元北路在豐局未劃以前最初大懷一卡只管兩縣鹽稅每斤只收一元尚可收銀五萬餘元嗣後歸併爲北路局四年分收稅總數遂至十二萬九千有奇劃出以後鹽稅增至每担一元五角五年分收稅總數僅止八萬三千餘元今則土鹽歉產岱海灘之私鹽亦隨青鹽灌入大同等處稅收益絀截至年底恐視預算之數不敷更鉅不獨晉北全境比較爲之銳減卽北路一局亦將不敷支拄此就事實上言之豐鎮不能歸入口北而興和支分各局尤應一併移出境外者也至若上年裴前局長與口北商定實行劃出兩局會詳之案其所持理由不過二端一爲豐鎮地面屬之察哈爾區域不屬山西區域一爲興和局及六支局每月開支八百餘元而豐鎮局及十卡又每月開支四百五十餘元似屬駢枝故有歸併之議不知行鹽區域本與行政區域不同如四岸區域隸於鄂湘皖贛而行鹽必歸兩淮鳳鄉八府區域隸於陝省而行鹽必歸花定甚且皖省自有鹽官而郎溪鹽務必由松江管轄福建亦設運使而連城等屬運務必又分屬潮梅卽近如晉北行鹽地點亦有在綏遠境內者口北銷鹽之區亦有在熱河所屬者若競以行政區域起而割分鹽務銷區寧不爲之破壞且開支一項尤須通盤籌畫查設局之性質本有收稅與查驗之區別若專留收稅之局而創除查驗之局則私鹽暢行無從堵緝收稅方面勢亦不能獨立且豐鎮一局本非無稅可收四年以後所以稅欵短絀者不在來源之不旺而在上游之截留若使興和各局早與豐局劃清界限各征各稅何至稅

欵無着計不及此而怵於辦理困難因噎廢食坐累全局失策之甚無過於此歷觀以上各節是豐鎮一局關係晉北鹽務之興廢而與和各分支局又關係豐局稅欵之盈絀層遞推闡自應逐節收回已無疑義且溯查原案興和分支各局移入晉北之初本係因草地不靖馬王廟無現欵可收是以暫在豐鎮設立機關專收已上之稅質言之殆如貿易上之收帳並非爭取該地之稅源乃相沿日久改爲直接征收並將晉北應有之豐鎮本局劃歸管理反客爲主已失初意迨至會詳之際口北原呈尚有阿桂廟以下支局有與晉北毘連者遵照與晉北接洽劃歸晉北等語是久假不歸口北亦知非計特晉北當時狃於開支之費一再躊躇竟歸放棄顧此失彼不暇遠圖迄今事隔年餘始行追悔雖於天鎮陽高兩處設卡查緝而地方散漫岔道紛歧此外偷漏尤難悉數總之扼要之區既經劃出零星補救收拾益難絕非一二分卡所能防範局長到任伊始默察情形與前任員司詳細討論僉以事關稅收非釐請照案收回不克着手整理當此國家稅欵支絀之際但使顧全歲入不悞事機管領機關原可不分畛域無如緝私徵稅各有考成一髮全身動關大局比較盈絀猶可彼此轉移藉昭平允而私鹽衝灌除非扼要堵截不克奏功現在北路一帶連值淫霖土鹽歉產加以外鹽侵入官不敵私稅收日短辦理益難與其就內地增設巡卡分途查驗猶不如規復舊制彙總徵緝較爲事半功倍局長再三籌畫深以晉北鹽務日漸廢弛亟思及早籌謀以副我

督辦署長整頓鹺綱之至意用特不憚覼縷據實上陳仰求

鈞署特予維持藉求刷新而資振奮至設局徵稅辦法應俟奉准後再行詳細擬呈所有請求收回豐鎮一局十卡並乞訓令口北將興和分支各局一律移出境外緣由理合呈請　鑒核示遵謹呈

呈　鹽務署續租鹽湖阿王堅請加租乞賜核示文六年十一月三日

呈爲派員訂租吉蘭泰鹽湖往復磋議仍據要求加租呈請核示祇遵事竊晉局所銷大二紅鹽向係與阿拉善王商訂合同承租該管部落內之吉蘭泰鹽湖挖運濟銷原訂每年挖鹽四萬担租銀八千兩自民國三年以來兩次改換租約阿王要求加租裴前局長派員與商幾經磋磨迄難拒絕不得已遂於合同之内載明每年如果挖鹽四萬石以上即行加給租銀等語由局呈報有案本年十月因上屆合同截至年底限滿亟須續訂且原訂條文尚有未愜亦應詳加修正即經派委包鎮分局程局員炎震前往商訂以資接辦不意該局員到京之後一再往謁在阿王均以加租爲請且謂現在鹽湖有另招商辦之議節據函陳到局經局長迭飭磋議商辦一層業已取銷惟加租之説始終堅執並囑人傳語有現在意旨已定除加租外別無商量餘地等語據該員覆資阿王復函並面陳阿王一再堅執非俟加租問題商定後不與開議等情前來細加審度阿王對于鹽湖業經認定繼續議租商辦之説當然銷滅惟函中諄諄以蒙旗生計艱難租銀非加不可擬於原定租銀八千兩外再加二千連前共爲萬兩竊思晉省自承租該湖以來業已加租兩次此次復又請加允之則不無損失權利不允則恐該旗停挖無以濟現値銷包

局運務重要亟須及早解決究應如何辦理未敢擅擬理合照錄阿王來函專案具文呈請　督辦署長鑒核

指令祇遵謹呈

六年十二月二十九日奉

鹽務署指令　呈摺均悉晋省自承租該湖以來業加租銀兩次對於蒙旗生計已屬盡力維持再議加租本難照准惟蒙王原函瀝述蒙旗艱困且有增兵籌械等事力請加租亦非獲已本署爲力顧蒙艱起見用特再予通融准將每歲租銀增爲一萬兩惟須訂立五年合同以免徒煩手續并須於合同內申明五年以內不得提議加租藉杜將來爭執其堵緝及運轉事宜凡須蒙旗相助爲理者均應列入合同之中以資遵守仰該局長仍派程局員與蒙王婉切磋商擬訂正式合同由該局長呈送本署核奪飭遵此令

呈　鹽務署河口分局鹽務緊要擬請派兵駐紮以資整頓文六年十一月十三日

呈爲河口地方鹽務緊要擬請派兵駐紮以資整頓事查接管卷內職局所屬之河口分局向駐綏遠境內之沙口鎮地方偏遠爲土匪出沒之區每屆醬秋以後或稅欵稍旺之時往往嘯聚多人騎馬荷槍擇肥而噬東擊西散晝伏宵行托河兩縣兵力單弱不敷防範該局及所屬之東西鹽坊各卡屢受蹂躪創鉅痛深在民國四年九月暨五年一六兩月間三次被匪搶去銀元衣物馬匹稅單票照並傷及巡勇搗

毁房屋等事均經呈報有案本年十月新派局員左炳南前往接辦復據呈稱該處土匪均係本境游民乘間刼掠鄰境兵力不足彈壓局勇亦祇十餘名斷不敷用其産鹽地以東西鹽坊兩處爲最而頻年匪亂亦以該兩處爲甚如果地方安寧力加整頓每年稅欵可增至三萬餘元無如本境土匪時出擾亂人心惶惑鍋戶歇業以致整頓無從著手此次前往莅差擬先赴東西鹽坊實地察看並酌定取締鍋戶防止售私辦法以期逐漸進行惟第一須籌地方靜謐人民安業稅欵始克有着現在該處地方雖未實見匪跡而道途已有謠傳人心驚惶岌岌可慮若不早事防維後患殊難設想至維持之法就目前情形實地規畫至少須再增募勇四十名並購快槍攜往方足應用否則即請轉呈綏遠都統加派重兵常川駐紮保護庶免稅欵損失公務停滯等情前來據此查河口一局經收土鹽稅欵兼以防制蒙私地甚扼要該處鹽務既有整頓之勢勢不能仍如從前視同甌脫茲據該局所稱皆係實在情形局長詳加籌畫爲保護地方維持國稅計只有增加緝勇添派駐兵兩種辦法增勇一層事關動支經費若待呈准商所再行招募誠恐緩不濟急目前維持之法惟有懇請 鈞署迅予轉咨綏遠都統令行該管旅部加派勁旅一營或若干人前往常川駐紮以資保護如果所派兵力足以彈壓則地方元氣漸復鹺務亦得逐漸進行實于國稅方面不無裨益除指令仍將整頓辦法切實籌擬呈候核轉外所有河口鹽局擬請咨行駐兵以資保護緣由理合具文呈請仰祈 督辦 署長 鑒核示遵謹呈

呈　鹽務署查封介休鹽商福泰成私售潞鹽應請充公文六年十一月十六日

呈爲介休鹽商福泰成越界私售潞鹽仰祈鑒核指令遵行事竊于十月二十二日據南路局呈據介休卡員馬翰章呈稱鹽商福泰成私售潞鹽經職卡于十月八日查獲當傳舖掌追究據稱係前卡員徐傳祖特許有照可憑卡員隨調取該商牌照驗看確有潞字係徐前卡員填給經局檢閱該卡八月份前卡員徐傳祖給發福泰成官鹽牌照存根只有蒙土花鹽三項並無潞字令飭查知調取牌照送局核對據復遵于十五日將所有潞鹽查封其餘各項鹽觔仍令照常行銷該商曹泰恩以給有牌照强詞反抗幸會同巡警辦理未致棘手該商前領牌照業經收回呈送鑒核轉報等情查該商福泰成在介售賣潞鹽既屬越界侵銷自應照章懲辦惟徐前卡員經發牌照所填鹽觔月日各項與存根不符該商又堅以給照爲詞不服封禁究應如何辦理檢同牌照及存根呈請鑒核指令遵行等情並據介休卡卡員以前情呈報到局當查前局長任內規定凡在晉北範圍以內各鹽商承運鹽斤必須執有本局引票稅票違者以私論飭行各屬有案今福泰成所運潞鹽由外輸入既無本局所發稅票當然在查禁之列況驗牌照與存根不符尤見該商與前卡員徐傳祖有串同舞弊情事本應將該商嚴懲念其商愚無知從寬塗銷所呈牌照令飭南路局勒令另領新照始准營業如果仍敢違抗即行呈候核辦至徐傳祖查已調歸中路局代理清源卡卡員既經發現前在介休卡員任內弊端自應從嚴處分以昭懲儆隨令中路局將該

員撤差看管聽候查辦去後旋據中路局稱局員奉令後遵即密派稽查汪興達前往該卡囑令不動聲色將該卡員徐傳祖尅日帶局以便看管詎該稽查員旋由清源返省聲稱據清源卡書記面稱徐卡員於上月二十七日黎明下鄉調查現尚未歸稽查遂飭役在清源四處查訪終無該員蹤跡幸該卡稅欵毫無遺失票照亦無舛錯等語該卡員託言下鄉調查蹤跡杳然顯係先事聞風畏罪逃避且去已多日無處追獲理合呈復鑒核等情前來查平介曲太祁榆汾七縣前曾由河東設局試銷潞鹽嗣於三年五月奉

鈞署指令將潞鹽七局一律取銷歸併晉北辦理潞鹽業已禁銷該商福泰成及卡員徐傳祖竟敢扶同弊混越界私售似此顯違禁令自應分別懲處現已通令各局並行文該管原籍地方務將該員徐傳祖緝獲究辦至所有南路局扣存之鹽並擬飭令照章充公以昭烱戒再中南兩路近年銷數短絀難保此外各縣無前項私售他種鹽斤侵損正稅情事尤應分別詳查設法嚴禁以顧比額除指令各該局遵照外所有介休分卡查獲私售潞鹽分別辦理情形理合具文呈明仰祈 督辦 署長 鑒核指令祇遵謹呈

六年十二月奉

鹽務署指令呈悉介休卡員徐傳祖既經該局行文通緝應俟緝獲後送交法庭依法懲治至福泰成之潞鹽既係通同卡員私給牌照自應照章充公以示懲儆仍仰該署長隨時整頓藉裕稅收是爲至要此

令

呈　鹽務理裴前局長交代未准完全造册應如何辦理請賜鑒核令遵文六年十一月十九日

呈爲裴前局長交代未准完全造册現應如何辦理請賜鑒核令遵事竊准裴前局長景元函查交代通例係交代現在欵項缺任截至九月二日止自應以截止之日爲結束至從前由開辦日起所有收支各項均有報册計算書可查無須另造四柱册等因查裴任交代局長視事之始接准移交當以册列舊管均係七月份月報案内總結數目七月以前徵收解支各數均付缺如而正另官運各欵亦未劃清卽經函請按照交代通例自開辦日起至交卸前一日止分别正另官運及鍋牌照税票等項造具四柱總册其附屬機關經手税欵鹽斤票照等項亦應分造四柱細册附送在案兹准前因竊念辦理交代所有逐年欵項必由前任造具四柱清册交由後任查明造送者原期彼此對照針孔相符在接手則易於盤查在長官則便於核判向來地方官署均沿此例至今之月報計算書猶之從前之奏銷徵册從前外省各官署交代未聞以辦過奏銷徵册卽不另造四柱交册者良以册式不同辦法各異如果截清年限以辦過奏銷徵册之年免除造册則交代案内少此年度欵目徵論繼任之員不易盤查卽使設法查清而事屬隔手亦未敢遥代造報倘或變通辦理對於移交有册者作爲一項查竣後依式繕造無册者作爲一項由其自行負責不事盤查或雖經盤查而仍照原交辦法不另造册則同爲一任之欵查報兩歧又未

七

審交代案内有無此項先例令裴任交代以截自本年七月分起作爲舊管而七月以前溯至接收山西財政司移交到局之日止所有欵目均以辦過月報計算書不另列册此項辦法局長再三討論未敢以爲適當特以從前欵目載之月報計算書者均已呈奉　鈞署核定在裴前局長之意或以欵經定案不願造册重交局長若再函催恐蹈吹求之誚且鹽務交代向無明文晋局創辦而後初值接替亦無前事可師當此討論既久未能合轍既不便過事爭持又未敢貿然承認伏念　鈞署爲全國鹽務最高級機關京外各鹽務官署交代册籍向皆秉　命辦理呈報存案一經飭查立可參照通例　明令飭遵所有此項交代徵諸各省現章究竟如何辦理以資妥洽之處理合專案呈請　鑒核指令祇遵謹呈

鹽務署指令呈悉查裴前局長呈報交代手續及欵項册式諸多不合已將辦法分别令行在案仰卽遵照前令會同裴前局長迅速辦理呈候核辦此令

六年十一月二十六日奉

呈　鹽務署行銷晋北青白鹽及大海灘土鹽擬與口北各收各税扼要設局緝私文六年十二月二日

呈爲行銷晋北青白鹽及大海灘土鹽擬與口北各收各税並扼要設局緝私以維比額而資整頓事竊自豐鎮一局劃歸口北以後晋局税收日形減色局長到任伊始僉經詳細規劃擬請將豐鎮一局十卡仍准晋北收回並飭令口北興和各局移出境外以資整頓迄今未奉　明示現據所屬各土鹽局卡紛

紛呈報青白鹽斤入境甚夥本地土鹽銷數日衰若不設法變通晉北稅收將有一蹶不振之勢局長悉心審度所有青白鹽斤及大海灘之土鹽向均產自察區經由豐鎭收稅行銷晉北境內自民國四年口北興和各局移入豐鎭上游兼收晉稅豐局收入已減迨至五年豐鎭實行劃歸口北凡銷於土鹽各屬前項鹽斤皆由口北收稅銷鹽之責任則晉北負之而徵收之實權則口北操之侵銷既多正稅益絀以民國四年豐鎭未劃以前與民國五年豐鎭既劃以後土鹽各局歲徵稅額兩相比較虧短不下五六萬元且前係每百斤徵稅一元後係每百斤徵稅一元五角欵應加增而反較少推原其故固有天時人事各種變遷而晉北稅收之爲口北銷數所佔實居多數今幸仰蒙明察改定比較將晉北豐鎭之數劃出二萬餘擔歸併口北在晉北之負擔已覺稍輕惟豐局應收之數雖經劃出而土鹽被侵之稅尚在虛懸且詳加考察前項鹽斤之銷于晉北者固有口北已經收稅之鹽亦有無稅私鹽乘間侵入及今力籌整頓欲爲晉北顧全稅收自以前呈所請收回豐鎭移出興和辦法較爲週密惟現既久未解決局長亦未敢過於爭執不得已而思其次擬請劃分界限對于前項鹽斤口北晉北各收各稅一面由晉北設局緝私以防侵灌藉得稍資補救茲將所擬辦法爲我督辦署長縷晰陳之所謂各收各稅者今由豐鎭收稅行銷豐鎭本境及晉北區內之鹽凡有多種青鹽則產自烏珠穆沁由馬王廟等處而來白鹽則產自西蘇尼特及溫貢地方由陶林後墳各處而來土鹽則產自豐鎭之大海灘由寧遠天成村等處而來領運納

稅皆匯于豐鎮之一局十卡而鹽之運行則散漫于長城以南鐵道左右浸灌于晉北各縣現在豐局所發稅票竟有塡寫運至晉省忻定及省城以南者故土鹽各屬均受影響今豐局既不收回則宜由晉北在豐鎮車站附近地點派員設局專收以上各鹽之稅其發商牌照及領運稅票之關繫晉北一部分者並由晉北派員辦理嗣後各項鹽斤無論來自何處凡應銷于口北境內者由領有晉北牌照之商收買歸由口北收稅應銷于晉北境內者由領有晉北牌照之商收買歸由晉北收稅其收稅辦法口北所發稅票祇能塡寫口北境內之應行銷鹽地點不得塡入晉北所屬區域晉北所塡稅票亦祇能載明晉北境內應行銷鹽地點不得塡列口北各縣區域如有地點不符叚銷入境皆以私論如此劃清則口北晉北各收各稅銷鹽之數各負考成彼此不相侵犯在口北既省歸還豐鎮手續而晉北稅欵亦得稍獲保全此應請維持者一所謂設局緝私者土蒙各鹽雖經劃疆而治各自徵稅似不至再有私鹽浸灌惟向由豐鎮納稅之鹽多由鐵道下運尚可以前項辦法扼要稽征至於無稅私鹽及由豐鎮以西運來晉北鹽斤則東而天鎮陽高西而左雲右玉各縣皆爲運鹽入境要道現經派員調查據電稱沿邊一節之得勝口守口堡拒牆口及拒門助馬兩堡均有私鹽入境爲數甚夥矧大海灘之土鹽管理產地既非晉省所能主持則商販走私巡丁縱放更所難免從前天鎮陽高等處本經裴前局長設有分卡專爲查緝北來私鹽因徵稅之權不自晉操處罰外私亦難盡力且經費不足巡丁單弱更難認眞查緝今欲整頓必

須重爲擴充始克有濟茲擬就長城之得勝口及拒門堡等處擇地設局酌佈分卡專司查緝事宜在大同以東既可以防制口私而左雲以西更可稽查鄂爾多斯及東素海台私鹽入境晉北口北之間屏蔽既增則外鹽之侵蝕自可堵絶此應請維持者一以上辦法皆爲補苴罅漏萬不獲已之圖事勢所趨迫不容緩周防設備爲術已窮與其一味放棄任聽私銷何如稍事經營猶資挽救局長忝任晉鹾具有維持晉税之責用特不憚覼縷切實上陳倘蒙　核准所有相度局址規定預算詳細手續再當繪圖貼說擬具撙節辦法開摺呈　核所有青白鹽斤及大海灘之土鹽擬與口北各收各税並設局緝私緣由理合呈請　鑒核示遵謹呈

呈　鹽務署遵與鄭協理接洽開放平定九縣蘆鹽錄呈佈告請賜鑒核令遵文六年十二月七日

呈爲遵與鄭協理接洽開放平定九縣蘆鹽錄呈佈告請賜鑒核令遵事竊奉　鈞署養電以　總所派鄭永昌來晉商議開放平定九縣事件仰俟到局時妥爲接洽等因奉此卷查此案裴前局長任内奉令籌議曾經派員赴津接洽當准鄭協理面稱須俟調查之後始能核定局長日前來晉過津面商意見亦復相同良以茲事體大在未經開放以前必須將開放以後種種佈置預爲完全規畫而後實行著手始克程功局長前閱檔案知此案已奉　署所定議勢不容緩即思早爲籌措以策進行惟晉省鹽務情形稍有特別之點而蘆鹽所行九屬逼處腹地著手尤難如向來官運區域名雖九縣而其實所暢銷者不

九

過平定昔陽兩處其餘則均帶銷或竟毫不銷售至于本地所售舊有土鹽蒙鹽及潞鹽等潞鹽向多充斥局長到任甫經查明呈請飭屬嚴禁尚未據報禁絕土鹽則由中南北三路而來皆係已經納稅之鹽而據稱亦有本地所產尚未徵稅者現甫派員飭查如查實後祇能責成一律繳稅亦難遽事剷除蒙鹽則來自包頭河曲如盂縣一帶人民向多販運煤鐵赴河曲等處貿易即以空車載運而回久成習慣均難阻制不銷又如九縣區域向本接近引岸及各產鹽地段自裴前局長任內鐵道中斷暫准人民自由運販鄰境食鹽以來雖淡食風潮少平而小販營私之風亦即日盛迄今官運之鹽雖已到廠而銷數仍難暢旺今欲專銷蘆鹽而又開放自由不加限制則漫無歸束不獨其他七縣辦理爲難即專銷平昔兩處亦恐劃地而守不足自存局長默察情形正在預籌辦法鄭協理二日到晉遵即與之接洽並將自由開放制度上應行研究諸端約略向述請其澈籌如下(一)自由販運則商無定位不能限制九縣之中或今日有商明日無商或一縣聚有衆商其餘竟無一商商聚則鹽滯商少則鹽缺滯則無疏銷之方缺亦乏補救之策應如何預籌辦法使其免除此弊(二)赴蘆領鹽有運鹽執照爲憑入境時尚可查驗至卸載以後執照繳銷如有就近購買私鹽攙雜售賣如何禁止(三)攙雜私鹽在未經開放以前官廠尚可禁阻一經開放則彼此均爲自由不能過問再有前項情事必至自由販運之商銷數短絀歇業不運而此項購私小販又祇能乘間漁利並無供給民食力量商販被擠聽斥脫銷必至釀起淡食風潮應如

何預防（四）該協理提擬將來如商力不足供給九縣民食則官廠胥不廢止此雖補救辦法然禁私無術則雖有官廠之鹽銷亦不旺徵論公家無此力量虛設鹽廠即使暫時設置而運本停擱亦難常川接濟以上四端彼此晤商之際鄭稱實行以後自屬不無困難惟總所既有令飭應即先貼佈告以期此次九縣得以早日開辦藉作自由開放模範局長以事豫則立以應循程序而言自宜規書完備而實行始克奏功而時屆籌商以迭奉令文而論又須早爲宣佈而辦理始能踴躍當其出示草底約同會銜示諭因所開祇有關於長蘆一方面之事於晋北查驗責任尚未分明爰即迭與籌商酌加條文彼此均得同意於本月一日撮要電陳鈞核旋奉虞電應即出示招商至官運何時停止查看情形再行具報等因遵即於本月八日刷印佈告分發各局張貼除將應行設局查驗暨一切善後事宜另行籌議呈請核示外所有遵令與鄭協理商議開放平定九縣蘆鹽情形理合錄同佈告草底及修正佈告底稿兩紙呈乞鑒核指令祇遵再鄭協理除蘆鹽之外並向查閱蒙土各鹽卷宗局長因其此次來晋係專爲商議開放事件是以僅將關於平定九縣範圍以內各卷檢交察閱以淸界限合併聲明謹呈

計呈送佈告草底一紙　修正佈告底稿一紙

晋北榷運局奚奉鹽務署暨稽核總所飭擬將山西之平定昔陽盂縣壽陽遼縣榆社和順陽曲榆次等九縣蘆鹽一律開放任聽各商自由販運銷售須俟以上九縣商運實行後即將官運停止茲由

稽核總所派委長蘆稽核分所鄭協理親詣太原會同榷運總局籌議以資實行開放查此次開放宗旨係爲平民自由販賣並無專賣性質商販務取其多不准少數壟斷起運之時不論何商須先到榷運局所屬之陽泉或石家莊各局卡報明運鹽數目以及姓名并將局卡委員所發証明書持往長蘆稽核分所繳納鹽稅直接販運鹽到晉後應由晉北榷運局所設局卡切實查驗不得一商認銷一縣致涉把持之弊併不得集合公司化名分充或借用自由販運名目私購鄰近無照之鹽侵銷入境從中漁利總取彼此競爭鹽斤暢銷價值平減在富商不生覬覦希冀之心而小販亦不准有取巧販私之弊至於實行開放自由販賣日期應俟　署所酌定須布並設立查驗機關後方可赴長蘆運鹽茲將蘆鹽稅章及查驗辦法略舉大綱合行布告商民人等一體周知切切特此佈告

計　開

一蘆鹽以一百觔爲一担完納稅洋二元七角五分

一蘆鹽以四百觔爲一包或二百觔爲一袋用司碼秤稱放

一蘆鹽每四百觔之蓆包准加皮重十五斤二百斤之蔴袋准加皮重二斤半其非蓆蔴之包袋應加重量於發鹽時臨時秤驗按實在數目加給

一運鹽以　鹽務署所發之運鹽執照爲憑依限運鹽抵岸銷售至以車運船運悉聽商便另有車船

運票發商領運

一此次實行開放純爲減價暢銷起見並非專賣性質不論何商均准自由販運不得組織公司及化名分充或借用隣境無照私鹽販運入境致有壟斷漁利等弊

一販運蘆鹽不論何商均須遵照　鹽務署令飭先行來局報明註冊以備考核

一每次運鹽若干亦應事先報明運鹽數目及姓名由晋北榷運局所屬局卡發給証明書持往長蘆稽核分所照章發放

一商人販運蘆鹽入晋北區域以後應受榷運局暨所設各分局卡切實查驗如查有無照私鹽或鹽票不符及攙售雜鹽等弊照章罰辦

一商人運蘆鹽到九縣内行銷應按道路之遠近運費之大小規定售價報局轉呈

一以上各條如有未盡事宜應隨時核定呈報　鹽務署並佈告周知

七年一月　日奉

鹽務署指令呈摺均悉平定等九縣開放官運蘆鹽既經長蘆稽核分所協理鄭永昌到晋與該局長會商妥洽應即照辦所有實行開放運鹽日期應俟該協理報告到時再行該定飭知至查驗手續應先著手籌備仰即詳擬辦法呈候核奪此令

呈　鹽務署陳明各屬銷鹽困難情形文 六年十二月二十一日

呈爲陳明各屬銷鹽困難情形彙案仰祈鈞鑒事查接管卷内裴前局長於本年　月　日呈爲土鹽鍋口被水冲没及磧口河道封禁蒙花各鹽暫難到磧一案奉　鈞署第二千十七號指令據呈土鹽缺産蒙蘆各鹽轉運爲難以致銷數驟難暢旺所陳各節尚係實情惟運鹽有關税食未便稍有停頓仰仍督飭所屬設法運濟以圖補救爲要此令仰該局相度機宜勉爲設法以維税收等因局長抵任後即經分飭調查並督率所屬各局實力稽徵以期整頓去後茲查土鹽一項據中南北三路局員先後呈稱中局所屬本年入秋以來霪雨連綿清源徐溝兩縣地近汾河太原太谷榆次三次有洞渦金嶸水峪等河錯綜其間水勢泛溢鍋戶均遭蕩析嗣雖水退而土經久浸已無鹹質刮煮開熬終難暢旺其忻定一屬存土亦被冲刷收數銳減情質相同南局所屬平遙汾孝祁縣介休文交諸卡時值九月以後水猶未退所有村庄大半環水而居鹽戶亦多歇業北局所屬一由岱岳之水山西暴漲一由富山水利公司平時蓄水乘雨開放據此種種遂致水勢橫溢退而復漲灶屋抵窪經此巨浸盡成澤國山陰應縣等處時屆十月尚有積水灶址因而廢棄者約十之三土堆之被冲塌者又十之五六其能設法排洩刮土開熬者不過十之一二又官運蒙蘆兩鹽亦迭據包鎮磴口磧口各局函電內稱包局所存之鹽本少九月以後迭飭赴磴趕運而軍隊封差船隻難僱嗣謀陸運預算需費甚巨且道途不靖仍無把握近則包磴電信

已斷盧兆竄伏時思竊發水陸兩途俱形梗塞磴局在湖鹽斤挖存雖多無從下運磧口河曲一帶全恃磴包接濟河曲以下河道封禁之案雖奉軍署取消而船隻猶稀函電迭催只僱到船二十餘隻甫運至磧河已流冰不能再行轉運陽泉鹽廠早已顆粒無存京漢車通以後官運商行一律向坨捆築發鹽擁擠雖經編列號數挨次取築而商鹽勢衆官運難與爭衡甚至築存之鹽坨地無從堆列又以川湘戰事兵車過多路局鹽車亦難應付以致付價以後鹽到甚遲銷數驟難暢旺各等語局長查晉北境內所銷鹽斤種類雖屬情形複雜各有不同而綜查舊案証之人言預計銷數僉以蒙鹽爲大宗果使挖存之鹽全能下運不患銷售不旺緣歷年對于運務不甚講求今年開湖以後磴鹽雖經陸續到包只濟一時銷場絕無全年之蓄以致一乘事變即悉缺銷其土鹽辦法本係寓禁於征蘆鹽又值開放在即疏銷爲難自係實情惟局長忝任晉鹺無日不以晉稅爲念明知天災時變挽救爲難而區區此忱總期設法圖維補救萬一除仍飭各員籌議辦法力圖濟銷外所有各屬陳報銷鹽困難情形理合肅呈仰祈鈞署核鑒指令飭遵謹呈

七年一月八日奉

鹽務署指令據呈土鹽缺產蒙蘆各鹽轉運爲艱以致銷數驟難暢旺所稱各節尙係實情惟運鹽有關民食未便稍有停頓仰仍督飭所屬設法運濟以圖補救爲要此令

呈　鹽務署派員會同鄭協理前往平定各縣察看事竣呈報鑒核文六年十二月二十一日

呈爲派員代表會同鄭協理前往平定等縣調查事竣呈報　鑒核事竊奉　鈞署電令與鄭協理商議開放平定九縣蘆鹽業經將接洽情形先後電呈　鑒核續後鄭協理決定前赴平定榆次太谷三縣實地調查即經呈請山西閻督軍轉飭所屬軍警保護一面派員方善源充任代表會同鄭協理前往以資接洽去後茲據方委員回局呈稱遵於九日偕同鄭協理前往陽泉隨即傳集商人將開放大意明白宣布並諭知各商將來實行開放應認定自由販運宗旨切實遵行計是日列席商人平定八家昔陽一家其餘均傳而未到當據各該商陳述僉稱自由販運極願樂從運私壟斷深望嚴禁等語次日即同鄭協理前往平定實地察看鏟鹽情形鄭協理於十一日回津善源默察列席各商辭意對於自由販運表面上雖形樂從或難免無一二巧滑之徒乘此時機暗中集合公司化名分充壟斷把持從中漁利似於開放本旨不無背戾又此次傳集僅爲少數現業商人殊未敢謂九縣全體商民同具此願將來應如何妥籌辦法酌量限制之處應請裁奪等情前來除將開放善後辦法籌擬另呈外所有派員代表會同鄭協理前往平定等縣調查事竣緣由理合具文呈報　鑒核謹呈

七年一月　奉

鹽務署指令據呈已悉仰即將開放善後辦法妥擬呈核此令

呈鹽務署接租吉蘭泰鹽湖合同業經派員磋議就緒分別開摺呈乞鑒核令遵文六年十二月二十一日

呈爲接租吉蘭泰鹽湖合同業經派員磋議就緒謹將草案及比較上屆合同異同之點分別開摺呈乞鑒核令遵事竊晉局承租吉蘭泰鹽湖前因上屆合同截至本年年底即屆限滿傳聞有另招商辦並擬加租之說深恐稍一遷延或生枝節即經面與包鎮分局程局員炎震議定辦法飭委該員前往商議續租以資接辦該局員到京之後往謁阿王商辦加租兩說均甚堅持經該員迭與磋商親賫阿王復函到晉其時阿王對于鹽湖業經認定繼續議租商辦之說當然消滅惟函中諄諄以旗民生計艱難租銀非加不可允之則損失權利不允則無以濟銷隨經照錄阿王來函專案呈請核示旋奉指令呈摺均悉晉省自承租該湖以來業加租銀兩次對於蒙旗生計已屬盡力維持再議加租本難照准惟蒙王原函瀝述蒙旗艱困且有增兵籌械等事力請加租亦非獲已本署爲力顧民艱起見用特再予通融准將每歲租銀增爲一萬兩惟須訂立五年合同以免徒煩手續并須於合同内申明五年以内不得提議加租藉杜將來爭執其堵緝及運轉事宜凡須蒙旗相助爲理者均應列入合同之中以資遵守仰該局長仍派程局員與蒙王婉切磋商擬訂正式合同由該局長呈送本署核奪飭遵此令等因即經轉令該員知照並飭隨時稟承訓示俾有遵循在案茲據該員呈稱接租鹽湖事宜業經遵奉鈞署指令暨署長面諭磋商就緒謹將合同草案郵遞前來局長查此次擬訂合同照職局原議辦法本以展長年限修正條文及

訂運挖鹽數目以運至五萬石爲斷嗣奉鈞令指飭益加明密茲據擬呈草案所載五年以内不得加租以及堵緝暨轉運各節均與鈞指相符其年限一層阿王雖未見允至五年租期比較上年合同則已展長一年且照其餘條欵修正語句尤較原文收回權利不少迭經迭次電商並飭令就近秉承鈞署指飭該員悉心磋議辦理尚稱週密似可就此定案除程局員爲訂合同頗着勞勩現既事竣應飭回包以重職守外所有此案辦理情形理合連同合同草案及比較上屆合同異點分錄清摺專案呈乞　鑒賜核准以便繕送阿王蓋印後分別存送備案謹呈　（摺略）

呈　鹽務署額設員司不敷辦事請酌添以資任使文六年十二月二十七日

呈爲額設員司不敷辦事擬請酌添以資任使事竊職局開辦之始原分兩科辦事各設科長一員一二三等課員各二員僱員及總司秤共九員嗣因節省經費併爲一科只設科長一員課員辦事員各六員辦公已形竭蹶局長抵任以來一切力求整頓不時籌議改良應行呈報之件既見增多而總分局之文書往返地方官之公牘交涉亦即因之日多且局中向無登記表册近始提議增訂又值土硝調查蘆鹽開放北中南三路之産地製法既須改良而磴口包頭之挖運鹽源尤須疏導局長督率各員等朝夕籌商隨時考索往往漏至夜分事猶未畢顧人才既少而精力亦屬有限以舊有之員而辦新增之事因應固覺不遑以少數之資而蓄非常之才驅策尤難得力分功治事既有未能衡石程書徒嫌無當局長籌

思至再富此法窮則變弦急待更勢不能因仍舊制不加擴充伏思職局綜管晋北七十二縣官運以外兼權土鹽稅務與其他各權運局只屬銷區不轄産地者性質本有不同則辦法亦難一律兹爲目前整理之計擬請於額設各員外酌添統計主任一員技術員一員辦事員二員庶於統計登記各事專任責成其關於化驗測勘製圖事件亦堪於從容籌畫隨時任使而俾額設之員得以專精治事少旁騖而易督程功其薪水擬各月給八十元辦事員各月給二十元此項經費在預算未經更定以前暫由所收鍋牌照另欵項下按月支撥百六十元另行開摺具報不足之數由局長酌提俸給自行加給津貼俟八年度新預算成立時再行列册請　示核定如此辦理則於預算之規定既屬無妨而於事務之進行亦實有益是否有當理合呈請　鈞核示遵謹呈

七年　月　日奉

鹽務署指令據呈請酌添員司經費暫由另欵項下支撥應即照准此令

呈　山西督軍兼省長奉發密查忻縣鹽務情形開摺分別具復文六年十二月二十八日

呈爲奉發密查忻縣鹽務情形清摺分別查明開摺具復仰祈　鑒核事案奉　鈞座面諭據忻縣知事聲稱有某商運鹽到忻程限八日逾限一日即行罰辦未免苦累飭局查明具復等因正在飭查間又奉鈞署函開據密查報告忻縣鹽釐局情形摺一件奉　兼座諭抄交權運局長查辦此致等因奉此遵

查職局於忻縣地方祇設有土鹽征稅總卡一處並未設有鹽釐局奉函前因即經一併派員馳赴該卡嚴密確查去後茲據遂條陳復前來查所陳各節該卡辦理情形尚屬一秉成規不至任意苛擾惟鹽務一項對於國課民生均有關係稍涉放任固與稅欵有妨而操之過嚴亦恐商民不便如第一第二第四各條均有舊章可循但須辦理之際輕重適宜即可毋庸置議惟第二條三月期限一層雖屬向來習慣而本非法定規則不如此辦理不獨本地商店存貨稀少且於北路鹽斤銷數有妨應否取消已飭另議辦法以期國稅商情兩有裨益除仍飭該卡嗣後隨時妥慎辦理外所有奉查忻縣鹽務情形理合具復並特派委查復各條開摺附呈仰祈　鑒核指令祇遵謹呈

計呈清摺一扣

晉北榷運局調查委員左炳南呈爲查覆忻縣鹽務辦理情形並擬具變通辦法請　鑒核事十二月二十四日奉委密查忻定總卡辦理情形等因委員遵即束裝啓程於二十七日馳抵忻縣當經遵照附件所開各節逐加調查明白並擬變通辦法爲我局長詳晰陳之一查運鹽逾期處罰一節謹覆恒太店購運蒙鹽逾期處罰原無不合惟稅案限期爲妨制一票二用起見該恒太店由豐鎮運鹽至忻共行十三日按程計算雖多行六日此票絕無二用卽從寬辦理亦無不可且運鹽六百餘斤鹽價僅值四十元而罰辦即三十元未免稍嚴我局舊章每私鹽百斤罰洋四元旋卽廢止似宜規定劃一章程通令遵守俾

免畸重畸輕之弊至期限一層譬如計程十日者限十五日照此類推絶無流弊若豐鎮局票面限期既據實塡寫我局查驗亦按此推算一查借票運鹽一節謹復借票轉運係專指由忻轉運他處而至北路運忻鹽斤稅票上均蓋各卡查驗戳記勢難再用若土鹽既按鍋徵稅苟無私熬卽無私鹽其出境時借票與否無關重輕再查忻縣向銷北路鹽爲大宗土鹽次之間有由包頭河曲等處運來紅鹽均持有稅票或運單並非私侵此外查無他種入境之鹽至於轉運他處鹽斤以北路鹽爲最多土鹽偶一出境爲數甚少對於北路鹽苟限以長期有鹽卽有票何須借票之方若限以短期鹽存而票無効乃生借票之弊以上係查明借票運鹽之情形也至限期三月一層詢之各商均稱舊例所無若變通辦理則公私兩益以後北路鹽到忻之日一律令其報卡查驗分別零銷外運另行存儲係外運之鹽自到忻之日起卽於稅票上注明至多限六個月內有効等字樣並須加蓋戳記如屆期滿未運祇准展限一次至多仍以六個月爲限如此辦理期限既寬存鹽自多商情既洽稅收亦旺我局似宜明定辦法張貼公布俾衆週知以資遵照一查領取牌照一節謹覆忻縣領二三等以上之鹽商對此並無異詞惟小賣商人因獲利甚微意圖取巧該卡照章辦理尙屬認眞一查售鹽小票一節謹覆忻縣小票係由各行自行開具售鹽白紙小條加蓋本局戳記到卡呈驗粘貼印花以爲零銷鹽斤之用其意原爲辨別官私而設查忻縣並無他種外侵私鹽既無私鹽何須此票苟有私鹽適足爲影射之資此後當將小票廢止對於緝私事宜

注意入境之鹽與私煎之鍋至於零售之鹽斤毋須多此手續以致各商偶一疏忽動輒罰辦如業成源天德隆並有福源泉報稱因售鹽八十二斤未開小票罰洋四十元等類是徒擾商民無益實事毅然廢止的是正當辦法倘異日因廢止之故生出情弊應准各分局卡隨時呈明再行　核辦以上各節均係委員確切查明據實呈報並將管見所及披瀝上陳伏祈　鈞裁謹呈

七年一月十六日奉

督軍兼省長指令呈摺均悉既據委查明確逐條陳復如第二條三月期限係專指到忻由忻轉運他處之鹽而言並非銷售期限惟非法定規制業經飭令另議辦法俟議定具報備案查晉地山路崎嶇輸運鹽斤恐難如期運到若明定期限窒礙滋多倘爲一票兩用之弊不妨於票上註明字樣亦足以杜絕弊端如第一條恒泰店之議罰論其期限中途已逾然究無別項情弊其情實有可原允應酌核辦理至第三條長義泉等夥領牌照雖與定章稍有未符究係前卡員承許認領如欲遵章更正安得再行議罰未免辦理過當其餘尚無不合應毋庸議仰即轉行該卡查照妥慎辦理此令

呈爲奸商恃教横行刧回私犯兇毆巡勇仰祈鑒核嚴懲文七年一月十二日

呈　山西督軍兼省長奸商恃教横行刧回私犯兇毆巡勇仰祈　鑒核嚴予懲辦事案據磧口分局呈據第八堡鹽務分卡卡員徐翊海函稱本月五日午後六時據巡勇李繼高等稟稱巡勇等頃在板鎮地方巡緝私鹽查獲私販王德才等四名駱駝六隻馱鹽一千八百餘斤既無稅票又無分運憑單惟持有教士名片兩張現在暫押板鎮白守身家請示撥落等語卡員當查私販之罪民教惟均且該販等又難免無假冒教士名義以圖倖免情事自應按法罰辦即經遥令該勇暫駐板鎮巡勇陳殿忠等先暫拘留以便請示辦法正擬具報間又接陳殿忠飛函報告言有外國教士率領十餘人闖至住戶白守身家將該犯王德才等四名及駱駝私鹽等盡行搶去并將陳勇及白守身痛打口稱欲送臨署究辦等語卡員以事關毆勇抗稅且涉教案爲特檢同該私販所持教士名片飛函報告請速嚴予交涉等情前來局員據查鹽稅係屬國課私販有違國法至抗捕兇毆又屬罪加一等該犯王德才既經緝獲自應照章罰辦該卡員辦理尚無不合詎該匪徒等恃教横行胆敢聚衆兇毆搶奪鹽犯似此藐視國紀實屬不法已極除已函請臨縣知事迅提該犯王德才到案無分民教按法究辦並將率衆兇毆巡勇之人是否確係外國教士抑係奸商假飾查明拘案一併嚴懲外合將函報各節暨辦理情形并照錄該私販所持教士名片字樣備文呈報

察核再此間教民素極驕橫向食私鹽不納國稅歷任局員因重視教民過於放任以致奸商依爲護符任意私販幾置國法於不顧實爲鹽務前途一大障碍等情並錄送該私販所持教士名片字樣前來據此查鹽稅關係國課鹽商納稅定有專章凡已納稅之鹽均經給有稅票其有運往他處者亦須執有分運憑單爲憑原爲便於查緝起見倘查無稅票運單即以私販論無論民教事同一律該犯王德才既無稅票又無運單私自販運當然在違禁之列依法懲治律有專條乃該教民不但違法販私竟復胆敢率衆刦回私犯王德才及駝隻私鹽等並有兇毆巡勇情事其目無法紀已可概見竊思奸商倚教橫行非惟礙鹽務之進行抑且關地方之治安若不嚴予懲處則職局之查緝既難着手將來之隱患尤爲可慮用謹備文檢同該私販所持教士名片字樣一紙呈請鑒核仰祈俯賜令行臨縣知事迅即傳究從嚴懲辦以重鹺務而儆兇頑實爲公便謹呈

呈　鹽務署晉省發生疫症文報阻滯鹽車隔絶各情形暨籌辦防疫事宜仰祈鑒核文七年二月十六日

呈爲具報晉省發生疫症文報阻滯鹽稅短絀暨飭屬籌辦防疫各情形仰祈鑒核令遵事案奉山西督軍兼省長閻行知案據右玉縣電報發現時疫當經電飭該縣歸併各口檢查行人設局防範并由省派遣醫士前往協辦查此種時疫傳染最速自應設法預防尅期消滅本月七日邀集在省各機關及各教會各醫院醫士研究辦法議定由省城設立防疫總局於沿邊各縣各設分局從速防制俾免蔓延

所有省内外各機關亟應查照防疫辦法第九條自行消毒預爲防範除分別咨令外合行該局仰即查照迅飭所屬督察消防並附防疫辦法又准省城防疫總局函送各項檢查簡章並請遣派防疫員自行消防各等因先後到局奉准此查此次疫症發自歸薩蔓延晋省長城内外晋省方面對於防疫事務積極進行省垣設有專局在省各機關既均飭屬分擔鹽務勢難獨異現經職局遴派專員逐日赴防疫總局接洽辦理其在疫區以内各分局亦經油印省頒簡章檢同各項辦法分別專行以期通力合作早日撲滅惟是疫症一日不滅則消防一日難懈影響鹽務良非一端查晋北蒙鹽來自綏遠而境内産鹽之地以北路爲最饒今則綏遠全屬有疫之區而北路各縣及中路之忻崞磧口之河保均經晋省劃爲實施防禦地或防禦線重則斷絶交通輕則沿途設局節節檢查診驗以致鹽販稀少包頭北路等局鹽税益形短絀又規定簡章不特行旅來往須受檢查即郵遞文報亦須逐加消毒北路包頭磧口河口等局寄省之件或遭停頓或須繞越往往有遲至二十餘日之久始行遞到者致本局月報無從編轉難以如期呈送至遇事務緊要之際以郵遞稽緩在勢不能不用電信以期迅速即電費不能不較平時增多此皆天時人事之所致若非疫勢早平似難早日恢復原狀局長目擊情形彌深焦急除仍電飭各員認眞防範一面預籌維持税收策勵進行辦法冀資補救外所有防疫期間税收所受影響暨文報阻滯各情形理合具文呈報仰祈　鈞署鑒核至籌辦防疫所需用費原爲預算所無職局辦理已屬拮据徒以臨

十七

時發生事關治安不敢疎忽簡陋以誤要政惟有電飭各局卡極力撙節不得稍涉浮濫將來事竣稽報

惟有額懇　俯准在另欵項下開支以免賠累是否有當并乞　指令遵行謹呈

七年二月二十一日

鹽務署指令呈悉該局因防疫文報阻滯月報編轉難以如限自屬實情惟報册攸關審核在防疫期內

應准展限廿日不得再事逾延至防疫一切進行事宜係屬地方官廳專責鹽屬人員只須隨同接洽所

需費用務須撙節開支毋涉浮濫致干駁詰其稅收短絀關係考成即仰設法疎銷以資補救此令

呈　鹽務署平定九縣蘆鹽開放酌擬注册章程各項單式暨查驗機關組織經費大綱文七年一月三日

呈爲平定九縣蘆鹽開放續擬注册章程各項單式并查驗機關組織經費預算仰祈　鑒核示遵事竊

照平定九縣蘆鹽開放一案前經局長將開放宗旨試辦範圍暨設立查驗機關規定註册辦法以及進

行程序取締手續等項切按情形分列籌擬辦法二十四條呈請核示尚未奉有指令茲查前呈各項手

續內其尚待審議者固未敢操切以圖其急須籌備者亦未敢因循放棄局長默爲忖度厥有二端一註

册章程暨註明書卷查上年六月十五日奉　鈞署令飭所有情願承運之商人須令先行註册以備考

核又於上年十二月七日奉　鈞署虞電開應即出示招商各等因是招商註册兩項自應遵令迅速辦

理當於十二月八日會同長蘆鄭協理於公佈內規定註册暨註明書辦法以符　鈞署原旨查此項布

告業經鄭協理簽字並由局長呈送　鈞署在案現已時逾兩月各商亟盼舉行來局稟請者已有多起祇以章程未定靡有依據而証明書亦未經發給此就商人方面當有以慰其希望之殷者也一查驗機關卷查上年六月十五日奉　鈞署令飭關於蘆鹽到岸查驗事宜仰一并籌議呈候核辦又准長蘆分所函送　總所函開鹽斤到岸時所有查驗之事均歸晋北権運局長暨其屬員辦理各等因是查驗責任已確定屬於晋北欲執行此項職務必先確立機關始克擔負責任否則一屆開放蘆鹽源源而來而鄰近各私鹽亦誤解自由乘隙踵至治絲而棼必多貽誤此就國稅方面當有以預籌鞏固之策者也局長夙夜思維不敢稍事玩愒用特根據布告之條文擬就註册章程暨証明書各種格式並根據六年度預算案所列天津陽泉兩局所原有之經費擬就晋北陽泉石莊查驗局組織及經費大綱并分別事項加以說明分繕清摺二扣連同註册憑單式証明書式各一張呈送　鈞署鑒核是否有當仍候　指令祇遵謹呈

（清摺單式略）

七年五月二十八日奉

鹽務署指令據呈擬具平定九縣招商註册章程各項單式並擬改組陽泉石莊查驗機關開具概算請予核示等情當經飭交總所核議去後兹據復稱陽泉石莊兩處均極重要應由該権運局長各派一人分駐驗看運照另由助理員各派一人查看鹽包至晋商請運蘆鹽時應分別稟報権運局長及助理員

會同發給執照准予前往長蘆購運等語請予轉行前來本署覆核該總所所議各節係爲實事求是起見尚屬可行應即照辦至該局長原擬以陽泉礦等原有機關改組一節應無庸議仰即遵照辦理清摺單式均存此令

呈　鹽務署隰大永等縣鹽務現據函辭代辦業經派員調查預備接收文七年三月四日

呈爲磧口下游隰大永三縣鹽務現據縣知事函辭代辦業經派員調查預備接收呈請　鑒核備案事竊查磧口下游隰大寧永和等縣添設局卡一案裴前局長于三年五月派員調查擬在永和關軍渡下三處新關馬頭關等處設卡試銷紅鹽兼征花鹽鹽稅預計每年收入鹽税除開支經費外約餘二萬五千元業已詳奉　鈞署核准并詳請山西巡按使轉飭各縣協助進行在案嗣因磴口天旱草枯駝運爲難加以土匪擾亂河道封禁紅鹽不能下運以致無從着手惟軍渡下三處兩處先後於四年五年間經磧口分局添設分卡其他各處均未克實行開辦至六年一月又復派員前往調查設卡事宜適值永和關以下地方不靖未克進行遂由裴前局長函託前隰縣知事王圻鎮就近調查據該知事查復擬在隰縣設立總卡永和馬頭辛關三處設立分卡預計隰大永三縣食鹽每年在四十萬斤以上收税約六千三百元開支經常緝私等費約需二千三百餘元并具圖說預算書前來當經委託該知事以代辦名義先行試辦并准其實支實銷俟將來收數加增再定提成經費續據該知事函報于六年六月一日以隰

大永平爲名實行開辦旋又因辛關分卡係屬石樓縣境應劃歸磧口分局函請該知事查照辦理尙未及實行移交而裴前局長卸任去晉局長到任後復准該知事來函以馬頭關永和關距隰甯遠鹽稅一事礙難兼顧且隰大永食鹽多半由辛關輸入而永和馬頭兩關距辛甚近已將辛關劃歸磧口何弗令該局將隰大永鹽務一併接收等因准此局長查各縣鹽務總以收回自辦爲正當況隰大永三屬幅員甚廣戶口較繁前據迭次調查均稱每年所銷爲數甚旺如果切實整頓必能增收裕課有裨國用現在既據該知事來函堅辭以力難兼顧爲言自應趁此收回藉資整理惟所有設卡地點以及預算各節按諸現勢能否仍照原案不審有無變更仍應派員切實調查方有把握除函該知事即行結束停辦並派員前往實地查察限令具復以便規定辦法呈請核奪外所有隰大永等縣鹽務現據該縣知事函辭代辦業經調查籌議以便接收緣由理合備文呈請　鈞署鑒核俯賜備案一面指令祇遵謹呈

七年三月二十九日奉

鹽務署指令呈悉隰大永三縣鹽務前經該前局長委託縣知事代辦本爲一時權宜自以收回自辦爲正當辦法既經該局長派員調查預備接收仰即切實籌畫規定辦法呈候核奪此令

呈鹽務署遵令辦理實行開放平定九縣蘆鹽情形具報鑒核並懇續頒運照文 七年四月十八日

呈爲遵令辦理開放平定等九縣蘆鹽情形具報鑒核並懇續發運鹽執照以資應用事竊照開放九縣

蘆鹽一案奉鈞署第四百十四號訓令運銷廳案呈稽核總所漢文股付稱查晉北平定九縣開放販運蘆鹽一案茲經核定以本年四月一日爲該九縣實行開放日期所有該處商人除在長蘆各場運鹽外並准洋河口購運鹽斤洋河口稅率每担二元五角如晉商在洋河口購運時應繳足二元七角五分之稅等語付請轉陳查核分行遵照前來本署復核無異除訓令長蘆鹽運使遵照外合即令仰該局長示諭各商遵照此令又奉指令第七百三十四號內開據呈擬具平定九縣招商註册章程各項單式並擬改組陽泉石莊查驗機關開具概算請予核示等情當經飭交總所核議去後茲據復稱陽泉石莊兩處均極重要應由該權運局長各派一人分駐驗看運照另由助理員各派一人查看鹽包至晉商請運蘆鹽時應分別稟報權運局長及助理員會同發給執照准予前往長蘆購運等語請予轉行前來本署覆核總所所議各節係爲實事求是起見尚屬可行應即照辦至該局長原擬以陽泉廠等原有機關改組一節應無庸議仰即遵照辦理清摺單式均存此令又奉勘電內開沁電悉官運開放日期及查驗手續已飭商總所議定辦法指令飭遵在案至註册及証明書等可由該局先行擬辦俟洋助理員到晉再行接洽具報署勘各等因奉此當經職局將實行開放日期出示公佈並分登晉津各報廣告招商來局註册承運一面令飭陽泉天津兩處尅日停止官運結束具報另派查驗員二人分駐陽泉石家莊兩處辦理商運蘆鹽到岸驗看運照事宜旋據各商陸續來局註册請運適奉鈞署第四百三十九號訓令頒發

運照五聯執照自第一號至第五十號共五十張下局即經職局照數祇領會同税洋助理員簽字給塡各商執赴長蘆築運以濟民食在案惟開放之初各商請運極爲踴躍奉頒運照現已將次用竣而來局請運者尙繼續不絕應請迅賜續頒以資塡用除俟陽泉天津兩處結束清楚並在該兩處應裁經費酌留陽泉天津兩處查驗員經費擬就預算分別另行呈報外理合將遵令辦理實行開放並懇續頒運照各緣由先行備文呈請　鑒核乞　訓示祇遵謹呈

七年四月二十五日奉

鹽務署指令據呈已悉五聯運照業經續發五百張俟用竣時再行具領合令知照此令

呈　鹽務署北路包鎭磧口三局緝私餉額不敷擬請酌加文七年四月二十二日

呈爲北路包鎭磧口三局緝務重要原有巡勇不敷分布擬請酌加額餉以便添募而資整頓仰祈鑒核示遵事竊維鹽務辦法首重運銷産三者而三者之成績又恒視乎緝私之疏密晋北區域既廣行鹽又維益以青鹻花小冬鹽冲銷其間紛紜參差查驗非易而産地散漫商販零星稽征尤難欲求整頓緝私實爲要圖如職局開辦之時緝私一項預算甚狹名額既少緝務難舉遂致近來私鹽日充稅收漸絀局長抵任覩此情形即擬將緝私一部悉力擴充以資補救前經於籌擬晋北鹽務大概辦法案內約署陳明鈞署在案現屆七年度預算改編迭據各局呈請酌加巡額前來局長詳加審核雖係均屬切要然綜

計全數應增甚鉅時絀舉贏力恐未逮不得已惟有先其所急擇尤呈請酌加茲查緝私最要之地而現在不能不酌增巡額或略爲變通者厥有三處一北路局一包鎮局一磧口局北路爲晉北土鹽旺產之區復當口北青私侵入之衝產運輻輳征緝並重而地都十縣卡凡十九產地遼闊管理難周岔口甚多漏私尤易欲期稽征完密自非多設巡勇隨地巡緝不足以防繞越而杜偷漏而六年度預算該局緝私費項下共祇馬巡十名步目二名步巡七十七名除岱岳產鹽最旺且爲該局駐在之地僅馬步巡各六名步目二名外尚餘馬巡四名步巡七十一名以之分布十有九處及各要口每處所設少僅二三名多則四五名儘以二三名之巡勇而欲周歷產地梭巡要隘在勢實有難能此就現在而言已屬不敷加以長城一帶若馬蘭若越水峪自草揚方等口爲北路土鹽南下咽喉長柵一帶若得蹻拒蒙拒馬市等口爲青鹽侵入捷徑應設卡查檢而限於經費惟有加派馬步巡勇或扼要往守或常川梭巡較爲節省而此項所擬派往巡勇原有額內已無騰挪之地故不敷益甚茲據該局呈請酌添緝私隊長一員日薪二十四元馬巡八名步巡二十名以便分別添派而資緝堵此應請酌加者一也包鎮爲蒙鹽總匯之區復有土鹽白鹽參雜其間運銷固爲首圖巡緝尤關切要而按之六年度預算僅有馬目一名步目二名馬巡十四名步巡三十名磧口僅馬巡二名步巡四名若就其駐紮地點言之除該局南海廠之巡勇兼司押運外薩縣歸化兩卡所屬要隘各三處河西隆興長兩局卡所屬各二處烏蘭花一卡凡十四五處分

別支配每處多僅四名少則二名以口外之地方瘠漠各卡相距寫遠匪徒出沒無常少數巡丁自守不暇而欲步於運道產區及土鹽產地梭巡周歷事豈易言至磴口地方緝私雖非重要而兩湖距離皆三四日押送鹽馱已屬力不暇緝長河千里押運下駛其不敷用復何待言茲據該局呈請於包局酌添馬巡十名磴口酌添馬巡六名再口外情形較之內地步巡僅堪爲住守之資馬巡乃可充偵緝之用並擬於該局原有馬步巡名額內汰去步巡十六名改報馬巡八名似此變通於原有餉額並無出入而性質較爲流動緝務易於進行且於軍裝一項亦有節省似尚相當此應請予酌加及變通者又一也磧口地濱黃河自北徂南綿亘千里大小渡口不下百數皆爲花小鹽斤侵入之道欲圖蒙鹽暢銷自須先從緝堵外私入手但各卡駐在之地雖係均屬扼要無如每卡相距遠則百里近亦數十里其間渡口櫛列若巡緝稍一不嚴在在仍足走私而六年度預算該局僅馬巡七名步巡六十一名除磧曲兩處運務繁重且爲局員駐在之地各駐馬巡二名磧駐步巡十二名兼司押運及曲駐步巡二名外尚餘馬巡三名步巡四十七名以之分配十有三卡每卡已僅約三四名而各卡經收稅款尚須留駐一二名以資防護所堪出外巡緝者不過二名以一二名之巡勇責其游巡百餘里或數十里之地面卽使認眞查緝顧此失彼亦爲力所不逮況走私之犯類皆成羣結隊衆寡不敵遑言緝禁此就現情而論必須擇要酌添以厚兵力而飭進行再隰大永三縣鹽務現已着手將歸自辦該處地面遼闊山道縱橫行銷之鹽極易隱匿

稽征頗難且爲花潞各鹽充斥之區設卡之後卽須嚴行整理如永和義錢馬門谷關近臨花岸龍王巡韓候等處密接潞岸紀家峪午城鎭水頭鎭爲陸地關隘均非駐有緝私兵不足以杜偷漏而防侵灌隰縣爲三縣之中心亦須酌駐以資查驗而堵繞越而開辦伊始所需巡勇本爲預算所無茲據該局呈請於原有各卡酌加馬巡二名步巡四名隰大永屬之辛關卡原有步巡三名馬門關馬巡一名步巡二名紀家峪午城二處各步巡二名共添馬巡二名步巡十六名連前請添共馬巡四名步巡二十名此應請予酌加及新增者又一也綜上三處計算擬請共添緝私隊長一員馬巡二十八名步巡四十名俾資分配而促進行茲値七年度預算編製在卽理合將擬增緝私餉額各欵列表呈請鑒核伏乞指令祗遵謹呈

呈　鹽務署查明溥利公司收硝辦法妨礙鹽務擬具說略呈核文七年四月二十七日

呈爲查明溥利公司收硝辦法妨礙鹽務暨擬具純粹官辦土硝廠取締商辦兩種說略開摺呈請鑒核令遵事案奉鈞署第一千三百六十七號訓令內開准山西省長公署咨開據冀甯道尹呈據陽曲縣知事蕭崇勳呈據溥利土硝總公司經理路浩呈遵批按照公司條例註冊[illegible]則招足股本組織土硝公司於本月十八日卽陰歷七月初一日舉行成立據情呈請核准咨部立案等情查此案前經令據財政廳議復以省城自硝店停閉後各處私運私售所在多有官廳既難一律禁止似不若責令商家專辦較易稽查今既據該公司呈稱納稅領票各節均照礦公司辦法似可批飭援案試辦呈請核飭轉行等情

復經令行陽曲縣轉飭擬具章程到署並飭照章組織成立依限註册各在案據呈前情除轉咨陸軍農商兩部外相應檢同原送章程咨請查照立案等因查路浩呈請設立溥利土硝公司收買土硝與土鹽實有連帶關係該公司章程內稱向鹽戶收買鹽硝名稱未免含混流弊不可不防究竟該公司收硝辦法於該省鹺務有無妨礙或應如何取締以防夾帶影射之弊仰該局長就近切實查明妥議具覆以憑核辦原咨暨該公司章程並抄發此令計抄件等因奉此遵查路浩等設立土硝公司收買硝斤認繳課欵誠使辦理有效自於國稅前途不無裨益惟硝之爲物在昔言之則爲軍用禁製品在今言之則爲鹽之副產物無論其性質或爲火硝或爲皮硝其用途或爲沓金或爲揉革而溯厥所產咸出于鹽則硝戶鹽戶其營業如河劃分鹽之與硝其產銷如何取締自應由鹽務機關調查明確設法管理始免滋生流弊是以從前直隸何南山東三省製硝事宜原由陸軍部管轄嗣因關係鹽務曾蒙鈞署呈明
大總統提歸部署設廠直接管理在案今查該公司原呈聲明擬仿照直隸官硝總廠集股收買又擬王村磺礦公司印發稅票每斤納稅十二文等語不知直隸硝廠係屬官辦而磺礦事宜絕與土鹽無干其性質與該公司均屬逈別勢不能漫爲援引至如納稅一層今以晉北鹽稅每百斤征收一元五角如硝稅每斤僅收制錢十二文則商人牟利避重就輕必有藉硝運鹽影射曚混情事而以鹽價與硝價互較晉北本省之鹽每斤只値制錢八十文而製成精硝行運出口可値銀每擔二三十元卽不然僅在本省

售賣亦可獲售價每擔在十元左右若不加以限制則鍋戶爲弋利計又難免拋荒止業專務製硝而鹽業受其影響再四籌思硝之營業關係鹽務前途實屬甚鉅似不能徒事放任聽商人自由營業致令晉省鹽務受其妨害今就愚慮所及自以收回官辦爲是用謹切按實情擬具官辦土硝辦法呈候核奪再就事實論此項土硝似宜就鹽務官署責令兼辦爲宜緣土鹽產區遍於晉北三十餘縣若使獨設機關派員收買則收硝處之分設所耗不貲即有餘利亦不敵虧耗之重今查直隸官硝廠歷辦成案由四年七月至六年八月二年之間收硝成本僅用銀十四萬九千三百六十元四角九分六厘而機關費之支用則至十六萬九百八十元四角一厘又收鹽費用銀一萬一千七元五角一分五厘以上兩項在獨立機關均屬省無可省萬不能免若果改爲兼辦則各處收硝責之分局分卡其用費可就餘利項下酌提若干以資津貼而總局管理硝務及分赴各屬偵查亦祗委派數員即可敷用所費決不至如是之多至於收鹽費用更可減免開支既省則辦理自易獲效通盤籌畫似屬較爲便利合併聲明所有遵令查明浦利公司妨礙鹽務並擬具辦法緣由理合繕成說略簡表並抄錄各該局原呈呈請鈞署鑒核指令祇遵謹呈計附呈摺二扣硝樣十種

計　開

北路土鹽徵稅局呈爲查明晉北設立浦利土硝公司妨礙鹺務情形仰祈鑒核事案奉鈞局飭查晉北

設立浦利土硝公司于鹺務有無妨礙並抄發山西省長原咨暨該公司章程及招股簡章各一件等因奉此職局因案關署飭亟應遴委調查務得詳情俾資參考遴委職局稽查員魯邦瞻馮理分別馳往各處實地調查茲據該員等呈復前來略稱北路各地所產土硝形質不如中南兩路純粹銷路亦不如中南兩路暢旺揆其原因半由于鍋戶以鹽為專業硝產不甚注意半由交通不便銷場難以暢盛委員等遄往各地周諮博訪詳密調查僉謂土硝之產在煎鍋者係在鹽渣中提出在晒池者則在滷水面結成欲稽其產額當先查鹽之產額惟天時寒燠鹽硝無定人工勤惰各殊出鹽參差產硝亦無確數可稽今以現有鍋口及晒池計算平均每年產毛硝約計三萬担左右產硝之地以應縣陽高山陰高鎮為最次則渾源大同產期係在五六七月之時至其用途則係供皮房硝皮之用為多等語據此查土硝與土鹽產銷均有關係從前晋北幾同廢岸硝公司之設固不問其有無妨礙現在本省鹽課已歸一律若硝之捐率逾於鹽則硝可充鹽苟鹽之稅額高于硝則鹽堪冒硝硝之影響鹽課關係甚大竊以為茲事體大流弊滋多無論官家能否自辦究未便假手于商自宜呈請部署行咨取銷該公司原案方為正辦既與鹽務密切相關並擬由鹽務機關兼辦以一事權而防流弊是否有當伏維鑒核施行計呈硝樣三種附條陳辦法摺於下竊查刮土淋滷熬滷得鹽而硝亦隨之而成原料既俱採於滷製造復同出於鍋是就出產而言鹽與硝不能分離也而且形色類似驟難辨認夾帶既易混雜難防硝攙鹽售則碍民食鹽藉

硝運則損國課況鹽稅既歸一律而硝稅尚未厘定設硝之稅率逾於鹽則硝可充鹽苟之鹽稅率高於硝則鹽堪冒硝是就稽徵而言鹽與硝尤難分析也晉北土鹽在未能消滅以前不能不認爲鹽產則其同時同地產出之土硝不能不認爲副產況其關係密切取締爲難放任既於理未能專辦亦於勢未可即欲另設機關從事稽徵既屬駢枝亦虞隔閡誠不如就固有之鹽務機關略擴職權少增經費變通盡利較易集事謹就愚慮所及擬具官辦土硝說略伏乞鑒核施行計開（一）收買土硝與鹽同產一鍋既如上述土鹽既隸於各卡則土硝從同於事相宜於勢亦順當令該管各局卡查明各鍋戶所產之硝儘產儘收其收價視硝質之純雜並依各該處之市價分則定之（二）提鍊晉省現出之硝頗不一致除初製之毛硝外雖精硝較少而再製以上之硝亦所恒有若任其自行提鍊非惟純雜不一亦且流弊難防清源之策當令土硝悉歸官收但施行之初與硝戶生計有關懼多扞格宜令民戶止製毛硝而再製以上悉由官鍊查各卡所收鹽稅每月本應耑解分局即令各卡將所收硝觔一同附解而於分局之內酌設化鍊耑員暨工人若干提淨其成分除其雜質各按其性質功用以定售價數目而後再製之硝皆官產矣但在官練未辦以前再製之硝亦可兼收以杜私買如此逐漸進行期至并初製之硝皆歸官鍊則完全無憾矣（三）運售硝經提鍊之後分別等次包裝完全重量齊一其僅供滬皮化銀等用者准商人隨時納稅繳價購買即由各分局塡給運單護運若堪以製葯之精硝則專備各兵工廠價買不得隨

意出售以杜流弊(四)成本晉北土硝產額每年約萬餘担如鍊爲純硝約計三萬担每担土硝收價不等(另表開列)各視其質之純雜與產之旺嗇爲判價定平均每担收價爲二三元上下提鍊之後每担成本約四五元每月平均收鍊約二千餘担則成本亦不過萬餘元三月之後足敷周轉現值開辦伊始擬在另款項下轉撥四萬元以資濟用如鈞署另款無出可否在職局蘆蒙兩項官運本內暫先移撥之處伏候示遵(五)利益近來洋硝既鮮進口各處存硝屢缺每担價格已漲至十餘元利益不爲不大將來取得售價除運費之外先將成本陸續撥還預計兩年之後資本即有着矣(乙)取締商辦即由鹽務機關管理硝戶硝商辦法(一)熬戶領照熬硝鍋戶應仿照熬鹽辦法各向該管局卡領執鍋照報明鍋口產額以備查攷而便取締每週年一換並酌取手續費以示制限(二)硝商註册無論店販公司運售各商均應在該管局卡註册領有証書方准向鍋戶收買硝斤証書亦週年一換並取手續費若干(三)運硝給照硝商運銷之時報明收價斤量成分用途以及運往地點並照章繳納硝稅由該管局卡填給運銷執照以便經過地方查驗放行否則作私運論(四)監視提鍊硝商收硝之後如再經一次或數次之提鍊時當報明該管局卡隨時派員監視以便檢查其成分用途並防藉硝熬鹽之弊(五)釐定稅率案查晉北浦利土硝公司稟准本省財政廳曾有每担小洋一元二角之規定則硝之稅率擬暫定爲大洋一元以一年爲限再行更定

七年五月十五日奉

鹽務署指令呈摺均悉所陳浦利公司妨碍鹽務各節詳加查核尚屬實情按照部署管理硝斤維持鹽務計畫自以收回官辦爲正當辦法惟收回之初不得不先爲通盤籌畫庶免將來窒礙茲將應行研究各端分列於左一浦利公司辦法既與鹽務有碍且與部署呈准辦法相牴觸本可責令取消惟該公司自經省長核准之後業已開辦自應先行調查其内容及投資數目以便收回時酌定處置辦法二查浦利公司既經該省省長核准並規定每斤按十二文抽税現在若由部署逕行取消省長方面能否融洽應由該局長將必須取消理由就近先與省長接洽或有如何疏通之法應並妥擬呈核三營業盈虧以成本銷路二者關係最要成本一節原摺僅開每擔純硝約四五元以三月計應攤四萬元惟究竟售價每擔可得若干每年贏餘若干銷路以何種爲大宗是否確有把握均未提及似嫌疏漏應即逐一詳細調查估計編製預算送署核奪以上各節仰該局長再行悉心擬訂詳細呈報並將與省長接洽情形一併報告以便核辦此令摺存

呈　鹽務署晉北鹽欵錯雜糾紛詳晰分劃擬具辦法文七年五月二日

呈爲晉北鹽欵錯雜糾紛現經詳晰分劃擬具辦法開單列表呈祈鑒核令遵事竊查晉北行鹽制本複雜一爲土鹽寓禁於徵則純用征税制度而花鹽小鹽之屬視此一爲蒙鹽歷由官辦則純用官運督銷

制度而蘆鹽白鹽之屬又祝此用征税制度者税出於商或取之於鍋戶正税之外別無他欵用官運制度者則有運本以資營運而鹽價卽爲收入税從價出本納價內除正税及運本外其所餘之欵皆爲餘利正欵純屬税收而官運乃係營業不容混雜事實昭然止税遵令免解而運本留備周轉各有歸納界限分明乃晋北開辦以來蒙土兩税免解之時卽未劃分而餘利又併入正税統名鹽欵一同解所甚至土鹽欵收則借用蒙蘆運本充解税欵而官運支絀復挪借土鹽税欵墊付運資此出彼入任意移挪在金庫收支列報既極混淆而本局墊撥往還又無登記徒以統除統算知其不虧而一經詳晰推求問以某欵若干盈絀何似所司結舌莫知所對似此含糊牽混不加梳剔匪獨研求欵目結算爲難且恐積日愈久挪墊彌深運本全空鹽源立滯督運督挖既不能爲無米之炊而暢運暢銷無復有幾希之望局長抵任以來卽以正欵應儘征儘解而官運宜有固定資本周轉濟銷以期運務發達目擊前轍悚惕彌深亟思設法清釐各歸各欵顧以應年既久欵目繁多套搭既深鈞稽非易從事數月尚未竣功現值收税局成立當與祝助理員商明金庫移交之欵暫緩支撥俟運税劃清再行動用祝亦深以爲然而蘆鹽一項又屬停辦憶局長前此因公晋京曾蒙垂詢官本究有若干當此交接結束之餘所有歷年糾葛不清之欵均應逐項查明以求實在卽經督飭員司漏夜赶辦茲已大致理清具有端倪計自二年七月起至七年二月底止正欵一項接晋財政司移交銀一百二十二元五角七分六厘收入各税連前接管共實

收現銀一百零九萬五千八百九十八元一角三分八厘各分局已徵未解之三萬二千一百八十五元七角四分一厘開支經費各欵共銀四十萬零九千二百九十八元一角三分八厘解交總所銀六十八萬六千六百元又從官運欵內挪墊解交銀十萬零四千元結存實透解銀十萬零四千元官運一項接收財政司移交蘆鹽運本七千九百六十一元八角一分三厘蒙鹽運本十四萬七千五百七十九元六角五分七厘兩共運本已十五萬五千五百四十一元四角七分餘存各鹽值本計現在應三十一萬四千六百零五元五角八分五厘除墊解正欵十萬零四千元撥歸另欵二千六百八十二元八角七分外祇實存值本現銀兩項共二十萬零七千九百二十二元七角一分五厘內再除值本銀七萬四千八百八十七元二角二分七厘係從未售鹽斤估計外實祇結存現銀十三萬三千零三十五元四角八分八厘以上兩項共計正欵溢解十萬零四千元官運撥墊十萬零六千六百八十二元八角七分應請由正另欵內分別劃還以資清晰如此辦理計官運餘利一項自二年七月起至七年二月止共應解十五萬九千零六十四元一角一分五厘令從正欵項下劃去溢解銀十萬零四千元收回餘利欵內共餘五萬五千零六十四元一角一分五厘應俟值本鹽斤陸續售出始能全數收回又運本一項原爲十五萬五千五百四十一元四角七分內計銀十三萬三千零三十五元四角八分八厘撥歸另欵二千六百八十二元八角七分鹽斤值本一萬九千八百二十三元一角一分二厘令值蘆鹽結束應從職局續收另欵

項下扣回二千六百八十二元八角七分再從結存現銀内撥出五千二百七十八元九角四分三厘以符接收運本原數另行存儲聽候鈞示撥用共餘現銀十二萬七千七百五十六元五角四分五厘及結存値本銀一萬九千八百二十三元一角一分二厘應卽歸入蒙鹽運本惟職局官運蒙鹽往年挖運不足十萬担故勉强支撑尙堪敷用本年經局長極力督飭約可挖足合同所訂五萬石之數合計十八萬担幾較往年增加一倍應付地租一萬兩合銀一萬四千餘元外其所有挖馱運費等項亦必倍增於昔而運本尙有値本在内不能遽作現銀抵用且由磴至包以下船價因頻年匪亂船隻稀少估價較增卽照上年核准之案預計數亦不貲以原有運本抵支萬屬不敷現經極力撙節按照各費分別列表估計全數至少亦須有二十萬元作爲固定資本再加以調劑方敷周轉所有不敷之數擬請在前項餘利値本暨嗣後續售鹽斤欵内陸續提存備用如蒙核准擬卽分別專案呈請劃撥再職局奉設收稅局所有應交欵項前奉電令云云等因業經與稅助理員面商土鹽稅欵及鍋牌照費應全數歸收稅局管理其蒙鹽官運一項因有運本運費例須隨時支配勢難全部劃歸祇能將一部分稅欵由售鹽收價内提交收稅局收解其鹽本運費等項仍由榷運局逕支歸收稅局稽核惟官運内磴口局機關經費歲支銀四千三百四十三元遵照鈞電係屬正欵支出性質與官運全部用欵應由運本項下撥付攤入鹽價者情形迥不相同今查官運欵内所有包鎭磧口河曲等處各機關費均由正欵開支而獨磴局一處辦法歧

異似屬不合擬請嗣後磴局一欵亦提入正欵項下支報俾與包磧一律庶免牽混而資劃一是否有當伏候鈞裁所有分劃鹽欵各辦法暨正欵官運兩項衡數清單及本年官運運本須算表理合備文呈祈鑒核伏乞訓示祇遵謹呈

計呈送正欵官運清單各一紙七年官運運本預算表一紙

運本接收財政司移交運本蘆鹽一百五十四担五十斤值銀一百七十九元三角三分五厘又運本大紅鹽十六萬一千九百九十六担七十八斤四兩值銀十二萬八千一百二十七元七角五分四厘又運本二紅鹽二萬零四百二十六担三十六斤六兩值銀一萬六千二百三十一元七角一分六厘又運本白鹽四千四百八十六担七十二斤四兩值銀三千二百二十元零一角八分七厘以上運本鹽十八萬七千零六十四担三十六斤十四兩值銀十四萬七千七百五十八元九角九分二厘接收財政司蘆鹽運本銀一百十三元六角零八厘接收前省北鹽務局交存長蘆運本銀七千六百六十八元八角七分以上運本銀七千七百八十二元四角七分八厘兩共運本銀十五萬五千五百四十一元四角七分收入二年七月至七年十月共收蘆鹽十六萬八千八百三十二担又共收大紅鹽四十八萬九千一百九十七担三十五斤八兩又共收二紅鹽十萬零四千零五十二担四十七斤六兩又共收白鹽五千八百六十四担七十一斤以上逐年共購收鹽七十六萬七千九百四十六担五十三斤十四兩二年七月至

十二月收鹽價銀元十二萬五千二百八十四元七角四分六厘三年份收鹽價銀元三十五萬七千六百三十一元五角七分八厘四年份收鹽價銀元三十五萬一千五百二十六元一角七分六厘有包局收磧口局歸還三年份鹽本銀元九千零二十九元五角一分八厘在內五年份收鹽價銀元三十六萬一千九百五十八元九角二分六厘六年份收鹽價銀元三十二萬三千九百八十五元六角六分七厘七年一二月收鹽價銀元三萬七千零零九元一角七分五厘以上共收逐年售鹽收價銀元一百五十五萬七千三百九十六元二角六分八厘支除二年七月至七年二月蘆鹽十六萬七千四百九十三担十九斤又大紅鹽五十四萬四千四百九十担九十斤又二紅鹽十一萬一千二百四十二担五十二斤四兩又白鹽一萬零二百九十一担十五斤四兩以上逐年共運銷鹽八十三萬三千五百十七担七十六斤八兩損失蘆鹽三百二十三担九十二斤此係第七批蘆鹽損失之數於本年三月一日奉令核銷損失大紅鹽六千零零六担零七斤十一兩此係歷年損失之數均經奉令核銷有案以上逐年共損失鹽六千三百二十九担九十九斤十一兩二年七月至十二月支鹽本營業費銀元十萬零六千一百五十四元零七分四厘內有加支鹽價等銀四千九百八十六元說明附後三年份支鹽本營業費銀元二十六萬一千三百九十八元八角八分四厘四年份支又銀元三十一萬七千三百三十元零四角一分五厘五年份支又銀元二十二萬九千一百五十元零八角五分四厘有磧口局撥還包局鹽本銀元二

千零五十九元零八分四厘在內六年份支叉銀元三十八萬八千零十元零六角一分二厘七年一二月支叉銀元二萬三千四百十五元五角四分九厘以上逐年共支鹽本營業費銀元一百三十二萬五千四百六十元零三角八分八厘結存至七年二月止存蘆鹽一千一百六十九担三十九斤值本銀四千八百十七元四角七分又存大紅鹽十萬零零六百九十七担十六斤零一兩值本銀六萬三千三百四十二元四角三分三厘又存二紅鹽一萬三千二百三十六担三十一斤八兩值本銀六千六百八十三元五角五分五厘又存白鹽六十担零二十八斤值本銀四十三元七角六分九厘以上結存鹽十一萬五千一百六十三担十四斤九兩值本銀七萬四千八百八十七元二角二分七厘至七年三月止結存銀二十三萬九千七百十八元三角五分八厘內有撥墊正欵十萬零四千元撥歸另欵二千六百八十二元八角七分現抵實存銀十三萬三千零三十五元四角八分八厘與二月份月報結數相符以上各鹽值本及銀元兩項共三十一萬四千六百零五元五角八分五厘內除撥墊正欵十萬零四千元撥歸另欵二千六百八十二元八角七分外實存二十萬零七千九百二十二元七角一分五厘值本及銀元兩項總數內應有連本十五萬五千五百四十一元四角七分內計銀十三萬三千零三十五元四角八分八厘撥歸另欵二千六百八十二元八角七分鹽斤值本一萬九千八百二十三元一角一分二厘餘利十五萬九千零六十四元一角一分五厘內有撥墊正欵十萬零四千元餘係鹽斤值本須待存鹽

售出方得現銀査前省北鹽務局借運蘆鹽一萬引每引預交鹽價銀一兩一錢報効銀三錢共交過長蘆銀一萬四千兩職局成立之時此事未准財政司移交有案後於三年三月間准長蘆函知晉北借運蘆鹽亦須一律交納稅價從前省北交存鹽價及報効銀一萬四千兩除已運外尚餘一千八百八十九兩7043合洋二千六百八十二元八角七分請即領回等因方悉此案原委並知二年九月至三年三月職局所運蘆鹽一萬九千六百八十担未付之鹽價及報効銀三千四百四十四兩以69073 4合洋四千九百八十六元亦已在前項省北預交銀內扣除以是職局册報僅有收入之鹽而無支出之價但前項扣抵鹽價及領回之省北存欵當時雖未移交然既係省北交存長蘆作爲鹽價等項則即係職局開辦蘆鹽運本自應於職局運本項下先行列收再行轉付各賬從前未予悉數列入祇將領回之銀收入正欵且又於三年十二月間撥歸另欵自係漏畧錯誤於欵項雖無短少而賬目究未清晰現須劃清運稅不得不將運本等項分晰清楚因將是項扣抵鹽價及領回之省北存欵兩共七千六百六十八元八角七分收回單內官運運本項下而於支除項下二年份加支鹽價等項銀四千九百八十六元又在現銀結存數內註明撥歸另欵銀二千六百八十二元八角七分與全賬適相符合而運本可得確數理合聲明晉北確運局謹將二年七月起至七年二月底止全局正欵收欵收支解交總數開摺送請鑒核計開接管財政司移交銀元一百二十二元五角七分六厘收入二年七月至十二月底共收銀元四萬三千九百七

十五元九角三分一厘三年一月份至十二月共收銀元二十萬零四千八百八十八元六角三分四厘四年一月份至十二月底共收銀元二十九萬零六百三十四元五角六分三厘五年一月份至十二月底共收銀元二十八萬四千一百九十九元七角二分三厘六年一月份至十二月底共收銀元二十八萬六千九百四十八元八角七分二厘七年一二兩月份共收銀元一萬七千三百十三元五角八分以上共收銀元一百十二萬七千九百六十一元三角零三厘連前接管項下共收一百一十二萬八千零八十三元八角七分九厘內有三萬二千一百八十五元七角四分一厘分局尙未解到計實收現銀一百零九萬五千八百九十八元一角三分八厘開支二年七月至十二月底開支經費二萬二千七百三十六元一角九分三年一月至十二月底開支經費七萬七千三百八十元零三角三分六厘又撥還平定樂平押岸銀元一萬零三百四十二元八角一分查從前省北鹽務局收平定引商押岸銀五千兩財政司收樂平引押岸銀二千兩均未遞相移交三年六月間取消引商於三年七月一日奉令在鹽款內提還以6768合銀元如上數業經列册支報有案四年一月至十二月底開支經費八萬八千一百七十八元三角一分六厘五年一月至十二月底開支經費九萬二千六百三十五元七角六年一月至十二月底開支經費九萬八千二百九十六元七角四分八厘七年一二兩月份開支經費一萬八千七百二十八元零三分八厘共支四十萬零九千二百九十八元一角三分八厘解交三年份解交十萬元四年

晉北榷運局七年官運蒙鹽運本預算表

項別 ╲ 局別	磴口局	包鎮局	河口局	河曲倉	磧口局	總計	備考
湖租	一萬四千七百八十元					一萬四千七百八十元	每年湖租一萬兩（六七六八）合銀元約上數
挖費	五千零二十元					五千零二十元	每年按十八萬担計每担（二分七八六七八）合約上數
馱費	九萬五千四百三十一元					九萬五千四百三十一元	每年按十八萬担計每担以（一五分三〇一七二五）合約上數
倉賃	一萬一千零十一元					一萬一千零十一元	每年按十八萬担計每担以（六分七三五）合約上數
雜費	六百二十元	八百七十二元	二百九十二元	一百五十八元	一千五百五十四元	三千四百九十六元	磴口係挖湖器具及收鹽雜支包局係倉賃修繕旅費滙費等項河口局河曲磧口均係修繕雜費倉賃等項年約上數
運費		二萬二千七百五十[illegible]	五千八百元	二萬七千六百一十[illegible]	四萬八千二百五十[illegible]	十萬零四千四百二[illegible]	包局每年約運五萬担每担按（四角五五一六）合銀元約上數河口每年約運一萬担約併上數河曲倉每担（九二〇三六）合約[illegible]

	八元	元	元	三元	十一元	上數磧口每担[illegible]合約上數
合計	十二萬六千八百六十二元	二萬三千六百三十元	六千零九十二元	二萬七千七百六十八元	四萬九千八百零七元	二十三萬四千一百五十九元

以上所列湖租係按本年續訂合同填列其挖馱倉價等費均以從前實支之數按照約估担數合計而成而各局倉運費均係遵照

鈞署核准之案由磧口運至各該局之船價及收鹽雜支計算合併聲明

份解交二十一萬五千元五年份解交二十一萬三千六百元六年份解交十二萬八千元七年一二兩月解交三萬元又逐年在官運欵內挪解正欵銀十萬零四千元共解七十九萬零六百元以上解支兩項共支除銀一百十九萬九千八百九十八元一角三分八厘實在收支兩抵計共透解正欵銀十萬零四千元收數係按實收銀元計算共分局已征未到者在外查以上管收兩項共一百十二萬八千零八十三元八角七分九厘除開支一項四十萬零九千二百九十八元一角三分八厘應解七十一萬八千七百八十五元七角四分一厘內有分局已征未解三萬二千一百八十五元七角四分一厘即截止二月底月報結存之數應俟分局解到再行轉解而歷年正欵官運兩項共解過七十九萬零六百元現今詳細劃分查有六十八萬六千六百元係所解正稅又十萬零四千元係由官運挪墊之欵應請作爲餘利劃收理合聲明

呈　鹽務署商銷蘆鹽有關民食比額擬飭按月報告以資考核謹擬辦法呈核文七年五月四日

呈爲商銷蘆鹽有關民食比額擬飭按月報告以資考核謹擬辦法呈請鑒核令遵事竊查開放蘆鹽原以裕課便民爲宗旨是增進稅收固屬要圖而人民方面鹽爲食本運銷自不能稍有間斷售價尤不容或任增高斟劑須得其平民食方可無虞平定九縣銷數向以蘆鹽爲大宗官運時代職局察度各縣銷數參酌民間生計量爲運售自無民食缺乏及高價困民之虞今爲促進稅收起見設爲商運辦法雖已

不同而便民之旨要無所異官運機關雖已裁撤而維持之責仍屬難辭是以職局對於商運銷售似不能不有所查考以資維持且蘆鹽每年銷數在晉北全局銷額之内幾占五分之一歷經職局於每月銷鹽比較表内列報鈞署有案現在官運取消比較並未劃除則此項銷額仍應遵照鈞署頒行之銷鹽考成條例第六條核計所有他區鹽斤實銷本岸銷數值此開放以後散漫無稽若非飭商按月報告官局無由確知兹由職局擬定各商每月銷存鹽數暨鹽價報告表一種列報頒發各商按月填送手續簡單易於實行而職局即可根據此表綜計每月銷存鹽數及各地鹽價以爲預算民食考核准售價額並統計銷數呈請鈞署核定考成之用而於開放宗旨不特無所抵觸且可保持自由販賣之精神不使奸商巨買乘間壟斷似於商人方面亦有裨益此種辦法如蒙核准擬卽以五月份起開始實行所有擬飭各商填送銷存鹽數暨鹽價報告表各緣由理合備文檢同表式呈請鑒核伏乞迅賜指令祇遵謹呈

(表式畧)

七年五月十七日奉

鹽務署指令呈表均悉平定八縣商運散漫該局長擬飭各商按月報告鹽價銷數自無不可但此次開放主旨首在自由運鹽該商等如無違法情事不得無故加以干涉致滋浮議是爲至要表式存此令

呈　鹽務署呈送續租吉蘭泰鹽湖正式合同文七年五月六月

呈爲呈送續租吉蘭泰鹽湖正式合同仰祈鑒核備案事竊查接租吉蘭太鹽湖合同草案前經呈奉鈞署第三千零三十七號指令內開呈摺均悉仰卽繕具正式合同俟雙方蓋印後呈送本署備案摺存此令等因當經職局遵卽繕具正式合同四份備函飭由程局員炎震齎送阿拉善王邸蓋印簽押請其存留一份發還三份以便分別存送去後茲據磴口局呈准阿拉善旗開本年三月初五日由京齎到續租吉蘭泰鹽湖合同四份已由本旗蓋印信除一份存留本旗外下餘三分送請收納存轉見復等因除函復並遵奉留存一份外其除二份理合備文呈請賜鑒核存轉等情並據送正式合同二份到局除職局留存一份外理合檢具一分備文呈送伏乞俯賜鑒核備案謹呈計呈送吉蘭泰鹽湖正式合同一份

阿拉善王與晉北榷運局爲續租鹽湖議訂合同事查吉蘭泰大二兩鹽湖前由晉北榷運局與阿拉善王會照宣統三年舊案於民國三四年暨五六年兩次續租議訂合同各在案現因瞬屆限滿之期經阿拉善王提議加租彼此議定加租數目租期年限訂立合同並言明此次租定三年期滿之後再續租時非每年挖運五萬石以外不得加租如鹽湖歉產或應維持以致不能足額時仍可議減由晉北榷運局往復商訂復將民國七八九年公同議訂續租吉蘭泰大二兩鹽湖合同條欵開列於左第一欵吉蘭泰大二兩鹽湖之鹽前於民國五年一月起租與晉北榷運局試辦二年應於民國六年底限滿現仍查照前案接續議訂合同自民國七年一月一號起至九年年底止租於晉北榷運局再行試辦三年每年議

訂照前合同八千兩因蒙民生計艱難加租銀二千兩計每年湖租包平計合銀一萬兩分爲三次收清由晉北榷運局所屬包頭運銷局就近交付阿拉善王處給收據爲憑租定期內所有大二兩湖之鹽統由晉北榷運總局隨時自由派員開湖挖收運往行銷區域發售不准別人私收私運限內不得加租亦不准征税并不得另立名目額外需索俟租期屆滿再議續租合同但續租時之租價如議加減應照前叙案由核定第二欵晉北榷運局派員在磴口設局收鹽公平交易蒙漢馱戶由吉蘭泰大湖載至磴口脚價每斗付銀一錢三分湖上挖鹽蒙漢人等工價每馱付銀四分一厘由二湖載至磴口脚價每斗付銀七分湖上挖鹽人等工價每馱付銀三分三厘蒙漢馱戶人等不准勒措不挖不馱官員人等不准需索分文如有以上情事均由本旂承當辦理第三欵派赴磴口鹽湖蒙員二員各月支薪水銀八兩先生二人各月支工食銀六兩跟役二名各月支工銀三兩管工處鹽湖達木蘭四名各月支工食銀一兩共三十八兩係爲催蒙漢運交磴口之鹽及幫查私運等事所有薪工銀兩亦自民國七年一月一號起支至民國七年年底止統由磴局按月發給第四欵磴局所派收鹽人等將馱載兩湖之鹽用斗量時不准勒扣阻滯運鹽脚價一律付給現銀不攙貨物并不加入鉛銅其各蒙民挖運人等應先由阿拉善王出示曉諭嗣後務須較前踴躍以每年運交磴口足九萬石爲額不得再有短少阻滯倘仍前誤運應由晉北榷運局查明情形函請阿拉善王諭知印房從嚴辦理決不寬貸第五欵吉蘭泰大二兩湖今既租於

晉北榷運總局承辦仍照前次合同統由官局隨時自由派員開挖收運無論銷往何處統歸晉北榷運局主持蒙旗不得干預在租期內如有蒙漢人等非晉北榷運局所派人員或未經晉北榷運局之認可而私往挖運一經查出除將鹽石及附屬之馱隻等物一律充公外仍由官局會同印房將該私販按照現行私鹽法治罪第六欵督運督挖最關緊要磴口及鹽淵設局用人凡關於鹽務或派人催運或在沿邊稽查或商派蒙人照料之處悉由晉北榷運局酌量合宜辦理統由蒙旗保護倘原派蒙員中有辦事不力或不適用之處准由駐磴駐淵委員指名移請阿拉善王更換另派委員照料以重運務至駐磴駐淵委員亦准由阿拉善王查看優劣如有不合之處得移知晉北榷運局酌量撤換第七欵本合同係按照前訂民國五年六年合同大旨酌量議定自民國七年一月一號起至民國九年底止以三年爲租定期滿之限第八欵本合同照繕四分於印押後一呈鹽務署一存阿拉善王處一存晉北榷運總局一存磴口分局倘以後有疑難辯論之處彼此就近在磴查對合同以漢文爲憑阿拉善王塔旺佈理甲拉晉北榷運局局長徐翺中華民國七年一月一日

七年五月十四日奉

鹽務署指令呈及合同均悉應准備案此令合同存

呈　鹽務署呈復磧口局六年十一月十二日運費相差原因開摺請核文七年五月十三日

呈爲遵查六年十一十二兩月磧口局官運費用開摺呈請鑒核事案奉鈞署第五百九十六號訓令內開總務處案呈准稽核總所漢文股股長付據晉北稽核員呈請各節合行抄粘令仰該局長詳查呈復以憑核奪切切此令等因奉此查磧口局六年十一月份由曲運磧紅鹽五千八百六十八担七十斤每担運費六角八分一厘三毫共計運費三千九百九十八元三角四分五厘每担卸儎費七厘共計卸儎費四百二十八元四角一分五厘十二月分由曲運磧紅鹽一千九百七十六担七十八斤每担運費六角八分一厘三毫共計運費一千三百四十六元七角八分每担卸儎費七分三厘共計卸儎費一百四十四元三角零五厘又由磧口局直接發磧紅鹽一千六百九十二担每担運費一元五角零九厘一毫六絲六忽共計運費二千五百五十三元五角零九厘每担卸儎費九分共計卸儎費一百五十二元二角八分兩共運費三千九百元零零二角八分九厘卸儎費二百九十六元五角八分五厘又由官運河口至曲紅鹽二百六十三担二十斤每担運費二角份計運費五十二元六角四分發單內十二月份僅開有由曲運磧及由官運河口至曲之鹽而由磧發磧之鹽未曾列入以少數之鹽攤任多數運費及卸儎費故與十一月份相差遠甚若將由磧發磧之鹽列入按担核算則所差並不懸殊至十二月份所列之袋費雖爲官運支出但事屬購置似難與運費等併計其修繕旅費倉賃等項預算亦復相仿茲將磧口局十一十二兩月官運預算支出各項根據各該局月報開具細帳繕摺呈送伏乞察核令遵謹呈

計呈　送清摺一扣

計開

十一月份

一　運費三千九百九十八元三角四分五厘由曲運礦大紅鹽二千七百六十担零六十七斤二紅鹽三千一百零八担零三斤兩共五千八百六十八担七十斤每百斤運費六角八分一厘三毫

一　僱船撈鹽費十四元李福領運礦鹽船在花園子開漏另辦僱小船一支撈鹽用費合上數

一　修繕費十二元八角礦口七元八角河曲倉五元合上數

一　旅費四十一元五角礦口三十五元五角曲倉六元合上數

一　卸儎費四百二十八元四角一分五厘由曲裝發紅鹽五千八百六十八担七十斤每百斤人力費一分三厘運貨費三分合銀二百五十二元三角五分四厘又到礦入倉人力費每百斤三分合銀一百七十六元零六分一厘兩共合上數

一　倉賃八十元礦口局二十元河曲倉六十元外倉存鹽一百二十萬斤每百斤每月五厘合如上數

一　解欵費二百元

共計四千七百七十五元零六分

三十二

十二月份

一　運費三千九百元零零二角八分九厘由曲發磧紅鹽一千九百七十六担七十八斤每担運費六角八分一厘三毫合銀一千三百四十六元七角八分又由磴口局直接發磧紅鹽一千六百九十二担每担運費一元五角零九厘一毫六絲六忽合銀二千五百五十三元五角零九厘兩共支用合上數

一　又五十二元六角四分前在河口撈取二紅鹽二萬六千三百二十斤合二百六十三担二十斤每担運曲運費二角合上數

一　袋費四百三十二元三角二分河曲倉代磧口局添做袋一千五百四十隻每隻支工料銀二角八分合如上數

一　修理費十三元二角磧八元二角曲五元

一　旅費六十五元一角八分磧支三十七元二角曲支二十七元九角八分皆係押運鹽船用

一　卸儎費由曲裝發紅鹽一千九百七十六担七十八斤每担人力費一分三厘運貸費三分到磧入倉人力費三分銀一百四十四元三角零五厘又磴直發紅鹽一千六百九十二担每担由曲代收入倉二百九十六元五角八分五厘人力費一分七厘裝船人力費一分三厘運貸費三分到磧入

倉人力費平分合八分兩共支用如上數銀一百五十二元二角

一　倉賃六十六元　支二十元　支四十六元外倉存鹽九千二萬斤每百斤倉賃五厘合支上數

一　解費二百元

共計五千零二十六元二角一分四厘

呈　鹽榜署六年三月以前攤增成本之鹽將次售罄接售新鹽可否仍照舊價並七年湖租不再攤增請核示文七年六月二十九日

呈爲六年三月以前攤增成本之鹽刻將售罄接銷新鹽可否仍照舊價並七年湖租不再攤增以裕運本而免紛更仰祈鑒核令遵事竊查上年六月間職局結算三四五年湖租用一案以當時預算銀洋折合稍有參差又值磴口歷年苦旱不能馱運足額結至六年三月底止收支相抵計虧八千四百餘元當將所虧之數攤入六年三月以前所挖未售之大二紅鹽成本之内計大紅鹽每百斤增攤九分二厘有奇二紅鹽增攤五分七厘有奇納入售價以補虧短並擬俟上項鹽斤售完再售六年三月以後新挖之鹽時每百斤祇加價四分二厘經由裴前任呈奉鈞署令准在案兹據包鎮分局呈稱查結至本年四月底止六年三月以前攤增成本之鹽已將售罄接銷新鹽成本已輕兹遵原案辦理自應重定售價方昭核實計六年四月起至六年底共挖大二紅鹽六萬八千一百七十担零七十一斤九兩以六年份湖租

八千兩合銀一萬一千八百二十元零三角三分攤計大二紅鹽每担應勻攤湖租一角七分三厘三毫九絲三忽加以大紅每担實支湖用六角一分九厘二毫一絲四忽運費四角五分于厘一毫六絲六忽餘利四角五分合計一元六角九分七厘七毫七絲三忽二紅每担實支湖用三角六分九厘零八絲一忽五微運費四角五分五厘一毫六絲六忽餘利四角五分合計一元四角四分七厘六毫四絲零五微若欲實行減價大紅每担應減六分九厘二毫二絲七忽二紅每担應減四分五厘三毫五絲九忽五微惟現值運務進行而官本奇絀籌欵維艱稍事增收不無小補且紅鹽質美易銷每担增此五六分未必爲貴而減之亦未爲賤似於民生尙無影響又查七年湖租已增加二千兩今若議減則銷至七年之鹽又當議增與其既減又增何若通盤勻配仍照舊價較爲妥便且免紛更且各處船戶以物價日昂運鹽利薄並易遭險均不願運今春竭力覔雇僅約四五十隻初猶要求加價後經再三磋商始允照舊似此雇船爲難嗣後難保無漲價之舉似亦不得不稍留地步免絀餘利是否有當請鑒核祇遵並聲明大紅現已售及新鹽此案未奉核准以前仍照舊價出售等情前來據此局長以爲辦理鹽政首重官民兼顧鹽價太昂既虞妨礙民生估值過低又恐虧損官本酌中審定最爲適宜故鈞署前令援照三四五年實挖鹽數平勻估定具見於顧本之中寓恤民之意並顧兼籌欽佩良深今既舊鹽將罄銷及新鹽自應改訂價格方符原案惟據該局稱紅鹽質美易售仍照舊價無關銷路亦不影響民生而際此官本奇絀若

得收入稍裕俾益運務殊屬不少且七年湖租已加亦可免減而復增各節亦爲酌劑盈虛寬籌運本並免紛更起見但其先決問題自以於民生銷路有無妨礙爲斷現既於民生銷路並無妨礙而經此一轉移間官運既受益非淺七年湖租又無須再事增攤則亦不妨仍照舊價接售以資妥便第事關變更原案可否准其仍照舊價出售抑照新攤之數核減職局未敢擅便理合備文呈請鑒核指令祇遵再此案未奉訓示以前已暫准核局仍照舊價出售合併陳明謹呈

呈　財政部遵令查明所屬各局並無勒令商民重貼印花稅票情事並另擬劃清界限辦法文

七年七月十八日

呈爲遵令查明所屬各局並無勒令商民重貼印花稅票情事並另擬劃清界限辦法呈請鑒核令遵事竊照職局前奉鈞部第一千七百十九號訓令內開案據山西印花稅分處呈稱據平遙縣知事呈稱竊平邑印花稅票自知事上年到後各舖始實行貼用迨後屢加整頓於前數月銷路漸有起色是以催辦印花王委員錫祺到平時諭令照修正稅額每月以六百元銷售商會已承認勉爲其難詎刻據商會來署面稱敝會因此次修正稅額每月比前加多六十元當赴各商號實地調查以爲設法進行之計無如城鄉兼賣代賣鹽斤之各雜舖嘖有煩言謂鹽厘局巡役赴各該雜貨舖調查時於各該舖已貼縣署發賣印花票之萬金賬及一切簿據均勒令重貼鹽厘局之印花票似此藉公滋擾致商民共忿人言嘖

嘖商會有維持市面及代銷縣公署發賣印花票之責不得不據情陳述況鹽厘局既如此勒貼印花難保公賣棧不接踵於後毋論此後銷售印花萬難足額官廳每月應得之處分可以預卜即此擾商擾民流弊伊於胡底倘祈設法維持等語知事查平遙城鎮鄉以雜貨舖爲最多而雜貨舖又無不兼賣代賣鹽斤及菸酒貼用印花票又以雜貨舖爲大宗倘署局爭貼印花實於商民大受影響更屬不成政體但鹽厘局之差役調查由於章程內原有凡係專賣兼賣代賣各鹽店一語並非有心侵越職權惟所差局役均屬毫無知識一若售賣鹽斤之店均歸鹽釐局管轄未免有所挑剔殊不知雜貨舖內所銷之鹽特各貨中百分之一豈能以少數之鹽概括多數之貨在知事身任地方以國家多銷印花票爲前提覺縣署與釐局無論何處多銷終屬一致雖銷不足額因公受過不過一身其所損失者小而鹽釐局不辦管轄範圍一味勒貼印花商民咸以爲不便其所損失者大乞轉商榷運公賣局長將印花稅一事變通辦理查兼賣代賣鹽斤菸酒之雜貨舖均由純粹之鹽店糟坊菸酒批發請將各局售賣之印花票貼於批發票上以歸簡易其零星售賣概貼縣公署印花票以清界限等情據此處長覆查核縣所呈銷售印花權限紛爭各節委係實在情形并迭據大同太谷榆次等縣關於此項紛爭事件先後呈報到處似應劃清售貼範圍庶免糾擾現據平遙縣呈擬各署局劃分售貼印花辦法是否可行理合備文呈請鑒核指令祗遵等情前來查印花稅票前由本部委託各機關爲分發行所原爲商民便於購買起見若如該分

處所稱平遙縣鹽硝局巡役竟有勒令重貼印花之事殊屬不合合亟令仰該局長查明嚴行取締毋令再有此等情事至該縣所擬劃清界限辦法是否可行仰即核議爲要此令即經嚴飭所屬各分局確切查復並令核議平遙縣所擬劃清界限辦法去後旋據南路分局復稱查鹽局與縣署同爲國家征稅機關印花收入此有所絀即彼有所盈異途同歸無分畛域故自代售印花以來與縣署尙無爭執惟局卡既奉令代售似不能不於鹽務範圍之內稍籌銷路顧籌銷路則對於各鹽店及帶售鹽斤之雜貨舖不能不加察則因查察等事恒非常情所願而生煩言事或有之若謂各雜貨舖一切簿據已經貼過縣署發賣之印花復又勒令重貼未免各商舖故甚其詞殊難憑信且局卡職務以征榷爲重所有員司專事偵緝已處不遑何能拋棄正務專意印花所謂查察者毋月亦不過一次何致擾及商民再鹽務局卡本非地方行政官署可比印花銷數盈絀無關考成又何致侵越職權競此長短而平遙縣竟不問事實貿然上聞揣其用意特因平遙一帶素產鹽硝若能將鹽硝兩項行銷印花歸入縣署範圍銷數必見增加比較定有可觀此則不過爲一己考成起見遂不惜以危詞動聽至其所擬劃清界限辦法僅就縣署方面着想祇容純粹鹽店擬請票上貼印花由鹽局售賣其餘兼賣代賣各店貼用印花概由縣署售賣核與裴前局長任內呈奉財政部核准於六年三月間第四十號訓令通行各屬遵照之原案辦法大相逕庭但彼此同爲國家增進稅收何必顯事爭執今爲持平起見似不妨就原案辦法量加變通除專賣鹽

店一切簿據發票應貼用鹽局印花自無疑義外其兼售鹽觔各雜貨舖之簿據則劃歸縣署發貼而其售鹽發票仍令貼用鹽局印花並於印花票上蓋用鹽局小戳以資識別界限既清紛爭自息零售鹽斤不滿二十斤者概予免貼如此辦理庶於局署銷路兩無妨礙方稱平允是否有當謹請核奪等情嗣又續據各局呈復前來亦合稱並無勒令商民重貼印花情事所擬劃清界限辦法均與南路大致相同後復派員前赴平遙等處覆查亦復無異局長綜核各情尚屬切實至南路局所擬與縣著劃清界限辦法雖與平遙縣原議稍有出入然於事實上亦屬相同所有遵令查明所屬各局並無勒令商民重貼印花稅票情形並另擬劃清界限辦法各緣由是否有當理合備文呈請　鑒核恭候訓令祇遵謹呈

七年八月十日奉

財政部指令呈悉平遙縣鹽厘局巡役勒令商民重貼印花一節既經該局長查明並無此等情事自應免予置議至所擬劃清界限辦法本部覆加查核除專賣鹽店之簿據發票所貼印花可就近向鹽局購領外其兼售代售鹽斤各貨舖不論簿據及發票其應貼印花或向縣署購領或向鹽局購領均聽其便推行印花以商民實行貼用爲主毋庸於發行機關顯分區別致多窒碍又查本部呈准推廣稅額原案各種契約簿據應自一元以上貼用印花原呈所稱零售鹽斤不滿二千斤者免貼一節未按價值核計不無出入應仍遵照原案辦理除訓令山西印花稅分處查照外仰即遵照此令

呈　鹽務署籌議維持土鹽鍋戶生計及整頓蘆鹽大概辦法文七年八月十七日

呈爲籌議維持土鹽鍋戶生計及整頓蘆鹽大概辦法恭呈仰祈鈞鑒事竊局長前赴北路調查行至岱岳接據各鹽店鍋戶面禀晉北土鹽向均銷於中南兩路及兼銷蘆鹽之壽陽榆次盂縣陽曲等處自平定九縣開放後蘆鹽暢銷土鹽本重價高銷路漸滯本年運去各鹽比較上年約少三分之一鹽店無可利圖鍋戶歇業應請設法維持等情其時洋員祝開福亦同在座當告以九縣開放係奉署所令飭爲增加稅收起見土鹽必須減輕成本自擴銷路以期保持現狀該商等復以土鹽現已跌價成本無可再減若再不予維持必至生計歇絶後患堪虞等情一再陳述局長諭以靜候查明飭遵一面復至産區切實調查親見各鍋戶熬鹽苦累暨産銷滯塞情形回局後正擬籌議辦法適奉　山西督軍兼省長閻面諭以迭據各處鹽戶禀陳困難暨中北兩路士紳陳述土鹽滯銷情狀飭即籌議維持辦法並據職局所屬各分局局員面陳蘆鹽暢銷叚叚逸出九縣土鹽税收短絀辦理爲難各等語前來伏查職局行鹽以增進税收裕國便民爲目的現值蘆鹽增漲晉税短收此絀彼盈事同一律且衡之税率土鹽則科則較輕徵諸色味蘆鹽則實質較美際此暢銷蘆鹽以增國課固屬誼所應爲惟晉北行銷土鹽自漢以來歷今兩千餘年人民習慣已深鍋戶鹽店視爲世産牢不可破前清宣統之末議行吉蘭泰鹽暢運於土鹽各區曾經本省諮議局文電迭爭嗣後卒改爲蒙土並銷而民國二年裴前局長呈報開辦土鹽案內亦

本有寓禁於征以維人民生計之説則土鹽之深根固蒂不易拔除於此可見其平遼七屬以及陽楡二縣向銷蘆鹽一則内有數縣向係鄰近直隸人民習食蘆鹽已久一則密邇省城人民生活程度較高以故官運蘆鹽得以行銷嗣後改爲開放奉文仍上九縣在晉省亦安之若素誠使定有限制蘆鹽不再軼出界外則此九縣内雖使蘆鹽銷遍鍋戸當亦無辭惟現在平屬各商競爭日烈内部擴充未竣復欲外振基礎毎毎藉口食鹽暗中侵銷九縣以外而洋員復不明地方情形一味以提倡外銷爲主恨未能立破藩籬使之遍銷全晉以致土鹽受累鍋戸恐慌有此問題發現職局細衡現狀蘆鹽銷至一倍以外土鹽減至十分之之其蘆鹽銷數皆屬向來之土鹽銷數在土鹽色味未良售價又重蘆鹽以賤驅貴誠屬不可逃之公例但事宜持之以漸方於實際有裨若一旦漫無限制任意沖銷則置九縣以外三土豪各鹽於何地而驅之十餘縣之鍋戸鹽店脚販於何所他業既未能營生計立被剝奪不獨爲地方人民所驚疑抑且非鈞署體䘏民生之至意且土鹽辦法行之日久從前設局征税雖云寓禁於征而以中南兩路之按鍋收税計之税額並未收足逐年增鍋不啻奬勵生産現在洋員到後於收數則務取其增於銷路則務欲其減是奬之於前者驟而抑之於後中無過渡之機卽使人民有厭棄舊業別營生計之思而亦不及變計至若土鹽蘆鹽售價之不能相敵此在有税之土鹽則然若使勵行蘆産挫抑土銷則土鹽之本重利微其良善之鍋戸迫而停煎而粃莠之鹽民暗中私製隨地刮土就炕潛熬既無灶突之可稽

復鮮緝私之偵察屆時遍地產私即使蘆鹽之場價無論如何低廉運費無論如何輕減而亦不敵本地無稅之鹽可以暢銷是所謂消滅土鹽政策者行之一有不善則所消滅者將爲國稅而非土鹽其增進者爲土私而又非鹽稅也局長蒞晋以來於今一年目擊鹽務消長之機與鹽民災後流離之苦深慮操之過急或滋隱憂際此蘆鹽暢銷土鹽困敝而九縣各商之內部復又競爭太烈吞併擠抑亟思設法維持以劑其平擬合開摺肅呈仰祈鑒核訓示祗遵謹呈

計抄清摺

一職局銷鹽之情形　查晋北銷售鹽斤有土鹽花鹽蒙鹽蘆鹽各種所有各鹽產銷征稅各情形業已隨時呈報　鑒核茲因蘆鹽土鹽互相衝突擬請核定持平辦法謹就前兩項鹽斤產銷之範圍詳述於後　甲土鹽　晋北行硝土鹽始於漢季歷今二千餘年其產區在山西境內者分爲三部曰北路則大同懷仁山陰應縣天鎮陽高渾源朔縣代縣曰中路則忻縣定襄崞縣五台陽曲榆次太原太谷清源徐溝曰南路則文水交城汾陽孝義介休祁縣共二十五縣皆爲土鹽產區其銷地則兼以左雲右玉廣靈靈邱神池靜樂繁峙寧武平魯五寨壽陽盂縣共三十二縣皆爲土鹽銷區其硝數最旺時代爲每年銷鹽十五萬二千八百四十二担迨後銷數漸減三年平均每年約銷九萬六千四百十九担零今年自一月分起至六月底止半年僅銷鹽三萬三千二百二十五担零是鹽之生計亦漸微矣

乙蘆鹽　蘆鹽自前清乾隆以來向有引地爲平定樂平遼縣榆社和順壽陽盂縣陽曲榆次九縣宣統二年引岸取消改辦官運亦祇行銷於以上九縣之内惟太谷一縣有分店一處此外絕無蘆鹽蹤跡至九縣之銷數則向爲每年四萬担左右今則開放以後由四月一日至今運至陽泉鹽約有七萬八千九百十九担零雖其中各商尙有屯積不盡銷出然以三分之二計之則實銷數目亦有五萬二千六百餘担

一今昔狀况之比較　就前而論本年半年内土鹽減銷一萬四千九百八十八担蘆鹽增銷三萬二千六百餘担此蘆鹽銷數即係所佔土鹽銷數緣土鹽雖以北路爲最旺然祇係産鹽之地其銷路全在中南兩路及現銷蘆鹽之陽曲榆次盂縣壽陽等處今其地大半爲蘆鹽所佔宜乎銷數之銳減也

一鍋戶困難之大概　受其影響者一爲鍋戶二爲鹽店三爲脚販其故緣鍋戶向來製鹽存於鹽店代爲售之脚販脚販則運於銷地售諸百姓或鹽店以博微利現在土鹽價値在中南兩路較蘆鹽爲高全由成本過重運費亦昂在産地鍋戶所售之價每百斤連稅均須三元或四元再經轉販至銷地則在五六元或七八元左右而蘆鹽産地每百斤連稅只售洋二元九毛加以運費至晋省銷售價至三元或四元尙有贏利食戶貪賤自多不購土鹽土鹽銷路既滯則受其影響者直接在於脚販鹽店而間接在於鍋戶然中南兩路之鹽店脚販不購土鹽尙可轉販蘆鹽其鍋戶亦不專以製鹽爲生所受

人影響尤小惟北路則多專恃營鹽業者而道途寫遠舍土鹽外又別無他業可爲則其困益較甚矣

一維持生計之辦法　合晉北所屬之中南北三路鍋戶計之約存三千餘戶每鍋業主及工作平均五人則爲一萬五千人中除去有田可耕及生機尚足可營別業者約三分之一外其餘貧困鍋戶約一萬餘人（鹽店脚販及各人全家老弱尚不在內）向皆以本地土鹽爲生一旦蘆鹽暢銷不免生計竭蹶然以現在情形論不過銷路減色本重利微並非絕不銷售一概停熬則該鍋戶等全部生計之問題似可毋庸慮及祇就現勢體察所急需維持其目前之補苴辦法有三　甲蘆鹽銷地劃清界限　查向銷蘆鹽之區爲平遂七屬暨陽檢二縣共爲九縣現在取消官運改歸商辦亦暫仍照舊制惟總所既以提倡重稅爲主（土鹽稅每百斤一元五角蘆鹽稅每百斤二元七角五分）而商人又極力欲將蘆銷鹽至九縣之外目前已漸有駸駸軼出範圍之勢職局屢次因此問題發生困難擬請　鈞署確定範圍祇能暫以九縣爲限不得再行銷出界外一面准許緝私如此辦理雖九縣以內之土鹽銷路無可恢復然究竟事有限制鍋戶等不至生計日蹙　乙土鹽減輕價值以敵蘆鹽　查土鹽賣價之昂由於成本過重認利太眞如省城蘆鹽價每斤六十四文而土鹽尚加二文銷數之絀自屬無怪今擬曉諭鍋戶每斤減輕成本一面勸導商店毋得過求贏利以資抵制該鍋戶等但使勤於工作則一日可得日半或兩日之鹽成本或可稍輕而鹽店所賣之價如向須獲利每斤四文者今則減取三

文價亦自廉但使鹽能暢銷多中取利以求久遠之規不沾沾於目前則生計自可裕矣

一整頓蘆鹽之辦法　蘆鹽入晋以賤驅貴此天演之公例但若照現在情形而論不獨土鹽受虧即蘆鹽亦無大利其弊在自由散運競爭太烈彼此減價以期暢銷在有資本者拚同落價原不足計而小商不堪挫折遂致虧本纍纍營業坐困是競爭一事徒供大商之併吞而非行鹽之正軌查蘆鹽批發之價現由四元四角落至三元九角在批發之商尚有微利而小商已受累不淺此後難免不再減落擬請　鈞署核飭嗣後鹽價應定一適中限度至多每斤不得過若干文至少每斤亦不得過若干文以資限制庶蘆鹽一部分之鹽價可平其商人内部之競爭可免而蘆鹽售價不至太低則土鹽亦無相敵不過之患尚爲兩利之道

以上各節經局長反覆籌思爲目前補苴之策宜急無過於此擬請將畫定蘆鹽銷區一層迅予提商總所以資解决至若核定鹽價事關行政範圍應請鈞署察酌前陳事理核明訓示遵行是否有當伏候鈞裁

呈　鹽務署奉令總所擬將包頭下游停運商人稟請自由運銷蒙鹽辦法事多窒礙據實聲請核示文七年九月七日

呈爲奉令總所擬將包頭下游暫停運鹽並准收税局函送晋北鹽商趙泰生等稟請自由運蒙銷鹽辦

法查核事多窒礙據實呈請鑒核事本年八月十三日奉鈞署第一千一百五十七號訓令以總所稱官運辦法應俟助理員等報告核定在未報告以前不得再運蒙鹽往包頭下游地方行銷令局遵照並先准收稅局函據晉北鹽商趙泰生等禀請自由運銷蒙鹽抄錄辦法送請查照各等因奉准此查此次總所意見擬將包頭下游官運取消雖與該商等所擬辦法不同而揆厥原因亦實由接據該商來禀後始行有此動議現查丁會辦第二九三零號意見既於官運蒙鹽僅以應否在河口磧口以下發售懷疑則該商所請全部開放一層業已不成問題惟職局既有所知且准收稅局函送查閱則對於此中利弊無論全改商運抑或半改商運有無窒礙均屬不敢緘默謹就蒙慮所及爲鈞署詳晰陳之查該商等原呈各節無非以官運辦理爲難設詞改良請予改辦商運其所稱辦理蒙鹽不難於挖而難於運誠屬有此情形但事宜統籌全局力求改良而不能放棄因循因噎廢食局長自上年抵任歷見蒙鹽運務困難情形業於前次籌議晉北整頓鹽務案內暨此次前赴包頭調查時籌有辦法分別詳呈及面陳鈞鑒現在各局困難之點經職局迭次籌畫多已逐漸減除仍擬切實改進力求整頓官運之是否辦理合宜以及規畫是否盡善自不難上邀洞鑒職局無庸自解惟開放一層事關改革非常之原不可不慎該商等所請各節果使行之無碍確有把握職局自無不樂爲贊成乃考其所擬辦法於現情既未透澈事實上亦有難通之處職局責任所繫詎敢壅於上開除將條議各節逐條開摺附送查核外茲謹就商運利弊所

關略舉如後一關於成本者該商等所議擬增加船價馱脚並自辦輪馱以利營運如增加船價馱脚則其運費當然大於官運若自辦輪馱不特事倍功半且糜費之鉅卽已不貲況一年之中祇能運輸半年此半年消耗昔之屬於馱脚船戶者今則必悉屬之商家爲費之鉅更何待言至若自磴至包以至曲磧迢遙千數百里其間轉運機關萬不能缺而官運之時但設二三局所即能經營全部運務若商運則各商必須各自一一設立轉運機關所需經費又須大於官運況黃河行船向稱危險遭遇損失事所常有而此等損失在官家可以作正核銷在商家勢必攤入成本以爲取償之地綜上各項商運需費之鉅既遠逾官運則其成本之重何待煩言一關於運務者查磴口以上之鮀運則利於冬春而不利於夏秋磴口以下之河運則利於夏秋而不利於冬春是一年之中祇有半年能運鹽源源缺乏實因於一年之中運期之短促而非僅由船隻之多寡與僱船之便否局長此次親往調查知近年以來船隻之難僱全由於磴口一帶歷年匪亂近始稍息商貨囤積爭先競運卽包磴舊商亦僱覓無從其僱船之難又何獨官運而然且百貨等級不同上等商貨細緞洋貨之類既輕而易運復以船脚之行市較優船戶樂運理所宜然次如木石柴炭鹽米等貨既重而難運復以船脚之行市較低其不樂運亦理所宜然鹽與木石等貨同一情形未必官僱卽昂商僱卽賤至於聯絡感情不加封差職局現本如是辦理不必商運以後始可實行現在最要辦法係在運期延長已與綏遠都統及甘肅督軍商訂輪運及汽車冰上拖行之法一

俟議有端緒卽可實行該商一以官家船價多少爲言不免知其一而不知其二其於現情實未透澈而所謂能流通船運者亦難信其確有把握一關於銷數者查蒙鹽之一大部分係行銷於南北中三路現在平定等縣官運開放蘆鹽價低銷暢蒙鹽已大受影響若改商運則其成本之重運費之鉅既如上述推銷之難自可斷言如僅行銷於蘆鹽不到之包頭河口一帶則其銷數有幾且白鹽花鹽夾銷左右茍售價稍高銷塲立滯商人重利一有虧折必不再來欲責多數散商自由行運而使確認銷數既有不可設使中途脫銷官運既無從接濟商力復不可支持稅款無着責將誰負淡食釀衅更可滋虞屆時必至私鹽充斥官商俱困晉北鹽務將不可問一關於國家經濟者由鹽湖以至磴口而下歷五原包頭河口河曲磧口等處二千四百餘里無論官運商辦國家皆不能不設機關現在官鹽各局經費極省且辦理蒙鹽僅止分局一部分之事其餘各卡皆爲緝私及征收土鹽花鹽等稅而設改歸商運而後卡員既不能裁而分局改爲掣驗征稅亦不能少用人員極力節嗇總當有限況現在蒙鹽緝私全在內地黃河一帶所以不能遍設者固因經費太鉅亦實因官運自辦易於防範漏私之故若改商辦則沿河二千餘里必須逐節設防以杜洒賣所增之費當較今日爲多而收稅一層猶無把握屆出欵之增萬不能免而收數之漲莫可預期其於國家經濟影響尤大以上四則所有困難情形職局再四籌思皆屬無可減免明知總所政策重在開放官運當此弩末萬無永久不變之理但各省情勢不同利害相反以晉省現在官

運而論設一改章不受其益反得其損一爲比較可以瞭然該商等向辦蘆鹽祇知輪船火車交通便利之處自由競爭可以獲利而不知黄河行運辦法不同非僅籌有資本便可成事總所以及收税局方面又均狃於成見徒騖自由而於晋省之情形設局之經濟全未實地考察統盤籌畫當此商運未能籌有良法官運合同未經取消以前應否遽行改革理合謹抒所見呈請核奪至總所付稱包頭下游暫停官運一節其弊大端與上項所述略同而更須簡畧言之者磧口一局本爲增銷蒙鹽而設在磧口未經設局以前非無運商由包頭下運行銷然以河曲運道之危險鹽船之屢次損失有經驗之商人視爲畏途取銷終屬有限今以三年十月磧口未設局以前蒙鹽全部銷數與設局以後銷數比較相差甚鉅改革以後至多能復原有狀况已爲萬幸增加税收實無把握蓋蒙鹽運道危險以河曲爲最甚下游開放實當其衝一經身歷其艱勇氣頓索商運辦法難於繼續則銷之不能暢旺已可斷言至於開放而後關於磧口一帶仍須設局緝私沿途一帶亟須添加巡勇向舊有之各卡爲征收花鹽税而設者亦均不能裁撤經費方面有增無減細爲衡校亦屬未見裨益事關改革税局未審輕重迭與磋商不能瞭然應請迅予主裁提商總所以資解决理合一併肅呈仰祈鑒核訓示遵行謹呈

附呈抄錄該商原呈核議辦法各條

一吉蘭泰鹽湖由商等自行招工開挖其每年湖租即由商等分担資本與蒙王自訂合同按期繳納如

在商等未辦之先已預由晉北榷運局訂定合同應將湖租繳由榷運局轉交蒙王一該項湖租每年分兩期應繳若干應由商人集合各商將該欵先請榷運局驗明預存中國銀行以昭信用查鹽湖合同係由鈞署督同職局核定期限未滿固無轉移商人之理況現查稽核總所丁會辦意見包頭以上業已贊成仍辦官運是此項訂約一層業已不成問題惟就所擬之招工開挖繳納湖租種種辦法而言亦多窒礙難行有不得不詳細指駁者茲謹逐層分疏如下一商販既屬自由則非包商專利鹽產有定而商人無定是否先後註册之商皆許開挖抑祇許一二商販前往開挖由前言之則事無專責作輟靡定挖出之鹽亦屬難於分配由後言之則悖於自由開放原則此事實上之萬不能通者一一繳納湖租向由榷運局担負責有專主開放而後准其散運商販層出先後不一應由何人措繳以有定之湖租攤於無定額之商人無准數之鹽斤匪多則少不虧則溢虧者由何賠補溢者如何歸還事之糾葛紛擾莫甚於此而積日既久甚至帳目難淸欵歸無着尤屬意中之事此事實上窒礙難行者二一吉蘭泰湖大二紅鹽駝運磴口後卽由磴口裝船下駛而包頭爲必經之路應赴包頭局照章每百斤繳一元五角之稅領照報行查此層征稅辦法須俟核准商運實行後由署所雙方核定非該商所能擅請卽如所言以包鎭爲征稅地點查包鎭以上一帶銷鹽不少向由包運往行銷若改商運以後官家但在包徵稅自包以上卽置不問勢必至商人以包鎭上游千百里之地爲偸稅販私之自由區域浸淫日久私鹽日充稅收日絀

爲患當有難言者矣一吉蘭泰湖運鹽至磴覔駝爲難且駝戶所養之駝亦多羸瘦除由商人與蒙王印房人等接洽廣招駝戶外並由商人集資自養牲口以備緩急之用俾得吉蘭泰湖挖出之鹽盡行下運而止查每年挖鹽之後駝運爲難公家已深嘗其艱困然以官力之足歀費之充且與蒙王極力聯絡尚且辦理不易若由衆商自行僱馱勢如散沙漫無歸束辦理必更棘手馱運之遲速關於銷鹽之暢滯勢不能以國家有定之稅欵而供其輕於一試已可斷言至若由該商集資養牲一層行之既久必成壟斷專利之弊將來把持運務魚肉小商其害有不可勝言者矣一磴口水運下行苦乏船隻且路途來往動須二十餘日覔船更難以致吉蘭泰湖鹽亦不敢多挖商等廣集資本擬與包磴等處船戶廣爲聯絡預先估定厚其運脚一面並招船廠工師備具資料於黃河之內探查情形製造小輪船一二隻藉以拖帶小船俾得多載鹽斤而來往亦便船戶皆樂爲之用其在間暇之時並可巡弋各口隨時緝私查該商所稱聯絡船戶預先估價兩層似亦稍有理由然現在官運未始不嘗如是辦理且小輪拖帶一事本年春間早經籌及業與甘肅督軍商訂租借該省自製小輪一俟下水即可開駛不必待至改歸商運而後運鹽始可便利况該商所議係屬集資自辦事倍功半遲速固難預期且若以僅供自用則費糜而鹽價必昂若使衆爲衆商轉運則又壟斷運務其弊與前條相同至所稱小輪緝私一層查緝私應由國家舉辦若使商運商緝則所緝者果爲何私似於事實上無何裨益一磧口以下大甯永和隰縣等處至龍王辿

爲止向來由官局銷鹽者應由商等設法運往一律設店售賣以期暢銷查隰大永三縣鹽務去年即經派員調查奉鈞署核准收回自辦並擬辛關設立蒙鹽倉一處卽所以爲竭力推銷蒙鹽地步業經擬具預算呈請核示在案是該商等所擬推銷一層職局現正着手辦理也一沿岸各口梟匪出沒無常爲官家耳目所不及者應由商人通力合作擇地徧設商巡呈請立案並由各軍界各縣知事照章協力保護查此條係屬私事宜不能由商辦理前已聲明（又商人自由運銷蒙鹽粗擬辦法呈請鈞鑒一吉蘭泰鹽湖由商等自行招工開挖其每年湖租卽由商等分担資本與蒙王自訂合同按期繳納如在商等未辦之先已預由晋北榷運局訂定合同應將湖租繳由榷運局轉交蒙王一該項湖租每年分兩期應繳若干應由商人集合各商將該欵先請榷運局驗明預存中國銀行以昭信用一吉蘭泰湖大二紅鹽駝運磴口後卽由磴口裝船下駛而包頭爲必經之路應赴包頭局照章每百斤繳一元五角之稅領照放行一商人自由販運並無專賣性質但須具有資本能到吉蘭泰湖開挖者皆可運往包頭等處行銷惟須預先將湖租之欵呈驗存於中國銀行一各處舊有鹽店及小賣商倘無資本到吉蘭泰湖挖鹽亦可就近到商人處購買轉運照常貿易並不禁止分銷以符開放宗旨一由磴口運鹽到包頭納稅請照長蘆稽核分所公秤掣驗以昭一律一吉蘭泰湖運鹽至磴覔駄爲難且駝戶所養之駝亦多羸瘦除由商人與蒙王印房人等接洽廣招駝戶外並由商人集資自養牲口

以備緩急之用俾得吉蘭泰湖挖出之鹽盡行下運而止一磴口水運下行苦乏船隻且路途來往動須二十餘日覓船更難致吉蘭泰湖鹽亦不敢多挖商等廣集資本俟於包磴等處船隻廣爲聯絡預先估定厚其運脚一面並招船廠工師備具資料於黃河之內探查情形製造小輪船一二隻藉以拖帶小船俾得多載鹽斤而來往亦便船戶皆樂爲之用其在閒暇之時並可巡弋各口隨時緝私一磴口以下大寧永和隰縣等處至龍王廻爲止向來由官局銷鹽者應由商等設法運往一律設店售賣以期暢銷一沿岸各梟匪出沒無常爲官家耳目所不及應者由商人同力合作擇地偏設商巡呈請立案並由各軍界各縣知事照章協力保護一以上未盡事宜應損應益之處當隨時稟明辦理

呈　鹽務署奉令行知呈授實職日期呈報鑒核文七年九月二十三日

呈爲奉令行知呈授實職日期并陳感激下忱仰祈　鑒核事竊於本年九月十四日奉鈞署第一千三百四十七號訓令內開本年九月四日部署具呈署理晉北榷運局局長徐翿整理鹽務成績優美擬請准予補授實缺一案九月九日奉

大總統令兼署財政總長兼鹽務署督辦曹汝霖呈請任命徐翿爲晉北榷運局局長應照准此令等因奉此合行抄錄原呈訓令該局長遵照此令計抄原呈等因奉此伏念翿一介疏庸深慚駑鈍五年書署歷受鈞陶迨莞榷以西行每欽運而北向漢置鹽官有郡而晉處其三宋供軍儲設監而晉分其二產區

廣袤措置棊難屬以受職之初適值災祲而後蒙池採運西陲之烽火猶驚汾代推銷平地之橫流未息撫瘡痍於井灶猶憫凋零報帑課於瓊林何殊涓滴勉搘一載幸免愆尤政稅攸分事權愈頤載客卿而親馳朔漠祗分弩父之勞導鹽源而下歷并汾未盡管勾之職正思揣摩朽鈍上釋宵勤乃蒙顧盼樗庸遽膺拔授側聞明令祗切悚惶戴德滋慚感知彌奮寄致身所以酬國願師代薪煮水之謨思厚生所以寧民敢卸利運疏銷之責勵齎鹽之素守惟期毋負栽成淬鋒鍔於將來更願永依埏埴所有奉到呈授實職日期及感激下忱理合恭呈具陳伏乞

鈞鑒謹呈

呈　山西督軍中復罰辦高映辰運鹽逾期一案情形文七年十月二十三日

呈爲申復罰辦高映辰運鹽逾期一案情形仰祈鑒核訓示事竊鹽商高映辰運鹽逾期被罰一案迭奉

鈞署行知以據高映辰呈訴運鹽逾期原因並請轉飭退還罰款等情飭局查照核辦等因奉此遵經飭令中路分局查明具復去後茲據呈稱竊職局於本年一月初四日據駐紮南關緝私巡勇崔文蓀報告運鹽至五寨縣三義鎮時被該鎮差局將駱䭾全數扣留以致悞期現在運到之鹽已賣與本關全勝醬店等語職局查其運單日期既已逾限又未向沿途局卡及代辦鹽務縣署加蓋展期戳記復無警區及差局扣留憑証而該商業鹽已久又非初次運鹽不知定章者可比且運到之鹽核與運單所開數目相

差甚距又未據先來報局查明即已遽行出售凡此種種均屬不合因擬照章罰辦該商自知違章當經認罰大洋三十五元此項罰欵早已列册報解如予退還殊有爲難合無將罰辦情形及退還罰欵困難之點懇請俯賜陳轉之處謹乞鑒核示遵等情據此查此案既奉鈞署飭據五寨縣查復該商運鹽逾期確係支應兵差所致職局自應遵照從寬辦理惟該項鹽斤前經查獲之時既因鹽票不符已由分局罰辦所有罰欵業已報解一經歸入銀行團稽核範圍提回甚難可否仰懇俯察爲難情形准仍按照原案辦理免予退還罰欵一面當由職局飭行各屬一面通告各商嗣後遇有支應兵差運鹽逾期持有地方官署及差局警區憑證者如由銷地局卡驗明確實概予從寬免罰以期仰副鈞署恤商之至意所有罰辦高映辰一案情形及請免退罰欵各緣由是否有當理合備文申復恭請鑒核伏乞訓示裁遵謹呈

督軍指令據呈已悉此令

七年十月二十六日奉

呈　鹽務署蒙王索付七年湖租已奉電准息借報明轉商税局情形請核示文七年十月二十四日

呈爲蒙王索付七年湖租已奉電准息借並轉商税局緣由仰祈鑒核示遵事竊查民國七年應付湖租銀一萬兩迭准阿拉善王函催付欵當以本年挖數尚未告竣而又值運本支絀碍難撥付擬俟鹽斤暢銷收回磴本再行轉商税局如數照給等語具復去後忽於本月十三四等日迭據包局電謂阿王業已

行抵包鎮在局坐索聲稱如不照付則本年挖務不負責任該局答以事關動撥欵項須商請洋員會簽始能付給阿王復大肆咆哮並問洋員何人有本王自能理會之語該局見其情勢激烈深恐一經決裂則挖務必有阻礙遂迭次以急電來晉請示職局當經叙述情形並抄錄往來各電轉商稅局乃洋員視開福以對於官運事務未能明晰屢欲查明全年蒙運支付各帳始能決定而時值阿王迭電來局謂欲前赴磴口囑職局早日匯給並要求由蔚豐行暫行挪借利息歸局承認職局以按照合同辦理本屬欵在必付但經過手續非積有時日不克提撥到包既據迭電索付未便再待稅局議決致令稽遲遂於十五日電請鈞署核示辦理茲奉電開湖租需欵甚急准向蔚豐息借商明總所飭撥再行付還等因竊查截至上月底止官運項下尚存結存省局銀九千七百六十四元屆時如奉准撥擬即匯往包局飭令就近湊足歸還借欵除電飭包局先行遵照借發並告知稅局外理合抄錄往來各電呈請　鈞署鑒核并請迅予提商總所核示遵行再此次核撥湖租一案與稅局往復商確未能解決者該洋員亦非有意爲難但於官運性質未能明瞭該洋員因查報册磴口局有存洋三萬餘元河口及磧口等處有欠包局洋一萬餘元堅欲就以上各處支撥不欲撥動省城存放銀行之欵不知磴局存洋係專爲抵付湖上挖馱等費及墊發下運船價之用現值開湖伊始用欵煩多原存之數尚有不足詎能再行提撥至河口磧口等局前借包局之欵亦多須於鹽價內支付現在鹽尚未全售罄價從何出且職局月報向有借出歸還

各目已奉删除將來各該欵借還包局應如何列册支報尚須專案請示奉准以後該欵始能動撥所有省局存放銀行之欵空閒無用自應就此動支以昭簡捷伏查前奉　鈞署第八百八號訓令內開總所付稱關於湖租撥駝等費應劃歸權運局辦理仍由華洋助理員會同稽核一案業已奉准照行所謂管理者自就支配運銷動撥用欵各方面而言所謂稽核者只在帳無虛僞用非浮冒即應無可置議矧官運性質重在流動若必事事請示稅局不能主持分毫則運務一項窒碍良多至於晉北各屬相距遼遠文電往返動經旬月遇事由職局單獨辦理已難迅速若再加以稅局磋商則更遲延彌甚此尤特別情形較他處爲困難者可否查照前案准予劃清權限嗣後凡運務用欵之支配主持責任職局而欵項之帳目如何則由稅局稽查以免意外干涉致碍進行之處如蒙俞允擬懇飭下總所轉行稅局會同職局呈復辦理伏候鈞裁所有蒙王索付湖租已奉電准息借仍乞轉商總所飭知遵照緣由理合備呈仰祈鑒核訓示遵行謹呈

七年十一月五日奉

鹽務署指令據呈已悉七年份應付湖租銀兩業經提商總所飭撥應俟復到再行令遵至稽核章程凡關於欵項之支配動用均屬稽核範圍並非專管帳目該局長呈陳各節自屬誤會所請應無庸議仰即知照摺存此令

呈　鹽務署奉發薦任狀祇領日期呈鑒報核由七年十月三十一日

呈爲遵奉令發荐任狀祇領日期呈祈鑒核事本年十月二十四日奉鈞署一千五百六十四號訓令內開准銓叙局咨送晉北榷運局局長徐翻薦任狀一張到署合行令發該局長祇領具報此令并奉發薦任狀一紙到局遵卽敬謹祇領所有奉發荐任狀祇領日期理合呈報鈞署鑒核謹呈

七年十一月十二日奉

鹽務署指令據呈已悉應准備案此令

呈　鹽務署奉發勳章憑單報明祇領日期塡送履歷請轉咨註册文七年十一月二日

呈爲恭奉令發勳章憑單祇領日期並遵塡履歷表懇予轉咨呈祈　鑒核事本年十月二十七日奉鈞署第一千六百四號訓令內開本署於國慶日呈請將所屬各機關辦事得力人員獎給勳章一案十月十日奉令段永彬給予二等寶光嘉禾章金鼎勳給予三等嘉禾章徐翻給予四等嘉禾章此令同日又指奉令謝廷麒著給五等嘉禾章此令各等因茲准銓敍局將勳章憑單暨履歷表咨送到署合行令發該局長祇領並仰將履歷表塡明繳署以便轉咨註册此令計發憑單履歷表各一張等因奉此並奉發四等嘉禾章憑單一張祇領之下仰見宏獎屬僚不遺檮朽之至意伏念翕供職晉垣備員鹺局歲經一稔撫衷慚建白之無感切五中內念乏涓埃之報茲値時逢國慶典重酬庸不期下逮迂疏榮叨非分褒

同華袞雙歧呈禾秀之文錫比玄黃五色羨章施之采仰如春之獎勸風動四方荷大冶之甄陶賞邀異等欣承鈞命感戴彌深惟有益竭駑駘副裁成於高厚膺茲寵錫殷奮勉於將來所有祇領勳章遞單日期及感激下忱緣由理合恭呈具陳並遵塡履歷表仰祈　鈞鑒俯予轉咨註册實爲德便謹呈

呈　鹽務署總所規定委派人員辦法按之晉省事多窒礙擬請變通辦理文七年十二月十九日

呈爲關於總所一零二號通令規定委派人員辦法按之晉省情形事多窒礙擬請變通辦理仰祈鑒核示遵事竊本月十日准收稅局洋助理員持送前奉總所第一百零二號通函一件聲明擬函請職局照此辦法並言上月二十四日職局調派南路局員鄭漢城代辦包局又派徐鴻賓代辦南局未經事前商准該局於辦事手續不合嗣後須俟稅局呈奉總辦會辦核准查帳無悞後始可實行等語准此伏查該洋員所稱各節事關用人在未奉令知以前以彼此辦事相互之關係雖可斟酌函告但不過一種通融手續如欲實行則非據實請示奉有明文不克永資遵守今查該通函附件第三條內開運使所派之場官及代收稅員有應行遣調及撤換者須詳明總辦會辦核准方可實行又收稅人員遇有遣調及更動於實行之前應由運使將所擬如何調遣及更動之處咨請分所查照須俟分所函復運使謂該收稅員已將收稅賬目妥詳分所並將所負稅款之他項責任亦均妥卸後方可實行更動該收稅官於未將賬目妥爲歸結以前及於分所對于該員等應盡職務款項尚未滿意以爲完全了結以前不得准該員等

離任各等語由前而論則係專指塲官及代理收稅人員而言在晉北各局之兼收稅員與此情形尚屬相似由後而論則係另指專任收稅員而言晉北現時尚無此項委任職務未審職局所屬之兼收稅員應照何條辦理此應行請示者一總所通函所定辦法皆係對於運使所屬之各員而言並未指明其他機關是否權運局亦須照此辦理此應行請示者二至於辦法之窒碍以及晉北各屬具有特別情形辦理困難之點尤有不得不先陳明者伏思用人行政全在信賞必罰能行黜陟而後官型可立馭祿有方今若於更調撤換不能自操而必事事請示一經駁還威信全失有同伴食無事可辦必致百務全隳莫從整理竊以爲更調撤換總所不宜干涉但於所更調撤換之人辦事是否妥洽可以責成主管長官隨時嚴行考察不得徇隱至於分所查復方准離任一節事關欵項自應照辦惟離任二字擬請略爲變通查向例交卸人員交代不清不得擅離任所是未經查竣以前在前任雖已銷差並未卸責而後任一面可以淸查一面可以接事辦法本至妥善今若照通函所定而論一經委派總所未予核准不能啓行既經啓行而分所未經查復又難接事晉局相距近者動數百里遠者一二千里聞命卽行尚須旬月抵任若再延擱爲期更長設此撤調之員稍有不妥一聞更換必滋弊竇且卽使該員平時辦事尚佳而一有卸職之信亦必存五日京兆之心漫不事事在此期間前任既不負責而後任又不接差倘有疏虞咎將誰屬且以已經撤調之員經手未淸而復令其在差辦事不准後任接辦尤屬無此情理以上兩節皆屬

事多窒礙而在晉北方面交通不便具有特別情形之區域辦理尤屬困難如果該項通函職局應行照辦擬請俯念特別爲難情形准予提商總所遇有更調撤換得由職局隨時函知收稅局呈報總所不必俟奉核准再飭啓行暨稅局查賬一節可即查照從前辦法責成後任限日據實清查結報前任之經手未清者均由後任扣留不准遠離出境其職務仍須先行交卸以免曠日持久徒滋弊竇於事無益如此辦理庶幾行政收稅職責兩不相妨而亦互相維繫似較原定辦法尙爲週密如奉僉允擬請迅予核示以便遵行至職局上月二十四日委派鄭徐兩局員互相更替一案係因包頭程局員因公來京臥病醫院一時不克回局而包事又急待清理適南路鄭局員乞假省親回晉過京遂即調查接替一面另派徐鴻賓代理南路局局員以免曠職其時局長因公在京職局代行人員因該項通函未准稅局正式函送並亦未奉鈞署行知應否照辦無從查悉且兩員均係代理與總所通函所指之實行撤調者情形亦不相同是以未予先行函告稅局迨局長於本月五日由京回晉業於次日據實函知合併聲明所有關于總所一零二號通函按諸晉省情形事多窒礙擬請變通辦理緣由理合呈請鑒核示遵謹呈

呈　　鹽務署遵令議復火車運鹽特定專照乞核示文七年　月　日

呈爲遵令議復火車運鹽特定專照一案緣由仰乞鑒核示遵事竊奉鈞署訓令第三百七十八號內開查火車運鹽亟宜特定專照以便稽查現經本署擬定三聯火車運鹽車照式樣並發照辦法三條發交

該局長體查情形詳細妥議如有窒礙及未盡周密之處應由該局長陳述意見逐一陳明俾資核訂事關取締車運私鹽并限於文到十日內速議具復毋稍遲延此令等因奉此遵查火車運鹽時虞滋弊茲奉特定專照仰見鈞署稽查運務嚴密周防之至意奉經詳細體察此項火車運鹽執照通行晉北尚無窒礙惟晉北所有領運蘆鹽商人向在長蘆繳稅由京奉火車轉入京漢遞由正太路線輸入在天津起運地點職局初無附屬機關無從派員赴站塡發若俟其轉入晉境飭由石莊掣驗局中途發給則是否稅已繳清又屬無從查悉現經職局籌議此項執照將來如奉頒行擬請飭由職局與長蘆運使會同發給其發給手續並准由職局咨請長蘆運使就近派員代辦似較合宜是否有當伏候鈞裁所有遵飭議復火車運鹽特定專照一案緣由理合具文呈請鈞署鑒核示遵謹呈

酌議車照如下第一聯火車運鹽執照爲發給鐵路車照事茲有商人承運蘆鹽由某路火車運赴行銷所有稅欵業經繳清並由運使分所發給運照准單在案爲此發給車照應由各車站查照後列各欵驗明放行一運鹽包計重若干斤一由站起運至站卸載一限日運訖逾期作廢一此照運過一次不准重用一此照應交起運車站驗明蓋戳至卸載車站驗收寄回起運車站轉交發照機關繳銷一鹽照倘不相符或鹽與照離及有僞造塗改影射重運等弊應即扣留轉報罰辦右照給商人收執第二聯發照機關備查爲發給鐵路車照備查事茲有商人運鹽包計重若干斤由某路站起運至某站卸載所有稅欵

業經繳淸並由運使分所發給運照准單在案除塡發車照知會車站查照所列條欵驗放並將存根一
聯按月彙繳運署確局查核外合留此聯備查第三聯運使或榷運局存根爲發給鐵路車照存根事茲
有商人運鹽若干包計重若干斤由某路站起運至某站卸載所有稅欵業經繳淸並由運使分所發給
運照准單在案除塡發車照並由發照機關截留一聯備查外應將此聯存根發照辦法一此照祇限於
已稅領有運照准單之鹽在鐵路上適用之二此照限定每車一張三此照應於商鹽裝車時由運署榷
運局所屬附近鐵路機關或派員在站塡給按月彙總報明運使或榷運局備案

呈文類八年份

呈　鹽務署擬具四聯收稅運照聯合票式樣呈請鑒核文八年一月二十二日

呈爲擬具四聯收稅運照聯合票式樣呈祈鑒核事竊以新式稅票一事已由收稅局擬式呈報總所於本月十八日發還在案茲查晉北稅票向由職局印刷發給各分局卡應用其稅票兼帶運照性質故商人運鹽繳稅領稅後即照此項稅票起運並不另給運照此次收稅局爲擴充權限起見擬將稅票概行收回自發經職局再三說明已允仍照舊式量爲變通訂名爲收稅運照聯合票得由職局會同收稅局轉發各分局卡應用其辦法尚無歧誤惟所擬票式既訂名爲聯合票由權運收稅兩局會發則票首例銜及票內措詞即均應雙方並列方足以重職權而昭平允且稅局所擬存根備核各聯核與通常體例亦多不合尚應修正茲經按照歷奉規定運照式樣斟酌變通擬具四聯票式擬請鈞署存俟總所文到時核定頒發以資遵守所有商明稅票由權運收稅兩局會發變通舊式擬具四聯稅票緣由理合繕成票式連同收稅局原擬式樣隨文送呈仰祈鈞署鑒核示遵再職局所屬各分局卡皆經管場產緝私或官運等事具有行政性質是以不能專歸稅局統轄即稅票一層亦因商運收稅係屬兩局事故名雖聯合辦理而必須分報兩局其票運銷地點及卸載期限兩層均係職局查驗員應辦之事擬請發票時仍歸該員填寫又稅局所擬聯合票內有商人向某號熬戶收鹽及官倉裝運字樣查職局土鹽並不均由熬

戶發商亦有從鹽店轉發者其蒙鹽或由倉發或即就磴口運到之船眼同交商以免折耗辦法初無一定難將情形複載與其墳列仍不完備不如一概從略擬請一併删去理合聲明謹呈

附呈四聯税票一紙又附錄税局原擬票照式清單一件

存根及備核各聯

一 號　數

二 發給局卡

三 發給日期

四 發給何人

五 鹽斤種類

六 鍋戶姓名

七 鍋戶號數

八 官鹽倉名稱

九 運入何處

十 鹽斤若干

十一　稅率若干

十二　共付大洋若干

十三　運至何處

十四　稅票運照期限

謹將收稅局原擬聯合票樣式及職局擬定式樣分別開呈鑒核

晋北鹽務收稅局爲　發給稅票運照事查有商人某業經在本局繳納大洋　元　角　分係按照司碼秤每担稅率大洋一元五角繳納　鹽　担　斤之　鹽稅此票即爲收到此欵之證據茲准該商向區內第　號煎戶由　官鹽倉　由　地方將以上鹽斤照收裝運運入晋北境內限於　年　月日以前運至　地方卸載逾期此票作廢所有鹽斤未運到指定地方以前此票須隨同携帶不得遺失以便沿途鹽務人員查驗放行倘有過期或用兩次以及鹽斤超過以上所塡數目等情一律照章罰辦決不寬貸一經此次納稅後即無庸另完他稅查驗人員不得私收查驗釋放種種陋規不得有意留難倘有藉此勒索規費情事准由該商隨時函報太原晋北鹽務收稅局華洋助理員查明核辦須至稅票運照者收稅員署押中華民國　年　月　日

二

晋北榷運局　鹽務收稅局華洋助理員爲　存根事查有商人　由　地方起運鹽　担　斤遵照財

政部指令每百斤收稅洋一元五角整所有從前鹽厘加價等項一概停止以免重徵當收稅洋　元角　分限於　月　日運至　地方卸載除發給收稅運照聯合票外合將此聯由晉北權運局所屬各分局卡存根備查中華民國　年　月　日

晉北權運局備核　晉北權運局鹽務收稅局華洋助理員爲　備核事查有商人　由（同發式）除給該商收稅運照聯合票並由　局卡截留存根外合將此聯寄呈晉北權運局存驗備核中華民國年　月　日

晉北收稅局備核　晉北權運局鹽務收稅局華洋助理員爲　備核事除發給該商運照聯合票將存根由　局卡截留並將右一聯寄呈晉北權運局備核外合將此聯寄呈晉北收稅局存驗備核中華民國　年　月　日

收稅運照聯合票　晉北權運局　鹽務收稅局華洋助理員爲　發給稅票事查有商人　由　地起運　鹽　担　斤遵照財政部指令每百斤收稅洋一元五角整所有從前鹽厘加價等項一律停止以免重徵當收稅洋　元　角　分限於　月　日運至　地方卸載合行給票護送即仰該商收執所有沿途關卡驗明鹽票相符即予放行其收稅及查驗人員均不得需索留難如有運往他處以及鹽票相離並鹽票不符情事一經查出從嚴罰辦此項收稅運照聯合票祇准行用不准重用逾期即行作廢須

至稅票者中華民國　年　月　日

八年五月十日奉

鹽務署指令呈及聯合票式樣均悉榷運與收稅雙方權限不淸辦理殊多窒碍茲經本署與總所商定將收稅准單及護運運照兩種按照長蘆現行單照辦法由該局長會同收稅員參酌長蘆現用單照格式體察情形擬議呈復以便核奪施行除由總所令行該員外合將長蘆單照格式七種發交該局長查酌辦理聯合票式暫存此令

呈　鹽務署陝軍加抽鹽厘妨碍稅收仰祈鑒核文八年一月二十七日

呈爲陝軍加抽鹽厘妨碍稅收仰祈鑒核事案據磧口分局呈稱竊局員查得陝西花鹽現由榆林軍隊加抽鹽厘以致鹽價飛漲鹽販絶跡職局稅收大受影響而此項軍隊或十餘人或二十餘人分段梭巡按渡駐守陝境産鹽各地如大會坪小會坪通鎭寨譚家坪等處無不星羅密布且嚴裝荷搶扣查行船如遇鹽船尤須補稅此後花鹽重疊徵稅自屬無可倖免之事然局員尤恐將來紅鹽下運倘亦妄遭干涉勒令補稅則將如何對付竊以未雨綢繆亟應預籌辦法以免後虞理合備文呈請仰祈鈞長察核迅賜轉呈鹽務署核示俾資遵循如果此次陝軍徵收花鹽稅係屬中央之特許似亦應會商辦法庶免紛歧再近來陝省流匪遍野晋軍爲防其竄越曾有黄河行船須泊東岸不得停靠西岸之命令今陝軍對

于各項船隻均令停泊西岸以待搜查否即開槍射擊晉軍以其有碍防務恐引起意外交涉擬即禁止行船藉免爭端如果實行則紅鹽又不能下運受害愈甚併祈設法維持俾資遵循等情前來當經指令以鹽厘一項自鹽稅條例頒行以後即經一律禁止仰速查明具復並妥擬辦法呈候核轉去後茲據呈復聲稱花鹽產於花馬池已經花定收稅令陝軍加抽鹽厘職局收數大受影響並風聞紅鹽下運之時陝軍將仍行扣查勒令補稅雖係謠傳不能不早爲之計仰祈迅賜轉呈鹽務署咨由陝西陳督軍轉諭各軍隊一律禁止實爲公便等情並附榆綏商運官鹽局稅票一紙前來據此查花鹽已在產地納稅乃陝省於花鹽出境之時在沿邊設局重征以致鹽價陡漲商運停滯而晉北稅收遂受影響未審陝省此項鹽局是否呈奉大部核准將來紅鹽下運恐扣查補稅之事亦所難免職局存晉言晉似非由陝省禁止此項重征不足以便商運而裕稅源所有陝省設局重征鹽稅應請轉咨禁止緣由理合據情呈請鈞署詧核謹呈

八年三月二十四日奉

鹽務署指令據呈榆林陝軍沿河設卡抽收鹽厘各節已電咨陝西督軍轉飭取消茲准復稱前准來咨已電飭陝北鎮守使查復據稱此間鹽務係花定產鹽局范局長委員辦理軍隊並無加抽鹽厘情事至沿河駐紮各隊係爲鎮懾地方盤查匪類起見晉局所稱恐係傳聞之誤等語咨復到署合即令仰知照

此令

呈鹽務署劃分稅欵官運並訂立官運交庫會同稽核辦法文八年二月十四日

呈為劃分稅款官運並訂立官運交庫會同稽核辦法開摺呈祈鑒核事竊查職局自附設收稅局後關於應收鹽稅及鍋牌照費業經劃交稅局惟官運專宜尚由職局經管而官運內之欵項出入則須稅局稽核經與華洋助理員商定由稅局呈明總所轉陳鈞署奉有第八百八號訓令在卷嗣於上年十月與稅局議定官運交欵金庫暨提撥動支辦法擬有四聯憑單商準付印即應查照辦理惟職局官運一欵向係夾雜於稅款之內分收統解總名之為鹽款自開辦以來從未分晰清楚局長自六年九月抵任裴前局長所交正欵即不敷三萬餘元胥由官運之內墊解截至本年稅局成立時墊欵仍未清出若不切實清查而欲專立官運賬目劃分運稅各歸各款則官運賬內首行舊管一項先難指定確數其餘續收之欵若再漫然收入則帳册首尾不能完全而欵目無從銜接治絲而棼愈難着手坐是清理數月始有端緒現值七年分官運結束之期經局長督同科員漏夜赶算已將六年九月局長到任日起至上年十二月止月報册內稅欵官運兩項應存應支之欵查明從前結存暨續收現金數目分別理清統計稅欵項下自六年九月起至七年十二月止以收抵解不敷鹽稅銀二萬一千一百六十元從前除陸續由官運項下撥還外仍列官運欵內迭次墊支之數官運項下亦自六年九月起至七年十二月底止以收抵

支共應存三萬三千八百八十六元九角五分三厘除內有前項陸續墊解正稅銀二萬一千一百六十元外實應存一萬二千七百二十六元九角五分三厘擬即開列清單會同稅局華洋助理員補交金庫自此劃分清楚嗣後分局欵到即可陸續交庫不再稽延惟統除統算所有正款項下墊解銀二萬一千一百六十元原係官運專款現值運本支絀磴口適當挖鹽暢旺之際迭據包磴來電索付駝挖等費而職局所存官運現金不敷撥濟可否即由包局現收稅欵項下就近將前項墊解之二萬餘元如數扣還官運帳內逕撥磴口濟用以免運務停頓之處擬請核奪示遵除函知收稅局並另將現款填具四聯憑單會同交庫外所有劃分正稅官運帳目緣由理合開具六年九月起至七年十二月底止稅款官運各帳清單並分欵領欵憑單式樣呈乞鑒核訓示施行謹呈

呈　鹽務署陳明會商蘆鹽輸入磴口區內辦法及稅局擬請開放情形文八年三月十二日

呈爲陳明會商蘆鹽輸入磴口區內辦法及稅局擬請推廣開放情形仰祈鑒核示遵事竊奉鈞署訓令第三百七十六號內開運銷廳案呈稽核總所漢文股付稱據晉北收稅局呈稱臨縣一帶發生肺炎傳染温症故沿黃河各卡均已先後封閉查此舉有碍花鹽入境恐磴口稅收不免短絀等情査磴口區內似應蘆鹽自由輸入應請飭行榷運局會商該助理員等如表同意可即籌擬辦法陳復核奪等語查總所擬議各節自爲維持稅收接濟民食起見現在沿河一帶疫氣已否消除花鹽是否足敷銷市仰即會

同收税局體查情形籌擬復奪此令等因奉此遵查此案先經税局於三月二十四日奉稽核總所第六九號函同前由即准洋助理員税開福擬具呈復函稿擬請將晉北全部區域開放任聽蘆鹽輸入等情送交簽字局長以既奉總所令飭自應遵辦惟事因軍渡一帶防疫而起總所原文亦係爲磧口區域暫謀接濟民食起見事與晉北全部無涉且蘆鹽入晉勢必土鹽滅銷於地方貧民鍋戶生計不無妨碍現在消滅土鹽尚無良法而晉北各區熬戶恃煮鹽爲生者不可數計從前九縣開放土鹽已受影響若再推及全部實行開放主義則不獨土鹽滯銷即向所行銷之花鹽蒙鹽等項亦均爲之減色現在蒙鹽湖租尚未滿約若果銷不敵挖則鹽本虛擲在國家亦必受其虧損勢不如循序漸進較爲妥適查從前蘆鹽商戶晉通號等雖有於奉准九縣之外推廣八縣共爲十七縣自由開放之呈請業經榷税兩局分別呈報署所在案該商等原呈所指汾陽孝義等屬即已包括磧口局花鹽銷區在內現爲推廣蘆鹽兼顧磧口區內之民食或就該商等所指之八縣先行開放以爲標準俟後倘果行之有效地方人民不受影響再行逐步推廣等語以華助理員地位與之磋議再三該員始允以此層加入請示並擬有蘆鹽入境分別發給准單運照辦法呈復總所惟税局原文殊不明瞭既云就正太鐵路一帶輸入又云擬請全部開放伏思晉北一帶本爲土蒙各鹽銷區若花鹽不過僅占全部十分之一花鹽封渡現已取消本年須再用蘆鹽接濟惟推總所來文及洋助理員之意純爲蘆鹽税重花蒙各鹽税輕此次堅請開放亦係欲推

廣重稅鹽斤之意倘使就此八縣行之有效於國家歲入自屬不無裨益至所稱晉北全部開放不過甚言其詞實則腹地各縣山路崎嶇運途不便即使廣告招商任聽蘆鹽輸入而商販狃於費重利輕亦難驟往此次該助理員所擬呈文內指明以正太鐵路一帶爲推廣開放之區亦已有見於此惟方今土蒙各鹽正在整頓花鹽產區如陝西之綏德榆林一帶收歸晉辦尚未實行倘不予以限制遽就該局所稱之全部開放一語實行宣布縱使蘆鹽畏險不能深入而一般商販鍋戶聞之亦必互相驚疑於舊有銷額大受虧損所有此次稅局方面呈請開放之處應否實行應請鈞署乇裁俯蒙核准並乞於總所陳請核示時訂明暫就所擬在正太鐵路一帶自由輸入爲限以免驟聽遍及致生困難是否有當伏候鈞裁至關於實行開放一切辦法及應否改用准單運照抑或仍用鈞署前所規定之運鹽執照會同發商之處應俟此案核准示行後再行籌議呈復所有遵令議復蘆鹽輸入礦口區內暨稅局擬請推廣開放情形理合備呈並將稅局呈復總所原文錄摺附陳仰祈鈞署鑒核訓示祇遵謹呈（清摺略）

八年六月二十五日奉

鹽務署指令查總所提議開放蘆鹽原爲便利民食起見現在晉北土鹽既不能驟令剷除而蒙鹽湖租期限亦未屆滿則推廣蘆鹽區域自應逐漸進行以免窒礙當經本署酌照所擬以正太路線爲推廣開放區域之準提交總所核議去後茲據復稱關於擴充晉北蘆鹽區域一案據此稅局擬具辦法請示前

米富經本所核定擬將太谷太原文水交城平遙介休汾陽孝義等縣一律開放蘆土並銷仍照前次開放辦法採用純粹自由貿易之制不得予商人特別專利之權以免壟斷中路開放現尚未定辦法應由助理員會同權局於本地製造土鹽時期過去後再行酌議陳報施行至所擬蘆管商人領照手續亦尚簡捷應並照准除分行長蘆運使並由總所函復收稅局外合即照錄總所函稿連同抄件令仰該局長遵照辦理此令

呈鹽務署遵令嚴定各分局解款期限並懲處各辦法文八年三月十七日

呈為遵令嚴定各分局征收稅款匯解限期並懲處各辦法仰祈鑒核示遵事案奉鈞署第二百四號訓令內開以各局收款每有延不報解情事查鹽款為歲入大宗至為緊要各該局經征鹽稅自當隨收隨解以重公帑乃近來各局收款每有延不報解情事債約所關稽核綦嚴各該局長熟悉鹽務情形應如何切實整頓惟推諉延緩原因多由分局征收稅款並不隨時報解往往交存錢莊希圖生息卻使解款亦必前後套搭以致在差愈久則積壓愈多流弊所極甚至虧款潛逃近年發生此等案件不一而足事後貪追卒歸無著是皆平日考核不嚴因循致此亟應嚴切聲明俾共遵循嗣後各分局征收稅款應由該局長嚴定辦法按道路遠近限定日期飭令隨時解交總局轉交經管鹽款銀行收入鹽款帳內不得稍有積壓如敢故違即由該局長予以相當處分記過撤差倘或瞻徇容隱一經本署覺察即惟該局長

慮間設有虧款潛逃情事應即遵照本署民國四年三月二十二日呈准通行之案著令本管長官賠繳以專責成至以前收存未解鹽款並令剋日解清以資結束除通令外合亟訓令該局遵照辦理仍將遵辦情形具報備查此令等因奉此遵查職局所屬各局卡經征稅款尚無任意積壓及希圖生息情事惟各處情形不同距省路程遠近亦異其僻遠地方大半未設銀行不通匯兌間或山路崎嶇地方不靖出其途者咸有戒心以致解款往往不能如期重以各處所收稅款皆由總分各卡零星集合而成凡經輾轉而後始可彙齊轉解種種困難不一而足身任其責每以爲憂茲奉令行規定自應按照各處情形分別酌擬以期並顧兼籌于稅款不至拖延而事實亦無窒礙謹將所擬辦法爲鈞署縷晰陳之查職局所屬各分局以包頭距省最遠計程一千二百餘里年來市面冷淡銀根緊急時有不能逕匯太原須由天津轉匯之事其所收現款又因各卡相距寫遠匯兌維難往往甲月之款由各卡解到該局總須乙月二十日左右方能彙齊起解後須至丙月中旬方能到省河口與包頭事同一律其所屬各卡情形及距離省城遠近亦與包頭等所有解款均須送至歸綏中國銀行轉匯殊多周轉茲擬將包頭河口兩局統限以兩月一解例如甲月所收稅款乙月下旬必須彙齊丙月必須報解到省磧口分局及河曲鹽倉離省較近約有五百餘里惟該兩處向無銀行不通匯兌所有收款均須卡員親身押解長途跋涉雖未經意外之虞恆含有無形之險不得已轉托附近標局代解而標局又不能按月走標其困難情形殊出意外

是宜稍寬期限亦按兩月一解以昭慎重他如北路中路南路各局距離省城遠近不一所屬各卡北路竟有距省五百餘里而距該局亦二三百里者南路中路各卡遠則二百餘里近亦百里內外所幸各分局駐紮地點其交通及匯兌情形較包頭磧口等處尙稍便利似應限以一月一解惟到省日期不得不按各路狀況略示區別譬如北路甲月所收稅款應限於乙月月底到省南路應限以乙月中旬到省中路應限以乙月上旬到省以上各節經局長悉心訪察併根據各分局疊次報告參酌道路遠近及解款難易而定與其嚴予期限致生意外之虞曷若稍寬時日俾得依期解到鹽款關係債約至爲重要有不能不爲詳慎顧慮者倘經此次規定之後各該分局仍有逾限情事擬請由職局隨時核明十日以上將該局員申斥二十日以上記過一月以上撤差決不稍事姑息以滋流弊其有儘力催征提前報解者並請予隨時記功積至累次以上得以呈請鈞署特別核獎是否有當伏候　鈞裁至以前所存未解鹽款業已遵令轉飭各該分局除酌留經費若干外餘均尅日解清以資結束所有遵令嚴定各分局解款期限並懲處辦法各緣由理合具文呈請　鈞署鑒核示遵謹呈

呈　鹽務署奉令包頭下游停止官運並磧口建倉付現各節分別擬議辦法呈請核示文（八年三月二十八日）

呈爲奉令包頭下游停止官運並磧口建倉付現各節分別擬議辦法呈請鑒核示遵事竊奉鈞署第二百八十號訓令內開查稽核總所呈請調查晉北官運蒙鹽一案前據轉陳到署業經訓令該局長詳議

復奪在案茲據總所付廳文稱據晉北收稅局呈報運銷蒙鹽現狀及民國四五六三年營業大概情形轉請示遵前來查晉北官運辦法迭據總所呈請改革自爲增進稅收起見現經本署核定所有由包頭運銷吉蘭泰鹽斤應即改由商人領運發商鹽價應按由湖運磴及由磴轉運包頭各項用費核實規定其自磴口下運至包鎮之鹽應仍由該局辦理但據該所調查聲稱此項下運鹽斤宜運赴距包鎮十五里黃河北岸之南海（譯音）地方存儲備領究竟如何情形仰妥酌具報南海或包頭地方應由總所派駐收稅員一人管理征收鹽稅並會同該處局員扣收鹽價事宜凡商人用現欵繳價納稅即准其運赴包頭或東至薩拉齊歸化城及黃河下游之河口河曲磧口等處行銷不得加以限制及另抽稅欵但商人繳稅能否即在包頭完全繳現應並查明具報又磴口地方應否派駐稽查員一人報告收鹽數目並稽核發放蒙人欵項應由收稅局酌議呈復嗣後應付湖租即由該處局員會同收稅員在包交付包頭棧租歷年開支爲數甚鉅應即在南海地方自建鹽倉以資應用至官運各局對於運鹽赴磴蒙人務須公平待遇以免扞格此層最關緊要已由總所飭知收稅局擬陳辦法並仰會同助理員悉心籌議妥訂具報除由總所函行收稅局外合即照錄總所原函連同收稅局報告各件令仰該局長分別遵辦擬議復奪等因幷抄件奉此遵查前奉　鈞令飭議總所呈請調查官運蒙鹽情形業經呈復在案茲奉前因伏查此次總所所議改革官運一層係爲增進稅收起見既奉鈞署核定自應遵照辦理惟查上年七月下

半年由包下運之鹽因封河較早尚有沿途停頓未經發至磧曲者所有包頭以下本年官運鹽斤雖經停發而磧曲一帶從前餘存未經售罄之鹽一俟船到仍應飭令照常發售以資結束其招商領運事宜並擬飭包出示提前辦理以免官鹽銷罄無可接濟發商鹽價按現時而論係包括湖租挖費駝費磴口倉租運包船價等項在內大紅鹽每担合成本洋一元三角有奇包頭每担現售價洋一元七角有奇二紅鹽每担合成本洋一元有奇包頭每担現售價洋一元四角有奇其中均含有餘利款項所有磴口局每年經費即在前項餘利中徑支將來改歸商運如果僅按一切用費規定照本出售則無餘利可言其磴口經費是否改歸稅款支撥抑或如何辦理之處應候鈞裁其由湖下運至包鹽斤如在南海存儲自於發商領運較為便利惟抄粘中載丁會辦所謂六年度包頭棧租計支洋六千元有奇者其數適與磴口局經支倉租相合包頭二字當係磴口之悞若包頭南海棧租每年支洋百元此後下游開放凡商運磧曲之鹽一律在該倉存儲備領亦祇須添賃民房數十間每年增加二三百元之租金已足敷用至磴口建倉一層實不可緩此事曾經裴前局長崇元提議呈奉財政部核准轉行有案惟現在湖租增加必須多挖多運方為合算原擬間數工料亦有不同 職局業飭包局局員前往實地查勘擬俟估計後再行呈報核辦商人能否在包繳現一節查從前包頭商人躉購鹽斤向沿該處習慣行用期票曾經裴前局長於五年七月呈奉鈞署核准搭用此次奉到鈞令又經電飭該局議復據稱實難取消仍懇維持等情局

長查該處商人所繳鹽價鹽税現已與税局議定嗣後一律均用中國銀行支票若此項期欠亦由中行擔任暫時以兩個月爲限再過一年改爲一個月至第三年則完全取消爲此逐漸辦理於商人似無十分困難且税欵亦不至無着惟洋助理員之意以爲磧口既用現欵則包頭亦應一律擬令尅日繳現或改爲以三十日爲限仍須中國銀行擔保不知磧口地方與包頭商情向係不同包頭磧口甘肅一帶時有往來賬欵各貨均有標期行之已久此時驟然變更於該處金融商情均有不便而銷路亦恐因之窒碍洋助理員既堅執不肯變通則此事惟有仰求鈞署俯賜主裁提商總所核辦又官運各局對於運鹽赴磴蒙人亟應公平待遇一層查磴地偏僻現銀本缺既無銀行又難匯兑所有應付淌用概由包頭交商寄往而商人貪利往往以貨易銀冀圖取利其蒙人方面有樂于取貨者亦有樂于携銀者情形本不一律前次丁會辦到磴時所有蒙王代表本係一駐湖蒙員因辦事不力經磴局要求搭王撤换未允以致挾嫌妄報現爲通達蒙情起見合同之内既經訂明應由磴局交付現銀如不付現自無以杜其藉口現已飭包局備撥現銀自行運往以期接濟惟長途險阻搬運不易能否節省運費殊未可必此事只有暫行試辦俟有一二次後察看果爲便利再行呈請定案除關於組織收税員薪水等辦法另由税局呈報總所外所有奉令包頭下游停止官運並磴口設倉付現各節分别擬議遵辦各緣由理合具文呈復仰祈

督辦
署長鑒核謹呈

八年九月九日奉

鹽務署指令據呈已悉查商人在包頭繳稅及湖用付現各辦法業經署所分别規定另案飭遵至所稱包頭棧租暨磴口建倉各節現據總所付聽文稱據晉北收稅局將包頭權運分局所具磴口建倉意見辦法轉呈請示前來查該局員所陳建倉困難情形是否確有見地應由該稅局核議具報又查公家所支池租及挖駝鹽倉等費爲數已屬甚鉅而據該局員聲稱將來一切費用仍須增加是此次所擬辦法如果實行誠恐損失更多所有磴口一局可否予以裁撤並將吉蘭泰鹽池退租改歸散販承運如能照辦則將來凡經黄河運行之鹽應在南海收稅陸運之鹽在花馬池及楡林屬内新設之局收稅應請轉行權運局會同收稅局悉心核議呈報核奪等語本署復查總所擬陳各節雖爲節省公欵起見然吉鹽改歸散商承運究竟是否可行所擬征稅辦法有無窒礙非斟酌盡善未便遽見施行仰即會同收稅局迅即按照上開各項事理分别妥議具復核奪總所函致稅局稿件抄發閲看此令

呈　鹽務署遵令會議稽查硝商夾帶私鹽辦法文八年三月二十九日

呈爲遵令會議稽查硝商夾帶私鹽辦法已奉省公署行知抄單呈復仰祈鑒核事案奉鈞署第一六六七號令開前准山西省長咨請將晉省溥利土硝公司名義取消改定辦法轉撥官本於省城設立官硝局嗣後全省所產之硝一律由局收售以一事權等因復准農商部咨稱章程第八條應行修改農商部

九

咨請將該公司暫緩取消各等因均經抄發原件函令該局長詳議聲復在案茲准山西省長咨稱准陸軍農商部咨以准咨送官硝局章程並請取消溥利公司名義一案業經咨商原案應暫從緩議等因到署當以鹽硝關係軍火取締極宜從嚴在晉省各縣私運私售積弊已非一日該公司權力有限縱另定辦法偵察仍屬不易計非改歸官辦無以收廓清之效且該公司代收稅欵前經發現逾額浮收情弊經人控告而晉北榷運局洋稽核員亦迭次來晉面述謂自該公司開辦後經收稅款辦理均未妥洽以致熬鹽之戶往往苦於硝稅相率停業於鹽稅收入大有妨礙等語倘不速行收回則外人藉口交涉在所難免況官硝局早經成立自未便再行中止致滋疑慮至該公司現有之硝凡購主已定未運者仍令照舊繳稅起運其餘存硝器具一並交局公平作價所有一切貨物現雙方均已交接清楚並無異說統籌熟慮殊難再事從緩除分咨陸軍農商部查照前咨准將該公司名義取消以杜弊端外相應咨請查照等因查硝與鹽同出一源製造運輸關係極為密切稽查監察須由硝局及鹽務機關亦應准令緝私巡緣須時查禁方不至發生流弊自應由該局長就近於晉省鹽硝利害悉心體察按照章程各條逐細核議商承省長飭員會議妥慎協定期於鹽政硝務均無窒礙俟復到日再行核奪辦理至陸軍部修改章程一節應飭一併議復除咨復山西省長外合將咨件抄發令仰該局長遵照此令計抄件等因奉此遵經呈請 山西省長閻派員飭議在案 嗣奉 派政務廳長與局長會議去後茲奉省長第一八五號行知

內開據該局呈以奉鹽務署令飭按官硝章程會議稽查監察各事期與鹺政硝務均無窒碍呈請核辦
到署當飭政務廳長會同該局長議定鹽務機關稽查硝商夾帶私鹽辦法三條除分行官銷局查照辦
理外合亟抄發該局遵照特此行知計發辦法一紙等因奉此除分行各局遵照辦理理合抄具清單備
文呈復仰祈鑒核施行謹呈

計録省公署抄發稽查硝商夾私辦法清單

一運硝商人在購硝地方經過第一鹽務機關門首由該機關查驗有無夾帶私鹽如無即在單照上加
蓋某機關驗訖戳記立即放行不准稍有留難如有留難情弊准硝商報告權運官硝局會同查辦
一鹽務機關查驗時祇問其有無夾帶私鹽至硝之價值重量色質及硝與單照上相互之關係應由官
硝局自行檢查鹽務機關不得過問
一運硝商人經第一鹽務機關查驗蓋戳後經過第二以下各鹽務機關時祇驗單照上有無驗訖戳記
毋庸再行驗硝如經過第一鹽務機關漏未蓋戳時第二鹽務機關得補行查驗蓋戳

八年四月七日奉

鹽務署指令呈悉査所擬稽查硝商夾帶私鹽辦法詳加查核除第一第二兩條尚屬妥協應准照辦外
其第三條所稱經過第二以下各鹽務機關時祇驗單照上有無驗訖戳記毋庸再行驗硝等語食晋省

土鹽產地散漫若商人於已驗之後再行裝載私鹽則僅驗戳記似不足以杜絕弊端應改爲經過第二以下各鹽務機關除驗明單照戳記外並酌提硝包復驗俾昭愼重仰即與該省地方長官妥商修改並應聲明凡硝商夾帶私鹽一經鹽務機關查出即照章充公罰辦以肅鹺政此令清單存

呈　鹽務署口北蒙白等鹽不用奉頒稅單行銷入晉恐滋流弊文八年三月三十一日

呈爲口北蒙白等鹽不用奉頒稅單行銷入晉恐滋流弊秉碍晉局比較仰祈鑒核示遵事案據土鹽徵稅局局員景學鑄呈稱據陽高卡卡員函稱近時蒙鹽進口日見其多土鹽銷售益形阻滯惟查蒙鹽之來有執照憑稅單者有領用運單者稅單須自部署運單則由於口北蒙鹽局自印自用核其單上所稱係令所屬局卡查驗放行並無准入鄰境明文竊謂既有部署正式稅單又復雜用運單非特眩淆耳目且其中難保無影射弊混之處究竟何所適從用特耑函請示計附呈稅單呈單各一紙等由據此查蒙鹽侵銷鄰境晉北北路首當其衝若竟漫無取締非特局卡比較所關且爲鹽戶生計之礙上年因口北局所發自印自用之運單護鹽進口曾經局員面請局長暨收稅局視助理員設法禁止荷蒙垂允茲據該卡員函稱前由既經行用部署稅單則自印之運單不當再用自後對於是項運單可否作爲無效查現在北路鹽斤南受蘆鹽之衝斥北爲蒙鹽所侵銷所受影響爲損實鉅今豐鎭比較既經劃歸口北則此項鹽斤似不應再聽行入晉境矧所用係屬自印運單又無部署所發稅票上年洋員視䦱福在北路

調查時亦深以前項各鹽有碍晉稅惟以情形複雜一時未能上函茲據局所陳各節尙屬實情所有前項蒙鹽以及二道河之白鹽似應准飭行查禁以維晉稅緣由是否有當理合具文呈請鑒核示遵謹

呈

呈　鹽務署土鹽改定徵稅辦法請咨商省長飭行示復文八年四月十八日

呈爲土鹽改定征稅辦法擬請咨商省長飭縣一體示諭以期實行事竊奉鈞署訓令第三百四十六號抄件內開對於中南兩路暨北路分區之三四等鍋每年應按照每鍋最低產額四十八担征稅洋七十二元凡超過四十八担之鹽須照章每担繳稅一元五角河口稅率應由每担一元增至一元五角各等因奉此伏查晉北土鹽向本寓禁於征收稅最輕嗣經漸次將境內之中南北三路加至一元五角爲數已重而人民猶安之若素者則以中南兩路及北路分區之天鎭陽高代朔四處其所收鹽稅向皆按每鍋熬期之長短以定稅收之多寡如每鍋一口按月可熬鹽三百斤者其熬十日或二十日則可繳納百斤或二百斤之稅欵緣有天時雨暘之不定而滷質濃淡之不齊熬無定期而稅款亦可隨時紳縮故鍋戶遇有熬期但須報由各卡啟固啓鍋封鍋以資証明並無極端限制今稅局定爲每鍋額產四十八担年繳七十二元分期照攤則一經報明領照之後即爲認定年款無論停熬與否有無產銷在期內均須繳足額欵不得短少而開辦之始又須各覓鋪保否則禁其開熬辦法太嚴誠恐推行之始不無窒碍所

有晉北土鹽鍋戶蹈常習故驟難語以改良及生計困難情形前已迭次函呈鈞署茲奉總所來文既以銳意改革爲主自應遵辦但河口一局頃已來呈聲明地方獷悍恐釀風潮請予派兵彈壓業由職局會同收稅局電請綏遠都統特飭該處防營馳往鎮懾在案所有中南兩路改章示諭甫在繕發北路尚未議辦際此籌議改章之始於舊制既須更革誠恐愚民無知或滋疑慮職局對于地方權限有所不及擬請鈞座咨行山西省長准予飭縣一體出示曉諭以期實行而免困難理合備呈並將職局會同收稅局擬定示稿附呈仰祈鑒核迅賜訓示祇遵謹呈

計呈送示稿一紙

晉北榷運收稅局爲佈告事案奉鹽務署稽核總所令開中南兩路熬製土鹽一案亟應力加整頓茲製定管理土鹽新章仰佈告該處大小製鹽鍋戶人等一體遵守等因奉此合亟佈告中南兩路大小製鹽鍋戶人等一體遵守左列新定章程切切毋違此佈

計開

一凡製鹽鍋戶非領有晉北榷運局所發鍋照不得熬鹽

二所有製出之鹽無官秤(司碼秤)一百斤即爲一担應繳納鹽稅大洋一元五角於該管分局員或卡員轉解於晉北收稅局由該員付給收條一紙其上有收稅局華洋助理員簽字爲憑

三凡製鹽鍋戶領有牌照一張則每鍋每年至少應繳鹽稅大洋七十二元若該鍋戶一年內所產之鹽倘不及按照所繳之稅應產之數亦應照章繳納全年之稅倘所產之鹽超過所繳稅應產之數每担應照繳稅洋一元五角

四每鍋戶一人應覓保人二人以担保第三條所載應納之稅

五凡未經領有鍋照而私自熬鹽之人一經查出即應處以重罰並將其所有製鹽器具什物以及鹽鍋鹽缸大車小車牲畜等類一概充公

六應繳鹽稅在產鹽期內分期按月照繳

七自本年五月一日或是日以前起所有鍋戶應將所領舊鍋照送該管分局或卡查驗如有願照新章即照第四條覓妥實保人二人担保該管局卡即在該鍋照上蓋戳作爲繼續有效其不願照新章繼續製鹽者則該管局卡即按照所領之照取銷並將未滿之期限退還原繳照費之一部分

八倘該鍋戶等尚有未盡明曉之處即可前往該管局卡詢明

八年五月二日奉

鹽務署指令呈摺均悉已據情咨行山西省長飭屬一體佈告矣此令摺存

呈　鹽務署奉令准以陝西綏德各縣劃歸晉北收稅局直接管理一案遵照籌議文 八年四月廿七日

呈爲奉令准以陝西綏德各縣劃歸晉北收稅局直接管理一案遵照籌議仰祈鑒核示遵事案奉鈞署第四百三十三號訓令內開查該局長請在隰大永三縣添設徵稅局卡一案現據總所付廳文稱據晉北收稅局查復三縣鹽務自民國六年始由縣知事代理收稅所收稅款爲數甚微按花鹽產自陝西附近黄河渡河而運入山西入口之處甚多非在三縣設立緝私收稅局卡恐稅收不能起色等語查花定區內綏德米脂榆林各縣及綏德以北陝西各屬擬請劃歸晉北所有收稅事宜即由收稅局管理並將各縣代理收稅之職務即行取消其征稅地點應在三皇廟設立一局征收該處所製鹽斤之稅每担八角一分其渡河運晉之鹽仍由磧口各卡按担征稅一元五角又榆林應設一局征收經由鄂爾多斯運晉蒙鹽之稅每担二元凡已完稅之鹽均准運晉行銷無庸再稅花鹽若領有放運聯單塡明已在產地完納二元鹽稅者應准一律放行運晉行銷以上各局所需辦事人員並收稅局擬具辦法呈候核奪至榷運局擬在水頭鎮設查驗局並在紀家峪等處派勇巡緝各節應即無庸置議隰大永三屬現亦無須設立收稅局卡應由收稅局將渡河鹽斤防止漏稅辦法酌議呈報再行核辦等情請予查核飭遵前來本署復查稽核總所擬將綏德各縣劃歸晉北收稅局直接管理自爲統一事權整飭收稅起見應即照准除訓令花定榷運局遵照並由總所函行晉北收稅局外合即令仰該局長遵照籌議辦理具報此令等因奉此竊查陝西綏德各縣與晉北所轄之磧口河曲一帶毗連此次劃歸晉北收稅局直接管理在

總所原爲整飭税收起見惟查照稽核總所各分所章程比例收税局辦理手續除税收事宜外於產鹽區內行政事務自未便兼理以清權限綏德各縣既爲土鹽產銷之區則各縣關於產銷各項行政事務必非一端查照向例產鹽區域應設立場知事員缺運銷機關則有徵收分局榆林各處原隷花定駐設定邊之徵收分局現在收税事宜以既劃歸晋北税局管轄則該各處行政方面應否併隷職局所屬之該處就近分局抑必須另設分局之處前經奉令即電詢花定榷運局向辦章程迄今未准電復無憑籌辦擬即遴委妥員馳往調查詳悉以憑呈復其收税事宜業經會同收税局派員調查容當另文報告除俟調查明悉後遵令籌議辦法呈請核示外以上各節擬懇鈞署先行提商總所藉邀同意庶於鹽務行政一部分不至放棄於收税局方面亦須權限分明且於鈞署維持主權之至意亦不相背是否有當伏乞鈞裁所有籌辦綏德各縣鹽務劃歸晋北管理緣由理合具文呈請鑒核訓示祇遵謹呈

呈　鹽務署報明裁撤陽泉掣驗局結束情形暨臨時收支各款開單請示文八年五月七日

呈爲遵令裁撤陽泉掣驗局先將該局結束情形暨臨時收支各款開單呈報仰祈鑒核示遵事案奉　鈞署第五百八十一號訓令內開查陽泉掣驗局改爲緝私局前據該局長呈請到署業經行商總所核復並指令知照在案茲據總所飭據晋北收税局呈稱陽泉查驗處已於二月二十八日裁撤並與榷運局局長會商妥協將陽泉掣驗處一併取消惟榷運局局長之意以爲該局似宜另

設一緝私局辦理發給開放九縣之蘆鹽牌照事務等情查陽泉地方現在無論如何暫時不應另設局卡所擬添設局卡概算每月五十八元應予批駁至牌照之設究屬有何益處曾在陽泉發給若干其所得進項計有若干此項牌照如果在所必需則能否在太原發給或由榷運局長及助理員等派員親赴各縣辦理除令知該收稅局外陳請查核前來本署覆核無異合行令仰該局長分别遵辦具報此令等因奉此並准收稅局函奉總所令同前由職局遵即函復收稅局另行商定發給牌照事宜並函石莊掣驗局轉飭各商將蘆鹽運照在石莊繳銷一面令行陽泉掣驗局限於四月底裁撤飭將卷宗軍裝槍彈票照司碼秤等趕爲結束清楚造册繳回至所有傢具即由該局就近變價報解以節運費各在案兹據卸辦陽泉掣驗局局員李德元呈稱該局遵於四月二十九日結束清楚此次解送卷箱槍彈大秤等件運費暨箱價繩索車脚各費共洋二十元零六角四分除拍賣傢具售洋十九元三角五分抵支外尚不敷洋一元二角九分開單呈請給發等情到局職局當即派員點收解繳各件並查核收支無異惟此項特别臨時費用擬請 鈞署核准即以傢具售價抵支至不敷洋一元二角九分可否由職局前經呈准另款存儲之標賣陽泉鹽倉房屋解款内給發並乞 鈞署一併示遵俾便於册報内列收列支所有奉令裁撤陽泉掣驗局除發給牌照事宜俟與收稅局商定辦法另支呈報外理合先將結束情形暨臨時收支各款開單備文呈請鑒核訓示祇遵謹呈（清單畧）

八年五月十九日奉

鹽務署指令呈及清單均悉陽泉局業經裁撤所有解送卷箱等費抵支不敷之欵應准先行墊支仍候

飭行稽核總所核復後再行飭遵清單存此令

呈　鹽務署令籌辦綏德各縣鹽務劃歸晉北管理一案先將電詢大概情形呈請鑒核文八年五月十日

呈爲奉令籌辦綏德各縣鹽務劃歸晉北管理一案先將電詢大槪情形呈請鑒核事竊職局前奉鈞署

令飭籌議辦理綏德各縣鹽務劃歸晉北管理一案遵經電致花定榷運局查詢向辦情形並分電楡林

道道尹嗣以日久未准電復無憑籌辦復經會同收稅局調查業於四月二十七日呈明在案茲准楡林

王道尹電開條電悉楡綏商運鹽局業已取消現改爲花定產鹽分局係花定榷運局委派又准花定榷

運局電開蒸電悉楡林綏德鹽務向歸包商辦理去冬包商取消改爲自由貿易洋助理員前呈總所准

在楡林神木府谷等處添設收稅分局嗣奉署令將綏德等縣劃歸晉北等因業由本局據情呈復俟奉

核示即行函商辦理各等因准此查楡綏各處或係商包或係花定設局無憑臆測除俟前派委員調查

產鹽分局或收稅分局是一是二詳悉呈復後再行遵令參酌該處向來辦法籌議辦理呈請核示外理

合先將電詢大槪情形具文呈報仰祈鑒核施行謹呈

呈　鹽務署中南兩路土鹽改徵稅則最近情形文八年五月二十三日

呈爲遵辦中南兩路土鹽改征稅則最近情形仰祈鑒核事案奉鈞署第三百四十六號抄件對於中南兩路鹽鍋徵稅辦法業經先後分別嚴飭各該局卡遵辦並會同收稅局出示佈告一面呈奉　鈞署咨行　山西省長飭屬一體曉諭以期實行在案茲據南路局員戴國璜皓日電稱職局鍋戶因新章征稅過重紛紛報停本月稅收大受影響商會因關貧民生計亦持反對碍難急切進行又中路局員呂吉甫呈據所屬各卡暨忻定總卡轉據鹽行代表暨各鍋戶聯名呈以新章遵奉無力擬求體恤民命准予減輕稅率仍照舊章辦理各等情據此伏查此次土鹽改章並非加征稅款實因年額限定在鍋戶遇有停熬時期無從紳縮減納以致統年核算於舊章較有出入業已嚴飭各該局切實勸導以期遵行但各該鍋戶等所稱本重利微責令按年認繳實有爲難等語亦係實情可否提商總所准予變通抑或如何辦理之處理合附抄原呈具文陳明仰祈　鈞署鑒核示遵謹呈

計呈清摺一扣

晉北中路土鹽征稅局呈爲據情轉呈事四月十三日案奉鈞局曾字訓令第四號內開案查中南兩路管理產製土鹽暨收稅辦法亟應修改茲發交佈告五百張仰即粘貼於該分局卡門首及所屬產鹽各村莊俾衆週知等因奉此遵將佈告粘貼於職局門首暨陽曲產鹽各村莊復派稽查員前往各村剴切曉諭並解釋來文並轉發各卡一體遵辦去後茲據陽曲鹽行代表三合鹽房王拴柱賈喜子張鐵牛等

稟稱爲貧苦營業難負重稅公懇恩准減輕鹽稅以示體恤事緣民等熬鹽寒苦生理前蒙諭飭民等圖行每月繳鹽稅大洋四元五角通年鍋照大洋六元而且每至年終計算賠虧不堪尙難支持今蒙鈞局佈告第二條每百斤鹽爲一担繳稅大洋一元五角第三條通年鍋稅大洋七十二元等因奉示閱悉惶恐殊深奈民等圖行均係寒苦營業憑恃苦力糊口所僱受苦工人刮土工資食用費多較前倍增而出鹽甚少通年計算除繳官欵實賠虧難堪每逢夏間天雨連綿難以刮土停鍋不能熬鹽受苦工人休歇亦得管待食用因此累賠再蒙通年每鍋加稅大洋七十二元民等思維再四實難担負是以不揣冒昧公呈苦情伏乞鹽稅局局長老先生鑒情垂憐恩施格外俯准減輕鹽鍋稅項以恤苦業實爲德便又據清源卡呈稱爲據情轉呈事竊據職卡鍋戶張佩琪等稟稱爲申明下情懇祈鑒核而恤苦難事緣陽歷四月二十八號奉到公令以土鹽熬戶每年每鍋按七十二元征收等因竊民等鹽產迥非海鹽可比清源熬鹽共分二種一洒土熬鹽就完納地丁之田地中由井汲水再事人力洒於地面幾番幾次多費時日俟土乾鹽生運土池中灌水滴汁始用煤炭大燒爐火用鍋熬煑工料浩繁而所產無幾間有井水涸者又有逢天雨而破壞者更有被河淹而停業者每年所熬不足半年即鍋內出鹽亦有多少之別每鍋有超過四百斤者有不及四百斤者此種情形有案可查鹽質既次售價又少二刮土熬鹽用適當價値刮取他人田內之土或路旁之土運三五里或十數里而至熬場濾水取汁大火爐熬費本甚大成鹽甚

少所得僅抵苦工之代價此清源熬鹽之實情也茲奉諭令每鍋每年統以七十二元包納悉屬窮民非不願勉盡納稅之務義但情形特別遵章無力行見田產廢棄僅遺地丁之賠累鹽戶流離變作窮苦之遊民況國家正當振興實業之際民等以熬鹽爲農家之副產亦實業之一端若令人民受損失國家減賦稅當亦所不忍者擬懇酌事變通只論鍋數不論鹽數鍋以月計不以年計民等雖窮苦尚可勉應鈞命否則民等無生路矣事屬實在言由衷出如蒙格外體恤保存民命不勝感戴等因據此查該鍋戶等所禀各節尚屬實在情形理合轉呈伏乞鑒核訓示祇遵又據徐溝卡呈稱爲據情轉呈事案奉總局會令以中南兩路管理產製土鹽暨收稅辦法亟應修改特發佈告並章程等件先後到卡奉此遵即廣爲張貼並傳集各鍋戶來卡按照改定各條詳切曉諭飭令各遵辦去後茲據城關四鄉各鍋戶張福壽二合堂王計只德和隆朱殿元常春海楊海鑾高長發公立鹽房義和鹽房暨閤行等係貧苦生涯難負重稅公懇准予減輕仍照舊章以示體恤事緣民等熬鹽生理均係苦力經營籍資餬口竊奉示諭每鍋一口按月繳鹽稅大洋六元以熬鹽日期之久暫爲繳稅盈虧之標準體恤民艱無微不至民等營業所以尚能支持者胥賴乎是近復接奉佈告各鍋戶每年四月一日起至十二月底止爲一年製鹽之期每鍋一口納四十八担之稅共大洋七十二元並須覓二人担保具呈整頓稅源立法精詳之至意吾儕小民尚能勉力担負曷敢不遵惟民等此項生理多係貧苦營業每年農忙或雨水之期均不能括土熬煮作

輟無常餘力甚少其難一每鍋一口須用作工者五六人一切費用每苦不貲若再加稅勢必全行停業其難二民等均窮苦之人殷實鍋戶素少往來一旦出而覓保試問誰肯担任其難三如此時縣令歇業而以前所刮之土暨製鹽器具必致全行拋棄化爲無用其難四尤可憐者徐邑鹽鍋計一百數十口無告窮民賴以生活者不下千餘人茲因稅重而停止營業必皆流爲餓殍再四思維惟有據實陳請鑒核曲予矜全俯賜轉呈榷運收稅局准予減輕稅率仍照舊章辦理不勝呼籲之至除分稟商務會外爲此聯名公懇伏乞恩准施行等情據此卡員復召該民人等所述各節均係實在情形既未便强迫從事亦不敢壅於上聞究應如何辦理之處理合具文呈請局長察核准予據情轉呈實爲公私兩便又據太原卡呈稱爲呈請示遵事案奉頒發榷運收稅局訓令並佈告遵即張貼茲據本縣各村鎮土鹽鍋戶代表恒盛裕等稟稱爲鍋戶等困苦情狀難以遵照新章納稅懇請轉呈局憲准予展緩施行事竊鍋戶等蒙鹽稅局面示並恭讀榷運收稅局布告內開第三條第四條第六條第七條云云伏思鍋戶等亟應遵照新章按月繳納稅款無如凡鍋戶多係傭工苦人農忙之暇謀食無路祇得湊集二三人分途息借資本方始刮土熬鹽除去備農外全年計開熬時間不過五六個月每月每鍋出鹽約在四百斤左右每遇霪雨之時不能淋水又須停止總計通年僅出鹽三千斤上下近因地土淡薄出鹽較之前二年減去不啻三倍更加蘆鹽充斥以致土鹽價格日低凡售鹽者多係零星肩挑小販並無大宗運銷衆之近年柴炭

米粮百物昂貴以致人工亦日見增加雖租賃房屋傢具等項無一不價格日高以一年內所熬出之鹽斤售入之價開除一切花費及繳納稅課外所得餘力僅敷餬口倘稍受損失即有虧本之虞竭蹶情形曾經貴局目睹非鍋戶等虛具飾詞若再遵照新章按月繳納稅款每鍋一口全年繳足七十二元之稅額委實無力完納再查鍋戶向係每年春間冰雪融化之後各戶集資刮土陸續開熬若不能遵照新章納稅者均令一律停鍋奈鍋戶等數百人之生命財產全在於所存之土度活祇求將現存積土儘數熬竣即行停止所售出之鹽價除按照舊章交納稅課幷歸還各債款外俾得各謀生業以資度活惟有聯名公懇貴局代爲轉呈總局憫念貧民生計維持商艱准予展緩遵奉新章納稅俾蘇民困倘蒙垂憐俯允則感戴無極理合轉呈伏乞示遵又據太谷卡呈稱爲呈請事據城關鄉鎮鍋戶五十七家全體代表王正誥龐遇泰白希曾等稟請爲新章繳稅下情萬分困難懇恩轉詳鹽情維持事竊維蘆鹽開放硝價又減工食奇昂土鹽價落熬戶等屑屑受制命已不堪若歇不但領此鹵地畝稅須納所購傢俱無人受買舍此又無恒業仍忍痛刮土開鍋今蒙佈諭幷謂権運收稅兩總局頒發佈告現定新章八條鍋戶等繹第三條第七兩條惶悚莫名再四籌思力難應付僅將困難原由瑣晰陳之況鹽土當春纔旺若有力者一期收買豈不願開九閱月之鍋無奈欵鉅維艱家即小康亦難驟辦況熬戶均係寒苦較乞討稍勝一籌力與願違無法能供長稅土鹽價少工食又昂復受蘆鹽土硝兩宗侵奪即照舊章辦理營業已不

能支况稅加至二元若有餘鹽仍須過秤照此辦法即不長期限制所賠已多况長期限制乎如淋汁鹽池當夏易耗長期開熬汁每不及夏秋之交霪雨肆虐土遇雨水苗即潛伏非晴半月不能刮土若夏秋多雨鹽池每易傾毁九閱月賡續接辦縱然有土汁每爲艱時當酷熱鹽房狹小煤氣薰人例當休息然停鍋不停稅鹽既無出稅從何來若欲遵章報歇新章係四月份須發以前所收存土欲熬不及一二月之久誰肯以少數之土供多數之稅若報歇土係價購土費人工損失歇貸而來借主聞風群相追討再以原購場地置辦鹽鍋各種器具每鍋一口價費六七十千文之多若停售於何取償損失所連生命交迫鍋戶等既領鹵地除報稅外復要納糧地既廢耕全憑刮土一家數口生計爲艱除此別無善策若遭歇業不流托鉢恐塡溝壑矣今新章照此規定鍋戶等若能辦到斷無不遵蓋爲萬分困難無法措辦迫不得已敢將困苦衷陳諸汪老先生之前鑒情俯如維持轉詳中路分局長呈請榷運收稅兩總局局長憐恤鍋戶等生計垂危恩施逾格設法維持不勝待命等因據此理合陳請鈞座轉詳榷運局收稅局批示如何辦理候示祗遵又據榆次卡呈稱呈爲轉詳請示辦法事據城關鄉鎮鍋戶等九十六家呈稱下情困難生計倒懸泣叩轉詳鑒情維持事竊維海鹽開放硝价減少工食昂貴土鹽價落熬戶等層層受制命已不堪若欲歇業不但領此鹵地畝稅照納購此器具無人承買産業在此即生命在此舍此別無恒業故遭此打擊仍含痛刮土開鍋茲蒙傳諭並伏讀榷運收稅兩總局頒發規定新章八則鍋戶等謹

繹第三第七兩條惶恐莫名反覆尋思實覺力難應付敢將困難縷晰陳之鹽土當春始旺能有力一期收買豈不願開九閏月之鍋無如款鉅維艱家即小康亦難驟辦況煎戶多係寒苦較乞討稍強力與願違無法能供長稅此困難一土鹽價少工食奇貴復受海鹽土硝侵奪即照舊章辦理營業已不能支況稅加至二元若有餘鹽仍須過秤照此辦法即不長期限制所賠已多況長期限制乎此困難二淋汁鹽池當夏易涸長期開熬汁每不濟夏秋之交淫雨肆虐池釀鹽汁每易傾毀九閏月連續接辦縱然有土汁每為難半途停熬仍須納稅鹽既無出稅從何來此困難三土遇雨水苗即下伏晴非半月不能剮刮時值秋收人工無暇重價收買尚覺為難土乏來源鍋於何有且候當酷暑鹽房狹小煤氣逼人熱度甚高例當休息然停鍋不停稅鹽出少稅從多恐所熬之鹽難納所定之稅暗虧莫吃損失誰償此困難四若欲遵章報歇新章係四月分須發以前所收積土欲開熬不及二月二三月之久誰肯以少數之土供多數之稅不開熬土係價購或費人工損失猶後歇由張羅而來各借主一聞此信先來追索以何取償此困難五即論有土鍋戶遵章開熬執鍋務者不能常期無病執鍋業者不能一門無事況淋汁有礙以及鍋破農忙復有礙可礙之處均係半途停熬損失之處恐熬期未終而成本已告罄矣此困難六且以購買場地滷辦鹽鍋及各種器具論每鍋一口價需七八十千文之多因此全停畢於何所損失所在生命攸關此困難七既直此但鍋戶等既領滷地除報稅外復要納糧地既廢耕全憑刮土一家生計舍此別

無良法若遭歇業嗷嗷數口不流乞丐恐塡溝壑此困難八伏思我國家原定稅則土鹽視蘆鹽爲輕良以蘆鹽係天然流質製本甚輕土鹽爲人力生活製本實鉅又關人民生計當初政府建議原以矜恤窮黎開其生路今新章照此規定鍋戶等如能辦到斷無不激發天良無如困難環生無法措辦不得不將困難情形披瀝於汪老先生之前鑒情俯准轉詳中路分局局長呈請榷運收稅兩總局局長俯念鍋戶等生計將絕恩施格外變通維持實爲德便據此卡員細核所呈各節困難之點洵屬實情理合具呈代爲轉詳伏乞局長鑒情代詳榷運收稅兩總局可否憐念貧苦酌予變通維持靜候示下祇遵又准忻定支局函開案准貴局轉發榷運收稅局會令第四號並佈告章程等件敝局遵將佈告暨原令並收稅章程分發所屬定嶢兩卡並將佈告分區張貼在案現據各處鍋戶紛紛來局聲稱熬鹽困苦情形實難遵照新章辦理具禀懇求呈轉等情前來具禀衆鍋戶等爲懇求緩加稅率以恤民困事竊民等素皆貧苦生計維艱向以賣鹽藉資糊口當此白物昂貴之時本已虧折難支欲棄此而營他又鮮生活之道迫不得已忍痛經營期覓蠅頭之微利以當工作之代價忽見忻縣鹽稅局於各羅粘貼佈告又有改章加稅辦法奉讀之餘惶駭萬狀伏思小民等哭訴無門惟有將熬鹽困苦情形爲局長前詳細陳之倘蒙俯念民艱代爲轉呈上憲允准則感戴大德無極矣查民等熬鹽營業春初解凍起土始能熬鹽以起土多寡定熬鹽日期長短蓋皆不能長年工作不輟每鍋一口於刮土挑水工作均須苦力七八名需煤炭器具

甚夥加以工價飯食等項所費實屬不貲照向章繳稅已屬勉强支持若照新章更難爲之營作也又兼本年風多無雨所取之土較往年出鹽成分減少特甚但能忍受納稅乃國民應盡之義務吏何敢冒昧稟陳惟値產鹽成分減少工價昂貴之際實有難於担負之苦痛凍餒堪虞不得不據實稟懇局長先生代爲轉呈權運局恩准緩加稅率以恤民困俾免流離失所其功其德豈啻渡衆生於苦海造浮屠七級耶專肅稟懇伏乞恩轉實爲德便謹呈又據定襄卡衆鹽戶具稟懇求免加鹽稅請爲轉報呈稱爲鹽稅增加實難熬燒乞懇諒情減輕以憐無力賠苦緣民前應鹽戶領照熬鹽遵章納稅於上年因鹽土缺乏以致賠苦不堪所交鹽稅無不求親告友於今春因風大又未將鹽收起近聞公佈鹽稅增加以致難熬只得先將前者應出鹽稅交足據實稟明乞懇將鹽稅減輕民無不甘心頂恩矣伏乞施行又據崞縣衆鹽戶具稟懇求免加鹽稅請爲轉報呈稱茲奉鈞局佈告内開每鍋一口每年應繳鹽稅七十二元若該鍋戶一年内所產之鹽尚不及按照所繳之稅應產之數亦應照章繳納全年之稅等因奉此衆鹽戶等因其每年所產之鹽不定碍難遵照懇請轉報免加以恤鍋戶今將熬鹽情形詳陳之一起土日期本有定數每年至清明節後用鋤將生土掘起令太陽晒乾復用鋤返之如此者數次至小滿節近此土始成若此間不雨則鹽戶等之幸如果有雨不但不能起土即起土之工亦枉費也故鍋戶等舊日起土多者須長期少者領短期此起土不定不能遵照也二天氣寒熱不一產鹽之地各異有因天氣炎熱之時土

內含有硝質池中之水不下停熬者有因嚴寒之時池中之水成冰不下歇業者故鍋戶等舊日開鍋繳稅停熬免征此又熬鹽日期不定不能遵照也且熬鹽者以苦力求生之事也並無大利可取若照新章繳納七十二元之稅又不論長期短期則是鍋戶等恐由此求生而反受害也以上所陳皆鍋戶等之公意非一二人之私見也鍋戶等不揣冒昧懇請局長轉報下情仍照舊章繳納則鍋戶等感恩無旣矣否則只可歇業另謀生計不能於此求生致有身家之累懇祈轉報下情謹呈據此忻局當經敝員一再開導咸以力難担負要求轉報竊以事屬通案國家之收入攸關相應據情函報貴局查核轉請示遵實爲公便各等情據此局員未敢擅主理合據情轉呈伏乞鑒核示遵謹呈

八年六月五日奉

鹽務署指令呈摺均悉已據情提商總所應俟復到再行飭遵此令摺存

呈　鹽務署據中路局呈土鹽改章奉省長令飭業經咨請緩辦文八年五月三十日

呈爲轉據中路局呈請土鹽改章奉省長令飭業經咨請緩辦等情仰祈鑒核示遵事案據中路局員呂吉甫呈據淸源卡呈稱竊於四月二十四日奉到榷運收稅兩總局改組稅章佈告比傳各熬戶切實勸諭遵章辦理據各熬戶稟稱新章困難之點極多無力遵辦除具呈職卡要求轉詳外並泣訴淸源縣公署暨商會力予維持兹於五月十八日案准淸源縣公署函開逕啓者土鹽加稅前經敝署據鹽戶呈稱

各節轉呈省長在案茲奉省長閻指令內開呈悉已據情轉咨鹽務署暫行緩辦矣俟咨覆到署另行飭遵仰即知照此令等因奉此事關鹽稅相應函達貴局知照等因准此卡員進退維谷有碍進行不得不將原函抄呈懇乞局長鑒核轉詳構運收稅兩總局如何進行辦法候示祇遵等情據此查清源鹽戶既奉有省長指令轉咨鹽務署暫行緩辦明文惟新章實行在即恐清源熬戶等將以省長指令爲口實若强迫執行勒令歇業該卡又無實力誠恐釀成意外風潮屆時應如何辦法懇請迅示以便飭遵等情據此查土鹽改章一案前據該局員轉據鍋戶呈稱困難各節當經飭令切實勸導一面呈請核示嗣因風聞各鍋戶逕向省署請求又經傳集詢問並會同稅局頒發佈告訂於六月一日實行在案現在該卡員所稱業經山西省長咨請鈞署展緩一節職局尚未奉有行知惟各鍋戶等顓蒙無知難保不因省長指令而遂即停熬以待致令稅收無出現在鹽務行政全賴地方官協助進行該局員所稱未便强迫亦係實情除仍指令剴切誘導以期就緒外所有關于省署指令一節如果咨商之案業已到達鈞署應請迅予裁示一面咨復省長轉飭遵照以期接洽而便遵循實爲公便理合據情轉呈伏乞鑒核迅賜指示祇遵謹呈

呈鹽務署遵令查明官運墊款擬議撥還辦法文八年六月十二日

呈爲遵令查明官運墊款擬議撥還辦法仰祈鑒核示遵事竊奉鈞署一千一百三十號指令內開呈册

均悉查正款項下各分局所存稅款據稱較册列存數多二萬一千一百六十元即官運項下短少之數長此轇轕不清殊非正辦前於劃分官運賬目案內曾據局案開摺呈報當以官運正稅既已劃清應令分局將多存稅款撥還總局歸入官運項下各清各款並令詳查有無別項情節明白具復在案迄尚未據復到仰仍遵照前令刻日查明擬議辦法呈候核奪此令等因奉此查此案前於劃分稅款官運並訂立官運交庫會同稽核辦法案內呈奉　鈞署第四百三十二號指令稅款及官運帳目既經劃分清楚並開列清單會同收稅局員將存款迭交金庫應准照辦至官運項下墊解正稅銀二萬餘元一節查來摺開管內列鹽稅不敷銀元三萬五千零二十九元三角三分四厘核與民國六年九月分報册內舊管列存銀元三萬四千一百元二分之數存欠相加計差六萬九千一百二十九元三角五分四厘推厥原因由於册報係合總分各局統計此次摺報僅就總局一部分而言第總局不敷之款既爲墊解正稅則此項墊稅即係分局征存未解之款現既將官運正稅劃分清楚應令分局由以前欠解稅款內撥還總局歸入官運項下各清各款何以忽又請由現收稅款項下扣還殊不可解其中有無別項情節即詳查明白具復以憑核辦摺單暫存此令等因當以此項墊款既係分局欠解自應遵照鈞令於各分局征存款內如數撥還以清糾葛惟職局自上年四月收稅局成立以來各分局征存款項均係逕解稅局所有前項墊款既係上年四月份以前官運款內挪撥之數分局從前征存之款似屬早已解出第因統除統算截

至上年十二月底止總局仍有不敷則層遞結算仍應分局照繳是以擬飭各該局於現收稅款項下解還運本並無別項情形奉令前因遵經與稅局迭次相商迄無成議竊念款關運務既經列册證明應由稅款撥還則飭由分局繳解或向稅局逕撥似均正辦惟稅局對於現款異常注重若於解所之外再令撥還舊欠而各分局因有兼收稅員之關係對于稅款又非稅局行文不能動撥現已遵奉令飭再向該局函商殊有爲難可否仰懇鈞署飭由總所令行稅局轉飭分局照撥或即令稅局逕還總局以免周折而期迅速之處並乞鈞裁所有遵令查明官運墊款擬議撥還辦法各緣由是否有當理合肅呈仰祈鑒核訓令祇遵謹呈

呈　鹽務署總所飭改預算辦理爲難據實呈請核示文八年六月十五日

呈爲總所飭改預算辦理爲難據實瀝陳仰祈鑒核事竊職局於本年四月二日准收稅局來函內稱案奉總所令開關於榷運總局暨各分局每月經費預算尙須修正應將尋常經常臨時費另行開列詳表其他各項開支一概不得列入等因奉此按總所此次飭另行造送之預算係將軍衣旅費修繕費調查費解款匯費特別臨時費及購買物件等項全行删去蓋此項開支若遇動支時應先行呈請總所核准玆奉前令相應函請查照迅速將每月經費預算開列詳表送交過局以便轉呈等因當以職局前送總分各局月報表册所有軍衣旅費修繕費等項均係本在經常門內列並非臨時費用此次總所飭删似

二十一

有誤會且此案是否應行更定亦須俟鈞署行知方能照辦是以未予改造只將前項各費中有不能改爲臨時呈請仍須按月照額動支緣由函復該局嗣又接准函復以職局所稱解款匯費各項仍應列入每月經常費一節查匯費可在稅款內湏接開支無列入預算之必要至于調査費一節如遇有意外發生事件可由各局員先行墊支俟呈請總所核准後當即撥還且按總所前定辦法係將薪金工資列入經常費項下其餘費用歸入臨時費項下其他開支一概不得列入茲由敝局遵照總所飭令辦法已另行改造倘貴局對于此項預算有加增之處一俟正式函復敝局當無不樂於轉呈等因前來職局伏查按月所送月報表册皆係遵奉鈞署定式查該其辦法與審計院修訂普通官廳册簿相符即所支各款亦係自開辦以來歷經呈奉核准有案此項總所飭令變更預算在未奉鈞署行知以前本屬未便照送且恐一經修改紊亂舊章反於總分局辦理事實有碍並據各分局以經費支絀要求免于修改前來職躇再四無可遵行惟總所既經詢問又有收稅局洋員從旁守催職局無法堅拒惟有按照來函先行擬一式樣送交轉呈至職局及所屬分局經費原定額支之數本屬不敷平時惟恃臨時費項下各款藉資挹註今既以經常除薪資外一律改作臨時而臨時門内復被删節則每月所支之數短縮甚鉅所有應增經費既准該局允爲轉呈自應一併附列請其轉送現已擬就删減及新增經費表各一分送由該局轉呈擬懇鈞署先行查照前陳事理切實提商藉資解决惟册式一層關係綦重如照此次總所改定辦

法開列與鈞署前頒定式不無違異將來開送稅局轉呈總所之件與造送鈞署報册格式兩歧一經對照必至演成帳目糾紛之弊無從統一究應如何辦理仍乞鈞署核定飭遵所有總所飭改預算辦理爲難情形理合連同現造表册二分備文呈請鑒核訓示祇遵謹呈

計呈送表册二分

晉北榷運局謹將晉北收稅局代造總分各局每月經費預算删除數列表呈請鑒核

局別	删除每月預算項別	銀元數
總局	器具及圖書	十六元
	修繕	三元三角三分
	調查費	十八元六角六分
	匯費	七十三元六角六分
	軍裝	三元八角三分三厘
	旅費	九十二元〇〇一厘
	煤炭	十六元六角六分

	印刷	十五元
	雜費	二十六元
	合計	二百六十五元一角四分四厘
包鎮局	購置	二十一元五角
	調查費	十元
	匯費	三十五元
	軍衣	五十元〇三角三分四厘
	臨時費	三十五元六角六分七厘
	合計	一百五十二元五角〇一厘
北路局	購置	三十六元
	修繕	四元六角九分九厘
	調查費	二十二元
	匯費	二百〇九元一角六分六厘
	軍裝	八十四元五角八分三厘

二十二

	臨時費	四十四元
	合計	四百元〇〇四角四分六厘
中路局	購置	十五元
	修繕	一元五角
	調查費	五十五元三角三分三厘
	匯費	十六元六角六分六厘
	臨時費	十六元六角六分六厘
	軍裝	三十七元〇八分三厘
	合計	一百四十二元二角四分八厘
南路局	購置	七元
	調查費	二十五元
	匯費	二十元〇六角六分七厘
	軍裝	二十六元五角八分三厘
	臨時費	八元三角三分三厘

合計　八十七元五角八分三厘

磧口局
購置　十六元
調查費　十一元八角三分三厘
匯費　八十九元三角三分四厘
軍裝　六十四元五角八分三厘
雜費　一百十元〇五角
信差　二十八元
臨時費　二十六元六角六分六厘
合計　三百四十六元九角一分六厘

河口局
購置　二元
修繕　五角
調查費　七元六角六分六厘
匯費　十元〇八角三分三厘
軍裝　十六元一角六分六厘

二十三

臨時費	八元
合計	四十五元一角六分五厘
總計	一千四百四十元〇〇〇五厘

八年六月二十六日奉

鹽務署指令呈悉該總分各局每月經費預算既據分別增減擬就表册送由收税局轉呈總所應俟議復到署再行查核飭遵至册式一層將來收税局轉呈總所之件與該局造送本署報册格式或有異同祇須數目相符一經對照不難考查何致演成帳目糾紛之弊來呈所稱各節殊欠明瞭嗣後該局呈署報册俟此次預算規定後仍應查照前頒格式辦理其數目應與送所之數相符以便互相稽考仰即遵照此令表册存

呈　鹽務署轉呈中南兩路土鹽一律停熬情形文八年六月十八日

呈爲轉陳中南兩路土鹽一律停熬並間有抗令不遵情形據實錄摺呈請鑒核示遵事竊中路局員呂吉甫迭次呈報陽曲徐溝太原太谷榆次各縣鍋戶一律停熬又清源縣鍋戶抗令不遵南路局員戴國璜電稱鍋戶繳照停熬或藉口照未滿期抗不服從並呈同前情先後到局查此項辦理土鹽改章情形業經先後呈奉鈞署一千一百八十一號暨一千一百八十八號指令在案茲據前情竊查改章伊始不

兇畧有風潮然如此次各該鍋戶持此等消極之態度實非初料所及現在該兩路既多數停熬復有少
數仍舊敖熬抗不遵令無論新章之稅牽付諸空言即舊日之稅收亦歸無着睹茲情狀焦灼良深局長
管見所及此時遽改新章或仍然照舊已屬兩難惟折衷新舊之間國計民生雙方兼顧在鈞署自有權
衡可否飭商總所查照最近辦理困難情形酌予變通抑或照局長前次函呈辦法酌加採擇一併提商
示遵似此辦法既無損中央之威信而稅收自有加增即在洋員方面亦不至持之過急而辦理易於推
行是否有當理合照錄中南兩局呈送原文開具淸摺伏乞鈞署鑒核施行謹呈

計呈淸摺一扣

晉北中路土鹽征稅局呈爲陳報調查各熬戶難以遵照新章納稅情形仰祈鑒核事案查五月二十一
日奉鈞局通令第十三號飭局員短期調查二十五日復奉指令第二六五號內開呈悉查土鹽改章係
奉鹽務署令飭通行在案該局員應妥爲開導切實遵行據轉呈鍋戶等禀稱無力遵照新章納稅懇予
轉緩等情前來是否屬實仰局員迅速查明妥議呈復核奪切切此令各等因奉此除轉知忻定支局局
員前赴定崞兩卡調查並切實開導外局員遵於二十五日前赴所屬各分卡實地調查每至一卡均傳
集各熬戶將新定章程暨通令內各條詳加解釋再三開導並諭各該熬戶等如一人不能負通年之稅
可數人集合共熬一鍋或遵鈞局二十四日佈告暫遵新章俟將積土熬完後歇業諒能擔負無奈該鍋

戶等衆口一辭咸以新章窒碍之處甚多無論久暫實難遵照若不准開熬存有積土負有借債所受損失更鉅一再懇求展緩施行新章以救生命各等情茲將各卡熬戶等面禀各節經局員隨時登記謹陳鈞鑒據清源縣熬戶十八村代表等面禀民等意見若照新章所出之產不夠交稅清源之熬法與別縣不同每刮土非排一井不可每口需地土十二三畝每畝地丁需制錢四百文每口需四人刮土每工需錢四百文每口出鹽八百斤每鍋燒煤一百五十斤每斤制錢四文所餘之利實不敷新章納稅業亦不能歇因民等所僱人工均係長工若一行歇業則工人等均係貧民非但工資擔當不起而民等所租鹽房亦擔任不起緣每房一座須出租錢一百十千加之今歲天氣非常乾旱刮土用人較平日爲多況天雨又不能熬若照舊交稅尚有不敷之時若一歇業貧民何以過活勢必流爲餓殍困苦之至求局長維持生計再交照一事所有未逾期之照鹽戶等均不能繳緣無照熬鹽局卡即指爲私鹽今鹽戶領照之時並不知改章之事鍋戶既領新照照章當以一年爲期若繳還鍋照未逾期之一部分鍋戶等生計既絕又何任一部之照費且民等奉省長批示暫行緩辦故敢直接不停熬貢鹽之熬法與人工比白鹽不同停止尚屬便易惟求緩辦一二月將所有存土熬完人工散去再行歇業此兩月稅款仍請按照舊章繳納或俟部文至省省文到縣再行歇業亦可求局長將此種種困難上達總局則民等感恩無旣矣據徐溝縣各鹽戶禀稱向來本地土鹽行銷平遙孟榆次等縣則蘆鹽入境充斥各縣土鹽銷數大減且從

前洋價一千二百文今時一千七百文洋價較往時每元大五百餘文人工食用無一不貴平均成本甚重每斤售價五十文之譜尚且虧賠至數人共用一鍋尤難遵辦因鹽戶熬鹽每逢天熱下雨農忙均要停止一至暇時始能開鍋開鍋之時想必爭先恐後多生事端此次改章既不能遵辦必定歇業存土家俱所費不貲若驟行停業豈非盡行作廢懇求恩寬維持據太原縣熬戶面禀近年煤柴工食百物昂貴又因地土淡薄出鹽較少鄉人共知本已勉度生活若照新章納稅實無所出是每月出鹽按照舊章納稅尚有賠累之時况售價至高者六十文至低者二三十文好鹽出自村土次鹽出自地土近被蘆鹽充斥現賣之價尚多滯銷若再增價更無買主且大時常有乾旱氷凍通年萬不敷一鍋熬鹽之土若二三家移開一口用費更行加重亦不能多產鹽斤而住址運土又不能强合一處現在存土資本多係借貸而來必須熬竣出售後方能歸還債務此係指按照舊章交稅而言若遵照新章月納稅洋八元分旬報明出鹽斤數勢必虧及血本實難辦到民等度活還債全恃存土舊章納稅尚有不敷開銷之時何能遂照新章交稅祇求恩准將存土熬完照舊納稅俾民等稍獲微利以淸債累然後停業另謀生路又據太谷縣鍋戶代表王正詰等面稱新章加稅萬分困難因蘆鹽鄰縣開放土鹽受制雖蘆鹽價較土鹽貴其味比土鹽好價值僅差數文若照新章必須增價則土鹽更難銷售咸購蘆鹽矣况天氣酷熱不獨不能開熬土亦不能刮即遇秋雨又不能熬刮風之時又不能刮即土旺之時家即小康亦難驟辦熬戶大都

貧苦借貸傭人煤炭由賒而來今若照舊章尚可苟延殘喘懇求局長設法維持今局長諭令六月一日實行以新章辦法熬戶只有歇業至鍋戶鹽鍋器具每家成本約七八十千文叩求邀恩轉詳給價以便另謀生計又據榆次鍋戶面稱蒙總局兩次佈告熬鹽改章鍋戶實無力遵照祇有懇求局長轉稟仍准照舊暫熬數月俟將存土熬完後即不再熬緣戶等刮土場基鹽鍋器具實由價買而來財產在此即生命在此一旦因無力遵照新章歇業生計已絕而縣署仍收鍋戶城地之糧且鍋戶另有刮土之人每鍋一口靠此生活者十餘人或二十人不等此種刮土之戶皆極貧苦舍此別無生路查榆次方面不下有一二千人之多鍋戶等思維再四祇得叩求局長據情轉呈總局仍准暫照舊章以蘇民困各等情據此理合據實轉呈伏乞鑒核指示遵行再忻定調查情形尚未據報合併聲明謹呈

晉北中路土鹽征稅局呈爲據清源卡呈稱所有黃鹽鍋已遵令封閉其白鹽鍋熬戶仍不遵令停業據實陳明仰祈鑒核事竊查前據清源卡卡員呈報各熬戶不遵新章又不停業一案除一面由局員函請清源縣縣知事協助外業經據實轉呈鈞局在案茲准清源縣公署函復內開案准貴局函開案奉榷運收稅兩局訓令敝局所屬各縣土鹽收稅辦法於六月一日實行並繳驗以前所發鍋照如屆期各熬戶中有不遵照新章者一律令其停止營業惟恐熬戶有不遵照藉端阻撓情事即希貴知事協助進行會同敝卡卡員辦理以期完善實級公誼等因准此查敝縣土鹽有黃鹽白鹽之分黃鹽係刮土熬鹽白鹽

係就完納錢糧之地中晒土熬鹽工料甚貴鹽價低小即照舊章收稅每歲所入亦不過僅抵工價茲准貴函除黃鹽鍋不能遵章辦理者酌令停閉外惟白鹽鍋有地丁田地關係經敝署傳來該村代表等再三勸諭據該代表等稱若照新章納稅實在担任不起若即時停鍋不熬實有萬人生命之虞況省長有緩辦之令請即暫緩等語敝知事察係實情未便封閉事關民生究應如何變通辦理之處仍請貴局妥籌辦法見示等因准此飼覆據清源卡卡員呈稱爲呈復事案奉鈞局函開查熬鹽改章一案限於六月一日實行熬戶中有未能遵照新章者須一律將其熬鍋封閉惟恐所屬熬戶中有未能遵照藉端阻撓情事業經本局函請縣知事協助進行即希會同縣署妥愼辦理爲要等因奉此卡員比即會同縣知事勸諭各鍋戶遵照新章辦理據鍋戶代表面稱新章繳稅民等無力担負若勒令民等一律停止營業實屬無以爲生且奉省長批示暫行緩辦在案熬戶等仍照舊章熬鹽納稅候部文批復後再爲遵辦等語鍋既不肯聽封照亦不肯繳出現時遵章封鍋繳照歇業者僅黃鹽鍋十餘口業於六月一日停業繳照卡員另造表册呈請鑒核惟該各熬戶既不遵章復不停業其稅收應如何辦理伏乞鈞局轉詳指示遵行等情據此查該各員所稱各節與清源縣函復情形相同所有熬白鹽之鍋現時勢難封閉惟已屆實行新章之期其稅款應如何征收局員未敢擅擬理合據實轉呈伏乞指示遵行謹呈

南路局電新章實行公佈後鍋戶良者繳照停熬刁者藉口照未滿期抗不服從來局卡叩求維持生計

者日有數起辦理殊多困難另文詳請示遵璜

南路土鹽徵税局呈爲呈復調查熬製土鹽鍋戶實在情形事竊查職局及卡鍋戶熬製土鹽一業本係極苦之營生設鍋開熬貧戶居其多數天時有暘雨之別即刮土有多寡之殊若鹽土遇雨非俟天晴半月不能起刮且熬鹽之戶本非以此爲專業當農忙時即停止熬鹽而從事於耕作雖刮有存土亦無暇秉顧冬令嚴寒冰天雪窖并刮土而無從是以熬製土鹽一年之中統計多則四五個月少則二三個月前次屢加税率貧民之負担已重所幸並無限制每鍋熬十天者繳税二元熬半月者繳税三元熬全月者繳税六元如此辦法尙屬平允故歷年以來各鍋戶均相安無事今忽奉鈞局頒布新章每年每鍋至少須繳税七十二元各鍋戶驟聞之下恐慌萬狀僉謂倘能長年開熬絶無間斷則此數自可照繳無如南路各屬欲求一二長熬之戶而竟不可得彼零星小戶隨熬隨停者更無論矣試思停熬期內税欵何從而出頻年所獲蠅頭微利俯仰尙虞不給又安有餘力以繳此七十二元之税乎惟據祁縣鍋戶云在旺月時每鍋每月繳税八元或可支持若逢夏雨冬雪之際既不能刮土熬鹽則月繳八元之税萬難承認今因加税問題發生致鍋戶全體停熬停熬之後市面土鹽將日形缺乏而價必增高價既增高人民將捨土鹽而食紅鹽花鹽紅鹽花鹽如果充斥於市則熬製土鹽之鍋戶生機將絶至於每年每鍋熬鹽不及四十八擔者亦必令其照繳四十八担之税此强迫手段勢必激而生變況文交鍋戶素稱蠻横自

鬨加税新章即有聯合各村全體罷鍋以圖抵制之説各縣知事有鑒於此對於土鹽加税一事雖願盡協助之義務然恐衆怒難犯亦豈肯過於激烈致地方上受意外之影響此杜漸防微之計不得不預爲顧及者也局員出差調查路過祁境時集有鍋戶數十人爲生計起見紛紛痛哭跪求擬懇轉呈鈞局准其照舊納税維持營業雖迹近抗違訓令而亦出於萬不得已之苦衷仰祈局長籌一變通辦法或將新章略加修改以示體恤而貧民得以照常開熬安居樂業且於國課民生兩有裨益不勝屏營待命之至以上各節均係熬製土鹽鍋戶之實在情形經局員詳細調查南路各屬大致相同即各鍋戶所遞稟詞亦無歧異除將鍋戶遞稟另文呈送外理合先將調查實在情形備文呈復伏乞局長鑒核施行謹呈

八年七月二日奉

鹽務署指令呈摺均悉此案前准山西督軍電陳前情業經據情提商總所旋由總所電飭視助理員晋謁督軍籌畫改良方法已於個日電知在案茲據前情仰候核定辦法再行飭遵此令摺存

呈　鹽務署土鹽改章一案磋商未決報明省令情形請核示文八年六月二十六日

呈爲土鹽改章一案磋商未決現已奉有省令情形仰乞鑒核示遵事竊奉鈞署個電以土鹽征税新章一案總所已電飭視開福君晋謁督軍將此事通盤籌畫切實討論具報如遇必需時亦可將此項新章暫緩實行等語特行電仰知照等因同時收税局助理員並奉稽核總所電同前由當經該員往謁督軍

奉派代表六政考核處處長崔廷獻來局磋議並詢問土鹽征稅詳細辦法經祝助理員檢交章程暨聲明願改新章鍋戶納稅年額四十八担爲三十六担等語其時崔處長以所奉督軍意旨尙有分期領照一層又察看稅局所訂各鍋戶激稅摺據附開條件頗涉繁難要求再行磋議未能解決即行回署復命茲職局於本月二十五日奉督軍兼省長令開案准財政部個電内開土鹽征稅新章一案現經總所電飭祝助理員晉謁台端籌畫討論改良方法希即賜與接給爲荷等因准此查此案前據各縣知事商會暨鍋戶人等呈以新章窒礙懇求維持先後呈請到署當經據情電請鹽務署體念民艱别籌變通辦法並抄原電令行該局知照在案現復據各縣知事商會等迭次呈報近日各鍋戶均因現屆六月實行新章之期無力納稅閉鍋停熬並來會聲言舊照係按年一領期尙未滿何以遽令一律繳照停熬若長此封禁生計斷絶至爲可慮請先開鍋以救鹽戶免滋事端各等情查中南兩路熬煎土鹽多係窮苦小民零星鍋戶如竟以新章加稅致窮民紛紛失業影響社會秩序爲非淺鮮本省長認爲若不早令開鍋復業於國課民生均屬損害甚鉅至改訂征收方法應即從長計議以期妥善而利推行爲此令仰該局遵照並轉知祝助理員可也等因正在轉知稅局間據中路局局員面呈據陽曲鹽戶代表等以自本月封鍋之後無術謀生闔家嗷嗷坐以待斃不得已奔走呼號哀懇各機關轉呈兼座設法救濟讃長此久困勢必鋌而走險命自行開鍋現聞奉兼座已允暫行開熬以救各家性命鹽戶等惟有自行開熬雖犯重典

有所不辭但鹽戶等本係順民非不遵奉曾局章程納稅惟是新定稅法限制過嚴負担較重雖欲勉任力實不能今爲死中求生之計不得不自行開鍋聊救燃眉第思與其自行開鍋曷若哀鳴而懇乞批准等語該代表等並率同全體來局要求發還不鍋照即日啓封經局員再三開導准將原稟轉呈囑其靜候萬勿自由行動該熬戶等聲稱只能靜候一日悻悻而去再四思維明日鍋戶來局要求實屬難以應付應如何辦理伏乞示遵等情前來據此查此案前因清源一縣熬戶既不遵章繳稅又不停熬以致辦理困難業經呈明在案今陽曲復又如是恐此風一經蔓衍全境皆然勢必無從遏止局長籌思再四與其任聽自由開煎置法律於不顧似不如暫予從權宜佈一面飭由各局卡登記所製鹽數俟新章改定之後按照經製鹽斤責令自開熬日起照最後商定辦法繳足稅款經與稅局提議未准認可竊思此次各鍋戶要求開煎情急勢衆勢非法律所能限制設一旦自由行動似不能照私鹽例處以懲罰而改章一案又係與稅局會同辦理現職局奉有省令既不能不設法變通而又難於要稅局同一步趨究應如何辦理理合瀝陳情形仰祈鑒核示遵謹呈

八年七月三日奉

鹽務署指令據呈及冬電均悉此案昨准山西督軍冬電已將議定辦法付所在案據呈前情應再飭付總所査照此令

呈　鹽務署關於包頭鹽局與收税員劃分權限辦法文八年六月二十七日

呈爲包頭設立收税分局關於包頭鹽局與收税員劃分權限辦法呈祈鑒核示遵事竊查包頭添設收税員暨撥給人員辦法業經於本月十四日呈明在案現在該收税員景學鉞已於上月二十日前來税局報到經華助理員留局練習一月飭即前往包局開辦收税分局於本月十七日馳往赴差所有關於包頭鹽局與收税員劃分權限辦法經與税局迭次提商迨至本月十五日始經議定大概因税員啓行急迫不及先期呈報經税局洋助理員商請令發業於是日會銜暫行飭知包局局員暨收税員等分别遵照伏查此次會銜文内所議各項辦法大致均係査照本年二月十七日及四月二十等日鈞署第二百八十五百八十六兩號訓令抄件内所載總所付文及致收税局令函辦理其中如訂立税作收據發鹽憑單商人納税領鹽在包稽核由磴査驗各手續於權運收税兩局權限幾經磋議似已大致平均税票一項該局受求完全移交收税員暫時經管雖與現時之會同頒發手續不同而准單運照應行劃分辦理業經奉文飭議一俟與税局商定妥式實行分劃則各有主管專責權限即不混淆現當未經擬式奉准以前權由税員單獨保管爲期甚暫且訂有商人領到税票非呈由包局主管官運之員塡明運期銷地簽字蓋章不能領鹽起運則與該局方面權限亦尙無碍可否准予照辦之處理合附録會銜令稿暨附粘各件呈祈鑒核示遵再磴口局此次奉設査驗員按照鈞署第二百八十號抄粘總所致税局函

第三條及五百八十六號抄錄總所附文第四條該員職務係報告收買鹽斤之數目及會同監發蒙人馱挖各賛所有監發之權業於此次會銜令稿內分別訂定惟報告鹽斤一層係由收稅局於單銜訓令包局收稅員文內規定其大概辦法係聲明該員之職務係造送旬報並用電報報告此項旬報即爲存鹽及運到之鹽起運之鹽等數以及運到之鹽未經起運而存於鹽倉等數各等語其時以報告鹽斤既係遵奉總所令函辦理自應遵照惟現就磴局情形核議鹽湖雖屬租賃而究爲蒙鹽發源之區在晉局全部視之自以包鎮以下爲銷區而吉蘭泰池爲產地磴口倉爲產地之坨局其磴局局員與長蘆各屬之坨務員職權同等而稅局所設查驗員其職權又與各處塲坨附設之放鹽員相等按照三年三月鈞署訂定稽核分所章程第二條一項所載由倉坨放鹽之員對於塲倉放鹽須稽查是否有正式准單是否照則完全納課是否祇照允准之量數時期向該分所所轄地點內之塲坨察視等語是辦事權限僅及放鹽之鹽而止至塲坨雖應察視則注重在各局所人員有違背章程之事得以隨時報告並未涉及存鹽今觀磴局運到之鹽即可作由灘運坨之鹽比例存倉之鹽即可作在坨存鹽比例此項鹽斤似屬場產性質按照長蘆等處灘坨向例可否由其一併報告稅局歸入稽核範圍擬請鈞署核定一併指飭遵行合併聲明謹呈

八年七月二十四日奉

鹽務署指令呈摺均悉至磴口收存鹽斤劃分權限辦法現已據情飭付總所應俟復到再行核飭遵照此令摺式均存

呈 鹽務署奉令籌議仿用長蘆單照擬式呈核文八年七月一日

呈爲奉令籌議仿用長蘆單照擬式呈核仰祈指令遵行事竊職局以擬具四聯收税運照聯合票式樣呈奉鈞署第九百七十九號指令内開呈及聯合票式樣均悉權運與收税雙方權限不清辦理殊多窒碍茲經本署與總所商定將收税准單及護運運照兩種按照長蘆現行單照辦法由該局長會同收税員參酌長蘆現用單照格式體查情形擬議呈復以便核奪施行除由總所令行該收税員外合將長蘆單照格式七種發交該局長查酌辦理聯合票式暫存此令等因並奉發長蘆單照七種奉此仰見我督辦署長劃清權限整頓運銷之至意自應遵照辦理以期妥適今就晉北情形實在考察如蘆鹽蒙鹽皆係車船躉運大宗入口分用單照極屬相宜其花鹽産自陝西而征税事宜則由職局所屬之磧口分局辦理事在半途按照向來辦法准單似不適用惟現已奉令陝境之綏榆等屬劃歸職局經管照總所規定征税手續係産地征税八角一分磧局征税一元五角或有産地納二元亦准放行與蘆蒙等鹽之一道征足者不同將來必須稍變即尚可於産地局卡填發單照而中途補税之區得以加織登記以期變通適用土鹽則産數零星銷市無定既鮮躉運之商復多近場所售其向來征收手續已與灘鹽辦法不

合而近月改章按月按鍋征稅各區則納稅出於鍋戶而運銷則在商販且吏有自煎自食向不運售者情形複雜尤難一律將來應如何因地制宜以期單照劃分得以適用經與稅局再三會商設局亦無適當辦法惟謂此項單照用之包頭一局最屬相宜等語按鍋計征及按斤收稅兩種如北路山應高鎮等屬及河口之按斤收稅者皆於起運時征之商販劃分單照似尚能行惟中南兩路及北路代朔大鎮陽高四縣按鍋計征之區其納稅皆在鍋戶而運銷則在小販其小販皆憑牌販運鹽並不盡憑稅票今以准單代稅票運照代牌照則牌照將歸無用而照費行將減收且此等鍋戶向皆按月納稅今又規定為年額四十八担每月繳稅八元則稅額有定而銷數無定其購運商販領鹽多寡不齊且有肩挑貿易隨意量載者或一月所產數次始能售出或一照所運而數單尚不敷填領則准單運照雖即行用商販與銷戶決不能同時赴局填寫其數目亦難對照以上情形經與收稅局再三會商該局亦尚未籌有妥善辦法惟此項單照現在總局已將章程式樣分行南中北三局籌設能否設法行用一俟議復當再另文呈請核示今因蘆鹽推廣開放奉令有准單運照准由晉省榷稅兩局分別填發之諭業經彼此會商擬定式樣先行呈請核訂除准單應由稅局逕呈總所外所有運照一項因有些稅局備核一聯且給華洋助理員會同簽字亦准索交式樣附呈總所惟此次所擬運照因晉局鹽類複雜產地不一除蘆鹽可由榷稅兩總局填給單照外餘均須 職局所屬分局及稅局所屬之收稅員各就所轄起運區域填寫是以

各備一聯存與發照局卡以爲根據與前次送交税局式樣微有不同又運照上所列之准單號數爲各處舊式所無此次係用收税局要求加入以期單照對勘但按照前述情形土鹽方面將來單照分領既有困難則號數亦難符合此次號數將來應否照填擬請鈞署准許隨時陳明情形變通辦理再奉發各式内尚有憑單一種車運船運護票各一種証以晋北情形均屬適用職局核定一併飭遵所有奉令籌議仿照長蘆單照格式行用一案緣由理合具文呈請鑒核訓示遵行謹呈（單照式畧）

呈　鹽務署陳明奉撥花定榆綏緝私巡隊擬具應給薪餉辦法文八年七月十七日

呈爲陳明奉撥花定榆綏等處産地緝私營隊擬具應給薪餉辦法仰祈鑒核示遵事本年七月五日據花定駐榆鹽巡步隊營第一隊第二排排長司廷奎呈以奉營長令奉花定榷運局局長訓令准收税局函榆林綏德各屬既經劃歸晋北榷運局管理則榆林神木府谷横山各鹽巡隊經費計洋九百六十四元嗣後領餉應赴晋北榷運局支領又該隊第一排排長田駿豐呈報六月份餉期已到兵士嗷嗷待哺懇速電知花定榷運局仍將六月份餉銀撥歸花馬池領取卑排駐紮定邊實非應紮之地欲率隊前進而薪餉不繼空拳難奮請將車站費及駐紮費三十元並七月份薪餉統祈電撥甘肅以便開差各等情並據該第二排司排長面請核發前來據此當經傳到該排長面詢情形據稱奉撥餉銀每月九百六十四元係現駐固原隊長一人又馬步隊各一棚駐横馬步隊各一棚駐定邊一排榆林一排皆歸固原隊

長管理現在開赴綏楡境內只有橫山二棚及該排一排其定邊一排雖距楡林不遠而因無薪餉尙難開拔各等語並面陳所奉該營營長令文蓋有印信職局伏查陝境綏楡等屬鹽務撥歸晉北管理一案業已奉有明文而此項巡隊奉撥由晉給餉尙未接准花定榷運局造册移交惟查晉北收稅局卷內載有總所公函係聲明該項營隊每月薪餉九百六十四元應由晉北發給等語現查該隊已經駐在楡綏者只有一排兩棚餘則一在定邊均尙距離甚遠發餉不便經與稅局會商擬暫將駐楡一部分薪餉發給其餘各隊六七兩月分薪餉及開差費則請花定榷運局先行墊發俟至開到陝境再由職局發給一面另籌歸還花定墊款辦法業經由稅局於本月十二日第二百九十九號函請示總所在案惟查此項巡隊係屬產地緝私應由榷運局完全管理今稅局呈復總所文內有該巡隊實屬有益與否尙須斟酌及對於該隊應如何處置之語似屬侵越權限惟以劃撥之案花定稅局早經通知晉北稅局而花定榷局方面則迭經職局文電交馳迄未見復亦未將各該巡勇花名造册移交以致一切辦法皆無根據難與力爭職局爲顧全行政主權起見擬請此次劃撥之案由鈞署提商總所時聲明權限飭行該稅局專管發餉事宜其如何布置駐紮應由職局接到磧局委員調查報告後呈請鈞署核定辦法至發給一節亦請飭令按月開數函知職局飭由分局照撥以免該局干涉至此項巡隊其駐固原定邊者如蒙一併電飭花定局給餉啓程剋期拔赴晉將來到晉後仍擬令其駐紮綏楡因傳聞該處匪亂甚亟商販視若畏

途非有重兵鎮撫不足以資整理並擬請鈞署主持電飭花定榷局早爲撥餉飭令開拔前進是否有當伏候鈞裁所有奉撥槍械等屬產地緝私兵隊及擬具發給薪餉辦法緣由理合照錄花定發餉清單具呈仰祈鑒核示遵謹呈（清單畧）

呈　鹽務署據包頭分局電呈收現困難請規期欠據情呈請核示文八年七月二十二日

呈爲據包局電呈收現困難擬請規復期欠據情轉呈仰祈鑒核示遵事案據包頭分局篠電內稱包自收現將及兩月銷路異常短絀屢經勸商疏銷咸謂需現難辦實係無法推銷際此磴鹽來多南海倉儲添賃收盡幾無容藏之處損失堪虞而運款存現亦復奇少以之應付磴用及船脚等所短甚鉅祈鈞裁電請署所維持暫行規復期欠並發給運本兩萬以重運務是所盼懇並盼電示等情據此查包局官運鹽斤售於商販向沿該處習慣收用三個月之期票自裴前局長五年七月呈復核准以來歷辦有年所收鹽價稅款向無貽誤迨上年晉北收稅局成立由洋助理員提議改收現洋經職局再三研究恐於官運銷數有碍當於本年三月間二十七號呈內陳明情形請予提商總所並迭次面商稅局擬暫變通辦理嗣於四月二十日奉　鈞署訓令第五百八十六號抄件內載總所付文第三條內開如無意外困難情事則所有在包售賣之鹽應收現洋而對於此包鹽斤所征之稅亦應責令繳交大洋等語同時收稅局亦奉總所函同前中經洋助理員擬定於六月一日實行函由職局行知包局遵辦並同出示曉諭在

案迄今兩月以來銷數異常短絀六月份銷鹽僅止三百四十担零證之上年是月銷數所短不止十分之九七月尙未截數而據電困難情形如此則銷數不能暢旺亦卽可知查蒙鹽銷售每年僅恃開河以後四月至九月爲旺期本年旺收之期已去十分之六若再遲延則全年挖運之資盡歸虚擲且南海地方狹小平時倉儲既少現値磴鹽擁擠驟難疏銷據該局一再電請添賃民房業已准其添設而民房有限現當添賃之後又將不敷存儲則銷路愈滯存鹽愈多船泊河干亦處損失當此中南兩路土鹽改章熬戸尙未規復原狀花鹽因陜亂運晉甚稀銷數亦微而蘆鹽復値京漢車斷驟難轉運來晉所有國課民食全恃包北兩局賴以供給而包局蒙鹽情形如此不惟解數短絀難數比較且於地方民食有關局長爲維持晉鹽銷場藉顧比較起見擬請　鈞署俯念收現困難准予暫行規復期票一俟包鎭金融活動再行設法改革如蒙允准並乞迅電示遵一面飭付總所轉行稅局遵照不勝引領待命之至所有據包局電稱收現困難擬請規復期欠緣由理合據請轉呈伏乞　鑒核訓示祇遵謹呈

呈　鹽務署陳明奉撥固原緝私巡隊已經開至陜北據情發給餉銀文八年八月六日

呈爲陳明奉撥固原緝私巡隊已經開赴陜北據請發給餉銀等情仰祈鑒核示遵事本年八月二日據花定鹽巡步隊營營副兼隊長徐鑄鼎呈稱奉花定榷運局訓令准收稅局函以奉總所函開榆林綏德各屬劃歸晉北榷運局並請晉北設局管理以便就近整理在案查榆林横山各鹽巡緝私隊經費九百

六十四元應由晉北局自本年六月起發餉並令知職隊停領六月份餉等因奉此職隊自奉令後星夜開至陝北現在橫山駐紮懇祈發給餉銀等情據此查此項巡隊前因駐紮固原與另駐定邊鹽巡一排均屬離晉甚遠不便發餉是以與稅局商定擬將該隊等應領之六七兩月分餉銀暨開差費暫由花定墊發俟將來開至陝境再由職局發給一面另籌歸還墊欵辦法業經稅局函奉總所核准並先由職局陳明鈞署在案茲據該隊長呈稱已經開至橫山則其由固原開拔之時自在花定局未據墊發電以先職局與花定通電向需十餘日始到現該隊已經開駐橫山所有應領薪餉可否統由職局令飭磧口分局就近發給一面電知花定局毋庸墊發擬乞鈞署核示遵行所有奉撥固原巡隊已經開至陝北擬請領發薪餉緣由理合轉呈仰祈鑒核訓示祇遵再另駐定邊一排現亦據來呈請領餉銀及開差費查該排本由此項步隊統轄現在該隊長既經開至陝北可否一併飭由該排開拔前來統由職局發餉以資統一而免花定墊發之處並候鈞裁再所有職局前飭磧口分局調查陝北銷鹽情形及籌議設局辦法已據報告到局現正與稅局會商辦法容即另文呈復合併聲明謹呈

八年八月十五日奉

鹽務署指令呈悉查固原定邊兩處鹽巡前據總所來付已經核定留駐甘肅一切薪餉由花定收稅局發給等語並於七月三十日第一千八十五號訓令飭遵在案茲據前情固原巡隊既已開至陝北情事

已經變遷定邊一排又向該局領餉候再據情飭付總所復到再行飭遵此令

呈　山西督軍榆綏鹽務劃歸晋北管理擬懇轉咨陜督飭屬保護文八年八月十一日

呈爲榆綏鹽務劃歸晋北管理擬懇轉咨陜督飭屬協助保護仰祈鑒核事案照職局前奉鹽務署令飭籌議榆綏一帶鹽務劃歸晋北管理一案經與花定權運局往返電商並派員前赴調查現已籌有端倪擬即設局開辦業由職局呈請鹽務署核示在案查此次劃撥區域西自横山榆林東及哈那寨沿河而下南及米脂綏德清澗吳堡等屬均在管轄範圍以内迭據調查員及駐榆鹽巡隊呈稱該處地面遼闊匪氛不靖居民又復狡猾鹽巡兵力單薄不敷布置非由地力官署及軍隊協助緝私保護産銷不足以資整頓而策税收擬懇鈞座俯賜轉咨陜西督軍令飭該處駐防軍隊及地方官署一體協助保護俾策進行而重國課實爲公便所有遵奉署令榆綏鹽務劃歸晋北管理擬懇轉咨陜督飭屬協助保護緣由是否有當理合備呈伏乞鑒核訓示施行謹呈

八年八月十四日奉

督軍兼省長指令據呈榆綏一帶鹽務劃歸晋北管理該處地面遼濶匪氛不靖請轉咨保護等情本可據情轉咨唯此案既奉署令核准自應由鹽務署逕咨陜西督軍飭屬協助保護較爲鄭重仰即知照此令

呈　陝西督軍前奉署令榆綏鹽務劃歸晉北管理現擬設局開辦懇請飭屬保護由八年八月十一日

呈爲前奉署令榆綏鹽務劃歸晉北管理現擬設局開辦懇請飭屬協助保護仰祈鑒核事案查職局前奉鹽務署令飭籌議榆綏一帶鹽務劃歸晉北管理一案經與花定榷運局往返電商並派員前赴調查現已籌有端倪擬即就横山榆林設局開辦業由職局呈請此次劃撥區域西自横山榆林東及哈那案並及米脂綏德清澗吳堡等屬均在管轄範圍以内迭據調查員及駐榆鹽巡隊呈稱該處地面迭鬧匪氛不靖居民又復狡猾鹽巡兵力單薄不敷布置非由地方官署及軍隊協助緝私保護產銷不足以資整頓而策稅收惟有仰懇鈞座俯賜令飭該處駐防軍隊及地方官署一體協助保護俾策進行而重國課實爲公便所有遵奉署令榆綏鹽務劃歸晉北管理懇請飭屬協助保護緣由理合肅呈仰祈鑒核施行謹呈

呈　鹽務署派員調查陝北蒙土各鹽產銷情形籌議辦法呈請核示文八年八月十二日

呈爲派員調查陝北蒙土各鹽產銷情形籌議辦法仰祈鑒核示遵事案奉　鈞署令飭籌議綏榆各屬鹽務劃歸晉北管理一案當經電詢花定榷運局向辦該處鹽務情形一面令飭職局所屬之磧口分局就近派員確查並將擬議大端於四月二日十七日呈奉　鈞署第九百五十一號指令内開據呈已悉綏德等縣土鹽產銷事宜該局長擬請併隸榷局管理自爲維持行政主權起見應俟管理產銷各項籌

有切實辦法具呈到署再行飭商總所以免周折仰即知照此令等因嗣准花定榷運局及榆林道尹電復又於五月十日呈奉鈞署第一千四十四號指令內開呈據已悉榆綏各處鹽務亟需整理現辦情形究竟如何應由該局長迅令前派委員詳細調查籌議辦法具報核奪此令等因在案茲據磧局呈據委員呂正本調查囘磧開陳報告並附送圖表鹽樣前來謹將籌議辦法爲　鈞署縷晰陳之

一就該委所繪草圖及調查產銷表情形而論蒙鹽經過之區以榆林爲最要而土鹽管轄之地則三皇峁爲適中此兩處擬請一設分局一設支局以資管理其設卡地點除安邊定邊甯條梁張家畔皆仍花定所屬並未奉劃歸晉應無庸議又葭縣逼近磧口所屬之第八堡義合鎮逼近磧口所屬之軍渡雙湖峪在綏德與三皇峁之中均可從緩設置外其餘地點該委等所擬均扼要擬即就此規定暫先設置十一卡分配於分支各局而此外有無應行添設之處擬俟派員設局時由該員實地籌畫另文請示

二調查該處收入據稱每年可至七萬担左右如得完全整理其收數當在土鹽各局之上所有經費預算似宜稍裕又據稱地方不靖非厚集緝私兵力不足以資整理則緝私一項亦宜寬事擴充茲據磧局擬呈預算察核尚有未盡妥洽之處已在飭行修正擬俟修改完善另文呈請核示

三查榆林綏德一帶地方繁庶向爲軍隊駐紮之區由陜軍收稅一旦劃歸晉省派員設局行政方面交

涉必多其上下鹽灣等處爲土鹽產區尤有整理場產等事所有前項設局辦法擬請遵照　鈞署七年三月四百十八號訓令收數多者設立專任收稅員收數少者以局員兼收稅員之規定於榆林分局設局員一員收稅員一員三皋嗣支局即以支局員兼收稅員除行政事宜仍歸職局統轄外其應辦收稅事務統由收稅局直接管理至權稅兩局分派所屬人員辦理行政緝私及整理鍋產經收稅欵等事劃分權限辦法另單呈核

四現據該處巡隊報告每年產銷旺期以陰歷七八九三個月爲最現在已屆七月之期擬就該處提前舉辦征稅以免愆期而致短絀惟編制預算揀派人員核定經費等項恐難一時就緒目前銷數正旺放棄可惜擬請暫由磧局派委廉幹之員前往榆林三皋嗣及上下鹽灣三處設立征稅處試辦行政收稅一切手續或由磧局局員暫行移駐榆林管理一切每月簡單開支限令每一收稅處不得過六百元如此則所費有限而暫時稅款不致損失一俟局卡組織就緒再行正式開辦亦不爲晚前擬各節辦法如奉酌定擬請咨行陝西督軍轉行鎮守使及榆林道尹協助保護一面行知職局以便派員前往接洽

五節經派員調查並據磧局報告陝北一帶井鎮守府所屬地段雖較之延安以南各縣稍覺平靜而軍隊紛沓匪徒出沒亦復警告時聞加以包商撤局以後鹽稅久已無收一旦設局尤恐地方豪猾勾串

把特滋生事端開辦伊始自宜認眞緝私以期整理查花定經管之甯條梁安邊定邊各處雖有查驗分卡而仍另駐大宗緝私營隊藉爲地方險遠民情不靖不得不借重兵力以維税收今擬仿照前項辦法除籌設緝私各卡外擬仍請將奉撥花定緝私之一隊兩排一併分駐該處俾得驅策調遣藉資布置並乞核准施行

以上各節經與税局會商該局於設局地點及分配支分各局一層已無異議惟堅持奉關收税擬由税局單獨辦理而僅以奉撥之緝私營隊交由職局經管竊思行政收税權限攸分該處既係產區又有大宗緝私事宜所有行政事務照借欵合同而論自非税局所能兼辦且即以地方情形證之若專務收税而不謀一切行政事宜亦恐諸多膈膜轉形棘手現爲委曲求全以期雙方兼顧計除收税員應由税局派委並收税員之辦公費亦由税局擬定外所有應設支分各局暨緝私收税各卡擬即由榷税兩局劃清權限分別專轄兼轄互擔責任以期各得其平擬請　鈞署查照單開各節迅予提商總所藉資解决而保主權是否有當伏候　鈞裁所有派員調查陝北蒙土各鹽產銷情形暨籌議辦法理合照録磧委報告暨附陳清單謹表仰祈　鑒核示遵謹呈

計清單

榆綏分局設局員一員

收稅員一員

局員專轄緝私卡五

哈那寨　綏德　葭縣　通秦寨　鎮川堡

局員兼轄 稅局直轄 收稅兼緝私卡五

紅石峽　神木　府谷　橫山　高家堡

以上五卡收稅事宜由稅局直轄緝私事宜由榷運分局兼轄理合聲明

三皇峁產鹽支局局員兼收稅員一員

附屬緝私卡二　雙湖峪　義合鎮

收稅卡二　上鹽灣　下鹽灣

以上緝私卡二應由分支局直接管轄收稅卡二應由分支局及收稅員會同管轄蓋上下鹽灣均係產地有整頓鍋等產事擬照　鈞署七年六月第八百二十二號訓令鍋產專由榷局管理之規定後由分支局兼轄辦理合併聲明

呈　鹽務署包局收現困難銷數異常短絀擬懇俯賜主持暫行規復期票文八年八月十三日

呈爲包局收現困難銷數異常短絀抄呈原電原呈擬懇鈞署俯予主持暫行規復期票仰祈鑒核示遵

事竊職局前據包局電稱收現困難擬請規復欠等情當於七月二十二日第七八九號呈內陳明情形懇請鈞署俯念收現困難准予暫行規復期票一俟包鎮金融活動再行設法改革在案現尚未蒙指令嗣因節據該局急電並轉述包商呼籲情形復經商請稅局轉飭包頭收稅員暨中國銀行復查以憑核辦旋據收稅員感電內稱包商實無繳現能力自七月五日收稅分局成立起至二十七日止僅售鹽十担又中國銀行分別電陳到局亦稱包鎮商業習慣聞用標期至運鹽商人既少准備資本且非專業運鹽就現在而論包商能否繳現殊無把握等因稅局以爲該行此次復電所稱包商能否繳現殊無把握實係表示仍將繳現辦法留而不改且視數月後之結果若何不欲遽行停止正在往復磋商間復據包商恆興成等電請規復期欠前來伏思此案自本年六月實行以後銷數短絀迭與稅局磋商業將兩月始猶僅據分局報告繼則稅員銀行僉稱不可而稅局則以事關總所命令未便遽事變更又鹽爲民食必需商即不願繳現斷難久持擬再支持數月靜觀其變竊查前奉鈞署第二百八十號五百八十六號訓令先後抄錄總所原付暨致稅局函稿關於繳現一節一則曰如無意外困難情事則售鹽應收現洋再則曰能否責令現款繳稅希即切實查明是總所對於此案亦無成見果使下情上達深知此中困難當亦不難變通至若靜以相持一層雖可藉此覘商販之實力以定將來之對付而使無辜少民先遭淡食亦非政體所宜出兒蒙鹽銷售地點東有口北之青鹽土鹽北有西蘇庄之白鹽西有鄂爾多斯之

池鹽均可乘間侵入在平時官鹽暢銷人民畏法尚少食私之事若一旦官鹽滯塞商販不前難保無不軌之徒勾結私販大批偸運入境晉北緝私巡勇本極單薄屢向稅局商請未能增設率爾相持將何以善其後况期票出於習慣實爲包境金融盈絀所繫普通市面既用標期亦難獨爲鹽商改此向例而開放以後商販趨於自由尤多小本經營無力措備現款即此兩月證以蒙鹽銷數已屬可知又包局銷鹽向以七八九三個月爲最旺期遲則河封船凍欲售不能證以昔年往例每至六七兩月銷數共計均不下萬担或萬担以上今年河口河曲等處官運取消下游銷數應一併歸之包局則包局之收數當更暢旺逾恒乃實際調查不及往年甚遠轉瞬過此時間欲圖補救更無別法不獨晉局比較爲之短絀即全年湖上挖䭾各費亦將因之損失事關銷數何堪一再嘗試坐誤事機局長言念及此焦灼萬分援據各項電函不敢壅於上聞擬懇俯賜察酌准予查照前呈暫行規復期票一面飭付總所轉行稅局遵照不勝引領待命之至所有包局收現困難銷數異常短絀擬懇俯予主持暫行規復期票緣由是否有當理合抄錄包局收稅員原電會呈及包中行原電各一件恭呈鈞鑒伏乞鑒核迅電示遵謹呈

八年八月二十六日奉

鹽務署指令兩呈均悉包局收現困難擬請規復期欠一案已據情飭商總所應俟復到再行令知仰即遵照此令

呈　鹽務署擬定陝北鹽務機關經費預算文八年八月十四日

呈爲擬定陝北鹽務機關經費預算呈祈鑒核示遵事竊查陝北榆林三皇峁等處前奉鈞署令飭劃由晉北管理業經呈明辦法並將派員調查情形暨條議設局征稅各節於本月十二日第八十三號呈陳明鈞鑒在案茲查關於收稅一方面應設之收稅員以及各緝私兼收稅分卡因有稅務關係業經與助理員等會同議定計榆林設一分局內設收稅員一員三皇峁設一支局神木府谷横山及上下鹽灣各設一卡合計二局五卡月支經費一千零一十元其行政緝私方面應設人員巡緣經該助理員議定由職局巡呈鈞署核辦現已經局長悉心籌畫擬在榆林分局設分局員一員哈那寨綏德葭縣通秦寨鎮川堡雙湖峪義合鎮各設緝私卡員一員連同所屬辦事人員及巡勇工役共計月支經費三千七百四十三元以上除收稅員一職係屬稅局專管應由該局巡呈總所外其所屬各卡既以緝私兼辦收稅事務而三皇峁之一支局及上下鹽灣兩分卡尤有整理鍋產職務按照鈞署本年二月二十八日第三百二十八號訓令內開各分局卡由榷局委派人員須證明欵項帳目負責任又七年六月十五日第八百二十八號訓令土鹽產戶及鍋照應由榷局辦理之規定所有横山神木府谷上下鹽灣之五卡均應由職局委派隷屬榆林分局而以所兼之收稅職務完全歸由稅局節制其三皇峁之支局擬請按照鈞署七年三月第四百十八號訓令收數少者以分局局員兼收稅員之定制即以職局所屬之支局局員

兼充稅局所屬之兼收稅員以免多設人員虛糜經費如此辦理與前呈劃分權限清單辦法仍不相背而行政事務亦得有所指揮不致偏廢是以此次擬呈預算除榆林收稅員一職不計外其餘所屬人員凡稅局擬定者仍照原數開列與緝局所擬緝私各費一併列為預算總册專呈鈞署核示如蒙允准並乞迅予飭知總所轉行稅局遵辦再前單內所列之紅石峽高家堡兩卡稅局擬暫不設是以此次預算未經列入又稅局原擬榆林稅員經費內有排長什長等名目查緝私一項既經議定分辦則稅局方面不應再有此項員弁茲經於預算內改為馬巡步巡並將薪餉數目酌加修正合併聲明所有擬定陝北鹽務機關經費及任用人員辦法理合肅呈並將預算册連同稅局原擬之收稅一部分預算清單附陳仰祈鑒核訓示祇遵謹呈

計呈送預算清册一本又清摺一扣

榆綏收稅局收稅員一員一百二十五元幫辦一人二十五元書記一人十二元聽差二名每名六元共十二元馬巡一人十七元步巡二名每名八元共十六元臨時費約計二十四元以上共計二百五十元

三皇廟支局支局員一員八十元幫辦一人二十六元書記一人十二元聽差二名每名六元共十二元馬巡排長一人二十元馬巡什長一人十五元步巡一名八元臨時費約計二十七元以上共計二百元

神木府谷橫山各收稅卡卡員一員四十元書記一人十二元聽差一名六元馬巡一名十五元步巡一

名八元臨時費約計十九元以上共計一百元上鹽灣下鹽灣各收稅卡卡員一員四十元書記一人十二元聽差一名六元馬巡二名每名十五元共三十元步巡二名每名八元共十六元臨時費約計二十六元以上共計一百三十元

晉北榷運局所管楡綏分局及各卡經常緝私各費預算列後

科目	全年預算數	每月預算數	備考
第一款　經常費	二萬七千九百六十元	二千三百三十元	
第一項　普通俸給	一萬二千六百元	一千〇五十元	
第一目　薪津	一萬一千一百十二元	九百二十六元	局員一員月支一百元分局文牘會計各一員月各三十元巡查司祥各一員月各二十四員繕寫四人月各十五元三皇廟支局局員一員新津八十元帮辦一員二十六元書記一人十二元神木府谷橫山上鹽灣下鹽灣五處收稅兼緝私卡員五員月各四十元五卡每卡書記一名月各十二元哈那泰通秦寨鎮川堡綏德葭縣義合鎮雙湖峪七處每處緝私卡員一員月各二十八元每卡書記一名月各十二元月共九百二十六元
第二目　工資	一千四百八十八元	一百二十四元	分局公役二名月各八元局役四名月各六元三皇廟支局公役二名月各六元十二分卡每卡公役一名月各六元共一百二十四元
第二項　緝私俸給	一萬五千三百六十元	一千二百八十元	
第一目　薪津	四百八十元	四十元	隊長一員月支四十元
第二目　餉項	一萬四千八百八十元	一千二百四十元	分局馬巡二名步巡六名三皇廟支局及收稅兼緝私卡共六處每處馬巡一名步巡一名緝私隊馬巡十六名步巡一百名統共馬巡二十四名每名月支十五元步巡一百十五名每名月支八元月共一千二百四十元

第二款 臨時費	四千九百五十六元	四百一十三元	
第一項 房租	九百十二元	七十六元	
第一目 榆綏分局	二百四十元	二十元	月支二十元
第二目 支局及各卡	六百七十二元	五十六元	三皇廟支局月支八元十二卡每卡月支四元月共五十六元
第二項 辦公費	四千〇四十四元	三百三十七元	
第一目 文具及印刷	七百〇八元	五十九元	榆綏分局月支十六元三皇廟支局月五元神木府谷横山三卡每卡三元上鹽灣下鹽灣兩卡月各四元緝私卡七處每卡月各三元月共五十九元
第二目 郵電	一千〇三十二元	八十六元	榆綏分局月支三十元三皇廟支局二元神木府谷横山三卡月各二元上鹽灣下鹽灣兩卡月各三元緝私卡七處每卡六元月共八十六元
第三目 消耗	二千三百〇四元	一百九十二元	榆綏分局月支茶水煤炭油燭五十元三皇廟支局月支十二元神木府谷横山三卡月各十元上鹽灣下鹽灣兩卡月支十五元緝私卡七處每卡十元月共一百九十二元
合計	三萬二千九百十六元	三千〇四十三元	

說明 以上共計分局一處支局一處征税兼緝私卡五處專辦緝私七處所有兼辦徵税之卡責任稍重是以與税局商定每月每員薪津四十元專辦緝私各卡則定爲月薪二十八元其餘書記公役等均屬一律其分支局及兼收税各卡馬巡八名步巡八十名均歸分局及各該卡管轄其餘馬巡十六名步巡一百名擬歸緝私隊直接管轄業經於餉項備考欄内分别聲明再郵電一項專辦緝私各卡較收税

兼緝私各卡爲數稍多因緝私卡之員役專以出外梭巡爲重遇有私販即須隨時報告倘不通郵電之處仍須專差馳送是以此項費用所定較爲增多數元理合一併聲明

呈　鹽務署包頭局收現困難銷數異常短絀再請暫准規復期票文八年九月一日

呈爲包局收現困難銷數異常短絀再行呈請鑒核俯准暫行規復期票以維現狀而便疏銷事竊查職局前據包局電稱收現困難擬請規復期欠等情業於七月二十二日第七五號及八月十三日第八四號兩呈內陳明情形奉令提商在案現在稅局方面尚未奉有總所明示而迭據稅員及各商等電請亦未准予轉報經職局一再相商請其據情呈請所示該局洋助理員仍以今年銷鹽未至十分短絀擬再與商相持至十月氷結以後再議且謂期欠辦法恐與自由貿易有碍不肯變通等語竊思本年六七八三月因受收現影響鹽稅短絀較往年旺銷情形相去已不啻倍蓰若再遲至冰結以後則醬銷菜市均過雖有鹽亦不能下運今年全年之應有銷數將因此而全付東流全年已費之駝挓等項亦將因此而盡歸虛擲且繳現辦法以包地金融而論既不能行所謂行之有碍者即使同一無力亦惟小商倍覺困難今反謂期欠便於大商把持而集現能使小商易於負担衡之情理亦未可通是所謂自由政策亦屬誤會職局目擊情形深慮不早規復則稅收不能暢旺而銷數無從推廣惟有將函致該局剖解此案詳細情形抄呈　鈞署懇求逕予提商庶使下情得達以便早日解决是否有當伏候　鈞裁所有包局收

現困難銷數異常短絀再行呈請鑒核俯准暫行規復期票以維現伏而便疏銷緣由理合抄摺呈請

鈞署核示遵行謹呈

計抄呈原致稅局函稿一件

逕啓者查迭據包鎭分局電稱銷數短絀請復期欠一案業經函達貴局並經敝局長以華助理員名義先後提出意見送請查核轉報在案兹查貴局之意以繼續收現爲主而謂規復期欠似有窒礙所見自有理由但証之事實似尚不免隔閡之處事關銷數敝局既有所知未便緘默用將此案情形詳細剖解再行函達如下

一包鎭商人繳稅需用期票實因現銀缺乏各商貿易均係如此鹽商自無從措借現銀况小商資本尤微現欵更無從出且期票辦法行之已久向無一失與鹽稅收入初無損害不過日期稍長收現在兩三個月之後耳

二此次因收現實行影響銷數短絀已有自頭証明其各商不能繳現之實情並有包局稅員來往電可証又中國銀行亦稱收現殊無把握似已無庸諱言

三貴局以半年一屆爲比較謂今年上半年之數較之去年爲多此語誠然但去年有包局四個月防疫不能作爲銷鹽月分若以完全之半年一屆爲比例應以四五六三年爲准如民國四年上半年則爲二

萬餘担五年則爲一萬餘担六年則爲二萬二千餘担以視本年之八千餘担爲盈爲絀自可確切證明況本年收現係自六月份起若論收現亦無影響須以今年六七兩月與往年之六七兩月爲比例而不能以半年立論也今敝局調查包鎭民國五年六七兩月共爲七千餘担六年六七兩月共爲二萬二千餘担七年六七兩月共爲五千餘担而本年則祇三百數十担試以收現後六七之兩月分僅銷三百餘担與往年不收現時之六七兩月分所銷二萬餘担相比較則相差一萬九千餘担即再以最少之數五千餘担相比較亦相差四千六百餘担此一萬九千餘担或四千六百餘担之鹽稅明因收現而損失亦無可諱言者矣

四包局銷鹽情形惟以六七八九等月爲最旺遲則黃河氷凍僅止陸路能銷而水運須至來春查包鹽之運赴河曲河口磧口銷售者從前官運時代在民國五年有三萬九千餘担六年有四萬五千餘担七年有三萬七千餘担今年官運取消河口河曲磧口則顆粒未運河口至今並無銷數河曲僅銷舊存二紅鹽三百四十一担磧口亦祇銷舊存八千餘担僅存六千餘担未銷現若不早設法而遲至結氷之期不能下運則此三處本年應有之銷數三四萬担又將因此收現而損失矣

五就以上情形觀之則對於期欠一事應否規復似不能不加研究在貴局以爲包商向有壟斷性質此次反對若能與之堅持則該商或能集現亦未可知自屬具有見地但如此辦法似屬政府與商人相持

恐非政體且此相持之期間銷數必不能顧其效未收而政府先受損失亦可慮也今 敝局 權衡斯事以爲萬不得已若須與之相持非先於下列數種問題有恃無恐不能定獲勝利(甲)須全境銷數暢旺不專恃包局以顧稅額(乙)須有地存鹽不必急於脫售(丙)或交通便利無論何時均可運銷(丁)下游存鹽豐富不恃此項鹽斤下運濟銷(戊)緝私設置完備使商販人民皆非領售此項官鹽不可倘以上條件備具則與之相持或能有益亦未可知

六試再就以上所列各條細加研究晉北本年銷數土鹽受改章影響中南路兩月未能開熬碛口花鹽因陝亂已覺入口短少津運蘆鹽則因京漢車斷數月未至今所恃者惟北路一局銷數尙佳而此外則均各有天時人事之患是關於前條甲項問題已無可恃包局南海子鹽倉因停售不敷存儲前經電飭租賃民房現據復稱民房又已租盡無可再儲而船泊河干尤虞損失船戶亦不負責則關於前條乙項問題又無可恃包局水運鹽斤固以黃河結氷以前爲旺期即陸運亦有醬菜兩市今因停售六月之醬期已過轉瞬即屆菜期若再相持則菜期又過瞬屆結氷水陸均難暢銷則關於前條兩項問題又無可恃河口河曲顆粒無存碛雖存六千担而以較往年應銷之數相差尙遠若不早令輸運則今年下游銷數無望是關於前條丁項問題又無可恃包局河口等處緝私單薄本年春間曾提出請添巡兵之案未准同意現在官鹽不運而蘇尼持之白鹽與鄂爾多斯之蒙鹽天成村之土鹽均不能禁其不入以有限

之巡兵而緝無限之私鹽在平時已難淨絕當此官銷短絀鹽價漸漲更難保其不挺而走險乘間私運則關於前條戊項問題又無可恃與之相持利害奚若此不待智者而知矣

七不甯惟是期欠一事既爲各商相沿之習慣已成向例則無論大小商販不能繳現情形均屬相同若果堅持日久或者大商力足尚可支持而小商則決無此力籌備現款是收現不能實行以前固與小商未必有益而一旦稍能實行以後又恐專爲大商所把持而小商竟無赴局領鹽之能力如此觀之是此項收現辦法雖爲取締壟斷而設而因事實之懸殊或反爲造成壟斷之基礎尤在意中是又與自由政策反相衝突矣

以上各節　敝局　並非贊成期欠不願實行改革但爲銷數計爲稅款計暫時不得不先規復俟將來各事設備完全抑或包鎮金融稍活再行設法更改蓋貴局責任但有收稅而　敝局　則須經管銷數兼顧考成若使相持日久而今年晉局稅收爲之大損則總所不咎貴局而　部署必不能爲　敝局　稍寬是以目擊現狀爲之心悸而不得不以此情相商請爲據實錄報總所以求解決抑又請者自六月改章以後所有包商之現情業已察知倘欲設法推銷自須規復舊制若不能全行規復或改爲一月兩月之補苴則是枝枝節節爲之恐仍與該處市面金融情形不合而不能大收效果蓋現在已屆緊急籌銷之際勢不能以國家稅款等於孤注一試再試而有從容與民相持之一日想貴局同爲國家任事洞燭此情必能切

實賛同也相應函達即希查明轉陳爲荷此致

計附送包頭近四年六七兩月銷鹽比較表及河口河曲磧口三處蒙鹽近三年銷數表各一紙

包鎮磧口河曲河口等局五六七八年六七兩月蒙鹽銷數

年別＼局別	包鎮局 六月	包鎮局 七月	磧口局 六月	磧口局 七月	河曲局 六月	河曲局 七月	倉河口局 六月	倉河口局 七月
五年	四千一百八十八担十二斤八兩	三千四百四十担〇九十七斤	一百七十一担八十三斤	一千一百二十二担九十六斤	一千〇六十五担七十斤	一千八百五十三担三十二斤	二百〇六担十九斤	一百〇一担四十八斤
六年	二萬〇三百二十九担六十一斤八兩	二千六百八十担〇八十一斤	無	無	無	三千〇〇三担五十斤	無	無
七年	一千三百〇四担五十二斤五兩	四千〇三十三担八十斤〇十五兩	四十担〇十斤	無	無	無	無	無
八年	三百三十九担六十八斤	二十担	一千五百〇七担〇五斤	九百八十九担二十二斤	二紅三百四十一担三十三斤	無	無	無

河口河曲磧口三處蒙鹽銷數表

年別＼局別	河口局	河曲局	倉磧口局	共計
五年	三千八百九十五担〇六十八兩	二萬〇三百二十四担八十九斤八兩	一萬五千七百七十担〇七十二斤	三萬九千九百九十担〇六十八斤

六年	五千一百六十三擔二十二斤八兩	三萬四千四百〇七擔三十斤	五千九百六十八擔十七斤八兩	四萬五千五百三十八擔七十斤
七年	五千四百五十五擔五十四斤八兩	二萬七千七百三十九擔二十八斤	三千八百九十擔	三萬七千〇八十四擔九十二斤八兩
八年	無	三百四十一擔三十三斤	八千一百六十六擔四十五斤	八千五百〇七擔七十八斤
合計	一萬[illegible]千五百十三擔八十三斤八兩	八萬二千八百十二擔九十斤〇八兩	三萬三千七百九十五擔三十四斤八兩	十三萬一千一百二十二擔〇八斤八兩

鹽務署指令呈摺均悉此案前據該局長先後呈稱到署業經飭由總所轉飭收稅局擬議呈復並訓令該局長會商辦理在案茲據前情自爲維持稅收起見仰仍遵照前令迅即會同收稅局妥商辦法具復核奪此令

八年九月十六日奉

呈　鹽務署劃分管理人員一案迭函稅局未准同意辦理困難呈請核示文八年九月三日

呈爲劃分管理人員一案迭次遵令磋商未准稅局同意辦理困難仰祈鑒核示遵事案奉　鈞署第一千一百二十五號訓令內開査土鹽改章一案前據該局呈報當即飭付總所並指令該局在案茲據總

四十二

所付內稱所定辦法就現在情形最爲得當應准照辦至権運收稅兩局管理所屬人員權限問題應由該稅局遵照本所第八一六二號所付末節辦法從速呈報在此問題未經解決以前所有關於各局卡人員之事均應由権運局長與助理員等會商辦理凡於施行新定辦法之際務須和衷共濟等情抄件付廳陳核前來合行抄發原付原件令仰該局遵照此令計抄件等因奉此查土鹽一案業已遵奉　令飭轉行各局卡曉諭各鍋戶等遵照惟劃分人員事宜迭與稅局磋商未能同意所有困難情形有不敢再安緘默者今僅爲　鈞署縷晰陳之伏查此案前奉　鈞署三月一日第三百四十六號訓令抄錄總所原付第四條內有收稅較少之處收稅員即由分局委員兼任作爲試辦惟分局委員於代理收稅事宜時應完全歸收稅官等節制而各分局下級員司亦應依其職司分別隸屬於收稅員或分局委員等語同時收稅局亦於二月十八日奉到總所第六八號函同前由准洋助理員提出意見要求將磧口中路南路河口等處局員及所屬各卡統歸稅局派委而每局只留文牘司秤繕寫數員歸由　職局節制經局長查明所擬辦法與總所意旨不合根據原文第四條以分局局員並收稅員及下級員司應係職務劃分之語聲明各分局局員一職係　署所規定應由兩局會同管轄而所屬員司則應各就所辦之職務分別隸配提出意見並附開劃分清單與之磋商未蒙認可嗣因北路包頭兩局收稅員將次到差勢難再延局長又提出意見面商該員先將包北兩局所屬辦事人員詳細劃分而其餘各局以及所屬分卡

凡以行政兼管收稅者具有不能劃分理由則仍照前令所指之事務分配辦法歸由兩局兼管以符體制並聲明本年二月二十八日茲奉　鈞署第三百二十八號訓令暨二月十三日總所第六五號函第二條均言凡兼管收稅人員由権運局長委派後凡經調換須向收稅官証明各員已將鹽斤帳目清理該員方得離差等因是委派調換之權本在権局但管理方法仍須兩局擬定會同執行應請照此解決以符　署所意旨局長當將以上情形於六月十四日第八七號呈陳明　鈞署一面於稅局方面以華助理員名義在所擬呈總所函稿內附加一節聲明根據迭次條文擬議遵辦緣由請示核奪該助理員以所引各條與個人意旨不符仍予否決不聽加入縻延旋因事久不決奉　鈞署七月五日第九百四十八號訓令抄錄原付以権運局所屬人員有可分隸收稅局者應由稅局會同管理等語並於是月二十五日稅局奉總所第一一九號函第四條以在他各屬所得之經驗業已証明凡不由分所節制之人員辦理收稅事宜皆歸失敗故所有經收稅款之各局應由助理員等會同管理但此項局所之辦事人員若屬充足填以分開辦事而於公務無碍者則不妨照此種辦法在口北地方舉行辦理殊安也貴助理員等所舉各局計有若干處應須遵照此令辦理者應即迅速陳明前來等因准稅局洋助理員擬定致権運局函稿請將礦口之局員一員會計書記調查司秤店夥各一人聽差夫役馬巡各一名步巡三名連同所屬分卡完全劃歸稅局而留一文牘及稽查等以及夫役巡勇之半數歸由 職局 經管中南兩

路及河口一局則將局員及會計暨各卡員一概歸由稅局而留一文牘督同半數巡勇辦理緝私行政事務並聲稱總所原文所謂會同管理者係指兩助理員自相會同而言其分開辦事一層則自應先以各局局員隸歸稅局各等語其時局長以為此事如遵照總所原文辦理一無困難所慮者惟在不循軌轍於總所原文之外另加解釋即如此項來文所稱堪以分開辦事者係指人多之局而言若人少之局卡不敷分配則宜照來文所定之會同管理方法由兩局一同管轄語意甚明況局員一職証以七年三月二十八日　鈞署第四百十八號訓令及本年二月十三日　總所第六五號公函其應由榷運局派委而兼歸稅局經管名分已定勢難再行變更而分卡以一人兼辦行政收稅事務改歸一局管理尤於各事進行多所窒礙該洋員所擬各節不獨與　署所先後令函背馳即口北原案恐亦無此規制是以未予簽字擬乘時再向切實研究以期就範茲奉前因正在核辦間稅局復於本月初旬奉總所短公函飭照口北辦法辦理又於八月二十日奉總所一百三十六號短公函抄寄口北劃分人員詳細清單前來局長因此事迭奉函催且指明應照口北辦法現今口北原案既經寄到自應迅速照辦即於本月二十七日以後迭具第六十五六十六六十七等號意見書請洋助理員查照前項清單解決不意該助理員經面稱此項辦法施之於晉不合未便遵從經局長一再諭以　署所對於此事不啻三令五申飭由職等會議既有詳細辦法抄寄到局是　總會辦之意旨已可領悟無論如何均須照此解決該助理員仍

在堅持已意未肯貿同以至奉令至今無從核辦伏以行政收稅本屬天然對待之權限其勢不容偏廢於是有劃分之辦法但此辦法如在各省經費豐裕人員充足或事務簡單之區處理尚不困難而晉局則以事務言不獨綜筦運銷而且兼轄產地各局卡所辦鍋產緝私以及官運牌照等項皆屬於收稅以外具有行政之責一有所偏事即不舉其難一以人員言局卡場垞各員預算屢經裁減除包北兩局外各局自局員以下僅三四人或竟一人分卡則僅有一人或並書記而無之而所事綜於一身未嘗或減其難二以經費言則以產地之零星要隘之煩碎局卡尚未遍設設亦未能多加員司而所費每年除收稅局外以近三年平均計算每年已十萬三千五百餘元其數佔收入稅款百分之三十五勢不能因此再行增員其難三有此三難是以我　督辦署長及總所總會辦深明其故洞燭原委於最初設立稅局之始即規定收數少之局卡以局員兼收稅之辦法繼又於委派人員案內聲明即就権運局委派之員辦理收稅事務復恐語有未明旋又於此次劃分案內聲明分局以下之員司應各依其職司分別隷配更慮或有誤會則又以口北原有之成案抄示照行如此重疊誥誡明示周行則此項辦法應照事務劃分據原文立時解決而不意洋助理員之提議其誤點又復有六如總所迭次來文指明分別隷配者係在取會同節制主義而不照人員劃分取單獨管理主義已可領會今幸抄件已到成案可循竊謂可以根下級員司則分局局員一職當然不在其列而必自局員分起致使 職局 自總局以下除包北兩局外篤

濶數千里之地四十餘縣之範圍二千有餘之鍋戶無一分局管領其誤一事務劃分之辦法已定而必欲改照人員劃分一經照辦則各卡鍋產緝私壙墪運照等事全無人辦不獨行政廢弛卽稅收亦難見起色其誤二署所之所謂會同管理明係指與榷運局會同管理而言今必解釋爲兩助理員自行會同則原文是語以下所謂分開辦事者寧是兩助理員自行分割各取一所屬人員單獨管理其誤三口北原文已到係在總會辦稱爲完善迭令照行今必以口北爲不足訓別求規定之法其誤四口北之原文已聲明無一可以劃分惟有由職局監督而已其清單亦註明除緝私人員完全由蒙鹽局管理外凡兼辦收稅之員皆係收稅事宜由收稅局管理今必舍管理監督之義進而求委派裁撤則爲口北原案所無而更與署所規定職局委派人員辦法相背其誤五署所之定案總會辦之命令明白昭垂豈容私改今乃曲爲解稅以就己意又孤行已意以求分權不問事實不求理論而爲無謂之爭執其誤六有此三難重以六誤而事之糾轕牽纏遂致難解就職局現在狀況而論各局經收稅欵業已逕解稅局其收支旬月等報亦均逕送凡關於更改稅額規定証收手續及緝私行政範圍內稍有關係經費之事無不由稅局專主其管理局卡之實權業已完全在握所餘者亦不過委派裁撤一種空文而該員猶欲並此而攫取之是否能行本可俟其呈復時靜候署所核示在職局無所用其煩瀆但行政收稅具有分轄名義其規定職權署所久有定案事關全國鹽務行政勢不能因一人一局之私意致令驟廢

日此次所奉　鈞令內有榷運局長應與助理員和衷共濟等語局長自稅局設立以來知事關外債無不日凜此義以相共事乃爲日既久漸趨專斷欲爲遵照法令之共濟而不能欲爲背馳法令之和衷而又不可事若再延不決必致總所方面以爲此事之不能迅辦係由華助理員或榷運局有所反對勢不得不據實陳明藉明眞相而免愆尤再四思維無論該助理員之遵辦與否惟有先由職局遵照所發口北辦法將各項人員名單秉公擬成一面送交稅局一面呈請　鈞署核定逕予提商總所以資解決是否有當伏候　鈞裁再緝私人員係屬職局專管前據洋員要求劃分巡勇本非正當辦法現查口北清單所開劃分事務亦係自局員以下辦事員而上並未推及於巡勇夫役是以職局此次擬定清單亦係援照辦理合併聲明所有奉令劃分人員一案辦理困難緣由理合據實陳明此案始末情形並錄具送次遵令會商暨要求洋員遵令辦理之意見書連同此次所擬劃分清單仰祈　鈞署鑒核訓示遵行謹

呈

計抄清冊(意見書畧)

包

局別	職司辦理事務	
河西支局	專管行政緝私及徵收白鹽稅事宜	秉辦收稅事宜由收稅局管轄
薩縣卡局	專管查驗緝私及徵收土鹽稅事宜	仝上

	卡員	職掌	節制
鎮	烏蘭花卡員	專管查驗緝私事宜	完全由榷運局節制
	歸花卡員	又	仝
局	隆興長卡員	又	仝
	山陰卡員	專司整理鍋產及緝私收稅事宜	兼管收稅事宜由收稅局管轄
	應縣卡員	又	仝
北	高鎮卡員	又	仝
	朔縣卡員	又	仝
	代縣卡員	又	仝
	大同卡員	又	仝
	天鎮卡員	又	仝
	陽高卡員	又	仝
	廣武卡員	專司緝私及運銷事宜	完全歸榷運局節制
路	懷仁卡員	又	仝

局	馬港卡員	又	仝
	廣靈卡員	又	仝
	詳源卡員	又	仝
	瓜園卡員	又	仝
	羅莊卡員	又	仝
	北樓石卡員	又	仝
	小石口卡員	又	仝
	虎峪口卡員	又	仝
	岳陽會卡員	又	仝
中	局員	管理行政緝私及督查運銷經收鹽稅事宜	兼管收稅事宜由收稅局管轄
	文牘員	專管行政緝私及一切文牘卷宗事宜	完全歸榷運局節制
	會計員	專管局卡經費及收各卡解欵並轉解總局事宜	仝
	稽查員	專司巡緝事宜	仝

四十六

局別	職員	職掌	備考
路局	司秤	專司秤鹽及緝私等事	仝
	清源卡員	專司整理鍋產及緝私收稅事宜	兼管收稅事宜由收稅局管轄
	徐溝卡員	又	仝
	太原卡員	又	仝
	太谷卡員	又	仝
	楡次卡員	又	仝
忻定支局	局員	管理行政緝私收稅及督查運銷事宜	兼管收稅事宜由收稅局管轄
	文牘員	專管行政緝私及一切文卷事宜	仝
	定襄卡員	專司整理鍋產及緝私收稅事宜	仝
	崞縣卡員	又	仝
	官池卡員	專司緝私及督查運銷事宜	完全歸榷運局節制
南	局員	管理行政緝私收稅及督查運銷事宜	兼管收稅事宜由收稅局管轄
	文牘員	專管行政緝私及一切文卷事宜	完全歸榷運局節制

局	職	職掌	管轄
路局	會計員	專司局卡經費及收各卡解欵並轉解總所事宜	兼管收稅事宜由收稅局管轄
	文交卡員	專司整理鍋産及緝私收稅事宜	仝
	汾孝卡員	又	仝
	祁縣卡員	又	仝
	介休卡員	又	仝
磧局	局員	專理行政緝私兼辦宜運及花鹽稅欵事宜	兼管收稅事宜由收稅局管轄
	文牘員	專管行政緝私及一切文卷事宜	完全歸榷運局節制
	會計員	專管局卡經費及運銷事宜	完全歸榷運局節制
	巡查	專司巡緝	仝
	司秤	專司秤鹽事宜	仝
	管倉	專司發鹽及緝私事宜	仝
	緝私隊長	專司督飭巡勇緝私事宜	仝
	軍渡卡員	專司查驗緝私征收花鹽入口稅事宜	兼辦收稅事宜由收稅局管轄

口			
	開陽卡員	又	仝
	堡則峪卡員	又	仝
	黑峪口卡員	又	仝
	三交卡員	又	仝
	尅虎寨卡員	又	仝
	羅峪口卡員	又	仝
	第八堡卡員	又	仝
	牛家川卡員	又	仝
	四灣卡員	又	仝
	河曲	專管緝私及督察運銷事宜	完全歸榷運局管轄
	保德卡員	專管緝私及督察運銷事宜	仝
	巡檢司卡員	又	仝
局	柳林卡員	又	仝

河口局

局員	管理行政緝私及督察運銷事宜	兼辦收稅事宜由收稅局管轄
文牘兼書記	專司行致緝私及一切文牘事宜	完全歸權運局節制
東鹽坊卡員	專司查驗緝私征收土鹽稅事宜	兼辦收稅事宜由收稅局管轄
西鹽坊卡員	又	仝
石子灣卡員	專司緝私及運銷事宜	完全歸權運局節制

八年九月二十四日奉

鹽務署指令呈悉已飭付總所矣俟復到再行飭遵此令

呈　鹽務署核定單照格式准稅局函請再商所核定飭遵文八年九月五日發

呈爲奉　飭核定單照格式現准稅局函請取消擬懇再行商所核定飭遵事竊　職局　奉飭仿照長蘆單照格式擬議行用以便劃分權限一案於本年七月一日呈奉　鈞署有電內開權運局漾電悉本月一日該局呈送單照各式業經商明總所如擬施行除運照業由本署趕緊印發外其餘護照憑單以及准單各項應由權稅兩局自行分別印用仰與收稅局接洽並將該局第一次請領運照數目電復又於八月九日奉　鈞署第一千六百三十五號指令內開呈及單照格式均悉查閱所擬運鹽執照以及護票憑單各項格式尙屬妥愜業經商明總所如擬施行並將收稅局所擬准單格式一併核准於七月有日

四十八

電飭遵照惟總所之意晉北收稅運鹽分用單照務應審愼辦理弗使商人躭延時日致感不便係爲體念商民起見自應由該局長通飭遵辦正核辦間又據該局勘電請領運照六千張當經照數印發分批郵寄仰侯奉到後點明張數具報仍將用存運照暨運鹽數目按月呈報備査至車運蘆鹽護票由長蘆啓運赴晉者即由長蘆塡發運署護票其蘆鹽卸站分運以及蒙鹽花鹽大批車運者即由該局所屬各局卡起運地點塡發護票以利運輸仰即分別遵辦署所核定准單格式隨文鈔發單照格式存此令各等因並奉發抄式下局遵經印刷行用一面商請稅局核撥印刷經費去後玆准稅局函開査是項護票憑單在晉北區域內從前並未用過而試用是項票照於晉北鹽政將發生重大問題蓋是項票單非經稽核總所預知協辦不能發出行用故敝局擬請貴局於所擬票照未經稽核總所認可以前暫勿支款印刷敝局亦當即將貴局所請一節參加意見呈報稽核總所核示在敝局未奉總所示復以前希貴局暫緩將是項票照印發等由前來局長當經以華助理員名義逕與該局洋助理員面商去後玆復准該洋助理員擬定呈報總所文稿內稱此項護票憑單等件除以爲緝私尙未完備外並無其他理由即緝私尙未完備然其救濟之法不在設法監視已納稅之鹽斤至販運散終之地點而在認眞稽查黃河渡口之蒙鹽花鹽及由石家庄暨由晉直兩省交界處運入之蘆鹽如果石家庄査驗事務認眞辦理則蘆鹽入晉可以不再稽査花蒙各鹽黃河亦爲天然之屛障於査驗是項鹽斤亦有特殊之便利且各收稅

局造送報單等事已多困難若就各局卡原有人員加以職務則各局卡勢必呈請添用員司經費又須增益是項費用非特無益於緝私實乃借私販之保障故以爲是項附屬運照一實非必要二易於濫用三於貿易大爲掣肘四易致浮費五使私販易於措置六於發展蘆鹽自由貿易政策必致發生重大之阻力等語　局長　伏查此項單票係奉　鈞署飭式經　職局　擬呈奉准並已商明總所則一切格式均係在長蘆業已行之有效該稅局所稱在他處引用此項手續輒致發生極不愜意之效果一層已屬不攻自破至其餘所稱各節　職局　亦認爲並非毫無理由但事關緝私不能因噎廢食且該局設置日淺於晉北情形尚未詳加考察所議各節亦不免有誤會之處　職局　事權所在未敢遽安緘默茲將對於此案詳細籌議大端爲鈞署縷晰陳之一該局所稱晉北尚未行用此項單票一節查晉北所銷蘆土花蒙各鹽在蒙鹽官運時代因備軍隊查驗起見本有一種船運護照至今沿用無異但舊照格式未能妥密現係仿照改訂並非初次試辦蘆鹽則運自津沽係由長蘆運使發給車運獲票本年三月曾奉　鈞署第三百八十八號訓令頒發特定車運鹽專照式樣飭議其時　職局　以蘆鹽係在天津起運如由晉發給車照似有困難當經核議呈復現在准單運照已改爲一律皆由晉發又稅局方面正在反對長蘆運使發給晉商護照一事已奉　稽核所總辦第六七二二號批駁是此項護票萬不能廢故請改爲由晉發給惟花鹽土鹽則均向無發給單票情事但花鹽從前在蒙鹽官運時代本係附帶征稅是以辦法未能周密又

土鹽屢次改章未能起色亦未始非緝私未能完備之所致其憑單一種係屬散商持赴分所或稅局納稅之憑証與前次蘆鹽開放案內所擬之註册証書相同現查長蘆憑單格式似較証書辦法簡易是以擬行引用(二)救濟之法不在監視納稅鹽斤至販運之地點而在認眞稽查黃河渡口之蒙鹽花鹽及由石家庄暨由晉直兩省交界處運入之蘆鹽一節查此層似稍具有理由但蘆鹽倉坨俱備在納稅之地監視尙屬可行至若花鹽蒙鹽產地並無倉坨實難保於納稅鹽斤之外別無私販是下游監視已爲不可少之要圖况黃河一帶緝卡尙未遍設局長前於上年五月六日致洋助理員第十號意見書議添設包磧北三局緝卡巡勇稅局因經費支絀並未允代上呈其晉直交界一帶蘆鹽侵入前經職局於籌議開放蘆鹽案內亦早見及擬請於九縣連界各處添設緝卡亦奉總所核駁則此兩處之天然不能防禦又屬可見今於各鹽入境之時除石家庄一處外既不能設法遍增緝私而鹽到內地又不允於沿途及最終地點設法監視則緝務不能完密而稅收亦勢難增旺况前項車船各票係爲沿途換卸裝載憑証而兼備軍隊鐵路及地方厘局查驗放行起見勢取便商其用途且不止緝私一項尤有護運關係在內勢不能因已有納稅之准單即行廢此不用亦屬瞭然(三)所稱蘆鹽卸儎以後無須查驗及各卡崗送單表職務已繁勢難再添經費一節查蘆鹽僅有躉發運照並無分運憑單其行銷開放區域無須再加限制職局亦屬贊同但此次所擬車運護票在蘆鹽仍係專備火車護運而用並未議及卸儎以後尙

須給照情事至蘆鹽攙雜土鹽行銷據各局卡面稱已屬久有此事但以蘆鹽迭奉令飭運卸以後不准查驗以致無法取締將來應如何妥籌良策務期不致病商而能杜絕以上各弊現正飭屬籌議擬再另呈請示若夫兼收稅款之各局造送單表事務繁重亦屬誠然但稅局成立以後關於單表一項僅較舊有之旬月各報每次多造一份在各卡尙不爲難惟稅局關於土鹽案內另須鍋戶手摺及納稅收據每日收稅登記帳等項手續殊繁視此不啻十倍且鍋戶既有稅票而又另立收據及手摺等件事屬駢枝尤易滋生弊竇關於此層將來應如何整理以資劃一亦擬另行函商該局請示核奪至塡寫護票運照等項是否各局卡均屬無暇兼辦亦可察看情形隨時酌奪辦理總之此項車船各照既名護票則係保護政策而非僅取締政策該局所慮於貿易掣肘一節似屬無此情理以上各節經　職局悉心核議是關於奉准各項單票實屬行政方面亟須應用之件在該局初無可以干涉理由但此案前奉　鈞令既有總所對於分用單照務應審愼辦理弗使商人躭延時日致感不便之語則按照現在狀況籌議實施似亦未嘗不可不畧爲變通以期折衷至當茲經詳加籌議如船運護票一項本有舊章擬即改照新式行用其車運護票一種在蘆鹽如係長蘆發照則　職局可以暫時不必加用倘稅局總所方面仍再堅持蘆運使不能發給護票之說則事關鐵路緝私與其關而不備不如改由　職局須發俾令完密花鹽則運照准單現擬劃分所有車運護票亦擬隨同運照辦理惟土鹽迭據各局復稱產運零星以用舊式稅票兼

運照辦法爲便若遽劃分單照爲二辦理頗覺困難等情關於此項車運護照即擬暫時懸而不用俟將來整理有緒單照可以劃分之時再行附加行用蒙鹽則包頭分局運税業已劃分且該局辦事人員尚屬敷用不至遽形困難似可即飭照行憑單一項係屬散商在職局請領運照以後持赴税局納税之憑証與長蘆運署對於稽核分所辦法相同現在准單既由晋北税局發放則此項憑單似亦應由職局印發至發用手續則一概務取簡易不准稍有留難並擬於各項護票之上加刊木戳隨時填明係某號運照所載鹽斤之護票經發人員不得需索留難亦不得視爲收税憑証全鹽務官長查驗緝私仍以運照爲主以免另滋流弊如此辦理則於經費無所增加而事得其益且不致與准單運照性質相混而啓私販影射之漸是否有當擬請　鈞署核明迅予提商總所令飭遵行以資解决不勝引領待命之至所有奉飭核定單照格式現准税局函請取消擬懇再行商所飭遵緣由理合肅呈仰祈　鑒核訓示祇遵謹呈

呈　鹽務署花鹽私銷陝境影響磧局收數擬先行派員赴榆試辦請核示文八年九月九日發

呈爲花鹽私銷陝境影響磧局收數擬請先行派員赴榆試辦征税仰祈鑒核令遵事本月六日據磧口分局局員楊乘瑄函稱竊查陝北現時情形如不速辦損失至鉅理合據實禀聞日前司排長由省返陝後各鹽店詳知章程改組頓萌私念以爲目前過河須納全税日後可减五角又陝地此時無人管理可

以不稅而銷且路徑紛歧緝私單薄督率無主勢難顧到是以各鹽店專圖暢銷本地不圖過河經磧口販戶屢往承運居然以無鹽爲辭空去空返致磧局稅收近來幾絕若此因循多宕一日即多一日之損失徒自拋棄誠爲可惜秉瑄管見所及對於土鹽自三皇廟暴漲之後元氣未復遲則不妨似可無庸注意惟榆林蒙鹽將臨旺月似不可坐視損失可否暫由磧局遴派幹員帶票前往試辦征收一元五角之稅率其有過河照補五角前呈未奉核准以前是項稅款併爲磧局收解俟奉准後再行劃分庶幾陝北不致無端拋棄磧局又免受影響一舉兩得應否可行擬請轉商稅局裁奪又正稟間復據排長司廷奎報告橫山地方本劃歸晉北辦理現查得該處仍由花定局派員設局征稅徐隊長原有緝私隊盡行調用應作何辦理請示前來秉瑄查橫山既已劃歸晉北而花定局應不能派員征稅或者原包人冒名影射亦未可知合應報請鈞奪俯賜電詢花定局速爲撤銷一面可否由磧局派員先往辦理之處併乞鈞裁各等情正在核辦間復據該局電稱陝北正值旺月因無收稅機關私鹽暢銷擬請由磧派員赴榆先收一五蒙鹽稅渡河來晉補收五角三皇廟土鹽現被水沖似可暫緩祈轉商准否電遵等情據此查陝北榆綏等屬劃歸職局管理一案前奉令飭局長以陝省地方僻遠且值兵匪橫行辦理不易又設局派員勢非核定經費劃清權限不能正式組織爲目前暫顧稅收起見惟有先由磧局派員試辦或即以磧口局員暫行移往該處督同征稅以覘眞相迭與稅局相商而該局動以權限相爭未肯認可當於入

月十二日第八十三號呈第四條陳明情形逕請　鈞署提商在案茲據前情局長復查磧局所銷鹽斤純自陝北販運而來自本年榆綏鹽務奉令改組後准稅局擬定稅則欲令蒙鹽在榆綏收稅一元五角到磧加收五角合爲二元稅率土鹽在三皇廟收稅七角五分過河到磧再收半數合成一元五角其榆綏設局辦法未准以前擬暫將全稅俟過河時在磧口局征收各等由先後於七月十二八月十八等日以一百九十九二百二十一號函呈明總所尚未奉有核示不圖該處商民業已風聞致慮於過河加稅更私幸陝境尚未設局可以不稅而銷遂即以專銷本地之法藉圖漏私不復過河赴磧是磧局原有一部分之稅額既因此而損失而陝境現有一部分之銷數復無益於稅收若不亟圖整理則經此期間奸商射利既慣必思囤積囤積既久必至誤銷事機一失即將來設局奉准而稅款已失其勢亦成弩末爲現在救濟之法擬惟有查照該局所請暫職局前呈第四條辦法籲懇鈞署准由該局暫行派委赴榆擇節試辦以資整理至將來如河正式設局以及預算經費若何核定之處仍俟前呈各案總所議復後再行遵辦其所稱傳聞橫山一帶現仍有花定派員設局等情查職局現接甘肅政務廳長來函已聲明花定分局久經裁撤決不至再有派員征稅之事惟該處軍隊抽餉官辦商包已成習慣現値晉隴兩局均不管轄之際難免不有人覬覦大利乘間私收又現駐橫山之一隊一排即係前從固原定邊兩處開來經職局呈請留用尚未奉准而上月花定稅局遵奉總所令飭函請晉局發餉又經此間稅局拒不簽發

現據該隊報告已有三月未領餉銀此等巡兵本非正式軍隊訓練教育皆尙缺乏若花定稅局此後仍不發餉則一旦薪餉無着營私圖利亦在意中竊思陝省設局雖未奉准而運速總需設有緝私且民情獷悍尤非重兵駐紮不可所有奉撥巡兵現僅留一排二棚實不敷用此項駐橫之一隊一排雖訓練未熟恐其强悍難制而餉額在職局尙屬有用擬請鈞署商明總所將前項餉額五百六十九元仍行一併劃歸職局一面電飭花定將該巡隊解散由職局另行組織如此布置庶陝省鹽務不至廢弛而稅收亦有整頓之一日是否有當並乞鈞裁所有花鹽私銷陝境影響磧局收數擬請先行派員赴楡試辦征稅緣由理合肅呈仰祈鑒核訓示祗遵謹呈

呈山西督軍報明總所派委華洋人員調查陝蒙鹽務入境出境時期請飭屬保護文八年九月十九日

呈爲報明稽核總所派委華洋人員調查陝蒙晋三處鹽務入境出境時期擬懇飭屬保護仰祈鑒核施行事本月十八日承稽核總所函以本所特派華員繆秋杰洋員魯斯敦赴貴屬及陝蒙一帶調查定於本月二十左右啓程此行擬由太原賃騾七匹以備馱物之用約二十五由太原首途取道大同豐鎭歸化包頭河口磴口甯夏然後由楡林綏德仍回太原須歷兩月半至三月之久等因承此除由職局電飭所屬鹽務機關妥爲接待外查該華洋委員等擬於本月二十五日由省啓程經過忻縣山陰等處陸赴大同步沿豐鎭一帶取道綏遠赴甯夏折回陝省楡林綏德等處渡河回晋行經磧口汾陽等縣逕還省

垣所有沿途經過地方官及駐紮軍隊除陝甘兩省暨綏遠特別區域另由局長電請綏遠都統陝西甘肅督軍甯夏護軍轉飭切實防護其在本省境內經過各屬擬請鈞座俯賜分別電飭遵照一體保護實爲公便所有報明稽核總所派委華洋人員調查陝蒙晉三處鹽務入境出境時期擬懇飭屬保護緣由理合備呈仰祈鑒核並乞指令遵行謹呈

九月二十二日奉

山西督軍指令呈悉查此案前准財政部鹽務署篠電已電飭大同鎮守使雁門道尹轉飭營縣一體妥爲保護矣仰即知照此令

呈 鹽務署榆綏鹽務廢弛呈請查明前呈迅由磧局派員試辦文八年九月二十二日

呈爲陝北鹽務日形紊亂懇請查照前呈迅准由磧派員試辦以杜流弊仰祈鑒核示遵事竊查前據磧口分局局員楊乘瑄函請將陝北鹽務暫由該局派員試辦等情業經於九月九日呈明情形懇請鈞署鑒核在案茲復據該員函稱前據駐榆司排長廷奎報告橫山有人征稅徐隊長抽調巡隊各節業經函稟在案昨午徐隊長鑄鼎抵磧由局員面加詰問據云橫山征稅之李委員係花定稅局所派並攜有花定局正式稅票其收數未詳惟知有罰欵八百元伊並未干預亦無抽調巡隊之事等語當晚司排長廷奎亦到詰其實情據云李委員確係花定局所派惟風聞係定邊卡員在橫山已征洋一千餘元委係無

票並縱勇苛細勒索經罰洋一千數百元之巨徐駐橫山難保無通同作弊情事該處原有巡勇皆非善類凌民要挾無所不爲此種巡隊斷難沿用若爲正本清源之計似非一律解散另行組織不可擬請商由花定局調回庶幾肅清淵藪否則以久無紀律之兵縱使告誡整飭三令五申若輩積習成性終難化爲良善等情正在核辦間又據花定局所派靖邊收稅員李秀樞來函略稱奉花定局令飭往懷遠縣設局收稅該縣一名橫山橫山劃歸鈞局管理稅員本已先有所聞但因初至該地情形不熟悞將橫山懷遠分爲兩縣遂致冒昧開辦容俟晉局委員到後當即呈報撤銷並駐榆司排長廷奎來呈略稱緝私營營副徐鑄鼎及收稅員李秀樞在陝北橫山等處設立鹽卡四處私發小票私征鹽稅並有向商民私罰情事被波羅地紳白姓韓姓等控縣有案原呈抄電各等情據此查榆綏鹽務一案迭經　職局　商請稅局在未經劃分權限設立分局以前擬暫由磧局派員前往試辦以顧稅收該局未經認可其意擬將陝省鹽務悉由稅局單獨管轄而一切行政緝私均皆擱置並將所有巡隊祇留一排一棚其餘從固原定邊撥來之一隊一棚堅不發餉以致事莫能舉此項後到緝兵既因薪餉不給挺而走險而復遇花定派往靖邊稅員覘知橫山無人遂即聯合移駐設局私收在該員雖稱因懷遠改名橫山以致誤會業經報明花定稅局等語然既到之後業已查知何以不即退還仍在該境駐紮即此推想其爲有意侵入不辨可知現在迭據分局等函呈復與稅局剴切相商該局仍以橫山鹽務暫由花定經收似無不可惟設局一

案仍擬請總所按照該局所擬祇設收稅機關辦理局長伏查花定所征亦係國家稅款暫由代辦殊無彼此之分但事先既未商明職局一切收稅辦法究否妥善無從考查且該員之在花定係屬稅局所派祇管收稅一部分事宜於行政緝私初無關係花定榷運局亦無若何布置在該局辦理此事已屬錯誤而地點既經劃歸晉北職局對於行政各事若再放棄誠恐積久難返習非成是日後再圖保持主權已屬無及矧目前稅收磧局已受影響即爲顧全比較計亦非由晉派員不能實收效果職局睹此情形深滋顧慮擬請目前辦法暫仍查照職局前呈先由磧局派員前往試辦一面懇請鈞署電飭花定轉飭該稅員尅日退出陝境並將所收稅欵截至移交日止統行解由晉局轉報總所至所帶之一隊一棚緝兵似此强横留用亦屬無益擬乞鈞署並飭花定榷運局先將該營隊調回解散一面提商總所將所有餉額仍行撥歸職局以便刻日另組藉資防護再此次所請派員試辦一節亦係爲一時權宜之計如總所堅持設局辦法擬仍請由鈞署賚照職局八月十四日第八十五號呈提商辦理合併聲明所有榆綏鹽務日形紊亂擬請查照前呈迅准由磧派員試辦並乞電飭花定局撤回稅員緝私隊各緣由理合具文呈請鑒核迅賜指令祇遵實爲公便謹呈

八年十月二日奉

鹽務署指令呈悉陝北榆綏各屬鹽務劃歸晉北管理迭據該局呈請正式設立局卡並由磧局派員先

行赴榆試辦各節業經先後提商總所尚未據復應俟復到再行飭遵仰即知照此令

呈　鹽務署報明總所特派員擬議劃分員司案辦法敬陳管見文八年九月二十五日發

呈爲報明總所特派員擬議劃分員司案辦法敬陳管見仰祈鑒核示遵事竊於本月十八日税局奉稽核總所函以本所特派華員繆秋杰洋員魯斯敦赴貴屬及陝蒙一帶調查定於本月二十左右啓程此行擬由太原賃騾七匹以備馱物之用約二十五由太原首途取道大同豐鎮歸化包頭河口磴口甯夏然後由榆林綏德仍回太原須歷兩月半至三月之久等因當經商准職局呈請甘肅山西陝西督軍分飭營縣保護暨轉行各分局在案兹該特派員已於二十三日蒞境局長以華助理員名義在税局方面接待當准該員等提議一切述及劃分人員一案該員等意欲將各兼辦收税之分局分卡共四十處統由職局及税局分别呈請　鈞署及　稽核總所會同派委以示平均局長當以收税局設立之始雖有收數較少之分局由職局會同税局雙方請派之提議然不過僅及分局而止至分卡並無此項規定且於本年二月二十八日　鈞署第三百二十八號訓令二月十三日總所第六五號函規定任用人員辦法業奉專案指明各項兼辦收税人員均應由榷運局長派委惟經收款項應向税局証明則委派人員已爲當然爲職局權限税局無庸干預等語迭向磋商該員等雖允於報告總所文内代爲聲明此節而末後復云就該員個人意見擬仍請總所改照所擬雙方請派辦法行知照辦等語局長伏查此案自奉

鈞署三月一日第三百四十六號訓令後迭與稅局磋議業已半年因洋助理員堅持已意不照總所命令辦理以致稽延此番該特派員等來省當將迭次籌議辦法及所提意見錄與閱看該員等業已瞭然茲准改定前項辦法在總所是否採用及鈞署如何核示自有一定權衡局長本無所庸其煩瀆惟事關主權及與歷報成案相妨有不得安於緘默者敢敬爲鈞署縷晰陳之查該員所擬雙方請派一層就行政收稅兩權而論表面自屬平均但職局尚有困難情形（一）晉北所屬各卡大半坐落產地如長蘆等處之灘務員乂晉屬本無專設之緝私營辦理緝私即爲各卡專責是設立之始本爲行政一方面主權較重而兼收稅款僅占一部分之責任今因收稅之故而使原有之行政緝私與之等量齊觀則無形之中主權已爲損失矧請派人員須得兩局同意而裁撤乂須共之則事有掣肘等于政出多門辦理必難統一（二）晉北所屬各局卡相距寫遠動輒數十里或數百里凡有須經更動之員多由分局請委或臨時就近派代以資迅速若動須呈請署所則需延時日且有更動消息傳播而替者不至則將去之員必不認眞辦事在此期內甚至稅欵損失弊端百出皆在意中（三）晉局人員之設置皆屬三級制度分局隸於總局而分卡又隸於分局與他省各榷運局情形相同今若分局分卡一律改由署所委派則等級平均不能統轄在分局既失其駕馭之權而總局又有鞭長莫及之勢相沿日久事必廢弛無可責成整頓此關於困難情形有不容輕于變易者也至若此事之成案則歷奉署所命令卷帙具在業

經局長於本月三日第八九號呈內逐節陳明無庸再贅且既奉　鈞署本年二月第三百二十八號訓令指明委派人員之權應在職局則此事業經確定即使總所提議擬照口北辦法責成兩局會同管理而權之涉及稅局者亦至管理而止於管理之外並未提有委派及撤換辦法此又証之成案而不容再有變更者也就以上情形觀之是晉局關於劃分人員一事本有成案可以援照辦理而委派撤換一層則屬額外提議本可置之不論即不得已而總所再欲相商亦惟有將關於徵收稅款各員平時管轄及遇事撤換兩層允由兩局會同辦理至所有委派辦法則証諸事實質諸成案均屬職局權限似未便曲予變更致啓掣肘且總所方面所致慮者不過爲更易人員或致牽涉稅款今職局自局長到差以來所有分局及分卡員司大半均屬久任非有重大事故不予輕易更換而遇有更換時苟其去職之員既須遵照前令向稅局証明鹽斤帳目始得離開差所而繼任者則又有規定保結保証金交存稅局之箝制不虞虧欠似於稅款方面已屬無可致慮今歷奉指飭擬照口北辦法辦理查口北稅局呈復總所劃分員司一案原文內亦稱所屬各員無一可以劃分惟有由職局實行監督而已若照稅局之意再由監督而進行委派是口北原案不過監督而止而晉北推行反致變本加厲有一口北之案而晉局已受影響再加一晉北之案則他屬更有可危局長爲顧全大局保持主權起見用敢切實陳明擬懇　鈞署迅予提商總所將前項劃分人員一案俯賜查照職局前呈及稅局方面華助理員原呈秉公提議以資解決

是否有當伏乞　主裁再該特派員報告係用洋文業已寄呈總所華文未經譯出是以無從抄呈合併陳明所有報明總所特派員來晋提議劃分人員一案敬陳管見緣由理合備呈仰祈　鑒核示遵謹呈

鹽務署磴口裁局建倉並改歸商運各節遵令擬議辦法請核示文八年十月十三日發

呈爲磴口裁局建倉並改歸商運各節遵令分別擬議辦法呈請鑒核示遵事案奉　鈞署第一千八百九十九號指令職局呈請核示包頭下游停止官運並磴口建倉付現各節分別擬議辦法由奉令據呈已悉查商人在包頭繳稅及現用付現各辦法業經署所分別規定另案飭遵至所稱包頭棧租暨磴口建倉各節現據總所付譯文稱據晋北收稅局將包頭權運分局所具磴口建倉意見辦法轉呈請示前來查該局員所陳建倉困難情形是否確有見地應由該稅局核議具報又查公家所支池租及挖駝鹽倉等費爲數已屬甚鉅而據該局員聲稱將來一切費用仍須增加是此次所擬辦法如果實行誠恐損失更多所有磴口一局可否予以裁撤並將吉蘭泰鹽池退租改歸散販承運如能照辦則將來凡經黄河運行之鹽應在南海收稅陸運之鹽在花馬池及榆林屬内新設之局收稅應請轉行權運局會同收稅局悉心核議呈報核奪等語本署復查總所擬陳各節雖爲節省公款起見然吉鹽改歸散商承運究竟是否可行所擬征稅辦法有無窒礙非斟酌盡善未便遽見施行仰即會同收稅局迅即按照上開各項事理分别妥議具復核奪總所函致稅局稿件抄發閲看此令計抄件等因奉此查吉鹽改歸商運一

節自上年九月據商人趙泰生等呈奉總所飭議并經丁會辦調查回示決定先將下游官運取消其包頭上游一切挖運辦法皆仍循舊迄今行之一年迭受税局提議停止商欠限制運本影響下游各局銷數日微上游沿途籌劃乏術甚至河曲等商有不如仍舊官運之議而磧口各販又有繳税不便之稱雖經迭次開導設法疏銷而道途險遠商力不濟終未見有効果當此征税制度各屬厲行之際官運本如弩末矧加以税局洋員師心自用一味減縮於運本既不簽發而收税又多困難爲職局辦事計自以取消官運改歸散商爲便但事須持之以漸而行之有方當上年九月丁會辦赴甘調查回京時所提意見於包頭以上由官輸送㘣斤之辦法並無反對是其於澈底改成商運一節在丁會辦亦深悉困難且知非預先籌備不可今於一年之後總所方面復有此項動議自不如因勢利導定一一勞永逸之策以免運本之掣肘而求辦事之相安如因此更革進求改良則吉鹽整頓之機又未始不伏於此今將局長籌慮所及條議各種辦法謹爲鈞署縷晰陳之竊以此次總所付文所稱改革官運一案似係因税局轉報建倉困難情形而起查建倉一節上年丁會辦調查意見第十條本有此議經職局迭飭行查據包局復稱前情雖屬所費似鉅然如購買駝隻僱人牧養一節本可緩議目前辦法祗以就地取材先建官倉爲急現經職局會同税局另飭包磴兩局局員及收税查驗各員會同估計自可撙節辦理緣磴口設倉係屬必不可少之舉現在長蘆産地辦理整齊私鹽絶少即係建坨之利吉蘭泰鹽池距磴約二三百里而

磴口距包又及千里如此長途列在朔漠若使挖運鹽斤漫無歸束無論如何總無杜絕私鹽之理是建倉一層不論官運取消與否均屬勢在應辦初無疑義擬俟該員等二次調查據復後另行呈請核奪至總所原文所稱公家所支池租及挖馱鹽倉等費爲數甚鉅將來磴口一局可否裁撤並將吉蘭泰鹽湖退租改歸散販承運凡經黃河運行之鹽在南海收稅陸運之鹽在花馬池及榆林新設之局收稅一節查每年所付湖租及挖駝等費向均納入鹽價除各項開支外每担尚有餘利四角五分歷年均有奏頒定式及虧表造送可稽是所費無論多少均尚有所取償至以上三種用款究竟低廉與否則湖租一項全以挖運之多寡爲衡如民國七年租湖一萬挖鹽至十二萬九千三百二十八担四十五斤二兩則每担合銀一角一分三厘五毫二絲一忽六年湖租八千兩挖鹽至十萬零二千一百六十三担八十二斤六兩則每担合銀一角一分四厘九毫六絲六忽其挖駝等費則又以運銷之多寡爲盈絀若如現在既設稅局以後祇顧惜費不簽運本吝撥挖費則湖產無所供給磴鹽不能下運銷路既絀而所用成本亦即幾同虛擲此又因目光短絀而致政府受其損失者也若磴口一局則事關蒙鹽全部之樞紐無論官運取消與否而產地不能全無局所若欲從事整理且須移局至湖或於湖上建倉就近管轄方爲萬無一失第湖上情形如何能否加以木栅購置坨地局長屢欲偕同洋助理員前往察看而該員因建造住屋事宜羈牽不克前往現値總所特派員赴隴調查之便已商請便道往勘一俟勘得確情當再會商請

示鹽池退租一層事關合同從前訂約阿王屢以售給散商爲辭要求加租是退租以後湖上必難設防於蒙人運私便利而公家必將受其損失已可想見然果布置周密則任其辭退亦屬無妨惟事宜預先防範先將管理鹽湖之權取得俟至期滿再議而後彼始無從挾制不然利尚未形而害先見即不慮私運之灌衝而一年未滿之契約在該王亦必要求賠償損失甚非計之得者至散商承運若在鹽池退租管理適宜之後由包收稅在磴發鹽於勢亦屬甚便惟沿河三千餘里之道途經過十數縣境之區域若不逐節設防密布緝私則產地偸漏及中途夾帶白鹽等弊亦屬防不勝防查吉蘭泰之左近即有白鹽湖二處蒙人往往私挖迭與阿王交涉且有成案而磴口以下包頭以上又有蘇尼特之白鹽鄂爾多斯之蒙鹽往往衝斥欲行商運總非先事預防不可若如總所所言水運之鹽在包收稅陸運之鹽在楡收稅等計畫水運一層辦法尚屬扼要陸運則長途千里散漫無稽而楡林一屬地在陝北距磴甚遠經管鄂爾多斯之鹽尚不暇給遑能再顧吉產此亦情事顯然無庸逆億而知者今查吉鹽之難辦一在產自荒陬管理乏術二在運途寫遠巡緝難周三在沿途之雜鹽衝斥法清取締四在下游之河道險絕損失滋處無論爲官運抑爲商運皆非對於以上各層亟求解決辦法不克整理 局長 爲籌議進行兼預謀改革起見擬請於未經宣布取消官運之時先爲下列之四種籌備（一）移現在之磴局於湖上就湖建倉或改照長蘆坨制較爲省費如湖上實無建坨之地則磴局宜暫不遷而倉坨亦即就磴設置惟湖上須增

緝兵周圍駐紮以便曉夜梭巡藉防偷漏如此則湖上之鹽隨挖隨儲隨儲隨運不虞散失實爲探本之
圖其利甚溥（二）吉蘭泰附近之白鹽湖及鄂爾多斯之散碎鹽湖出鹽甚夥若不收歸國有無從防範
擬請於嗣後訂約之期一併附加條件租入封禁其不爲阿王所轄者並應另商鄂旗從廉租賃以清鹺
鹽之源而免私運衝灌蓋官運可以取消而鹽湖仍應租佔方不失以簡馭繁拔本塞源之道若因改商
運而并由商挖則勢同散沙無權管轄爲弊之深有難言者（三）由磴至包爲途一千餘里中間如後套
及大佘太等處皆爲人煙繁盛之區銷鹽必旺而祇有隆興長一卡決不敷於防範今爲積極防私起見
擬上游在後套或大佘太添設緝卡二處下游則河曲之偏關及河口與鄂旗接界要口亦須添設緝卡
一二處其沿途並須備有敵巡隨船押運藉防灑賣夾私而免軍隊扣船之弊（四）商人重利宜順其情
而導之包商欠一事係屬積年習慣行之已久到期向無不清之款近須繳現已屬爲難再加以下游
船運危險歲多損壞稅價空賠無所取償商之憚而不爲亦屬有故今爲救濟之法擬於賣價中減少餘
利一面並將存鹽查清改照司馬秤發商領售藉資抵補不日己可實行惟收現一層若不取消則雖經
全部開放恐領運未能踴躍且貿易既取自由若以現款之故束縛之使資乏者得以措現儘領而小商
裹足即無法徵稅亦將造成壟斷之弊而絕貿易新機蘆鹽開放已經一年至今只有四家常川領鹽餘均
各被淘汰致使把持鹽價銷路壅滯是其明証以上各節擬先期籌備逐漸施行屆時如有端倪再行察

看下游情形俟下游改辦商運確有成績則推之包頭以上官運一律取消自可辦理若如稅局之議不考成案不察商情冥行擿埴閉門造車則推之事實恐無良好結果局長愚昧之見深滋隱憂是否有當伏候鈞裁再此案奉飭與稅局核議所有以上各層均已面告洋員並簡單提有意見因該員再三要求簡縮不予完全聲叙是以該局呈所稿內關於榷局方面意見未能切實聲明局長以茲事體大既有所見未敢壅於上聞如蒙採擇並乞迅予逕商總所參酌核定以憑遵辦合併陳明所有磴口裁局建倉並改歸商運各節遵令分別擬議辦法緣由理合肅呈仰祈鑒核訓示祇遵謹呈

呈鹽務署准稅局函請收買廢鍋酌擬取締鍋戶根本辦法請核示文八年十月二十八日

呈爲准稅局函請收買廢鍋以絕私源謹擬取締鍋戶根本辦法仰祈鑒核示遵事竊查土鹽新章改訂以來其中南兩路鍋戶遵章開熬者現尚寥寥無幾迭經飭令各局卡切實勸導業已漸有端緒茲查中路局一月至八月份稅款報册比較舊額尚短收至十成之六南路局一月至八月份稅欵報册比較舊額亦尚短收至十成之五局長覩此情形深滋焦慮正擬切實查催以期整頓適准收稅局八百零五號函開查土鹽熬產徵稅新章業已施行多日而從前領照熬鹽各戶仍多不願遵照新章開熬但該鍋戶等既已置備熬鍋以及各種熬鹽器皿現恐不免仍有私熬漏稅情弊倘該熬戶等果不願遵照新章繼續開熬則如任其保留熬鹽器皿於稅收方面不無危險故敝局擬將所有未經按照新章領照各鍋限

至十月底一律收沒所有鍋竈一律拆毁一面由敝局呈准稽核總所酌償鍋值但至多僅能照收買舊鐵給償倘邀貴局同意即希查照見覆俾可協同進行等因查該局所稱收買廢鍋析毁竈址一層自屬正當辦法惟該鍋戶等究竟實在無力開熬者共有若干其中有無陽奉陰違私自開熬情事自非澈底清查詳訂辦法不足收拔本塞源之效而竟一勞永逸之功謹就管見所及酌擬辦法數端敬爲　鈞署縷晰陳之一擬先事調查卷查民國六年二月裴前局長任內曾經派員調査一次造具鍋口清册茲擬遴派調查二員一赴中路一赴南路携帶底册挨戶清查究竟每村共有鍋口若干應即查對舊册有無增減其中遵章納稅者若干口其無力遵照新章實行停熬者若干口立飭詳細列表分別註明以資考核而妨隱匿一擬從嚴取締其有未經遵章領照私自開熬者由該員調查屬實應即按照前擬管理土鹽新章佈告第五條將所有製鹽器具什物以及鹽鍋鹽缸大車小車牲畜等類一律充公並送由縣知事從重處罰以杜後患而警效尤一擬酌給撫金其無力遵章納稅實在停熬者應倣照長蘆團林大麥口廢灘案內酌給灶戶撫金一案將其灶基剷平其鍋口器具酌值收買俾得另謀生計以期仰副　鈞署爲國爲民兼籌並顧之至意惟如稅局所擬僅止收買鍋口且每鍋以廢鐵估值鍋戶是否樂從此項問題似亦應預爲籌及擬請　鈞署咨商山西省長通令各縣知事協同辦理庶免窒碍而策進行一擬預籌善後自經此次調查報告以後所造各局卡所屬各村鎮鍋口表應即作爲定案嗣後如須添鍋應

在各村鎮有鍋口之處添設方准給照如本村鎮向無鍋產新報增設者亦應在三口以上否則不得給照以期化散爲整而便稽查 局長 愚慮所及是否有當伏候 鈞裁再以上辦法如蒙允准並擬俟調查呈復到局再將停熬鍋口總數估値列表呈報一面商由稅局呈請總所撥款辦理所有稅局函請收買鍋口謹擬取締鍋戶根本辦法緣由理合備文呈請 鈞署鑒核伏乞指令祇遵謹呈

八年十一月七日奉

鹽務署指令據呈以稅局函請將未經註章領照各鍋限至十月底一律熬沒按照舊鐵酌價鍋値等情擬具辦法陳請核示前來查稅局所擬辦法自係爲整頓稅收起見但驟然舉行深恐激生反動該局長所擬先事調查從嚴取締各節自屬允協可行應准辦理酌給撫金一層姑准飭廳付商總所俟復由本署核准後再行飭遵至請咨商山西省長轉行等情應俟調查後再行具報核奪此令

呈 鹽務署擬在陽泉添設分卡兼管壽陽牌照擬具預算清摺呈請核示文八年十一月十日

呈爲擬在陽泉添設分卡兼管壽陽牌照擬具預算清摺仰祈鑒核示遵事案查壽陽盧鹽土鹽牌照向由職局函託壽陽縣署代辦近疊據該縣知事函稱該縣鹽務日形發達代辦牌照事宜縣署人員無暇兼顧請速另行籌畫等情當局長面商收稅局擬擇壽陽陽泉兩地添設分卡一處專司其事一面函該縣於未設卡以前再爲代辦數月並令飭中路土鹽征稅局前往壽陽陽泉兩境切實調查將所有鹽商

應領牌照以及全年收數設卡地點分別查明並將開辦經常各費詳細預算開列清摺一併具報以憑核奪去後茲據該局查復以壽陽縣大小村鎮共五百餘處而領照者僅一百零一家平定縣大小村鎮共六百餘處而開店售鹽者均未領有牌照是皆由於委託代辦以致因循不加取締今以該兩縣村鎮合計不下一千一百餘處即不能每處村鎮均領牌照姑以半數計之每年亦須發給五百餘張即以三等牌照每張八元計之每年牌照費亦當在三四千元之譜至於設卡地點似以陽泉爲宜緣壽陽領照之戶雖祇一百餘家較之平定已屬大相懸殊將來推廣自屬容易至平定縣鄉鎮多於壽陽而領照者竟無一家是將來實行整頓尤當注重於平定查平定距陽泉十餘里距壽陽六十餘里而壽陽與陽泉均屬正太車站呼應甚靈故設卡於陽泉對於平壽兩縣均能兼顧並無此先彼後之虞等情並呈送預算清摺前來據此當經局長詳加察核所稱各節並預算各數尚屬實在且平定壽陽兩縣鄉鎮散漫異常整理之方首在隨時督察嚴行收締縣署代辦自難兼顧一經立有專卡庶幾責無旁貸辦理一年必有成數除函達收稅局轉陳總所查核外所有擬在陽泉添設分卡緣由連同預算開辦經常各費清摺理合備文呈請鑒核伏乞指令祇遵謹呈（清摺略）

八年十一月二十日奉

鹽務署指令據呈擬在陽泉添設分卡兼管壽陽牌照擬具預算請核示等情自係爲裕課禁私起見現

已飭付總所俟復由本署核准後再行飭遵此令

呈鹽務署土鹽各局仿用長蘆現行單照尚有困難擬請暫用舊式稅票呈請核示文八年十一月十四日

呈爲土鹽各局議復仿用長蘆現行單照尚有困難擬請暫仍行用舊式稅票以資便易仰祈鑒核示遵事竊查職局奉飭仿照長蘆單照格式擬議行用以便劃分權限一案業經呈奉鈞署有電暨第一千六百三十五號指令核准經局長參核晉北情形以包頭一局較爲適用其磧口局征收花鹽稅亦尚勉强可行惟中南北三路土鹽產銷之區能否適用尚待咨詢當由局長令飭該三路分局速照發給長蘆現行單照式樣體察該處情形詳細擬議具復去後茲據中路局局員呂吉甫呈稱查長蘆現行單照用之晉省殊滋不便如運鹽執照准單兩種係屬相輔而行塡發運照雖爲運署而征收稅款則在稽核分所現職局經辦土鹽征收稅欵暨塡發運鹽稅票爲同一機關於長蘆情形未能吻合倘必牽强應用商民既感不便而辦事亦嫌困難又據南路局局員戴國璜呈稱此項單照僅能適用於商運收稅之處南路之土鹽稅係按鍋征收大抵專供本地食用並不行銷他屬即偶有肩販往鄰近村庄銷售亦均以稅票爲憑無庸另發運照至准單一種在長蘆商人非此不得入坨築鹽南路則鍋戶所出之鹽業經繳稅無須運商再繳則准單一項用之職局亦屬未能相宜又北路局局員景學鑄呈稱職局所屬稽徵各卡因限於經費每卡辦事只卡員一人現在行政收稅均屬兼管是收納稅欵而外尚有緝私查鍋督運疏

銷以及驗放鹽斤處分私販等事宜平時收稅祇發一種稅票已屬日不暇給若令准單運照再行分塡手續太繁似非各卡員一手一足之烈所能勝任前奉鈞局第二十八號會令暨第二三三二號訓令規定舊式稅票歸收稅員專發未發以前送由職員過印既發以後由稅局以繳單一聯交由職局彙呈鈞局備核即寓此稅劃分互相稽核之意現經試辦商販尙無不便擬請暫時仍用舊式稅票免予另易准單運照致令手續繁複辦理困難各等情前來據此局長覆加考核該局員等所議各節均屬實在情形所有此項單照施之於土鹽各區旣嫌手續繁複未能便利擬請暫將奉發運照暨稅局所印准單兩種先就職局所管蘆鹽及包頭磧口花豪等鹽區域刻日試用其中南北三局所屬土鹽各區暫緩施行仍用舊式稅票替代以資便利是否有當伏候鈞裁除函商收稅局外所有土鹽各局議復仿行長蘆單照尙有困難擬請暫仍行用舊式稅票緣由理合備文呈請　鈞署鑒核伏乞指令祇遵再所有包磧兩局應用單照業經遵照前令分別發給合併陳明謹呈

呈　鹽務署包局改秤虧短擬將存鹽統盤折算並照各省保結滷耗辦法請核示文　八年十二月八日

呈爲據情陳明包局改秤虧短擬將存鹽統盤折算並援照各省現行之保結滷耗辦法仰祈鑒核示遵事案據包鎭運銷局呈稱案奉鈞局訓令第三三零號內開案奉鹽務署訓令第一千四百三十號內開運銷鹽案呈稽核總所漢文股付稱據晉北收稅局呈據包頭收稅員電以包頭權運分局售鹽不肯以司

碼秤秤放請示辦法當經函致榷運局改用官秤去後茲准復稱包頭售鹽使用常秤已成習慣如改用司碼秤則於登計賬册發生滯碍而鹽價及挖駝營業等費亦須另行規定故不如暫時續用常秤云云榷運局局長既以猝改用司碼秤頗形爲難擬請將現在辦法結至本年年底爲止自九年一月一日起改用司碼秤以便曉諭商民知照請訓示祇遵等情查包頭分局所用常秤現在暫准照舊行用除函復外付請轉陳查核飭遵等情前來本署復核無異合即令仰該局長遵照此令等因復准收稅局七百六十一號函稱關於司碼秤一節敝局現奉稽核總所令知暫准續用該處常稱稱計但敝局以爲仍當迅速設法引用司碼稱以示一律故請貴局行飭各屬定於民國九年一月一日起一體行用司碼官稱相應函達即煩貴局迅予查照辦理爲荷等因准此合亟一併分行各該局尅日籌備並將存鹽數目查明呈復核奪仰即遵照此令等因又奉鈞局快郵代電內開案准收稅局第八百五十四號函開案准貴局八月十一日第一百九十五號函據包頭分局呈以包頭發售鹽斤碍難遵用司碼稱等因查敝局現據磴口查驗員呈稱磴口所用常稱與司碼稱無或稍異並稱磴口倉收發鹽斤其稱計俱與司碼稱相合等情則磴倉發交包局以及包局所收鹽斤其重量並無不同之處有如包頭分局員所述者如該局員以司碼稱收鹽而以常稱售出則必有餘存鹽斤而此項餘鹽應詳加計算故敝局擬請貴局飭令包頭分局㝖明年一月一日起所有該處發售鹽斤務須一律引用司碼稱稱計其所有該處常稱迄今相差鹽

斤亦應一併結算清晰詳爲登記即煩查照轉飭爲荷等因准此查八月八日據該分局世電所稱權考司碼稱輕重比較局中舊日收鹽之稱每一六七斤大於舊稱十斤等情今准稅局轉據磴口所稱該處常稱與司碼稱輕重相等且由磴倉發交該分局與該分局所收鹽斤重量悉與司碼稱相等各節核與該分局世電所稱大相逕庭究竟磴口收鹽係用何稱發鹽之稱是否與磴包兩地所用之稱相符如照該局所定則改稱以後存鹽必須折合而售價亦應虧本倘就稅局查驗員所報定論則不獨改稱無所爲難且以司碼稱比較常稱發當應別有存鹽二者懸殊若此究竟孰是孰非案關官運鹽斤且值改稱在即未便任聽含混應由該分局迅即會同收稅員分別電飭磴口局員暨駐磴查驗員確實查明分別呈復核辦勿稍片延切切權支各等因奉此竊查職局開辦迄今所有收發鹽斤向遵鈞局須用常稱數年來磴局發包之鹽由船戶運交向以常稱計量如鹽或有短少則由職局責令船戶賠補是與船戶包運無異故歷年從無呈報沿途滷耗之事現磴口查驗員呈報稅局聲稱磴口所用常稱與司碼稱無或稍異收發鹽斤按稱計與司碼稱相合等情稅局因此以爲職局以司碼稱收鹽而以常稱售出則必有餘存鹽斤者惟磴稱與司碼稱是否相合磴局收發鹽斤是否俱以稱計茲不具論但職局歷年以來收入磴鹽向以現用常稱計算而現用常稱較之司碼稱每百斤確短六斤之譜原稱具在當可覆按如謂磴發之鹽有餘則所餘之數或係無形中沿途損失職局無從追究現奉鈞令定來年一月一日實行司碼

稱目應遵辦而事前須籌備者厥有二端查職局現儲鹽斤計至本月上旬止實存三萬五千餘担若來年以司碼秤放發預估短虧爲數頗鉅宜如何補足以免損耗此應籌備者一職局向來收鹽習慣倘有短少均歸船戶賠補己如上陳如來年磴發包鹽彼此收發各以司碼稱計量則遠途轉運難免無耗設過短少船戶必以改用新稱爲藉口不認賠償似於正鹽又多一虧耗此應籌備者二爲今之計應乞鈞局首籌舊鹽免虧之方並轉呈部署將包存舊鹽統盤用新稱稱過詳實折計究虧若干准予儘數列除以昭核實而免賠墊等情據此按包磴分員分呈該兩處新舊各稱比較情形磴口新舊兩稱輕重相等包頭舊稱每百觔較新稱輕六斤故稅局謂在磴口發交鹽斤到包應有盈餘據包局稱以舊稱發放亦係以舊稱收入並無所謂盈餘蓋船戶由磴口運往包頭路途遠至一千數百餘里運期既久風日交侵以至沿途虧蝕無形消耗局長參考各省運途較遠之處均定有酌給滷耗辦法其耗數之多寡以運途之遠近裝運之繁簡而定如兩浙之餘岱運往瀏河鹽斤係司碼稱每百斤給耗五觔如四川自流井發故宜昌鹽斤每包司碼稱三百三十斤內十斤皮重十斤滷耗又如兩淮淮南各場運往十二圩鹽斤每包司碼稱一百斤准給滷耗四斤以上各處均係近年間奉鈞署令飭規定施行查包磴運途綿亘此項耗損勢所不免而包局運鹽向無滷耗名目即船戶亦從未要求蓋亦因兩處稱計輕重之差數足以抵銷於無形現在包頭既經收稅局擬定九年一月一日起改用司碼稱收發鹽斤此後包磴兩處稱計相等

關於沿途虧損若不援照淮浙各省辦法酌定滷耗坐是虧及正鹽反至漫無限制且該局向來收鹽習慣鹽斤短少必飭船戶賠償若不明定耗數遇有短少船戶必有藉口局長以爲改用新稱以後亦宜援照兩淮淮南各場運鹽赴十二圩令場商出立保結辦法所有在磴運鹽船戶概令出具保結其承運鹽斤除准給規定滷耗以外必須責令全數裝運到包卸儎過稱如有缺短應責成該船戶將所少鹽觔按照鹽本稅率賠繳如是則耗有定數船戶無從藉口運有保証損失有所取償至包頭現存鹽觔上月上旬止尚有三萬五千餘担此項鹽斤均係以舊稱計數收入若來年以新稱發放輕重折合虧短頗鉅非預先查明一至來年新陳混合反難核對局長擬照該局員所議將包頭現儲鹽斤統用新稱稱計究竟虧短若干准其列作滷耗儘予删除以昭核實以後陸續收發存儲若干均與新稱相符自易查考其每担滷耗究須若干亦得按照此項虧短斤數核算酌定以上擬議各節如蒙俯擇即祈提商總所迅賜核示俾得行用新稱期前籌辦妥當實爲公便除另函收稅局轉呈總所核示外所有擬將包局存鹽統盤折算並援照淮浙各省現行之保結滷耗辦法酌予施行緣由理合備文呈請鈞署鑒核指令祇遵謹呈

呈　山西省長遵令查復懷仁卡員在左雲地方補稅罰欵情形文八年十二月十二日

呈爲奉令澈查懷仁卡員在左雲地方補稅罰款情形仰祈鑒核事案於本年十一月十八日奉鈞署稅字第十五號行查內開據實察員王奏勛報告竊查晉北北路土鹽征稅局向來並未在左雲縣設卡收

稅人民多係食用大海鹽商民人等均係自由買賣未經明令禁止突於九月十四日來一崞縣人張錦奇自稱包收左雲鹽稅人民不能自由購鹽適有農人寥威春間用米糧換得食鹽百十餘斤是日用驢馱載擬到煤窰用鹽換炭路中爲張錦奇抓獲到城在義和鹽店設案審訊令跪聽斷除將食鹽沒收又罰大洋八元嗣經知事詢悉其事以其事前既未公布禁止臨時又不送縣處辦向伊質問稽查處罰各種手續如何規定據張某面稱來時倉卒不曾帶至自覺理屈即將廖威罰金免除釋放回村惟張某因恨氣未消罰金未獲復到懷仁請來懷仁縣土鹽緝私卡卡員盧肇枌並於二十一日張貼晉北北路土鹽征稅局公布禁止銷售大海等鹽公布日期則寫明十一日蓋護其短也並於二十三日復將寥威拘到網罰一日勒令繳納罰金大洋十一元由義順成過付始行釋放回家又於是日將城內商號存鹽逐一稽查凡存鹽在三十斤以上者即須按每百斤納稅大洋一元五角另加用錢四百現在已繳納者約有四十餘家其餘存鹽稍多者因其不給稅票尚未繳納竊思事前既未公布禁止遽爾抓來罰辦於理似覺未合臨時又不送縣辦理逕由自己處斷亦覺手續錯亂並無章程則例供人閱看而且罰金不給收據繳稅不給稅票凡此種種不無疑竇爲此理合報告等情據此左雲鹽稅是否歸崞縣商人張錦奇承包何以事前並無公布該懷仁緝私卡員盧肇枌抽收鹽稅何以不給稅票查獲農人廖威載運食鹽何得私擅處罰且不塡給收據合亟行查爲此行仰該局即便逐項查明具復核辦等因奉此當經令飭

北路土鹽征稅局從速將上開各節切實查明具復以憑核辦去後茲據該局以奉令後遵即派員前往左雲逐一調查現據委員馮理後稱取締口北大海灘私鹽一層前曾由北路局電呈鈞局聲明左雲右玉既屬晉北範圍現在銷售口北大海灘無票私鹽應請轉飭左雲右玉等縣知事出示禁止於本年九月六日左雲縣知事曾抄奉鈞局原電出示查禁大海灘無票之鹽入境概作私論在案至九月二十一日懷仁卡員盧和笙巡緝至左雲縣城內尚有雜貨布帛等店寄售大海灘無票私鹽共五十一家計存鹽七千餘斤該卡員因是項土鹽已奉明文布告查禁於前今該店等竟若罔聞售賣如故殊屬顯違禁例原應按照緝私章程罰辦繼思該處向未設卡鄉愚無知情有可宥乃即會同該縣謝知事酌議辦法每店積存是項鹽斤三十斤以上者按照北路土鹽稅率每百斤以一元五角從寬補稅給票了案報由北路局按斤補稅給票一面由北路局據情電呈鈞局備案此該卡員辦理大海私鹽實在情形也又查罰辦寥威私鹽一層其鹽確係大海灘土鹽並無運照稅票經崞縣商人張錦奇連人並鹽扣送該卡員罰辦計罰金洋十一元其罰金業已彙報北路局在案惟查張錦奇係領有牌照運銷土鹽之販並非包商現在竟敢向客鹽私收用錢已屬不合且難免無向商販勒索情事即經委員商同該縣謝知事將張錦奇所收用錢一律照數發還並即嚴行懲辦以照炯戒此委員查辦罰辦廖威私鹽案實在情形也奉令前因理合據實查明申復各等情據此查大海灘私鹽叠經　職局　電請查禁早有布告迨後盧卡員仟

查存鹽過鉅處理爲難即經會同縣知事辦理呈報職局給票補稅原係體恤民艱權宜辦法並經職局十月微電呈報鈞局備案查所稱廖威處罰一節該卡員因早經示禁私鹽竟敢於白日在南關市中肩挑兜售較之各店私存各鹽情節較重一經緝獲是以按照東三省罰辦私鹽例罰洋十一元除將半數報繳職局外半數業已充賞查案尚屬相符至該張錦奇雖領有牌照承運土鹽乃係販客性質何得私收客鹽用錢內中有無勒索招搖情節案經縣署究辦諒能秉公解決等情具復前來據此查禁止大海灘私鹽一案曾於本年八月間經職局電請左雲右玉兩縣知事出示查禁在案至該懷仁卡員盧鑒枌補稅給票一節亦於十月間經該局微電據情詳細呈明職局有案今王實察員報告不給稅票一層蓋因稅由左雲抽收票由大同補發先後參差故未接洽又該農人廖威竟敢違禁販私該卡員照章懲罰尚無不合罰款據該局分別充公給賞處置亦係實在惟該販商張錦奇私收用錢跡近招搖情殊可惡今既經該縣知事施行懲辦自足以儆其後所有奉令澈查懷仁卡員在左雲補稅罰款緣由理合備文呈請鑒核謹呈

八年十二月十六日奉

山西省長指令呈悉此令

呈　鹽務署遵令與收稅局議定晉鹽淹消鹽斤調查報告辦法文八年十二月十九日

呈爲遵令與收税局議定晋屬淹消鹽斤各案調查報告辦法附呈表式具報乞鑒核事案奉鈞署第一千六百五十號訓令内開前據該局呈報包頭河曲磧口等處鹽船碰散損失鹽斤當以此案應由收税局詳細查復以憑核奪嗣後遇有此項案件應飭商立即呈報指令遵照在案兹據稽核總所轉據晋北收税局呈稱所報船運鹽斤中途損失共計二千四百五十五担六十一斤查核尚屬無訛惟現在磴口包頭兩處已派有專員嗣後如遇發生中途損失鹽斤情事立即呈報自易調查此案歷時既久不過僅就所送卷宗查閲以爲所報損失鹽斤似可准其列報乞示遵等情查所報送次淹消鹽斤二千四百五十五担六十一斤應准註銷將來凡遇淹消鹽斤之案前已規定辦法由該税局逐案查明呈請核奪至川南鹽斤運往宜昌現行辦法所有鹽船失事均須於三日内呈報附近所駐分所所屬人員由該員查明情形備具完全報告呈由分所擬具辦法轉呈核奪究竟晋北淹消各案應如何調查報告之處應由該税局會商権運局妥議具報除令知外請查核等情前來查所報淹消鹽斤二千四百五十五担六十一斤應准註銷此後淹消各案調查報告辦法應由該局長與收税局妥議具報仰即遵照此令等因奉此查此案前經遵照指令將具報損失各案函送收税局復查並將未奉指令以前續據具報淹消鹽斤經職局行縣勘查及飭取甘保各結手續尚未完備之各案先行分别抄録全卷函送收税局復加調查在案兹奉前因資經會商收税局以川南辦法遇有淹消案件須於三日内具報查晋屬川途亘長運道

距離一千二百餘里損失情事隨處皆可發生勢難預定具報限期惟自下游停止官運後其報告損失

鹽斤之處實以磴口包頭兩局爲樞紐該兩局收稅機關磴口設有查驗員包頭設有收稅員遇有據報

淹消之案即由分局局員隨時列表報告查驗員或收稅員就近查勘後逕報收稅局核轉一面仍由該

分局員將據報損失情形列表具報職局轉呈鈞署查核並由職局函知收稅局用資印証庶於辦理手

續兩無遲誤而報告不致紛歧查勘亦免延滯茲准收稅局贊成此項辦法並函送所擬表式請爲轉飭

遵辦前來除分令磴口包頭兩分局遵照辦理並將核准註消鹽斤令行各該分局遵照外合將遵令與

收稅局議定晋屬淹消鹽斤調查報告辦法緣由連同報告表式具文呈報仰祈鑒核查考再嗣後淹消

案件既均照此次辦法辦理似無庸再行函請所在縣知事查勘致涉繁複並祈指令祇遵謹呈

八年十二月三十一日奉

鹽務署指令呈表均悉該局長會擬淹消鹽斤各案調查報告辦法尙屬妥協應准備案嗣後淹消案件

既經分局報由查驗員或收稅員就近查勘轉報無庸再請縣知事勘驗並准如擬辦理仰即分行知照

表式存此令

呈　鹽務署會商稅局議將河口分局及石子灣卡先行裁撤東　西卡分設兩員併歸包局管轄

文八年十二月二十三日

呈爲會商稅局議將河口分局及石子灣卡先行裁撤東西卡分設兩員併歸包局管轄呈乞迅付總所核復電示事竊查職局酌擬裁撤河口局暨石子灣卡將所屬東西兩卡併歸包局管轄其河曲支局暫緩酌定隸屬呈請核示一案奉鈞署第二千六百號指令內開據呈已悉查該局長前呈將河曲倉改隸河口分局一案業經飭交總所核議茲據復稱查此案前據本所巡視員繆秋杰等呈河口分局本爲征收蒙鹽稅而設自包頭下游官運取消後除查驗一二儎蒙鹽及匯解太原七縣稅款簽發分運單外幾無事可辦擬將河口分局及石子灣卡一律取消東西鹽坊可派兩員管理直接歸包頭節制等情當經轉飭查報在案茲准前因請轉飭榷運局連同前案妥議具復再行核辦等語抄錄報告轉請查核飭遵前來合行令仰該局長即將應行裁併局卡妥定隸屬呈復核奪原件抄發此令等因奉此遵查收稅局對於此案亦正待呈復總所當即會同議商擬洋助理員意見擬將東西兩鹽坊合設一卡減一卡員牽同書記馬步巡等辦理預定經費每月一百十六元局長以東西坊相距尚數十里一員而管兩卡非特事權較重且亦兼顧難周河口分局及石子灣卡既經裁撤該兩卡應辦事務必且較前爲增自宜分設兩員將月薪量從撙節每員二十六元添用差役一名其馬步巡及臨時費儘可就數分別支配所增經費無幾於卡務實多裨益當與磧商即以華助理員資格加入意見呈請總所核示惟河口局冬令短收經費尚須補助既屬應裁之區實宜儘本年年終裁撤俾從節省時期迫近未便稽遲除河曲倉原請改

設掣驗支局仍由局長詳加查議再行指定隸屬另文呈復外所有會商稅議將河口分局及石子灣卡先行裁撤東西卡分設兩員併歸包局管轄緣由理合附錄稅局原函具文呈請鑒核仍祈迅付總所核復電示祇遵實爲公便謹呈

計抄稅局原函

總會辦鈞鑒敬肅者案奉鈞所十一月五日第一百六十九號令函遵將繆魯兩調查條陳裁撤河口分局及石子灣緝私卡一案與榷運局局長會商查榷運局局長在先雖欲將河口分局留存作爲一半獨立權限之緝私支局然現在亦與繆魯兩調查條陳辦法同意此項條陳辦法亦早爲職等所贊成同時榷運局局長亦願將其所請將河曲倉劃歸河口分局管理辦法取消此節亦係鈞所上月二十九日第一百七十七號令函所指之案榷運局局長又稱業經查照繆魯兩調查所請辦法呈請鹽務署核奪矣故職局洋助理員現擬請將河口分局暨石子灣卡一律裁撤所有東西鹽坊等卡應合爲一收稅卡隸屬包頭分局其經常臨時等費茲謹擬定如左

卡員一員　三十元

書記一人　十二元

馬巡二名　各十二元　二十四元

步巡四名　各六元　二十四元

差役一名　六　元

以上共計九十六元

臨時費　二十元

以上經常臨時費兩項共計一百十六元

查該卡設在東鹽坊或西鹽坊均無不可但不得仍駐於河口鎮其鹽巡等又由包頭分局分配惟在鈞所未將職局本年九月十三日第二百四十三號及九月二十二日第二百四十七號等呈所請各節解決以前所有該卡關於收税事務應隸屬於包頭收税員並直接報告於該收税員其行政緝私事宜仍由包頭榷運分局管理一如包屬其他各卡相同職局幫助理員及榷運局局長惟對於只設書記一人深恐不足勝任且一員而管兩卡權亦稍重擬請派委兩員月薪各二十六元并各用差役一名月薪各六元嗣後兩鹽坊辦事即可由包頭榷運分局及收税分局彼此直接管理以免隔閡此種辦法亦與鈞所前函所附華文内所述之意相同茲職局因榷運局局長亟欲於本年年終實行故擬請鈞所迅賜電示祇遵

《山西文華》編纂委員會 編

山西文華·史料編

清鹽法志·河東（外一種）第三册

民國 鹽務署◎編

山西出版傳媒集團
三晋出版社

清鹽法志卷八十六　河東十三

緝私門

河東鹽池繚以牆垣出入必由禁門巡邏則有鋪舍防範之周非瀕海斥鹵之鄉所可及已顧其引地廣袤幾二千里東接長蘆南界川淮西鄰花馬池迤北一帶密邇土鹽蒙鹽私販乘隙抵虛在在可以侵越而腹內引地鹻鹵更多硝池蒲灘尤爲潞綱肘腋之患此緝私營卡之設所以不容緩也凡三省緝私關隘以及硝池蒲灘封禁情形皆有足紀者志緝私

鹽池鋪舍

池內三十二鋪中場十鋪額設總巡役一名巡役十名總斗級一名斗級十四名東場十一鋪額設總巡

役一名巡役十八名總斗級一名斗級十六名西場十一鋪額設總巡役一名巡役十五名總斗級一名斗級十六名南岸原設馬快八名往來三場巡邏乾隆五十七年課歸地丁三場裁缺內鋪斗級巡役歸三巡檢司分管馬快八名裁汰嘉慶十一年復商三場大使復設斗級巡役仍歸場員管理馬快永遠裁汰道光五年池內時有匪徒偸竊料鹽添設槍手六十名鳥槍六十桿內由運城營撥兵二十名解州安邑縣各撥壯丁二十名在池內往來巡緝十五年以池內安謐減去槍手三十名二十六年池內每交冬令宵小肆竊定於冬三月加添槍手三十名光緒六年將冬令加添槍手三十名裁撤仍留常設槍手三十名

池外三十六鋪

鹽池司十二鋪聖惠司十二鋪長樂司十二鋪額設弓兵二百五名乾隆二十六年奉裁一百四十五名留六十名二十八年鹽政李質潁以額設弓兵六十名不敷分撥奏請增復弓兵六十名奉部議於運城平垣兩營撥兵六十名按季分駐鹽池各鋪令與巡檢弓兵一體輪巡四十九年巡撫秉鹽政農起以協防兵丁有名無實奏請撤回本營差操飭商捐貲照數添雇巡役六十名協同弓兵巡緝

三禁門

中禁門額設弓手十六名東禁門額設弓手十名西禁門額設弓手十名乾隆四十二年添設商巡二十

名總巡一名四十六年以總巡一人稽查難周請三禁門
各設總巡一人十日一換一月一週其工費仍照原定額數
分作三分按月給領五十七年課歸地丁案
內裁汰嘉慶十二年復商後部議毋庸復設
按鋪舍年久傾圮於同治十三年河東道升泰修理禁牆
將鋪舍一律重修完整弓兵商役有所棲止並籌給津貼
銀兩俾得實力緝私光緒三十二年河東道陳際唐因禁
牆修守並重責成三司巡檢將該管鋪舍一律領款建蓋
並將原設弓兵商役悉數裁汰另募年力精壯技藝嫻熟
者各二十四名更名巡勇分配駐鋪合計三十六鋪共駐
巡勇七十二名仍以原設兵役一百二十名之額編工食
等銀挹注勻支厚其養贍以專其責任並令三司巡檢各
駐各署不准擅離職守

緝私營卡

山西省

鹽捕營管帶一員幫帶一員文案一員教習二員哨官三員
哨長五員哨書四名號令洋槍匠護兵共二十六名什長

正兵牌長共五百名中哨駐箚運城前後左右四哨分駐解州安邑平樂芮城永濟等縣緝私兼任緝捕

運安營中哨正一員副一員左哨一員右哨一員書識三名步勇一百一十二名馬勇一十四名差弁一員中左右三哨分駐環繞鹽池之社東村蚩尤村中禁門暨太廟

三場緝私二員巡查禁牆三員步勇四十八名馬勇四名分中東中西兩段中東段駐箚東頭鋪東九鋪中西段駐箚中三鋪西七鋪

硝池灘緝私一員局役二名駐箚解州逼近硝池灘之喬家莊

蒲灘緝私一員步勇八名駐箚永濟縣南灘之獨頭村

三門緝私一員步勇十名夏秋駐箚三門口冬春駐箚盤南村巡緝偷渡私鹽

陵川緝私一員書識一名步勇二十名駐箚陵川縣暨奪火口

按山西省之要隘如沁源縣之雕巢嶺屯留縣之良馬鎮襄垣縣之虒亭驛壺關縣之大河口黎城縣之東陽關陵川縣之甘河口奪火口古郊口其鵰巢良馬兩處爲土鹽侵灌虒亭大河口東陽等處爲蘆鹽侵灌向皆設有專員因節經費改由地方官兼緝甘河奪火古郊三口亦爲蘆鹽侵灌現設陵川緝私分駐縣城暨奪火口至臨縣永甯州兼轄之磧口鎮吉州之龍王辿平陸縣之三門口盤南村蒿店皆濱黃河其磧口通判駐緝蒙私嗣因磧口上游由陝對渡之花馬池鹽暨小鹽均化私爲官改由軍貨釐局按斤抽釐光緒三十三年裁撤磧口緝私將通判移設口外之東勝廳龍王辿居磧口上游原設緝私委員迨光緒三十一年改歸吉州知州兼辦三門盤南村蒿店三處爲沿途腳戶影射偷漏由水路走私要地設有三門緝私按季分別駐所巡緝各私所有解州之硝池灘六小池臨

晉永濟虞鄉等縣兼轄之五姓湖永濟縣之蒲灘永濟朝邑兼轄之鷄心灘臨汾洪洞等縣兼轄之汾河灘洪洞之羊獬灘均向產硝鹽居民私煎私曬習以爲常視禁令之寬嚴爲進退其硝池六小池同隸解州原有巡緝專員又以解州知州爲督緝解州吏目爲幫緝蒲灘五姓湖亦各派專員巡緝鷄心灘界黃河之中分隸晉陝兩省責成蒲州府督飭該府經歷及永濟縣縣丞典史並陝西朝邑之分防大慶主簿會同查緝汾河羊獬等灘由該管之臨汾洪洞兩縣隨時會緝

陝西省

蒲富緝私一員步勇三十名馬勇二名駐箚蒲城分緝富平

大荔白水等縣花鹵各私

同耀緝私一員步勇二十名馬勇二名駐箚耀州分緝同官

涇陽三原高陵等縣花鹵各私

韓郃緝私一員步勇二十名馬勇二名駐箚郃陽縣分緝澄

城韓城朝邑等縣花鹵各私

乾武緝私一員步勇二十名駐箚乾州分緝永壽武功興平

醴泉等縣越境花私

臨渭緝私一員步勇二十名駐箚渭南縣分緝華州臨潼藍

田等縣過境灘私

河南省

襄葉緝私一員步勇七十名馬勇二名駐箚襄城縣分緝葉

郟寶三縣蘆私

裕州緝私一員勇額由襄葉分撥駐箚裕州堵截蘆私

鞏孟緝私一員步勇一十四名駐箚鞏縣巡緝蘆私硝私

按裕州一卡於宣統三年裁撤

附硝池 硝池即女鹽池在解州西北與六小池爲近廣袤三十餘里水經注所謂女鹽澤者是也唐設女鹽監以董西池女鹽之名自此始池當中條山谷之下客澇時注溢則水淡生魚乾則水苦生硝硝本鹽類味多苦澀充食則使人洩利池在禁垣之外附近居民每至盜取冒鹽賤售阻法人礙課是以嚴禁撈採且勢較東池爲高山谷水漲澎湃吞吐東趨禁垣大爲池患特設硝池堰以防潰決元末運治移於路村西池遂廢明萬歷御史楊州鶴疏請開荒准半報以恤商困尋即拋荒迄仍不可澆曬道光十一年附近貧民開畦偸曬經河東道韓文顯詳准每年自五月初十日爲始至八月初十日止委員帶領州役八名常川巡緝其委員薪水州役工食由商捐辦咸豐六年解州知州李崇蟠以硝池灘六小池私曬未能淨絕稟請派委州監掣同知薛珊並請酌派都守帶兵前往會同彈壓平毀私開鹽畦旋即會議緝私章程改自十二月初一日爲始至十月底止由河東道委員帶領槍手十二名巡役十二名鄉約十二名在於附近村莊常川駐緝所有委員薪水槍手巡役鄉約工食由庫籌款五成商捐五成經河東道黃經詳院批准在案九年坐商王友于等以池神廟歲修香資等項無款稟請將商捐加槍銀兩仍歸入池神廟歲修硝池灘緝私經費懇求另籌支發復經河東道黃經詳請准其免繳加槍銀兩嗣後應發硝池灘緝私經費

詳定在公費緝私兩款項下動支光緒十年暨十二年河東道黃照臨邁拉遜將原設槍手巡役鄉約各十二名逐漸裁汰僅留巡役鄉約各四名另派守庫巡勇十二名隨時赴灘協巡二十年署河東道閻迺玨於附灘周圍建蓋營房七處分駐馬步練軍百餘名春夏查灘秋冬防汛嗣練軍改編續備酌撥運安營以代之三十四年金井等池滹沱墳平河東道陳際唐飭由解州募勇十名協同運安營兵駐硝池北岸之喬家莊統歸委員督帶巡緝餘均裁汰又六小池自嘉慶十二年封禁後所有緝私事宜於女鹽池併案辦理嗣每遇天時稍暵池內輒見鹽花附近奸民乘隙偷曬防不勝防光緒三十三年河東道江人鏡將永小熨斗蘇老三池募工塞毀三十三四兩年河東道陳際唐調撥鹽捕營兵丁將夾凹金井買五三池之大小滹沱八十箇一律墳平

附蒲灘 蒲灘者蒲州城外之河灘也長約百里寬十數里或數里不等積溼鹻蔭地遂廢耕居民因而刮鹻淋鹵近在河東肘腋向由商人代完租賦籌給津貼銀一萬三千餘兩禁其刮淋更委佐雜一員巡察二年差滿給予優獎名爲蒲灘緝私

道光十一年查禁蒲灘私曬 巡撫兼鹽政阿勒清阿奏言竊臣於道光十一年四月承准軍機大

臣字寄奉上諭本日都察院奏河南商人馬德隆等呈稱私梟累課病商等情已明降諭旨交該撫親提查訊矣據該商人等呈蒲州永濟縣南北二灘有匪徒招集私梟開畦曬鹽並解池地方內有斗巡外有弓兵牆高數仞賊匪任意出入越牆偷漏叢計私銷鹽斤倍於正課以致引鹽滯銷商人歷年賠累又河東鹽務於嘉慶十六年額價之外加增一釐爲河工經費嗣河工告竣兩淮等處經費久停河東事同一例請仍照減價等語著阿勒清阿查明該商人等所控各情是否屬實如果蒲州永濟縣等處實有匪徒招集私梟並任意偷漏以致累課病商該官兵等所司何事必應嚴行懲究並酌議緝私章程奏明辦理至鹽斤加價兩淮等處業經停止河東事同一例是否應行照辦著該撫察看情形據實具奏將此諭令知之臣查此案前據該商人馬德隆張隆泰具稟到臣飭河東道督同蒲州府暨監掣同知嚴行查禁並飭查明實在情形妥議詳辦復札行河東道並蒲州協將該商人等密呈解池私梟積匪范猴兒蒲灘私鹽販韓天福嚴拏究辦嗣據河東道督飭該縣並委員等將范猴兒韓天福設法購線先後拏獲當經批飭嚴訊究辦臣查永濟縣南北二灘澆曬私鹽歷經前撫臣衡齡和舜武成格福綿盧坤檄飭河東道並該府縣等查禁前撫臣徐炘復於上年飭令河東道派委文武員弁前至該處會同該府州縣查緝嗣據該府稟稱私曬漸知斂迹臣於本年查照上年舊章復飭河東道派

委文武員弁查緝在案惟該處袤延四十餘里有二十四村之多地係鹵鹻五穀不生曬鹽則旦夕卽成小民藉爲餬口之計由來已久雖經查禁總由地方遼闊窮黎衆多此逐彼曬稽查難週未能絕淨且難保無奸商圖利私買夾帶行銷情弊該府縣所稱近來私曬較少之處恐係掩飾之詞而該商人前稟倍於正課之處亦難憑信經臣現飭藩司會同河東道委員詳細確查實在情形如何杜絕私曬如何疏銷引鹽如何安頓該處居民妥議章程奏請聖主指示辦理如果該地方文武各官有任令曬鹽偸漏情事臣卽嚴參懲究至解池賊匪屢經嚴拏究辦前撫福繇復奏明添設鳥槍六十桿在池巡查上年三月間據闞綱商人王恒泰等稟請減撤槍手稟池內聲敘近來大夥私梟歛迹昨據王恒泰等來省稟控蒲灘情形臣復而加詢問據稱現署監掣同知宣麟捕拏認眞目下解池不致偸漏今該省馬德隆等控稱賊匪任意出入越牆私銷是否屬實容臣查訊核辦再鹽斤加增一釐爲河工經費每年徵收銀十六萬四千一百二十二兩零河東自復商以來歷係如數徵收年清年款前據商人馬德隆張隆泰稟請減去臣因此項係出自鹽斤加價並非該商等捐貲且歷年奉部撥解河工應用是以未經准行今據商人等藉稱賠累仍請停止容臣再行察看闞綱情形據實具奏奉硃批知道了剔除姦宄當時要務勉之又勉毋被人欺朦爲第一要著

道光十二年議准動支銷價生息銀九千一百五十兩給民試墾蒲灘三年停止

戶部疏言據山西巡撫阿勒清阿疏稱竊照河東商人馬德隆等赴京具控蒲解私鹽累商病課等情一案經都察院奏奉諭旨交臣查辦臣因蒲州府屬之永濟縣南北二灘居民曬鹽有礙官引當飭河東道帶同委員督飭該府縣等將鹽畦全行平毀並因該處居民頓失地利無以爲生奏請動用商捐公項以爲完賦餬口暨墾復地畝之資並將鹽土拋撒經戶部議覆以該處地畝既多鹻氣五穀不生村民完糧應核實豁免今擬試墾三年按年給予墾費銀九千餘兩誠恐墾地並無成效官項徒致虛糜應令體察情形悉心妥議具奏核辦並令將鹽土變價入官等因臣當即行令兩司並河東道暨各府縣等詳細確查妥議去後嗣據該府縣等覆行查議由藩司邱鳴泰臬司夏修恕河東道韓文顯會詳請奏前來臣查該處灘地鹵退泥淤即可耕種並非始終廢荒前因各地戶恐豁糧歸官將來爲他人認種是以議請以商捐息銀代完錢糧今戶部既以徒多周折駁斥自應遵照豁除並將應豁各地戶花名畝數造册存案俟可以耕種之時仍令各認各地以順輿情而符名實至前議拋撒鹽土原恐居民取以淋曬今部議以爲拋撒在地仍可取以曬鹽令將積土入官變價查鹽土雖係產自灘地尚須淋鹵入畦再經日曬始行成鹽此時若將

鹽土變價不令淋鹵曬鹽必致無人承買若仍准其價買修畦淋曬是固該處居民所甚願惟易滋影射方當嚴禁之不暇斷無令其買土復曬之理若令官商運至解池曬鹽則腳費甚鉅是此項鹽土既不便民間承買官商又無需用之處委難變價入官惟有仍照前議拋撒使與沙泥混雜俾免刮取所需拋撒工費誠如部議未便出自商捐任其靡費應責成各府縣等於居民墾地之時順便逐漸拋撒毋庸另給工費所有令民墾地給予鋤口之資一層臣恐該府縣等體察未周輕重失宜茲於校閱蒲州營伍之便親至該處查得南灘常旺等三村北灘招德等十州村產鹽地畝不能種植實因鹵氣上升遍地發白之故該村民等向刮取發白之土淋鹵曬鹽積弊已久所有鹽畦業於上年平毀而已刮未曬之鹽土現在堆積莊村各村民等實因查禁私曬無以爲生臣復與該道府等體察民情參酌衆議除禁曬墾地安民撒土而外別無良法溯查嘉慶十二年復商以來歷任撫臣檄飭查禁每年薪水工食不下數千金卒無成效此時若再徒令禁止不先安頓貧民杜其私曬之原終恐有禁止之名無禁止之實從前有議請買地歸商者有議請民曬商運者夫買地則需費浩繁仍復設法查禁若准該處居民開曬令官商承買運銷則解池現在產鹽甚多無需再用該處之鹽且該處地方界連三省濱臨黃河兩灘均無關攔易於私運誠恐官商配引有限私販透漏無窮今若明定章程准其開曬誠配引

行運勢必鹽畦益開益廣鹽斤益曬益旺曬戶積歷工本必致設法售私是蒲灘之鹽斷不可不行嚴禁惟欲禁其私曬先須令其不能曬鹽欲令其不能曬鹽則惟墾地之一法而令民墾犂灘地不能不給與經費該處貧民得領此項銀兩餬口有資是墾地給予經費不惟可以安貧民亦正所以杜私曬實爲正本清源之計臣目擊情形核與司道等所詳無異合無仰懇聖主俯准仍照前請在於河東道庫商捐銷價生息項下每年動用銀九千一百五十兩零按各村之情形貧民之極次地畝之多寡分別給予並飭該府縣將灘地責民勤墾隨時勸諭令其別謀生業毋須再行曬鹽致干究戾仍限俟三年即行停止其餘委員巡查各章程悉照原議辦理等語臣等查該省南北二灘地畝每年應完錢糧銀五百四十餘兩令該撫既經遵照臣部原議蠲除應令確查灘地糧數花名具題請豁惟前地既據該撫查明鹵退泥淤即可耕種並令嚴飭場司各官隨時查勘一俟可以墾復即行報部陞科以重糧額至所稱積存鹽土前經臣部議令變價入官現據該撫將未能變價緣由詳晰覆奏所有此項鹻土應如何嚴禁灘民俾不致再行私曬之處應令該撫自行酌核安辦以杜流弊其所稱令民墾地給予經費一節查該處灘地前據奏稱係屬斥鹵之區是以臣部恐其未能墾復今既據該撫親往查勘督同該道府等熟計詳籌並稱從前產鹽之地近亦有可耕之地請仍在商捐生息項下動給墾費不

惟可以安貧民亦正可以杜私曬是該撫業已確切查明於安民杜私均有裨益所有本年爲始每年計需墾費銀九千
餘兩應准其在商捐生息項下動支俟限滿三年卽行停止其餘每年動支銀兩務須核實散給未便以出自商捐漫無稽
考應令明定章程妥爲經理並將每年散給經費若干墾復地畝若干於年底先行奏報一次仍將該處有無外來遊民
曬私情弊嚴飭該管各官實力查禁於年終取具切實印結送部毋任含混統俟三年限滿核計歷年給予銀數及墾復
地畝確數一併彙奏造册報部以備稽核再查各省報墾地畝臣部並無給予經費之例亦無成案可援此次准予墾貧
原爲權宜辦理嗣後不得援以爲例並請勅下該撫嚴飭該道府等核實辦理毋得徒託空言儻三年屆滿公項業已支
銷墾地迄無成效除將給予墾費銀兩著落該撫及道府等攤賠歸款外仍查取各該員職名分別咨部核議以重責成
而嚴考核五月初六日奉上諭戶部覆議阿勒清阿奏查明蒲灘實在情形一摺河東永濟縣南北二灘地畝每年應完
錢糧著照部原議確查糧數花名具題請豁該地鹵退泥淤卽可墾復陞科以重糧額所積存鹽土既難變價入官應如
何嚴禁灘民不致再行私曬著該撫酌核妥辦毋滋流弊其令民墾地給予經費一節既據該撫親往查勘督同該道府
等熟計詳籌著自本年爲始每年計需墾費銀九千餘兩准其在商捐生息項下動支俟限滿三年卽行停止其每年動

支銀兩務須覈實散給該撫即明定章程妥爲經理並將每年散給經費若干墾復地畝若干於年底先行奏報一次仍將該處有無外來遊民曬私情弊嚴飭該管各官實力查禁於年終取具切實印結送部毋任含混統俟三年限滿覈計歷年給過銀數及墾復地畝確數一併彙奏造册報部查覈惟此次准予墾費係屬權宜辦理嗣後不得援以爲例著該撫嚴飭該道府等覈實妥辦毋得徒託空言儻三年屆滿公項業已支銷墾地迄無成效所有給過墾費銀兩即著落該撫及道府等將應得養廉全數扣出攤賠歸款毋許藉詞稍有延宕仍查取各該員職名分別交部議處該撫務當認眞督辦以重責成而嚴考核

七月奏准查禁蒲灘私曬將代賦銀五百四十三兩零津貼銀九千一百五十兩零由商永遠捐輸照數交庫轉發永濟縣按戶分給大學士長齡疏言竊臣於六月十八日甘肅平涼府途次接准軍機大臣字寄奉上諭有人參奏山西巡撫阿勒清阿辦理蒲灘鹽地聽信商人慫恿妄事更張上年查辦時委員帶領民夫數百人前往永濟縣南北二灘平畦騷擾幾釀巨案至蒲灘鹽池既經該撫議令開墾地畝散給經費曾降旨准行長齡路經該處並著查明該地

可否開墾私曬能否杜絕詳晰妥議奏明辦理等因臣於六月二十六日行抵山西蒲州府永濟縣地方卽差人分赴南北二灘產鹽處所詢問該處居民察看情形緣永濟縣地方東界中條山西濱黃河祇有南北二灘係屬平地自嘉慶十四年黃河西徙兩灘地畝盡成硝鹻不能耕種祇可曬鹽藉以供賦餬口上年官爲禁查刨挖畦槽百姓驚慌躲避並未滋生事端迨官爲曉諭令百姓等自行耕種官爲納課代賦津貼三年現在遵照例禁實未敢再爲私曬本年試種連日得雨業經發芽出土寸餘旋因晴日暄曬已盡槁萎詢之永濟縣知縣莫兆文所稟相符復札調河東道韓文顯攜帶文卷前來臣詳加查閱知蒲灘近年產鹽益旺以致商引滯銷商人馬德隆等赴京呈控經撫臣阿勒清阿疏請官爲津貼三年令民自行墾復部議亟奉諭旨准行實足以安頓窮黎惟三年後或經種植無成須從長計議妥爲籌畫俾小民得以安業而商引亦不致滯銷方爲經久盡善臣札飭河東道韓文顯督同蒲州府知府黃德濂監掣同知郭書俊永濟縣知縣莫兆文體察情形詳晰妥議去後茲據該道等稟稱三年後灘地不能墾復如聽民曬官銷挪引分辦則灘鹽粒小味苦非攙和解鹽不能食用在陝西相距尚近而河南省及山西之平陽潞澤等府轉增腳費且灘地遼闊並須添官設廠防範難周更易滋弊現據閻綱商人王恆泰等以三年後未便令灘民失業亦不敢始終仰累官賠商等情願捐貲

緻庫按年代民完賦銀五百四十三兩零每年按畝給民津貼銀九千一百五十兩零容俟將來收穫有成再請停止情詞懇切出於至誠並將各商人等所遞甘結申送前來伏思商民本爲一體既須恤商尤須恤民自上年查禁蒲灘私曬鹽引已形暢銷此後商力自必更臻充裕是禁止私曬大利於商而津貼僅止三年蚩蚩愚氓任其失業殊非持平之道今該道等既稱民曬官銷挪引分辦諸多窒礙商人情願捐輸以商力之有餘濟小民之生計永遠代賦津貼事屬可行自應准其將代賦銀五百四十三兩零津貼銀九千一百五十兩零按年照數呈交道庫轉交永濟縣按戶分給責令蒲州府永濟縣實力稽查如收穫有成再將代賦津貼銀兩按畝劃除如此辦理灘地即不能墾復小民生計不致竭蹶而私曬亦可杜絕洵於裕商便民兩有裨益臣復傳集南北二灘居民面加曉諭據居民等僉以三年後種植無成正慮無以供賦餬口今蒙奏明仍令商人代賦津貼民等得有所恃自當安分營生實力播種不敢私曬致罹罪戾異口同聲各皆鼓舞歡欣呈遞甘結而去又據該道稟稱上年查辦時委員署監掣同知平定州知州宣鱗平陸縣知縣李澍生會同前永濟縣知縣楊作梅在城內雇夫百餘人於六月初六日分頭往平畦槽至上源村地內時當酷熱夫役思飲即多躲避逃散牧令等並未入村亦即旋回嗣經該縣楊作梅諄切勸諭該村民即已自行平畦委無騷擾情事不敢徇隱等語

核與臣訪聞無異七月十四日奉上諭長齡奏查明蒲灘鹽池情形詳晰籌議一摺山西省蒲灘產鹽處所民曬官銷挪引分辦不特防範難周更恐易滋流弊自上年查禁私曬鹽引已形暢銷現據該商人等呈請捐輸永遠代賦津貼是以商力之有餘濟小民之生計著照所議准其將代賦銀五百四十三兩零津貼銀九千一百五十兩零該商人等按年照數呈交道庫轉發永濟縣按戶分給仍責令蒲州府永濟縣實力稽查俟將來收穫有成再將前項銀兩按畝劃除庶民力不致竭蹶而私曬亦可杜絕洵於裕商便民兩有裨益該部知道

八月奏准三年內蒲灘代賦津貼先在商捐銷價生息內按年借動另行提款生息歸補巡撫兼鹽政尹濟源疏言竊臣前准軍機大臣字寄奉上諭阿勒清阿奏原議津貼蒲灘貧民三年銀兩借款動放捐廉歸補一摺據稱蒲灘鹽地經長齡議令商人按年捐輸永遠代賦津貼惟原奏係三年以後方行代賦津貼現在三年之內除該撫與該管道府分捐三分之二商捐三分之一尙不敷銀九千一百五十兩零請先在河東道庫商捐銷價生息閒款內自道光十二年起至十四年止按年如數動給仍在巡撫養廉內每年捐銀三千兩其餘一千五百七十五兩零在河東道蒲州府監掣同知永濟縣四員養廉內均攤至道光

十四年底前項三年之內津貼銀兩官捐為止接續商捐所有動用銷價生息銀數分作六年勻捐至道光十八年即可全行歸款至部議豁除之蒲灘地畝應徵錢糧銀五百四十三兩零請飭藩司暫為籌款補足地丁原額俟三年後即令商人永遠代賦所有灘地錢糧無容豁此項津貼銀兩係捐廉歸補請免造冊報部覈銷等語是否可行著尹濟源到任後體察情形悉心妥議據實具奏將此論令知之臣由川來晉路經蒲州府當即弔齊卷宗確體情形並行藩臬兩司詳籌妥議查知蒲州府永濟縣屬之南北二灘居民開畦私曬近年產鹽甚旺以致商引滯銷經前撫臣阿勒清阿飭令平毀鹽畦禁止私曬灘民頓失地利生計維艱議請每年津貼灘民墾費銀九千一百五十兩零代完灘地錢糧銀五百四十三兩零本係自道光十一年起至十四年為止按年在商捐銷價生息項下動給嗣因戶部駁令再議經前撫臣阿勒清阿將道光十一年三分津貼銀九千一百五十兩與藩臬司並該管道府等分捐三分之二商捐三分之一給與蒲灘貧民具領其自道光十二年起至十四年止應給津貼銀兩仍奏請在商捐銷價生息項下動用復經戶部議奏欽奉上論准其動支儻三年屆滿墾地無效即著落該撫及道府等攤賠歸款等因旋蒙大學士長齡查議辦理經河東商人請將三年以後代賦津貼銀兩永遠捐輸奏蒙允准其前撫臣阿勒清阿因試種前項灘地難以墾復若俟三年後再行著

賠恐致延宕是以奏請與該管道府廳縣將三年之內應給
銀兩分作六年捐廉歸補並未將起止年分應捐總數分晰
敘明茲據藩臬兩司並河東道詳稱蒲灘津貼貧民禁其私
曬原所以疏銷官引於河東鹽商大有裨益現據河東商人
王恆泰等稟稱查禁蒲灘私鹽闔綱受益官引漸見暢銷不
敢將津貼銀兩仰累官賠亦不便因鹽務之事動用藩司庫
款補足灘地錢糧惟商力尚未復元所有蒲灘貧民津貼並
灘地應完錢糧均請先在商捐銷價生息項下暫行借動仍
請在於前項生息內另提出銀三萬兩發商按月一分生息
每年計得息銀三千六百兩遇閏加增銀三百兩共計八年
即可將三年內應給蒲灘津貼代賦銀兩全得歸款仍俟
道光十五年以後即遵照大學士長齡原議商人永遠代賦
津貼等情具詳請奏前來臣查州縣各官養廉屢奉諭旨不
准多有攤扣近年晉省辦理解運甘肅駝隻修理省會城垣
並供支兵差等項捐款較增若再加添此項在巡撫養廉優
厚不難分年勻攤而在該道府廳縣祿入無幾恐致辦公竭
蹶且禁止蒲灘私曬大利於商似未便因有利於商轉令失
業之人仰給於官大學士長齡所議以商力之有餘濟小民
之生計實爲至當不易之理惟據稱商力尚未復元三年以
內銀兩亦未便遽令商捐現據該商人等稟請在銷價生息
銀項下提出銀三萬兩生息歸補僅止稍緩時日於公項仍
歸有著商民兩有裨益查河東道庫現存銷價生息銀四萬

七千餘兩每年尙有應收息銀一萬五千兩足敷動用無慮支絀合無仰懇聖恩俯准將津貼蒲灘貧民自道光十二年起至十四年止每年應給銀九千一百五十兩零總計三年共應給銀二萬七千四百五十二兩零又每年代完灘地錢糧銀五百四十三兩零總計三年共應代完錢糧銀一千六百二十九兩零先在商捐銷價生息閒款內按年借動仍請在前項銷價生息內另行提出銀三萬兩發商按月一分生息計至八年連閏可得息銀二萬九千餘兩足敷歸還津貼代賦借動原款俟原款補足即將所發本銀三萬兩提回貯庫至前撫臣阿勒清阿議令捐廉歸補並飭司籌款補足地丁之處均無庸議又片奏臣由川來晉路經南北兩灘彌望閒田皆屬斥鹵內有大小土堆累累相間詢之沿途居民及該管各官復密行察訪僉稱自上年查禁以後近灘各村不敢開畦私曬所有新掃鹽土均經拋撒現在土堆從前俱已淋過鹽鹵實不能再曬等語查該處地勢遼闊產鹽必多自不准居民曬賣以致商運滯銷如挪引分辦則該處地濱黃河界連陝豫私販易於偷漏卽添官設廠亦屬防範難周臣體察情形自禁止私曬後官鹽已漸暢銷卽灘民亦獲有津貼銀兩生計不致拮据立法貴乎因時似無逾於此者惟人情趨利若鶩貪得無厭始爲有津貼以安其生久之雖津貼不能盈其欲須防其故智復萌更恐商夥人數衆多其中或有牟利作奸之輩藉官夾私因而勾串灘民乘間曬賣從

來有治人無治法臣現飭該管地方文武各官並委員等嚴密稽查稍有前項情弊無難立時破案儻該管員弁及巡查兵役營私包庇一併嚴行參辦並請嗣後每值撫臣查閱營伍暨盤覈河東運庫之時順道親往查察如日久弊生卽隨時具奏以昭覈實十一月三十日奉上諭尹濟源奏酌議蒲灘津貼銀兩籌款生息歸補一摺前據阿勒清阿奏請將津貼蒲灘貧民三年銀兩借款動放捐廉歸補並飭司籌款補足地丁原額當降旨著尹濟源妥議具奏茲據奏稱蒲灘禁止私曬官引暢銷商綱受益自應以商力之有餘濟小民之生計惟三年內商力未復亦未便遽令商捐請在河東道庫銷價生息項下暫行借動提款生息歸補著照所請准將津貼蒲灘貧民自道光十二年起至十四年止每年應給銀九千一百五十兩總計三年共銀二萬七千四百五十二兩零又每年代完灘地錢糧銀五百四十三兩零共銀一千六百二十九兩零先在商捐銷價生息開款內按年一借動並於前項銷價生息內另行提出銀三萬兩發商按月一分生息計至八年連閏應得息銀二萬九千餘兩歸足津貼代賦借動原款卽將所發本銀三萬兩提回貯庫又據另片奏灘民獲有津貼銀兩生計不致拮据恐閱時既久故智復萌且商夥人數衆多或有作奸牟利之徒藉官挾私勾串灘民乘間曬賣誠不可不防其漸著該撫嚴飭該管文武各官並委員等嚴密稽查如有前項情弊卽時破案儻該管員弁及巡查兵

役營私包庇一併嚴行參辦毋稍姑容並著嗣後該省巡撫查閱營伍及盤騐河東道庫順道親往查察如日久弊生立即隨時具奏實力整頓不得視爲具文

咸豐二年申蒲灘及吉蘭泰蒲城灘私鹽之禁

欽差侍郎王慶雲等奏言鹽務關鍵重在緝私私不緝即票鹽不可得而行也臣等將河東引地私鹽來路博訪通籌緣晉省土多雜鹻省北一帶刮土煎鹽向不藉河東鹽爲民食省南例銷河東鹽之處間有貧民刮鹻煎食並不興販自毋庸另立科條其山西之引地與蘆交界河南引地與兩淮交界陜西引地與花馬池交界從前河東本重價昂民間食私容或不能盡禁今成本減輕商買圖利自必價平鹽淨若再任聽鄰私侵越則地方官查禁不力之咎更無可逭然臣等查河東私鹽患在肘腋者尤莫甚於蒲灘而吉蘭泰與蒲城灘次之蒲灘在蒲州城外南北二段舊係河灘陞科後因鹵氣日盛荒廢不耕失業貧民因而私曬經河東商人呈請代完糧賦禁止曬鹽又兩次按畝津貼銀一萬三千一百餘兩歷年由永濟縣散給原於禁止私鹽之中寓體恤貧民之意茲臣王慶雲臣聯英於運城查辦事畢後會同臣兆那蘇圖馳赴蒲州連日周歷二灘勘得該處長約百里廣自數里至十數里不等東逼中條山麓尚有熟田西臨黃河地皆蕪廢其鹵氣最厚者南則夏陽獨頭

常旺等村北則十里店韓家營鹼莊等村其餘多係熬鹼而不能曬鹽之地並訪知二灘私曬必先期掃鹼成堆下開池口淋鹵入池烈日蒸曬始成鹽花隨公同察看荒地之中土堆池面形迹尚存詢據各村者老鄉約僉供近日實無私曬此語殊難憑信斷不可不嚴申禁令應由臣兆那蘇圖嚴飭蒲州府及蒲州協督率文武員弁嚴切稽查遇有私曬立拏究辦其土堆池口無論新舊勒限一律剷平並責成永濟縣於散放津貼時查口無私曬方准給銀先期親諭各村民出具連環保結一家私曬將鬮村津貼之銀全停散給仍不時密查該守令將弁等如有因循諱匿情弊立予參處至吉蘭泰鹽產自口外例准接濟省北土鹽之不足不得用大船木筏順流直下臣等思大河溜若建瓴疾於奔馬即設巡船勢亦不能禁遏莫若於上游發運之處嚴爲禁止令仍遵舊例由陸運入邊輸稅至貨船不免夾帶晉省黃河對岸即與秦豫分界必須三省不分畛域遇私鹽停泊售賣實力查拏且吉鹽顆大色紅易於辨識務期杜偷漏而防侵灌又訪得蒲城灘及鹵泊池地屬陝省私鹽出沒並秦豫與鄰省交界各處時有售私應請旨飭下陝西河南各撫臣會同臣兆那蘇圖妥議章程和衷共濟督飭各所屬文武員弁乘此新章認眞查禁遇有破獲即予按律究辦以仰副聖主整頓鹺綱之至意

按咸豐四年部覆免商案内有開曬蒲灘之議嗣以弊多利少仍舊封禁

清鹽法志卷八十六終

清鹽法志卷八十七　河東十四

職官門

昔人謂鹽利之不可興由於鹽吏之不可罷獨河東自乾隆時課歸地丁將鹽政運司運同大使等官一律裁撤鹽吏罷矣而其究也無課之鹽以鄰爲壑東侵蘆岸南灌淮綱西北蒙土各鹽又抵隙蹈瑕以乘其後官私混淆弊至不可究詰嘉慶年間不得已而復商乃仍以巡撫兼管鹽政廢運司而設鹽法道廢運同而設監掣同知三場大使皆復其職則意者鹽利之興固自有道而鹽吏亦有不可盡罷者歟至吉鹽引地舊設鹽官其後吉引停廢官亦裁撤因地屬省北當別爲篇茲不贅述志職官

鹽政

山西巡撫兼會辦鹽政大臣一員

順治初差河東巡鹽御史一員

康熙七年滿漢御史各差一員十一年後不分滿漢只差一員

雍正元年裁巡鹽御史以川陝總督兼之

雍正三年命復鹽政以西安布政使兼管

雍正四年以西安按察使兼管鹽政八年西安按察使升授西安布政使仍帶管焉

雍正十三年專設鹽政駐節河東

乾隆四十三年諭向來河東鹽政與山西巡撫因各有專司未免意存畛域於辦理鹽務每多掣肘即如近日查覆舉報更換疲商一事屢經部駮該撫等覆奏意見始能劃一此即其

明徵也河東鹽政事務本簡非兩淮長蘆可比況直省中如浙江福建兩廣俱係督撫兼理鹽政較爲妥協河東鹽政竟不如令山西巡撫兼管琫齡現在丁憂其員缺毋庸另行簡放河東鹽政即著該撫巴延三兼管至一切鹽務原有運使籌辦令得該撫統轄俾事權歸一呼應更靈於商民均屬有益並著爲令

乾隆五十七年議准河東課歸地丁撤去運商鹽聽民運原設鹽政各官已無專司之事所有鹽政運使運同經歷知事庫大使中東西三場大使概行裁汰鹽政印信係山西巡撫兼管自本年十月始題本文案蓋用巡撫關防先將鹽政印信繳銷餘俟十月奏銷後一切印記概行繳銷

嘉慶十一年潞鹽復歸商運仍以巡撫兼管鹽政由部另頒鹽
政印信兼管吉蘭泰鹽務
宣統二年以山西巡撫爲會辦鹽政大臣

鹽道

河東道兼管山西陝西河南鹽法道一員
清初因明制設河東陝西都轉鹽運使司運使
順治五年議准山西鹽法道歸鹽運司兼管
乾隆五十七年議准課歸地丁運司裁汰以河東道移駐運城
嘉慶十一年鹽務復歸商運以河東道兼管山西陝西河南鹽
法

監掣同知

監掣同知一員

清初設運同運副運判各一員

康熙十六年裁運同運副運判各一員

康熙二十四年復設運判一員分理渠堰盜販

雍正二年改運判爲運同

乾隆十三年題定運同有禁門監掣之責

乾隆五十七年課歸地丁運同裁汰

嘉慶十一年奏准鹽務改歸商運將甯武府同知一缺裁汰改爲河東監掣同知仍駐運城鹽政同興奏言河東向設運同一員駐劄運城地方專司監掣並兼管渠堰盜販等事責任綦重今既改歸商運應須復設第現在既不增設運司自不便復設運同臣與司道商酌查甯武府同知一缺職事甚簡應行裁汰改爲河東監掣同知仍駐運城地方廉俸役食等項均照同知之例支給毋庸另

籌如或不敷辦公俟一二年後再行酌定該同知原管鹽捕事宜併歸甯武府經管不致貽誤查現任同知舒興阿未諳鹽務應撤回省城遇有相當缺出再行題補等語查河東既不增設運司自不便復設運同但監掣鹽販等事責任綦重自不可無專員管理今據該撫奏稱將甯武府同知一缺改爲河東監掣同知仍駐運城地方其同知原管鹽捕事宜併歸甯武府經管現任同知舒興阿未諳鹽務撤回另補等因應如該撫所奏甯武府同知一缺准其改爲河東監掣同知定爲繁難要缺在外題補專司監掣並兼管渠堰盜販等事至現任甯武府同知舒興阿既於鹽務未諳應令撤回該省遇有相當缺出酌量題補

大使

河東鹽經歷兼批驗大使一員

乾隆五十七年裁缺嘉慶十二年復設兼管知事

道光六年覆准河東鹽經歷改令兼管批驗所大使事務移紮河南陝州會興鎮

戶部議覆山西撫臣邱樹棠疏請將河東鹽經歷移駐會興鎮一摺疏稱臣等伏查河南省洛陽等三十二州縣向係行銷河東引鹽嘉慶二十四年前撫臣成格以該處道遠運艱疏請改爲商運民銷經

部覆准嗣據將運銷事宜並設立委員稽查章程咨覆亦經部核准在案今據該撫疏稱晉省商人運鹽至河南陝州之會興鎮聽民販轉運分銷向來雖有委員駐紮該處給發照票但民販多寡靡常委員並無額設書役所帶跟役一二人不但稽查難周即按名書寫實非倉猝可就以致有未領照票即運鹽往豫者且有銷售鹽斤總未繳票者辦理未免參差請將鹽經歷改爲兼管批驗所大使事務移駐會興鎮地方彈壓稽查給發民票鹽經歷衙門本有額設書役足供役使其廉俸及書役工食仍照鹽經歷衙門支領等語臣等伏思豫省行銷河東引鹽統由商人運至陝州會興鎮地方轉發民販赴各州縣售賣其給票銷票並彈壓稽查等事在均關緊要向因委員經理並無額設書役以致辦理一切未能周妥茲該撫請以鹽經歷兼管批驗所大使移駐會興鎮管理鹽務並據聲明鹽經歷本係繁缺今改兼管批驗所大使仍定爲繁缺在於晉省候補試用鹽經歷鹽大使及現任州判府經歷縣丞內擇其才能勝任者揀選題補各等因應如該撫所奏辦理此後稽查鹽務應即責成該經歷將某月給票若干銷票若干共運鹽若干按季分晰申報鹽道於年終彙冊詳咨送部查核如該民販等再有不領照票輒將鹽斤運售並銷鹽後逾限不繳原票者即行查拏分別懲治並將專管之員嚴參議處奉旨依議道光五年撫臣福緜咨請給發民販照票經部覆准查該撫　咨稱豫省陝州之會興

鎮設有公所五處請於發鹽時由公所向現駐該鎮之批驗大使請給民販照票定以雙連式樣在騎縫處蓋用該大使
印信一給民販收執一存批驗衙門備查於票式內塡寫民販姓氏買鹽裝數並註明在洛陽三十二州縣境內融銷字
樣等語其事尙屬可行應如所咨辦理至所稱民販未繳之票如逾限未繳卽作爲廢紙一層查民販所領之票前據該
撫酌定十引以上者限三箇月繳銷一名以上者限六箇月繳銷經本部核准咨覆並令各該民販於鹽斤銷竣後將鹽
斤在某州縣銷售註明票內呈繳委員查銷儻有逾限及透漏侵越等情卽令該委員詳請行文該州縣查辦業經纂入
則例永遠遵行若如該撫此次咨稱民販未繳之票如逾半年以上卽作爲廢紙無庸照數繳銷是該民人等所販鹽斤
運赴何州何縣銷售之處從此無可稽查勢必侵灌鄰綱致滋影射行私之弊所議斷難准行應令該撫仍遵前定章程
辦理又據稱照票既歸批驗事管應請卽用該員印信塡給以歸簡易而專責成又册稱現行引張不便再議截角應於
該腳戶所執連環小票上蓋用該大使某月某日驗放扒記按月造報河東道衙門查核又册稱鹽色或有高低官秤稍
有大小民販必致紛紛爭論請嗣後各商所運鹽斤於會興鎮渡口上岸時著落批驗大使按引抽驗如鹽色低潮查訊
該腳戶因何低潮之故按例究辦並各店官秤先行較準不得絲毫高下儻鹽色官秤一有弊端惟該批驗是問又據册

稱鹽經歷兼管批驗大使所有辦公衙署應照運城三場大使租賃民房之式在該鎮附近賃房居住以昭劃一各等語均應如所咨辦理又據文册內稱從前經歷衙門部頒印信係河東鹽法經歷兼管知事字樣今既移駐會興鎮應請咨部改鑄河東鹽經歷兼管批驗所大使字樣仍申明照從七品品級陞轉以符體制所有原頒印信仍俟部頒到日卽行繳銷等語應咨吏部禮部分別查辦

道庫大使一員 駐箚運城乾隆五十七年裁缺嘉慶十二年復設兼管運阜運儲二倉

中場大使一員 乾隆五十七年裁缺嘉慶十二年復設駐箚運城管理界內池畦啟閉禁門配鹽出場兼管運城過載各鹽店

東場大使一員 乾隆五十七年裁缺嘉慶十二年復設駐箚運城管理界內池畦啟閉禁門配鹽出場兼管安邑過載各鹽店

西場大使一員 乾隆五十七年裁缺嘉慶十二年復設駐箚運城管理界內池畦啟閉禁門配鹽出場兼管解州過載各鹽店

州判

解州州判一員 舊制安邑縣典史駐防運城雍正七年典史移歸縣城改設運城司巡檢一員乾隆二十七年鹽政薩哈岱以歲修渠工須有司官督率奏明裁汰運城司巡檢以解州州判移駐運城

運學

運學教授一員訓導一員 乾隆五十七年裁缺嘉慶十三年復設將安邑縣訓導移駐運城專司督課祀事

巡檢

鹽池司巡檢一員 駐箚解州屬境之常平村專司禁垣以外事宜由南禁牆池字鋪起至西禁門止梭巡踰垣偷私越池採薪等弊

聖惠司巡檢一員 駐箚大池外東北安邑縣屬之聖惠鎮一名廟子村距運城二十里專管東禁牆外惠字一十二鋪地方偷漏私鹽爬越禁牆事宜

長樂司巡檢一員駐箚大池外西北解州屬境之三十鋪村距運城三十里專管西禁牆外樂字一十二鋪地方爬垣偸私越牆砍薪等事

乾隆二十九年奏准三巡檢係督率弓兵專司巡緝私鹽之員照兩淮鹽務巡檢之例凡遇大計以及俸滿均聽運司考核

乾隆五十七年議准課歸地丁大使議裁令鹽池司管中場長樂司管西場聖惠司管東場其三禁門亦歸三巡檢就近兼管凡遇大計俸滿歸河東道考核

嘉慶十二年復設場員仍令三巡檢專管巡牆緝私之責

運城營由雍正十年改爲都司專營以逮道光年間原設都司一員外委把總二員咸豐十一年山西巡撫英桂通籌全省營制移兵移餉擇要分駐摺内聲稱運城爲鹽課重地請改添官兵以資守禦奉部議覆准裁都司一缺改設遊擊一員添設守備一員把總一員自同治元年始由藩庫支給養廉銀兩計遊擊一員守備一員

把總一員　新設把總二員　原額兵九十六員名
內外委把總二員　一分駐安邑縣　一分駐北相縣　員　存營
額外外委一員　馬戰兵六名　步戰兵十四名　守兵
七十三名　同治元年添兵四百七十員名　內額外外
委五員　馬戰兵三十二名　步戰兵一百名　守兵三
百三十名　通共運城營兵五百六十六名　原設官馬
十一匹　內把總例馬二匹　外委額外並馬兵騎操馬九匹
添設官馬四十九匹　內遊擊例馬六匹　守備例馬四匹　把
總例馬二匹　額外並馬
兵騎操馬三十七匹

河東鹽務局所

統計處科員三員　幕友一員　書記二
員　鹽法研究所學長一員　學員二十
名　隘口批驗局正委一員　副委一員　會興鎮督銷
局正委一員　三河批驗局正委一員　副委一員　夾
馬口驗放局正委一員
下馬口驗放局正委一員

清鹽法志卷八十七終

經費門

職官有廉俸員司有薪水勇有餉吏役有工食皆所以勵廉隅資養贍也河東鹽務各官署局所應支經費胥視事之繁簡位之高卑而釐定之歲有常額以爲經制是不可以無紀志經費

會辦鹽政大臣巡撫兼任除例無廉俸公費外紙硃銀四百兩新春修理執事銀一百二十兩書吏十八名飯食銀一百四十四兩又書吏廩給銀九百六十兩稿房犒賞銀一十二兩皁隸八名工食銀八十六兩四錢班頭二名工食銀一十六兩上號吏四名工食銀二十一兩六錢快手四名工食銀二十八兩八錢

河東鹽法道俸銀一百五兩養廉銀四千兩公費銀一萬兩在藩庫動支紙硃銀二百兩六房書吏四十二名歲共支飯食銀三百七十二兩八錢又六房紙價銀八十兩總收支三房書吏三十名廩工歲共支飯食銀

四百一十八兩二錢七分五釐庫吏油紙並提塘工食等歲共支銀三百一十八兩八錢五分庫吏一名飯食銀五十兩庫書七名共飯食銀七十兩兵房書吏四名共支衣廩銀一十兩七錢二分五釐禁子四名刑具工食銀三十六兩八錢看庫更夫二名工食銀一十二兩又更夫冬衣油燭煤火飯食銀八十兩巡庫兵丁二名工食銀一十五兩引庫子四名工食銀二十四兩鐘鼓夫二名工食銀一十二兩四城門門兵四十四名工食銀二百六十四兩上號吏三名工食銀一十二兩快手十二名工食銀七十二兩皂隸十二名工食銀七十二兩

監掣同知俸銀八十兩養廉銀一千二百兩公費銀六千兩俸在雜課項下鹽引公費項下分別動支加增養廉銀八百兩在銷價生息項下動支紙硃銀五十兩書吏紙張銀四十兩書吏犒賞飯食銀一百八十六兩四錢又快手八名工食銀四十八兩皂隸十二名工食銀七十二兩門子三名工食銀一十二兩傘扇轎夫七名工食銀四十二兩

批驗鹽經歷俸銀四十五兩養廉銀三百兩在雜課項下動支公費銀一千兩在鹽引公費項下動支津貼三百二十一兩六錢在三省打帖項下動支書吏一名飯食銀十二兩又門子一名工食銀六兩皂隸六名工

食銀三十六兩籠馬夫二名工食銀一十二兩

庫大使俸銀四十兩養廉銀三百兩在雜課項下動支公費銀八百兩在鹽引公費項下支書吏一名飯食銀十二兩又皁隸二名工食銀一十二兩

中場大使俸銀四十兩養廉銀三百兩在雜課項下動支公費銀四百兩在鹽引公費項下動支書吏扒書槍手共工食銀二百兩又皁隸二名工食銀一十二兩斗級十五名工食銀九十兩

東場大使俸銀四十兩養廉銀三百兩在雜課項下動支公費銀六百兩在鹽引公費項下動支書吏扒書槍手共工食銀二百兩又皁隸二名工食銀一十二兩斗級十七名工食銀一百二兩

西場大使俸銀四十兩養廉銀三百兩在雜課項下動支公費銀四百兩在鹽引公費項下動支書吏扒書槍手共工食銀二百兩又皁隸二名工食銀一十二兩斗級十七名工食銀一百二兩

三場池內巡役四十六名工食銀六百九十兩此款在安邑縣額編項下支銀一百三十八兩其餘五百五十二兩仍歸公務內支給

解州州判俸銀四十五兩養廉銀三百兩在運庫動支

運學俸銀四十兩養廉銀一百兩在安邑縣額編項下動支學書一名飯食銀十二兩禮生八名養膳銀九十六兩又齋夫三名工食銀一十八兩膳夫二名工食銀一十三兩三錢三分三釐門斗三名工食銀一十八兩

鹽池司巡檢俸銀三十一兩五錢二分養廉銀二百五十兩在雜課項下動支公費銀二百四十兩在十鹽引公費項下動支書吏一名飯食銀十二兩又弓兵二十名工食銀三百兩皁隸二名工食銀一十二兩

聖惠司巡檢俸銀三十一兩五錢二分養廉銀二百五十兩在雜課項下動支公費銀二百四十兩在十鹽引公費項下動支書吏一名飯食銀十二兩又弓兵二十名工食銀三百兩皁隸二名工食銀一十二兩

長樂司巡檢俸銀三十一兩五錢二分養廉銀二百五十兩在雜課項下動支公費銀二百四十兩在十鹽引公費項下動支書吏一名飯食銀十二兩又弓兵二十名工食銀三百兩皁隸二名工食銀一十二兩

三巡檢商役六十名工食銀一千七百二十八兩此款於嘉慶十三年經河東道劉大觀詳定照乾隆四十九年舊制添設商役六十名其工食在銷價生息內支給

運城營　游擊俸銀二百三十一兩三錢三分六釐養廉銀四百兩守備俸銀九十兩六錢九分六釐養廉銀二百兩原設把總一員俸銀三十六兩養廉銀九十兩新設把總一員俸銀三十六兩養廉銀九十兩原設外委把總二員每員養廉銀十八兩原設添設經制六員歲計支養廉銀八百一十六兩均在藩庫動支又原設官兵馬四俸餉草乾歲需銀一千四百三十九兩四錢折色米銀一百三十二兩六錢八分二釐俱在藩庫動支添設官兵馬四並馬兵騎操馬歲需官俸銀三百五十八兩三分二釐兵餉銀六千六百八十七兩折色米銀一千五百二十二兩八錢草豆折乾銀四百九十九兩二錢一分二釐

統計處　科員三員歲薪銀七百二十兩幕友一員歲薪銀四百八十兩書記二員歲薪銀一百九十二兩書役七名工食銀二百九十六兩雜費銀七十二兩

鹽法研究所　學長一員歲薪銀二百四十兩學員二十名歲薪銀七百二十兩雜項費銀二百兩

隘口批驗局　正委一員歲薪銀二百四十兩副委一員歲薪銀一百九十二兩書役九名工食銀三百二十四兩雜費銀一百七十七兩二錢

會興鎮督銷局 正委一員歲薪銀二百四十兩書役二名工食銀三十三兩六錢雜費銀二百四十兩

三河口批驗局 正委一員歲薪銀二百四十兩副委一員歲薪銀一百九十二兩書役十一名工食銀三百八十五兩四錢四分雜費銀二百一十七兩一錢二分

夾馬口驗放局 正委一員歲薪銀二百四十兩書役五名工食銀一百八十兩雜費銀三十八兩

下馬口驗放局 正委一員歲薪銀二百四十兩書役六名工食銀二百一十六兩雜費銀二百七十八兩

陵川緝私 委員一員歲薪銀二百四十兩馬乾雜費銀一百八兩書識一名步勇二十名餉項銀七百六十五兩二錢四分

三門緝私 委員一員歲薪銀九十六兩馬乾雜費銀七十八兩步勇十名餉項銀三百六十四兩六錢二分

硝池灘緝私委員一員歲薪銀二百四十兩馬乾雜費銀二十四兩局役二名餉項銀七十兩八錢

五姓湖緝私委員一員歲薪銀二百四十兩馬乾雜費銀五十七兩二錢局役二名餉項銀四十九兩五錢六分

蒲灘緝私委員一員歲薪銀三百六十兩馬乾雜費銀六十兩步勇八名餉項銀二百八十二兩二錢

中東場緝私委員一員歲薪銀二百四十兩馬乾雜費銀一百五十七兩五錢馬勇二名步勇二十八名餉項銀一千一百七十八兩八錢五分

中西場緝私委員一員歲薪銀二百四十兩馬乾雜費銀一百四十一兩九錢馬勇二名步勇二十名餉項銀八百八十五兩四分

巡查禁牆委員三員歲薪銀七百二十兩

韓郃緝私委員一員歲薪銀二百四十兩馬乾雜費銀一百七十八兩馬勇二名步勇二十名餉項銀九百二十五兩七錢二分

同耀緝私 委員一員歲薪銀二百四十兩馬乾雜費銀一百九十二兩馬勇二名步勇二十名餉項銀九百二十五兩七錢二分

西乾緝私 委員一員歲薪銀二百四十兩馬乾雜項銀一百七十八兩二錢步勇二十名餉項銀七百六十五兩二錢四分

蒲富緝私 委員一員歲薪銀二百四十兩馬乾雜費銀二百三十一兩九錢馬勇二名步勇三十名餉項銀一千二百九十兩三錢四分

臨渭緝私 委員一員歲薪銀二百四十兩馬乾雜費銀二百六兩步勇二十名餉項銀七百六十五兩錢四分

鞏孟緝私 委員一員歲薪銀二百八十八兩馬乾雜費銀一百二十二兩步勇十四名餉項銀五百五十二兩八錢四分

襄葉緝私 委員一員歲薪銀三百六十兩馬乾雜費銀二百五十二兩馬勇二名步勇七十名餉項銀二

千七百八十兩八錢八分

裕州緝私 委員一員歲薪銀二百四十兩馬乾雜費銀一百七十五兩一錢二分

運安鹽營 中哨正一員歲薪銀一百四十四兩中哨副一員歲薪銀一百二十兩馬乾雜費銀一百一十一五兩書識一名馬勇六名步勇四十名共餉項銀二千三百八十九兩七錢二分左哨一員歲薪銀一百四十四兩馬乾雜費銀一四十八兩書識一名馬勇四名步勇三十六名共餉項銀一千八百八十八兩六錢四分右哨一員歲薪銀一百四十四兩馬乾雜費銀一四十八兩書識一名馬勇四名步勇三十六名共餉項銀一千八百八十八兩六錢四分差弁一員歲薪銀一百四十四兩

鹽捕營 管帶一員歲薪銀一千二百兩馬乾雜費銀一千三百八十二兩四錢幫帶一員歲薪銀六百兩一文案一員歲薪銀一百九十二兩教習二員歲薪銀三百八十四兩哨官三員哨長五員歲薪銀一千四百四十兩哨書四名歲薪銀一百九十二兩號令洋槍匠護兵二十六名共餉項銀一千六兩牌長什長正兵五百名共餉項銀一千七百八十五兩

運皁倉 倉書斗級工食銀九兩此款向在蘆葦變價項下支給嗣因蘆葦銀兩部議除免復商章程內改將此款在公務內支銷

清鹽法志卷八十八終

建置門

池牆渠堰

鹽產於池池繚以牆所以防盜竊走私者至嚴也顧池形最低一遇大雨時行山水暴注往往破垣灌池池受客水即鹽花不生防水之道在乎導之使外洩而除之使不內灌故渠堰之工其尤要矣志池牆渠堰

禁垣 環池四面周圍以牆名曰禁垣所以禦盜賊而資保障也唐司空輿言壕籬者鹽池之隄禁此卽禁垣之意宋募兵百人目爲護寶都以巡邏之後瀕池設有攔馬短牆十立環合寬廣規池而有加分東西二門以便出入明成化十年御史王臣首承代巡之命經理解池塞東西二門另闢中門以總出入又於馬牆之外築禁垣一池週計長一萬七千四百二十二丈高低隨乎地勢東西南北其制不一大率高以一丈並一丈三尺爲度其厚八尺及丈有三尺漸次而上頂

厚六尺八尺不等禁垣之外有馬道以便往來馬道之外有隍塹以蓄野水深闊皆丈垣內外又置鋪舍以居邏卒經理頗爲周詳工未完竣次年御史袁楨繼之畢其續仍間有援而入者十二年御史陳鼎崇之至二丈一尺二十一年御史吳珍請仍開東西二門合中門共稱禁門者三中禁門與運城相對名曰祐寶東禁門距安邑五里名曰育寶西禁門距解州十里名曰成寶三場出入各從其便正德十二年御史熊蘭大修禁垣齊其高厚嘉靖十五年雨霖水漲傾圮甚多御史沈鐸築復完好萬歷四十年御史楊師程以池工例責堰戶法久弊生推委偷安革堰戶之名檄行值修州縣集議將禁垣同渠堰等工丈量分界永遵責成並資民力以供繕修順治六年因畦歸商種鹽丁無所効用先後汰存四千名專任修垣之役遂可不勞民力雍正五年鹽政塞欽請將鹽丁修築之役一併除豁禁垣由是動帑興修乾隆二年定制垣高一丈六尺基厚六尺頂厚二尺

姚暹渠　池之北有渠曰姚暹卽古之永豐渠也後魏正始二年都水校尉元清所開以引治東南諸水西入黃河隋大業間都水監姚暹重開民賴其利因號焉渠源出夏縣王峪口引史家峪諸水合流而東自東而北又合巫咸谷水折而西流以入姚暹渠舊制渠自朱呂橋起今於夏縣之五里橋下加長七百五十二丈始爲朱呂橋橋北六百八十六

丈爲毛家橋又北五百二十二丈五尺爲營裏橋稍北轉迤而西一百八十六丈五尺爲高家堰橋又西五百八十四丈九尺爲魯因大橋過魯因大橋一百八十五丈爲魯因小橋又西五百四十丈爲裴介橋又西一五百七十六丈九尺爲夏縣西界以上爲橋八處共渠長四千零三十三丈八尺計里二十二里四分再入安邑東界五百五十三丈爲苦池橋有苦水河自東北來會又西四百九十五丈有張孝橋又西八百九十三丈五尺爲房子橋又西八百九丈爲通惠橋又西三百三十六丈爲北門橋即安邑縣北郭門也渠昔經安邑縣城中明隆慶三年御史郜永春大議開濬恐薄城不利乃於城東塡塞舊河百餘步改迤而北作通惠橋於上遶北郭門而西即今之渠道是也北門橋西舊有龍王廟渠身灣曲上流湍急至此每有阻潰乾隆二十七年鹽政薩哈岱請買民地二十八畝改直渠身俾得暢流自北門橋起至劉家新橋止又計長一千二百二十丈橋西六百零二丈爲迎渠橋即運治北門也又西四百六十五丈爲馮村橋又西五百二十二丈五尺爲三里橋又西六百九十二丈五尺爲安邑西界以上爲橋九處共渠長六千五百八十五丈五尺計里三十六里六分再入州境一百七十丈爲莊頭橋又西九百五十七丈爲張耿橋渠南即長樂灘也此下多灘地又西一千丈爲龍居橋又西六百六十七丈五尺爲橋頭橋又西七百零三丈五尺爲羅义橋又西三百七十二丈爲赤社橋又西六

百六十四丈爲侯村橋又西三百三十四丈五尺爲西王小橋又西八百五十一丈爲辛莊橋又西五百丈乃解州西界也以上爲橋九處共渠長六千二百一十九丈五尺計里三十四里五分再自虞鄉縣東界起四百五十丈五尺爲曾家營橋又西九百四十二丈爲關家莊橋又西六百一十五丈五尺爲石橋又西九百四十七丈爲土橋又西四百八十一丈爲棗圪塔橋又西九百三十六丈爲常起營橋渠南郎鴨子池也又西五百四十七丈爲平壕橋又西三百五十丈爲孫常橋橋下稍南再迤而西九百丈爲郭李橋又七百丈則入五姓湖以達黃河矣以上虞鄉縣治爲橋九處共渠長六千八百六十九丈計里三十八里二分通計一百三十一里有奇前志載渠長二萬二千四百丈孫常橋下郎入五姓湖嗣因渠尾逐漸淤塞水流不能前進乾隆十一年九等年商捐大修渠尾加長二十七年改直渠身丈尺有減今實計工長二萬三千七百零七丈八尺按年報部估修二十六年鹽政薩哈岱於奏請借帑大修案內聲明每年秋冬農隙之時挑挖姚暹渠淤澱令地方官傳集南北兩岸民夫給予半價以渠隄南護池北護田也二十八年鹽政李質穎以借民力處應故事轉於工程有礙請以三年輪修之項雇夫疏濬而給全價歲爲挑淤嗣因渠水沖刷隄身必俟三年輪修不能保無潰決三十二年復請嗣後渠隄如有已在保固之外又未居輪修年分沖刷單薄難資防禦者照挑淤例一併估

報興修所需銀兩統於額設輪修五千兩之內報銷四十三年巡撫兼鹽政巴延三於奏明河渠各工定爲歲修案內檄行運司河東道會議涑水河工程原有一成例其姚暹渠工程除輪修之年已有額設銀五千兩尙可一律挑修無庸置議如非輪修年分夏秋之間遇有隄身沖決渠底淤澱急工仍令專管工程之運同動用額設銀兩卽行搶修照例報部其於淤澱處所經費無出者於農隙之時委員勘明責令坐商雇夫一體挑濬所挖之土培補南堰應需工費在於額餘畦錠內遵照向例公攤毋庸報部至民修北堰令地方官於每年冬季查勘沖汕之處督率居民各照地界修築整齊在各商一所費無幾得免大修之派而渠底可以年年深通隄身亦得一律完好於鹽池商力廬舍民田咸有裨益五十七年課歸地丁運同裁缺由河東道委員會同各州縣照章歲修嘉慶十二年復商後運同一缺改設監掣同知道光三年撫臣邱樹棠奏報大修姚暹渠李綽堰工竣案內聲明姚暹渠受諸山之水最易淤澱嗣後應請歲爲經理每年農隙水涸之時責成監掣同知詳細履勘飭令運商雇夫挑濬所需工費卽令各商公攤完工後具報河東道驗收詳院以昭愼重奉旨允准咸豐三年運銷捐免改歸坐商捐修光緒九年以後改爲遇有淤毀隨時詳估辦理

涑水河 河在姚暹渠之北發源於絳縣與姚暹渠同受東南諸山之水以西達於黃河者也地勢北高南下每遇

夏秋霪雨泛漲涑水南趨姚暹渠當其下游勢必沖決渠隄合流爲一是以歷年挑挖姚渠之時俱議與民挑涑水河同時興工俾雨水各循故道以免奔流合注之患乾隆四十一年巡撫巴延三鹽政瑺齡會同查辦請於農隙之時所有應挑姚暹渠工令商人按例借動庫項大加挑挖務將通五姓湖之路開濬寬深俾得暢流無滯其涑水河應濬之處飭令各該地方官齊集民夫一體辦理四十三年巡撫巴延三兼管鹽政後復經奏明河渠各工歲爲經理檄行運司河東道會議每年各於農隙之時查照議定章程一併歲修道光三年巡撫邱樹棠奏報渠堰工竣善後章程案內聲稱涑水河現已嗣一律挑濬不特於鹽池有益即各該處民田廬舍亦資保障後亦應照姚暹渠歲修章程責成各該縣每年於農隙之時勸用民力隨時修濬

以期永遠通暢奉旨允行

護池各堰以池東言之極東則有白沙堰以防白沙河之暴漲並堵蓮花橫洛禹王城一帶泉渠之水向築土堰最易沖潰乾隆二十七年鹽政薩哈岱請改建石塘永資保障計長一千零九十二丈所謂李綽堰之外藩也李綽堰者起王峪口而下接姚隄築自宋解令李綽堰因名焉計長二千五百五十六丈內有小堰又計長一百一十丈在昔水勢湍悍多築月堰以爲重固今則惟有峪口尚抱三重迤東轉北以防中條山谷之聚流且以防白沙之潰決豬苦河而

入姚渠決則淹沒東郭並注東禁矣西而近山爲東郭鎮後有堰曰雷鳴計長二十三丈東西橫亙以防山中之暴漲鎮決則直走黑龍西灘而池東受其患下此則有白家堰計長二百五十七丈五尺與雷鳴東堰緊接逼水北流最爲扼要鎮前有堰曰黑龍計長一千三百九十二丈南北直延起東郭抵任村稍曲迤西終於楊家莊堰之東西各有灘以受南來磨兒盤窰子溝介村等處山泉野水西有黑龍潭深不可測堰亙灘中以分其勢並以防李綽堰之潰決若近池之堰曰東禁計長一千二百零五丈道光三年另買民田添築橫石堰一道名曰迎水燕尾堰長一百丈以池西言之西近州城有根山之堰曰五龍長八百三十五丈又有小堰長五十三丈五尺南起五龍峪口北抵百崇甯宮之西峪深邃難測上納山中五溝之水故曰五龍峪一遇暴雨施行五溝之水競從峪口而出淚奔人立濤激雷鳴皆遶州城南行郭門折而過東郭門之宿於城東北之諸灘恐其有患於西禁垣也故設以逼歸使達於城西北之硝池灘硝池灘小而易盈故又築堰硝池堰以障之堰以硝池之東之廣狹爲起止長七百五十丈稍東有七郎堰長七百六十二丈南起州城東北北抵高坡其地爲解州北灘又東有卓刀堰長五百七十四丈起風后廟抵池西北角重防疊固皆以防硝池之潰決其地爲解州東灘七郎卓刀之北又有長樂堰長四百七十丈所以防長樂灘之泛溢起長樂灘北之官道南與七郎卓刀相近道光

九年巡撫徐炘以峪口水勢湍急且根山築堰每遇水發沙石奔騰灘則漸高堰則漸矮非特於鹽池爲害實解州全局大有關係疏請將堰工一律培築高厚並加築護石及迎水石壩等工計五龍堰又接長六十丈小堰亦接長二十一丈光緒二十年署河東道閻廼玨又將小堰續長三十九丈以池南言之池之南逼近條山雨過水下沛然莫禦非惟近山諸村之患而鹽池之害更有不可勝言者故各於諸村要害之地設堰防之東池有桑園堰長八百七十丈在曲村西次之有常平堰長三百八十丈在常平村次之有龍王堰長四百七十丈在蠶房村西次之有短堰長一百六十丈在董家莊西次之有賀家灣堰長四百五十丈在辰鄭莊之南次之有趙家灣堰長七百五十丈西近州城在社東村之東以上六堰皆在州境緜亙山下統名護寶而禁垣內更有護寶長隄長七千一十四丈皆所以防條山之霪雨下注以侵池者也

按前志所載池南諸堰多隸安邑以堰基考之並查報部工冊皆隸解州今正之

堰戶附

姚暹渠　堰戶十八名工食在歲修五千兩內動支餘同此　池東各堰白沙堰堰戶四名李綽堰堰戶二名雷鳴白家二堰堰戶一名黑龍東禁二堰堰戶四名　池西各堰五龍二堰堰戶一名硝池七郎二堰堰戶一名卓刀堰堰戶一名長樂堰未設堰戶　三池南各堰桑園常平二堰堰戶一名龍王短堰賀家灣三堰堰戶一名趙

家灣堰堰
戸一名

近池各堰附

楊公堰長七百二十丈　横洛渠堰長三千
六百丈　蓮花堰長五百四十丈　中花堰
長一百八十丈　匙尾堰長三百六十丈　軒轅堰長三
百六十丈　軒轅二堰長三百六十丈　苦池灘堰長九
百丈　通稷堰長三千六百丈以上坐夏縣　小月堰長
一千二百六十丈　逼水月堰長五十一丈　舊係歲修今
停　新堰長七十五丈　申家堰長八十丈舊係歲修今
停　張村朱里堰長二百丈　西姚西南堰長九十丈
西姚東南堰長八十五丈　西姚東北常家月堰長一百
丈　大李村西南堰長一百七十丈　小李村東南堰長
五十二丈　匙尾堰長七十四丈　蚩尤村堰長三十丈
五　沈家堰長七十五丈　苦池備水月堰長四十丈　苦
池河南小月堰長五百四十丈　苦池河北小月堰長七
百二十丈　楊家莊堰長一百八十丈　湯里村堰長一
百一十丈以上坐安邑　鳳尾堰長二百一十丈　西禁
堰舊係歲修未詳丈尺今圮　青龍堰長四丈舊係歲修
今停　涑水河堰長八百五十丈　黄平堰長三百三十
六丈舊係歲修今圮　蝦蟆堰舊係歲修未詳丈尺今圮
以上坐
解州

康熙二十四年題准渠堰關係商民命脈必需專員佐理復設

運判以重課本

御史李時謙奏言臣荷聖恩高厚視鹺河東惟期竭力盡心以不負皇上驅使抵任之初衆商環稱池衝水漲鹽花不生今已六歷寒暑臣遂詣鹽池驗視週迴計一百二十里外牆圍繞以防盜竊向係鹽丁修理在中條山北其間巨浸浩瀚淺者數尺深者丈餘山高池窪形如釜底人力難施積水無從宣洩諸商於池邊淺處合本營畦以圖澆曬究獲顆粒幾何近將解州西五小池題明暫行開荒鹻多味苦民不堪食自冬徂春皆謂池水忽鹹更得風雨以時出產有望臣惟我皇上宏福齊天商民自蒙恩庇因查鹽池外障則爲姚暹渠所以瀉條山諸谷之水也渠大自安邑苦池灘而源出李綽白沙二水其來路則王峪口自夏縣由安邑踰運城歷解州抵臨晉縣入五姓湖從蒲州孟明橋以達黃河緜亙可二百里許舊爲十二州縣分工刊册可考按渠南爲鹽池北爲民田南隄加厚止防鹽池衝灌而民田可慮必須兩岸一齊培築民田無害自免盜決之虞保民田適所以保鹽池也商民皆朝廷赤子何敢歧視復據運使臣張鵬翮呈詳趁此東作未興提夫修築又慮青黃不接咸出薪俸以犒其勞各州縣照例興工現在挑濬池南則有賀家灣小李村桑園大李村龍王西姚短堰張村常平鹽房董家莊趙家灣諸堰池東則有黑龍逼水雷鳴東禁諸堰

池極西則有王官峪石樓峪大郎一澗諸水舊由蝦蟆青龍兩堰逼入臨晉之葦子河開有新河一道池西南又有五龍黃牛等堰一遇泛漲則橫流解州南門外大壞民居池西則有底張堰硝池七郎堰卓刀堰池西北則有長樂堰再西則有龍曲西王許家營等處若渠北又有涑水河源發絳縣橫嶺山至聞喜縣甘泉西流經夏縣界又歷猗氏縣南亦入臨晉之五姓湖受稷王孤山峩嵋諸山嶺之水其勢最大每遇暴發自淇村裴房橫入曾家營亦投姚暹渠爲害臣於驗池後卽遍相度情形目今先濬姚暹渠餘方次第修舉所慮沙土易卸年年必須幫修其中有分工有專工責之州縣印官而地有遠近錢穀刑名逃盜尙苦日不暇給安能分身料理縣丞典史管糧管捕各有攸司卽承委查工亦僅苟且塞責前此蒲州萬泉平陸芮城工程係中分司管理解州臨晉猗氏聞喜工程係東分司管理安邑夏縣滎河太平河津工程係西分司管理自康熙十六年裁缺責成乏員至十八年池遭水決曾經前鹽臣徐誥武准商稟司詳請復運同一員部覆以九卿詹事科道會議無容復設臣何敢再置詞第臣身在地方見鹽池關係國課渠堰又關係鹽池二十餘萬之錢糧五百餘家之商命全賴專員分理臣職司三省鹽政文移催督日無甯晷運使收引徵課況當商疲之後催科撫字刻不能離知事押秦餉方回經歷又解部銀而去轉盼新鹽一生偸竊自不能免且三場交卸原屬分司監管查各省運使

衙門皆有分攝或四員二員不等獨河東運同運副運判一時盡裁事多官少似應於三員中量復一員分駐解州適中之地經營渠堰兼責以防緝驗放所關最爲吃緊儻經設立則官有專司事無缺理鹽課商民咸有攸賴矣

按雍正二年改設運判爲運同鹽池各工統歸管理

康熙二十七年立均平繇役按丁分工之法

運使蘇昌臣議爲渠堰關係鹽池利害議立均平繇役照丁分工之法實力濬築之工用期一勞永逸事竊照護池渠堰鹽筴成敗之所關濬築之工實爲一鹽政第一要務蓋渠主洩水開濬深闊爲佳堰主遏流杵築堅固乃久而鹺司舊例每於四季提修在任工州縣視爲故套殷實壯健悉聽豪强隱佔貧而無告者應名執役夫以千百丈之大工欲責成於老弱疲癃之數丁不亦難哉無怪乎小民日困而渠堰日敝也更有不肖官役乘機派折紙上報完一遇狂風霖雨處處傾圮處處潰決滿目汪洋乃集三時之民一力胼胝救補終至侵池壞鹽困商誤課良堪浩歎本司受任半載洞知積習全因差撥不均臨時塞責若不力爲整頓則損課累民略無甯日今議立一按丁分工之法如某州縣原額丁夫若干名計應挑築渠堰長闊高深各若干丈按丁分工工以二丁合爲一處其不願合者聽之每丁應挑築若干丈尺夫頭備木橛付一經承書某丁姓名及丈尺數目插立水處

照依次序造册三本院司存案外一發渠堰運判督理各丁先將應修兩旁地基夯打萬分結實以防鑽眼之患然後挑濬又必一人掀掘一人杵築務求堅固爲主工完各自置號記凡係趙甲錢乙分到之處一年塌毀幾次卽提趙甲錢乙修築幾次如一年不壞一年不令赴工十年不壞卽十年不令赴工如有豪強隱佔及經承夫頭指名科派需索小民者許據實呈告從重究處其修築禁牆鹽丁亦照此法舉行如此則不用官催不煩吏督各丁夫一時用心疏密卽係終身勞逸攸分不殫力於經營以圖永久者情理之所必無也然小民樂於觀成或難於慮始各州縣又視鹽法爲痛癢不關然之事積玩成習若非憲威飭行難以必其應如臂指理合詳候憲鑒仍乞嚴檄州縣先將丁夫名數及分認渠堰丈尺據實造報以便預期清算農隙興工至於大工大役原非得已與其行而無益不如不行渠堰之寬深高下當以若干丈尺爲準如何而渠通於湖水歸其壑如何而一勞永逸圮潰無憂本司獨出管見豈若集思廣益況州縣身在地方地勢民情知之必稔再懇檄行二州十一縣定於某月某日齊赴憲案將挑築渠堰之法差撥民夫之令公同商酌區畫成規相與實力圖維俾山水歸渠渠水歸河永不爲害鹽池國課考成商命民命百世嘉賴之矣

雍正三年奏准停止派用民夫在於額引公務項下留存銀五

千兩以爲歲修之費

雍正六年題准每年額引項下公務内留存銀五千兩爲修築渠堰之用再於餘引公務内留存銀六千兩以三千兩爲歲修池牆之用以三千兩存儲運庫積至五年以備大修

鹽政碩色奏言河東鹽引額銷山陝河南三省而三省食鹽多藉出產於鹽池臣歷任以後親視池形廣袤一百餘里地勢最窪爲衆水奔流之處是以三面築有隄堰環池築有禁牆以爲保護儻有坍塌鹽爲水害是池牆不可不時加修築查向例每年春秋二次修築禁牆渠堰皆係行提蒲解等十三州縣鹽丁四千餘名並撥民夫派工分修經前鹽臣馬喀奏明將修理渠堰民夫裁革在於額引項下羨餘銀十萬四千三百餘兩内除充餉公費並各官養廉外留存銀五千兩以爲歲修之費後經前鹽臣塞欽以池牆易於坍塌歲修未能遍及又議將修築池牆鹽丁一併裁革與渠堰俱動項募修奏明將雍正三四兩年餘引羨餘銀内動支三萬五千九百八十餘兩委運同王又樸督工大修今歲業已興工修築尚未告竣俟修築完日有無浮冒另行確核造册奏報臣思渠堰已據前鹽臣馬喀在於額引羨餘之内每年動撥銀五千兩以爲

歲修之費無庸再議外而池牆尤關緊要若不每歲補修恐致大修之年所費倍多今查添設餘引十萬道各商除納國課外仍照正引出有羨餘每年約可銷十之七八計可得羨餘銀二萬三四千兩不等臣愚以爲此項銀兩所有每年餘引羨餘以及嗣後餘引羨餘銀兩請以雍正六年爲始每歲動撥銀六千兩以三千兩作爲歲修池牆之用以三千兩存貯運庫積至五年以作大修之費其餘銀兩於年終核實奏報或撥兵餉或令解部則池牆渠堰歲修大修皆有動支之項而鹽丁民夫俱可永遠盡裁至鹽丁民夫既一裁應請勅令山西撫臣轉行各該地方官將丁夫編入民籍一例輪差以杜影射抑臣更有請者嗣後歲修大修工程責令運同管理但池牆隄堰工程不一恐運同不能獨力兼營請在於附近州縣之內擇其才幹誠實者遇修築之時委用五六員協助監修令運同督責其成如有玩誤工程浮冒開銷者題參交部議處庶事有專責而池牆渠堰均有裨益矣

雍正十三年奏准修理渠堰銀每年皆有餘賸停止歲修禁牆銀三千兩如有坍塌卽於歲修渠堰銀內動支儻三年內有坍塌者令原修之員賠築

又奏准河東鹽池隄堰查明工程平險分別興修緩急將姚暹一渠分爲一年李綽等六堰分爲一年其餘諸堰分爲一年次第輪修立限保固

按此爲輪修之始嗣於乾隆六年鹽政白起圖請變三年輪修之例令鹽臣等隨時酌量搶修部議未准七年鹽政尚琳奏請行之所需銀兩俟輪到年分仍於額設五千兩之內扣除還項自此有搶修之例

輪修次第附 禁牆馬道長隄堰歲爲經理不在輪修之例

李綽堰白沙堰黑龍堰白家堰雷鳴堰五龍堰硝池堰卓刀堰以上八堰一年輪修雍正十三年原奏緊工六處今八處內白沙堰向係民修乾隆二十八年奏明歸入歲修其白家堰以與雷鳴堰接壤一併估修東禁堰七郎堰長樂堰桑園堰常平堰龍王堰短堰賀家堰趙家灣堰以上九揠一年輪修雍正十三年原奏緩工十六處今除現修之外餘堰停估乾隆三十五年於各工編列字號案內聲明咨部

乾隆二年奏准嗣後河東興修工程照河工之例於十月內題

估次年四月內題銷令承修各官保固

乾隆四十三年議定商捐歲修章程停止借帑大修

乾隆五十七年議准河東鹽池歲修渠堰銀五千兩令坐商照數交納河東道庫以備歲修之用如經理不善池有損壞卽將河東道參賠治罪初課歸地丁運商公攤銀六萬兩發交陽曲等三十州縣當商照銅本生息例按年一分生息名曰鹽池生息由各州縣將息銀解交藩庫作爲河東渠堰工程之用旋經巡撫馮光熊於課歸地丁善後事宜十六條內奏稱河東運庫向有額設歲修銀五千兩令鹽池不可除歲修不可廢渠堰禁牆歲修並各堰戶工食應請每歲在於藩庫徵收鹽課項下支銀五千兩由河東道請領委員修理經大學士阿桂議奏渠堰係保護鹽池鹽池爲坐商世業應令坐商照數交納河東道庫以備歲修奉旨允准嗣於五十八年河東道和明詳經巡撫蔣兆奎批准將藩庫存儲之鹽池生息撥歸宏運書院作爲膏火如有緊急工程准其酌動嘉慶十二年復歸商運十六年河東坐商捐存銷價本銀十五萬兩發交運商按年一分生息奏明儻有緊急工程准其動用奉旨准行在案二十一年巡撫兼鹽政

衡齡飭令陽曲等三十州縣將存放之鹽池息本銀六萬兩提歸河東道庫發交運商生息如有緊急工程方准詳院酌量動用

道光二年諭邱樹棠奏鹽池各堰衝決請築隄保護一摺晉省河東鹽池東西各堰因本年秋間連日大雨山水盛漲致被衝決經該撫委員查明亟須築隄保護著照所請辦理所有估需銀五萬兩准其在商捐銷價生息銀兩內照數動支趕緊興修務使隄身堅固以資保衛不得稍有浮冒工竣覈實報銷

道光三年六月諭邱樹棠奏添築鹽池馬道護隄修濬姚暹渠李綽堰及挑空涑水河各工程完竣並請歲爲經理一摺河東鹽池馬道護隄並姚暹渠李綽堰涑水河工程據該撫查

明該委員及各該縣俱能實力撙節趕緊辦理並勸諭村民出力挑空均已一律妥速完竣所有馬道護隄工程係奏明動用商捐銷價生息銀兩辦理共用銀三萬五千三百七十餘兩較原估節省銀一萬四千六百二十餘兩著將節省銀兩仍歸原款至姚暹渠李綽堰工程所借銷價生息各款銀四萬八千兩今較原估節省銀六千八百十六兩零尚有應修申家堰青龍堰等處工程著即將此項銀兩於秋後動工辦理仍於本年夏季爲始分作八年由坐運兩商攤徵還款按年報部其姚暹渠受諸山之水挾沙帶泥最易淤阻請歲爲經理著照所請於每年農隙水涸之時責成監掣同知詳細履勘飭令運商雇工挑濬所需工費即令各商公攤由河

東道驗收具報至涑水河已挑空深通民田廬舍得資保護亦著於農隙水涸之時責成各該縣勸用民力隨時修濬該撫當飭屬認眞查勘以期一律通暢於民田鹽池均有裨益毋致日久壅塞轉多糜費也

道光六年三月諭福緜奏請動項發商生息以資修築鹽池渠堰一摺河東鹽池地勢最窪向有護池隄堰三十餘道俾得層層分蓄玆據奏稱近年被水沖擊隄身漸覺單薄設遇山水漲發搶修堵禦需費甚繁所有商捐歲修銀五千兩尚不敷用自係實在情形著照所請准其於商捐銷價現存息銀內動銀五萬兩發商生息每年所得息銀五千兩卽作爲歲修渠堰各工之需該撫仍飭令該道督同地方官及坐運兩

商隨時興修實力妥辦務期國課民食益臻饒裕並著於年
底將用過銀數造册報部查覈如有盈餘卽在道庫存貯
道光九年十月諭徐炘奏察看鹽池情形請動項大修堰工一
摺山西運城鹽池向有五龍堰工近年山水陡發間被沖塌
據該撫體察情形必應大加修築約估需銀三萬兩上下請
動河東商捐銷價生息銀兩著照所請卽在此項商捐銀內
動支銀三萬兩及時興修統俟工竣後覈實報銷儻有不敷
隨案聲明如有餘賸仍令歸還原款
道光十三年正月諭尹濟源奏請借商捐息銀修築隄堰要工
一摺上年山西省秋雨連綿以致姚暹渠隄堰莊頭橋西衝
開缺口該堰爲保護鹽池必不可緩要工自應趕緊修築以

資扞衛著照所請准其在於商捐銷價生息銀兩内照估借動銀二萬二千一百三十六兩零飭令春融即行修築所借銀兩著自本年春季爲始分作四年由坐運兩商四六攤捐歸款責成監掣同知解州直隸州承修照例保固三年如限内衝壞即令著賠仍飭該管河東道隨時前往查察務使砌築堅固毋任草率偷減至此項工程將來仍由商捐歸款著免其造册報銷

道光十六年二月諭申啓賢奏請動項修理切近鹽池緊要各工一摺山西省河東地方上年秋間雨大水發將切近鹽池之石馬道隄堰並東禁牆等處衝損茲據該撫查明均係急不可緩之工現在派員確勘共估需費工料銀六萬兩著照

所請准其將河東道庫所存商捐銷價息銀四萬八千餘兩儘數動用其不敷銀一萬一千餘兩先在公務項下暫行借撥仍俟收有銷價息銀照數歸還並飭該道乘此春融承領趕緊興修照例保固三年毋任草率偷減工竣覈實驗收造册報銷

按道光二十七年九月間因西口軍餉奉撥銷價生息銀一十萬九千兩維時此項並無存款即以鹽課正項借撥批解嗣經戶部行催將所借銀兩照數歸補經河東道張錫蕃籌議每年將額設歲修暨續生息一萬兩全數歸補其渠堰歲修並堰戶閘夫工食飭商公捐嗣經戶部咨覆自咸豐元年爲始每歲在於歲修一萬兩內劃出銀八千兩歸還前借鹽課留銀二千兩仍歸歲修等項之用咸豐三年各運商輸銀捐免所有鹽池銷價各項生息一律停利歸本以後陸續催繳改發坐商前借鹽課內有未經歸補者經部咨覆議准豁免又續銷價生息亦在運商名下催繳改發坐商自此以後仍令坐商每年按等捐銀五千兩作爲歲修渠堰並堰戶閘夫工食之用統於年底將用

過銀數造册報部核銷歲修不敷再於公費內酌量支用如遇搶險及大修鉅工由河東道詳請奏明先行籌借庫銀墊辦令坐商按畦錠等次分年攤捐歸款光緒九年鹽政張之洞專札立案除鹽池搶險由道酌定用款隨時稟報查核聽候委勘驗收外其餘百金以下者由道估修彙報百金以上者必須稟候批示方准動支至今遵辦所有正動工款屬於渠堰者動鹽池歲修屬於禁垣祠廟者動工牆工經費屬於地方修理者動池腳備公

清鹽法志卷八十九終

清鹽法志卷九十

河東十七

建置門

運治

天下運司舉無專城獨河東有之蓋以海濱場竈千里相望如淮浙長蘆皆非一州一邑之地故但扼要以臨之而所治則皆通都大邑已有提綱挈領之勢若河東鹽產於池向立鹽司於解州秦晉豫三省商民羣萃一城每患地小不足以容故城之特建勢使然也茲詳述運城設治本末而以公署附焉志運治

運城 河東鹽司向治解州元太宗時姚行簡繪圖獻議始立司於池北之路村延祐間仁宗以涇雨敗池減免引鈔十之六七民懷帝德更名路村爲聖惠鎭時猶未有城也至元間榷鹽吳從仕議復歸解元末運使那海德俊再遷聖惠

鎮築鳳凰城以資保障而運治始立名曰運城城週九里一十三步廣袤各四之一高二十四尺舊制爲門者五與今稍異說見元黃覺新城記中明天順二年運使馬顯改作四門東曰放曉西曰留暉南曰聚寶北曰迎渠正德六年御史胡止增高之然猶未加石甃嘉靖三年御史盧煥甃其東四年御史初杲甃其西十三年御史余光甃其北十五年御史沈鐸甃其南隨治四門重樓並於城角各增望樓一週增臺鋪各一十九嗣御史何瓚陶謨相繼成功二十年御史舒遷重作外城萬曆間甎甃浸剝天啓二年御史劉大受及御史孫可撰修築復完崇禎七年御史楊繩武九年御史姜思睿十三年御史楊鶚運值寇警戒嚴累增敵臺守望之具清順治六年姜瓌猖獗重樓臺鋪悉毀於燹次年運使陳喆鼎葺之得復舊觀康熙十三年御史何元英以三藩告變大謀鞏固並增武備二十四年御史李時謙運使張鵬翮奏有通行繕修之命更加完美乾隆四十八年運使沈業富又詳請捐修嘉慶二十年運城地震坍塌經河東道覺羅承光詳請飭商捐款檄委安邑縣重修同治元年豫陝回捻滋擾河北一帶戒嚴河東道劉子城以運城爲鹽務重地庫儲攸關城垣歷久未修難資保守稟請於商捐團練經費項下挪款興修並挑空城外壕溝一律完固同治三年河東道楊寶臣以雨水易灌城隍復動用團練經費銀兩將城頂一律鋪甎以資完固光緒元年商人張玉成姚長盛稟請籌款興修四城門樓

經河東道升泰批准由商捐牆工項下撥款重修

公署附

巡鹽察院 居運治之中明成化十年御史王臣建嘉靖四年御史初杲循故拓新院制詳具張璧記中乾隆四十三年鹽政裁改今爲巡撫行署

河東道署 即舊運司署在城之西街元末與運城同建明天順間運使史潛鼎新之初進爲通惠樓樓之建燬不一順治十二年運使龔如錫復作由通惠樓而進爲大門再進爲儀門再進爲經國堂後爲和衷堂又後爲萬笏樓康熙間運使高夢說建通惠樓之西有監獄上有庫大使經歷司署又上有中分司署東有運之阜倉有經國堂左右有豐濟庫收貯正雜鹽課和衷堂西爲引庫又西爲射圃亭亭之東有文場四十二號運使沈業富建乾隆五十七年課歸地丁運司裁汰改爲河東道署光緒二年河東道升泰於道署西偏修射圃亭三間建官廳三間考棚六十號加高圍牆以備考試文童之所署其門曰遇安園光緒六年河東道江人鏡復建書屋三間並於園内廣栽花木光緒八年以後河東道黃照臨邁拉遜宜麟爽良楊宗濂先後添建四堂五堂並遇安園内得月亭宜春亭緣中亭艾葉如意池園外寄廬關紅兩

書屋槐蔭軒魚池留雲塢二十八年河東道馮煦以課吏館附焉三十二年河東道陳際唐詳改課吏館爲仕學館

運同署 在司署大門內舊制進通惠樓而西有中東西三分司署康熙十六年奉裁二十四年復設運判居舊署雍正二年改運判爲運同仍居運判署

監掣同知署 在道署西偏原係運同舊署乾隆五十七年奉裁嘉慶十一年復設監掣同知十六年同知沈廷瑛道光二年同知秦恆柄先後重修光緒十五年暨三十年三十四年同知張貽琯姚啓瑞姚楷先後重修

運學訓導署 在學宮內東南乾隆五十七年教授訓導奉裁所有運城文廟卽令安邑縣學官兼管嘉慶十三年復將安邑縣訓導移駐運城仍居舊署光緒六年訓導郭懋基領款重修

經歷司署 舊在通惠樓內東偏嗣以三分司皆裁移通惠樓內西偏乃昔知事署之故地乾隆五十七年經歷裁缺嘉慶十一年奉准復設二十五年移駐河南陝州會興鎭

知事署 舊在通惠樓內西偏嗣以三分司皆裁改知事署爲經歷司署而移知事於東分司署雍正二年改知事大門於經歷署前乾隆二年又改所移之署爲庫大使署今署在中禁門內野狐泉之東

庫大使署在通惠樓內西偏經歷署之前其缺設於乾隆二年而署即知事之舊署其先乃東分司署也乾隆五十七年庫大使裁缺嘉慶十一年奉准復設仍居舊署道光十四年庫大使侯錞任內重修光緒三十二年庫大使倘其光重修

中東西三場大使署俱在運城南門內西偏三場相並中爲中場左爲東場右爲西場於乾隆二十七年移西場署於解州城內即駐州判舊署乾隆五十七年三場裁缺部議俱變價充公嘉慶十一年復設部議現係試行毋庸另設衙署

解州州判署在察院西乾隆二十七年移駐運城即運城司巡檢之舊署也光緒三十四年州判陳世昌重修

鹽池司巡檢署在州境內池南蠶房村乾隆五十七年移駐知事署在中禁門內野狐泉之東部議將舊署變價充公嘉慶十一年復商後改駐池南常平村光緒三年巡檢袁緒業重修三十二年巡檢讓興仁重修

長樂司巡檢署在州境運城西三十里鋪光緒三十二年巡檢沈春圻重修

聖惠司巡檢署 在安邑境運城東二十里鋪亦名聖惠鎮光緒三十二年巡檢范鶴南重修

遊擊署 在運城東南隅卽都司舊署同治十二年遊擊怡壽任內重修光緒二十九年綠營裁汰三十三年河東道陳際唐改建火藥庫

守備署 在東門內卽把總舊署光緒二十九年裁缺三十年河東道吳匡重修作爲公所三十三年河東道陳際唐改建警察講習所

城守把總署 在箭道西同治元年新建光緒二十九年裁缺留作公所

操防把總署 在東城壕同治元年新建光緒二十九年裁缺留作公所

按運治東門內舊有東察院卽明嘉靖間御史余光所建正學書院故地又布政使行署在城東街守巡二道光署在文廟東迄今有道背後之名稅課局在司治東遞運所在司治北管鹽廳在鹽池北岸爲委司撈採者之行署又運司諸員各有別署總司在東門中司在池南東司在安邑俱廢惟西司在解州後改爲督工行署今亦廢

清鹽法志卷九十終

清鹽法志卷九十一　河東十八

雜記門一

倉儲

運城爲商賈輻輳之地晉人積貨而不積穀偶遇歲歉穀麥騰貴商民交病康熙時運使蘇昌臣曾創商屯之議意在寓農於商墾池灘以廣種植既以灘地有關蓄洩事格不行則積儲之道尤言備荒者所不容忽矣志倉儲

運儲倉

在運治東康熙二十二年運使高夢說捐穀三十石經歷知事各捐穀三石教授訓導三場大使各捐穀二石共捐穀四十六石經歷專管每屆三年出陳易新免息還倉歲底彙入社倉案內報部乾隆四十二年運使程國表准藩司移交新斛兩相較對舊斛大新斛一斗五升九合復加盤量計長餘穀一十四石六斗二升八合實貯倉斗穀六十石六斗二升八合報部在案又原貯佃灘籽粒舊額二百七十五石六斗八升嗣經節年增豁陞除今共地六千六百

零一畝二釐七毫四絲一忽分爲上中下及中下下下不等五則陞科歲收租麥二百七十石三斗五合六勺以備給散孤貧口糧如有餘剩存貯備用亦經歷管理按年册報由司轉院查考並不報部乾隆五十七年課歸地丁案内經部議奏准將倉儲六十石零統歸運阜倉内春初一併出借坐商秋冬免息還倉以資澆曬其歲收佃灘籽粒租麥二百七十餘石照舊散給孤貧由解州州判經管出入呈報河東道照例移司報部嘉慶十一年復商州案内改歸庫大使經管仍呈河東道呈院　咨部查考歲有盈餘積至五年變價報撥甘餉　倉設斗級一名歲給倉麥四石

運阜倉 在河東道署内東偏雍正六年買備麥四千二百五石零穀三千二百四十二石一斗零内惟鹽政塞欽動帑買麥餘利發交商人保萬良等買穀一千八百六十七石八斗八升四合報部有案餘係各商捐貯未經報部雍正十三年鹽政孫嘉淦以運城係商人居處之地不事稼穡此項穀麥毋庸存留奏請糶價充公乾隆元年將商捐穀麥全數糶賣報撥充餉内止留保萬良等買存穀石嗣後每遇平糶買補積有盈餘乾隆十八九等年先後買貯穀二千九百八十三石三斗六合八勺知事經管每年春季詳明借給商人以資澆曬秋後免息還倉歲底彙入社倉案内報部乾隆四十二年改設新斛較長餘穀九百四十八石六斗九升一合今實貯倉斗穀三千九百三十一石九斗九升七合八勺

報部在案乾隆五十七年課歸地丁案內經部議奏准將倉儲穀三千九百三十一石零照舊出借坐商秋冬免息還倉統歸解州州判經管呈報河東道照例移司報部嘉慶十一年復商案內改歸庫大使經管仍具報河東道呈部院咨部查考同治元年庫大使安福病故查倉儲穀虧短三千八百九十八石八斗零經河道劉子城查該故庫大使有畦價銀七百四十四兩一錢七分扣留備抵由中場大使解庫又詳請查抄該故庫大使任內衣物變價銀三兩一錢九分一釐由安邑縣解庫二共存銀七百四十七兩三錢六分一釐計不敷買穀還倉是以另儲於庫查倉內現存穀連運儲倉歸併六十石零共九十三石一斗因不敷出借是以停止其護池灘地歲入租麥三十石七斗三升四合租穀五石六斗一合改歸安邑縣徵收照舊五年變價解交藩庫報撥復商案內仍由安邑縣徵收照例五年變價解由河東道報部候撥光緒九年借二十八年河東道黃照臨馮煦各買穀麥二三千石分儲兩倉坐商借陳還新准予免息粥廠碾米熬放亦即取給於此其孤貧麥租於光緒二十三年經河東道楊宗濂價典皁巷民房一所另行收儲按月散放均歸庫大使經管隨時報查倉書一名倉斗一級一名歲需紙筆工食銀兩向在蘆葦項下動支嗣因蘆葦一項裁汰在公務項下動支捐免充商後在雜課項下動支　又鹽池外從善村介村佃灘地一百八十六畝七分每畝納麥二升穀三升共歲納租麥三

石七斗三升四合租穀五石六斗一合向貯運皁倉以備公用並不報部雍正十三年鹽政孫嘉淦奏明歸公現係三場大使分管徵收仍有運皁倉之名歲於十月奏銷時一併造册報部所收麥穀積至五年詳明糶價充餉又雍正六年池內斗級墾地一千七百四十畝嗣又續墾地一千二百九十五畝四分每畝納麥二升穀三升池外弓兵墾種禁牆外壕地二百七十六畝三分其納穀麥之數與斗級同向皆收貯運皁倉內自乾隆三七等年經鹽政定杜並鹽政尙琳爲於禁牆鹽池有礙先後奏請豁租停種

清鹽法志卷九十一終

清鹽法志卷九十二　河東十九

雜記門二

恤政

各省善舉取資鹽務者居多而河東運治特設專城商民輻輳故於一切善舉設置尤備志恤政

養濟院 院在運治東明嘉靖二十三年御史喻時建以育孤貧院基二畝有奇院舍一十六間舊額歲育孤貧全糧者三十名月給小麥各二斗四升至孟冬月朔各給花布麥四斗半糧者九十三名給皆減全糧十之五乾隆四十九年因餘麥積多詳明酌增七名今半糧者爲額百名共育孤貧一百三十名例於每月十五日知事庫大使輪流會同經歷按一名給散應需麥石即在運儲倉佃灘籽粒項下動支運使郭一裕捐俸銀四百兩發商生息爲接濟孤貧等項之需每歲給發養濟院貧民粟米銀四十兩嘉慶八年河東道金應琦陸續詳置地五十九畝每年每畝完租麥三斗二升五合共歲得租麥十九石一斗七升五合附收運儲倉新添半糧孤貧十二名應扣建曠遇閏加增飭委解州州判經理所置

地畝每年應完錢糧銀八兩六錢二分由河東道金應琦捐廉銀七十二兩飭交安邑縣發商生息爲春秋完糧之用十八年河東道陳中孚因積有盈餘詳明每歲仲冬一律按名添給花布麥二斗共計添養半糧孤貧十二名添給花布麥二石四斗均歸庫大使經理同治四年署庫大使黃晉因倉有餘耗續增半糧三十名丁戊大荒灘地租麥收不足數餘耗無著先儘徵存之數通融散放歲約不敷四十餘石於次年四月由庫領款買補至每年粟米一款原出自舊生息項下此項生息歲收銀一百二十六兩除支粟米銀四十兩外餘均作爲冬季恩賞孤貧之用

漏澤園 運城四門外皆有在東郊者凡五段共地五十六畝有奇在南郊者凡五段共地一百二十畝有奇在西郊者凡二段共地四十二畝有奇在北郊者凡二段共地二十六畝有奇明崇禎間御史姜思睿捐置以收露骼立有義冢碣石表界乾隆八年前運使郭一裕捐俸四百兩交商生息以爲接濟孤貧之需嗣將生息銀兩除節年報院動支外本利存銀六百兩仍交商生息今每歲冬至前由運司於生息項下撥銀四十兩賞給留養局孤貧棉衣口食復飭商捐貲以廣惠濟

粥廠 設自同治三年河東道楊寶臣任內因運城人煙稠密凡鰥寡孤獨老弱殘廢窮民乞匄時届隆冬無計營生

者饑寒交迫往往致塡溝壑捐廉倡率並勸諭各官紳商捐貲購米設廠散粥明定章程遴員經理並將餘金置備棉衣棺木以救凍餒而收暴露光緒十年河東道黃照臨恐臨時捐募難期經久遂飭坐運兩商每掣池鹽一名各捐銀一錢五分共捐銀三錢兼須散放棉衣收不敷支歷由積穀生息項下撥用至所需粥米卽就運阜倉買存穀石碾用

同善局 同治三年時運城紳商捐貲稟請設立遵照粥廠章程辦理經河東道及安邑縣批准照辦十二年河東道升泰將粥廠經費餘賸銀兩發交同善局以備施捨棺木並藥餌棉衣等項之用量收爲出每於年終該局紳商將所用帳目開單呈送道署備案光緒三十二年局紳陶文海因經費不濟稟經調署庫大使朱垣捐廉提倡會勸各鋪商將按年演劇之貲提前三年普捐一次嗣後永不演劇亦永不出貲共捐錢四百餘緡銀二十餘兩典置錠票二十一張繳存道庫年領銷價銀五十六兩藉供局用酌定管理規則詳奉河東道批准立案年領十義棺銀一百兩仍由道庫籌給

育嬰堂 始於道光二十四年河東道李百齡捐廉二千三百兩又官商合捐銀二千兩以三百兩建堂於路家巷以四千兩發當生息備支一切費用嗣因當商倒閉前項息本祇存解州四百兩安邑一千二百兩夏縣八百八十兩芮城二百四十兩每歲共解息銀二百七十二兩不敷之數由庫隨時籌補光緒二十九年河東道馮煦續捐銀一千兩發

運城當商一分二釐起息至經理責任先後飭委解州州判暨鹽務實缺各員堂基屢有遷移或謝家巷或南大街州令設萬家巷光緒三十三年河東道陳際唐遵鹽政張人駿頒布保嬰條規改爲堂會並行堂內管理收支責成於紳委中場大使稽查造報就安邑縣城之五路保甲局附設五分會除遺棄無主之嬰歸堂乳養外其距堂窵遠無力撫養者准其報明運堂總會就近查明給助月需經費約百金內外統由池腳項下動支向有息銀亦即併入池腳款內其二府四州屬之育嬰堂並飭一律籌設河津虞鄉兩縣各籌給銀二百兩期於由近及遠見諸實行

牛痘局 因荒停辦光緒五年江浙賑局解銀捐助善舉復興一委一醫按年春分至夏至立秋至立冬兩期開辦所需經費二百數十兩又每年津貼解州牛痘局銀四十兩皆歸監掣廳領支造報款由庫籌

養病所 係於光緒十五年河東道邁拉遜因時疫流行在城南宏教寺醫救池工十八年護河東道吳鴻恩顧念瘡痍責成三場坐商仍前舉辦委員稽察彈壓每年先由道庫提給銀三百兩不敷多寡由各商認籌近年三月開辦仍以五閱月爲度

同善義倉 係於光緒八年大學士閻敬銘不受查賑公費以七千五百兩捐作蒲解兩屬義倉之用採買穀石

分儲運城運阜倉及解州常平倉內嗣添賑餘各款統共銀三萬六千四百餘兩除買穀外餘銀分存各州縣當商生息光緒二十年署河東道閻廼玨於運城東街創建運安同善義倉以廣積儲二十六年大饑河東道吳廷斌發倉賑濟民賴全活三十一年河東道吳匡推廣倉舍添建東西兩廒並籌銀一萬二千八百餘兩購麥一萬一千六百餘石以實之三十二年麥價翔貴河東道陳際唐飭屬分領秋熟易穀還倉復刋頒備荒章程數千本期於倉箱徧野藏富於民三十二三四等年各屬報存積穀十四萬一千餘石

同善義園在城西南爲流寓官幕停柩厝葬之所光緒十八年護河東道吳鴻恩籌款重修購地三十四畝以益之二十年署河東道閻廼玨籌銀三百兩劄交安邑縣發典一分生息俾資常年經費歷歸場司實缺各員管理

習藝所在運治謝家巷光緒三十二年爲河東道陳際唐所立購儲土棉雜毛收輕罪人犯使之學織毯袋等物一經限滿釋回不至流於游惰安邑縣之輕罪人犯就近歸併派安邑縣爲提調另委候補一人常川駐所照料應需經費由庫籌支

公桑園防自光緒三十二年河東道陳際唐先就城北校場之西南隅畫地十畝四分環以牆垣覓秋栽種並在

道署之遇安園内試種桑秧成活約數萬株分頒各屬栽植次年復購城東北高家園地三十畝五分闢場鑿井推廣播種並刷印蠶桑簡易法數千本採購桑葚數千斤通頒各屬普行試驗俾知培護飼養方法

清鹽法志卷九十二終

清鹽法志卷九十三　河東二十

雜記門三

學校

天下運司惟河東有專學餘皆附於府蓋以郇瑕爲財賦之藪沃土之民逸則忘善學校之設所以明教化美風俗也書院社學亦學校之附庸焉得併紀之志學校

運學

學宮在運治東南元大德三年運使奥屯茂創建原基東西闊五十步南北長一百八十九步計地三十九畝三分有奇中爲大成殿殿前東西兩廡又前爲戟門門外名宦鄉賢祠分左右泮水流其中櫺星巍其上殿後爲明倫堂又後爲敬一亭東爲崇聖祠又東爲尊經閣爲仰德祠爲射圃一觀德堂創制久遠修葺頻興明時運使史潛御史張應奎黃龍曾舜漁王遠宜劉大受先後增修清自順治十一年運使張陳喆復修後康熙六年御史施維翰又修乾隆六年運使張

任又修乾隆二十九年鹽政李質穎捐俸重修至乾隆四十七年又以歲久剝落商衆呈請捐修署運使繆其吉據情詳准並捐俸二百兩未及興修運使沈業富蒞任其後亦捐俸二百兩重加修葺查還射圃觀德堂舊基又查出民佔崇聖祠東敬一亭北隙地一十二畝七分二釐零詳明歲議租銀二十兩由州判催解運庫令教官雇夫掃除以昭敬肅

學田 明萬曆間運使林國相創建學倉尋擢河東大參留置俸五十兩備置學田後署司運判王建中募捐二百兩置夏縣地六十餘畝每年入租三十七石有奇又清出解州臨晉安邑禁垣灘地五百一十畝每年入租二十四石有奇併納學倉備用迨歲久湮沒康熙二十九年運使行查夏縣地六十餘畝並無學田鄰段佃戶姓名其解州臨晉安邑各地止查出二百七十九畝三分每年入麥穀九石九升五合給禮生充用今現存學田有二分一坐落安邑縣介村地一百二十畝佃戶承種每年納租穀七石五斗作學中歲修之用一坐落安邑縣東留陶上等村地一百二十畝亦佃戶承種除完糧外每年折銀二十三兩三錢六分一釐六毫盡數分給廩生貧士次年三月內由運學差役具批赴鹽政並藩司衙門報銷

學額 河東運學初係行鹽子弟方准考試嗣因修理鹽池禁牆隄堰等工責之蒲解二州屬額設鹽丁其子弟並許

入考繼而鹽丁無力修築遂募二州屬民夫幫修其子弟亦卽影射入考歷年商民互考混冒不清雍正六年學政勵宗萬奏請清理籍貫運學唯報部有名商人子弟並從前有錠商人的派子孫方准收考乾隆四十三年奏定坐商置畦種鹽卽同竈戶坐商與運商有畦地者惟親子弟姪准其一體以竈籍應試無庸另編商籍鄉試亦無庸設立鹵字號一歲試文童取十名武童取四名科試祇取文童十名皆附於學謂之附生歲科兩試前列挨補廩增恩拔每次各一名咸豐六年於辦理捐輸廣西軍餉案內加廣文學十名武學四名作爲永遠定額

書院

宏運書院 在運學東本割運庠射圃餘地卽今生童肄業處也明天啓三年御史李日宣創建延鄉賢曹于汴主席其中復捐俸置地以爲育才之用嗣御史姜思睿楚朗揚亦各先後捐資置買安邑夏縣地畝座落四至佃戶姓名舊有碑記在院可考明季湮沒淸康熙二十八年御史郝惟謙檄行兩縣淸查查出安邑地三百五十三畝零夏縣地六百五十一畝一分零檄發運使蘇昌臣議自二十九年爲始佃地人戶悉遵舊規除完糧之外仍照碑額完租由該縣每年彙收解交留備書院公用迨後歲久浸廢書院爲朔望宣講聖諭之所平時扃鎖無人乾隆九年以諸生請復行延師

考課商人范天錫等公議捐資營息其實並未捐出每年需費但於公費項內支應屢經查議未定至四十四年始議於加增銷價內每年每引捐銀六分共捐銀一千二百三十九兩三錢按季呈貯司庫以供師生修脯膏火人役工食紙張之費嗣因課歸地丁銷價無出由河東道李學錦詳准每年在商捐六萬兩鹽池生息項下動支息銀一千二百兩以備師生修脯膏火人役工食紙張並義學東修之費嘉慶十九年生童李映奎等稟請酌增膏火復經河東道陳中孚詳准加增膏火銀五百八十五兩六錢加增義學東修銀十六兩並請周恤贊禮生衣帽費歲給銀四十八兩同治四年河東道楊寶臣復詳准加增義學館師東修銀二百兩今每年共在鹽池生息項下動用息銀二千零四十九兩六錢以備前共用

河東書院在運城西北八里初名育材館明正德御史張士隆創建也堂宇崢嶸山水流峙呂柟碑記如繪萬歷間張居正當國議毀天下書院御史李廷觀以院內祀堯舜禹三聖急改爲三聖祠得免十三年更名崇聖館十六年乃改今名天啟間御史李日宣增建書屋以開來學然而歷年滋多距城頗遠風雨剝落鞠爲茂草清乾隆四十八年運使沈業富捐俸爲殿三間以奉神前堂三間改爲更衣所萬歲碑亭聖殿大門角門俱加修整惟講堂藏書樓六柱亭尚

存而講堂殘破爲甚統加修葺周環以牆又添建東西耳房各二間東西廊房各三間大門一間總計捐銀一千四百四十九兩有奇原設基地六十九畝七分九釐九毫祠宇堂舍佔地二十七畝五分七釐六毫餘地八段三十四畝七分六釐六毫又溝道白地七畝四分五釐七毫卽給看守書院拜自全等四人承種免收租息以資贍養道光二年河東道張大鏞復加修葺首捐廉二千兩飭商捐銀三千三百兩又商人王費合續捐銀九百五十兩俱發商生息遇閏加增又每年扣捐坐商加增銷價銀一千二百三十九兩三錢計歲共得銀一千九百餘兩以資師生修脯膏火人役工食經費定議豫陝兩省及河東三十六屬民籍生童均准送院肄業光緒二年河東道升泰因多士日增齋房不敷棲止捐廉鳩工於堂後兩翼添置學舍二十二楹

其隸商籍者仍歸宏運書院肄業

按河東書院後改設河東中學堂宏運書院後改設河東初級師範學堂

書院地價置錠附

宏運書院舊有捐置地畝紀恩錄載係書院公田非曹氏私產向因佃戶拖欠陸續追價交商生息乾隆四十九年查存本利銀二千三百兩前運使沈業富詳准置錠立案存司乾隆五十年運使蔣兆奎用銀二千一百三十二兩置錠票一十五張五十三年又用銀一百六十八兩置錠票一張共十六張收貯運庫至所置

錠票照通例每年收銷價銀三百八十四兩歲支前掌院曹于汴祭祀銀六十兩書院門役工食銀二十四兩其曹氏子孫遇鄉試年給場費銀六十兩餘爲修理書院之需曹氏子孫不得仍行混支以垂永久乾隆五十七年課歸地丁錠票奉裁庫存前收銷價銀六百兩經運使季學錦飭安邑縣發交當商一分生息每年息銀六十兩於十二月提貯道庫爲前掌院曹于汴祭祀修築等工之用門役工食銀二十四兩在書院經費內撥給其鄉試年場經費銀六十兩查曹氏的派子孫現在無有生監赴考毋庸議給嘉慶十二年復商後銷價仍歸坐商前項殘票應領銀二百八十兩一錢二分經河東道葉汝芝以八十一兩一錢二分准令曹氏後裔領修塋域牌坊等工以二百兩仍飭安邑縣發交當商生息前後共歲得息銀八十兩歷年由安邑縣解交河東道發交曹氏後裔具領爲祭祀修築等工之用咸豐四年捐免充商改爲官運每年在公用款內封曹氏銷價銀四十兩三錢

書院無著銷價附

查嘉慶十二年鹽池復歸商運銷價扣存道庫修治荒畦十六年荒畦修竣餘賸銷價銀兩河東道茅豫詳請奏准充公彼時未將曹氏銷價劃出致該後裔屢次請領銷價至二十一年經河東道葉汝芝批示查曹氏此項係前明御史李日宣捐資置地國朝運使沈業富經議立錠所有銷價銀兩自十二年至十七年除該

後裔歷次支領修築等用尙有存銀七百餘兩茅前任自宜提出另行經理乃一併歸公殊未允當此時爾先人既祭亨有資宏運書院本道當籌款修補遂籌銀四百兩名爲無著銷價發商生息每年息銀四十兩定爲修理書院經費咸豐四年捐免充商繳還本銀復於五年由河東道黃經飭安邑縣發交當商仍舊生息

社學附

運城向有養蒙之地五統名社學而有東西南北中之分以便小子就近求學其東社學在表忠祠內南社學在南門社學巷西社學在府君廟巷北社學在城隍廟西中社學在鼓樓西各有房舍延塾師居之濟以館俸以待來學明季連因兵燹湮沒前志稱地畝四至禮房存卷但久未舉行雍正四年運使王又璞延師訓詁舉行二學而卷未詳何處其館俸由運使運同按年捐給今現行二處一設帝君廟巷文昌廟一設井把巷觀音廟俱非社學舊地遷移無定其館師膏火歲在加增引銷價項下各支銀十二兩嘉慶十九年河東道陳中孚在衛民祠內添設義學一處因歷年脩脯過少難資館穀近於敷衍同治四年河東道楊寶臣詳准在於鹽池生息項下撥息銀二百兩擇城內適中之淸淨廟宇設立義學四處就貢生生員中考取品端學優者四人爲師每處歲送束脩銀四十兩茶水煤炭香燭廟資銀十兩按季發給

清鹽法志卷九十三終

清鹽法志卷九十四 河東二十一

附編

山西省北鹽務

明嘉靖間因太汾所屬州縣山路崎嶇商運難至許行土鹽給票收稅此省北行銷土鹽之始也清乾隆元年山西巡撫石麟於咨查殺虎口鹽稅案內准蒙鹽入口行銷於向食土鹽不敷之州縣此又省北兼銷蒙鹽之始也五十七年潞鹽課歸地丁甘肅回民馬君選販運吉蘭泰鹽池無引之鹽獲利甚厚經太谷民人夏國瑚以馬君選交通外藩具控審明遣戍嘉慶十二年欽差查辦河東鹽務首議禁止蒙鹽水運旋以阿拉善王瑪哈巴拉呈獻鹽池劃

省北六十四廳州縣爲吉蘭泰鹽引地卒因誤運虧課乃將鹽池賞還蒙旗以吉引額課攤入河東活引而吉鹽引地廢矣自是以後花小蘆蒙各鹽紛入侵銷不復知有鹽法至宣統年間始有整頓省北鹽務之議其沿革本末可略述焉志山西省北鹽務

康熙五十三年題准山西太原汾州遼沁等府州食本地煎鹽

乾隆元年奏准大同府屬課歸地丁毋庸添設鹽引巡撫石麟疏言據布政使王謩等詳稱大同一府係屬邊隅民間食鹽皆從完糧地畝內遇雨淋水漫之後日曬風吹生長沙鹵不能種植禾黍是以農民刮土熬煎或鹽或鹻其所產所食均屬無多除自食之外卽或售賣亦屬零星藉以上供國賦下資餬口相沿已久雖未設有鹽引而全書開載應州等屬俱有額徵戶口食鹽銀兩歸入地丁項下徵收現在熬鹽鍋戶又復輸納稅課惟陽高天鎭二縣原係衞改戶口鮮少所以從前不徵食鹽款項但亦有鍋稅鹽稅在於雜課項下完解現在本地

刮熬無幾猶仰賴鄰封稍買而食民亦相安今若添設鹽引不惟國計無補而民生多有不便因地制宜似應仍循舊例毋庸添設鹽引等情臣覆查無異相應會同河東鹽政臣蘇赫臣合詞具題再查大同府鍋戶之稅應令領給司帖執以辦課合併聲明

乾隆四十五年奏准山西迤北口外鄂爾多斯阿拉善山一帶產鹽甚多且與內地相近必有匪徒興販嚴飭文武官弁督率兵役於通衢及各要隘實力查拏躧緝務使口外私鹽不准絲毫偷入內地儻有不實心查禁者嚴參示儆

乾隆四十七年奏准口鹽弛禁聽民自販毋庸交商領運巡撫兼鹽政農起疏言前於陛見時面奉諭旨以河東池鹽不旺商力疲乏令軍機大臣會同奴才羅卜藏多爾濟奴才農起商辦阿拉山鹽斤運至保德州臨縣內地令商人買運行銷一事因奴才農起未經詳審晉省鹽務情形未敢遽議當經軍機大臣會奏俟奴才農起抵任後會同奴才羅卜藏多爾濟各就該處實在情形悉心籌畫定議覆奏等因在案奴才農起

到任後檢閱卷宗與司道運司等詳細察訪適奴才羅卜藏多爾濟訂期會議前來隨即帶同署運使繆其吉率領商人
前赴托克托城與奴才羅卜藏多爾濟會晤仰體聖主恤商便民至意傳集各商宣諭恩旨令將阿拉山鹽斤運至保德
州臨縣行銷之處商力能否展紓民食是否有益令其確切查明具稟以便會商定議去後旋據商人雒信誠等呈稱查
乾隆二十二年池鹽歉收議買口鹽二千三百餘名嗣因道路艱難躭延兩載僅買到鹽三十七名又於二十五年借買
阿拉山鹽斤遷延一載僅買到鹽九名有零商等兩次採買均因路遠費重不敷成本奏明停止在案玆池鹽連年有收
除配運外現餘鹽二千九百九十七名計重八千餘萬斤實屬有盈無縮無須另籌接濟即以本省運鹽程途而論運城
在省極南保德在省西北相距一千四百餘里自保德臨縣運至最近行引之靈石等處計程已有四五百里及八九百
里之遠除鹽價課項不計外較之池鹽每斤已多費運腳銀自四五釐至七八釐不等若遠至蒲解等處所費愈多更難
核算商等連年賠累實因運費浩繁非關池鹽配引不敷之故今辦運河東引鹽猶苦財力不繼若再於保德臨縣等處
轉運口鹽山路崎嶇輓運艱難更恐顧此失彼貽誤課務獲罪非輕所有領運口鹽之處委屬無力承辦等語奴才等伏
思商人領運鹽斤應視成本之多寡以定價值之輕重今查自保德臨縣等地方分運各處行銷山路崎嶇難於輓運委

係實在情形且核計工本較之領運池鹽費實增倍定價過昂則有病民食賤則必虧商本殊多未便而現在商力拮据更恐顧此失彼亦於鹽法有礙奴才農起復檢查乾隆二十二二十五等年採買口鹽舊案悉與該商等所禀情節無異並查據運使冊報現在存貯池鹽數目與該商等所禀亦屬相符奴才羅卜藏多爾濟查運銷阿拉山鹽斤原屬仰體皇上爲軫恤乏商起見今體察商情不惟於商力無補兼之道遠費重倍形竭蹶且池鹽又屬有餘似可無需另籌接濟奴才等將各處實在情形查察既確事屬難行所有前請阿拉山鹽斤運至保德行銷之處理合會摺奏請停止又疏竊照阿拉山鹽斤商人不能領運緣由經臣會同羅卜藏多爾濟確核情形另摺覆奏外臣查晉省食鹽地方有專食蒙古鹽斤者有銷食河東引鹽商人納課者有改食土鹽課歸地丁者如大同朔平等府屬州縣因地處沿邊向係買食口鹽其平蒲澤潞解絳等屬四十四州縣俱係銷食河東引鹽太原汾州甯武代忻等屬四十四州縣雖領河東之引不食河東之鹽緣該處俱產土鹽居民就近刮食價值隨時不經商運引課卽歸地丁交納土鹽不敷之時向有蒙古鹽斤民人隨時販至該處售賣其味較勝土鹽率係沿邊一帶附近居民前往口外肩挑背負由殺虎口河堡營黃甫川等處口岸按例輸稅運入內地許食土鹽各處零星售賣以濟土鹽之不足價雖稍昂民間因其味勝凡在稍有力之家皆樂於買

食歷久相安素所不禁此晉省食鹽成例並改食土鹽各州縣與蒙古鹽斤交易之情形也迨乾隆四十五年仰蒙皇上垂念河東商力疲乏恐口外私鹽充斥以致官鹽壅滯欽奉諭旨嚴行查禁蒙古鹽斤不許販運內地此誠格外天恩軫恤乏商之至意自是以後除專食口鹽之大同朔平等處仍准其赴口販運外其餘各州縣概行禁止查商行引地私販固不可不禁至專食土鹽之處於官引原無干礙而口鹽又在必需近因查禁嚴密口鹽不通以致土鹽價值亦昂民間不免有貴食之虞臣與司道運使等悉心採訪並令各府州縣將各處食鹽情形據實稟覆備悉前情茲因查辦阿拉山鹽斤一事沿途體察民情據農民等紛紛籲懇請開舊禁以便民食嗣抵托克托城查詢蒙古鹽斤現因奉禁不能行銷積存口外者七百餘萬斤臣思以蒙古鹽斤之有餘補內地土鹽之不足源源接濟委屬兩有裨益雖商運之事屬難行而民販往來實爲妥便可否仰懇皇上格外天恩仍聽沿邊一帶居民赴口買運幷令地方官給予印票於各口岸照例納稅任往太汾等府州食用土鹽之處售賣在小民旣得藉販運以資餬口而民間獲有口鹽添補可免貴食實於口內口外民食生計大有利益第弛禁之後銷食河東引鹽各處恐有透漏入境致妨官引臣仍欽遵前奉諭旨飭令地方各官留心查察設法緝拏以杜奸販越境偸賣之弊儻不實力奉行卽行嚴參懲處如此酌量變通於官引並無妨礙而民食得

以充裕口鹽亦可行銷莫不均沾樂利矣　又疏稱臣接准
廷寄奉上諭本日據農起與羅卜藏多爾濟將阿拉山鹽斤
商人不能領運緣由會奏一摺朕以其事既不可行當即照
常批示及閱農起另摺所奏一稱大同朔平等屬地處沿邊向
係買食口鹽其平蒲澤潞解絳等屬四十四州縣俱係銷食
河東引鹽太原汾州甯武代忻等屬四十四州縣係刮食土
鹽不經商運其土鹽不敷之時民人零星買蒙古口鹽以濟
土鹽之不足現因查辦鹽斤一事體察民情咸籲請將口鹽
弛禁又稱現在積存口鹽七百餘萬斤商運雖屬難行而民
販往來實爲妥便等語此奏欠明晰殊不可解晉省沿邊各
府屬居民向食口鹽以商力疲乏恐官鹽墮運曾經降旨
飭禁今因商辦仍多拮据而居民又願食口鹽是以令農起
會同羅卜藏多爾濟悉心籌酌准令各商就地之遠近將口
鹽與官鹽一例販運行銷既可便民亦可通商原期兩有裨
益且商民一理未有便於民而獨不便於商者乃農起輒據
該商等以轉運口鹽山路崎嶇所需運本重大無力承辦爲
辭即將行銷蒙古鹽斤之處奏請停止此必係伊新任該省
巡撫於鹽務利弊未能深悉偏聽地方官詳稟遽行入告而
地方官又未免瞻顧商人甚或留此簽派充商一節以爲
剝富戶地步是以仍請照例停運口鹽爲便其於商人運腳
成本究竟如何不便之處又並未切實指陳至其另摺所奏
大同朔平等處一帶民人准其自行赴口販運又稱專食土

鹽之處於官引原無干礙而口鹽又在所必需並查詢現在蒙古有積存鹽斤以蒙古之有餘補內地之不足源源接濟兩有裨益之語是又爲周旋羅卜藏多爾濟起見若作和事老人者然殊不知封疆大吏於地方公事關係商運民食利病自應秉公定議不得存依違兩可之見調停完事且口外鹽斤既聽沿邊一帶及事食土鹽各處居民自行赴彼販賣不歸商運則小民惟利是圖其銷食河東引鹽之平蒲等屬四十四州縣如何設法查禁不致透漏有妨官引之處農起亦未逐一詳悉籌畫分晰奏明設有不便將來又如何辦理著傳諭農起伊係初任該省巡撫於此事無可瞻顧迴護自應一秉天良徹底通盤籌算將歷年各屬商民實在情形及地方官有無簽派富戶充商之事再口外鹽斤究竟是否可以行銷並如何設法調劑不致有妨官引使商民兩得其便可以永遠遵行之處另行秉公據實熟籌妥議詳悉具奏到日再降諭旨將此由四百里傳諭知之遵旨寄信前來臣跪讀之下仰見聖主惠恤商民事期核實之至意伏查晉省各州縣向食池鹽口鹽土鹽三項除大同朔平二府係在沿邊例准就近買食口鹽並不禁止及銷食池鹽之平蒲等府屬四十四州縣現在池鹽豐旺配引之外尚有盈餘不須口鹽接濟均毋庸置議外惟太汾等府屬四十四州縣向係刮食土鹽不經商運其商運難行之故因河東鹽池遠在省南太汾等府屬係在省北計程一二千里不等類皆崇山峻嶺路

以充裕口鹽亦可行銷莫不均沾樂利矣　又疏竊臣接准廷寄奉上諭本日據農起與羅卜藏多爾濟將阿拉山鹽斤商人不能領運緣由會奏一摺朕以其事既不可行當即照常批示及閱農起另摺所奏稱大同朔平等屬地處沿邊向係買食口鹽其平蒲澤潞解絳等屬四十四州縣俱係銷食河東引鹽太原汾州甯武代忻等屬四十四州縣係刮食土鹽不經商運其土鹽不敷之時民人零星買蒙古口鹽以濟土鹽之不足現因查辦鹽斤一事體察民情咸籲請將口鹽弛禁又稱現在積存口鹽七百餘萬斤商運雖難行而民販往來實爲妥便等語此奏欠明晰殊不可解晉省沿邊各府屬居民向食口鹽嗣以商力疲乏恐官鹽壅運曾經降旨飭禁令因商辦仍多拮据而居民又願食口鹽是以令農起會同羅卜藏多爾濟悉心籌酌准令各商就地之遠近將口鹽與官鹽一例販運行銷既可便民亦可通商原期兩有裨益且商民一理未有便於民而獨不便於商者乃農起輒據該商等以轉運口鹽山路崎嶇所需運本重大無力承辦爲辭即將行銷蒙古鹽斤之處奏請停止此必係伊新任該省巡撫於鹽務利弊未能深悉偏聽地方官詳稟遽行入告而地方官又未免瞻顧商人甚或留此簽派充商一節以爲朘剝富戶地步是以仍請照例停運口鹽爲便其於商人運腳成本究竟如何不便之處又並未切實指陳至其另摺所奏大同朔平等處一帶民人准其自行赴口販運又稱事食土

把持病民之漸且民人攜本販鹽不避艱險苦力經營始得稍沾餘利以資餬口如令商人雇用不但渙散不齊且多一番雇費而事非切己究亦不能如自食其力之實心經理是兼食口鹽之處販之自民則並行而不悖歸之於商則顧此而失彼此民販妥便之情形也至於土鹽不足之處相隔商行引地本屬寫遠以程途而論該土販等固不肯舍近就遠越境偸賣間有地界毗連而池鹽價賤口鹽價貴該民人等亦不肯棄賤買貴今再於要隘之處多設巡役實力稽查以防透漏亦斷不致有礙官引以上情形臣於前次摺內未經分晰聲明以致上煩睿慮實屬惶悚無地今凛遵訓諭復與司道等悉心體察衆論僉同確係切實情形伏查阿拉山鹽斤准其入口銷售原期卹商便民兩有裨益如二者之中一有不便即應預爲籌及蓋河東池鹽運行三省全在商力充裕方不致有誤民食從前鹽池被水以致歉收商力漸乏仰蒙聖慈廑念開濬河渠修築隄堰近年以來始得產鹽旺盛臣於抵晉之初檢查報案現在池鹽除配引之外積存盈餘八千餘萬斤以阿拉山每年運鹽一千一百萬斤比較計多數倍止宜休養商力以期漸有起色似未便令其再運口鹽致難兼顧至四十一年前撫臣巴延三奏准召募富戶充當運商五年輪換一次以均勞逸原係乏商自行舉報歷年報部有案可稽並不假手州縣尚無指勒殷富情弊但以應換人數而計每次需商數十名而一省之富戶有限五年之輪

換無窮卽照限定章程一倘恐將來乏人領運若將阿拉山鹽斤再令承辦是口鹽增一行引之地池鹽卽少一輪換之商亦應慮之於始以爲經久之計可否仰懇聖恩將此項口鹽照臣前摺所請毋庸交商領運准令民人照舊自行販賣以資接濟既可便民亦不損商似屬兩有裨益謹再據實覆奏

乾隆五十一年奏准口鹽水運以臨縣磧口鎮爲界不得載至下游州縣

巡撫兼鹽政伊桑阿疏言竊臣旺親班巴爾請將蒙古鹽斤由水路運進內地售賣一案經理藩院據情轉奏奉旨知道了俟至五臺山之日再行議奏欽遵茲至五臺臣等公同會議緣俟晉省太原汾州等屬四十四州縣向食土鹽鹽課銀兩歸於地丁錢糧交納土鹽如有不敷兼買阿拉善鹽斤以資接濟乾隆四十五年奉旨查禁蒙古鹽斤不許運入內地四十七年經前任撫臣農起以口鹽不通或致土鹽價貴有妨民食請弛販運口鹽之禁仍聽居民赴口買運於各口岸照例納稅並於商行引地設役稽查以防透漏仰蒙俞允遵行至四十八年二月前撫臣農起以前項口鹽止准民人肩挑驢馱零星販運不得用大船木筏由黃河運至保德州臨縣等處四出私售致礙官引飭屬禁止水運並經移咨阿拉善知照各在案臣旺親班巴爾以該處民人陸運口鹽所銷無幾與窮苦蒙古生計有礙請令將口鹽

仍由水路直行運進內地臣伊桑阿查太原等屬土鹽不足之處不過藉口鹽稍爲添補並非全賴口鹽而添補之多寡又係年減年增參差不一不能預定數目若聽蒙古人用船運鹽直進內地售賣不特語言不通難以交易且恐蒙民人欺生刁勒滋生事端諸多不便而托克托城由水路運至保德州計程四百七十里又自保德州至汾州屬之臨縣磧口鎭計程六百三十里下及平陽屬之吉州鄉甯以至河南陝西等省均一水可通如任聽民人由黃河販運漫無限制又恐盈千累萬順流直下無所顧忌必至影射越販混入河東引地殊與官鹽有礙此從前水運之禁不得不嚴行查辦惟是水運不行則口鹽銷售無多有關蒙古生計自應酌籌通融辦法務使彼此有益兩無妨礙方爲妥協臣等公同當面商酌查臨縣地方相距商行引地尚有二三百里之遙應請准其水運即以臨縣磧口鎭爲界飭令起岸堆貯零星售賣不得載至下游州縣則界限分明查禁亦易似無慮再有越境遠販之弊仍聽州民人照舊自赴托克托城販鹽陸運水運各從其便如由水路運入內地即在臨縣起岸銷賣自臨縣磧口鎭而下仍嚴行查禁不許偷越至應作何水運之處併請悉從民便不必限定運鹽額數亦毋庸赴官請領印票致滋煩擾其沿邊居民零星陸販仍請照舊運銷各處隘口毋許禁阻所有蒙古自行用船運入內地之處應毋庸置議如蒙允准臣伊桑阿即偏行出示曉諭太原等屬四十四州縣民人

一律遵行俾得源源販運口鹽自多銷售可免壅積之慮與官鹽並無妨礙而於蒙古內地均有裨益再口鹽在內地行銷已將鹽課歸於地丁完納又在河保營地方按例輸稅自毋庸再納課銀其官鹽引地接壤處所久經議有稽查條款應再行嚴飭地方官實力查察不使透漏奉旨依議

乾隆五十七年議准河東課歸糧輸鹽聽人運兼有就近買食土鹽花馬池鹽蒙古鹽之類亦不許禁阻並不許私收稅錢

嘉慶五年議准河東鹽池課歸地丁將河東蒙古鹽斤酌定限制以杜侵越口鹽由河運至磧口鎮責成汾州府委派妥員輪班該處彈壓稽查遇口鹽船隻到鎮押令起岸堆儲零星販賣儻委員賣放經下游地方官拏獲或被訪聞嚴參究辦

黃河對岸陝西地方令陝撫查禁

嘉慶十一年奏准除大朔兩府五廳歷係准食蒙古鹽不計外

其向食土鹽兼食蒙古鹽之岢嵐等十一州縣應照舊例准在河口村地方積儲由陸路運銷不准水運直下責成歸綏道督同該通判就近嚴查毋許透漏詳見河東運銷門

又奏准向來山西兼食吉蘭泰鹽斤之口外五廳大同朔平兩府屬並陽曲等四十四州縣定爲吉蘭泰行鹽引地除向不需吉鹽接濟地方仍令照舊完納鹽稅不派引張外餘俱查照從前實銷吉蘭泰鹽數按派引額所有鹽船仍准運至磧口以省脚費其吉蘭泰鹽斤即令甯夏道管理並於磴口添設運判一員吉蘭泰及磴口各設鹽大使一員河口鎮添設批驗所大使一員侍郎英和疏言竊臣等奉旨會同山西撫臣同興查辦河東鹽務業經奏明禁止水運招商承辦仰蒙俞允欽遵在案臣等行入甘境途遇甘省所委駐劄磴口稽查蒙古水運之知州徐學栄詢據該

員稟稱在彼將及一載目擊吉蘭泰鹽池寬廣數十里產鹽豐旺而蒙古人等性拙耽安向來不能撈取自馬君選獲罪後各處嚴禁內地民人出口現在鹽池已成廢棄磴口並無鹽斤等語臣等伏思阿拉善疆土雍正年間始賞給額駙爲遊牧之地乾隆年間准其行鹽獲利今以蒙古人等拙於開空竟致廢棄於伊等生計不無拮据合無仰懇特恩勅下陝甘總督山西巡撫督同兩省藩司悉心會商妥議如何招商承辦設官駐箚該鹽池地方稽查水陸各運并每年應令商販出資若干以裕蒙古生計之處均當詳慎籌定期於永久可行從此不致棄有用爲無用而蒙古人等長得仰沐鴻慈矣恭奉上諭據同興奏到籌議河東鹽務招商辦理情形一摺

又疏竊臣英和臣初彭齡臣倭什布臣方維甸臣同興並據英和初彭齡奏到阿拉善鹽斤懇照河東事例一體招商代辦一摺看來此二事相爲表裏山西民人所以不願充商者自以鹽池獲利細微易於賠累之故爲今計莫若將蒙古池鹽與河東池鹽一併招商承辦按照成本多寡口岸暢滯情形因利乘便酌劑行銷總使得霑餘潤商人自必樂從著英和初彭齡會同倭什布方維甸同興將山陝甘三省鹽務如何一律招商承辦設官經理一切建置衙署廉俸等項需費若干其行鹽地界如何分別劃定以便民食每年輸課若干其從前改歸地丁應行撥還若干之處一一詳細通盤籌畫妥議章程具奏等因欽此臣等伏查吉蘭泰鹽務臣英和

初彭齡前與臣方維甸會商因山西殷實之戶頗多擬在山
西招商運辦今准陝甘督臣來咨並擬撈鹽之戶坐商亦令運
商自行雇覓查撈鹽必熟悉地利方知辦理情形尤必素識
附近人夫方免匪徒混跡若隔省招募人地生疏諸多未便
自應在甘肅就近募充以期得力至運商止須家道殷實不
致虧課者即可承充則山西尚可招募惟吉蘭泰鹽斤向用
船隻由黃河運至山西省北一帶行銷現准陝甘督臣咨商
亦擬令運商自行購買木植造船行銷等語查購買木植係
甘肅木商承辦之事從前馬君選係甘肅回民素諳辦理木
商情形是以易於請票購買今既擬在山西另招承辦吉蘭
泰鹽務則鹽商不能兼充木商以致一商二役貽誤行銷所
用鹽船木植應由甘肅另派木商照舊例在該管衙門請票
購買修造以供運商之用所有造船大小丈尺及每隻可裝
鹽若干每隻須工料銀若干均由甘肅核定令運商納銀領
船裝鹽運至山西行銷後准其將船變價以歸商本緣黃河
水勢溜急鹽船到晉後不能數千里雇覓人夫將空船挽回
磴口也又查從前阿拉善王辦理鹽務之時每歲撈運各夫
在內地備買口糧均有定數今鹽池既經入官招商承辦即
與內地鹽場無異其撈夫運商口糧應照內地鹽場聽民自
便無庸額定口糧數目報官驗放以杜土棍壟斷把持吏胥
藉端需索之弊至甘肅地方經臣倭什布查明向無行銷吉
蘭泰鹽斤之處所有向來山西兼食吉蘭泰鹽斤之口外五

廳大同朔平兩府屬並陽曲等四十四州縣應定為吉蘭泰行鹽引地惟各屬均產土鹽自應分別查明除向不需吉蘭泰鹽斤接濟地方仍令照舊完納鹽稅不派引張外餘俱查照從前除食土鹽外實銷吉蘭泰鹽數按派引額試行二三年察看情形再行覈定其鹽斤仍照河東每引重二百四十斤並照每引納課三錢九分八釐零之數以歸畫一其課即在甯夏運司衙門徵收報解所有從前民納鹽稅散歸地丁者除其所食土鹽之稅仍覈實酌留外餘悉撥出歸商完納以免重徵至鹽政應否山西巡撫兼管磴口應否添設運判先經臣英和臣初彭齡臣方維甸會奏候旨定奪茲准陝甘督臣倭什布咨稱吉蘭泰爲撈鹽運鹽總匯之區自應專設大員督辦但其地附近甯夏一應撈運夫役均雇甯夏所屬之人若另設運司籌雇人夫及造船工匠與購買口糧木料等事恐呼應不靈擬將甯夏兵備道改兼鹽法道較爲得力其廉俸衙署書役均仍其舊既可專司轉運而呼應亦靈是否有當伏候命下施行又吉蘭泰爲撈鹽之地磴口爲發鹽之所均應各設鹽大使一員辦理督撈驗放等事又吉蘭泰磴口二處雖設運判大使一若無武職不足以資彈壓均應各設武職一員即照口外屯防之例於內地各提鎮營內都遊等官派撥移駐毋庸添置以節糜費並於磴口吉蘭泰一路酌設墩汛數處派兵數名均照屯防例支給器械鍋帳鹽菜腳費並酌定一年更換以均勞逸其餘勘定鹽池界址及衙

署官役廉俸工食請引繳引截角秤驗緝私各事宜由臣倭
什布再行詳議分别應題應奏辦理至河口鎮係引鹽入境
要地爲鹽船停泊轉運之處應設批驗大使一員以司查驗
又吉蘭泰池鹽既經商辦派引行銷自無侵越之虞所有鹽
船應請仍准運至磧口等處以省脚費沿河所經之河曲縣
保德州臨縣永和大甯吉州等處均對岸與陝西接壤往往
有鄂爾多斯鹽斤侵越且磧口至龍王辿以下即非吉蘭泰
鹽引之地應設官稽查但處處設官員缺未免多費應將山
西職事稍簡之佐雜等官改撥移駐以節經費其餘一切詳
細章程容臣同興再行率同藩司妥議具題辦理七月初十
日奉硃批大學士九卿議奏欽此旋經大學士慶桂等議覆
據英和等疏稱吉蘭泰鹽斤向用船隻由黃河運至山西行
銷現准陝甘總督倭什布咨擬令運商自行購木造船但鹽
商不能兼充木商所用鹽船木植由甘肅另派木商照例在
該管衙門請票購造以供運商之用造船大小需用若干由
甘肅覈定令運商納銀領船運至山西行銷後准其將船隻
變賣歸本等語查運商自行領票購木造船運至山西行銷
後將木料變價得有餘利可以彌補運費若定由木商造船
轉給運商難保無勒掯情弊自應令運商自行購造方足以
資輓運應如何妥爲經理俾運商得以從容裝載不令木商
從中掣肘應令該督等再行酌定又據英和等疏稱運商口
糧照內地鹽場無庸額定數目報官驗放等語查商人出口

辦運應帶口糧自應官爲驗放不可漫無稽考但出入人數多寡視該處產鹽旺歉難以預定而按口給糧每名應帶若干自應酌定額數隨時造報不准浮多又據英和等疏稱吉蘭泰爲撈鹽運鹽總匯應專設大員督辦等語查河東鹽政照舊以山西巡撫兼管所有河東運司毋庸復設應卽令河東道兼辦鹽法道事務其吉蘭泰鹽斤卽令甯夏道兼管鹽法道辦理並令該撫於文職佐雜武職都守中各派委一員在該處輪流駐劄以資查察其陝西鹽務仍照舊令鳳邠道兼鹽法道管理統由山西巡撫覈轉至所請磴口添設運判一員吉蘭泰及磴口各設鹽大使一員河口鎮添設批驗所大使一員以及派委武職彈壓之處應如該侍郎所奏辦理所有一切吏役務從減省臣等再查吉蘭泰池鹽較之河東池鹽本屬旺產又其鹽撈曬卽成不需煎燒工本鹽價極輕最易侵越他省嘉慶八年奏上諭准用五百隻鹽船入口每船裝載二萬八千斤共計引票四萬餘引今該處鹽池既歸內地自應廣增引目酌加課則以杜私販其陝西山西等處行銷潞鹽之地如去河東道途遙遠轉運維艱均應酌量改銷口鹽當如何定地配引之處應令該撫等詳議具奏再行覈辦又蒙古產鹽處所不止吉蘭泰一處今除吉蘭泰鹽池改歸官辦應聽官商按引販運外其陝西山西沿邊附近蒙古地方如有民人販賣蒙古私鹽並應嚴行查禁其如何堵緝章程當令該撫等詳悉擬議以憑覈覆其從前散歸地丁

民納鹽課除土鹽之稅仍覈實酌留外其餘課銀均歸商完納俟鹽務酌定後再行專摺陳明於地丁內照數開除奉旨依議

又奏准招商試辦吉鹽每年以三萬石爲率　護理巡撫金應琦疏言竊查吉蘭泰鹽務前准甘肅藩司蔡廷衡奏明委員前往磴口將舊封鹽二十船趕緊運至晉省托克托城接濟臣前已於月前檄委試用知縣賈汝愚帶同新商馬遵義等前往托城按引試辦俟銷辦完竣再行分晰陳奏十月十九日奉上諭金應琦奏稱磴口運至托克托城鹽斤已委員帶同認充新商馬遵義等前往按引試辦一節此則與原議章程殊有不符吉蘭泰鹽斤原議令河東運商一併承運蓋以口鹽獲利較贏庶可以彼之有餘補潞鹽之不足今據稱新商馬遵義等按引試辦乃係另行招商專運吉蘭泰之鹽又與潞鹽分爲兩事前經戶部議令該撫將潞商口商詳籌調劑究竟該省情形如何使商民兩便而鹾課亦能寬裕之處該撫惟當督同藩司悉心體訪速定章程妥議具奏將此諭令知之欽此嗣於十一月十七日山西巡撫成齡疏稱臣到任後遵奉諭旨卽細覈全卷虛衷訪察伏查吉蘭泰鹽池距河東鹽池三千餘里前據王恆泰等僉稱該商等均係河東舊商因河東鹽務現蒙出示將積弊盡革又蒙奏准試辦三年不定長價將來

行鹽可免賠累該商等均有河東舊行引地是以情願復充河東運商至吉蘭泰鹽務遠在外藩該商等俱係人地生疏不諳口外情形恐致貽誤引課不敢認辦等情該司道等復博訪輿論細加體察緣潞鹽與口鹽不能合併辦理者其故有二以行鹽地勢而論口鹽池在黃河上游比鄰甯夏潞鹽池在黃河下游地接豫秦兩地相去三千餘里中雖一水可通而天橋壺口飛瀑險灘不止一處鹽船至此必須起撥所費正復不輕故歷來口鹽至臨縣磧口地方每斤腳費多至三四分不等而潞鹽至吉州龍王辿地方每斤腳費不過一分六釐小民乘便買食斷無捨賤食貴之理是以歷來口鹽不能越險至龍王辿以下行銷河東地方亦猶潞鹽不能涉太汾至省北一帶行銷大朔等府也溯查成案乾隆二十二年河東池遭水漫鹽不敷配鹽政那俊議買口鹽三千三百餘名運逾兩載僅運到鹽三十七名二十五年鹽政薩哈岱又議買阿拉善鹽運逾一載僅運鹽九名四十七年欽奉論旨令商買運阿拉善鹽斤經巡撫兼鹽政農起以路遠費重輓運維艱奏請停止此歷來口鹽雖旺不能行銷河東地方確有可據查口鹽既不能越銷河東原可無需潞商併辦況潞商業已一家承辦河東數處引地更難兼辦口鹽又以行鹽多寡獲利盈虧而論今昔情事亦有不同舊制河東鹽行三省每年銷引六十餘萬道納課五十餘萬兩其引課較多則獲利亦厚在乾隆十年以前鹽未定價河東商人本無賠

累今既蒙恩准照彼時成例鹽不定價試辦三年則潞商獲利未必不豐更無不足之慮至吉蘭泰鹽務從前未經商辦馬君選等所行皆無課之鹽其成本既輕又復漫無限制視鹽價較昂之地任意行銷獲利遂無一定今既招商納課認地行銷則獲利勢不能如從前之多又查吉蘭泰池鹽前經英和初彭齡會議請以山西口外五廳大同朔平兩府暨陽曲等四十四州縣並陝西神木府谷等八州縣均改爲吉蘭泰鹽池引地統計雖有七十二處然內多舊州食土鹽之區查各該州縣民居瘠土地本作鹹隨處皆可刮土熬鹽以謀生活其事本難查禁且均經認納鹽稅歷久相安亦難禁止現擬循照前奏分別確查如係向食口鹽州縣將從前鹽稅撥出歸商領引行鹽納課其餘向食土鹽不需口鹽接濟者亦不強派行銷仍令照舊完稅准食土鹽以順民情是口鹽引地雖有七十二處而銷鹽數目遠遜於河東本年五月英和初彭齡行至甘肅據甘肅委員駐劄磴口查鹽之靈州知州徐學采訪查馬君選代蒙古撈運鹽斤每年約銷鹽二萬八九千石至三萬一二千石不等每石重七百斤等語覈與山西歷年所銷口鹽一船數及英和等前奏所查馬君選每年給與阿拉善利息多則二萬少則萬餘之數均相符合實歷來口鹽行銷確數今酌中以三萬石爲率計每年可銷鹽二千一百萬斤照河東每引鹽重二百四十斤共應配引八萬七千五百道覈計正雜課銀公務官錢等項在內吉蘭泰鹽課

每年共應徵銀六萬三千五百餘兩即慮商情未可輕信或從前銷鹽不止此數但此後吉蘭泰既經設官將來運鹽必需按引製配不能稍有隱漏茲當試辦之初似應暫照歷年舊行鹽數請引定課俟試辦一二年後如果暢銷引不敷配再行隨時議增現在銷數尚屬無多納課有限是口商納課未見有餘潞商亦無須兼辦前因大興縣民人馬遵義及太谷縣民人苗夏戴明亮等七名自行呈請願充口商該司道等細加查詢該商等均屬家道殷實向在口外生理熟悉蒙古地方前經撫臣同興附片陳明飭取該商等認保各結令其趕緊前赴河口接運存鹽試辦以收來年駕輕就熟之效此口鹽船隻所以未派潞商行運必須另招口商試辦之原委也二十八日奉硃批戶部會同英和議奏欽此十二月初六日戶部覆稱臣等伏查河東及吉蘭泰鹽務一體改歸官辦一切事宜首在招商認地前因該撫疏請王恒泰等承充河東新商馬遵義等承充吉蘭泰新商臣等慮及口私侵越壅滯潞綱又以潞商易於賠累口商多獲贏餘奏令詳籌調劑茲據該撫覆稱吉蘭泰鹽池在黃河上游比鄰甯夏河東鹽池在黃河下游地接豫秦兩地相去三千餘里口鹽斷不能越險行銷河東地方原可無須潞商併辦況潞商業已一家承辦河東數處引地更難兼辦口鹽又河東鹽行三省每年銷引六十餘萬道納課五十餘萬兩課引較多獲利已厚口鹽每年酌中以三萬石爲率計配引八萬七千五百道應

徵銀六萬三千五百餘兩課銀有限獲利未見有餘口鹽潞鹽應請分別招商各辦引地等語查嘉慶八年欽奉上諭蒙古鹽斤進口定以五百隻鹽船原因口鹽越界多銷致滯官引是以嚴定限制令口鹽潞鹽均歸官辦各分疆界定額銷引所有豫晉等處並無引之鹽如有偸販私商原易於查察又據該撫詳查地勢口鹽斷不能侵越潞綱無須潞商兼辦而兩地引鹽之多寡獲利之盈虧該撫復詳細覈明亦無需通融調劑自應如所奏辦理本日奉旨戶部會同英和奏潞商口商分辦鹽務事宜一口摺俱照所請行

嘉慶十二年諭吉蘭泰池鹽額運晉省河口鹽三萬石令坐商如數運赴河口交晉省商販接買行銷其明歲籌運章程成齡當另選殷商會同甘省妥爲籌辦以期國課民食兩無貽誤陝西巡撫方維甸疏言竊臣於七月准軍機大臣字寄欽奉上諭蔡廷衡奏酌籌趕運晉省鹽斤期免貽誤一摺吉蘭泰池鹽額運晉省河口鹽三萬石分銷晉陝兩省前於定議章程時晉省遴選殷商責成銷運似屬辦有條理今據蔡廷衡奏稱該坐商馬起龍等業將額鹽三萬石如數撈足運貯磴口而晉省行商七人直至三月間始據署運判張璟帶

同總商馬遵義一名赴磴口轉運該商並未攜帶資本所有鹽價船價大半賒欠迨五月上旬甫運鹽二千三百餘石旋又停止並據馬遵義稟稱該商係因任國屏投充行商將伊一併報名關提到晉不知如何報作總商現在實無資本接濟難望其再行趕運等語可見晉省從前辦理簽商一事本未妥協吉蘭泰池鹽甫經改歸官辦且關係兩省民食自應簽派殷商妥爲行運何以馬遵義並無資本率令充作總商赴甘承辦現在閱時已將半載所運鹽斤尚不及十分之一而其餘六商亦均未前往接運殊屬不成事體看來馬遵義等充當行商難保無營求簽派情弊否則或係因晉省殷實之戶規避充商皆以賄囑免派轉將此等素乏資財之輩逼勒充數該商等何以輒行認充不可不查究明確以肅鹺政此事係同興任內酌定簽派成齡無所用其迴護著即詳細查明據實具奏其行商七人除馬遵義一名即著蔡廷衡飭令委員解交成齡訊究外其任國屏等六人並著成齡就近提集併訊毋稍徇隱此時蔡廷衡已令坐商馬起龍等將應運鹽斤如數運赴河口交晉省商販接買行銷其明歲籌運章程成齡當另選殷商會同甘省妥爲籌辦以期國課民食兩無貽誤方爲妥善將此傳諭成齡並諭蔡廷衡知之欽此臣遵查吉蘭泰池鹽上年經侍郎英和等請歸晉省招商承辦運銷當經前撫臣同興督同藩司金應琦等出示招募其時正值河東鹽務復商之始曾經循照原議諭令避商一併

承辦緣吉蘭泰遠在外藩該商等俱因人地生疎恐致貽誤堅辭不敢認充此外晉省地方原不乏殷實之戶亦因不諳口外情形未敢應募承辦迨至九月內有大興縣人馬遵義太谷縣人任國屏自行呈請願充口商並據招得晉省民人苗夏趙勉史廣居張哲戴明亮五人爲夥商該司道等傳案查詢伊等均係家道殷實熟悉蒙古地方堪以充辦經同興附片陳明取結著充令其趕緊前赴河口接運存鹽試辦此吉蘭泰鹽務上年招商認辦之原委也臣仰蒙聖恩調任山西於上年十一月二十七日抵省一任事據藩司金應琦等稟悉前情上歷將查辦章程恭摺具奏面給發照票飭令該商等齎帶資本速赴河口趕運存鹽並至磴口向甘肅所招坐商馬起龍等接運鹽斤口赴晉陝引地銷售祇因口外嚴寒須待三月間黃河冰泮始能用船轉運馬遵義等於本年正月內領票自太原省起身往磴由草地行走程途遙遠三月下旬始抵該處旋據馬遵義遣令夥商赴晉具呈伊等在磴口領鹽甘肅坐商馬起龍等索取撈鹽費用及自吉蘭泰運鹽至磴口馱腳每石四兩有零並造船工本數亦加倍難以照給以致辦運掣肘等情並據甯夏鹽道王榮棨呈請飭令照交臣查上年侍郎英和等行抵甘肅據該省靈州知州徐學采查報前此民販馬君選辦鹽每石止交撈費銀一錢州運磴腳費銀一兩七錢開單發交晉省照辦而馬君選辦鹽之時所交阿拉善使費此時鹽已歸官毋庸再給則撈費馱腳之外

別無所需何以彼處坐商馬起龍等索銀逾倍而造船工本更復多寡懸殊在口鹽運赴晉陝兩省引地出售從前船民販馬君選等行銷時既有定價不能多賣今坐商索費過昂則運商多費成本到地計本加利出售必至擡價病民況原定山西口外五廳大同朔平等府屬暨陽曲等州縣及陝西綏德等州縣行銷引地內多舊食土鹽之區若口鹽賣價過昂民間勢必舍貴就賤官引坐滯銷難敷額課均有關係伏思吉蘭泰商辦鹽斤事屬創始運銷兩商各執一詞該處如何撈鹽馱運並船隻實在需價若干非就近確查核定究恐未能公允難以歷久遵循甯夏距晉既遠往返行查轉致躭延當委朔平知府廣玉前往會同該道王榮棨等悉心訪查定議飭辦業經附片奏明在案原擬俟該委員等查明覈定後再行詳悉具奏茲經護陝甘督臣蔡廷衡以該處坐商馬起龍等將額運鹽三萬石如數撈足臣運儲磴口晉省行商止有馬遵義一名赴磴未帶貲本難以辦運已令馬起龍等將鹽運赴河口行銷等情具奏仰蒙聖明垂詢並指示查辦臣伏查所招馬遵義等七人已據該商等原籍大興太谷等縣詳查均係殷實之戶取具印保各結呈送咨部上年因潞商不能兼辦另招新商係馬遵義協同任國屏赴案投認其夥商苗夏等五人又係伊等所招合夥辦運行銷馬遵義赴磴口後所有任國屏苗夏等六人亦經臣續行委員押催前往協辦今馬遵義在彼因何又稱並無貲本所運鹽斤不及十分之

一誠如聖諭實屬不成事體臣現已飛催委員知府廣玉將撈費及水陸運腳船價速行查實具稟加以應納課務官錢通盤覈計賣價於甘省坐商馬起龍等鹽斤運抵河口飭令照交晉省商販接買分銷一面欽遵諭旨委員星赴河口等處將馬遵義並任國屏等七人分別迎提押解來晉查究實情並確究有無別項情弊另行奏辦其明歲籌運章程並即督同藩司金應琦等出示招募另選殷商會同新任陝西督臣長齡妥爲籌辦以期國課民食兩無貽誤奉硃批不可推諉甘省非汝所派何須迴護秉公查辦欽此又巡撫兼管鹽政成齡奏竊臣懔遵訓諭飛咨陝甘督臣委員將馬遵義管解茲於十月初五日到晉其夥商任國屏等亦經分路委員提集至省臣隨督藩臬兩司訊據馬遵義供稱我籍隸大興上年聞吉蘭泰鹽務招商應募來晉與太谷榆次兩縣民人任國屏苗夏趙勉史廣居張哲戴明亮六人合夥投充我係商首任國屏等幫辦我於本年正月內自太原領票旋即攜帶資本銀三萬餘兩前赴甘省運鹽任國屏等六人亦各帶銀兩隨後分赴各口岸照料並置廠店器具三月內我行抵甯夏正值黃河冰泮當赴甯夏道請領引票循照上年英和侍郎等所發靈州知州徐學采一開呈馬君選舊日辦鹽撈費運腳自吉蘭泰至磴口每石銀一兩八錢向坐商馬起龍等交兑掣鹽詎料馬起龍等不照原議每石索銀四兩其裝鹽船隻向日每隻價銀不過百兩伊等又索銀一百八十兩均

多逾倍我恐成本過重難以行銷又恐誤運故一面稟請查辦一而照坐商所索之數交價掣鹽二千三百餘石裝船五十七隻趕運河口後又交價接辦二運鹽斤並經差人趕催夥商速將銀兩接濟不期甘省即稱我乏本誤運委員將引票撤回並將已裝鹽一百餘石押令起卸呈報奏辦我在甘所交課務官錢鹽本船價並購辦木植等項約用去銀五萬餘兩除帶三萬餘兩外餘係在河口等處挪湊現在尚措備運本銀十萬兩可以呈驗並非乏本誤運等語訊之任國屏等六人各供出銀合夥并各帶銀兩赴口岸照料及置備店口器具無異臣查馬遵義供稱赴甘辦運口交過課務鹽本運腳船價並置備木植用銀五萬兩并稱尚有措備運本銀十萬兩而任國屏等亦供齎銀兩前赴各口岸置有店口器具則甘省所稱該商並無資本已不甚相符又據馬遵義所供裝載甘二省運鹽斤被委員將引票撤回令將已裝之鹽起卸亦與甘省所稱馬遵義不能辦運情形迥異臣復查馬遵義赴甘領運鹽斤前據該商不遺令商夥回晉具呈坐商馬起龍等索取撈費馱腳每石四兩有零與侍郎英和等發交靈州知州徐學采開報每石一兩八錢之數竟至逾倍其造船工本數亦較多誠恐運商成本過重到地加利出售必至擡價病民官引滯銷難敷額課曾經奏明派委升任冀甯道朔平府知府廣玉前往會同甯夏道王棨訪查定議飭辦旋據該道等將坐運兩商撈馱行運一切價值費用查議開報到臣

其時正值甘省奏交坐商馬起龍等代運臣隨批行藩司金應琦等將所議價值復加覈實飭遵該司等詳覆尚有可以撙節酌減之處而甯夏道王棨又詳據馬起龍等呈稱如必須酌減惟有停運等情是馬起龍等難保無居奇勒掯之事且本年額運鹽三萬石除馬遵義運過二千三百餘石外原經甘省奏交馬起龍等務於黃河未凍以前照數運銷毋許遲誤今據甯夏道文報馬起龍等止代運過鹽一萬八千餘石尚短運鹽九千六百石現值河凍停運等情馬起龍等或因覈減費用藉詞諉誤亦未可定在馬遵義等是否乏本誤運抑係坐商擡價捐勒一面之詞復難定案若不飭提馬起龍等來晉質對明確無以服該商之心且查廣玉等議詳價本運費按照馬起龍等所索之數雖稍有減省第統計成本較之當日馬君選運鹽發賣尚多一倍必得該坐商來省督令面同覈定飭辦庶於民食商運兩無窒礙目前鹽池均已結凍該坐商並無應辦之事趁此趕緊酌定可以無誤來春撈運除移咨陝甘督臣長齡飛提坐商馬起龍等委員解赴晉省交臣一併迅速訊明會同長齡妥議具奏外所有查辦緣由理合恭摺具奏奉上諭成齡奏查訊吉蘭泰運商馬遵義供情並咨提坐商馬起龍等赴晉質訊等情一摺前因蔡廷衡奏運商馬遵義等賫本不敷稽遲誤運酌令坐商馬起龍等代運當經降旨令成齡查提馬遵義等訊辦並據成齡奏稱據馬遵義供稱赴甘辦運交過課務鹽本運腳船價

並置備木植用銀五萬餘兩並尚有措備運本銀十萬兩若所供果係實情則運商馬遵義似屬殷實何以甘省前奏該商赴磴口運鹽並未攜帶資本鹽價船價大半向坐商賒欠且馬遵義並無資本情由據蔡廷衡前奏係委員代該運商轉粜是否確實現在成齡所奏馬遵義供赴甘辦運共用過銀五萬餘兩有何確據其所稱尚有備運銀十萬兩存貯何處以該商前在磴口竟致不能領運看來該運商前在甘省所稱資本不敷及現在訊出坐商馬起龍等索取撈費等情俱難憑信長齡現到任未久其馬遵義亦非成齡任內招認伊二人均可毋庸迴護著長齡詳查馬遵義果否資本不敷馬起龍等是否有索取撈費情事逐一詳細確查至馬起龍現經成齡咨提應俟該坐商提解到時秉公查訊總之吉蘭泰鹽斤經部臣議准晉省招商領運原期於民食運課兩有裨益今本年額運鹽三萬石馬遵義僅運過鹽二千三百餘石嗣馬起龍止代運過鹽一萬八千餘石尚短運鹽九千六百餘石現因河凍停運似此誤運墮銷於國課民食均有妨礙辦理殊未妥協長齡成齡務須一秉至公不可稍分畛域預存成見或係運商馬遵義實無資本或係坐商馬起龍等有居奇勒掯情事必當悉心查訊逐一詳細妥議具奏將此各諭令知之

嘉慶十三年奏准吉鹽到境與土鹽蒙鹽兩項並行兼銷難以

定額分認引地窒礙難行應令商人在磴口交課領票運鹽至河口而止悉聽民販接買運赴缺鹽待濟各處銷賣陝甘總督長齡等疏言竊照前護陝甘督臣蔡廷衡具奏吉蘭泰運商馬遵義等資本不敷稽遲誤運等情臣成齡欽遵諭旨行提馬遵義等到案訊供因與甘省所稱該商乏本誤運情節不符並據指稱坐商馬起龍等多索撈費馱脚當經恭摺奏明咨提該坐商等赴晉質訊並應將一辦鹽價本運費督令面同覈實飭辦欽奉諭旨悉心查究逐一詳細妥議具奏等因欽此臣長齡業將遵旨委員查訪行坐各商辦理情形並覈減鹽價數目繕摺覆奏外所有甘省坐商馬起龍及夥商馬驤先經派委靈州知州徐學采於嘉慶十三年正月二十四日管解到晉臣成齡親督藩臬兩司提同馬遵義質訊據馬起龍等供稱伊等承充吉蘭泰坐商撈鹽馱運至磴口貯廒以俟晉省運商到彼接運除撈費每石需銀一錢又馱脚銀一兩七錢共一兩八錢外尚有添置撈鹽器具運鹽口袋繩席並廒座歲修押運管廒商夥辛工飯食器用等項約需費用並不在一兩八錢之內每鹽一石共需價本脚費等銀四兩有零上年三月馬遵義赴磴掣鹽僅肯交撈費馱脚伊等勢難賠補是以未允又成造裝鹽船隻因購辦木植艱難需費較重伊等每隻索銀一百八十兩雖稍有浮多亦非踰倍多

索旋經馬遵義將頭運鹽二千三百餘石掣運計裝船五十
七隻先照伊等所索銀數交收言明聽候兩省委員公同酌
定如有長餘統俟下運扣出抵算伊等原未敢固執至馬遵
義實有資本若干俟伊等本未深知因吉蘭泰鹽斤運赴晉省
河口發賣每年須俟三月間黃河冰泮後始能在磴口用船
裝載開運八月後河水結凍即須停運伊故父馬君選在日
辦鹽總於三月以後將全年應運之鹽趕緊辦足並將船隻
裝造齊全接續裝運不能等待前運鹽斤運抵河口銷完得
價齎回接濟後運所需全年鹽本運費即前後稍可轉移湊
用亦必需二十餘萬兩斷非數萬金所能濟事前此馬遵義
所交頭運鹽價船價約用銀二萬兩內交現銀七千五百九
十餘兩又預先於河口兌交銀一萬兩尚欠銀一千九百兩
又交鹽課銀四千九百餘兩其運鹽購木共用銀若干兩伊
等不知數目因二運鹽斤馬遵義交兌銀兩不能足數經甯
夏道查知飭令停辦由伊等代運委員將馬遵義所領引票
撤回已裝之鹽押令起卸迨晉省委員朔平府到甘會同甯
夏道酌定鹽價後復奉批行尚須酌減伊等恐裁減過多難
於賠累故呈請停運非敢有心居奇勒掯上年蒙飭代運鹽
斤已届七月下旬爲時無幾至九月內河冰漸結不能續放
呈明停止以致短運鹽九千六百石亦非因霰減費用藉詞
誘誤復訊據馬遵義供稱伊應募認充運商向日雖曾在口
外貿易略知道路遠近其鹽務實未熟諳意謂備帶本銀數

萬兩赴磑口掣鹽可將前運鹽斤變出價本並獲餘利賫回磑口再辦下運之鹽無虞缺乏實不知口外運鹽時日甚促必須接續趕運以致所帶資本不能充裕辦理掣肘伊上年在甘掣兌頭運鹽斤除完納課銀四千九百餘兩外照馬起龍等所索鹽價約共銀二萬兩內現交銀七千五百九十餘兩實係自帶並非向馬瑞圖等湊備伊自河口赴磑口從草地行走不能多帶銀兩曾有資本交夥商收貯河口備用故寫票會交馬起龍等銀一萬兩亦非賣鹽後兌運尚有欠交銀一千九百餘兩係因馬起龍等所索鹽本運費船價言明尚須聽候酌減故未全交加以運鹽費用銀四千餘兩又購買木植銀九千餘兩實共用去銀三萬五千餘兩從前自晉起程原囑夥商任國屏等隨後將銀接濟不期遲久未到伊家遠在京都又趕湊不及以致二運乏銀交兌前供續經措備運本銀十萬兩業已赴京取到銀八萬兩呈驗各等語臣成齡復查押解馬起龍等來晉之靈州知州徐學采從前侍郎英和等在甘省原據開報馬君選舊日辦鹽撈費運腳之人而於該地辦鹽情形俱所深悉隨傳面詢據稱當日開報一兩八錢之數止就撈費馱腳而言其器具廒座辛工飯食等項原不在內前經甘省查出馬君選遺有儲鹽廒座房間及空鹽器具等件尚值銀數萬兩此其明驗馬起龍等現供均係實情委無揑飾臣成齡查馬遵義所稱在甘用過銀三萬五千餘兩固與原供五萬餘兩之數未符而前稱措備運

本十萬兩，現只呈驗銀八萬兩，亦未足數。第該商前後有銀十數萬兩，尚非竟乏資本之人。而口外運鹽情形及實需成本若干，匪特馬遵義不能熟悉，即晉省招商辦運伊始，亦未深知，當馬遵義等應募充商，飭令赴運時，均未籌計及此，以致辦理未能妥協。臣成齡歷蒙聖訓，何敢稍涉迴護，今已質明馬遵義辦運掣肘，事非無因，馬起龍等亦非有心居奇勒捐。與臣長齡在甘查訪情形大概相同，惟坐商撈鹽運至磴口所需價本運費，經臣成齡督同兩司並原委赴甘查辦之朔平府知府現升冀甯道廣玉及甘省委員徐學采傳集該商等面爲覈實計算，每鹽一石重七百斤，僅需銀三兩五錢，覈與臣長齡所委蘭州道積朗阿等減定數目適相符合，依馬起龍等所索四兩有零之數，計減去銀五錢有零。其原索船價亦有可減，省則馬起龍等前次未免有多索之處。今兩省已公同覈定，其運商自磴運鹽以至河口，現亦酌定，計須船價辛工火食雜費等項銀三兩七錢，又加應納課務官錢等銀二兩六分零，每石實共需銀九兩二錢零，以每歲額運鹽三萬石計算，約需成本銀二十餘萬兩，就馬遵義所有資本銀十萬餘兩，未爲充足，既難望其辦理裕如，其夥商任國屏等六人，前供各帶銀兩赴口岸置備店口器具，由臣成齡委員往查屬實，尚非揑混。外現在再三訪詢，該商夥向日僅係幫夥貿易，雖自有些須資本，亦難多爲朘湊，且馬遵義既與坐商未能和衷妥辦，又不諳練運務，舉凡購木造船雇募人夫駕駛等事斷不能撙節辦理一經多糜價本則賣價因以增昂有民間食貴官引滯銷之慮一臣成齡悉心籌酌馬遵義未便仍令承充運商伊亦情願告退此時春運屆期課食攸關亟須另募殷商接手臣成齡前經督同藩司金應琦出示招認晉省殷戶祇因人地生疎半載以來無人應募伏查甘省坐商馬起龍之父馬君選原因販鹽獲咎無嗣緣所遺廒房器具成本過重甘省別無殷實之戶出資置買是以仍令馬起龍等承辦坐商臣長齡曾經附奏委員確估另募嗣後查明甘省別無殷實之戶除馬起龍不准充商外尚有馬驥等四人足資辦運奏明咨會過晉目前爲期既迫非特甘省坐商不能另募即晉省運商亦乏人承充臣成齡復思馬君選從前獲咎實因鹽未歸官私自交通外藩販賣牟利業已治罪身故其子尚無過犯此時鹽已歸官若令充當官商納課辦鹽於事理似無違礙馬起龍與馬驥等四人向係合夥營生更可無庸區別而馬起龍家資素裕住居甯夏備悉邊口情形諸事駕輕就熟此時總以裕課便民爲重所需鹽價業已覈定減省馬起龍馬驥亦情願連運商一併認辦臣成齡會商臣長齡似可將坐運兩商概交馬起龍馬驥等暫時承辦接充設將來招募有人再行接替亦無不可惟是目前已屆春深自晉至彼程途遙遠若俟奏准後再飭往辦不無遲誤臣成齡業經取具馬起龍馬驥等認辦切實甘結於審明後交甘省委員押令馬起龍馬驥等即日兼程前往將上

年未運鹽九千六百石先行趕緊補運足數一面將本年應運鹽三萬石接續作速運辦以期無誤課項民食其馬遵義等七人概行黜退伊等冒昧認充辦理不善究因未悉鹽務情形所致請從寬免其深究其頭運應交馬起龍鹽本運腳船價照現定之數計有盈餘而馬遵義尚欠銀一千九百餘兩已飭清算分別扣還找給所購木植並任國屏等所置店口器具准其公平作價令馬起龍等交銀接收抵用馬遵義運口抵河口之鹽已據發售完竣課項繳清毋庸再議臣等於上年准部咨吉蘭泰運商行鹽與河東無異辦理不應兩歧前因晉省馬遵義等誤運商是以暫令坐商馬起龍等將鹽運至河口賣銷至明歲仍令晉省招募殷商分認各州縣引地運銷等因臣成齡查吉蘭泰引地雖有山西口外五州廳大同朔平兩府暨陽曲等四十四州縣其中多有出產土鹽之區歷經奏明准其兼食完納鹽稅且沿邊一帶又有鄂爾多斯蘇尼特鹽斤進口售賣前准理藩院奏明咨查有關蒙古生計難以禁止是以吉蘭泰引地兼食數處之鹽而土鹽設遇天色長晴所産即旺若雨水過多便形短絀蒙鹽進口每年亦多寡不齊故吉鹽到境總與土鹽蒙鹽兩項並行兼銷互爲衰益一時難以定額今若配定引目遽令運商分認引地運銷事多窒礙難行而於民情亦有未便惟令該商應在磴口交課領票運鹽至河口而止悉聽民販接買運赴缺鹽待濟各處銷賣至於河東引地均在吉蘭泰引地之南黃河運

程之下臣成齡到任之初卽經查明口鹽不能越險運至龍王迆以下無虞侵越應請悉照原定章程辦理仍責令各引地州縣將該地每歲所銷吉蘭泰鹽斤數目隨時開報俟一二年後察看情形或銷數可以酌定再行遵照部議飭商分認引地配銷以昭覈實其河口小販運鹽赴地臣成齡現飭該管道府督令確查按其接買成本分別道路遠近加計運腳人工飯食費用准其酌加餘利出售覈實賣價申報備查儻有擡價病民飭令嚴行究辦勿稍徇庇其餘一切事宜如尙有應行參改之處容臣等悉心體查另行會商奏辦旋奉部議均如所奏辦理奉旨依議

又奏准磴口吉蘭泰大使改爲繁難要缺巡撫兼鹽政成齡疏言竊照吉蘭泰鹽務前經定議奏請令甘肅甯夏道兼管鹽法新設磴口運判並河口批驗大使均定爲繁難要缺其吉蘭泰磴口兩大使定爲簡缺准部議覆照行嗣據甘肅司道以磴口吉蘭泰等境緜亙二千餘里俱係口外阿拉善蒙古地方商人在彼撈鹽造船行運聚集漢蒙夫匠馱夫人數既多一切命盜鬭毆等案均所常有從前鹽未歸官此等事件係阿拉善王自行查辦今鹽池呈獻諸事官爲經理既未便添設多員致糜經費而所設運判大使駐劄其地自應責令兼管遇有前指案件卽爲相驗剖斷稽查拘犯輕事就近完結命盜及稍重之案案件民人則飭交內地歸地方官訊辦民蒙交涉並關係鹽

務蒙古人犯由地方官會同司員審理是磴口吉蘭泰運判大使不止專管鹽務實有地方之責事務殷繁並須熟悉口外情形非初任之員所能治理議請將磴口吉蘭泰大使一併改爲繁難要缺連磴口運判均由甘省揀補等情前來茲臣等悉心體察往返札商該司道所陳係屬實在情形應請將磴口吉蘭泰大使一併改爲繁難要缺在外揀補所有前指一切事件責令該運判大使就近兼管各該處均係甘省所轄山西鹽政駐箚太原省城相距數千里之遠平日稽查既難周密遇有升遷事故缺出接據文報揀補委署往返稽延時日該處懸缺以待更多未便且揀補晉省人員恐難熟諳邊情所辦蒙民事件又與甘省地方官交涉自應併如該司道所議將該運判大使各缺統由陝甘總督揀選熟悉口外之員會同山西鹽政題補歸甯夏鹽法道統轄部議如所奏辦理惟甘省揀補遇有該大使缺出無員升調反致窒礙難行所有奏請將磴口運判鹽大使吉蘭泰鹽大使統由甘省揀補之處應毋庸議奉旨依議

又奏准吉蘭泰鹽經過殺虎口水陸稅口每引二百四十斤納正耗稅銀四分五釐巡撫兼鹽政成齡疏言竊查吉蘭泰池鹽歸官招商辦運前據運商稟請豁免殺虎口鹽稅經該監督查覆向日徵收口外蒙古鹽稅每鹽一駝重一百二十斤徵銀四分五釐復經咨查兩淮兩

浙長蘆等處鹽政據覆徵稅情形不一難以比例辦理咨准戶部以各關額課有常各省行鹽處所均有鹽稅晉省鹽務新定章程既未便遽請免稅而運商等納課之外尚能納稅若干難以懸擬奏明請旨交臣確查地方情形覆奏到日再議等因奉旨依議欽此咨行到臣又經行查殺虎口監督節年徵收鹽稅數目去後茲據造册咨覆由藩司金應琦等覈議具詳前來臣查吉蘭泰鹽斤該運商掣運進口銷賣已照河東之例每引納課務官錢餘平等銀七錢二分六釐零而經過殺虎口仍令照舊納關稅固非恤商之道惟照該商所請全行豁免又恐於稅額有虧自應量爲變通伏思兩淮鹽務甲於各省淮南每引僅完揚關鈔銀二分惟淮北每引完淮關船鈔火耗平色等銀四分一釐零而淮鹽每引重三百七十四斤吉鹽每引重二百四十斤即依淮北所納關鈔稍重之數並就其引鹽斤數多寡計算比擬吉鹽每引不過應納稅銀二分六釐零臣悉心籌酌若照殺虎口向例每鹽一駝計一百二十六斤完稅四分五釐比較淮北鈔銀幾及兩倍該運商既納鹽課未便責令多完稅銀應請酌中定議嗣後吉蘭泰官鹽經過殺虎口水陸稅口每引鹽二百四十斤共納正耗稅銀四分五釐雖視淮北關鈔有增而照舊日稅銀實已酌減一半並查該監督册開自嘉慶元年至十一年該稅口每年徵收鹽稅自四千餘兩至二千數百餘兩不等課額本無一定此係統計各部落蒙鹽進口徵稅數目今就

吉蘭泰官鹽每年額引八萬七千五百道除去口外五廳分銷毋須進口納稅外計每年應完殺虎口稅銀三千餘兩與該關歷年所徵稅課既不甚懸殊且有別部落無引蒙鹽零星進口銷售仍照舊例納稅自於關稅無虧短而吉蘭泰運商亦不致納稅過重多費成本可免昂價滯銷之慮實屬兩有裨益旋奉部議如所奏辦理至所請別部無引蒙鹽零星進口銷售仍照舊例納稅之處查吉蘭泰池鹽既已歸公別部落無引蒙鹽卽當禁止該撫所奏應毋庸議奉旨依議

又奏准口外歸化城清水河薩拉齊和林格爾豐鎮甯遠等廳縣准就近兼食鄂爾多斯蘇尼特之鹽至口內大同朔平甯武保德等府州屬照江浙老少鹽例准令民販肩挑背負到境零星售賣不得過四十斤之數如有駝運車載及水運多斤到地者仍以私鹽論罪巡撫兼鹽政成齡疏言竊查吉蘭泰池鹽歸官招商辦運前因所辦大同朔平二府陽曲等四十四州縣暨口外五廳引地多有鄂爾多斯蘇尼特鹽斤進口行銷恐致吉蘭泰引鹽滯銷虧課經臣咨請理藩院查辦旋准咨行向來歸化城等處係奉旨行銷鄂爾多斯鹽斤舊地今若查禁窮苦蒙古等不

能度日有關生計而吉蘭泰鹽斤既係官辦所有鄂爾多斯鹽斤亦應歸官由吉蘭泰官商收買售賣其應如何納課之處請旨交臣擬定章程秉公辦理其蘇尼特鹽斤查明另辦等因具奏奉旨依議咨行到臣當將鄂爾多斯蘇尼特兩處蒙鹽向日進口銷賣情形飭司移行該道府廳州縣確查去後茲據查明由藩司金應琦等定議詳覆前來臣查鄂爾多斯地居晉省西北與甯武府屬之偏關暨保德州並所屬之河曲等縣及口外之清水河托克托城薩拉齊等廳對峙僅隔一河其蘇尼特地居晉省東北與大同府屬之豐鎮疆界毗連歷來該二處蒙鹽俱由民販赴彼收買並用貨物易換就近運往各該廳州縣境內或渡河進口行銷情形參差不一並向與吉蘭泰鹽斤及本境所產土鹽並行兼銷互爲裒益歷經奏明在案今吉蘭泰鹽斤既已歸官招商運辦額課有關如仍聽鄂爾多斯蘇尼特兩路蒙鹽照常販賣固恐充斥吉蘭泰引地官引滯銷有虧課項而該二處蒙古惟賴遊牧產鹽度日今若概行禁止又恐窮苦蒙古生計艱難似非國家撫馭外藩之道且陝省毗連蒙境之府谷等縣已由陝西撫臣奏准改食鄂爾多斯鹽斤晉省情事相同自可並行不悖惟理藩院所指鄂爾多斯鹽斤併交官辦飭商收買行銷一節臣查鄂爾多斯及蘇尼特兩處與吉蘭泰商人辦鹽之地相距甚遠該商既力難兼顧此外若另行招商內地民人未悉口外情形勢必裹足不前未肯應募承辦臣悉心籌

酌目前吉蘭泰商鹽價本運費業已覈實減定將來運赴引地賣價不致過昂可免民間食貴捨此就彼之慮惟有將鄂爾多斯蘇尼特兩處口蒙鹽向日進口銷售地方分別予以限制仍聽民販運銷如口外之歸化城清水河薩拉齊和林格爾豐鎮甯遠等廳皆與蒙古地方接壤且草地平衍四通八達各蒙順帶鹽斤赴彼與該地居民交易本難禁阻應准其就近兼食鄂爾多斯蘇尼特之鹽內惟托克托城一廳爲吉鹽緊要口岸水陸轉運之處仍應查禁別部蒙鹽入境責歸綏道督率廳員及河口批驗大使實力稽查以免混淆侵灌至於口內之大同朔平甯武保德等府州屬沿邊沿河一帶州縣請照江浙等省老少鹽之例准令民販肩挑背負到境零星售賣不得過四十斤之數如有駝運車載及水運多斤到地者仍以私鹽論罪飭令各該地方官明晰出示曉諭俾知遵守仍不時嚴密巡查防堵如此酌量調劑既於吉鹽引課不致滯銷虧短而蒙鹽生計亦無妨礙似屬兩有裨益至鄂爾多斯蘇尼特鹽斤進口行銷均經殺虎口監督抽收稅銀毋庸另議合併陳明旋奉部議均如所奏辦理奉旨依議

又戶部疏言前據山西撫臣成齡於比照兩淮酌定殺虎口鹽稅額案內請將別部落無引蒙古鹽零星進口銷售仍照舊例納稅案經臣部具摺奏明吉蘭泰池鹽既已歸公別部落無引蒙古鹽即當禁止且先經奏禁有案應毋庸議嗣據該撫以鄂爾多斯蘇尼特鹽斤有關蒙古生計未便禁止請

令口外之歸化城清水河薩拉齊和林格爾豐鎮甯遠等廳俱准食鄂爾多斯蘇尼特之鹽以順輿情而撫遠裔口內之大同等屬向食該二處之鹽亦難遽行禁止請照江浙等省老少鹽之例每人肩挑背負准帶四十斤過此即爲私販經臣部議准奏明在案今據該撫所稱老少鹽即昨項所稱零星蒙古鹽自應遵照原奏准其進口行銷惟是老少鹽斤原爲撫恤貧民起見例無經過各關納稅明文今無引蒙古鹽零星進口銷售每人每日肩挑背負止准帶鹽四十斤若經過殺虎口責令納稅每人應完稅銀一分五釐爲數無幾且邊外蒙古非內地民人可比可否免其一輪稅以示體恤之處出自天恩奉上諭戶部議覆山西省奏明鄂爾多斯蘇尼特鹽斤比照老少鹽之例准令在口內行銷並聲明可否免稅請旨一摺向來附近場竈孤獨殘疾貧民報明註册後始准每人每日挑負鹽四十斤售賣易食並於經過各關例皆免其納稅之用示體恤今鄂爾多斯蘇尼特無引蒙古鹽亦比照老少鹽之例進口銷售該處人數衆多非場竈貧民之向有限制易於查驗者可比若聽其自行販賣漫無稽覈以一人肩挑背負而計爲數固屬有限而每日在內影射謀利紛至沓來正復不少勢必至鹽斤充斥於課引不免阻滯亦有關係至此項挑負之鹽經過殺虎口地方每人應完稅銀雖止一分五釐而積少成多不可不統爲覈計著將該鄂爾多斯蘇尼特行銷口鹽斤數每日挑負者如何酌定人數設法稽

查其有違犯者應如何妥議章程並將一酌定人數後殺虎口應免鹽斤稅銀統計一日共有若干著一併具奏再降諭旨欽此嗣據山西巡撫成齡覆奏原定吉蘭泰引地之朔平等州縣查明現在均無鄂爾多斯等處蒙古鹽到境惟保德州及所屬之河曲縣現有民人肩販鄂爾多斯鹽斤由殺虎口分設之黄甫川稅口到境每日十餘人及七八人不等每人販鹽四十斤多寡牽算按日以四百斤爲率又大同府民人赴蘇尼特肩挑背負鹽斤由殺虎口分設之得勝口進口每人販之鹽不過四十斤三日内始有鹽一起每起三四人所販之鹽不過一百數十斤以每鹽四十斤納稅銀一分五釐計算每日稅銀不過一錢五六分爲數無幾第此鹽斤悉係内地人民出口販運並非蒙古人自運進口且一經免稅各口既漫無稽查而民販價本輕減恐挑負日增有礙吉蘭泰官引應請令殺虎口監督照舊徵稅仍責成該府州縣選撥妥役協同各稅口隨時實力稽查以後民人販鹽進口總不得有逾前數儻有違禁駝運車載船裝及多人販鹽斤進口經過者即行獲解以私鹽論罪部議如所奏辦理奉旨知道了

嘉慶十六年奏准招募新商承辦吉鹽

戶部疏言臣等伏查吉蘭泰招充坐運兩商於上年八月内據陝甘總督那彦成等奏報晉省募有新商郭綸音等十五人措集貲本銀二十萬兩兼辦坐運兩商經臣

部議以郭綸音等旣稱家道殷實何以又須措集資本且此十五人中尚有十一人並無商名册結此內盈絀不齊將來遇有墮引誤課等事殊難責成請旨勅交該督等另行確切查明妥議具奏等因在案今據該督等疏稱郭綸音承辦吉蘭泰鹽務分辦則各用各夥費用較重合辦則同心協力酌盈劑虛嗣後坐商責成武三元曹九齡經理日後如有撈鹽不力惟伊二人是問運商責成郭綸音牛嘉謨辦理日後如有運鹽遲誤亦惟伊二人是問等語臣部查吉蘭泰坐運商各有事司勢難責令兼辦今該督等請將撈鹽事宜飭令武三元曹九齡管理運鹽事宜飭令郭綸音牛嘉謨管理各有專責自無顧此失彼之虞將來如有貽誤惟該商等是問事屬可行應如所奏辦理又據疏稱十五年應運額鹽業已趕辦不及請自十六年起匀作三年帶運應徵餉課亦分三隨鹽完納一節查吉蘭泰鹽務前因乏商承辦是以十五年鹽斤尚未運銷今雖有新商等酌帶資本前赴辦運但今歲春融正當開運十六年正鹽之際若將十五年鹽斤一併令其同時補運商力未免拮据自應量爲調劑所有十五年未運額鹽三萬石亦應如所請准其自十六年起分作三年帶運應徵課項按限匀繳儻三年內補運不足致有墮引誤課情事將各商等立時嚴辦以昭懲創至十五年鹽課內例應給發恩賞阿拉善王並甯夏涼莊將軍都統以及磴口文武官役兵丁廉俸工食共銀八千八百兩請於徵存十四年鹽

課內作正開銷之處查十五年鹽課既請分年完繳其應支各項自應准其在於十四年鹽課內通融支給仍令該督等將支給數目造入奏銷冊內報部查核奉旨依議十七年巡撫兼鹽政衡齡疏言竊照吉蘭泰新商辦運遲誤前據甯夏道蘇成額詳報臣當即派委通判秦鑒前往查催因未得確情未經具奏旋即御事嗣經陝甘督臣那彥成前任山西撫臣成齡先後具奏欽奉上諭甘省吉蘭泰鹽務既經晉省招募新商郭綸音等十五人兼充坐運兩商到官認辦本年自應趕緊依限三辦元運何以遲延至今資本尚未到齊而頭撥赴甘之商人武三元文內開載本銀五萬五千兩只齎帶銀二萬兩又復私行逃避此皆前任巡撫成齡及河東道茅豫原定章程未妥所簽各商又均非殷實之戶以致連年誤運殊屬不成事體著衡齡即提到各商人並嚴緝武三元到案將因何短缺本銀貽誤課運緣由查訊明確分別究辦並將辦理不善之前任巡撫成齡及河東道茅豫一併參奏其接辦章程著該撫會同那彥成另行妥議具奏等因經前任撫臣成齡行提飭緝各商陸續到晉未及查訊臣接任後提集應訊商人及委員等逐一研訊緣新商武三元等夥充吉蘭泰坐運兩商原由太谷縣武舉郭綸音邀同合夥承充而各商情願合夥者因郭綸音平日向在口外生理深知兼辦坐運兩商實有利息惟無力獨辦遂邀武三元等十五人合湊資本銀二十萬兩郭綸音即充商首到案具呈認充武三元曹

九齡先帶現銀二萬兩已於嘉慶十五年九月赴湖口撈鹽嗣又收得會票銀一萬二千餘兩撈就鹽三萬石並買木植等項郭常新繼又攜帶現銀會票於十六年三四五等月先後起程約定七月內人銀齊集磧口商首郭綸音在後管催乃於七月間在途身故各夥商因無人指撥於一切運銷情形全無把握各皆疑慮遂爾先後潛回質之委員河口大使孟調梅試用通判秦鑒所供情節無異現據武三元等情願將湖口撈存鹽三萬石計撈費辛工等項合銀二萬八千五百兩並木植等銀三千四百兩又郭常新現銀五千兩共銀三萬六千九百兩抵作十六年鹽課懇求免其治罪具結呈送前來臣伏查吉蘭泰鹽務自舊商馬起龍等於十五年辭退坐運兩商之後甘省並無接充之人因歸晉省招募晉省富戶固多但願充河東商人者有之若吉蘭泰遠隔三千餘里經由黃河之險一切情形與河東迥異此非熟悉彼處行鹽底裏鮮有認充之人惟是課食攸關未便遷延時日是以臣遍行出示招募十五年九月內始據太谷縣武舉郭綸音邀合武三元等十五人集貲二十萬兩具呈認充坐運兩商經臣傳詢俱無異詞遂會同陝甘督臣那彥成恭摺具奏嗣即分撥起程滿望各商到後自可依限開運不料商首郭綸音於未到磧口以前在途身故各夥商全無依藉因而疑慮不前先後潛避是誤運固出意外但各商分撥起程時臣並未專派大員督押前往以致中途潛避貽誤至今實由臣辦

理不善捫心自問給實難辭查十六年鹽課銀六萬三千五百餘兩除新商將鹽價木植並查現銀抵補外尚不敷銀二萬六千六百餘兩臣受恩深重每年所得養廉優厚惟有叩懇天恩准臣分作三年賠繳解赴甯夏道庫並求皇上將臣交部議處至河東道茅豫係專管河東鹽法之員從前吉蘭泰鹽務章程該道未經涉手委員河口大使孟調梅試用通判秦鏊係在後奉委查催各商因商首無人因而避匿實無受賄縱放情事均請免其置議新商武三元曹九齡係屬帶銀先往辦鹽置買木植郭常新亦經攜銀前往繼因後撥商資不能接濟始行回省若竟將伊等所撈鹽斤及木植並現銀抵賠課項未免偏枯自應仍令在夥商名下按股歸償以示公允覈其情節該商等究與已經領引獲利拖欠課項者有間並請免其治罪奉上諭衡齡奏訊明吉蘭泰鹽務誤運實在情形一摺吉蘭泰鹽務上年誤課係因商首郭綸音在途身故各商夥無所依藉以致誤運與領運獲利拖欠課項者不同所有十六年鹽課銀六萬三千五百餘兩著照所請准將商等認賠銀三萬六千九百兩抵充正課仍於各夥商名下按股均攤俱免其治罪衡齡未經派員督押辦理不善其抵補不敷銀二萬六千六百餘兩著於該撫養廉內分作三年扣繳著加恩免其議處餘依議

又議准吉鹽改為官運民銷

戶部疏言臣等查得署理山西巡撫衡齡疏稱竊照本年吉蘭

泰鹽務新商接辦運誤應即令招殷商承辦惟運務緊迫一
時招募難得其人經前撫臣成齡札飭河東鹽法道於河東
現充商人內擇其力能兼顧者簽派數名前往吉蘭泰接辦
旋據該道茅豫轉詳商人王恆泰等稟稱商人等現辦河東
鹽務兼辦兩淮山東等處鹽引已屬難以兼顧若令再辦吉
蘭泰不獨人地生疎且更顧此失彼於河東引地亦大有關
礙商仰沐天恩至優極渥不敢膜視情願公捐銀五萬兩按
引分攤以爲津貼之用惟各商貲本營運在外一時驟難措
齊懇於運庫課項內先行借墊俟嘉慶十七年隨課按限歸
款詳請具奏前來臣細加體察該商等實係出自至誠可否
准其捐貼以貲官運之處伏候欽定惟是吉蘭泰鹽務河東
現充商人既難兼顧此外又一時招募維艱而來年春融冰
泮即須開運未便再有貽誤目前惟有暫爲官運民銷一而
招商承辦所需貲本除商捐銀五萬兩外亦惟有暫挪河東
道庫積存銷價銀十五萬兩共湊銀二十萬兩以作運本俟
新商招募有人再行抽歸原本此項銷價仍按每年一分行
息其如何分別提解河東道庫以備支放之處臣與陝甘督
臣那彥成酌議辦理等語臣等伏查吉蘭泰鹽務前據陝甘
督臣等奏明飭令郭綸晉等十五人充辦經臣部議覆遵行
嗣於本年九月內據該督咨稱新充各商迄今並無一人到
甘現在移咨晉省查辦等語復經臣部行令山西巡撫會同
陝甘總督熟籌妥議作速辦理各在案今據署山西巡撫衡

齡奏稱吉蘭泰新商一時招募難得其人河東現充商人難以兼顧來年春融冰泮卽須開運未便貽誤目前惟有官運民銷所需資本除商捐銀五萬兩外再暫挪河東道庫積存銷價銀十五萬兩以作運本俟新商招募有人再行抽歸原本等語臣等查吉蘭泰新商招募旣難其人運務又未便遲誤該撫疏請官運民銷並挪借道庫銷價銀兩作爲運本之處係爲暫時權宜起見自應如所請辦理仍請勅令該撫轉飭上緊招募商人接充辦運以期國課民食兩有裨益奉旨

依議

嘉慶十七年議准吉蘭泰池鹽聽該處人民自行撈運如有興販入口者照鄂爾多斯蘇尼特蒙古稅鹽之例由山西巡撫照章收稅止准車載騾駝由陸路運販不准水運所有水販只准至黃甫川爲止其額引八萬七千五百道歸現行潞鹽引地行銷大學士慶桂議覆侍郎阮元等疏言嘉慶十七年四月初十日奉旨吉蘭泰鹽務自招商承辦以來屢經誤運虧課辦理總未妥協著文孚等就近體察情形應如何領運行銷久遠無弊妥議章程具奏臣等復跪聆聖訓

指示周詳得有遵循馳抵晉省之後細查案牘徧訪輿情求其所以誤運虧課之由緣晉省介休以南皆是河東引地當年課歸地丁馬君選在吉蘭泰興販無課之鹽由黃河南下既占潞引且衝淮綱吉鹽暢銷不計其數自河東復商稽查嚴密吉鹽遂不能越渡黃河磧口暢銷如前且吉蘭泰原定引地六十四廳州縣內如太原汾州等屬出產土鹽隨地輸稅朔平等屬亦有鄂爾多斯蘇尼特等處蒙古稅鹽接濟土蒙鹽賤買食者多吉鹽水陸三千餘里路遠價昂如遇雨多土鹽歉產頗可暢銷一如遇土鹽旺產即爲壅滯察此情形本不能遽定引額乃十一年定議每年吉引八萬七千五百道正雜課銀六萬三千五百八十兩引課皆屬過多約計銷不及半此數年來商人賠累誤運虧課之原委也上年因招商乏人不得已改爲官運民銷之議竊查官運不難難於民銷苟不能銷愈運愈滯若因滯銷兼顧課額勢不得不分派州縣認引督銷州縣若非虧挪倉庫必致擾累閭閻是能銷之弊更甚於不銷種種格礙難行斷難久遠無弊臣等督同戶部郎中張業南主事福克旌額體察籌議擬將吉引改爲活數儘銷儘徵停止官運仍歸商辦正在查覈酌辦間旋准戶部咨到河東道茅豫條奏吉蘭泰鹽務一摺內稱該道以內地鹽斤現皆豐產奏請停止水運自係該處足敷民食無需吉鹽協濟惟是吉鹽既經賞收應如何辦理之處未據確切聲明殊難懸擬請旨勅文孚等就近體察情形妥議具奏等

因臣等當即札河東道茅豫帶同總商數人來省將伊等奏請停止水運其吉鹽究竟作何辦理之處向其確切指問據該道回稱河東復商每年課額各項不下六十餘萬兩國帑所關甚鉅若令官辦吉鹽順流南下滯於晉北必侵晉南不數年間潞引滯銷商力必致疲乏至吉鹽應如何運俾課項可以無虧職道實無確見隨派戶部司員傳商人王恆泰等查詢所稱與該道相同是該商等但知自護潞引藩籬並未深悉吉鹽不可偏廢之故查嘉慶十一年該藩王瑪哈巴拉將鹽池呈官辦理荷蒙皇上賞收勅下該督撫等招商辦理該處撈工駝價每年藩屬人等及口外貧民多賴此以爲生計內地民人亦賴此以補各鹽之不足自應仍爲撈運俾其均沐恩施若如該商等所稱概行停止水運均屬有礙臣等當即加以駁斥不准議行惟查吉鹽自招商承辦以來動皆折本虧課以致紛紛告退此後縱有願辦之商多係合夥湊資輕於一試每遇引地不能銷售勢必越境走私甚至通同句結將來侵灌潞引亦屬實在情形自應通盤籌畫兩無窒礙方可永遠遵行復傳河東商人細加詰問據稱近年吉鹽滯銷虧課半因潞引辦理周密之故若復大興水運必致侵壞潞綱商等仰沐皇仁數省均沾樂利商等具有天良豈敢於同省民食轉爲膜視令公同商議如蒙停止吉鹽水運情願仿照長蘆之例於河東額餘引張之外再增添活引八萬七千五百道自嘉慶十八年爲始察看何處暢銷趕緊配

運每年得課六萬三千五百八十餘兩年清年款如虧願賠等語查吉鹽連年滯銷課不足額今該商情願以潞引之有餘補吉鹽之不足尚屬可行惟求停止水運一節終於口外蒙古生計及內地民人口食均有未便且吉鹽既經賞收仍應調劑行銷以裕民食方爲正辦臣等復傳集山西藩司陳桂生臬司錢臻河東道茅豫公同妥議該司道等僉稱查據舊案嘉慶十一年侍郎英和等疏請吉蘭泰鹽船准至磧口起岸十三年原任陜甘督臣長齡等奏吉鹽票運至河口而止聽民販買赴各處銷售河口至磧口相去千里而磧口則切近河東引地誠恐防範稍疎致累潞綱引課自應就此兩次奏案酌中定地示以限制請於河口之南三百餘里黃甫川地方爲界將磧口大使一員改爲黃甫川大使移駐該處專司稽查所有吉鹽水販只准至黃甫川而止其自磧口商運鹽船仍照舊至河口起卸存倉如此略爲變通潞鹽口鹽兩無妨礙臣等即令將此酌定緣由曉諭該商知悉隨據該商等皆情願具呈由該道申送印詳前來臣等定稿後送與撫臣衡齡閱看意見亦屬相合恭懇皇上天恩俯准所請如蒙俞允即由河東鹽政咨部請領十八年活引照例辦運至吉蘭泰引地實因土鹽蒙鹽歉旺不常未可限額行銷致使商民並累應請將吉引改爲活額不必限以定數俟此次十七年官運八萬餘引銷完之後十八年仍歸商辦如銷若干引鹽即完若干引課先課後鹽隨運隨徵無論引數多少資

本若干皆聽商民自便從此商民皆無擾累祭項不致有虧藩民不失生計灘淮均無侵越乃可行之久遠無弊又據奏稱查甘省官運吉鹽現抵河口兩月以來民販尚未踴躍緣吉鹽銷路原應任向缺鹽處行銷且向來會欠等票互可通融布粟等物皆可準折庶能交易而退各得其所今經官辦不得不責以現銀又且不察土鹽旺歉靡常一概出示招商派定引地是以民販裹足不前臣等路經平定州屬及抵駐省城卽有士民以不願遠食貴鹽等詞呈訴察此輿情豈可相強是甘省官運只可暫行晉省民銷之議雖暫亦不可行應請勅下山西撫臣將現在分引定地出示招商之處卽行停止惟聽販商前往河口販買此次官運之鹽向缺鹽願買之處銷售以期商民兩便至十五年分課銀六萬三千五百八十餘兩係退商馬起龍應完之項已據具結在於應領鹽價內分作三年扣繳查馬起龍礟口存鹽三萬石計本銀十萬五千兩現在交官辦運應先儘十五年課項全數扣完俟有多餘再行發交該退商收領不必限定三年庶課項先歸有著等語臣等伏查吉蘭泰鹽斤因晉省復商疆界既清不能任意侵灌遂致額設之引壅滯難銷商人誤運虧課招募不前上年復有官辦之議奈行銷無地將來勒派虧挪等弊勢所不免茲據侍郎阮元等奏是商辦官辦均多格礙難行自應另籌久遠之計而該侍郎阮元等酌議吉鹽章程又自十八年以後仍歸商辦是明知不能久遠無弊姑令該處試

行俟一二年後又必以前議難行復請另議旋議旋改興廢不常甦綱難期整飭且所稱改爲活引儘收儘解是引無限
制奏報多虛考覈難憑易啓弊混臣等伏思吉鹽原定引地太原汾州等屬六十四廳州縣既有本地土鹽及鄂爾多斯
等處蒙古鹽價廉易購吉鹽道遠値昂自無人售販今若仍令吉鹽水運直至磧口如河東鹽務未歸商運以前聽民到
處販運恐必侵占各省鹽綱若如該侍郎阮元等所奏票運吉鹽以黃甫川爲界示以限制仍歸商辦亦屬有名無實其運
改作活引徵解無常尤非覈實之道且河東額餘引六十二萬一千三百二道正雜銀六十餘萬兩吉蘭泰額引八萬七
千五百道額課銀一六萬三千五百八十餘兩是吉蘭泰引課僅止河東十分之一自不便因行銷吉鹽致令河東鹽務敝
壞臣等公同酌議擬令內地悉遵舊制統行潞鹽其吉鹽引額八萬七千五百道准令河東商人認辦即以潞鹽六十四
廳州縣行引之地歸於該商等一體行運潞鹽以昭覈實至引額現加潞鹽引之內即不得稱爲活引致滋牽混應請照
長蘆之例定爲餘引以十八年爲始咨部領引交商行運吉鹽引地既歸潞商承辦無需吉鹽銷販其吉蘭泰鹽池應請
旨勅還阿拉善王瑪哈巴拉仍聽該處人民自行撈運俾藩屬人等及口外貧戶足資生計如有興販入口者照鄂爾多
斯蘇尼特等蒙古稅鹽之例應由山西巡撫查照舊章按數收稅止准車載騾駝由陸路運販不准水運以防侵越其課

銀六萬三千五百八十兩河東各商既因停止水運不致侵
壞淤綱應如該侍郎阮元等所奏卽由河東商人按年完納
吉鹽既已停運其阿拉善王瑪哈巴拉賞項應請旨停其賞
給償河東鹽池間有如乾隆二十二年被水歉收或須請運
吉鹽以濟民食再由撫臣臨時酌量奏辦其原設磴口運判
鹽大使吉蘭泰鹽大使河口批驗所大使等員應令裁撤以
節糜費又據另摺奏稱甘省官運吉鹽現抵河口惟聽商販
前往河口販買銷售請將現在分引定地出示停止至十五
年分課銀係退商馬起龍應完之項已據具結在於應領鹽
價內分作三年扣繳等語查甘省官運吉鹽既經運抵河口
自應聽販商前往販買向缺鹽處銷售應如所奏辦理至十
五年分課銀六萬三千五百八十餘兩前經陜甘總督等奏
明飭令新商郭綸音等分作三年帶完茲因該商等誤運斥
革既據該侍郎阮元等查明係退商馬起龍應完之項查該
商現有存鹽三萬石計本銀十萬五千兩交官辦運應令該
撫作速催運先儘十五年課項如數扣繳報部查覈並據該
侍郎阮元等查議章程內稱十七年官運吉鹽應令船運仍
至磧口俟銷竣後另案奏銷所增十八年淤引歸於河東鹽
務內一同奏銷均應如所奏飭令該撫屆期分別具題辦理
至所稱甘肅山西前借河東銷價銀十五萬兩又商捐銀五
萬兩湊足二十萬兩以作運本此內已解銀十二萬兩足敷
運費不久皆可歸還毋庸再令起息其未解銀十三萬兩並歸

還運本銀十二萬兩即陸續發商生息亦應如所奏辦理奉旨依議旋據巡撫兼鹽政衡齡奏言竊臣接准戶部咨大學士會同議覆侍郎阮元等奏吉蘭泰鹽務章程一案吉蘭泰鹽引額八萬七千五百道准令河東商人認辦即以吉鹽六十四廳州縣行引之地歸於該商等一體行運潞鹽並照長蘆之例定州縣餘引以十八年爲始咨部領引交商行運其吉蘭泰池鹽聽該處人民自行撈運如有興販入口者照鄂爾多斯蘇尼特蒙古稅鹽之例由山西巡撫查照舊章按數收稅止准車載騾駝由陸路運販不准水運等因臣當即飭行遵照去後茲據河東鹽法道茅豫會同布政使陳桂生詳據河東商人王恆泰等稟稱太汾大朔甯武等府忻保代遼沁平各州並口外七廳各該處向食土鹽兼食蒙古鹽每年俱有額課土鹽價賤易於買食其蒙古鹽入口地方近自數十里至百里遠亦不過二三百里布匹雜糧均可換易今以素食蒙鹽土鹽之六十四廳州縣令商等通行潞鹽計程二千餘里覈算每斤實需銀八九分至一錢數分不等較之各廳州縣現食土蒙鹽價約增五倍又兼山路不通車輛價貴運難商等實難遵辦至商等前懇停止吉鹽水運情願於河南山陝引地內酌增餘引八萬七千五百道又因暢滯情形究難懸定每年察看何處暢銷即趕緊稟請掣配濟運並非儘銷儘解是名爲續增活引實與板設餘引無異懇請仍在河東現行引地內酌增活引八萬七千五百道以期年清年款

等因由道議會同詳請具奏前來臣伏查晉省食鹽地方大同朔平二府州縣向食蒙鹽土鹽又嵩嵐等十四州縣口外七廳專食蒙鹽入口按例輸稅太原汾州代忻等三十州縣俱就近專食蒙土鹽引課向歸地丁交納歷久稱便河東鹽池僻處省南一所食蒙鹽土鹽之陽曲等六十四廳州縣遠居省北計程自一千數百里至二千餘里不等皆崇山峻嶺路徑崎嶇舟楫既不能通車行又多險阻以潞鹽向未行銷之地今以現辦河東之商復令其兼辦六十四廳州縣引地無論道險途長成本必貴所費不貲而民間素食賤鹽斷不能強令食貴該商等所稟自係實在情形合無仰懇天恩俯准將陽曲等六十四廳州縣向係兼食蒙鹽土鹽課稅兩完之地仍循其舊所有潞鹽州縣每年加增餘引八萬七千五百道即請仍歸現行潞鹽引地分銷則不獨該商等無賠課之處而於六十四廳州縣民食仍得各從其便又該商等原請增加活引一節緣現行引地暢滯不一若令按地一律酌加則暢行地方不實患難銷而滯銷之地必致賠累所有現請餘引自應准其臨時察看何處暢銷即於引張內塡註商名引地趕緊配運是名爲活引實與板設額引無異不過因地制宜稍爲變通於餘引課額仍無流弊至吉蘭泰池鹽與販入口照舊收稅一節查各處蒙鹽進口均由殺虎口監督收稅當吉鹽未經商運以前蒙鹽入口每駝一百二十斤收稅銀四分五釐迨後吉鹽招商辦運改爲二百四十斤收稅銀

四分五釐以示體恤今既停止商運自應概照一百二十斤收稅銀四分五釐之例辦理除移咨殺虎口監督一轉飭各稅口一體遵照外並飭沿河各州縣營汛嚴密稽查毋許水運偷漏俾免充斥現在吉蘭泰鹽池既經奉旨勅還聽該處人民自行撈售則甯夏道已無應辦鹽務自可毋庸再兼鹽法惟現在尚有十七年鹽課奏銷應請俟奏銷完竣飭回本任供職此外尚有磴口運判鹽大使吉蘭泰鹽課大使三缺應於本年吉鹽運竣先行裁撤其河口大使一缺應俟十七年鹽引銷竣再行裁撤其應如何分別歸部銓選候補之處應聽部議遵照辦理俟屆期另行飭造履歷咨部旋經大學士九卿會議均如所奏辦理奉旨依議

嘉慶二十三年奏准豁免吉鹽退商充公銀兩

先是嘉慶十九年巡撫兼鹽政衡齡疏言竊照吉蘭泰鹽務前因新商郭綸音等誤運經臣會同前任陝甘總督那彥成奏明甘運晉銷官爲經理並奏明動借河東道庫銷價銀十二萬兩作爲運本甘肅委員將舊商馬起龍原貯磴口鹽三十萬石運至河口交晉省委員行銷嗣因河口發販較遠經臣酌存河口鹽一萬餘石俾口外各廳及大朔甯三府屬民販領銷其餘仍照部議運至磧口發販行銷均經具奏在案茲計自十七年銷鹽起至本年九月全數銷竣蓋緣從前商人承辦內遇販戶偶無現銀以物

料換鹽或准販戶賒欠故銷售較易此次官銷均係現銀領鹽且令於原銷吉鹽地面行銷是以致稽時日所有十七年鹽課銀六萬三千五百八十八兩零先解交甘省其應還舊商馬起龍鹽本銀九萬七百五十兩亦於十七十八兩年分起解甘其十五年馬起龍應交鹽課即於應得鹽價內奏明劃抵在案至前借河東道庫銷價運本銀一十二萬兩茲已陸續解交該道發商生息又上年鹽課前經臣奏蒙聖恩准令陸續運之退商等將存鹽等項覈抵銀三萬六千九百兩其不敷銀二萬六千六百八十八兩零於臣養廉內分作三年扣繳除兩次繳過銀一萬八千兩外茲於十月十二日將三限銀八千六百八十八兩零發交藩庫兌收退商名下抵課銀兩並已全數繳清除飭同委員解赴甯夏道庫並咨部查照外查退商認繳課銀除郭常新名下已繳銀二千八百餘兩其餘原議吉蘭泰官鹽運竣始准民販銷鹽所有前項存鹽尚未運售雖屢經催繳該退商總以鹽未興販稟請懇緩臣以課項爲重未便任延是以督飭辦運委員撙節辛工先爲解繳茲於十六年分課項現已全清其退商存鹽卽應由陸路興販臣現已飭取遵結俟販鹽之日起勒限一年將認繳課項按季解司報撥充公合併陳明奉硃批戶部知道至二十三年戶部疏言臣等查吉蘭泰鹽務於嘉慶十六年誤運案內革商武三元等應賠課銀六萬三千五百八十八兩零嘉慶十七年奏准在於前撫臣衡齡養廉內認賠銀二萬

六千六百餘兩業經按限繳清其餘銀三萬六千九百餘兩將該革商存鹽木植等項變價抵補嗣經郭常新扣繳銀二千八百三十八兩木植變價銀三千四百兩尚未完銀三萬六百六十二兩旋因存鹽一時不能運售課項未便久懸於十九年奏明在於晉省辦運委員辛工銀內撙節墊解全完並將革商存鹽勒限一年由陸路運售完繳充公復於二十一年該撫以革商未能趕運奏請展限三年經臣部覆准在案本年七月據該撫奏稱此項鹽斤革商等因陸運成本重大難以銷售請將存鹽聽貧苦蒙古挑販以資生計其未完充公銀二萬六千九百五十三兩零懇請豁免至革商曹九齡所繳充公銀兩僅止十分之一殊屬玩違應照例杖八十徒二年經臣部以銀數不符議令再行覈議在案今據該撫奏稱吉蘭泰鹽斤正課早已全完所有革商撈存鹽斤從前請於運銷後認繳充公今革商無力運銷即令另招民商亦無人接充而水運又恐充斥潞綱惟有仰懇聖恩將未完充公銀兩豁免所有河口存鹽請賞給蒙古肩挑負販以資生計並開清單具奏臣等伏查吉蘭泰鹽十六年課銀六萬三千五百八十八兩零業已全完其委員辛工銀兩原係商捐商用無關正課至辦運委員現已裁撤辛工銀兩毋庸歸還是以從前奏明存鹽銷售之後將鹽價認繳充公今該撫既經查明鹽斤實在不能銷運此項銀兩可否准其豁免之處出自皇上天恩如蒙俞允俟命下之日將撈存鹽斤即照該

撫所奏賞給貧苦蒙古肩挑負販以資生計並移咨阿拉善王派員照料每名止准給鹽四十斤以免爭奪滋事奉旨河口撈存吉蘭泰鹽斤正課早經全完整解辛工撙節銀兩亦毋庸歸還餘存鹽斤現據查明陸運實難銷售所有未完充公銀二萬二千四百七十四兩零俱著加恩豁免即將存鹽賞給貧苦蒙古挑販俾資生計餘依議

光緒九年奏准蒙鹽陸運入晉除殺虎口外准由皇甫川對岸之河曲縣渡河登岸陸運至向銷蒙鹽之口內外三十四廳州縣行銷其向行土鹽引之陽曲等三十州縣亦准照舊兼銷不准再由皇甫川下駛並酌提潞鹽積引試銷太汾以輔土鹽蒙鹽之不足

巡撫兼鹽政張之洞疏言河東鹽務積累滯引太多課虧餉絀催西餉則文移火急責奏銷則部限森嚴推究本省潞引不銷之故則由於蒙鹽違例水運侵灌潞綱延及平陽潞澤等府霍隰等州不復知有違禁越界之事經臣申明定例嚴飭沿河官吏咨會陝甘兩省曉諭商販令其照例水運至皇甫川爲止查定例蒙鹽陸運至晉者止准由殺虎口入邊今查殺虎一路程途稍覺紆回運銷蒙鹽既有益於商販亦有裨於外藩因擬酌量從

寬如有陸運入晉者除殺虎口外准其由皇甫川對岸之河曲縣渡河登岸陸運至向銷蒙鹽之口內外三十四廳州縣
地面行銷其向行土鹽引之陽曲等三十州縣亦准照舊兼銷不准任意再由皇甫川下駛惟太汾兩府爲晉省南北適
中之地又爲蒙潞各鹽接界之區該兩府本係例定土鹽引地因土鹽味劣產少民食每多不敷嘉慶十七年部議責令
潞商承辦吉鹽六十四廳州縣引岸而潞商不願兼辦是以當時權宜辦法聽其兼食蒙鹽體察今日情形若僅聽蒙鹽
兼銷而不兼銷潞引必不能杜蒙私南路之侵灌而護潞岸切近之藩籬且查吉蘭泰引課六萬三千五百餘兩先係潞
商代完以後改歸全綱攤認是吉池銷無課之鹽潞綱賠無鹽之課事理不平莫此爲甚況充斥潞岸之蒙鹽多倫諾爾
蘇尼特烏珠穆沁浩齊特花馬池各處所產皆有更非獨舊引有名之吉蘭泰一種而已也因飭河東道酌提潞綱積引
配鹽轉運分赴汾州府屬之汾陽平遙介休孝義太原府屬之陽曲太原徐溝文水楡次太谷祁縣等十一縣試辦行銷
以輔土鹽蒙鹽之不足價值務令減於蒙鹽至土鹽仍聽民淋曬蒙鹽仍聽民運售民間願食何鹽悉聽其便不准絲毫
抑勒據護理河東道黃照臨體察籌議稟請試辦前來除飭委本任河東道高崇基督辦省城總運局該護道督辦河東
發運局會同籌辦外理合附片具陳奉旨戶部知道　又咨案准陜甘督部堂譚咨開據陜西延楡綏道張岳年稟稱案

據神府鹽鳌分局委員王南薰稟稱現接通秦寨書士王文
銘探得晉屬之磧口堡鹽捕廳出示嚴禁不准蒙鹽渡河鈔
錄告示二紙稟報前來卑職細閱情形係奉晉撫院檄飭之
件商販等自不敢抗違致蹈其咎惟查卑局所過之鹽專銷
晉省而磧口爲多忽奉嚴禁自不敢壅於上聞等情據此職
道遵查運鹽銷售各有引地自不容攙越侵占致妨引課此
定制也陝甘邊界各旗蒙鹽多由花定馱載例准銷至陝西
鳳邠所屬爲止鳳邠以南則與行銷花定鹽引境接壤前奉
知已由晉撫飭在宜洛長武關隘分作三路實力巡緝堵截
並令分飭花馬池鹽屬官吏嚴諭花鹽運販照例運至鳳邠
所屬界內售賣不得任意闌入潞鹽引地侵占正課如違照
律懲辦等因遵奉轉行照辦在案茲據王丞探得晉屬磧口
鹽捕廳接奉山西撫憲飭禁明文兩次出示不准蒙鹽渡河
自爲恐侵占潞鹽引地照章辦理惟該磧口通判告示內稱
查花鹽暨附近各旗蒙鹽係於嘉慶十七年欽奉諭旨向准
窮民馱載肩挑背負由殺虎口陸路運至食土鹽地方行銷
等語是此等零星馱載負販蒙鹽原不在禁令之列該通判
初次告示尾稱因附近各村居民熬食土鹽恐有缺乏責令
鄉地商賈會議轉詳撫憲酌留渡河鹽數似於民食關心深
明大義迨閱該通判二次告示復有不准蒙鹽顆粒渡河之
語似又未能因地制宜自相矛盾現在事同創始該商販等
祇知漁利罔顧例禁或有阻撓違抗亦未可定若概繩以法

律操之過蹙難免激成事端除飭行神府二縣會同分局王丞移關磧口周通判查明從前奏定章程合籌妥議曉以利弊務使該處商販力挽積習各守各界毋再潛越偷販有干罪戾仍由該印委等詳細籌議章程送道至日再由職道察核議稟外所有接據探查磧口禁阻水運私販竟有不准蒙鹽顆粒赴晉行銷之示緣由理合將鈔來示稿兩道飭承照錄一分恭呈電鑒可否移咨山西撫院飭令磧口通判遵章妥辦仍將馱載肩挑零星負販蒙鹽照舊由陸行銷但不准違例水運私售以期陝晉商民相安無事之處敬候核示遵行等情到本督部堂據此除批示候咨山西撫院查覆仰即知照外相應一咨會請煩飭議見覆施行等因准此查河東鹺務積疲年甚一年引滯課懸西餉竭蹶奏銷緊迫部議森嚴自蒙鹽內灌而全綱始壞自磧口弛禁而來鹽益多其初不過蔓延汾介一帶繼乃漸灌漸南到處暢銷直達澤潞至今日而官課日絀逋積日多不得不於橫流潰決之秋爲亡羊補牢之計除據河東道議稟將積年陳引先於太汾兩府試銷外當經嚴飭署理磧口通判周桂敷總查沿河各口重申功令專緝永甯州磧口臨縣馬家塔子等處水運對渡口蒙私另於河曲縣暨薩拉齊廳之包頭鎮設立專卡抽收鳌金又於保德州之天橋村興縣之羅峪口派員前往專管查緝水運對渡蒙私拏獲照例懲辦均經先後飭辦各在案因查蒙鹽之來晉銷售者一爲阿拉善旗之吉蘭泰池鹽一爲鄂爾

多斯旗之花一馬池吉鹽溯自嘉慶十七年欽差侍郎阮元等奏定吉鹽章程一案吉蘭泰引額八萬七千五百道歲徵課銀六萬二千五百八十餘兩自嘉慶十八年始議由河東商人認辦其吉鹽引地六十四廳州縣概歸潞商一體行鹽並照長蘆之例定爲餘引吉蘭泰鹽池聽該處民人自行撈運有興販入口者照鄂爾多斯蘇尼特鹽之例由山西巡撫照章收稅止准車載騾馱由陸路運販不准水運所有水販只准至皇甫川爲止等因又前撫部院成奏蒙鹽進口分別限制稱晉省西北邊境與鄂爾多旗地接壤今吉鹽既經招商認課如仍聽鄂鹽照常販賣必致充斥引地有妨官課自應商量加限制嗣後於口外之歸化城等廳應准仍食蒙鹽其口內之大朔甯三府保德一州沿邊沿河各屬請照江浙等省老少鹽例准令肩挑背負零星售賣不得逾四十斤之數如有馱運車載以及水運多斤到地者卽以私鹽論罪又前撫院衡奏河東引地僻在省南所食蒙土鹽之六十四廳州縣遠居省北路遠運艱成本太貴所有每年加增餘引請在現行潞岸分銷至蒙鹽入口均由殺虎口收稅除移咨殺虎口監督轉飭各稅口一律遵辦並飭沿河各州縣營汛嚴密稽查毋許水運偸漏俾免充斥先後經部覈議覆奏奉旨依議各等因在案是前奏之車載騾馱准由陸運者係指入殺虎口一帶之吉鹽而言後奏之如有水運車載仍以私鹽論罪者係指入殺虎口一帶之鄂鹽而言在吉鹽之陸運者例准

進口鄂鹽之陸運者例且不准進口更何論繞至磧口並暗灌磧口以下潞引各岸乎今則潞商久認無鹽之課蒙人偏
銷無課之鹽平心而論曲直顯然陝局所謂該處鹽斤行銷晉省而磧口爲多等語是以積年侵軼之故智爲一成不變
之良規其於潞蒙界畫口岸公私與夫當年奏案源流固未暇深考也延榆綏張道僅憑該局臆斷之詞據情稟達似亦
因未能深悉例案所致竊意蒙鹽行銷晉省已閱多年不必强分其爲何路之鹽而不可不定其所運銷之路既例准吉
鹽水運至皇甫川爲止嗣後應勿論鄂鹽吉鹽凡有水運者一概照例以運至皇甫川爲斷該處與晉省之河曲縣對岸
其願從該處過河徑由河曲運赴口外七廳地面行銷者聽卽運至口內之太汾大朔甯忻代保平遼沁等府州隰州並
屬大甯永和等縣與土潞等鹽一體行銷者亦聽雖鄂鹽進口照例僅止肩挑背負而現在通融辦理不但零販准其進
口並大宗車駝亦准進口且准其偏行口內名銷吉引課歸潞商之六十四廳州縣至磧口通判於咸豐五年奏明改駐
原爲緝私而設現亦不過重申定例卽此次禁勒係禁蒙鹽之運磧暗灌非禁蒙鹽之來晉分銷凡所籌辦正是原本從
前奏案因時推廣寬恤商蒙並非創設厲禁抽釐亦歷年辦理有案之事第扼要以杜其繞越非曲防以遏其來源況河
東以有課之鹽行銷陝岸尚收釐金彼此情事相同尤非於蒙鹽稍有歧視也且詳繹例意不言吉鹽准至東岸晉境之

河曲縣而言准至西岸陝境之皇甫川自係許其入秦禁其入晉然則對渡河曲已非舊案所有惟念水運蒙私灌晉有年漢蒙民販多沾此利吉鄂同屬外藩似亦無甚區別故特量予從寬准由皇甫川對渡河曲轉銷晉境車馱捆載一聽所爲吉蘭花馬不復深問是已於托城河口以下新讓數百里之水運俾省陸販繞行殺虎十餘程之紆迴略示以橫溢之限仍開以行銷之途不得謂非法外行權至寬極厚但尙須咨明戸部辦理若邀議准方敢執爲定案惟查鄂鹽自神木葭州一帶運赴磧口者現據委員稟報每年爲數甚多若非陝省曉諭民販禁斷皇甫川以下水運令其由河曲縣登岸不准再自河曲以下各口對渡則行至東岸必致被緝被罰愚民不諳科條賠折受累亦殊可憫尤望陝甘督部堂通籌課餉光照鄰疆剴諭商民免蹈法網則晉陝同深感幸除咨陝西撫部院飭屬照例諭禁外相應咨復查照

按此係初弛皇甫川對渡之禁仍不准其水運磧口及三十年河東道吳匡建以徵爲禁之議因陝省定邊一帶所產之花馬池鹽與綏德州三皇卯等處所產之小鹽並不經由皇甫川即由葭州吳堡用船裝運渡晉頭之頭是道緝不勝緝詳准在於河曲以下分別設卡扼隘抽釐仍歸軍貨釐委員兼辦小鹽按斤抽錢四文花鹽倍之仍不准攔磧入踰綱而以汾州等處無引之地爲限三十三年議增越銷蘆鹽定爲花鹽一律按斤抽釐一十四文重其稅釐卽

以杜其南灌而太汾之辦理官運無論蒙土聽民買食花鹽亦包括在內此又皇甫川以下由陝入晉之鹽准由水路販運直達磧口之原始也

宣統二年八月奏定整頓山西省北鹽務辦法

督辦鹽政大臣載澤疏言竊查山西省南路平陽蒲州澤州潞安四府霍解絳三州及隰州所屬之蒲縣共四十四州縣向爲潞綱引地北路太原汾州甯武三府平定保德忻代遼沁六州並隰州及所屬之大甯永和兩縣共四十四州縣向係配食土鹽仍領潞引完納鹽稅大同朔平兩府及口外各廳向准購食蒙鹽嘉慶年間阿拉善王瑪哈巴拉呈獻吉蘭泰鹽湖由官招商辦運始以口外各廳大同朔平兩府及向食土鹽之四十四州縣劃爲吉蘭泰鹽引地內陽曲等三十州縣兼食土鹽仍留引稅其岢嵐等十四州縣撥歸吉引共設吉引八萬七千五百道納課行鹽特設鹽官以司之嗣因吉鹽誤運虧課又慮侵占潞銷乃將鹽湖賞還蒙旗禁止水運而以吉引額課攤入河東活引於是鹽官裁而吉岸遂廢今吉岸六十四廳州縣已增爲七十一廳州縣其中惟陽曲等三十州縣配食土鹽尚領額引四萬三千餘道而應納鹽稅一萬七千餘兩亦已攤歸地丁徵收外此各廳州縣均行無引之鹽止抽鹽釐並無引稅此山西北路鹽務沿革之大略也當吉蘭泰鹽納課行引之

初原准蒙土粂食其時即有鄂爾多斯蘇尼特兩旗無引蒙鹽入境侵銷以關繫蒙旗生計未能禁絕及吉岸既廢法禁大弛蒙鹽土鹽購食悉從民便於是蒙鹽則有吉蘭泰紅鹽鄂爾多斯白鹽由晉省之西北入境烏珠穆沁青鹽蘇尼特白鹽由晉省之東北入境中以紅青二色最爲大宗土鹽則有紅黃黑白四色以太原太谷平遙徐溝代州忻州定襄大同山陰應州朔州等處所產爲最多陽曲楡次祁縣交城文水五臺崞縣繁峙汾陽孝義介休懷仁陽高天鎭甯遠等處次之此外歸化托克托城一帶復有東素海臺所產之土鹽太原汾州以西又有由陝西渡河之花馬池鹽及小鹽平定以東又有由直隸入境之蘆鹽以此五種之鹽紛然錯出商無定人鹽無定價銷無定地惟由民販因利乘便輾轉運售於七十一廳州縣之間久已視同百貨不復以鹽法繩之近則太原汾州各屬復有試銷之谿鹽或設局分銷或發販代售與各種鹽斤互見於市此又山西北路鹽色紛雜之情形也夫以七十一廳州縣幅員之廣爲食鹽一大銷路而歷來辦法散漫至此尚何鹽法之可言臣載澤奉命督辦鹽政有整飭鹾綱之責當與會辦鹽政大臣山西撫臣丁寶銓往復函商力圖整頓茲據該撫臣派委前署河東鹽法道張汝爔來京面陳辦法臣等公同酌核詳細推求竊謂辦理鹽務一事區畫必因乎地勢措施宜順乎人情山西北路食鹽蒙土粂銷由來已久鹽色紛雜統一爲難欲圖整頓自應以劃分

引岸官運商銷爲入手辦法擬請於山西省城設立省北鹽務總局酌量岸情設立分局收買入境蒙鹽發商銷售一面劃分引岸暫時不定引額鹽價招集土著殷商飭交押岸銀兩准其認岸領運試銷所有太原汾州以西黃河以東武川五原以南隰州以北擬行吉蘭泰鹽以鄂爾多斯鹽附之豐鎮甯遠興和陶林等廳及大同忻代等府州擬行烏珠穆沁鹽以蘇尼特鹽附之平定遼州以東民間慣食蘆鹽擬由官借運仍行蘆鹽其素產土鹽之太原等二十餘州縣難行官鹽仍准兼食土鹽惟應限制鍋數嚴禁透漏以期逐漸收束毋礙官鹽銷路太原汾州兩屬試銷潞鹽應准與蒙鹽公共行銷互相維繫藉以抵制鄰土各私至東素海臺土鹽壅滯歸化托克托城一帶實爲官運蒙鹽之梗自應設法限制勿任充斥陝西花馬池鹽及小鹽向章本禁渡河亦應申明禁令嚴行堵緝不准顆粒入晉以防侵灌謹將籌擬整頓大概辦法另繕清單恭呈御覽如蒙俞允擬即派令前署河東鹽法道張汝爔馳回晉省會同藩司及河東鹽法道設局試辦一切招商認岸收買運銷詳細事宜統由臣載澤會同會辦鹽政大臣山西撫臣丁寶銓督飭該局妥慎辦理如果著有成效應請將在事人員擇尤保獎以資鼓勵至該局所需收鹽成本暫由臣處臣部湊墊銀十萬兩並由該局隨時與山西藩庫河東道庫籌商借撥轆轤周轉以資應用現在鹽商尚未招齊引岸尚未籌成立本省及經過地方應收鹽釐稅捐

暫照舊章辦理一俟引岸成立實行官運商銷應如何裁免釐捐規定課則及核算餘利截數造報之處再由臣等奏明
辦理奉旨依議　清單　一吉蘭泰鹽　鹽色紅產於蒙古阿拉善旗之吉蘭泰鹽湖嘉慶年間該旗呈獻鹽湖曾劃晉
北六十四廳州縣爲吉鹽引岸其後賞還鹽湖吉岸遂廢近由晉省與阿拉善王訂立合同租用鹽湖每年給租銀七千
兩僱工撈採由晉省薩拉齊廳之包頭鎮運輸入境今行官運商銷之法自應以吉蘭泰紅鹽爲大宗擬派員與阿拉善
王另訂合同寬定年限每年加給湖租銀三千兩共年租銀一萬兩俾裕蒙旗生計即以太原汾州以西黃河以東武川
五原以南隰州以北爲吉鹽行銷地界仍於包頭設立官運局並於包頭以南酌設分局發商領運多招子店散販在岸
分銷惟運道一節嘉慶十一年侍郎英和等查辦河東鹽務奏請吉蘭泰鹽一船准至磧口起岸十三年陝甘總督長齡等
又奏吉鹽票運至河口而止聽民販買赴各處銷售嗣因商運遲誤經山西巡撫衡齡等奏請改爲甘運晉銷官爲經理
並因河口發販較遠請仍運至磧口發販行銷旋即賞還鹽湖禁止水運至光緒九年始據山西巡撫張之洞奏明蒙鹽
入晉除殺虎口外准其由皇甫川對岸之河曲縣渡河登岸已漸弛水運之禁今既改行官運自應規復舊章准運至磧
口起岸發商領運如此則吉鹽由黃河上游順流直下得以稍資水利而與潞綱引岸仍有龍王辿之阻吉鹽不能越險

而南有嘉慶十一年護理山西巡撫金應琦十三年陝甘總督長齡等奏疏可稽自可無虞侵灌惟潞綱門戶所關仍應設卡稽查以清引界一鄂爾多斯鹽入境鹽色白產於蒙古鄂爾多斯旗向由薩拉齊廳之包頭鎮入境現擬由官運局收買與吉蘭泰紅鹽一律行銷一烏珠穆沁鹽鹽色青產於蒙古烏珠穆沁旗一陸運入境晋省近設豐甯鹽局招商包辦現擬將該局收回官辦即以口外之豐鎮甯遠興和陶林等廳及大同忻代等府州爲青鹽行銷之地界仍於口外設立官運局並於忻代之間設立分局發商領運多招子店散販在岸行銷惟張家口現已設立蒙鹽總棧專收烏珠穆沁青鹽蘇尼特白鹽應由該局與該總棧商定價值隨時購運近年青鹽來路不甚暢旺如或不敷民食准以吉蘭泰紅鹽濟銷一蘇尼特鹽鹽色白產於蒙古蘇尼特旗陸運入境現擬由官運局購運與烏珠穆沁鹽一律行銷一土鹽襄鹽有紅黃黑白四色以太原太谷平遙徐溝代州忻州定大同山陰應州朔州等處所產爲最多陽曲榆次祁縣交城文水五臺崞縣繁峙汾陽孝義介休懷仁陽高天鎮甯遠等處次之現擬就各州縣查明鍋數令鍋戶領票熬鹽嗣後祇准歇業不准增添鍋鹽熬成祇准售於本境不准運銷鄰縣凡一切衙門規費悉予裁革按上中下三等抽收鍋捐責成地方官緝私即以所收鍋捐酌撥各州縣作爲緝私經費將本地所產土鹽由官收買統歸岸商銷售與官鹽一律辦

理 一東素海臺鹽 東素海臺向有窮民掃土賣鹽設鍋不多 光緒三十二年已革綏遠城將軍貽穀督辦蒙旗墾務始據奏明招商設立官鹽號接濟竈戶資本收買轉賣酌抽釐稅撥充綏遠中學堂經費於是鍋數日增所出土鹽歲約一二萬石壅滯於歸化托克托城之間頗礙吉鹽銷路茲擬將該處官鹽號由官收回統歸包頭官運局經理設法限制勿任充斥其應撥綏遠中學堂經費由晉省另行籌補 一蘆鹽 直隸元氏贊皇井陘獲鹿等處向為長蘆引地與晉省壤地相連該處蘆鹽或由火車或由馬嶺關車關槐葦卡泥澄口等處山路運入晉境侵銷樂平鄉盂縣平定遼州一帶由晉省抽收釐金以徵為禁勢不能遏且地處晉東與蒙鹽土鹽相隔較遠馱運亦甚艱難該處居民購食蘆鹽久成習慣現擬由官借運蘆鹽即於附近火車之平定州設立官運局與長蘆訂立合同按年照銷數借運由火車載運入晉發商領運多招子店散販在岸分銷俟北路火車大通再行籌畫另易蒙鹽其現時平定遼州等處蘆商所設鹽店應令全行撤出晉境 一潞鹽 太原汾州舊係吉蘭泰引岸嘉慶年間部議責令潞商承辦吉岸以潞商不願兼辦而止光緒九年山西巡撫張之洞始奏明酌提潞綱積引配鹽轉運分赴汾州府屬之汾陽平遙介休孝義太原府屬之陽曲太原徐溝文水榆次太谷祁縣等十一縣試辦行銷以輔土鹽蒙鹽之不足旋經停辦至三十三年河東以疏銷積引復由

官運局在太原汾州兩府屬設局試銷今既劃定蒙鹽口岸所有太原汾州兩屬擬准潞蒙公共行銷藉以抵制鄰土各岸私秉顧潞綱門戶一花馬池鹽及小鹽花馬池鹽產於陝西之定邊縣小鹽產於陝西之綏德州等處向章不准渡河由晉省於磧口黑峪天橋河口高家店田家會等處設卡緝私本爲南顧蘆綱北顧蒙鹽起見嗣因民間貪賤食私始由晉省抽收釐金加價以徵爲禁無如無課之鹽成本過輕近年灌入太原汾州隰州保德等府州其數益鉅頗爲潞蒙之患應即一申明禁令凡由陝渡河之花馬池鹽及各色小鹽一律嚴禁不准顆粒入晉以防充斥

九月訂續租吉蘭泰鹽湖合同

阿拉善王塔與督辦鹽政處奏派辦理山西省北鹽務前

署河東鹽法道張汝爔爲續租鹽湖議訂合同事宣統二年八月初七日督辦鹽政處會同度支部奏整頓山西省北鹽務劃分引岸官運商銷規復舊章水運吉鹽准至磧口起岸與阿拉善王另訂合同寬定年限每年加給湖租銀三千兩共年租銀一萬兩俾裕蒙旗生計等因奉旨允准今遵照奏案公同商議一阿拉善王塔情願將吉蘭泰大二兩湖鹽續租與山西省北鹽務總局彼此議定合同條款如左第一款吉蘭泰大二兩湖之鹽自光緒三十三年正月起至三十六年即宣統二年年底止租與山西官鹽局四年爲滿今屆年限滿之年遵照奏案商定自宣統三年正月起至宣統四年年

底止續租與山西省北鹽務總局試辦二年仍照前次合同
以後將吉蘭泰大二兩湖之鹽統歸山西省北鹽務總局收
買別人不准私收限內不准徵稅亦不得另立名目額外需
索俟二年試辦限滿再商議另立合同續租 第二款吉蘭
泰大二兩湖鹽前次租與官鹽局四年爲滿每年湖租包平
斗分銀七千兩分爲二次收使此外毫無花銷今年議定遵照
奏案加給租銀三千兩合每年租價共包平斗分銀一萬兩
分爲兩次由山西省北鹽務總局交付阿拉善王處給與收
據爲憑 第三款省北鹽務總局派員在磴口設局收鹽公
平交易蒙人駄戶由吉蘭泰大湖載至磴口腳價每斗付銀
一錢三分池上挖鹽人等工價每駄付銀四分一盞由小湖
載至磴口腳價每斗付銀七分池上挖鹽人等工價每駄付
銀三分三盞蒙人駄戶不准勒揹不駄官員人等不准需索
分文如有以上情事均由本旗承當不辦理 第四款派赴鹽
池磴口蒙員二員各月支薪水銀八兩先生二人各月支工
食銀陸兩跟役二名各月支工食銀三兩管二處鹽池達木
爾四名各月支工食銀一兩係爲催蒙人駄戶運交磴口所
設官局之鹽及幫查私運等事所有薪工銀兩統由磴口官
局按月發給 第五款磴口官局所派收鹽人等將駄載二
池之鹽用斗量時不准勒扣阻滯運鹽腳價前次合同內係
付給一半現銀一半貨物原按換鹽之例究恐有高擡市價
或給殘貨及勒揹等事今改爲一律付給現銀不准攙給色

銀以昭公允　第六款前次合同議定限內不許添減租銀如日後水運吉鹽能至磧口行銷每年再加銀三千兩共合銀一萬兩今遵照奏案辦理即係照前定合同辦理然不能不格外體恤蒙艱當籌備新政之時如果試辦二年內水運吉鹽一年能至五萬石以上即由山西省北鹽務總局詳請督辦鹽政處酌核應如何加給湖租之處悉稟承督辦鹽政處批示辦理如水運吉鹽一年至五萬石以上亦准由阿拉善王處查明果符其數自行備文在督辦鹽政處聲明以免壅隔係因暢銷湖租亦可議添如不暢銷湖租亦可議減不必以前次合同爲鐵案　第七款吉蘭泰大二兩湖今議定租給山西鹽務總局承辦仍按前次合同統由官局收買別人不准私收凡此大二兩湖銷鹽利益無論何處統歸山西省北鹽務總局主持稟承督辦鹽政處辦理凡此大二兩湖行鹽利益無論何省亦統歸山西省北鹽務總局主持稟承督辦鹽政處辦理蒙旗不得干預　第八款運務最關緊要蒙人馱戶不准有誤運情事磴口及吉蘭泰鹽湖設局用人凡關鹽務或派人催運或應幫同蒙人照料或應商派蒙人照料之處悉由山西省北鹽務總局酌量情形合宜辦理統由蒙旗保護以禆運務至磴口之委員賢否准年終由阿拉善王處備文聲明係爲勉勵委員並非把持局權　第九款本合同係接前次合同續定仍將前次合同黏附於後前次合同於宣統二年年底爲滿本合同議定自宣統三年正月

照行至宣統四年年底止爲二年之期第十款本合同一照繕四分於畫押後一年一呈督辦鹽政處一呈山西巡撫部院一照存阿拉善王處一存山西省北鹽務總局以後如有疑難辯論之處查對合同以漢文爲憑　阿拉善王塔押　奏派辦理山西省北鹽務前署河東鹽法道張押

十月詳定太汾二屬官運潞鹽改歸商銷統由省北鹽務局管理

河東鹽法道陳際唐詳稱奉札內開本處會同度支部奏籌議整頓山西北路鹽務辦法一摺單一件於宣統二年八月初七日具奏奉旨依議合行刷印原奏清單恭錄諭旨札飭該鹽道遵照旋奉會辦鹽政大臣丁札飭同前計黏單內開太原汾州舊係吉蘭泰引岸嘉慶九年間部議責令潞商承辦吉岸以潞商不願兼辦而止光緒九年山西巡撫張之洞始奏明酌提潞綱積引配鹽轉運分赴汾州府屬之汾陽平遙介休孝義太原府屬之陽曲太原徐溝文水楡次太谷祁縣等十一縣試辦行銷以輔土鹽蒙鹽之不足旋經停辦三十三年河東以疏銷積引復由官運局在太原汾州兩府屬設局試銷今既劃定蒙鹽口岸所有太原汾州兩屬擬准潞蒙公共行銷藉以抵制鄰土各私兼顧潞綱門戶各等因同奉此伏查鹽務一事不患行銷之糅雜而患出產之紛歧更患課項稅釐之不能平等山西北路本皆蒙鹽引岸

近被花小土三種侵佔實坐此弊潞鹽之試銷太汾兩府正因土鹽味劣蒙鹽價昂而例無課稅之花小等鹽成本輕於蒙鹽味且優於土鹽兼有二紅鹽二混鹽名稱攙入蒙鹽以僞亂眞以故試銷潞鹽藉資抵制無如潞鹽本有引課又復疊次加價絲毫不能減免而花小等鹽之由沿河內灌者雖軍磧各卡新定釐則其偷漏繞越以及暗中折減防不勝防有以徵爲禁之名無按斤抽收之實是以太汾試行之潞鹽光緒三十四年尚銷五十餘名宣統元年則僅銷三十餘名本年則尤形減色今既一奏奉俞允申明禁令凡由陜渡河之花馬池鹽及各色小鹽一律不准顆粒入晉將來潞鹽之試銷太汾兩府可期日有轉機惟北路食鹽既復蒙土兼銷之舊凡劃分引界招商認岸以及借運蘆鹽收回東素海臺鹽堵緝陝境花小等鹽限制二十餘州縣土鹽諸事宜統歸省北鹽局管理獨於太汾兩府原來官運現准公共行銷之潞鹽因仍其舊別立門戶殊不足以資督責而一事權況太汾隸於冀甯非河東鹽道屬境不時有鞭長莫及之虞再四籌思此項潞鹽或另招專商或即歸於太汾岸各商兼辦或自行來道封課配運或仍由河東官運局將認運至霍州靈石一帶按照成本發給接買擬請統由省北鹽局主持辦理仍遵奏案暫時不定引額鹽價以疏銷潞綱積引兼顧潞綱門戶爲主所有太汾等處原設之河東官運事銷分銷各局岸商接辦後亦即一律裁撤以資整頓而歸統一職道更有俟

請者當光緒三十三年太汾試銷潞鹽曾因以賤抵私不能不按本出售而一切用人設局歲需經費若再加之於鹽售價不免過昂彼時省南之解州芮城包販之中有任意長價不守定章情事先擬官運收回自辦嗣據該包販等聯名稟懇願照陝岸兩金屯辦法由局領鹽銷售該解芮鹽務歲銷二百名全仗越銷豫境從前陋例每銷鹽一名致送地方官規費銀二十兩嗣改由局領售省出此費即以補太汾之不足仍每月由局支給解州緝私經費銀七十兩以巡勇十名口糧銀三十兩此外盈餘之數悉以撥注太汾今太汾潞鹽既撥收歸商銷由此省北鹽局管理所有解芮包販按名應繳規費銀兩撥仍令其照繳除每月留支緝私經費巡勇口糧銀一百兩外餘皆撥歸省北鹽局作爲緝私員勇薪餉之需解芮包販章程亦即改照光緒三十一二年未辦太汾官運時辦理似此分別規定與官運無所出入而省北鹽局經費亦得稍資補苴是否有當理合詳請鹽核批示等情經督辦鹽政處札飭省北鹽務總局查照辦理

又奏准省北購青白二鹽徑向蒙旗收買 督辦鹽政大臣載澤疏言前奏籌擬整頓山西北路鹽務辦法陳明收買烏珠穆沁蘇尼特青白二鹽由山西省北鹽務總局與張家口蒙鹽總棧商定價值隨時購運業經奉旨允准在案現在察哈爾都統代收蒙鹽所設總分各棧既經臣處奏請裁撤所有山西省北購運青

白二鹽自應向蒙旗直接收買以省周折奉旨知道了

宣統三年四月詳定省北鹽務劃分引岸

山西省北鹽務總局司道詳稱查山西省北鹽務情形疲敝已達極點私鹽充斥種類攙雜釐金日形短絀蒙蘆各鹽之貴已每斤八九十文至百文不等既無以裕課亦無以便民今土鹽經諮議局協議定妥稽查章程准其照舊行銷蒙蘆各項官鹽應按照奏案力圖整頓悉心籌畫以劃分引岸爲必要之方針引岸一劃定然後商人領運銷鹽有一定之鹽岸公家疏銷緝私有一定之引地且多用土著殷商裁改從前鹽局歸併爲幾處運局用人既少經費亦儉或一商二屬三四屬五六屬分配一商多招子店散販在岸分銷官運本輕商銷價賤國計民生兩有裨益謹按奏准整頓山西省北鹽務原摺內開所有太原汾州以西黄河以東武川五原以南隰州以北擬行吉蘭泰鹽以鄂爾多斯附之豐鎮甯遠興和陶林等廳及大同忻代等府州擬行烏珠穆沁鹽以蘇尼特附之平遼各屬民間慣食蘆鹽者擬由官運仍行蘆鹽等因具徵斟酌至當今租吉蘭泰大二兩湖已定合同借運蘆鹽已與蒙立案租湖借運免釐免稅雖目下青鹽顆粒不進而蒙旗定立合同購運疏導來源自可漸期暢達宜照鹽法規畫俾七十一廳州縣官鹽舊地免爲鄰私侵占所有籌擬劃分引岸開摺呈核當經督辦鹽政處批准

山西省北行鹽各廳州縣　陽曲縣　太原縣　榆次縣
太谷縣　祁縣　徐溝縣　清源鄉(即清源舊治)　交城縣
文水縣　汾陽縣　孝義縣　平遙縣　介休縣　沁州
沁源縣　武鄉縣　岢嵐州　嵐縣　興縣　石樓
縣　臨縣　永甯州　甯鄉縣　右玉縣　左雲縣　朔
州　平魯縣　甯武縣　偏關縣　神池縣　五寨縣
保德州　河曲縣　隰州　大甯縣　永和縣　歸化縣
薩拉齊廳　和林格爾廳　托克托城廳　清水河廳
五原廳　武川廳　東勝廳　以上四十四廳州縣劃爲吉
蘭泰紅鹽引岸以鄂爾多斯鹽附之如青鹽入口較多太汾
府屬有兼銷青鹽之處亦准由商人因地制宜兼運濟銷其
照舊行銷之土鹽按照稽查章程辦理向有土鹽之處准其
照舊行銷　大同縣　懷仁縣　渾源州　應州　山陰
縣　陽高縣　天鎮縣　廣靈縣　靈邱縣　豐鎮廳　甯
遠廳　興和廳　陶林廳　代州　五臺縣　崞縣
繁峙縣　忻州　定襄縣　靜樂縣　以上二十廳州縣
劃爲烏珠穆沁青鹽引岸以蘇尼特鹽附之青鹽有時不足
忻代州屬即以紅鹽接濟之其照舊行銷之土鹽按照稽查
章程辦理向有土鹽之處准其照舊行銷　平定州　樂平
鄉(即樂平舊治)　盂縣　壽陽縣　遼州　和順縣　榆
縣以上七州縣劃爲借運蘆鹽引岸其照舊行銷之土
鹽按照稽查章程辦理向有土鹽之處准其照舊行銷

又詳定借運蘆鹽章程

山西省北鹽務總局司道詳稱竊本局仰蒙奏派辦理山西省鹽務當經職道張汝爔在津會同長蘆鹽運使將晉省借運蘆鹽遵照奏案參以晉省情形仿照兩淮借運章程詳細妥議查晉省平遼兩屬附近火車蘆鹽早已侵灌居民喜食久成習慣今既奏准借運蘆鹽自應順該處居民之便以平遼兩屬爲借食蘆鹽之引岸查照兩淮借運斤秤以八百斤爲一引每引交鹽價銀一兩四錢此外並無絲毫公費凡晉省與長蘆引地相連之各州縣各以所轄境地爲引界一體通飭商人各守引界彼此不得充斥謹擬借運章程二十二條理合開摺呈請鈞處核定批示遵行等情經督辦鹽政處批准章程

一 遵照宣統二年八月督辦鹽政處會同度支部奏准整頓山西北路鹽務辦法將關於晉省借運蘆鹽事宜分別規定以資遵守

二 晉省借運蘆鹽係因太原以東爲青鹽歷來所不到今青鹽且顆粒不入北路而平遼兩州屬久食蘆鹽其西北紅白各蒙鹽更相隔較遠馱運維艱自當依居民習慣按年借運蘆鹽以便民食

三 借運年限不能預定惟有年年借運俟北路火車大通青鹽如果進口較多屆時察度現情再行詳請核辦

四 按年照銷數借運卽以銷數爲運額其數目亦難預定約計在萬引以上

五 遵照奏案仿照兩淮借運章程以蘆秤八百斤爲一引

六 每引鹽價按兩淮章程係一兩一錢外有報効銀三錢共銀一兩四錢現

擬仍照舊章將報効名目刪除統定爲每引鹽價銀一兩四錢此外再無絲毫公費

七銀兩平色按兩淮章程鹽價銀係兌交行平化寶報効銀係兌交規元現每引定價一兩四錢照時估折合庫平足銀兌交

八將來幣制通行以後改兩用元應按照折合庫平銀數遵章以一圓五角折算兌交

九鹽斤重量以長蘆官秤爲準按照較定官砝兌交

十鹽樣定後一律照交以免有高低之別

十一按兩淮章程係商與商借此次晉省係奏准官運一切統由官辦與商人無干

十二借運時應先將鹽價兌交長蘆運庫收清再行照數領鹽以符先課後鹽之例

十三應遵照奏案在附近火車之平定州屬地方設立官運局收鹽另行派員管理領運事宜

十四借運鹽斤應儘由塘沽坨地過秤兌交如塘沽鹽有不敷再由漢沽坨地酌量找補

十五借運時應由晉省承領委員自備蓆繩築包卽由塘沽擡裝火車運至豐臺由豐臺火車運至枕頭由枕頭火車運至山西平定州官運局收倉發商領售

十六沿途運腳應與鐵路京奉京漢正太三局訂立合同詳明立案辦理

十七凡坨地築鹽裝車暨沿途經過長蘆引地統由長蘆運司札飭該管文武各員妥爲保護

十八凡沿途經過各局卡照案免釐免稅凡有應請領護照以及蓆繩均免釐免稅統照兩淮章程辦理

十九直晉引地相連應以兩省州縣官所轄地方爲各商引地如此劃清兩省各州縣界線由兩省札飭地方官及諭商

飭商人遵照以防彼此充斥 二十 現時平遼等處蘆商所設鹽店應飭令退出晉境以符奏案 二十一 本章程自詳准施行之日爲始發生效力 二十二 本章程未盡事宜隨時會同斟酌修改詳明辦理

又詳定省北鹽務官運商銷章程

山西省北鹽務總局司道詳稱竊查山西省北鄰鹽侵灌繞越偸漏釐金日形短絀疲弊情形已達極點本局蒙奏派整頓山西省北鹽務籌辦官運商銷專行各項蒙鹽及蒙借運蘆鹽前將省北七十一廳州縣遵照奏案劃分引岸詳明在案現正招商凡認岸充商者俱以商銷章程爲遵循茲擬具商銷章程十六條繕具清摺理合備文詳請鑒核批示祗遵經督辦鹽政處批准 章程 一 省北鹽務劃分引岸官運商銷係專指青紅白一切蒙鹽及借運蘆鹽而論今招商認岸領運試銷蒙蘆各項官鹽謹遵奏案辦理其土鹽議定鍋戶照舊行銷由本局稽查另有章程不在官運商銷之列 二 山西省北地廣人稀不比省南富庶各廳州縣或一處爲一商或幾處爲一商應按地方繁簡分配酌收押岸銀兩寄庫以昭慎重 三 認岸商人准其多招子店散販向來業鹽之人均可充子店散販即向來不業鹽之人亦可充子店散販與岸商接洽在岸分銷官鹽惟不准加雜別鹽暨鄰省私鹽並攙沙使水等弊俾鹽質純一民間樂於購食 四 不定引額鹽價原爲免商人賠累之虞以價賤暢銷爲第一

要義另有細則詳請核定一保商本一防居奇俾符便民保商本意

五凡商民家道殷實取有切實鋪戶蓋章保結即准認岸充商惟商人多以字號爲名應由本局查明姓名籍貫確實無訛即行批准給予札飭地方官一體保護

六充商以本省人居多數爲宜仿照吉林奏定招商章程外省人不得過三分之一總以七成本省人三成外省人爲斷

七凡商人呈請認岸先由本局給予准充印批候彙詳督辦鹽政處會辦鹽政大臣山西撫部院並將押岸銀兩數目報明立案奉批後即由本局發給執照爲據

八凡認岸充商在一年以内不准以所認之岸私售私租一年以外如願保合格他商接替或租與他商均准稟明辦理惟不准售租與非本國商民及搭有外股之人如有前項情事一經查覺立即撤換分別罰辦

九岸商一年以外如果自願退商應准稟明本局另飭他商接充即將押岸銀兩如數領回

十商人遇有更替店房係具積鹽交代新商公平作價接收

十一各廳州縣引岸均以各廳州縣所轄之境地爲範圍岸商銷鹽彼此不得充斥亦准自募巡役稽查然岸商緝私須嚴束巡役以免生事

十二鹽務以便民保商裕課爲本計商人領運每一引官鹽分別蒙蘆應交鹽本課款經費若干由本局詳請鹽政處從輕批定曉諭商人將鹽課交清由本局發給預領鹽政處刊發引票並本局執照護照赴附近官運局領鹽經過關卡驗票放行並無絲毫釐稅亦無留難阻滯之

苦惟商人銷鹽每　百引自行呈交該廳州縣庫平銀十兩以爲疏銷緝私經費　十三認岸以及領運試銷各局所衙門均無絲毫陋規花費如在官人役有勒索情事准商人稟請究懲並准鹽店門口懸挂官鹽局招牌務當排列鹽槽嚴守商人資格與鄉民公平交易不得稍沾官氣　十四商人領運以官秤二百五十斤爲一引分別路程遠近酌加鹵耗所領引鹽沿途不准灑賣到岸始准銷售若發給子店散販須將發售日期及販賣地方在發單小票內寫明俾易查察以免充斥鄰商　十五此次整頓省北鹽務官運本輕以民食賤鹽商興實業爲宗旨凡商人認岸領運試銷由本局發給告示張貼店門與地方官一體保護　並責成地方官疏銷緝私准商人設立公局商會維持公益　十六本章程有未詳盡之處仍另訂細則詳准飭遵

五月詳定稽查土鹽章程

山西省北鹽務總局司道詳稱前蒙議定省北鹽務辦法內土鹽一項仍准照舊行銷統由本局稽查由局妥定稽查章程詳請核定等因遵卽議訂稽查土鹽章程十條繕摺詳請鑒核經督辦鹽政處批准章程一整頓省北鹽務原奏劃分引岸官運商銷係指蒙鹽暨平遼兩屬借運蘆鹽而論凡北路向產土鹽之州縣准人民在本省北路照舊刮熬行銷統歸本局稽查督飭州縣釐卡抽收各款認眞整頓剔除中飽以

裨公家
一土鹽既准人民在本省北路照舊刮熬行銷則鍋戶及鍋數之增減行銷之遠近均不限制但不得侵銷鄰省
一各州縣向來有抽收土鹽各款者仍照舊抽收凡熬售土鹽鍋戶既歸本局稽查應由本局刊發三聯印票發給各州縣俾鍋戶按月由州縣領票執以為據
一各州縣每月抽收土鹽各款須按月將鍋數及抽收數目分別造冊連同票根詳報本局稽查仍分報藩司衙門查考
一各釐卡向來有徵收土鹽各款者應按月造冊詳報本局稽查
一各州縣以及釐卡一切陋規嚴行禁革俾鍋戶鹽民無絲毫花費
一各州縣以及釐卡在官人役如有勒索情事准鍋戶鹽民稟請嚴懲如鍋戶鹽民有不領票熬售及偷漏情事一經查出亦照章罰辦
一土鹽行銷辦法凡本章程所未賅載者統在本省北路以照舊行銷為範圍
一稽查土鹽辦法凡本章程有未詳盡者應隨時督飭各州縣釐卡整頓以盡稽查之職任
一此次章程以詳奉核定批准之日為奉行之日各屬整頓辦法應由本局核定者亦以詳奉本局批准之日為奉行之日

六月詳定省北鹽務官運儲倉緝私各章程 山西省北鹽務總局司道詳稱

查此次整頓山西省北鹽務所運官鹽共分五種一吉蘭泰大二兩湖紅鹽以鄂爾多斯白鹽附之一烏珠穆沁青鹽以

蘇尼特白鹽附之一借運蘆鹽現在認領蘆鹽引岸商情踴
躍爭先業將本局另擬借運蘆章程詳請核定在案自岸應先運
蘆鹽俟紅鹽青鹽岸商招齊次第開運以便商人領運試銷
一切章程必先妥擬以保商愛民爲宗旨以修明法令爲試辦
法總期化散爲整化私爲公漸收統一之效以仰副憲臺整
飭鹺綱之至意茲擬具官運章程十二條儲倉章程十二條
緝私章程十條分別開摺詳請察核經督辦鹽政處批准
官運章程　一官運吉蘭泰大二兩湖紅鹽係宣統二年八
月遵照奏案按照原合同與阿拉善王在京定立合同每年
湖租銀一萬兩雇蒙人挖運送交磴口運局收鹽再由黃河
運赴包頭分運河曲磧口省城運局儲倉　一包頭收買鄂
爾多斯白鹽即由包頭運局儲倉多則分運河曲磧口運局
儲倉　以上吉蘭泰紅鹽兼鄂爾多斯白鹽發給岸商行銷
太原汾州朔平甯武各府屬如他鹽不足處按照奏案統以
紅鹽濟銷　一官運烏珠穆沁青鹽係與蒙旗議立合同定
價收買由蒙旗草地運送到馬王廟等處收鹽再運到豐鎮
運局儲倉又蘇尼特白鹽即由豐鎮運局收買儲倉以上
烏珠穆沁青鹽兼蘇尼特白鹽發給岸商行銷豐甯與陶四
廳大同一府屬忻代兩州屬　一官運蘆鹽係仿照兩淮借
運章程借運由總局派員駐津在塘沽收鹽自行築包與京
奉京漢正太鐵路三局議定合同由火車運赴平定運局儲
倉　以上借運蘆鹽發給岸商行銷平定遼州兩州屬　一

運蒙鹽以斗石計運蘆鹽以淮引計或用毛袋裝鹽或用蓆繩築包統以淨鹽斤重過秤收倉按照商銷章程發商官秤

二百五十斤爲一引應如何加給鹵耗遵詳定細則及商銷章程辦理　一各運局於開運之先將買運鹽斤成本腳價

據實開單詳報總局分移各運局不准絲毫浮冒俾各鹽開運時由總局核明各鹽運本分別每斤若干核實妥擬詳請

督辦鹽政處批定以昭劃一俾商人領運交價有所遵循一行鹽引票由總局預請督辦鹽政處頒發臨時由總局填

用一票一引商人請領引票時並請領總局引數執照護照各運局驗明引票發鹽並於引票上蓋用發訖戳記仍給還

商人並驗明引數執照存案年終繳回總局查核商人有引數護照經過關卡驗照放行有應交釐稅加價之處亦由總

局核解咨明不得留難阻滯並令商人鹽票不離到岸繳回總局按年彙齊呈繳督辦鹽政處查核　一各運局將收發

引鹽數目按旬分別詳報總局查核仍按月分別造册詳報總局以憑彙造月報表册　一各運局運買鹽斤成本運腳

數目仍逐次分晰按旬開單詳報總局鹽價運腳儻有漲落不齊總局隨時查核詳明辦理　一各運局預領成本收發

引鹽隨時動用按旬開單報明由總局隨時匯回轆轤周轉俾資應用　一各運局一切事宜及各運局委員等統集權

於總局凡收發引鹽收支款項應由總局彙造月報季報預算決算各册及說明書統計表之類均按照詳定統計章程

悉遵督辦鹽政處暨財政部各衙門一切章程辦理

一本章程係屬簡章有未詳盡之處另訂細則詳明辦理

一儲倉章程

一磋口暨包頭河曲磧口豐鎭平定省城各運局凡有收鹽責任卽須有儲倉辦法統按本章程辦理

一各運局儲倉事宜總局統責成各運局委員管理司事兼理惟平定蘆鹽省城紅鹽儲倉由總局隨時派員經理不委專員另派司事一員駐局會同總局隨時派委之員管理

一收發倉鹽概以官秤爲準不得歧異

一官鹽之長途盤運及到倉積儲不無消耗之處晉省以二百五十斤爲一引每引由起運處分別路途遠近酌加耗鹽由收鹽運局過秤後收倉如所加之耗鹽有餘顆粒皆係官鹽以爲發給商人酌加鹵耗之用

一各倉出納鹽斤每運局按旬具報並每月造具報冊呈送總局核明以便彙造月報表冊悉照統計章程辦理

一各處開倉封倉由該管委員監同加封儻存鹽與冊報不符除實在鹵耗外責成該管員司賠繳

一官鹽入倉愼防雨漏日曬及潮溼各事務須於堆積處下用木板葦蓆等物墊高上用葦蓆等物遮護無論蓆包蔴袋布袋屯積必須如法辦理均爲該管員司專責暫時或以屋爲倉著隨後統須如法建倉以昭愼重

一官鹽儲倉應責成該管員司認眞查察開倉收倉均有定時不得忽早忽晚收發完後卽公同看視封鎖嚴密

一此運局向彼運局運鹽或各岸商向運局領運均經委員監秤各運局收鹽發鹽如實有短少之

處均須補足不得短少商人領運一經上道卽與各運局無涉設有短少亦不准向各運局希圖找補
一各運局委員有事管之責司事有兼管之責如委員前後交接均須盤查一次交代清楚除鹵耗外鹽斤短少歸委員賠補
一收發倉鹽均須登記帳簿每收發一次按管收除在登記總簿以清眉目每季清倉一次鹵耗若干及餘鹽若干按季報明總局仍由總局彙列表冊詳報督辦鹽政處查核
一本章程有未詳盡之處另定細則詳明辦理

緝私章程

一鹽務緝私原爲疏通商銷維持官運上裕國課下便民食一切緝私章程應由總局核定詳請頒行以資遵守其照舊行銷之土鹽不在此章程之列另按稽查土鹽章程辦理
一此次本局發商行銷各蒙鹽並借運蘆鹽凡執有本局鹽票護照及本境售鹽小票者均係官鹽如無此項票照及越境侵銷卽以私論應由緝私官員巡役暨商人自募巡役一體查緝無任侵灌
一各引地如有私鹽一經緝私官員巡役查出或經官鹽店偵查報告立將私鹽人犯緝獲就近交各地方官照例懲辦並將緝獲事由報明總局查考
一緝獲私鹽無論斤數多寡均應全數充公交商人變價少則以一半充公一半充賞多則以七成充公三成充賞分別辦理以示奬勵其充公之項卽作爲緝私經費之用
一岸商領鹽銷鹽均以二百五十斤爲一引每銷鹽百引呈交本廳州縣官緝私經費銀十兩以資辦公此外再無別項陋規緝私員役亦

無絲毫花費如有需索情事准該商人指名稟究一此次奉督辦鹽政處奏准劃分引岸各地方官均有緝私之責應即不分畛域認眞查緝如能緝私得力官鹽暢銷由總局詳請記功以示獎勵儻有陽奉陰違並不實力查緝以致境內私鹽充斥者亦必詳請記過以觀後效一各運局委員到差後緝私認眞私鹽絕跡官鹽暢銷或拏獲私鹽多起著有勤勞應由本局隨時察看詳請給予外獎一儻緝捕不力或任巡役賄縱一經局查出卽分別撤差停委　一緝捕私鹽必須有確實憑據不得藉端滋擾平民亦不准干預地方公事違者查究按例懲警　一緝私員司均須確守例章並本局頒定規則辦理其巡勇號衣器械均由總局發給一本章程有未詳盡之處隨時察看情形酌量增改詳請核定

又詳定省北鹽務設局用人經費統計各章程

山西省北鹽務總局司道詳稱竊查本局蒙鈞處會同度支部奏派整頓山西省北鹽務當經遵照開局業將官運商銷各章程按切本省情形悉心妥擬先後詳明在案籌辦以來謹遵奏案外順民情內顧鹽法因時因地各審其宜惟從前鄰鹽侵灌鹽法久廢釐稅紛歧糾轕實多此次整頓自應通盤籌畫酌宜布置各專責成庶體立用行維持省北鹽務全局經理七十一廳州縣引岸各勤職守力求實效以期仰副憲臺整頓鹺綱之至意所有議訂設局用人經費統計各章程分別開摺詳請察核經

督辦鹽政處批准　設局用人簡章

一 省城設省北鹽務總局遵照奏案試辦山西省北七十一廳州縣鹽務劃分引岸官運商銷並稽查土鹽事宜

一 總局設綜核科科長一員正科員三員副科員三員書記官三員專司蒙蘆各鹽務官運商銷及稽查土鹽並一切統計事宜

一 總局設庶務科科長一員正科員二員副科員二員書記官二員專司鈐用關防收發文件收支公款經理票照並一切經費會計事宜

以上總局所設科長科員之外不用書吏凡繕寫公牘造具表册統由書記官襄同科員辦理如事務殷繁科員書記酌量增派應用局夫巡勇分別繁簡酌募

一 吉蘭泰紅鹽運局查磴口原有包頭分局應改爲運局設正委員一員副委員一員專司收大二兩湖紅鹽由水路運赴包頭河曲磧口運局並稽查大二兩鹽湖及督銷緝私事宜

一 包頭原有鹽局應改爲運局設正委員一員副委員一員專司收磴口運到紅鹽兼收買鄂爾多斯白鹽儲倉驗票發商並分運河曲磧口及督銷緝私事宜

一 河曲縣運局設正委員一員副委員一員專司收磴口包頭運到紅白鹽儲倉驗票發商及督銷緝私事宜

一 磧口運局設正委員一員副委員一員專司收磴口包頭運到紅白鹽儲倉驗票發商並分運省城及督銷緝私事宜

一 烏珠穆沁青鹽運局查豐鎮原有鹽釐局係包商認辦賠累告退今已派員接辦應改爲運局設正委員一員副委員一員專司收買蒙旗運到青鹽

卷二十四　河東二十一　附編　四十八

兼收買蘇尼特白鹽儲倉驗票發商及督銷緝私事宜　一省城設紅鹽運局專司收磧口運到紅鹽儲倉驗票發商及督銷緝私事宜由總局兼管督飭局員辦理僅設司事駐局不設專員　一平定州陽泉設蘆鹽運局專司收總局督飭由天津運到蘆鹽儲倉驗票發商及督銷緝私事宜由總局隨時遴派局員馳往辦理僅設司事駐局不設專員　以上總局暨各運局應用書記司事雇募局夫巡勇各名數及開支經費各數日應由總局分別繁簡核實擬定隨時詳報督辦鹽政處核奪　附則　一各運局以紅鹽爲大宗青鹽蘆鹽次之經營有次第改設亦分後先腳踏實地節節進行總期局無慮設款不虛糜居時詳明妥慎辦理　一凡鹽局改設運局如包頭鹽局在托克托城歸化城阿拉善等處皆設有分局豐甯鹽釐局包商在隆盛莊甯遠興和陶林等處皆設有分卡應屆時詳明酌量裁撤　一總局及各運局科長科員委員書記司事薪水及局夫巡勇工食餉銀數目隨時另文詳明立案統由經費項下核實開支分別造冊報銷俱按經費章程辦理　一各運局統歸總局管轄委員統歸總局調遣皆屬要差無一年二年期滿之例以人地相宜爲委任悉由總局隨時詳准札派並將履歷彙詳立案　經費章程　一總局及各運局薪水工食月餉一切建置局　用經費統俟開運後詳請督辦鹽政處於每引鹽本課款之外按引定收經費一款是爲經費專款核實開支　一開辦伊始總

分各局委員薪水皆從節省仍隨時體察如勤勞最著之員按月加給津貼以示鼓勵一切建置必須經費充足後酌宜詳明辦理

一各運局凡關動用經費事宜分別經常臨時報局立案

一總局凡關動用經費及各局動用經費事宜分別經常臨時詳咨立案

一各運局按月按季按年將經費造冊詳報總局由總局連同本局彙造詳咨辦理

一各運局按年造具經費預算決算等表冊詳報總局由總局連同本局彙造預算決算等表冊詳咨辦理

統計章程

一總局綜核省北鹽務爲各運局之總機關凡關於引鹽出納運本鹽課銀錢款項收支均遵照督辦鹽政處奏定督辦鹽政暫行章程及度支部奏定清理財政章程按月按季按年或專案或彙案分別造冊並按年列統計等表詳咨辦理

一各運局凡關於鹽斤出納運本銀錢款項收支悉遵統計章程或專案或彙案詳報總局由總局逐款稽核分別登明簿籍分造表冊遵章辦理

一各運局收鹽起運盤倉交代冊報鹽斤數目必須將石斗斤重引數核明詳細塡列不得籠統含混以免總局難於稽核

一各運局凡關於運務銀錢用款務當逐款核實報明總局鹽本則於收鹽時按旬運脚則於起運時按次詳細開單列報不准絲毫浮冒

一各運局運鹽遇有起運時須先將起運鹽引數目並日期編列次數號數立時詳明總局並移知到岸卸運各局該局收到後即將收鹽日期次數號數詳報總局轉行札知原運各局查照

以便互相稽考以上收發引鹽除臨時詳報外仍須於月終彙報一次

一各岸商人持有總局請領發鹽引票執照赴各運局領運引鹽該運局發訖後即將發過商名引數日期按旬詳報總局仍於月終彙報一次

一各運局於每月底冊報收發引鹽之外應將上月存鹽數目若干收鹽數目若干發鹽數目若干儲倉數目若干暨鹽本運腳等項銀錢出納均按管收除在分晰冊報並附列簡明表詳報總局查核

一各運局於月報外仍須按季冊報一次並於年終彙編各項表冊詳報總局由總局彙核將收發引鹽徵收課款一切成績分別造具表冊詳送督辦鹽政處核銷

一各運局送到各項冊報應由總局隨到隨核如核有款項不符即行簽明批飭更正俾月報季報年終統計及一覽各表冊切實詳明

一各運局凡運務經常用款均照總局核定之數開報不准浮支凡運務臨時開支之款務先專案詳支由總局核准開報不得濫費

一各運局經費按經費章程辦理不准動用別款統在經費項下開支列報

一上月月報等件凡距省五百里以內者限下月初十日以前到局五百里及千里以外者限下月十五日至二十日到局至季報無論距省遠近均限下季孟月底到局如各該運局封發遲緩或沿途驛站耽延致誤造報限期本局定行分別飭查詳請記過

一各項詳報冊式表式均由總局編定樣本飭發各運局遵照塡送以歸一律

一總局札飭應辦之件及各運局互

相移會應辦之件隨到隨辦不得延誤設藉詞推諉意存畛域貽誤運務公事或鹽款滋弊交代不清由總局酌量事情輕重按照鹽法律例辦理　一本章程有未詳盡之處統遵督辦鹽政處奏定督辦鹽政暫行章程及度支部奏定清理財政章程辦理

九月續訂借運蘆鹽細則

山西省北鹽務總局詳稱本局前將借運蘆鹽章程詳請憲鑒並聲明如有未盡事宜隨時會同增改在案茲查起運蘆鹽所需鹵耗並每袋裝鹽斤秤皮重數目以及過關製驗各事宜自應逐一規定俾資遵守經職道與長蘆運司遵照兩淮借運章程妥爲擬定借運蘆鹽百斤用公款自買鹽三斤以備路耗每袋按長蘆官秤裝鹽一百六十斤蔴袋皮重三斤就近在場製驗過關放行經過鹽關不得留難阻滯經督辦鹽政處批准細則

一鹵耗　在天津塘沽築鹽自用公款每百斤外另買鹽三斤以備路耗此項鹽於路耗之外所餘皆備發商鹵耗之用另行造册按章列報

一口袋　在天津購買蔴袋裝鹽每袋裝蘆鹽一百六十斤計五袋共八百斤爲一淮引

一皮重　蔴袋裝鹽定明皮重三斤　每一蔴袋連鹽計重一百六十三斤又每百斤加路耗三斤

一過關　天津設有鹽關因火車運鹽未便停留阻滯定明在塘沽築鹽卽就場製驗放行經過鹽關不得留難阻止在

又詳定蘆鹽課款加價並經費運本數目

山西省北鹽務總局司道詳稱奉批飭令將行銷省北官鹽課款加價暨運本經費等項妥爲核算詳請規定等因遵奉在案當將晉省借運蘆鹽一切事宜悉心籌商妥爲布置均已辦理就緒現因雨水過多專待天氣晴朗立卽開運玆擬蘆鹽到晉先行飭商領運詳請開秤惟商人領運蘆鹽應交課款加價暨運本經費等項自應遵照規定辦法所有應徵蘆鹽課款加價暨經費鹽本等項開摺詳請鑒核經督辦鹽政處批准試辦 一正課 按照潞綱以二百五十斤爲一引改釐爲課每斤徵課八釐計一引徵課庫平銀二兩 一加價 照普通加價章程每斤徵收解部加價二文產省加價一文銷省加價一文以上每斤共抽錢四文按照制錢一千五百文合銀一兩徵解一律計每引共應抽收加價銀六錢六分六釐六毫此項由本局分別二文解部一文撥解本省一文撥解長蘆 一運本 發商暫定每斤收銀一分規定運本應視官鹽運本稍重留爲核算餘利地步每引餘利若干按年結算計發商一引合庫平銀二兩五錢以上每蘆鹽一引共應交正課加價運本等項庫平銀五兩一錢六分六釐六毫統按月按季按年照統計章程造册列表詳咨辦理 一經費 每斤抽收錢四文作爲經費凡經營鹽岸開辦建置及辦理鹽務設局用人一切經費統由此款開支以上每蘆鹽一引共應交經費制錢一

千文統按月按季按年照經費章程造册列表詳咨辦理

又詳定借運蘆鹽運本

山西省北鹽務總局司道詳稱本局前將蘆鹽起運日期業經電稟在案茲查蘆鹽到晉後擬即先行詳請開秤發商領運到岸試銷惟岸商赴局領鹽斤秤引數鹵耗皮重以及口袋等項均應釐定規則此次借運蘆鹽係照兩淮借運章程以八百斤為一引除每引應解鹽價行平化寶銀一兩一錢並報効規元銀三錢業經詳明在案此外鹽本仍有六宗一京奉京漢正太火車運價一在場築鹽裝車人工一沿途押運包送到陽泉收鹽並一路落棧存鹽倒車經過岔道暨打旗掛鈎措車小費一包在內以上三宗均議有定價定立合同立案一買鹽蔴袋一買火車蓋蔴一買攔車縫袋蔴繩蔴線以上三宗按時價選購均有發單悉經職道在津督飭員司核實辦理又查前蒙度支部頒發運本庫平銀五萬兩此次借運蘆鹽按淮引一萬引約需運本銀六萬兩內外以每斤一分發商計算可得銀八萬兩除去運本銀六萬兩內外約有餘利銀二萬兩之譜今擬每年在餘利項下提銀一萬兩呈解度支部歸款五年還清下餘盡解鈞處兌收作為經費抑仍存局作為運本之處伏乞批示遵行督辦鹽政處批所擬蘆鹽運本應准照辦至將來所得餘利除每年提銀一萬兩歸還度支部運本五年還清下餘銀兩應即儘數存儲聽候劃撥

一借運蘆鹽鹽價　按照兩淮章程八百斤爲一引每引鹽價行平化寶銀一兩一錢前經立案　一借運蘆鹽報効每引報効規元銀三錢按當時行情兌交前經立案　一火車運價　京奉車價每二十噸火車一輛由塘沽運至豐臺價洋六十四元三角五分京漢車價每二十噸火車一輛由豐臺運至石家莊價洋七十八元六角正太車價每二十噸火車一輛由石家莊運至山西陽泉運局價洋六十五元九角外公費六元如本局岔道修妥一股即少交公費洋一元　一由場築鹽上車工價　裝袋過秤縫口打印製鹽碼鹽上車每一袋裝鹽一百六十斤又路耗鹽三斤皮重三斤工價洋三分五釐　一包送到陽泉運局收鹽工價　由塘沽上車交給押運照料到保定落棧倒車到石家莊落棧倒車經過岔道以及在棧存鹽並沿途火車打旗掛鉤措車一切花銷均包在內每車洋十四元又陽泉運局卸鹽腳價每車一元四角　以上三宗運費均訂立合同另文詳請立案一蔴袋價　線線蔴袋每條二角二分藍線蔴袋每條二角零三釐　一鹽車蓋蓆價　頂好葦蓆每百領價約二十餘元按時價選購　一攔車蔴繩縫袋蔴線　頂好蔴繩蔴線每斤約錢數十文之譜按時價選購　以上三宗買價均有發單存局備查　以上六宗運鹽價報効銀即作爲運本此外設局用人等費歸入經費項下開支　附蘆鹽發商細則　一蔴袋　發商領運時將蔴袋隨鹽發給商人不取蔴袋

價值限一商人三箇月內如數將蔴袋繳回爲官運蘆鹽之用
如少繳一袋若綠線者照原買價洋二角二分若藍線者照
原買價洋二角零三釐繳價破爛不堪用者不收此項袋價
仍歸入餘利項下册報　一火車蓋蔴　每車頂好葦蔴約
用二十領此項蓋蔴爲商人在棧存鹽所必需之物應　隨時
定價發給商人應用收回蔴價仍歸入餘利項下册報　一
蔴繩　此項蔴繩每車擱用約四條原價無幾如積繩多時
應變價歸入餘利項下册報　一發商官秤　凡蘆鹽發商
仍照潞綱引數以二百五十斤爲一引遵照批飭按照長蘆
官秤行使俟頒到官砝再行發給商人領用　一發商鹵耗
　平定州並屬每百斤加三斤遼州並屬每百斤加五斤此
項發商鹵耗每斤收價一分歸入鹵耗項下其由津築鹽每
百斤自買三斤作爲路耗其價即由所收鹵耗項下開支其
路耗餘鹽亦即備鹵耗之用　一發商皮重　每一蔴袋作
皮重三斤由場自行築鹽以及
發給商人出入一律以昭公允

清鹽法志卷九十四終